INSIDER

COBOL

Prof. Helmut Schwanke

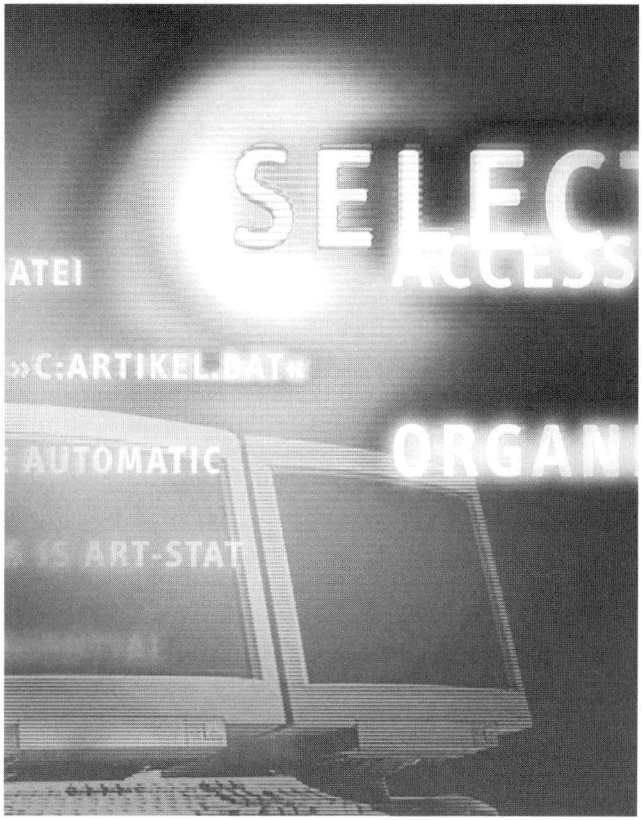

Insider

COBOL

Markt&Technik Buch- und Software-Verlag GmbH

Die Deutsche Bibliothek – CIP-Einheitsaufnahme

COBOL [Medienkombination] :
aktuelles Lehrbuch und Nachschlagewerk, Entwicklung von Windows- und Internet-Applikationen / Helmut Schwanke. –
München : Markt und Technik, Buch- und Software-Verl.,
(Insider)
ISBN 3-8272-5567-8

Buch. 1999

CD-ROM. 1999

Umwelthinweis:
Dieses Buch wurde auf chlorfrei gebleichtem Papier gedruckt.
Die Einschrumpffolie – zum Schutz vor Verschmutzung – ist aus umweltverträglichem und recyclingfähigem PE-Material.

10 9 8 7 6 5 4 3 2 1

03 02 01 00 99

ISBN 3-8272-5567-8

Umschlagkonzept: Helfer Grafik Design, München
Lektorat: Erik Franz, efranz@pearson.de
Herstellung: Claudia Bäurle
Satz: EDV-Satz Reemers, Krefeld
Druck und Verarbeitung: Kösel, Kempten
Printed in Germany

Inhaltsverzeichnis

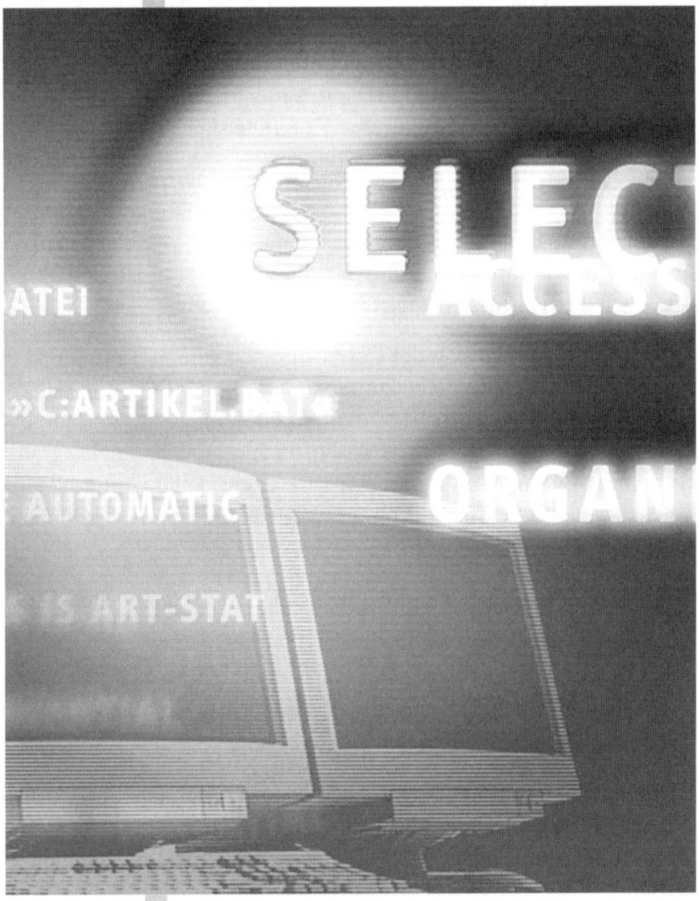
SELECT
ACCESS
ATEI
»C:ARTIKEL.BAT«
ORGAN
AUTOMATIC
IS ART-STAT

Vorwort

Cobol ist eine »alte Programmiersprache«, die schon mehrfach durch andere Sprachen ersetzt werden sollte. Die Ablösung von Cobol in der kaufmännischen Programmierung durch andere, leistungsfähigere Sprachen ist jedoch nicht in dem Ausmaß eingetreten, wie es sich die Entwickler der neuen Sprachen erhofft haben. In den großen Unternehmen dominiert in der kaufmännischen Programmierung Cobol. Für die Personalcomputer (PC) werden leistungsfähige Cobol-Compiler preisgünstig angeboten. Die dort entwickelten Lösungen lassen sich einfach auf Mainframe-Computer übertragen.

Cobol hat den Vorteil, daß es sehr streng genormt ist, somit sind Cobol-Programme auf Anlagen verschiedener Hersteller nach geringfügigen Programmänderungen lauffähig. Die Beispielprogramme in diesem Buch wurden auf verschiedenen Computersystemen entwickelt und liefen ohne Änderung auf allen IBM-kompatiblen PCs unter DOS und Windows und nach kleinen Anpassungen auf Unix-Systemen.

In der Weiterentwicklung der Cobol-Sprache ist eine Kontinuität zu verzeichnen, so daß alte Programme auch auf neuen Computersystemen laufen. Für den System- und Programmentwickler gibt es viele Hilfswerkzeuge zu kaufen, wie Programmgeneratoren, Bildgeneratoren, Dateigeneratoren, die fertige Cobol-Programme oder Programmteile erzeugen und die Systementwicklungszeit erheblich verkürzen. Außerdem gibt es bereits Tausende von fertigen, ausgetesteten Cobol-Programmen für die unterschiedlichsten Aufgabenstellungen zu kaufen.

Aus Cobol kann über Schnittstellen mit den verschiedenen Datenbanksystemen gearbeitet werden. Die meisten Datenbanksysteme speichern die Daten in einem Cobol-verträglichen Format, so daß leicht Informationen ausgetauscht und ausgewertet werden können.

In Cobol selbst ist ein leistungsfähiges Datenverwaltungssystem enthalten, mit dem bereits viele Problemstellungen gelöst werden können.

Cobol ist keine Programmiersprache für Anfänger. Die Sprachregeln (Syntax) sind umständlich und verursachen viele Frustrationserlebnisse. Mit der Zeit gewöhnt man sich aber an die Regeln. Sie führen dazu, daß Cobol-Programme leicht verständlich, gut zu lesen und zu warten sind.

Dieses Buch setzt voraus, daß der Leser bereits mit der Arbeitsweise von Computern vertraut ist und eine Programmiersprache, z.B. Basic, kennt.

Das Buch soll nicht die Cobol-Handbücher ersetzen, die mit den Cobol-Compilern geliefert werden. Es soll einen Grundstock an Befehlen liefern und Lösungstechniken für verschiedene kaufmännische Probleme aufzeigen. Variationen der einzelnen Befehle und Spezialbefehle werden übergangen, sie können bei Bedarf in den Cobol-Handbüchern nachgelesen werden. Dafür werden Methoden der Programmentwicklung mit Cobol gezeigt.

Vorwort zur sechsten Auflage

Bei der Analyse der Anwendungsprogramme für die Umstellung auf das Jahr 2000 und die Einführung des Euro mußten viele Unternehmen feststellen, daß die überwiegende Zahl ihrer bewährten Programme in Cobol erstellt wurde. Eine Neuentwicklung dieser Anwendungen mit anderen Entwicklungswerkzeugen, um grafisch orientierte, bedienerfreundliche Benutzeroberflächen zu erhalten, scheidet aus Kosten- und Kapazitätsgründen aus, zumal die Verarbeitungslogik der Daten unverändert bestehen bleibt. Ein Reengineering der Anwendungen mit einer Weiterentwicklung in Richtung moderner Vernetzungskonzepte und Client/Server Computing ist sicherer und kostengünstiger zu realisieren. Micro Focus hat mit NetExpress eine Entwicklungsumgebung für Cobol-Programme auf den Markt gebracht, mit deren Hilfe Sie sehr schnell bedienerfreundliche, menügesteuerte und grafisch orientierte Oberflächen mit integrierten Hilfen entwickeln und in Ihre Anwendungsprogramme einbauen können. Auch die Entwicklung von Internet-Anwendungen kann nun in der Cobol Umgebung erfolgen. Sie können CGI-Applikationen (Common Gateway Interface) für die Verarbeitung von Internetformularen in Cobol erstellen. Die Formulare können Sie einfach in Ihre Internet-Seiten einbinden. Der Bediener gibt am Client-Rechner die Daten ein. Auf Knopfdruck werden die Daten zum Server übertragen und die Cobol-Verarbeitungsprogramme gestartet. Cobol bietet hier eine gute Alternative zur JavaScript-Programmierung. Cobol hat schon nahezu seit 40 Jahren seine Unabhängigkeit von Computer-Plattformen bewiesen. Aus allen Cobol-Programmen können Sie über die integrierte ODBC-Schnittstelle (Open Database Connectivity) auf die meisten relationalen Datenbanksysteme zugreifen, wie Oracle, Informix, Sybase, DB2, Microsoft Access.

Micro Focus hat Assistenten, Formulargeneratoren und Editoren entwickelt, die Sie bei der Anwendungserstellung unterstützen. Sie entwickeln Ihre Dialoge für lokale oder vernetzte Anwendungen interaktiv am PC-Terminal und überlassen es den Micro-Focus-Hilfsprogrammen, den Cobol-Code mit den Schnittstellen zu den unterschiedlichen Betriebs- und Datenbanksystemen zu erzeugen. In diese Programmskelette können Sie an vordefinierten Stellen die Verarbeitungsbefehle einfügen oder komplette Cobol-Verarbeitungsprogramme aufrufen. Diese Werkzeuge können Sie auch zur Entwicklung von Prototypen Ihrer Anwendung einsetzen. Der neue Compiler ist mit den Vorgängerversionen voll kompatibel, so daß Sie parallel alte und neue Programme einsetzen können.

Kapitel 1

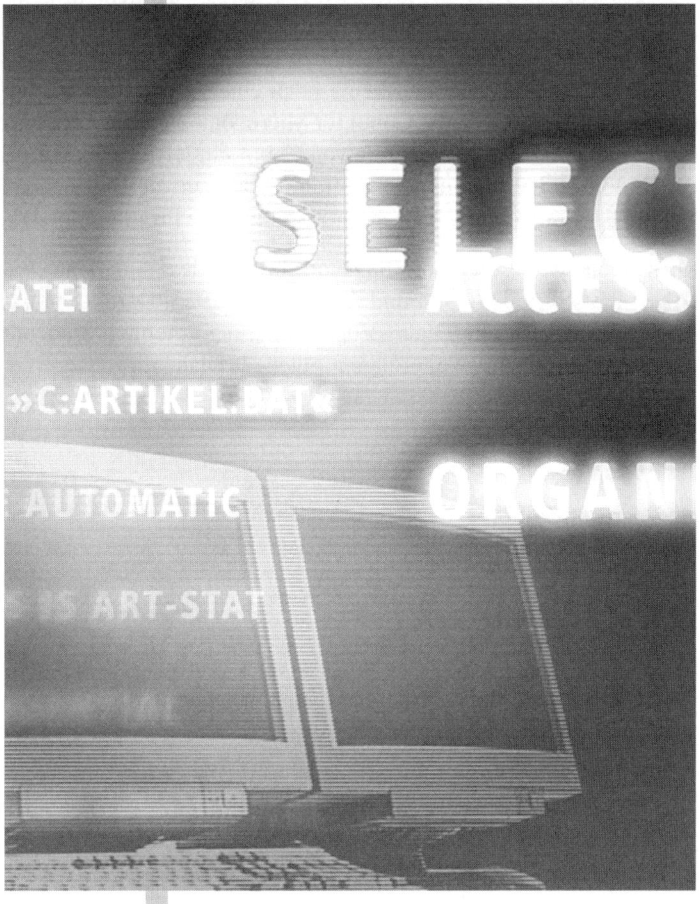

Einleitung

1.1 Überblick

Cobol (**Co**mmon **B**usiness **O**riented **L**anguage = Allgemein kaufmännisch orientierte Programmiersprache) wurde entwickelt, um die bei kaufmännischen Aufgaben anfallenden großen Datenmengen schnell und sicher zu verarbeiten. Cobol ist bei den Großcomputern in der kaufmännischen Anwendung heute noch eine weit verbreitete Programmiersprache. Micro Focus (MF) hat NetExpress Cobol für Microcomputer und UNIX-Rechner entwickelt. Es verbindet die Standardeigenschaften von Cobol mit leistungsstarken Bausteinen zur Gestaltung der Dialogverarbeitung und Internetanwendungen. NetExpress enthält viele Werkzeuge, die Sie von der Entwicklung bis zur Fertigstellung der Programme wirkungsvoll unterstützen.

MF-Cobol erfüllt die Normungsvorschriften des American National Standard Institute (ANSI), ANSI X3.23-1974 und ANSI X3.23-1985. Darüber hinaus enthält MF-Cobol viele Erweiterungen, die die Dialogprogrammierung erheblich erleichtern. Der MF-Cobol-Compiler verarbeitet die Erweiterungen folgender Dialekte:

- IBM OS/VS Cobol
- IBM VS Cobol II
- Microsoft Cobol
- Micro Focus Cobol
- Ryan McFarland Cobol

Für die *Bildschirmbearbeitung* im Text- oder Grafikmodus stehen leistungsfähige Anweisungen zur Verfügung, die es erlauben, einen formatierten Bildschirm für die Datenerfassung auszugeben. Dabei kann über einfache Angaben der Cursor positioniert, einzelne Bildschirmsegmente können geschützt oder besonders hervorgehoben werden, der Bildschirm kann ganz oder teilweise gelöscht werden, und es können Felder auf dem Bildschirm mit Datenfeldern im Arbeitsspeicher automatisch verbunden werden. Für die Dateneingabe können bestimmte Tasten gesperrt werden, um fehlerhafte Eingaben zu vermeiden. Für die Eingaben können Sie Plausibilitätsprüfungen (Validation) definieren, die automatisch abgearbeitet werden, bevor das Programm die Daten verarbeitet. Alle Techniken der o.a. Cobol-Dialekte können wahlweise eingesetzt werden. NetExpress enthält das *Dialog System*, mit dem Sie direkt am Terminal Ihre Formulare mit allen modernen Objekten wie Pull-down-Menüs, Listenfeldern, Optionsfeldern u.a.m. entwerfen können. Sie können Ihr Formular durch Rechtecke und Linien aufteilen und viele Attribute für eine ansprechende Darstellung setzen. Auf Knopfdruck werden die Definitionen der Maske erzeugt, die dann automatisch in ein Rahmenprogramm eingebunden werden, das die Verbindung zum Betriebssystem aufbaut und die Dialogsteuerung mit der Reaktion auf Mausereignisse (Mausbewegungen, Mausklicks) und Tastatur- und Fensterereignisse übernimmt. Sie können wahlweise die Definitionen für einen Bildschirm im Grafikmodus GUI (Graphical User Interface) oder Textmodus generieren lassen.

In diesem Lehrbuch werden erst die klassischen, textorientierten Cobol-Befehle behandelt und in den Beispielprogrammen eingesetzt, weil sie genormt und einfach zu verstehen sind. Erst im zweiten Teil werden die neuen, grafisch orientierten Bedieneroberflächen, verbunden mit der objektorientierten und ereignisgesteuerten Programmierung, behandelt. Diese Lösungen sind wesentlich komplexer und die Sprachelemente und Techniken sind noch nicht endgültig genormt, so daß laufend Änderungen zu erwarten sind. Diese Lösungswege sind ohne grundlegende Kenntnisse der Cobol-Sprache und der klassischen Programmiertechniken kaum nachvollziehbar. Die Micro-Focus-Programmierwerkzeuge werden automatisch den genormten Cobol-Code erzeugen, wenn die neue Norm endgültig verabschiedet ist.

Für die *Speicherung der großen Datenmengen*, die in der kaufmännischen Anwendung anfallen, stehen vielseitige Speicherungsformen zur Verfügung.

Indexsequentielle Speicherung

Dies ist die leistungsstärkste Methode für die Speicherung von Datensätzen. Sie erlaubt es, bestimmte Datensätze direkt aus dem Datenbestand zu lesen oder aus dem Bestand zu suchen und den gesamten Bestand bei Bedarf sequentiell zu verarbeiten. Die Datei kann vorwärts und rückwärts gelesen werden. Die Schlüssel für den wahlfreien Zugriff können alphanumerisch sein, d.h. sie können Buchstaben und Ziffern enthalten und an beliebiger Stelle im Datensatz stehen. Der Speicherplatz auf den Platten wird sehr gut ausgenutzt.

In MF-Cobol können bis zu 255 alternative Zugriffsschlüssel je Datensatz angegeben werden. Diese alternativen Zugriffsschlüssel müssen nicht eindeutig sein. Der gleiche Schlüsselinhalt kann mehrfach im Datenbestand vertreten sein.

Sequentielle Speicherung

Die Daten werden hintereinander in der Reihenfolge ihrer Eingabe gespeichert. Der Platz auf den Platten wird optimal ausgenutzt. Für Auswertungen der Daten steht ein Sortierteil in Cobol zur Verfügung.

In Cobol können auch sequentielle Dateien verarbeitet werden, die mit anderen Programmiersprachen (z.B. Basic) oder mit Textsystemen erstellt wurden.

Relative Speicherung

Der Zugriff zu den Datensätzen erfolgt über die Satznummer. Der direkte Plattenzugriff macht relative Dateien bei der Verarbeitung extrem schnell. Der Platz auf den Platten wird jedoch u.U. nicht optimal ausgenutzt, und der Zugriffsschlüssel muß nach bestimmten Regeln aufgebaut werden.

Cobol unterstützt die zentrale Speicherung und Verwaltung der Daten in Mehrbenutzersystemen und das Multithreading, d.h. mehrere Benutzer arbeiten quasi gleichzeitig mit dem gleichen Programm. Einzelne Datensätze und Satzgruppen (Record-Locking) oder komplette Dateien (File-Locking) können für den konkurrierenden Zugriff bei mehreren Benutzern automatisch oder explizit gesperrt werden.

Mit der *SQL-Schnittstelle* steht dem Benutzer eine genormte Abfragesprache für Datenbanken zur Verfügung. In einem Cobol-Programm können Sie Embedded-SQL-Kommandos nutzen, um aus der zentralen Datenbank Information zu ziehen, die dann in dem Programm weiter aufbereitet wird. Die SQL-Schnittstelle arbeitet in Verbindung mit dem Microsoft SQL-Server.

Für den menügesteuerten Ablauf großer Programmsysteme, die in der kaufmännischen Anwendung der Regelfall sind, stehen in MF-Cobol Anweisungen zur Verfügung, mit denen aus einem laufenden Programm andere Programme geladen und gestartet werden können. Dabei können über einen einfachen Formalismus Daten zwischen den Programmen ausgetauscht werden.

Programme, die größer als der zur Verfügung stehende Hauptspeicher sind, können segmentiert werden, d.h. die Programme werden in Portionen unterteilt, die in den vorhandenen Arbeitsspeicher passen. Ein residenter Hauptspeicherteil lädt die anderen Teile von der Platte automatisch in den Speicher, wenn sie gebraucht werden. Durch die Segmentierung können Programme geschrieben werden, die um ein Vielfaches größer sind als der zur Verfügung stehende Arbeitsspeicher.

Für die effiziente Erstellung und den Test von Programmen steht der ANIMATOR als interaktive Testhilfe zur Verfügung. Damit kann der Programmablauf während des Tests im Detail verfolgt werden, und der Programmierer kann sich den Inhalt kritischer Datenfelder jederzeit auf dem Bildschirm anzeigen lassen und verändern.

MF-Cobol stellt über den Standard hinausgehende Anweisungen als Bibliotheksfunktionen zur Verfügung. Mit diesen Funktionen können Sie z.B. direkt den Bildschirmpufferspeicher ansprechen, die Tastatur kontrollieren, die Maus ansteuern und Betriebssystemfunktionen aufrufen.

Zusammen mit Cobol liefert Micro Focus eine Integrierte Entwicklungsumgebung (Integrated Development Environment IDE) für die Entwicklung der Programme. IDE enthält einen Editor, aus dem direkt die Kompilierung gestartet und gesteuert werden kann. Dabei müssen Sie in Pop-up-Fenstern nur die gewünschten Optionen anklicken. Sie können über die Help-Funktion jederzeit Erläuterungen zu den Cobol-Anweisungen, den Fehlermeldungen des Compilers und zur Bedienung der Werkzeuge abrufen. Sie markieren das Wort einfach mit der Maus oder der Tastatur und betätigen die [F1]-Hilfe-Taste. Mit dem Browser können Sie im Programmtext schnell zu den Stellen springen, an denen die Variablen definiert und referenziert werden. Sie können sich ebenfalls die Struktur der Programme, d.h. die Beziehung der Haupt- und Unterprogramme und die Aufrufe anzeigen lassen. In komplexen Programmsystemen ist dies eine wertvolle Hilfe.

1.2 Hardwareausstattung

MF-Cobol mit NetExpress kann auf Mikrocomputern mit einem Pentium-Prozessor eingesetzt werden, die eine minimale Speichergröße von 32 Mbyte RAM Speicher (**R**andom **A**ccess **M**emory = Schreib-/Lesespeicher) zuzüglich Speicherbedarf des Betriebssystems besitzen und mit dem Betriebssystem Windows 95 oder Windows NT arbeiten. Zu empfehlen sind 64 Mbyte Speicher.

Der Mikrocomputer muß mit einem CD-ROM-Laufwerk und einer Festplatte ausgestattet sein, da NetExpress nur von einer CD-ROM installiert werden kann. Der Compiler, die Hilfsprogramme und Bibliotheken werden auf der Festplatte gespeichert. Der Platzbedarf auf der Platte beträgt ca. 120 Mbyte.

Für die Ausgabe der Daten und Programme sollte ein Drucker mit mindestens 80 Spalten pro Zeile zur Verfügung stehen. Für die kaufmännische Anwendung sind Drucker mit 132 Spalten/Zeile empfehlenswert, damit größere Datenmengen übersichtlich ausgegeben werden können. Die Ansteuerung der Drucker im Grafikmodus mit unterschiedlichen Schriftarten und grafischen Darstellungen ist in Cobol nicht gelöst. Werkzeuge wie Crystal Reports zur Erzeugung von Listen mit Gruppensummen und anderen Aggregatfunktionen fehlen noch.

1.3 Softwarebausteine

MF-Cobol NetExpress läuft unter dem Betriebssystem Windows 95 oder höher. Eine Unix-Version des Compilers kann alternativ erworben werden. Die Betriebssysteme müssen vom Hersteller des Computers geliefert werden. Das Cobol-System wird bei der Installation mit Hilfe des SETUP-Programms und einigen Tabellen an die Systemumgebung angepaßt. Der Bediener wird bei der Installation durch Menüs und Erläuterungstexte gut unterstützt.

Für die Erstellung und Pflege von Cobol-Programmen wird ein Editor oder Textsystem benötigt. Die Cobol-Programme müssen auf Platten in einem Format gespeichert werden, das vom Cobol-Compiler bearbeitet werden kann (ASCII-Textdateien). Für die Programmverwaltung ist der Microsoft-Texteditor EDIT oder ein Textsystem geeignet. In NetExpress ist ein Editor integriert. Seine Leistungen sind gut auf Cobol abgestimmt. Aus dem Editor können Sie die Übersetzung und Ausführung starten, die Fehlerlisten des Compilers bearbeiten, das Quellprogramm korrigieren, ohne die Systemumgebung zu wechseln. NetExpress legt automatisch diverse Dateien an und aktualisiert sie ständig, um den komfortablen und sicheren Ablauf zu ermöglichen. Sinnvoll ist es, für jede Anwendung ein eigenes Verzeichnis anzulegen, in dem die Programmtexte, die Formulardefinitionen und die in Maschinensprache übersetzten Programme gespeichert sind. Bei komplexen Dialogsystemen entstehen sehr schnell vielfältig verschachtelte Programme. NetExpress ermittelt die Abhängigkeiten der Programme und zeigt die Struktur auf, wenn die Dateien in einem Projektverzeichnis abgelegt werden.

Das mit dem Editor erstellte Cobol-Quellenprogramm (Source-Program) wird vom Cobol-Compiler in einen Zwischencode (Relocatable Object Code) übersetzt. Die Übersetzung läuft in mehreren Phasen ab. Der Compiler schreibt das übersetzte Programm in eine Datei auf die Platte und gibt das Quellenprogramm auf dem Bildschirm oder Drucker aus. Enthält das Quellenprogramm Sprachfehler, werden die fehlerhaften Zeilen mit englischen Erläuterungstexten auf dem Bildschirm oder Drucker ausgegeben.

Bei der Ausführung des Programms werden automatisch weitere Hilfsprogramme aus dem Cobol-Directory in den Arbeitsspeicher des Computers geladen (AUTO-LINK), z.B. das Runtime-System, das Hilfsprogramm für die Verwaltung indexsequentieller Dateien und das Programm für die Dialogsteuerung.

Die für die Übersetzung und Ausführung erforderlichen Programme und Programmbausteine sind auf der Cobol-Installations-CD-ROM gespeichert, die vom Händler oder Hersteller geliefert wird.

Daneben sind im Cobol-Verzeichnis eine Reihe weiterer Unterprogramme gespeichert, die bei speziellen Leistungen automatisch aufgerufen werden, und Hilfsprogramme, um Programme und Dateien, die mit einer älteren Compilerversion erzeugt wurden, auf die neue Compilerversion umzustellen.

Hinweis: *Mit älteren Cobol-Versionen erzeugte indexsequentielle Datenbestände können in der Regel nur gelesen werden. Für die volle Verarbeitungsbreite müssen sie erst mit den Hilfsprogrammen in das neueste Format umgesetzt werden.*

1.4 Programmentwicklung

Für die Entwicklung von Programmen sind umfangreiche Vorarbeiten erforderlich, damit eine akzeptable Problemlösung entsteht. Am Anfang steht immer die in der Umgangssprache formulierte Aufgabenstellung. In der Aufgabenstellung wird angegeben, welche Daten wie verarbeitet werden sollen. Die Beschreibung der Daten und die Aufgabe werden in diesem Buch auf Formularen angegeben, wie sie in der Praxis häufig anzutreffen sind. Die Aufgabenstellungen sind der kaufmännischen Anwendung der Datenverarbeitung entnommen. Sie sind dabei aber so stark vereinfacht, daß sie von Programmieranfängern gelöst werden können.

Nach der Aufgabenstellung werden die erforderlichen Bilder für die Datenein- und -ausgabe und die Ausgabelisten entworfen.

Im dritten Schritt wird die programmtechnische Lösung der Aufgabe konzipiert. Dabei werden die Lösungstechniken der normierten Programmierung nach DIN 66220 und der strukturierten Programmierung eingesetzt. Soweit erforderlich, werden Datenflußpläne und Programmablaufpläne oder Flußdiagramme für die Aufgabe entwickelt und diskutiert.

Im vierten Schritt werden die Cobol-Programme erstellt. Die Programme werden immer durch zahlreiche Kommentare erläutert.

Im fünften Schritt werden die Besonderheiten des Programms und der Cobol-Befehle erläutert.

Bei komplexen Lösungswegen werden Testdaten für einen Schreibtischtest bereitgestellt und die wichtigsten Datenfelder, die den Programmablauf steuern, aufgezeigt, so daß der Programmierer den Lösungsweg und den internen Ablauf im Computer nachvollziehen kann. Versuchen Sie, die Programme mit dem ANIMATOR auszuführen. Sie können damit die Lösungslogik hervorragend verfolgen.

Eine kurze Bedienungsanleitung für NetExpress und die Integrierte Entwicklungsumgebung (IDE) ist in Kapitel 4 enthalten, so daß der Leser Programme in sein eigenes Computersystem eingeben und testen kann. Als Arbeitserleichterung sind in Kapitel 26 die bei einer Kompilierung häufig auftretenden Fehler und Fehlermeldungen und die eventuell erforderlichen Programmkorrekturen aufgeführt. Auf der beiliegenden Diskette sind die Beispielprogramme im Quelltext gespeichert, damit Sie die Programme ohne ermüdende Tipparbeit nachentwickeln und auch modifizieren können.

Kapitel 2

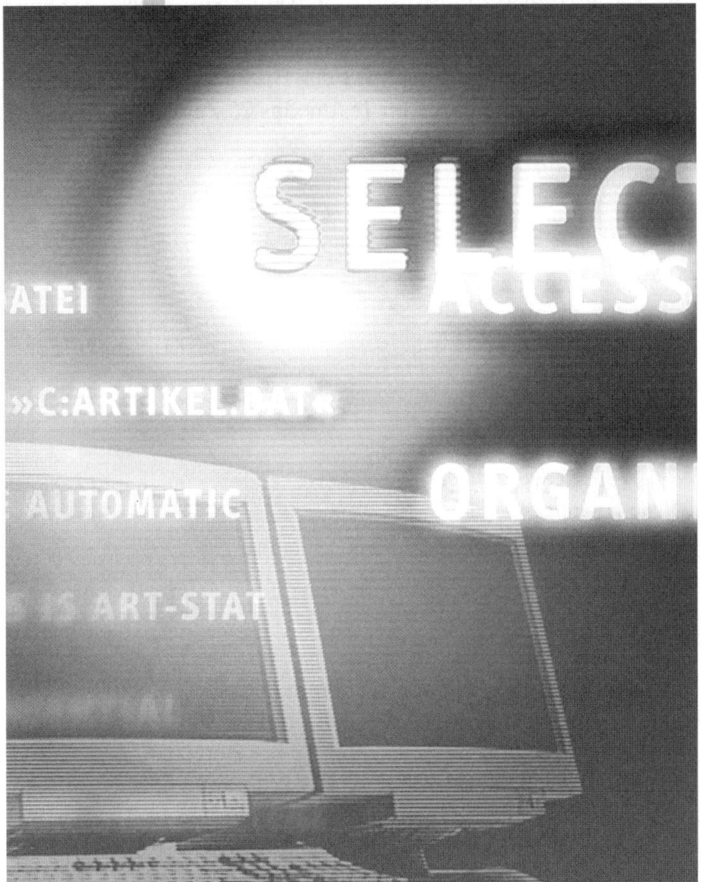

Einführungsbeispiel

In einem Programm soll der Bruttopreis eines Artikels aus Menge, Einzelpreis und Mehrwertsteuer errechnet werden. Menge, Einzelpreis und Mehrwertsteuerprozentsatz sollen am Bildschirmterminal eingegeben, Nettowert, Mehrwertsteuerbetrag und Bruttopreis sollen auf dem Bildschirm ausgegeben werden.

Vor der Programmerstellung wird das Bildschirmbild für die Datenein- und -ausgabe entworfen. Der Bildschirm hat im Textmodus 25 Zeilen mit 80 Spalten pro Zeile.

Bildschirmbild

```
        B R U T T O P R E I S B E R E C H N U N G   PROG01
--------------------------------------------------------------------
     MENGE................. :
     EINZELPREIS.............:               Eingabefelder
     MW-ST-PROZENTSATZ.......:
--------------------------------------------------------------------
     NETTOWERT...............:
     MEHRWERTSTEUER..........:               Ausgabefelder
     BRUTTOPREIS.............:
--------------------------------------------------------------------
    WEITERE BERECHNUNGEN (J/N): _             Systemzeile
```

Das Bild besteht aus einem *Bildkopf*, in dem die Tätigkeit und der Programmname angegeben sind, aus einem *Eingabebereich*, in dem der Bediener seine Daten eingibt, aus einem *Ausgabebereich*, in dem die Ergebnisse der Berechnung angezeigt werden, und der *Systemzeile*, in der der Bediener wählt, ob das Programm beendet werden soll oder weitere Berechnungen durchgeführt werden sollen. Beachten Sie bei der Ausführung, daß unter MS-DOS die Eingabe in ein Datenfeld mit der Enter- oder Return-Taste abgeschlossen wird, unter Windows mit der Tab-Taste. Die Return-Taste beendet unter Windows die Eingabe in ein komplettes Fenster.

Das folgende Cobol-Programm enthält viele Erläuterungstexte, die durch Sterne gekennzeichnet sind. Diese Zeilen müssen nicht geschrieben werden, sie verbessern aber die Lesbarkeit des Programms. Das Programm wird im Anschluß an den Ausdruck ausführlich erläutert.

```
123456*890123456789012345678901234567890123456789012345678901234567890
      $SET MS"2"  *>Compiler Direktive für verwendeten Dialekt
      ******************************************************
        IDENTIFICATION DIVISION.
      ******************************************************
        PROGRAM-ID.    PROG01.
      ***    PROGRAMMNAME ****
```

```
      ***   Einführungsbeispiel für COBOL
      ********************************************************
        ENVIRONMENT DIVISION.
      ********************************************************
        CONFIGURATION SECTION.
        SPECIAL-NAMES.
      ******  Umschalten auf europäische Schreibweise:
                DECIMAL-POINT IS COMMA.
        INPUT-OUTPUT SECTION.
        FILE-CONTROL.
      ******  Erforderlich, wenn Dateien verarbeitet werden
      ******  Angaben zu den peripheren Geräten und Laufwerks-
      ******  zuordnungen
      ********************************************************
        DATA DIVISION.
      ********************************************************
        FILE SECTION.
      ***** Beschreibung der Dateien auf externen Datenspeichern
      ***** und der Ein-/Ausgabe-Speicherbereiche
      ********************************************************
        WORKING-STORAGE SECTION.
      ********************************************************
      **** Beschreibung der Arbeitsspeicherfelder für Daten
        01      FILLER          PIC X(11) VALUE
                'W-S SECTION'.
        01      E-FELDER.
          05    E-MENGE         PIC S9(7)V99   VALUE ZERO.
          05    E-PREIS         PIC S9(7)V99   VALUE ZERO.
          05    E-MWST          PIC S99V99     VALUE ZERO.
        01      S-RECHFELDER.
          05    S-NETTO         PIC S9(9)V99   VALUE ZERO.
          05    S-MWST-BETR     PIC S9(9)V99   VALUE ZERO.
          05    S-BRUTTO        PIC S9(9)V99   VALUE ZERO.
        01      A-FELDER Value Space.
          05    A-NETTO         PIC ZZZ.ZZZ.ZZ9,99-.
          05    A-MWST-BETR     PIC ZZZ.ZZZ.ZZ9,99-.
          05    A-BRUTTO        PIC ZZZ.ZZZ.ZZ9,99-.
        01      S-ARBFELDER.
          05    S-STRICH        PIC X(80) VALUE ALL "-".
          05    S-WEITER        PIC X.
      ********************************************************
        PROCEDURE DIVISION.
      ********************************************************
        B100.
```

```
*********************************************************
**** Ausgabe Bildkopf
*********************************************************
       DISPLAY ( 1, 1 ) ERASE.       *> Löschen Bildschirm
       DISPLAY ( 1, 1 )
       ' B R U T T O P R E I S B E R E C H N U N G   PROG01'
         with highlight.
       DISPLAY (2, 1) S-STRICH.
*********************************************************
****   Einlesen der Daten
*********************************************************
   B150.
        DISPLAY ( 3, 1 )
          'MENGE....................... : '.
        ACCEPT ( 3, 40 )  E-MENGE.
        DISPLAY ( 4, 1 ) 'EINZELPREIS..................: '.
        ACCEPT ( 4, 40 )  E-PREIS.
        DISPLAY ( 5, 1 ) 'MW-ST-PROZENTSATZ............: '.
        ACCEPT  ( 5, 45 )  E-MWST.
        DISPLAY ( 6, 1 ) S-STRICH.
*********************************************************
****   Berechnung
*********************************************************
   B200.
           COMPUTE  S-NETTO = E-MENGE * E-PREIS.
           COMPUTE
           S-MWST-BETR = S-NETTO * E-MWST / 100.
           COMPUTE S-BRUTTO = S-NETTO + S-MWST-BETR.
*********************************************************
**** Ausgabe der Ergebnisse
*******************************************************
   B300.
       MOVE S-NETTO  TO A-NETTO. *>Übertragen in Ausgabemaske
       DISPLAY ( 8, 1 )
         'NETTOWERT.................. :'.
       DISPLAY ( 8, 30 ) A-NETTO.
       MOVE S-MWST-BETR         TO A-MWST-BETR.
       DISPLAY ( 9, 1 )
       'MEHRWERTSTEUER............. :'.
       DISPLAY ( 9, 30 ) A-MWST-BETR.
       MOVE S-BRUTTO            TO A-BRUTTO.
       DISPLAY ( 10, 1 )
       'BRUTTOPREIS................ :'.
       DISPLAY  ( 10, 30 ) A-BRUTTO.
```

```
*********************************************************
**** Ausgabe Systemzeile
*********************************************************
    B400.
        DISPLAY ( 23, 1 )  S-STRICH ERASE.
        DISPLAY ( 24, 1 )  'WEITERE BERECHNUNGEN (J/N) :'.
        ACCEPT ( 24, 40 ) S-WEITER WITH AUTO-SKIP.
        IF  S-WEITER    =  'J'      *> Nur Großbuchstaben
            GO TO B100              *> werden berücksichtigt
        END-IF.
        IF  S-WEITER    =  'N'
            GO TO B900
        END-IF.
**** falsche Eingabe:
        GO TO B400.
*********************************************************
**** Ende
*********************************************************
    B900.
        STOP RUN.
```

Erläuterung des Programms

Ein Cobol-Programm muß nach strengen *Formalvorschriften* aufgebaut werden. Sowohl für Rand, Einrückungen, Aufbau einer Zeile als auch für die Reihenfolge bestimmter Anweisungen bestehen strenge Regeln.

Zur Erläuterung sind in das Programm *Kommentarzeilen* eingefügt. Sie haben einen Stern (*) in Stelle 7 der Zeile. MF-Cobol erlaubt zusätzlich Endkommentare in Zeilen. Sie werden mit der Zeichenkombination »*>« eingeleitet. Endkommentare entsprechen nicht der ANSI-Norm, sind allerdings nützlich. In der ersten Zeile sind im o.a. Programm zur Erläuterung die Schreibstellen einer Zeile aufgezeigt. *Stelle 1 bis 6* der Zeile sind für die *Zeilennummer* reserviert. Sie kann zwischen 000001 und 999999 liegen. Die Zeilennummer wird von vielen Programmverwaltungssystemen für den Änderungsdienst verwendet. Da das hier eingesetzte System eine andere Technik für das Auffinden von Zeilen verwendet, ist dieser Bereich leer gelassen worden. Der Compiler betrachtet diesen Bereich als Kommentar. Der MF-Cobol-Compiler eliminiert wahlweise diese Stellen aus dem Übersetzungsprotokoll.

Stelle 7 der Zeile ist für die Kennzeichnung von Kommentaren oder besondere Steuerzeichen für den Compiler reserviert.

In *Stelle 73 bis 80* der Zeile kann der Programmname und eine Versionsnummer geschrieben werden, um den Änderungsdienst in den Griff zu bekommen. Der Compiler betrachtet die Eintragungen dieses Bereiches als Kommentar, deswegen ist dieser Bereich in dem Programm leer gelassen worden.

Die Eintragungen zwischen Stelle 8 und Stelle 72 einer Zeile werden vom Compiler bearbeitet.

Im Bereich A (*Stelle 8 bis 11*) müssen die Überschriften der Programmteile beginnen. Da diese Überschriften die Arbeit des Compilers steuern, dürfen sie nicht weggelassen oder falsch geschrieben werden. Auch Kapitel (SECTION)- und Paragraphennamen oder Marken, die als Sprungziele in Sprungbefehlen angegeben werden können, müssen in diesem Bereich beginnen.

Die übrigen Erklärungen und Befehle in den verschiedenen Programmteilen werden im Bereich ab *Stelle 12* bis *Stelle 72* geschrieben (Bereich B). Ob in Stelle 12 oder erst später begonnen wird, ist dabei unerheblich.

In MF-Cobol können alle Eintragungen ab Stelle 8 der Zeile beginnen. Einrückungen sollten aber beibehalten werden, um das Programm optisch aufzugliedern.

Für das formgerechte Erstellen von Cobol-Programmen gibt es spezielle Codierblätter, auf denen die Bereiche für Zeilennummern, Befehle usw. markiert sind. Diese Codierblätter waren erforderlich, als das Programm über Lochkarten in den Computer eingegeben wurde. Wird das Programm mit einem Editor am Terminal eingegeben, kann auf diese Formulare verzichtet werden, da die einzelnen Stellen der Cobol-Zeile mit dem Tabulator angesprungen werden können. Das Programm kann relativ formfrei auf einfachen Blättern konzipiert werden. Die Cobol-Befehle und Variablen können in *Groß- oder Kleinbuchstaben* eingegeben werden. Cobol setzt intern die Befehle und Variablennamen in Großbuchstaben um.

Ein Cobol-Programm besteht in der Regel aus folgenden vier Hauptteilen:

- IDENTIFICATION DIVISION.(Erkennungsteil)
- ENVIRONMENT DIVISION.(Maschinenteil)
- DATA DIVISION.(Datenteil)
- PROCEDURE DIVISION.(Befehlsteil)

Diese Wörter müssen allein in einer Zeile stehen und durch einen Punkt beendet werden. Ein Basic-Programm enthält im Wesentlichen nur die Angaben der PROCEDURE DIVISION. Alle anderen Teile fehlen, das Basic-System erzeugt die Angaben automatisch. Gemäß der neuen Cobol-Norm müssen nur die DIVISIONs geschrieben werden, die im Programm benötigt werden. Die DIVISION-Überschriften können entfallen.

Die vier Teile des Cobol-Programms sind im Beispiel mit Sternzeilen markiert. Solche Zeilen und Leerzeilen können an beliebiger Stelle in das Programm eingefügt werden, um es übersichtlicher zu gestalten. Erläuternde Kommentarzeilen können ebenfalls an beliebiger Stelle in das Programm eingefügt werden.

Die IDENTIFICATION DIVISION enthält Angaben zur Kennzeichnung des Programms, wie Programmname, Autor und Erstellungsdatum. Der *Programmname* kann angegeben werden, er wird vom Betriebssystem zur Kennzeichnung des Programms verwendet. Alle anderen Angaben können entfallen. In Cobol-85 sollten AUTHOR usw. weggelassen werden, da der Compiler diese Angaben demnächst nicht mehr verarbeitet. Am Anfang sollte das Programm in Kommentarzeilen erläutert werden.

In der ENVIRONMENT DIVISION wird die Maschine beschrieben, und es werden Angaben für die Steuerung der Ein-/Ausgabe der Daten gemacht. Dieser Teil unterscheidet sich sehr stark von Computer zu Computer. Es empfiehlt sich, die erforderlichen Angaben bei der Programmerstellung aus einem Musterprogramm zu übernehmen.

Die DATA DIVISION enthält die Beschreibung der Daten und Dateien, die in dem Programm verarbeitet werden. Im Gegensatz zu anderen Programmiersprachen müssen alle Datenfelder (entspricht den Variablen in Basic oder Fortran) im Programm beschrieben werden. Cobol kennt *keine* Standardspeicherungsformen für Zahlen oder Texte.

Bei der Programmerstellung geht man in der Regel so vor, daß man abwechselnd Teile der DATA DIVISION und der PROCEDURE DIVISION schreibt. Die DATA DIVISION besteht aus mehreren Teilen oder SECTIONs. Die FILE SECTION (Datei-Teil) ist erforderlich, wenn Daten verarbeitet werden sollen, die auf Platten, Bändern oder Lochkarten gespeichert sind, und wenn Daten auf dem Drucker ausgegeben werden sollen. Für die Eingabe und Ausgabe von Daten auf dem Bildschirm sind keine speziellen Angaben in Cobol erforderlich.

In der WORKING-STORAGE SECTION (Arbeitsspeicher-Teil) werden alle Datenfelder, die für die Lösung der Aufgabe erforderlich sind und nicht auf Externspeichern stehen, beschrieben. Das Übersetzungsprogramm (Compiler) reserviert für jedes Datenfeld Platz im Arbeitsspeicher.

Eine *Datenbeschreibung* besteht in Cobol aus der *Stufennummer* (im Beispiel 01 und 05), dem *Datennamen*, der maximal 30 Stellen lang sein und aus Buchstaben, Ziffern und dem Bindestrich (-) bestehen darf. Mit dem Wort PIC oder PICTURE wird die Beschreibung des Datenfeldes eingeleitet. Mit den *Symbolen* X, 9, S, V u.a.m. werden Art, Länge, Vorzeichenstelle, Dezimalkommastelle usw. des Datenfeldes angegeben. Mit *Zusätzen* zur Beschreibung können besondere Eigenschaften oder Werte des Datenfeldes angegeben werden (im Beispiel VALUE 'W-S SECTION'). Durch die VALUE-Eintragung wird in dem Datenfeld der in Hochkommas eingeschlossene Text gespeichert. VALUE ZERO bzw. VALUE 0 setzt das Datenfeld auf den Anfangswert Null. Fehlen VALUE-Angaben, initialisiert Cobol die Datenfelder mit Leerstellen (SPACE). Über Compiler-Schalter können Sie dieses Verhalten steuern.

Im Beispielprogramm werden folgende *Datenarten* verwendet:

Alphanumerische Datenfelder

In ihnen können Buchstaben und Texte gespeichert werden. Sie werden mit PIC X... beschrieben. In Klammern oder durch eine entsprechende Anzahl von X wird die Länge des Datenfeldes in Bytes angegeben.

Mit alphanumerischen Datenfeldern kann nicht gerechnet werden. Bei der Dateneingabe am Terminal akzeptiert Cobol nur so viele Zeichen, wie in der PIC-Eintragung angegeben sind.

Numerische Datenfelder

Alle Datenfelder, mit denen gerechnet werden soll, müssen numerisch mit PIC 9... beschrieben werden. Die Anzahl der Ziffernpositionen wird in Klammern oder durch eine entsprechend häufige Wiederholung des Symbols 9 angegeben. *S* gibt die Vorzeichenstelle, *V* die Kommastelle an. S9(7)V99 bedeutet, daß die Zahl mit 7 Vorkomma-, zwei Nachkommastellen und dem Vorzeichen gespeichert wird.

Numerische Datenfelder sollten immer mit einer ausreichenden Stellenzahl angegeben werden. Für Betragsfelder werden häufig 9 Vorkomma- und 2 Nachkommastellen gewählt. Wird ein Datenfeld zu klein definiert und kann das Ergebnis nicht mehr aufnehmen, schneidet Cobol einfach die linken, überzähligen Ziffern ab, sofern im Programm keine besonderen Vorkehrungen für den Zahlenüberlauf getroffen werden. Testen Sie das einmal im Beispielprogramm, indem Sie große Werte für Menge und Preis eintippen.

Bei der Eingabe numerischer Daten am Terminal werden nur Ziffern, ein Vorzeichen und ein Dezimalkomma entsprechend der Datenbeschreibung akzeptiert. Das Verhalten des Programms bei der Eingabe numerischer Daten kann über spezielle Erfassungsmasken und Schalter benutzerfreundlich gestaltet werden.

Druckaufbereitungsfelder (Ausgabeformate)

Cobol kennt kein Standardausgabeformat für Zahlen. Der Programmierer muß Ausgabemasken vorgeben, damit Vorzeichen, Komma und evtl. andere Füllzeichen in die Zahl oder auch Texte eingeblendet werden. Werden numerische Datenfelder ohne Druckaufbereitung ausgegeben, erscheinen in der Regel unsinnige Werte.

Cobol stellt eine Reihe von Möglichkeiten zur Verfügung. Im Beispielprogramm werden folgende Symbole verwendet:

Z Unterdrückung führender Nullen. Es werden statt der Nullen Leerstellen ausgegeben.

9 Jede Ziffer der Zahl, auch führende Nullen, soll ausgegeben werden.

, An dieser Stelle soll das Dezimalkomma in die Zahl eingeblendet werden.

. Der Punkt wird als Füllzeichen in die Zahl eingeblendet, um die Lesbarkeit der Zahl zu verbessern.

\- Das Minuszeichen gibt die Stelle an, an der das Vorzeichen der Zahl ausgedruckt werden soll.

Die Bedeutung von Punkt und Komma ist hier an die deutsche Schreibweise durch die Eintragung DECIMAL-POINT IS COMMA in der ENVIRONMENT DIVISION angepaßt.

Alle Möglichkeiten der Druckaufbereitung sind in Kapitel 7, »Datenbeschreibung in der DATA DIVISION«, behandelt.

Gruppenfelder

Mehrere Datenfelder können zu Gruppenfeldern zusammengefaßt werden. Gruppenfelder haben *keine PIC-Eintragung*, sie haben eine niedrigere Stufennummer als die untergeordneten Datenfelder. Wenn der Inhalt eines Gruppenfeldes mit einem Befehl verändert wird, werden alle untergeordneten Datenfelder mit verändert. Gruppenfelder kann man mit Hauptüberschriften in einem Inhaltsverzeichnis vergleichen.

Die PROCEDURE DIVISION enthält die Befehle oder Anweisungen, die zur Lösung der Aufgabe erforderlich sind. Es empfiehlt sich, pro Zeile eine Anweisung zu schreiben. Es ist erlaubt, mehrere Anweisungen oder Befehle in eine Zeile zu schreiben oder einen Befehl auf mehrere Zeilen aufzuteilen.

Jeder Befehl kann mit einem *Punkt* beendet werden, mit *Ausnahme* der Befehle, die nur ausgeführt werden sollen, wenn eine Bedingung erfüllt ist, z.B. nach Vergleichsoperationen.

Die Regeln für das Setzen von Punkten in Cobol sind zum Teil sehr flexibel, an anderen Stellen, insbesondere nach Abfragebefehlen, sehr streng. Dies führt in der Praxis häufig zu unangenehmen Fehlern in Programmen, die nur schwer zu lokalisieren sind. In Cobol-85 ist diese Schwäche beseitigt worden. Die neuen Bereichsbegrenzer END-IF, END-READ usw. können an Stelle des Punktes geschrieben werden, um eine Befehlsfolge zu beenden, die nur bei bestimmten Bedingungen ausgeführt werden soll (vgl. IF-Abfrage im B400 des Programms).

In der PROCEDURE DIVISION können mehrere Befehle in *Paragraphen* zusammengefaßt werden (B100, B200 usw.). Paragraphennamen müssen zwischen *Stelle 8* und *Stelle 12* der Zeile beginnen.

Die *Cobol-Anweisungen* sollten erst ab *Stelle 12* geschrieben werden. Durch diese Vorschrift wird das Programm optisch aufgegliedert und ist besser überschaubar. Paragraphen können *Sprungziele* in den Sprunganweisungen sein.

Paragraphennamen müssen nach den Regeln der Cobol-Sprache gebildet werden, d.h. sie dürfen aus Buchstaben, Ziffern und dem Bindestrich bestehen und maximal 30 Stellen lang sein. Die Namen müssen durch einen Punkt mit mindestens einem folgenden Leerzeichen beendet werden.

In einem Paragraphen sollten sachlich zusammengehörende Befehle zusammengefaßt werden. Im Beispielprogramm steht in einer Kommentarzeile über dem Paragraphen, was in ihm gemacht wird.

Jede *Cobol-Anweisung* besteht aus einem *Verb*, das angibt, was der Computer tun soll. Die Verben dieses Programms sind DISPLAY, ACCEPT, MOVE, COMPUTE usw. Nach dem Verb werden die *Namen der Datenfelder*, die zu verarbeiten sind, und ergänzende Angaben geschrieben. Für jede Anweisung gibt es genaue Vorschriften.

Mit dem Befehl DISPLAY werden Daten auf dem Bildschirm ausgegeben. In Klammern kann die Position im Format (Zeile, Spalte) angegeben werden, an der die Ausgabe beginnen soll. Fehlen die Positionsangaben, erfolgt die Ausgabe an der aktuellen Cursorposition. Die Zusatzangabe ERASE bewirkt ein Löschen des Bildschirms ab der Cursorposition.

Wird nach dem DISPLAY-Verb ein Text in Hochkommas oder Anführungsstrichen angegeben, wird dieser Text auf dem Bildschirm ausgegeben Wird nach dem DISPLAY-Verb ein Datenname, der in der DATA DIVISION beschrieben sein muß, angegeben, wird der Inhalt dieses Datenfeldes auf dem Bildschirm angezeigt. Die Position der Ausgabedaten kann mit mehreren Formaten festgelegt werden. Die Positionsangabe in Klammern entspricht dem Microsoft-Cobol-Dialekt, die Angabe mit dem AT-Zusatz dem Micro-Focus-Dialekt. In diesem Dialekt wird in den ersten beiden Stellen der vierstelligen Zahl, die hinter AT steht, die Bildschirmzeile, in den hinteren beiden Stellen die Bildschirmspalte festgelegt; 0201 entspricht also Zeile 2, Spalte 1 auf dem Bildschirm. Es stehen noch weitere Möglichkeiten in Cobol zur Verfügung.

Mit dem WITH-Zusatz können Attribute für die Darstellung der Ausgabewerte angegeben werden. WITH HIGHLIGHT bedeutet, daß das Datenfeld hell leuchtend dargestellt werden soll. Weitere Attribute stehen in Cobol zur Verfügung, z.B. REVERSE-VIDEO für die inverse Darstellung oder BLINK für eine blinkende Ausgabe.

Mit dem ACCEPT-Befehl werden während der Programmausführung Daten vom Bildschirmterminal eingelesen. Hinter dem ACCEPT-Verb können in Klammern Positionsangaben im Format (Zeile, Spalte) angegeben werden. An der spezifizierten Stelle, die bei der Programmausführung durch den Cursor markiert wird, muß die Eingabe getätigt werden. Die Eingabe der Daten muß in der Regel durch die __-Ù_-Taste beendet werden. Nach Ausführung des ACCEPT-Befehls stehen im angegebenen Datenfeld, das in der DATA DIVISION beschrieben sein muß, die eingetippten Werte zur Verfügung. Die Position kann wie beim DISPLAY-Befehl auch mit dem AT-Zusatz festgelegt werden (Micro-Focus-Dialekt).

Für die Gestaltung der Bildschirm-Ein-/-Ausgabe stehen in Cobol viele Möglichkeiten zur Verfügung, die in den Kapiteln SCREEN SECTION und Bildschirm-Ein-/-Ausgabebefehle im Einzelnen erläutert werden. Das Verhalten des Systems bei der Eingabe von Texten und Zahlen kann mit Hilfe von Erfassungsmasken und Schaltern bedienerfreundlich gestaltet werden. Alle gängigen Techniken können realisiert werden.

Nach Ausführung der Befehle in den Paragraphen B100 und B150 sind in den Datenfeldern E-MENGE, E-PREIS und E-MWST die eingegebenen Daten gespeichert. In B200 erfolgt die Berechnung des Nettopreises, der Mehrwertsteuer und des Bruttopreises.

In Cobol können Rechenbefehle mit dem COMPUTE-Verb eingeleitet werden. Es können die mathematischen Symbole

=	Zuweisung des Ergebnisses
+	Addition
–	Subtraktion
*	Multiplikation
/	Division
**	Potenzierung

verwendet werden.

Das Ergebnisfeld muß in Cobol immer links vom »=«-Zeichen stehen. Die mathematischen Symbole müssen von mindestens einer Leerstelle links und rechts eingerahmt sein. Der Bindestrich in einem Datennamen ist nicht mit dem Minuszeichen zu verwechseln.

```
E-MENGE      ist ein Datenname
E  -  MENGE  bedeutet E minus MENGE
```

Im B300-Paragraphen werden die berechneten Werte S-NETTO, S-MWST-BETR und S-BRUTTO ausgegeben. Dazu werden die Felder in Druckaufbereitungsfelder übertragen. Der Übertragungsbefehl lautet:

```
MOVE ...   TO ...
MOVE  S-NETTO  TO A-NETTO.
      |           |
      |           Empfangsfeld
      Sendefeld
```

Der Inhalt des Sendefeldes bleibt dabei erhalten. Bei der Übertragung in das Druckaufbereitungsfeld werden die Zeichen des Sendefeldes nach Maßgabe der Ausgabemaske aufbereitet.

Vor den Ergebnisfeldern wird auf dem Bildschirm ein erläuternder Text ausgegeben, damit der Bediener weiß, was die Zahlen bedeuten.

Im B400 wird der Bediener mit einer Bildschirmmeldung gefragt, ob weitere Berechnungen mit dem Programm durchzuführen sind oder ob das Programm beendet werden soll. Die *Abfrage*

```
IF S-WEITER    =  'J'
     GO TO B100
END-IF.
```

bedeutet, daß zum Paragraphen B100 gesprungen werden soll, wenn der Inhalt des Datenfeldes S-WEITER gleich »J« ist. Die Anweisungen zwischen IF und END-IF werden ausgeführt, WENN die Bedingung erfüllt ist. In der Befehlsfolge zwischen IF und END-IF darf *kein Punkt* stehen, wegen der Kompatibilität mit den älteren Compilern. Alternativ kann die Bedingung formuliert werden:

```
IF S-WEITER    =  'J'
   GO TO B100.
             |
             Satzendepunkt
```

In Cobol werden die Befehle, die zwischen einem Vergleich und dem *abschließenden Punkt* stehen, ausgeführt, wenn das Ergebnis des Vergleichs JA lautet. Ist das Ergebnis des Vergleichs NEIN, werden diese Befehle übersprungen und die Befehle ausgeführt, die nach dem Satzendepunkt stehen.

In Verbindung mit der IF-Abfrage ist also der Punkt von großer Bedeutung. Er steuert die Ausführung der Befehle. Da in der Vergangenheit der Satzendepunkt immer wieder zu Fehlern geführt hat, sollte ab Cobol-85 nur noch mit IF ... END-IF gearbeitet werden, wenn auch der Schreibaufwand geringfügig größer ist.

Zur Verbesserung der Lesbarkeit eines Programms sollten die Befehle, die in Abhängigkeit von einer Bedingung ausgeführt werden, in der Zeile weiter eingerückt und jeweils nur ein Befehl in die Zeile geschrieben werden.

Im B900 wird das Programm beendet. Mit dem STOP RUN-Befehl wird die Steuerung an das Betriebssystem zurückgegeben. Der STOP RUN-Befehl muß als letzter Befehl des Programms ausgeführt werden.

Soll das Programm nochmals ausgeführt werden, muß es erneut in den Speicher geladen und gestartet werden.

KONTROLLFRAGEN

1. Nennen Sie die vier Hauptteile eines Cobol-Programms, und beschreiben Sie kurz, welche Angaben in diesen Teilen gemacht werden.
2. Beschreiben Sie den Aufbau einer Cobol-Zeile. Welche Angaben müssen in den Bereichen geschrieben werden?
3. Wozu dient die PICTURE-Eintragung in einem Cobol-Programm?
4. Welche Datenarten kennt die Cobol-Sprache?
5. Welche Fehler sind im folgenden Programmausschnitt enthalten:

```
IDENTIFIKATION DIVISION.
PROGRAMM-ID.    TESTPRO.
ENVIRONMENT DIVISION
CONFIGURATION-SECTION.
SPECIAL NAMES.
     DECIMAL POINT IS KOMMA.
DATA DIVISION
FILE-SECTION.
WORKING STORAGE SECTION.
procedure division.
      move '1'       TO FELD/A.
      COMPUTE A+B=C.
```

6. Wie lautet in Cobol der Befehl, um Daten vom Terminal einzulesen?
7. Wie lautet der Befehl, um Daten auf dem Bildschirm auszugeben?
8. Wie werden Kommentarzeilen im Programm gekennzeichnet?

ANTWORTEN

1. Die vier Teile eines Cobol-Programms sind:

   IDENTIFICATION DIVISION. (Erkennungsteil)

   Sie enthält Angaben zur Kennzeichnung des Programms. Der Programmname muß angegeben werden. Alle anderen Angaben sind quasi Kommentare.

   ENVIRONMENT DIVISION. (Maschinenteil)

   Hier wird die Maschine, auf der das Programm laufen soll, beschrieben. Diese Angaben sind Kommentare. Es wird angegeben, welche peripheren Geräte und Datenbestände das Programm benötigt.

   DATA DIVISION. (Datenteil)

   Im Datenteil werden die Daten beschrieben, die das Programm einliest, verarbeitet und ausgibt. Alle Daten müssen beschrieben werden, da Cobol kein Standardspeicherformat für Zahlen oder Texte kennt.

   PROCEDURE DIVISION. (Befehlsteil)

   Im Prozedurteil wird angegeben, was der Computer in welcher Reihenfolge tun soll. Er besteht aus Anweisungen oder Befehlen.

2. Stelle 1 bis 6 für die Zeilennummer.

   Stelle 7 für Kommentar (*)- oder andere Kennzeichnungen der Zeile.

   Ab Stelle 8 beginnt Bereich A für Überschriften, Sprungmarken, Stufennummern und andere, genau festgelegte Eintragungen.

   Ab Stelle 12 bis Stelle 72 (Bereich B) können die Datennamen in der DATA DIVISION und die Befehle in der PROCEDURE DIVISION geschrieben werden.

   Von Stelle 73 bis 80 können der Programmname oder andere Kennzeichen geschrieben werden. Der Compiler betrachtet diese Zeichen als Kommentar.

3. In der PICTURE- oder PIC-Eintragung wird die Art (numerisch, alphanumerisch, druckaufbereitet) und die Länge des Datenfeldes angegeben.

4. Cobol kennt:

   - Numerische Datenfelder (Zahlen); mit ihnen kann gerechnet werden.
   - Alphanumerische Datenfelder zur Speicherung von Texten.
   - Druckaufbereitungsfelder für die übersichtliche Ausgabe von Zahlen und Texten.
   - Gruppenfelder zur Zusammenfassung von einzelnen Datenfeldern, damit die Verarbeitung erleichtert wird.

5.

Zeile	Fehler
1	IDENTIFICATION mit K geschrieben
2	PROGRAM-ID. mit zwei M geschrieben
3	abschließender Punkt fehlt
4	der Bindestrich ist falsch
5	SPECIAL-NAMES muß mit Bindestrich geschrieben werden
6	dgl. DECIMAL-POINT
7	Punkt fehlt
8	der Bindestrich ist falsch
9	der Bindestrich in WORKING-STORAGE fehlt
10	kein Fehler; in Cobol-Wörtern sind große und kleine Buchstaben zulässig
11	der Schrägstrich »/« ist in Cobol-Wörtern nicht erlaubt
12	das Ergebnisfeld C muß links vom Zeichen »=« stehen, alle mathematischen Symbole müssen von Leerstellen eingerahmt sein. Richtige Schreibweise: COMPUTE C = A + B Außerdem sind die Datenfelder nicht in der DATA DIVISION beschrieben.

6. Mit dem ACCEPT-Befehl werden die Daten vom Bildschirmterminal eingelesen.

7. Mit dem DISPLAY-Befehl werden die Daten auf dem Bildschirm ausgegeben.

8. Kommentarzeilen haben einen Stern »*« in Stelle 7 der Zeile. Endkommentare in Zeilen werden durch die Zeichenkombination »*>« eingeleitet.

Kapitel 3

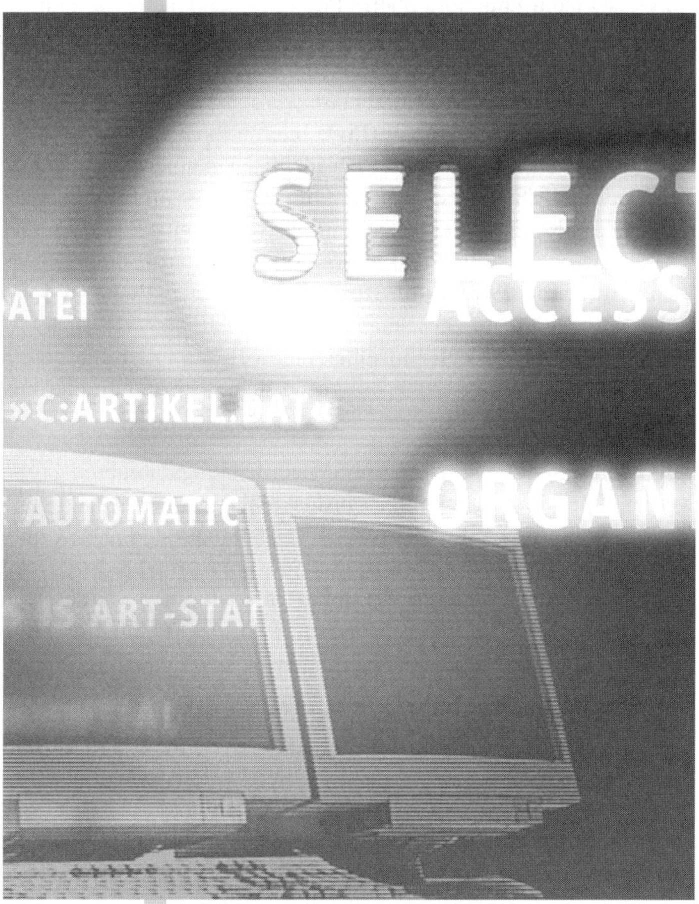

Das grundlegende Konzept von Cobol

3.1 Allgemeines

Cobol ist eine problemorientierte Programmiersprache für kaufmännische Aufgabenstellungen. Cobol steht für **Co**mmon **B**usiness **O**riented **L**anguage, zu deutsch: allgemein kommerziell orientierte Sprache. Die Hersteller und Anwender haben diese Sprache seit 1959 ständig weiterentwickelt. Die Ergebnisse werden als Cobol-Report oder Normblätter veröffentlicht. Die neueste ISO-Norm (ISO: International Organization for Standardization) ist im Dezember 1985 zusammen mit der identischen amerikanischen Norm ANSI X3.23-1985 in Kraft getreten. Die deutsche Norm DIN 66 028 ist im Prinzip eine Übersetzung des amerikanischen Textes. Die neue Norm wird häufig Cobol-85 genannt. Micro Focus Cobol ist eine Untermenge der kompletten ANS-Cobol-Standard-Sprache (ANS = **A**merican **N**ational **S**tandard). Ende 1989 wurde zusätzlich der neue Baustein INTRINSIC FUNCTIONs in Cobol aufgenommen. Diese eingebauten Funktionen erledigen viele Aufgaben, die bisher in mühsam programmierten Einzelbefehlen gelöst werden mußten. Seit 1992 wird eine Norm für die objektorientierte und ereignisgesteuerte Programmierung und grafische Bedieneroberflächen erwartet.

Cobol sollte schon mehrfach von neuen, leistungsfähigeren Programmiersprachen abgelöst werden. Die Versuche schlugen bisher fehl, weil die Sprache zu sehr verbreitet ist und zu viele Programme in dieser Sprache geschrieben sind. Die Cobol-Sprache ist zudem sehr streng genormt, so daß Cobol-Programme ohne große Schwierigkeiten von einer Anlage auf eine Anlage eines anderen Herstellers übernommen werden können. Viele Unternehmen entwickeln heute ihre Cobol-Programme auf dem PC und übertragen die ausgetesteten Programme auf einen Mainframe-Computer.

Cobol-Programme zeichnen sich durch Übersichtlichkeit und leichte Verständlichkeit aus. Die Formalvorschriften für ein Programm sind streng und umständlich. Ein Anfänger wird deshalb beim Erlernen der Sprache leicht frustriert. Der strenge Formalismus erleichtert aber die Wartung und Pflege von Programmen. Da heute in den Großunternehmen bereits zirka 70 % der Programmierkapazität für Programmpflege und Änderungen eingesetzt werden, ist dieser Vorteil nicht zu unterschätzen.

3.2 Zeichenvorrat

In einem Cobol-Programm dürfen folgende Zeichen verwendet werden:

- Großbuchstaben A bis Z
- Kleinbuchstaben a bis z
- Leerzeichen (Blank oder Space genannt)
- Ziffern 0 bis 9
- Sonderzeichen:
  + Pluszeichen
  - Minuszeichen oder Bindestrich

*	Stern-, Schecksicherungs- und Multiplikationszeichen
**	Exponentiationszeichen
/	Schrägstrich (Divisionszeichen)
=	Gleichheitszeichen
>	größer als
<	kleiner als
<>	ungleich
$	Währungssysmbol
,	Komma oder Dezimalkomma
;	Semikolon
.	Punkt oder Dezimalpunkt
"	Anführungszeichen
'	Hochkomma oder Apostroph (alternative Anführungszeichen)
(	Klammer auf
)	Klammer zu
:	Doppelpunkt (Kennzeichnung von Übergabevariablen in »Embedded-SQL-Kommandos«)
&	Ampersand oder Et-Zeichen (ab Cobol-85 für Stringverknüpfung zulässig)

Die deutschen Umlaute Ä, Ö, Ü und das ß dürfen nicht in Cobol-Wörtern geschrieben werden.

Für die Bildung von Wörtern, z.B. Variablennamen, dürfen in der Cobol-Sprache nur folgende Zeichen verwendet werden:

- 0 bis 9
- A bis Z
- a bis z
- - (Bindestrich)

Der Bindestrich darf nicht das erste oder letzte Zeichen eines Wortes sein. Kleinbuchstaben werden wie Großbuchstaben behandelt. »E-FELD« und »e-feld« bezeichnen das gleiche Datenfeld.

In den Befehlen oder Anweisungen können *zusätzlich* folgende Zeichen verwendet werden:

- (
-)
- ,
- .
- ;
- mathematische Operationszeichen +, –, *, /, **

eckige Klammern [ ] dürfen nicht verwendet werden.

In Vergleichen bzw. Bedingungen können folgende Zeichen verwendet werden:

>	größer als
<	kleiner als
=	gleich
>=	größer oder gleich
<=	kleiner oder gleich
<>	ungleich
NOT =	ungleich

Die Vergleichsoperatoren können auch als Wörter geschrieben werden. Dies empfiehlt sich, wenn der eingesetzte Computer nicht über die mathematischen Zeichen verfügt.

- GREATER bedeutet »größer als«
- LESS bedeutet »kleiner als«
- EQUAL bedeutet »gleich«
- GREATER OR EQUAL bedeutet »größer oder gleich«
- LESS OR EQUAL bedeutet »kleiner oder gleich«
- NOT = bedeutet »ungleich«
- UNEQUAL bedeutet »ungleich«

Die Vergleichsoperatoren <=, >= und <> stehen ab Cobol-85 zur Verfügung. In Kommentaren und in Texten, die in Hochkommas eingeschlossen sind, können alle Zeichen des Computers verwendet werden, deren interner Code größer als hex 1F ist.

3.3 Die Verwendung von Satzzeichen

Beim Schreiben des Programms müssen bei der Verwendung von Satzzeichen folgende Regeln beachtet werden:

1. Ein Punkt markiert das Ende eines Satzes, der aus mehreren Befehlen bestehen kann. Die einzelnen Teile eines Satzes können wie in der normalen Umgangssprache durch Kommas oder Semikolons getrennt werden.
2. Zwischen zwei aufeinanderfolgenden Wörtern oder Literalen muß mindestens eine Leerstelle stehen.
3. Den Rechenoperationszeichen und Vergleichsoperatoren muß mindestens ein Leerzeichen vorausgehen und mindestens ein Leerzeichen folgen. Diese Regel ist ab Cobol-85 nur noch optional.

4. Ein Komma kann als Trennzeichen zwischen zwei Operanden in einem Befehl und zwischen zwei Subskripten verwendet werden.

5. Ein Semikolon oder ein Komma kann verwendet werden, um mehrere Befehle zu trennen.

```
MOVE »A« TO F1,  MOVE »B« TO F2;  MOVE »C« TO F3.
```

3.4 Cobol-Wörter

Cobol-Wörter dürfen aus maximal 30 Zeichen bestehen und aus folgenden Zeichen gebildet werden:

- 0 bis 9
- A bis Z
- a bis z
- - (Bindestrich oder Minus)

Alle Wörter müssen mindestens einen Buchstaben oder den Bindestrich enthalten, ausgenommen Prozedurnamen (Paragraphen- und SECTION-Namen) in der PROCEDURE DIVISION, sie dürfen auch nur aus Ziffern bestehen. Ein Wort darf nicht mit dem Bindestrich beginnen oder enden. Es darf mehrere Bindestriche enthalten, aber nicht zwei aufeinanderfolgende. Ein Wort wird durch ein Leerzeichen oder ein Satzzeichen beendet. Es darf selbst also kein Leerzeichen enthalten.

Beispiel:

falsch	richtig
`A 10`	`A10`
`S_BETRAG`	`S-BETRAG`
`-120`	`B-120`
`T/VERTR`	`t-vertr`
`ü20`	`a-20`
`I*NAME`	`I-NAME`
`A$`	`A`

Die Wörter werden unterteilt in *reservierte Wörter*, die eine bestimmte Bedeutung haben, z.B. Befehle und *Programmierwörter*, die für Datennamen oder Variablennamen verwendet werden.

Die reservierten Wörter werden in *Schlüsselwörter* und *Wahlwörter* unterteilt. Schlüsselwörter müssen geschrieben werden, um bestimmte Funktionen des Computers auszulösen, Wahlwörter können vom Programmierer an bestimmten Stellen in das Programm eingefügt werden, um die Lesbarkeit zu verbessern, sie können auch weggelassen werden.

Beispiel:

```
IF FELD-A IS GREATER THAN FELD-B THEN GO TO ANFANG.
```

ist gleichbedeutend mit:

```
IF  FELD-A  GREATER FELD-B  GO ANFANG.
```

oder

```
IF FELD-A > FELD-B  GO ANFANG.
```

Die Wahlwörter IS, THAN, TO und THEN können entfallen. Die Programmierwörter sollten in einem Programm eindeutig sein. Wahlwörter sollten weggelassen werden, da sie vom Compiler als Kommentare interpretiert werden, wenn sie richtig geschrieben sind. Werden sie falsch geschrieben, führt dies bei der Übersetzung in die Maschinensprache zu einem Fehler.

3.5 Literale

Sowohl Zahlen als auch Texte können als Literale oder Konstante direkt im Programmtext verwendet werden. Texte (= alphanumerische Literale (Basic: Stringkonstante)) müssen mit Anführungsstrichen (») oder Hochkommas (') eingerahmt werden. Beide Zeichen sind in Cobol zulässig. Numerische Literale sind in der Regel nicht in Hochkommas einzuschließen. Ein *alphanumerisches Literal* kann alle Zeichen des ASCII-Codes enthalten, deren ASCII-Dezimalwert größer 31 ist. Alle Leerstellen innerhalb der Anführungszeichen sind Teil des Literals. Ein alphanumerisches Literal darf maximal 160 Stellen lang sein. Es muß mindestens ein Zeichen lang sein.

Beispiele:

```
"Beliebiger TEXT  "
' QUATSCH 123 & Co.'
"sin's a Bayer'n Fan"------------|Ú---¿"
"" zwei unmittelbar aufeinanderfolgende Begrenzungszeichen sind
   nicht zulässig.
```

Innerhalb der Begrenzungszeichen " oder ' können alle Zeichen mit Ausnahme der Begrenzungszeichen selbst stehen. Das bedeutet, daß innerhalb der Anführungszeichen (") Hochkommas (') stehen dürfen und umgekehrt.

Alphanumerische Literale können mehrere Zeilen lang sein. Bei der Eingabe im Programm ist dabei folgendes zu beachten:

1. In der ersten Zeile wird bis einschließlich Stelle 72 geschrieben.
2. In der Folgezeile muß in Stelle 7 der Zeile ein Bindestrich geschrieben werden.
3. Ab Stelle 12 muß ein Anführungszeichen geschrieben werden, das die Fortsetzung des Literals kennzeichnet. In den Fortsetzungszeilen müssen die Stellen 8–12 leer bleiben.

4. Das Ende des Literals wird durch ein Anführungszeichen gekennzeichnet.

Beispiel:

```
          DISPLAY         " Dies ist ein sehr lan
                                                 |
                                                 Stelle 72 der Zeile
   -   "ger Versuchstext  mit Leerstellen    ".
   |   |
   |   Anführungszeichen ab Stelle 12
   Fortsetzungskennzeichen in Stelle 7 der Folgezeile
```

Diese Anweisung gibt auf dem Bildschirm aus:

```
Dies ist ein sehr langer Versuchstext mit Leerstellen
```

Alphanumerische Literale können hexadezimal angegeben werden im Format X"nn". Dabei ist »n« eines der Hexzeichen 0–9, A–F. »nn« kann bis zu 120mal wiederholt werden. Mit dieser Technik können sie Steuercodes für die peripheren Geräte erzeugen.

Ein *numerisches Literal* muß mindestens eine Ziffer enthalten und kann maximal 18 Ziffern lang sein. Es kann die Ziffern 0 bis 9, ein Vorzeichen und ein Dezimalkomma bzw. einen Dezimalpunkt enthalten. In Cobol kann von der amerikanischen Schreibweise der Zahlen auf die europäische Schreibweise umgeschaltet werden. Das Vorzeichen muß vor der Zahl stehen, das Dezimalkomma darf nicht am Ende stehen.

Beispiel:

```
    25   +11,10    3,14159   -10  -,333     -0,5
```

Hierbei ist vorausgesetzt, daß durch die Eintragung von »DECIMAL-POINT IS COMMA« auf die europäische Schreibweise umgeschaltet wurde.

Numerische Literale können ab Cobol-85 hexadezimal angegeben werden, im Format H"nn". »nn« müssen Hexzeichen sein, die bis zu 8mal wiederholt werden können, z.B. H"014F".

3.6 Figurative Konstante

Eine figurative Konstante ist ein besonderer Typ eines Literals. Einem bestimmten Wert ist ein fester Name zugeordnet. Figurative Konstanten dürfen *nicht* in Hochkommas eingeschlossen werden.

Die reservierten Namen und ihre Bedeutung sind wie folgt festgelegt:

ZERO, ZEROS	Stellen den Wert 0 oder ein oder mehrere Zeichen 0 dar. Einzahl und Mehrzahl sind gleichbedeutend.
SPACE	Stellen ein oder mehrere Leerzeichen (hex. 20 im ASCII-Code) dar. Einzahl und Mehrzahl SPACES sind gleichbedeutend.

LOW-VALUE	Der kleinste Wert des Rechners (hex. 00); alle Bits des Datenfeldes sind auf 0 gesetzt.
HIGH-VALUE	Stellt den höchsten Wert des Rechners dar (hex. FF); alle Bits des Datenfeldes sind auf 1 gesetzt.
QUOTE	Anführungsstriche (hex. 22)
ALL Literal	Mit ALL ... werden eine oder mehrere Wiederholungen des Literals angegeben. Das Literal muß ein nichtnumerisches Literal oder eine figurative Konstante sein. Bei figurativen Konstanten ist das Wort ALL allerdings überflüssig.

Beispiel:

```
05 FELD  PIC X(20) VALUE ALL '-'
                        MOVE ALL "12345"  TO FELD.
```

NULL	Dieser Sonderwert kann in Cobol in Verbindung mit Pointer-Variablen verwendet werden. Pointer-Variablen enthalten die Adressen von anderen Variablen. NULL bedeutet in diesem Zusammenhang, daß die Pointer-Variable noch leer ist.

Die Pluralformen der figurativen Konstanten werden auch vom Compiler akzeptiert, die Wirkung ist jedoch die gleiche wie bei der Einzahlform. Es kann also auch geschrieben werden: HIGH-VALUES, QUOTES, SPACES. Bei der Angabe einer figurativen Konstanten werden alle Stellen des Datenfeldes mit dem Wert gefüllt.

Eine figurative Konstante kann überall anstelle eines Literals benutzt werden. Ist das Literal in der Syntax der Anweisung jedoch auf numerische Zeichen beschränkt, darf nur die figurative Konstante ZERO verwendet werden.

3.7 Anmerkungen zur Schreibweise

Bei der Beschreibung der Cobol-Sprache wird folgendes Konzept zugrunde gelegt:

1. Alle Wörter in Großbuchstaben sind reservierte Wörter.
2. Alle unterstrichenen Wörter *müssen* in einer Anweisung geschrieben werden, es sei denn, der Zusatz kann wahlweise angegeben werden. Unterstrichene Wörter sind Schlüsselwörter. Nicht unterstrichene Wörter sind Wahlwörter, sie können weggelassen werden.
3. Alle Wörter in Kleinbuchstaben stehen stellvertretend für Wörter oder Ausdrücke, für die der Programmierer Namen oder Werte bei der Programmerstellung einsetzen muß (Programmierwörter).
4. Alle Angaben, die in eckigen Klammern eingeschlossen sind, sind wahlweise. Sie müssen nur bei bestimmten Problemstellungen geschrieben werden.

Schrägstriche (/) zwischen den Angaben bedeuten, daß der Programmierer zwischen diesen Alternativen wählen kann.

In der Bedienungsbeschreibung der grafischen Benutzeroberfläche von NetExpress werden Menübefehle in spitze Klammern <..> eingeschlossen. Wenn Sie mehrere Menübefehle und Schaltflächen nacheinander anklicken müssen, um endlich die gewünschte Leistung zu erreichen, wird diese Befehlsfolge durch Schrägstriche getrennt. <File> / <New> / <Project> bedeutet beispielsweise:

Klicken Sie in der Menüleiste auf das Menü <File> und wählen Sie in dem Popup-Menü den Menübefehl <New>. In dem folgenden Dialogfeld klicken Sie auf die Schaltfläche <Project>. Die verkürzte Schreibweise hat sich als einprägsamer erwiesen.

KONTROLLFRAGEN

1. Aus welchen Zeichen dürfen Cobol-Wörter gebildet werden?
2. Was sind Wahlwörter?
3. Welche figurativen Konstanten kennt Cobol?

ANTWORTEN

1. Cobol-Wörter dürfen aus den Zeichen A bis Z, a bis z, den Ziffern 0 bis 9 und dem Bindestrich gebildet werden. Die Wörter dürfen maximal 30 Zeichen lang sein. Der Bindestrich darf nicht das erste oder letzte Zeichen sein. Ä, Ö, Ü und ß dürfen *nicht* verwendet werden.
2. Wahlwörter können zur Verbesserung der Lesbarkeit in das Programm geschrieben werden. Sie können aber ebenso gut weggelassen werden.
3. ZERO = 0
   SPACE = Leerzeichen
   LOW-VALUE = niedrigster Wert; alle Bits sind auf 0 gesetzt.
   HIGH-VALUE = höchster Wert; alle Bits sind auf 1 gesetzt.
   QUOTE = Anführungsstriche
   ALL = das Datenfeld wird mit den hinter ALL angegebenen Zeichen gefüllt.

Kapitel 4

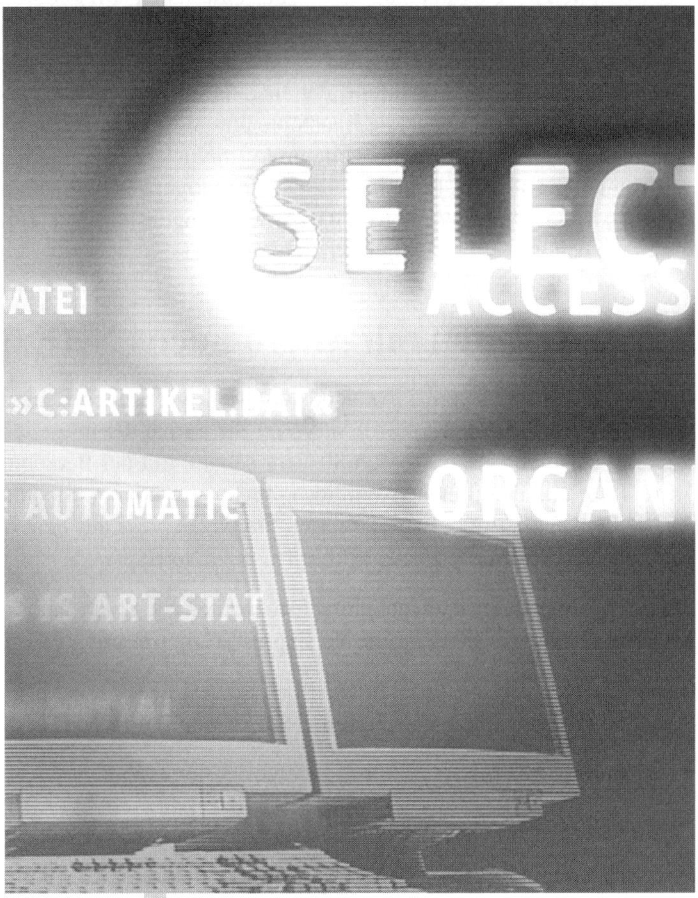

Übersetzen und Ausführen von Cobol-Programmen

4.1 Installationshinweise

Der Compiler, die Dokumentation und die zahlreichen Hilfsprogramme werden auf mehreren CD-ROM-Platten geliefert, die mit dem SETUP-Programm automatisch an die Computerkonfiguration angepaßt und auf die Festplatten kopiert werden. Der Bediener wird durch zahlreiche Erläuterungstexte während der Installation gut geführt. Installieren Sie für die Programme dieses Buches auch die Bausteine für »Windows GUI Application« und »CGI/Form Applicaton«. Wenn Sie alle mitgelieferten Entwicklungskomponenten und Demonstrationsprogramme installieren, brauchen Sie ca. 500 Mbyte Festplattenkapazität. Die Installation für die Entwicklung von Windows-GUI-Anwendungen und Internetformularen mit CGI-Programmen benötigt ca. 120 Mbyte Plattenkapazität.

4.2 Arbeiten mit Micro Focus NetExpress

In Micro Focus NetExpress können Sie aus der grafischen Bedieneroberfläche über Menüs und Ikons alle Leistungen aufrufen. Wenn Sie einige der mitgelieferten Demonstrationsprogramme ablaufen lassen, werden Sie sehr schnell mit der Bedienung vertraut. Mit der F1-Hilfe-Taste und den üblichen Windows-Techniken können Sie von jeder Stelle aus die integrierte On-Line-Hilfe befragen. Starten Sie NetExpress aus dem Windows-Start-Menü über <Programme> / <Micro Focus NetExpress> / <NetExpress>.

Für jede Anwendung, auch die einfachste, sollten Sie ein Projekt in einem eigenen Verzeichnis anlegen. Rufen Sie dazu im NetExpress Hauptfenster <File> / <New> / <Project> auf und wählen Sie:

- <Empty Project> für konventionelle, textorientierte Cobol-Programme.
- <Windows GUI Project> für grafisch orientierte Windows-Anwendungen.
- <Form Project> für die Entwicklung von Internetformularen und CGI-Programmen.

Der NetExpress-Assistent erfragt dann im Prinzip alle erforderlichen Angaben von Ihnen und erstellt automatisch die richtigen Rahmenprogramme und Deklarationen für die Durchführung der Dialoge, so daß Sie sich nur noch um die individuelle Formulargestaltung und Verarbeitungslogik der Daten kümmern müssen. Die Verkettung der einzelnen Programme der Anwendung und der Hilfsdateien werden automatisch in der Projektdatei .APP festgehalten. Diese .APP-Datei müssen Sie später öffnen, wenn Sie das Projekt bearbeiten wollen. Die Quelltextdateien müssen nicht physisch im Verzeichnis des Projektes stehen, sondern in der .APP-Datei wird ein Verweis auf die Quelle abgelegt, damit die Quelldatei wieder gefunden werden kann.

In konventionellen, textorientierten Projekten können Sie dann über <File> / <New> / <Program> den Editor starten und den Programmtext eintippen oder aus anderen Musterprogrammen kopieren. Über das Menü <Project> / <Compile *Programmname*> können Sie die Übersetzung starten. Alternativ können Sie über <Project> / <Rebuild> bzw. <Rebuild all> die Übersetzung von mehreren voneinander abhängigen Programmen auslösen. NetExpress speichert intern, wann welches Programm eines Projektes verändert wurde, und gibt Hinweise vor der Ausführung der Programme, wenn Differenzen in den Dateien und Übersetzungsterminen festgestellt werden.

Der Cobol-Compiler liest das Programm aus der mit einem Editor erstellten Datei und übersetzt es in Maschinensprache, und zwar in einen Zwischencode (Relocatable Object Code), der vom LINK-Programm oder vom Animator weiter bearbeitet wird. Bei der Übersetzung wird ein Übersetzungsprotokoll ausgegeben, das den Programmtext und Fehlermeldungen enthält. Der Programmierer kann dem Compiler über ca. 200 Schalter oder »Direktiven« mitteilen, in welchem Cobol-Dialekt das Programm erstellt wurde und für welche Anlagenkonfiguration der Maschinencode erzeugt werden soll. Einige Schalter (Direktiven) und ihre Bedeutung sind:

/MS"2"	Der Microsoft-Cobol-Dialekt wird akzeptiert. Fehlt der Schalter, muß das Programm im Micro-Focus-Dialekt erstellt sein. Dieser Schalter muß für die Beispielprogramme des Buches gesetzt werden. Andernfalls erhalten Sie bei den meisten ACCEPT- und DISPLAY-Befehlen Fehlermeldungen.
/XREF	Eine Cross-Reference-Liste wird erzeugt. Die Liste enthält in alphabetischer Reihenfolge alle Datenfelder und die Nummern der Programmzeilen, in denen das Datenfeld angesprochen wird. Diese Liste ist bei der Fehlersuche sehr hilfreich.
/ANIM	Der Compiler legt zusätzliche Informationen in dem übersetzten Programm ab und erzeugt eine Zusatzdatei mit der Namensergänzung ».IDY« Diese Information benötigt der ANIMATOR, ein Programm zur interaktiven Fehlersuche in Cobol-Programmen. Mit dem ANIMATOR kann das Programm in der Testphase schrittweise ausgeführt und überwacht werden.
/LW"80"	LISTWIDTH; Anzahl der Zeichen pro Zeile im Übersetzungsprotokoll. Werte zwischen 72 und 132 sind zulässig. Vorgabewert ist 72 Zeichen pro Zeile.
/NESTCALL	Die Programmierung mit geschachtelten Unterprogrammen ist erlaubt.

Sie können die Direktiven auch in der ersten Zeile des Programms mit der Anweisung $SET *DirektivenName* einstellen, z.B. $SET ANIM MF00. Das $-Zeichen muß in Spalte 7 stehen und der Schrägstrich vor dem Namen des Schalters entfällt.

In NetExpress können Sie die Direktiven über <Project> / <Properties...> einstellen. Dabei können Sie die Werte aus Vorschlagslisten übernehmen. Darüber hinaus können Sie wählen zwischen <Generic Debug Build> und <Generic Release Build>. Bei der Option <Generic Debug Build> können Sie das übersetzte Programm nur mit dem Animator in der Entwicklungsumgebung ausführen und haben viele Testhilfen. Bei <Generic Release Build> wird eine selbständig ausführbare Anwendung erzeugt, die ohne die Entwicklungsumgebung eingesetzt werden kann.

Enthält das zu übersetzende Programm Fehler, wird im Übersetzungsfenster eine Fehlerliste ausgegeben, die die Zeilennummer des fehlerhaften Befehls und einen Fehlererläuterungstext enthält. Die fehlerhafte Zeile wird zusätzlich im Programmtext markiert. Dort können Sie direkt korrigieren und danach die Übersetzung erneut starten.

Der Compiler kennt zwei Fehlerstufen:

1. *Warnungen*
   Der Compiler korrigiert automatisch die falsche Anweisung und gibt einen Hinweis (Warnung) in dem Programm aus. Er erzeugt aber trotzdem ein Objektprogramm und speichert es, falls gewünscht. Der Programmierer sollte die automatische Korrektur prüfen. Das Programm kann ausgeführt werden.

2. *Fehler*
   Der Compiler übersetzt die fehlerhafte Anweisung nicht in Maschinensprache, er gibt eine Fehlermeldung (Error) aus und erzeugt kein Objektprogramm. Die Fehlermeldungen des Compilers sind nicht immer klar und eindeutig. Bei einigen Fehlern (z.B. fehlender Punkt am Ende der Datenbeschreibung) gibt der Compiler die Zeilennummer der nächsten Zeile mit einer unzutreffenden Fehlermeldung aus. Zur richtigen Interpretation der Fehlermeldungen gehört etwas Übung. Enthält ein Programm Fehler, muß die Quelldatei mit einem Texteditor korrigiert und erneut übersetzt (umgewandelt oder kompiliert) werden.

> **Achtung!** *Da der Compiler bei einem Fehler die Übersetzung nicht abbricht, sondern versucht, das ganze Programm zu übersetzen, kann es zu unsinnigen Folgefehlern kommen. Richtige Cobol-Anweisungen können als Fehler beanstandet werden, weil eine andere Anweisung, die unter Umständen an einer ganz anderen Stelle im Programm steht, fehlerhaft ist. Insbesondere führen das falsche Schreiben oder Weglassen von bestimmten Cobol-Wörtern, die die Arbeit des Compilers steuern, z.B. ENVIRONMENT DIVISION, DATA DIVISION, FILE SECTION usw., falsche Punkte in der DATA DIVISION und Fehler in der SCREEN SECTION zu sehr vielen »falschen« Fehlermeldungen.*

Aus diesem Grund sollte das erste Übersetzungsprotokoll nicht auf dem Drucker ausgegeben werden, sondern auf dem Bildschirm. Erst nach Korrektur der gröbsten Fehler sollte eine Liste gedruckt werden. Dadurch kann sehr viel Papier gespart werden.

Ergänzend zum Übersetzungsprotokoll kann der Programmierer eine *Cross-Reference-Liste* abrufen. Diese Liste enthält eine Aufstellung aller im Programm verwendeten Variablen mit den Angaben, in welchen Programmzeilen sie angesprochen und verändert werden, und eine Zusammenstellung aller Prozedurnamen mit Verweisen, wie und aus welcher Programmzeile sie aufgerufen werden (GO TO oder PERFORM). Diese Liste ist bei der Fehlersuche in großen Programmen eine wertvolle Hilfe.

Struktur des Cobol-Compilers

Der Cobol-Compiler besteht aus einem Hauptprogramm und mehreren Überlagerungsteilen. Das Hauptprogramm COBOL.EXE ist immer im Speicher resident und überwacht den Übergang von einer Phase in die nächste. Die Überlagerungsteile werden während der Übersetzung automatisch in den Speicher gerufen. Sie erzeugen eine Zwischenversion des Programms, die auf dem Systemlaufwerk gespeichert wird. Auf der Cobol-Systemplatte muß dafür genügend freier Platz zur Verfügung stehen, andernfalls wird die Übersetzung abgebrochen, oder der Compiler »hängt sich auf«.

4.3 Das LINK-Programm

Das LINK-Programm bindet das vom Compiler erzeugte verschiebbare, unvollständige Objektprogramm mit Standardprogrammbausteinen und mit Teilen des Cobol-Runtime-Systems zusammen, so daß ein ausführbares Maschinenprogramm (.EXE-File) entsteht. Die Bausteine stehen in zahlreichen Dateien bzw. Bibliotheken, die bei der Installation in Abhängigkeit vom Basisbetriebssystem angelegt werden. Das LINK-Programm durchsucht diese Dateien automatisch (AUTOLOAD) nach fehlenden Programmteilen.

Unter NetExpress brauchen Sie das LINK-Programm nicht auszuführen, wenn Sie das Programm mit dem ANIMATOR ausführen. Das LINK-Programm wird eingesetzt, wenn Sie Ihre Anwendung ohne das Cobol-Runtime-System an Dritte veräußern wollen. Im Menü <Project> / <Build Settings ...> finden Sie entsprechende Hinweise und einen Assistenten (Link Wizard), der alle Angaben von Ihnen erfragt.

4.4 NetExpress mit Integrated Development Environment (IDE)

Mit MF-Cobol erhalten Sie eine Entwicklungsumgebung für die Erstellung und den Test von Programmen. Sie können NetExpress mit der Maus oder der Tastatur bedienen. Die Bedienung mit der Maus ist zu empfehlen, da das Betätigen der richtigen Funktions-, Cursortasten und [Alt]-Tastenkombinationen sehr umständlich ist. Rufen Sie NetExpress mit der integrierten Entwicklungsumgebung aus dem Windows-Start-Menü über <Programme> / <Micro Focus NetExpress> / <NetExpress> auf.

> **Anmerkung:** *Mit den anderen Befehlen im NetExpress-Start-Menü rufen Sie im Wesentlichen die umfangreiche On-Line-Hilfe und Dokumentation auf.*

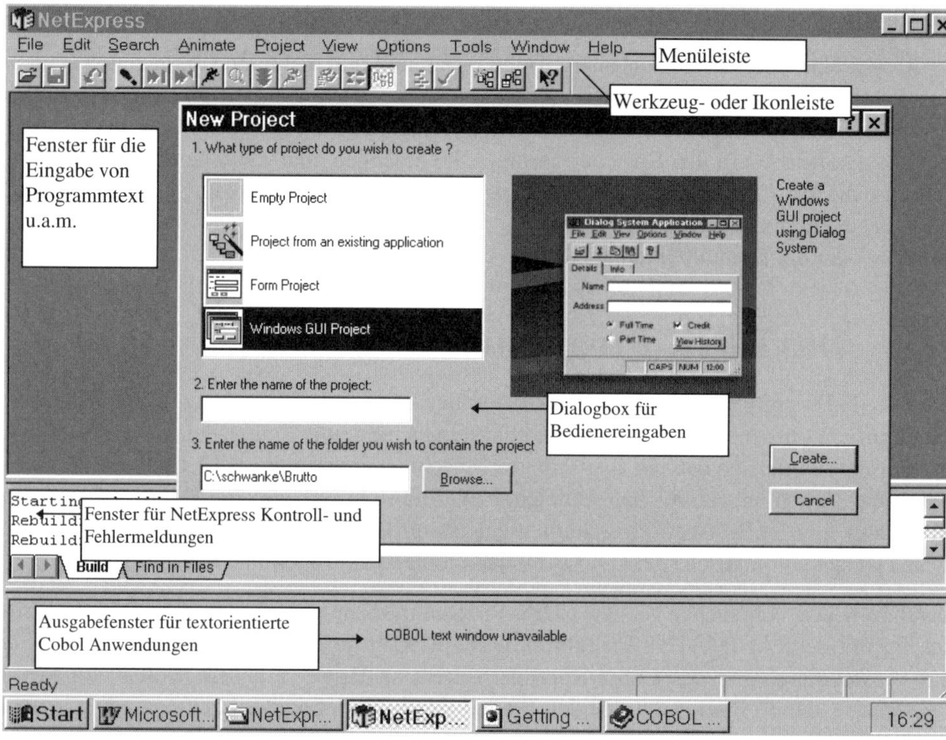

Bild 4.1: NetExpress Bild mit New-Project-Fenster

Aus dem Menü wählen Sie die gewünschte Funktion mit den üblichen Windows-Techniken. Fehlerlisten und Zusatzinformationen werden in eigenen Fenstern verwaltet. Sie aktivieren ein Fenster, indem Sie den Mauszeiger in das Fenster setzen und die linke Maustaste kurz drücken (anklicken). Ein Fenster schließen Sie mit der Tastenkombination Strg+F4 oder indem Sie im Windows-System-Menü <Close> anklicken. Die Größe der Fenster im NetExpress-Bildschirm können Sie verändern, indem Sie den Mauscursor auf die Trennlinie zwischen den Fenstern setzen und mit gedrückter linker Maustaste die Trennlinie verschieben. Kontextmenüs eröffnen Sie, indem Sie das Objekt auf dem Bildschirm mit der rechten Maustaste kurz anklicken. Assistenten, die Sie bei der Einstellung von Werten unterstützen, starten Sie in der Regel aus den Kontextmenüs. Manchmal müssen Sie auch auf das Objekt oder einen Text doppelklicken. Probieren Sie die Techniken einfach aus.

Wollen Sie ein neues Programm eintippen, wählen Sie nach dem Anlegen des Projektverzeichnisses <File>/ <New> / <Program>. In den leeren Editor-Bildschirm können Sie Ihr Programm eingeben. Bei allen folgenden NetExpress-Aufrufen wird immer das zuletzt bearbeitete Projekt geladen. Wollen Sie ein anderes, existierendes Programm bearbeiten, wählen Sie <File> / <Open>. In dem eingeblendeten File-List-Fenster markieren Sie das gewünschte Programm oder tippen Sie den Dateinamen ein und bestätigen mit <OK>. In den Fenstern können Sie auch mit → zum nächsten Eingabefeld springen, wenn Sie keine

Maus haben. Das Programm wird geladen und kann bearbeitet werden. Der Name einer neuen Programmdatei wird beim Speichern festgelegt. Wählen Sie dazu <File> / <Save as ...>. Im folgenden Fenster können Sie den Programmdateinamen (.CBL), das Laufwerk und das Verzeichnis für die Speicherung bestimmen.

Da die Bedienung des IDE-Editors allen anderen Editoren ähnelt und zusätzlich mit der <Help>-Funktion Hilfe zur Bedienung abgerufen werden kann, soll auf eine detaillierte Beschreibung verzichtet werden.

Interessant ist die On-Line-Hilfe zu allen Cobol-Anweisungen. Markieren Sie dazu mit dem Mauszeiger das Cobol-Wort, und betätigen Sie die F1-Taste. Die Syntax des Befehls wird übersichtlich dargestellt und erläutert. Sie können auch ein Schlagwortverzeichnis zu den gespeicherten Hilfen anwählen, das gewünschte Thema markieren und die Erläuterungstexte abrufen. Mit Esc kehren Sie wieder in den Editor-Bildschirm zurück.

Haben Sie das Programm geschrieben, können Sie es aus dem IDE-Editor heraus kompilieren, das Programm starten und bei Fehlern direkt korrigieren, ohne jeweils andere Programme laden zu müssen. Am Ende der Ausführung kehren Sie automatisch wieder in den Editor an die Stelle zurück, von der Sie die Übersetzung und Ausführung gestartet haben.

Bei Bedarf können Sie die IDE-Umgebung auf Ihre Anforderungen einstellen, da IDE auch für andere Programmiersprachen eingesetzt werden kann. Wählen Sie dazu in der Menüleiste <Options> / <Customize> bzw. <Edit...>, um die Bedienung des Editors an Ihre Gewohnheiten anzupassen. In Dialogfeldern können Sie aus Vorschlagslisten die Einstellungen auswählen.

Sie können die Compiler-Direktiven in einem Fenster auswählen, sofern Sie die Direktiven noch nicht bei der Installation des Compilers festgelegt haben. Wählen Sie dazu in der Menüleiste <Options>, dann <Compile Single File... >. Im folgenden Dialogfeld klicken Sie die gewünschten Optionen an, wenn Sie mit den Vorgabewerten nicht einverstanden sind.

Wählen Sie für die Übersetzung dann in der Menüleiste <Project> / <Compile File: *Programmname*> oder <Rebuild all>. Enthält das Programm Fehler, wird ein Ausgabefenster geöffnet, in dem die Fehlermeldungen erscheinen. Der Cursor steht im Quelltext in der ersten fehlerhaften Programmzeile, die Sie nun korrigieren können. Mit <View> / <Next> / <Syntax Error> wird zum nächsten Fehler gesprungen. Der Quelltext rollt dabei im oberen Fenster automatisch mit. Mit <View> / <Previous> / <Syntax Error> können Sie wieder zurückblättern. Sind die Fehler behoben, können Sie die Übersetzung mit <Project> / <Rebuild all> wieder starten. Da der Compiler das komplette Programm übersetzt und nicht beim ersten Fehler aufhört, entstehen in der Regel sehr viele unsinnige Folgefehlermeldungen bei richtigen Anweisungen. Die Fehlerbehebung ist mühsam und verwirrt Anfänger.

Ist das Programm fehlerfrei übersetzt, können Sie die Ausführung mit <Animate> / <Run> starten. Wollen Sie das Programm zur Suche von logischen Fehlern mit dem ANIMATOR schrittweise ausführen, dann wählen Sie <Step> im <Animate>-Menü. Nach der Programmausführung kehren Sie automatisch wieder in den Editor zurück.

Wollen Sie Ihre Sitzung beenden, wählen Sie <File> / <Save>, damit die Änderungen gesichert werden, und anschließend <Exit> im gleichen Menü.

IDE bietet einige Zusatzleistungen, z.B. leistungsfähige Suchfunktionen im Programmtext und den Browser, mit dessen Hilfe Sie eine alphabetische Variablen- und Prozedurnamensliste erstellen können mit Zusatzangaben, in welchen Befehlszeilen die Variablen angesprochen und in welchen Zeilen die Prozeduren aufgerufen werden. Wenn mehrere Programme zu einem Projekt gehören, werden diese Programme in die Projektdatei .APP eingetragen. Alle Programme, die in dieser Liste stehen, werden automatisch übersetzt und gebunden, wenn an einem Programm eine Änderung vorgenommen wird und Sie <Rebuild all> im Menü <Project> wählen. Ergänzend können Sie Auswahlkriterien für die Übersetzung angeben, so daß nur solche Programme kompiliert und gebunden werden, an denen direkt oder indirekt Änderungen vorgenommen wurden.

4.5 Online-Help

Haben Sie Cobol und alle Komponenten mit SETUP installiert, können Sie direkt von allen Stellen aus Erläuterungen zu allen Cobol-Befehlen, den Fehlermeldungen und zur Bedienung der Werkzeuge abrufen. Setzen Sie dazu den Cursor auf das Wort und betätigen Sie die F1-Taste.

Die Syntax des Befehls- bzw. Schlüsselwortes wird auf dem Bildschirm erläutert. Sie können in den gespeicherten Hilfstexten vor- und zurückblättern und Zusatzinformationen zu den Themen anfordern, die auf dem Hilfe-Bildschirm sind. Klicken Sie dazu auf die entsprechenden Schaltflächen. Das Hilfesystem verzweigt zu dem gewünschten Thema. So können Sie durch das gesamte Hilfssystem navigieren.

Weitere, allgemeine Hilfen erhalten Sie, wenn Sie in der Menüleiste <Help> / <Help Topics> wählen.

Erläuterungen zur Arbeit mit NetExpress und der Entwicklung von grafischen Bedieneroberflächen erhalten Sie auch, wenn Sie im Windows-Start-Menü <Programme> / <NetExpress> / <NetExpress Online Books> oder <NetExpress Help> wählen. In NetExpress sind ca. 15 umfangreiche Online-Bücher integriert, in denen Sie viele wertvolle Tips finden. Über das Menü <File> / <Print> bzw. <Datei> / <Thema drucken ...> im Hilfe-Fenster können Sie sich die Texte ausdrucken lassen.

Die Online-Hilfe bietet viele weitere Leistungen, die man am besten im Umgang mit dem System erlernt. Da eine komplette Bedienungsanleitung direkt in der Hilfe aufgerufen werden kann, erübrigt sich eine detaillierte Beschreibung.

Kapitel 5

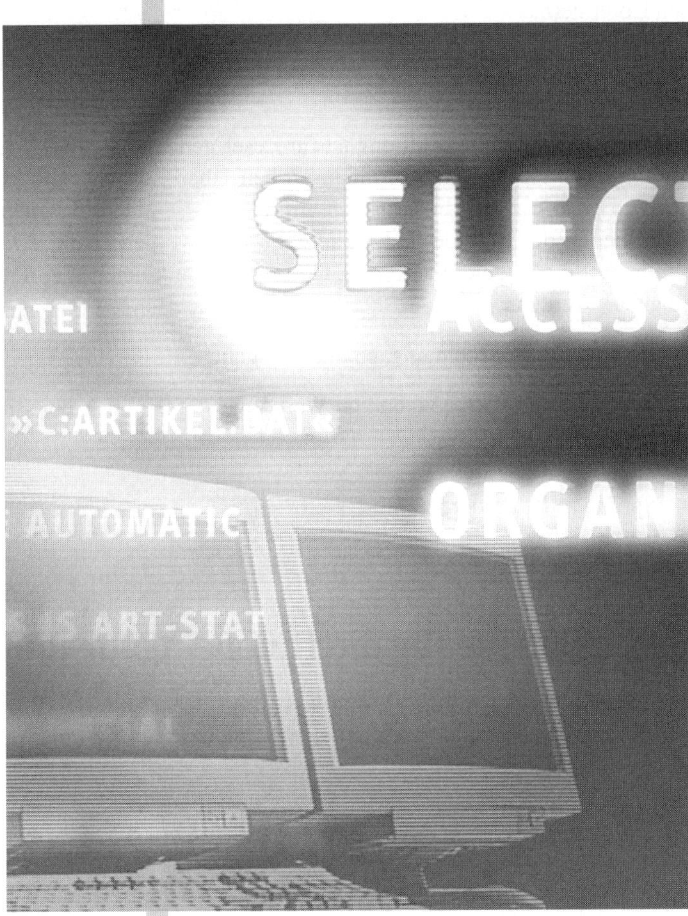

Zusammenstellung der gängigsten Cobol-Befehle

Die Cobol-Sprache besteht aus ca. 300 Wörtern und ca. 50 Befehlen bzw. Verben, die bestimmte Funktionen des Computers auslösen. Der Befehlsumfang variiert bei den einzelnen Compilern.

In der Praxis werden von einem Programmierer selten alle Möglichkeiten der Cobol-Sprache voll ausgenutzt.

Die folgende Zusammenstellung ist für Leser gedacht, die bereits eine andere Programmiersprache beherrschen. Sie soll einen groben Überblick über die Möglichkeiten der Sprache geben. Es werden aus didaktischen Gründen nur einfache Formen der Befehle besprochen. Einzelheiten der Befehle und weitere Zusätze werden später erläutert oder können in der Online-Hilfe nachgelesen werden. Cobol-Befehle können von ihrer Funktion in 5 Gruppen eingeteilt werden.

1. Befehle für die Dateneingabe und -ausgabe
2. Befehle für Übertragungen und Wertzuweisungen im Arbeitsspeicher
3. Rechenbefehle
4. Sprung- oder Steuerbefehle
5. Vergleichs- oder Abfragebefehle

5.1 Befehle für die Dateneingabe und -ausgabe

Mit diesen Befehlen können Daten vom Bildschirm bzw. der Tastatur und von Magnetplatten, Magnetbändern, Lochstreifen oder Lochkarten und Scannern eingelesen werden.

Eingabebefehle

Einlesen der Daten vom Terminal im Textmodus

```
ACCEPT Datenname
ACCEPT (Zeile, Spalte) Datenname ...
ACCEPT Datenname AT ZeileSpalte
ACCEPT Datenname AT ZeileSpalte [WITH Attribute]
```

Beispiele:

```
ACCEPT FELDA
ACCEPT ( 4, 2 ) FELDB
ACCEPT FELDC AT 0502   (05 = Zeile, 02 = Spalte)
ACCEPT FELDD AT 1505 WITH AUTO-SKIP
ACCEPT BILD01
```

Mit diesem Befehl wird ein Datenfeld oder komplettes Bild vom Bildschirmterminal eingelesen und in dem mit *Datenname* bezeichneten Feld abgelegt. Der Cursor markiert auf dem Bildschirm die Eingabeposition. Das Programm wartet, bis der Bediener seine Eingabe beendet. In Klammern oder mit dem AT-Zusatz kann die Position des Eingabefeldes auf dem Bildschirm festgelegt werden. Mit dem WITH-Zusatz können bestimmte Eingabetechniken bestimmt werden, z.B.:

WITH PROMPT	Die Eingabestellen werden mit Punkten markiert.
WITH UPDATE	Der Inhalt von Datennamen wird als Vorgabewert angezeigt und kann durch [↵] akzeptiert oder überschrieben werden.
WITH AUTO-SKIP	Der Bediener braucht nicht die [↵]-Taste zur Beendigung der Eingabe zu betätigen.

Ca. 20 Attribute stehen für eine benutzerfreundliche Gestaltung der Eingabe zur Verfügung.

Die Techniken für das Einlesen der Daten im *Grafikmodus* des Terminals sind noch nicht genormt. Die MF-Lösungen werden in Kapitel 30 und 32 beschrieben.

Sequentielles Lesen einer Datei

```
READ Dateiname  [AT END unbedingte Anweisung(en)]
```

oder in Cobol-85

```
READ Dateiname  [AT END unbedingte Anweisung(en)]
[END-READ]
```

Beispiel:

```
READ ARTIKELDATEI AT END
     GO TO ENDE
END-READ
```

Ein *Datensatz* wird aus einer *Datei* gelesen und im Eingabebereich dieser Datei gespeichert. Der nächste READ liest den folgenden Satz usw. In der ENVIRONMENT DIVISION des Programms wird angegeben, auf welchem Gerät der Datenträger mit der Datei montiert ist. Die Befehlsfolge nach AT END, die durch einen Punkt oder in Cobol-85 alternativ durch das Wort END-READ beendet wird, wird ausgeführt, wenn das Dateiende erreicht ist. Alle Speicherungsformen (sequentiell, indexsequentiell, relativ) können mit dieser Anweisung bearbeitet werden.

Direktes (random) Lesen einer Datei

```
READ Dateiname [KEY IS Datenname]
     [INVALID KEY unbedingte Anweisung(en)]
END-READ
```

Beispiel:

```
ACCEPT KUN-NR.
READ KUNDENDATEI KEY IS KUN-NR
    INVALID KEY DISPLAY  "SATZ NICHT GEFUNDEN"
     GO TO ENDE
END-READ
```

Im KEY-Zusatz wird angegeben, mit welchem Schlüssel auf den Datensatz zugegriffen wird. Die KEY-Felder müssen beim Anlegen der Datei deklariert werden. Vor dem Lesen muß beim Random-Zugriff das Schlüsselfeld mit dem Suchbegriff gefüllt werden. Im Beispiel geschieht das mit der ACCEPT-Anweisung vor dem READ-Befehl.

Die Befehlsfolge nach INVALID KEY, die durch einen Punkt oder in Cobol-85 alternativ durch END-READ beendet wird, wird ausgeführt, wenn der Satz beim Direktzugriff nicht gelesen werden kann.

Blättern in der Datei

```
START Dateiname [KEY GREATER Datenname]
[INVALID KEY unbedingte Anweisung(en)] [END-START]
```

Beispiel:

```
MOVE »M«  TO KUNDEN-NAME.
START KUNDENDATEI KEY GREATER KUNDEN-NAME INVALID KEY
       DISPLAY »KEIN SATZ GEFUNDEN«
     GO TO ENDE
END-START.
READ KUNDENDATEI NEXT AT END
     DISPLAY »Dateiende erreicht«
     GO TO ENDE
END-READ.
```

Der Satzzeiger kann in einer Direktzugriffsdatei für einen folgenden Lesebefehl auf einen bestimmten Schlüsselwert positioniert werden. Der im KEY-Zusatz angegebene Datenname muß in der Dateibeschreibung als RECORD KEY oder ALTERNATE RECORD KEY deklariert sein. Im START-Befehl kann ein unvollständiger Schlüsselwert angegeben werden, z.B. »M« Cobol positioniert den Satzzeiger auf den ersten Satz mit einem größeren Schlüsselwert, z.B. »Maat« Vor dem START ist in »Datenname« ein passender Wert zu speichern. Die Befehlsfolge nach INVALID KEY wird ausgeführt, wenn kein passender Satz gefunden wird

Der START-Befehl liest keinen Datensatz. Dies muß mit einer READ NEXT-Anweisung nach dem START-Befehl geschehen. Mit dieser Anweisung kann die Datei ab der im START-Befehl festgelegten Position in einer Programmschleife sequentiell gelesen werden. READ NEXT liest die Sätze *nicht* in der Reihenfolge, in der die Sätze in der Datei abgelegt sind, sondern in der Reihenfolge des Schlüssels, der in der START-Anweisung angegeben ist, im Beispiel also in alphabetischer Folge des Namens.

Rückwärts lesen

```
READ Dateiname PREVIOUS [AT END unbedingte Anweisung(en)]
[END-READ]
```

> ***Beispiel:***
>
> ```
> READ KUNDENDATEI PREVIOUS AT END
>      DISPLAY "Dateianfang erreicht"
>      GO TO ENDE
> END-READ
> ```

Indexsequentielle und relative Dateien können ab einer bestimmten Position rückwärts, d.h. in Richtung Dateianfang, gelesen werden. Der READ PREVIOUS-Anweisung sollte ein START-Befehl vorausgehen. Die Befehle zwischen AT END und END-READ werden ausgeführt, wenn der Dateianfang erreicht ist. READ PREVIOUS liest die Datensätze in der Reihenfolge des Schlüsselwertes, der im vorausgehenden START-Befehl festgelegt wird.

> ***Anmerkung:*** *Zur Behandlung von Ein-/Ausgabefehlern stehen in Cobol noch weitere, leistungsfähigere Möglichkeiten als der AT END- und INVALID KEY-Zusatz zur Verfügung, z.B. das FILE STATUS-Feld. Diese Möglichkeiten werden später besprochen.*

Ausgabebefehle

Bildschirmausgabe im Textmodus

```
DISPLAY Datenname
DISPLAY ( Zeile, Spalte ) Datenname ...
DISPLAY Datenname AT ZeileSpalte [WITH Attribute]
```

> ***Beispiel:***
>
> ```
> DISPLAY FELDA.
> DISPLAY ( 10, 5 )  "TEXT", FELDB.
> DISPLAY FELDC AT 1001         (10 = Zeile, 01 = Spalte)
> DISPLAY "Warnung" AT 2401 WITH REVERSE-VIDEO.
> DISPLAY BILD01.
> ```

Der Inhalt des Datenfeldes oder ein komplettes Bildschirmbild oder ein Text, der in Hochkommas oder Anführungsstriche eingeschlossen sein muß, wird auf dem Bildschirm ausgegeben. In Klammern oder mit dem AT-Zusatz können Positionsangaben gemacht werden. Nach AT kann die Position in einer vier- oder sechsstelligen Zahl oder über einen Variablennamen angegeben werden.

Mit dem WITH-Zusatz können Attribute für die Darstellung bestimmt werden, z.B.:

WITHREVERSE-VIDEO	Inverse Darstellung (dunkle Schrift auf hellem Hintergrund)
WITH UNDERLINE	Unterstrichene Darstellung

Ca. 10 Attribute stehen zur Verfügung.

Schreiben auf Externspeicher

```
WRITE Datensatzname [INVALID KEY unbedingte Anweisung(en)]
```

oder in Cobol-85:

```
WRITE Datensatzname [INVALID KEY unbedingte Anweisung(en)]
END-WRITE
```

Beispiel:

```
WRITE A-SATZ INVALID KEY
      DISPLAY »Schreibfehler »
      GO TO ENDE
END-WRITE
```

Ein *Datensatz* wird in eine *Datei* geschrieben oder auf dem *Drucker* ausgegeben. In der ENVIRONMENT und DATA DIVISION des Programms wird angegeben, auf welches Gerät und in welche Datei die Ausgabe erfolgen soll. Die Befehlsfolge nach INVALID KEY wird ausgeführt, wenn Cobol den Satz nicht schreiben kann. Die Befehlsfolge wird durch einen Punkt oder END-WRITE beendet.

```
REWRITE Datensatzname [INVALID KEY unbedingte Anweisung(en)]
[END-REWRITE]
```

Ein Datensatz, der zuvor mit einem READ-Befehl gelesen wurde, wird nach der Änderung in die Datei zurückgeschrieben. Der alte Inhalt wird überschrieben. Die Befehlsfolge nach INVALID KEY wird bei einem Fehler ausgeführt.

```
DELETE Dateiname RECORD [INVALID KEY unbedingte Anweisung(en)]
[END-DELETE]
```

Löschen eines *Datensatzes* aus einer Datei. Die Befehle nach dem INVALID KEY-Zusatz werden ausgeführt, wenn der Satz nicht gelöscht werden kann. Vor dem Löschen muß der Satz gelesen oder der Schlüssel des Satzes in das Satzschlüsselfeld (RECORD KEY) übertragen werden. Die Befehlsfolge zwischen INVALID KEY und END-DELETE oder einem Punkt wird ausgeführt, wenn der Satz von Cobol nicht gelöscht werden kann.

Vorbereitung der Ein-/Ausgabe

Beispiele:

```
OPEN INPUT Dateiname           OPEN INPUT E-DATEI
OPEN OUTPUT Dateiname          OPEN OUTPUT A-DATEI
OPEN I-O Dateiname             OPEN I-O F1-DATEI
OPEN EXTEND Dateiname          OPEN EXTEND F3-DATEI
```

Mit dem OPEN-Befehl werden die Geräte und Dateien, auf die später mit READ- und WRITE-Befehlen zugegriffen wird, betriebsbereit geschaltet und für das Programm reserviert.

Bei OPEN INPUT können die Sätze der Datei mit READ gelesen werden. Bei OPEN OUTPUT können Sätze mit WRITE in die Datei geschrieben werden. Die Datei wird neu angelegt. Eine existierende Datei gleichen Namens wird überschrieben. Bei OPEN I-O können die Sätze der Datei gelesen (READ), geschrieben (WRITE), zurückgeschrieben (REWRITE) und gelöscht (DELETE) werden.

Bei OPEN EXTEND können Sätze mit dem WRITE-Befehl an eine Datei angehängt werden. Die Datei wird erweitert.

Beenden der Ein-/Ausgabe

```
CLOSE Dateiname
```

Beispiel:

```
CLOSE E-DATEI, A-DATEI
```

Mit dem CLOSE-Befehl werden die Geräte und Dateien wieder freigegeben und EOF-Sätze in die Ausgabedateien geschrieben.

Für die Ein- und Ausgabe von Daten in grafischen Bedieneroberflächen unter Windows hat Micro Focus eigene, über den Cobol-Standard hinausgehende Lösungen entwickelt, die später besprochen werden.

5.2 Befehle für Übertragungen und Wertzuweisungen im Arbeitsspeicher

```
MOVE Datenname-1 TO  Datenname-2
```

Beispiel:

```
MOVE FELDA  TO FELDB
```

Der Inhalt von Datenname-1 wird in Datenname-2 übertragen. Der Inhalt von Datenname-1 bleibt erhalten, der Inhalt von Datenname-2 wird überschrieben, ist also verloren. Es können mehrere Empfangsfelder hinter TO angegeben werden, z.B.

```
MOVE FELDA  TO FELDB, FELDC, FELDE.
```

Wertzuweisung

```
MOVE Literal  TO Datenname
```

Beispiel:

```
MOVE 'TEXT'  TO FELDA
MOVE »Datenverarbeitung«  TO FELDC,     MOVE 123,45  TO FELDB
MOVE 0        TO ZAHL-A, ZAHL-B, ZAHL-C.
```

Texte müssen in Anführungsstriche oder Hochkommas eingeschlossen werden. Zahlen können ohne diese Begrenzungszeichen geschrieben werden.

Als *einfache Grundregel* für die Move-Anweisung kann gelten:

Numerische Datenfelder oder Zahlen dürfen nur zu numerischen Empfangsfeldern oder Druckaufbereitungsfeldern übertragen werden.

Alphanumerische Datenfelder oder Texte dürfen nur zu alphanumerischen Empfangsfeldern oder Gruppenfeldern übertragen werden.

Werden numerisch definierte Datenfelder in alphanumerische Empfangsfelder oder Gruppenfelder übertragen, führt dies zu unerwarteten Ergebnissen.

Alphanumerisch definierte Variablen und Gruppenfelder dürfen *nicht* in numerische Empfangsfelder übertragen werden. Das Ergebnis ist in der Regel falsch.

In Cobol-85 dürfen Sie druckaufbereitete Zahlen in numerische Empfangsfelder übertragen (De-Editing). Die Füllzeichen, wie Punkt, Komma und SPACE, werden aus dem Sendefeld gefiltert und die Zahl in das richtige Cobol-Speicherformat umgewandelt.

Eine erhebliche Arbeitserleichterung ist der INITIALIZE-Befehl in Cobol-85.

Format:

```
INITIALIZE Datenname
```

Beispiel:

```
01   FELD-GRUPPE.
 05  FELD-1          PIC X(10).
 05  ZAHL-A          PIC S9(7).
 05  SUMME           PIC S9(7)V99.
 05  A-FELD          PIC ZZ.ZZ9,99-.
 05  FELD-2          PIC XXX.
INITIALIZE FELD-GRUPPE
```

wirkt wie mehrere MOVE-Anweisungen.

Nicht-numerische Felder werden damit auf den Anfangswert SPACE (Leerfeld) und numerische Datenfelder auf ZERO (Null) gesetzt. Wird ein Gruppenfeld angegeben, werden die untergeordneten Datenfelder entsprechend ihrer Definition initialisiert.

Die INITIALIZE-Anweisung wirkt wie folgende Einzelbefehle:

```
MOVE SPACE     TO FELD-1, FELD2.
MOVE ZERO      TO ZAHL-A, SUMME, A-FELD.
```

Durch geschickte Gruppierung der Datenfelder bei der Definition kann so viel Schreibarbeit gespart werden.

5.3 Rechenbefehle

In Cobol kann mit den vier Grundrechenarten und der Potenzierung gearbeitet werden. Mathematische und statistische Funktionen, wie SIN, COS, LOG, Mittelwert, Median, Varianz usw. stehen in der neuen Cobol-Version als INTRINSIC FUNCTIONS zur Verfügung (vgl. Kapitel 28).

In Cobol gibt es zwei Versionen der Rechenbefehle.

5.3.1 Der COMPUTE-Befehl

```
COMPUTE Datenname-1 [ROUNDED] =
     Datenname-2  + Datenname-3 * Datenname-4  ...
          [ON SIZE ERROR  Befehlsfolge-1]
          [NOT ON SIZE ERROR Befehlsfolge-2]
[END-COMPUTE]
```

Die Zusätze ROUNDED und ON SIZE ERROR können wahlweise geschrieben werden.

Beispiel:

```
COMPUTE  ERG  =  ZAHL1  +  ZAHL-2  –  ZAHL-3
          |
          Ergebnisfeld
```

Alle Datenfelder mit Ausnahme des Ergebnisfeldes müssen numerisch beschrieben sein. Zahlen und numerische Konstanten können an Stelle der Datenfelder in dem arithmetischen Ausdruck verwendet werden. Die mathematischen Operationszeichen müssen von mindestens *einer Leerstelle* eingerahmt sein. Das Ergebnisfeld *muß* auf der linken Seite des Gleichheitszeichens stehen. Es kann ein Druckaufbereitungsfeld sein.

Die Symbole für die mathematischen Operationen sind:

+ Addition

- Subtraktion

* Multiplikation

/ Division

** Potenzierung

In dem Term rechts vom Gleichheitszeichen können auch *Klammern* nach den mathematischen Regeln verwendet werden. Vor der öffnenden Klammer und hinter der schließenden Klammer *muß eine Leerstelle* stehen, es sei denn, ein Punkt beendet den Befehl. Die Anzahl der öffnenden Klammern muß der Anzahl der schließenden Klammern entsprechen. Klammern können beliebig tief geschachtelt werden.

Beispiel:

```
COMPUTE ZAHLC = ZAHLA * (ZAHLB – 50) – (ZAHLE – ZAHLF).
```

Der Zusatz ROUNDED bewirkt, daß die letzte Stelle des Ergebnisfeldes kaufmännisch gerundet wird. Fehlt der ROUNDED-Zusatz, werden die Nachkommastellen, die die angegebene Nachkommastellenzahl des Ergebnisfeldes überschreiten, abgeschnitten.

Bei der ON SIZE ERROR-Angabe wird bei einem Zahlenüberlauf (z.B. bei einer Division durch Null) das Ergebnis nicht in Datenname-1 gespeichert, sondern es wird die Befehlsfolge hinter diesem Zusatz ausgeführt, bis zum *abschließenden Punkt* oder bis END-COMPUTE, das in Cobol-85 alternativ für den Punkt geschrieben werden kann. Die Anweisungen nach NOT ON SIZE ERROR werden ausgeführt, wenn bei der Berechnung keine Fehlerbedingung eintritt.

Beispiel:

```
COMPUTE ZAHL-A ROUNDED = ZAHL-B / (ZAHL-E * (ZAHL-F - ZAHL-G))
   ON SIZE ERROR DISPLAY "Ergebnisfeld zu klein  ** ABBRUCH **"
        GO TO ENDE
   NOT ON SIZE ERROR
        DISPLAY "Ergebnis ZAHL-A = ", ZAHL-A
END-COMPUTE
```

Bruchstriche in mathematischen Formeln müssen durch die Verwendung von Klammern in Divisionen umgeformt werden.

Achtung! *Cobol berechnet alle internen Zwischenergebnisse bei einer komplexen Formel mit der Genauigkeit, die durch die Nachkommastellenzahl der längsten Zahl in dem Ausdruck bestimmt wird. Dies kann zu erheblichen Ungenauigkeiten führen. Sie können die Genauigkeit verbessern, indem Sie den Ausdruck einfach mit 1,0000000 oder noch mehr Nachkommastellen multiplizieren. Alle Zwischenergebnisse werden dann mit einer entsprechenden Nachkommastellenzahl berechnet. Der Wert des Ergebnisses wird durch die Multiplikation mit »1« nicht verändert*

Beispiel:

```
COMPUTE ZAHL-A ROUNDED = ZAHL-B * 1,00000000
      / (ZAHL-E * (ZAHL-F + ZAHL-G))
END-COMPUTE
```

5.3.2 Einzelbefehle

```
ADD Datenname-1       TO Datenname-2
```

oder

```
ADD Datenname-1, Datenname-2 ... GIVING Datenname-3
```

Datenname-1 kann auch durch eine Zahl ersetzt werden.

Beispiel:

```
ADD  ZAHLA  TO ZAHLB.
```

ZAHLA wird zu dem alten Inhalt von ZAHLB addiert, das Ergebnis steht in ZAHLB.

```
ADD  1      TO ZAHLC.
```

Der Wert von ZAHLC wird um 1 erhöht

```
ADD  ZAHL1,  ZAHL2    GIVING  ZAHL-3
                                |
                           Ergebnisfeld
```

In Cobol-85 kann dies auch geschrieben werden:

```
ADD ZAHL1  TO ZAHL2 GIVING ZAHL-3
```

ZAHL1 und ZAHL2 werden zusammenaddiert, und das Ergebnis wird in ZAHL-3 gespeichert. Die Befehle

```
SUBTRACT     MULTIPLY     DIVIDE
```

sind umständlich zu handhaben und sollten nur verwendet werden, wenn der Compiler den COMPUTE-Befehl nicht zuläßt bzw. wenn die Ausführung des COMPUTE-Befehls nicht schnell genug ist. Bei all diesen Befehlen stehen auch die Zusätze ROUNDED, ON SIZE ERROR und END-ADD, END-SUBTRACT usw. zur Verfügung, z.B.

```
ADD ZAHLA TO ZAHLB ROUNDED
  ON SIZE ERROR DISPLAY "Ergebnisfeld zu klein definiert"
       GO TO ENDE
  NOT ON SIZE ERROR
       DISPLAY "Ergebnis ZAHLB = ", ZAHLB
END-ADD
```

5.4 Sprung- und Steuerbefehle

5.4.1 GO TO-Anweisung

Cobol-Programme werden normalerweise Zeile für Zeile ausgeführt. Durch Sprunganweisungen kann diese Reihenfolge durchbrochen werden.

Format:

```
GO [TO]  Marke
```

Sprung zur angegebenen Marke. Marken müssen im Cobol-Programm auf Stelle 8 der Zeile beginnen (Bereich A der Zeile). Cobol-Befehle dürfen erst ab Stelle 12 der Zeile (Bereich B) geschrieben werden, um nicht mit Markennamen verwechselt zu werden. Marken können Paragraphen oder SECTION-Namen sein.

Beispiel:

```
       Stelle 12 der Zeile
       |
       MOVE  FELDX  TO FELDY.
       GO TO A200.
A10.
      MOVE  F1  TO F2.
      .....
      .....
A200.
     MOVE FX  TO FY.
     ...
     GO TO A10.
```

Sprungverteiler

Format:

```
GO TO Marke-1  Marke-2 Marke-3 ...
      DEPENDING ON  Datenname.
```

Beispiel:

```
GO TO A100  A200  C250  DEPENDING ON INDEXA.
```

Hat INDEXA den Wert 1, wird zu A100 gesprungen, bei 2 zu A200, bei 3 zu C250. Ein Wert außerhalb dieser Grenzen führt zu einem Programmabbruch.

INDEXA muß *ganzzahlig numerisch* definiert sein. Günstig ist folgende Beschreibung:

```
05   INDEXA         PIC S999  COMP.
```

Anmerkung: *Die GO TO-Anweisung ist von vielen Programmierschulen verpönt. In Cobol-74 standen aber keine Strukturanweisungen zur Verfügung, so daß der GO TO-Befehl verwendet werden mußte. Cobol-85 enthält nun solche Anweisungen, z.B. END-IF, END-PERFORM, EVALUATE usw., so daß auf die GO TO-Anweisung verzichtet werden kann. Aus Kompatibilitätsgründen mit alten Compilern wird die GO TO-Anweisung in diesem Buch noch verwendet. Bei neuen Programmen sollte diese Anweisung möglichst vermieden werden.*

5.4.2 PERFORM-Anweisung

Die Programmausführung wird an der angegebenen Marke fortgesetzt. Nach Beendigung des mit der Marke spezifizierten Unterprogramms wird das Programm mit dem auf die PERFORM-Anweisung folgenden Befehl fortgesetzt. PERFORM ruft ein sogenanntes »internes Unterprogramm« auf, d.h. die Befehle des Unterprogramms müssen im Programm enthalten sein.

```
PERFORM Marke
```

Achtung! *Einen Rücksprungbefehl, analog dem Basic-Befehl RETURN, gibt es in Cobol nicht. Deswegen sollten Sie ein Unterprogramm immer als SECTION aufbauen, der Rücksprung erfolgt dann immer automatisch am Ende der SECTION. Die anderen Versionen des PERFORM-Befehls sollten Sie nicht verwenden, sie führen sehr leicht zu Fehlern.*

Beispiel:

```
          PERFORM SCHREIB01.
          MOVE FX   TO FY.
          ...
SCHREIB01 SECTION.
SCHREIB02. ----------------- Auf einen SECTION-Namen muß ein
          MOVE F1   TO F2.   Paragraphenname folgen (entfällt
          ...                ab Cobol-85)
SCHREIB10.
          MOVE F3   TO F4.
          ...
LES01 SECTION. ------------ Die neue SECTION (LES01) führt
                            automatisch zum Rücksprung aus der
                            SCHREIB01 SECTION zu dem auf den
                            PERFORM SCHREIB01 folgenden Befehl.
```

Zur optischen Kennzeichnung des Unterprogrammendes sollte der Scheinbefehl EXIT verwendet werden. Der EXIT-Befehl bewirkt *keinen* Rücksprung. Der EXIT-Befehl sollte allein in einem Paragraphen stehen. Diese Einschränkung entfällt in Cobol-85.

Beispiel:

```
SCHREIB01 SECTION.
SCHREIB02.
          ...
SCHREIB900.
          EXIT.
LES01 SECTION.
LES02.
          ...
     EXIT.   Ein Unterprogramm wird auch beendet, wenn kein
             weiterer Befehl im Programmtext folgt.
```

In einem Unterprogramm kann wieder ein anderes Unterprogramm aufgerufen werden. Unterprogramme können beliebig tief geschachtelt werden.

Aus einem Unterprogramm sollte *niemals* mit einem GO TO-Befehl in ein anderes Unterprogramm oder zurück in das Hauptprogramm gesprungen werden. Das Ergebnis des Programmlaufs wird dann unvorhersehbar!!

Ab Cobol-85 steht der *Inline-PERFORM* zur Verfügung, der den strukturierten Aufbau von Programmen erlaubt.

```
MOVE 0    TO ZAEHLER.
PERFORM UNTIL ZAEHLER > 10
     MOVE "XYZ..."  TO AUSGABE
     ...
     ADD 1 TO ZAEHLER
END-PERFORM.
     ...
STOP RUN.
```

In diesem PERFORM-Befehl wird kein Unterprogrammname angegeben, sondern eine Bedingung (UNTIL = bis). Die Befehle, welche zwischen PERFORM und END-PERFORM stehen, werden so lange wiederholt ausgeführt, bis die bei UNTIL angegebene Bedingung erfüllt ist. Dann wird zum Befehl gesprungen, der nach END-PERFORM steht. Die Bedingung wird geprüft, bevor der Befehlsblock ausgeführt wird (WITH TEST BEFORE). Alternativ kann der Programmierer mit dem Zusatz WITH TEST AFTER vorschreiben, daß die Befehlsfolge zwischen PERFORM und END-PERFORM mindestens einmal durchlaufen wird.

Beispiel:

```
PERFORM WITH TEST AFTER UNTIL ENDE-SCHALTER = "E"
     ACCEPT DATENFELD
     ...
     ACCEPT ENDE-SCHALTER
     ...
END-PERFORM.
```

Der Befehlsblock wird durchlaufen, und beim END-PERFORM wird geprüft, ob die Bedingung erfüllt ist. Der Programmierer muß dafür sorgen, daß diese Bedingung einmal erreicht wird, sonst entsteht eine Endlosschleife. In der Befehlsfolge zwischen PERFORM und END-PERFORM dürfen *kein Satzendepunkt* und keine Paragraphen stehen. Der Inline-PERFORM entspricht den DO WHILE-Schleifen in anderen Programmiersprachen.

Ergänzungen zur PERFORM-Anweisung

Mit dem PERFORM-Befehl wird ein Unterprogrammbereich aufgerufen, der im gleichen Programm liegen muß wie die PERFORM-Anweisung. Das Programm wird an der angegebenen Marke fortgesetzt. Am Ende des Unterprogramms wird automatisch zu dem auf die

PERFORM-Anweisung folgenden Befehl zurückgesprungen. Cobol kennt keinen expliziten Rücksprungbefehl. Der Rücksprung wird durch die Art des Unterprogramms und die Gestaltung des PERFORM-Befehls gesteuert. Bisher wurde nur eine Form des Unterprogrammaufrufs besprochen. Die weiteren Möglichkeiten sollen an Beispielen erläutert werden. In vielen EDV-Abteilungen sind diese Variationen des PERFORM-Befehls allerdings verboten, weil sie leicht zu Fehlern führen und die Programmwartung erschweren. Die hier besprochenen Erweiterungen gelten auch für den PERFORM VARYING-Befehl, der in Kap. 17 besprochen wird.

Format:

```
PERFORM Unterprogrammbereich
```

Unterprogrammbereich kann einen Paragraphennamen, einen SECTION-Namen oder die Angabe Prozedurname-1 THRU Prozedurname-2 (THRU ist gleichbedeutend mit THROUGH) bezeichnen. Wenn nur ein Paragraphenname angegeben ist, dann erfolgt der *Rücksprung automatisch nach dem letzten Befehl dieses Paragraphen.* Wenn ein SECTION-Name angegeben ist, dann erfolgt der Rücksprung automatisch nach dem letzten Befehl dieser SECTION, also vor der nächsten SECTION oder beim letzten Programmbefehl. Wird ein Unterprogrammbereich über THRU angegeben, erfolgt der Rücksprung, wenn der letzte Befehl des über THRU angegebenen Paragraphen oder der SECTION ausgeführt wurde.

Die Rücksprungpunkte sind nur aktiviert, wenn das Unterprogramm über PERFORM aufgerufen wurde. Wird der Unterprogrammbereich ohne PERFORM-Aufruf durchlaufen, läuft das Programm durch die Rücksprungpunkte hindurch.

Beispiele:

```
          PERFORM UPRO-A                (1)
          PERFORM UPRO-A2               (2)
          PERFORM UPRO-A1 THRU UPRO-A4  (3)
          PERFORM UPRO-A THRU UPRO-B    (4)
          PERFORM UPRO-A4               (5)
          PERFORM UPRO-A1 THRU UPRO-A2  (6)
UPRO-A SECTION.
UPRO-A0.
      ...
      ...
UPRO-A1.
      ...
      ...
UPRO-A2.
      ...
      ...
UPRO-A3.
      ...
      ...
```

```
UPRO-A4.
...
        ...
UPRO-B SECTION.
UPRO-B0.
        ...
        ...
UPRO-B1.
UPRO-C SECTION.
        ...
```

Beim PERFORM (1) wird die UPRO-A SECTION bis zur UPRO-B SECTION durchlaufen. Vor der UPRO-B SECTION wird automatisch der Rücksprung zum nächsten auf den PERFORM folgenden Befehl durchgeführt.

Beim PERFORM (2) wird der UPRO-A2-Paragraph durchlaufen. Vor dem Paragraphen UPRO-A3, d.h. nach dem letzten Befehl des Paragraphen UPRO-A2, wird der Rücksprungbefehl automatisch durchgeführt. Bei der Ausführung des PERFORM (1)-Befehls ist dieser Rücksprungbefehl inaktiv. In dem Paragraphen UPRO-A2 darf kein GO TO-Befehl stehen oder nachträglich eingefügt werden, weil sonst der imaginäre Rücksprungbefehl vor UPRO-A3 nicht durchlaufen und somit das Programm nicht ordnungsgemäß ausgeführt wird. Der Rücksprungbefehl bleibt offen. Nachfolgende PERFORM-Befehle führen zu unvorhersehbaren Ergebnissen. Diese Form der PERFORM-Anweisung sollte nicht verwendet werden.

Beim PERFORM (3) wird UPRO-A1, UPRO-A2, UPRO-A3 und UPRO-A4 nacheinander durchlaufen. Am Ende von UPRO-A4 erfolgt der Rücksprung. Innerhalb dieses Bereiches kann mit GO TO-Befehlen hin- und hergesprungen werden. Es darf aber niemals aus diesem Bereich gesprungen werden. Das Ergebnis des Programmlaufs wird dann wieder unvorhersehbar. Der Programmierer muß dafür sorgen, daß der letzte Befehl des Paragraphen UPRO-A4 ausgeführt wird, der kein GO TO-Befehl sein darf. Es empfiehlt sich, EXIT als letzten Befehl zu schreiben.

Beim PERFORM (4) wird die UPRO-A SECTION und die UPRO-B SECTION durchlaufen. Der Rücksprungbefehl am Ende der UPRO-A SECTION ist in diesem Fall inaktiv.

Beim PERFORM (5) wird der UPRO-A4-Paragraph bis vor die UPRO-B SECTION durchlaufen. Die SECTION hat keinen Einfluß auf den Rücksprung.

Beim PERFORM (6) werden die Paragraphen UPRO-A1 und UPRO-A2 wie oben beschrieben durchlaufen. Am Ende von UPRO-A2 erfolgt der Rücksprung.

Werden in einem Programm Unterprogramme mit verschiedenen Techniken aufgerufen, ist die Fehleranfälligkeit sehr hoch. Vor allen Dingen wird bei nachträglichen Änderungen oder Korrekturen sehr leicht übersehen, daß ein Paragraph über einen PERFORM-Befehl aufgerufen wird. Jeder GO TO in diesem Paragraphen führt dann zu einem Fehler in der Ablauflogik. Der Compiler läßt diese Befehle zu, er gibt keine Fehlermeldung aus. Erst beim Programmtest kann der Fehler festgestellt, mit Hilfe des Animators eingekreist und dann behoben werden.

Bei der Schachtelung von PERFORM-Anweisungen ist darauf zu achten, daß sich die Unterprogrammbereiche nicht überlappen. Bei der Ausführung eines Unterprogramms darf nie über einen offenen Rücksprungbefehl aus einem anderen PERFORM-Befehl gelaufen werden. Das Ergebnis des Programmlaufs wird unvorhersehbar.

Beispiel (Die Zahlen stehen für Prozedurnamen):

```
richtig                             richtig
---------------------------------------------------------------
1    PERFORM 2 THRU 6               1    PERFORM 2 THRU 5
2                                   2
3    PERFORM 4 THRU 5               3    PERFORM 6 THRU 7
4                                   4
5                                   5
6                                   6
                                    7
richtig                             falsch
---------------------------------------------------------------
1    PERFORM 2 THRU 4               1    PERFORM 2 THRU 5
2                                   2
3                                   3    PERFORM 4 THRU 6
4                                   4
5                                   5
6    PERFORM 3 THRU 5               6
```

All diese Schwierigkeiten können umgangen werden, wenn in den PERFORM-Anweisungen generell nur ein SECTION-Name angegeben wird und aus der Unterprogramm-SECTION nie mit GO TO in eine andere SECTION gesprungen wird.

Micro Focus empfiehlt, überlappende PERFORM-Anweisungen zu vermeiden. In diesem Fall kann die Direktive /NO TRICKLE im Übersetzungskommando gesetzt werden. Der Compiler erzeugt dann einen effizienteren Maschinencode für PERFORM-Befehle.

In der PERFORM-Anweisung kann eine Bedingung angegeben werden, die vor dem Sprung in das Unterprogramm geprüft wird.

Format:

```
PERFORM Unterprogrammbereich UNTIL Bedingung
  [WITH TEST BEFORE] / [WITH TEST AFTER]
```

Bei diesem Format wird der Unterprogrammbereich so lange wiederholt ausgeführt, bis die Bedingung erfüllt ist. Die Bedingung wird vor Ausführung des Unterprogramms geprüft (WITH TEST BEFORE). Ist sie nicht erfüllt, wird das Unterprogramm durchlaufen und dann die Bedingung erneut getestet. Dieser Vorgang wird so lange wiederholt, bis die Bedingung erfüllt ist. Anschließend wird die der PERFORM-Anweisung folgende Anweisung ausgeführt. Ist die Bedingung beim Antreffen der PERFORM-Anweisung bereits erfüllt, wird das Unterprogramm nicht durchlaufen. Der Programmierer muß dafür sorgen, daß die

Bedingung im Unterprogramm erfüllt wird. Andernfalls gerät das Programm in eine Endlosschleife. Beim Zusatz WITH TEST AFTER wird das Unterprogramm erst durchlaufen und dann die Bedingung geprüft. Das Unterprogramm wird also mindestens einmal ausgeführt.

Beispiel:

```
MOVE 1    TO SC-SORT.
PERFORM B-SORT UNTIL SC-SORT = ZERO.
```

Das Unterprogramm B-SORT wird so lange durchlaufen, bis SC-SORT in dem Unterprogramm auf Null gesetzt wird.

Der neue Inline-PERFORM deckt zusammen mit den Bereichsbegrenzern END-PERFORM, END-IF usw. alle Anforderungen der »Strukturierten Programmierung« ab. Alle Elemente eines Struktogramms können direkt in Cobol-Anweisungen umgesetzt werden. GO TO-Befehle werden überflüssig. Im Bereich eines Inline-PERFORMs dürfen allerdings keine Paragraphen oder SECTIONs geschrieben werden. Ob die Programme dadurch verständlicher und wartungsfreundlicher werden, ist Ansichtssache. Die Befehlsfolge in einem Inline-PERFORM sollte maximal eine Seite lang sein und so gegliedert werden, daß zusammengehörende PERFORM- und END-PERFORM-Anweisungen gut erkannt werden können.

In Verbindung mit der PERFORM-Anweisung sind die EXIT-Befehle sehr nützlich, die ab Cobol-85 zur Verfügung stehen.

EXIT PARAGRAPH	springt zum Ende des Parapraphen, d.h. hinter den letzten Befehl im Paragraphen. Wurde der Paragraph mit PERFORM aufgerufen, erfolgt der Rücksprung. Ein Unterprogramm kann damit vorzeitig beendet werden.
EXIT SECTION	springt ans Ende einer Section, also über mehrere Paragraphen hinweg. Wurde die Section mit PERFORM aufgerufen, erfolgt der Rücksprung. Das Unterprogramm wird ordnungsgemäß beendet.
EXIT PERFORM	springt aus einem Inline-PERFORM hinter die END-PERFORM-Anweisung. Die Befehlsfolge im Inline-PERFORM kann ordnungsgemäß vorzeitig verlassen werden.
EXIT PERFORM CYCLE	springt zum END-PERFORM der Schleife. Die Bedingung der PERFORM-Anweisung wird geprüft, und gegebenenfalls wird die Befehlsfolge des Inline-PERFORM nochmals durchlaufen.

5.4.3 EVALUATE-Anweisung

Zur einfachen Bearbeitung komplexer Auswahlstrukturen steht in Cobol-85 die EVALUATE-Anweisung (evaluate = auswerten, berechnen) zur Verfügung. Sie entspricht der CASE-Anweisung in anderen Programmiersprachen. Die einfachste Form lautet:

```
EVALUATE Ausdruck
     WHEN  Bedingung-1   unbedingte Anweisung(en)-1
     [WHEN  Bedingung-2   unbedingte Anweisung(en)-2]
     [...]
     [WHEN OTHER  unbedingte Anweisung(en)]-3
[END-EVALUATE]
```

Beispiel:

```
DATA DIVISION.
     ...
     05  AUSWAHL-CODE    PIC X.
     ...
PROCEDURE DIVISION.
     ...
EINGABE.
     ACCEPT AUSWAHL-CODE.
     EVALUATE AUSWAHL-CODE           WHEN  »0«  GO TO ENDE
          WHEN  "1"  PERFORM UPRO-1
          WHEN  "2"  PERFORM UPRO-2
          WHEN  "3"  PERFORM UPRO-3
          WHEN OTHER
               DISPLAY "Falsches Auswahlzeichen"
     END-EVALUATE.
EIN-900.
     GO TO EINGABE.
ENDE.
     STOP RUN.
```

Zwischen EVALUATE und END-EVALUATE werden eine Reihe von Fallentscheidungen eingebaut. Ist die Bedingung nach WHEN erfüllt, werden die Anweisungen zwischen dieser WHEN-Anweisung und der nächsten WHEN-oder END-EVALUATE-Anweisung ausgeführt. »WHEN »0"« ist zu lesen als »IF AUSWAHL-CODE = »0"« Es können beliebig viele WHEN-Anweisungen hintereinander geschaltet werden. Aber nur die erste wahre WHEN-Anweisung wird ausgeführt, auch wenn alle anderen ebenfalls wahr sind. Dann wird zur Anweisung hinter END-EVALUATE verzweigt. Dies ist der prinzipielle Unterschied zwischen EVALUATE und einer Reihe hintereinander geschalteter IF-Anweisungen. Die nach WHEN OTHER stehenden Befehle werden ausgeführt, wenn bis dahin keine der WHEN-Bedingungen erfüllt war. Der WHEN OTHER-Zusatz kann entfallen.

Die EVALUATE-Anweisung gibt es in Cobol-85 noch in einer komplexeren Form zur Bearbeitung von Entscheidungstabellen. Diese Form wird später besprochen.

5.4.4 STOP RUN-Befehl

Format:

```
STOP RUN
```

Der Befehl beendet das Programm. Er *muß* als letzter Befehl ausgeführt werden. Er braucht aber nicht als letzter Befehl am Ende des Programmtextes zu stehen.

Der STOP RUN-Befehl bewirkt einen Sprung zum Betriebssystem. Alternativ kann in MF-Cobol das Programm mit GOBACK anstelle von STOP RUN beendet werden. Mit GOBACK können über den GIVING- bzw. RETURNING-Zusatz bestimmte Werte, z.B. ein Beendigungscode, an das Betriebssystem bzw. ein Folgeprogramm übergeben werden. Diese Technik soll hier vernachlässigt werden, da sie detaillierte Kenntnisse über die interne Programmsteuerung verlangt.

5.4.5 Eingeschränkte Sprung- und Steueranweisungen

Der Einsatz der GO TO-freien Programmsprachen in der Praxis hat gezeigt, daß eingeschränkte Sprunganweisungen sinnvoll sind. Dadurch kann vermieden werden, daß weitgehend ähnliche Befehlsfolgen mehrfach im Programmtext geschrieben werden müssen. Die Compiler-Entwickler meiden bei diesen Anweisungen das Wort GO TO, damit sie die Forderungen einer GO TO-freien Programmierung erfüllen. Die eingeschränkten Sprungbefehle werden in der Regel in Verbindung mit IF-Abfragen, PERFORM- oder EVALUATE-Anweisungen eingesetzt. Es werden keine expliziten Sprungziele angegeben, sondern das Ziel ergibt sich automatisch aus der Anweisung. Nach Aussage des Compilerherstellers Micro Focus ist die Programmausführungszeit und Übersetzungszeit bei Verwendung der einfachen GO TO-Anweisung merklich kürzer als bei Verwendung der eingeschränkten Sprung- oder Steueranweisungen. In Cobol stehen folgende Anweisungen zur Verfügung:

CONTINUE

Dies ist eine Leeranweisung. Sie wird in Verbindung mit der IF-Abfrage verwendet, um in dem JA- oder NEIN-Zweig anzuzeigen, daß kein Befehl auszuführen ist. CONTINUE bewirkt, daß das Programm mit der Anweisung nach dem mit der IF-Bedingung gepaarten END-IF oder nach dem Punkt, der die IF-Anweisung beendet, fortfährt.

Beispiel:

```
IF BETRAG > 1000
    CONTINUE
ELSE
    COMPUTE RABATT = BETRAG * 0,10
END-IF
DISPLAY ».…«
```

Die CONTINUE-Anweisung bewirkt, daß das Programm mit dem DISPLAY »...« fortfährt, wenn der BETRAG größer 1000 ist. Die CONTINUE-Anweisung ist in geschachtelten IF-Konstruktionen sehr nützlich.

NEXT SENTENCE

Die Anweisung arbeitet ähnlich wie CONTINUE. Sie bewirkt, daß das Programm mit der Anweisung nach dem *Satzendepunkt* in einer IF-Konstruktion fortgeführt wird.

Beispiel:

```
IF BETRAG > 1000
    CONTINUE
ELSE
    IF BETRAG > 100
        NEXT SENTENCE
    ELSE
        COMPUTE  RABATT = BETRAG * 0,05
    END-IF
    MOVE "ABC" TO TEXT
    END-IF.
          |
          Satzendepunkt
DISPLAY "...."
```

NEXT SENTENCE bewirkt einen Sprung zum DISPLAY-Befehl hinter dem Satzendepunkt. Ein CONTINUE anstelle von NEXT SENTENCE würde das Programm mit der Anweisung MOVE "ABC" TO TEXT fortführen. Mit der NEXT SENTENCE-Anweisung kann also in geschachtelten IF-Konstruktionen über alle Ebenen hinweg an das Satzende gesprungen werden.

Anmerkung: *Im ANSI-85-Cobol-Standard ist die NEXT SENTENCE-Anweisung in geschachtelten IF-Konstruktionen nicht erlaubt. Micro Focus unterstützt die NEXT SENTENCE-Anweisung in solchen Befehlsfolgen.*

EXIT PARAGRAPH

Die Anweisung bewirkt, daß an das Ende der in einem Paragraphen zusammengefaßten Befehle gesprungen wird, d.h. zu einem imaginären Sprungziel vor dem nächsten Paragraphennamen.

Beispiel:

```
B100.
     IF BETRAG > 1000
           EXIT PARAGRAPH
        ELSE
             COMPUTE  RABATT = BETRAG * 0,05
```

```
        END-IF
     MOVE "ABC" TO TEXT
          ...
--->
B200.
```

EXIT PARAGRAPH führt das Programm an der mit »--->« gekennzeichneten Stelle fort. Dies ist wichtig, wenn die Befehle in dem Paragraphen mit einer PERFORM-Anweisung aufgerufen wurden. An dieser Stelle fügt der Cobol-Compiler bei der Übersetzung den Rücksprungbefehl ein. Ein Unterprogrammaufruf wird dadurch ordnungsgemäß beendet.

EXIT SECTION

Es wird an das Ende der SECTION gesprungen. Sonst wirkt der Befehl wie EXIT PARAGRAPH. In einer SECTION können mehrere Paragraphen zusammengefaßt sein.

EXIT PERFORM

Diese Anweisung kann in einem Inline-PERFORM eingesetzt werden, um die Schleife vorzeitig zu verlassen. Sie bewirkt, daß *hinter* den dazugehörigen END-PERFORM gesprungen wird.

Beispiel:

```
MOVE ZERO TO ZAEHLER.
PERFORM UNTIL ZAEHLER = 10
   ADD 1    TO ZAEHLER
   ACCEPT Datenfeld
   IF Datenfeld = "*"
      EXIT PERFORM
   ELSE
      MOVE Datenfeld    TO Ergebnis
   END-IF
   DISPLAY Ergebnis
END-PERFORM
DISPLAY "...."      ß
```

usw.

EXIT PERFORM springt zur Anweisung DISPLAY »....« hinter END-PERFORM. Alle mit der Schleifenkonstruktion verbundenen internen Datenfelder werden freigegeben.

EXIT PERFORM CYCLE

EXIT PERFORM CYCLE springt zum END-PERFORM. Dies wiederum bewirkt, daß das Programm zum Anfang der PERFORM-Schleife springt und die Bedingung prüft. Ist die Bedingung erfüllt, wird die Schleife verlassen, d.h. das Programm wird mit der nach END-PERFORM stehenden Anweisung fortgesetzt, andernfalls wird die Schleife nochmals durchlaufen.

EXIT PROGRAM

Mit dieser Anweisung wird in geschachtelten Programmstrukturen das Kindprogramm verlassen und zum Elternprogramm zurückgesprungen.

5.5 Vergleichsbefehle

Mit den Vergleichsbefehlen können Datenfelder miteinander verglichen werden, um zu prüfen, ob sie gleich, ungleich oder ein Wert größer oder kleiner als der andere Wert sind. Das Ergebnis einer Vergleichsoperation kann »ja« (WAHR) oder »nein« (FALSCH) sein. Mehrere Vergleichsoperationen können durch die logischen Operatoren AND und/oder ODER verknüpft werden.

Format:

```
IF   Bedingung   [THEN]
     unbedingte Anweisung(en).
                             |
                        Satzendepunkt
```

Alternativ kann der Punkt am Ende der Befehlsfolge in Cobol-85 durch END-IF ersetzt werden.

```
IF   Bedingung  [THEN]
     unbedingte Anweisung(en)
END-IF
```

Die IF-Abfrage kann mit dem ELSE-Zusatz ergänzt werden.

```
IF   Bedingung  [THEN]
     unbedingte Anweisung(en)-1
ELSE
     unbedingte Anweisung(en)-2
END-IF
```

Das Wort THEN kann weggelassen werden.

Eine Bedingung ist in der Regel der Vergleich zweier Werte oder die Prüfung eines Wertes.

Beispiel:

```
IF   FELDA  =  FELDB                    (1)
     MOVE  FELDE  TO  FELDF             (2)
     MOVE  FELDX  TO  FELDY             (3)
END-IF.
MOVE FELDC  TO FELDD.                   (4)
 ....
```

Die Befehle, die nach dem Vergleichsbefehl bis zum *abschließenden Punkt* bzw. END-IF oder dem Wort ELSE stehen, werden ausgeführt, wenn das Ergebnis der Vergleichsoperation »JA« lautet. Diese Befehle werden bei der Programmausführung übersprungen, wenn das Ergebnis der Vergleichsoperation NEIN lautet, die Bedingung also nicht erfüllt ist. Bei NEIN werden die Befehle ausgeführt, die auf den abschließenden Punkt bzw. END-IF folgen. Wird ELSE verwendet, werden die Befehle, die zwischen dem Wort ELSE und dem abschließenden Punkt bzw. END-IF stehen, ausgeführt. Dann wird das Programm mit der Anweisung fortgeführt, die nach END-IF bzw. dem Satzendepunkt steht. Im Beispiel werden die Befehle (2) und (3) nur ausgeführt, wenn das Ergebnis des Vergleichsbefehls (1) JA lautet, bei NEIN werden die Befehle übersprungen und sofort Befehl (4) ausgeführt. Befehle (2) und (3) können auch Unterprogrammaufrufe oder Sprungbefehle sein.

Die Befehle, die nur ausgeführt werden sollen, wenn das Ergebnis einer vorangehenden Vergleichsoperation JA lautet, sollten zur optischen Kennzeichnung im Programm eingerückt geschrieben werden und erst auf Stelle 16 der Zeile oder später beginnen.

Mehrere Vergleiche können durch die logischen Operatoren AND und OR verknüpft werden.

Beispiel:

```
IF  FELDA      =  FELDB                 (1)
OR  FELDC      =  FELDD                 (2)
     MOVE  FELDE    TO  FELDF           (3)
ELSE
     MOVE  FELDG    TO  FELDH           (4)
END-IF.
MOVE  FELDI    TO  FELDK.               (5)
 ....
```

Ist das Ergebnis des Vergleichs (1) oder (2) JA, wird Befehl (3) und danach Befehl (5) usw. ausgeführt.

Ist das Ergebnis der Vergleiche (1) und (2) NEIN, wird Befehl (4) und danach Befehl (5) usw. ausgeführt.

In der Befehlsfolge nach dem Vergleichsbefehl kann die Anweisung NEXT SENTENCE verwendet werden. Sie bewirkt einen Sprung auf den hinter dem *Satzendepunkt* stehenden Befehl.

Beispiel:

```
IF FELDA  =  FELDB         (1)
     NEXT SENTENCE         (2)
ELSE
     MOVE F1    TO F2      (3)
 END-IF.
       |
       Satzendepunkt
MOVE F3        TO F4.      (4)
 ....
```

Ist das Ergebnis des Vergleichsbefehls (1) JA, wird zu Befehl (4) gesprungen. Bei NEIN wird Befehl (3) und danach Befehl (4) usw. ausgeführt.

Achtung! *Am Ende der IF-Anweisung muß ein Punkt stehen! Nirgendwo sonst darf in dieser Befehlskette ein Punkt stehen, er würde die Reihe der Befehlsausführung ändern und zu Fehlern führen! Ein falscher Punkt in einer IF-Befehlsfolge hat schon manchen Programmierer zur Verzweiflung getrieben!*

Aus diesem Grund ist in Cobol-85 die END-IF-Anweisung aufgenommen worden. Durch sie wird die Lösungslogik viel klarer. In neuen Programmen sollte nur noch mit der IF/END-IF-Konstruktion gearbeitet werden. In der Befehlsfolge zwischen IF/END-IF darf *kein* Punkt enthalten sein. Cobol meldet in diesem Fall bei der Kompilierung einen Fehler, da der Compiler wegen der Kompatibilität mit den alten Cobol-Versionen nicht feststellen kann, wo die Befehlsfolge enden soll (Fehlermeldung: IF .. ELSE or scope-delimiter mismatch). IF-Anweisungen können geschachtelt sein, d.h. in der Befehlsfolge-1/-2 können weitere IF-Anweisungen stehen. Von der Verwendung geschachtelter IF-Anweisungen ist abzuraten, wenn die IF/END-IF-Konstruktion nicht zur Verfügung steht. In Cobol-85 bereitet die Schachtelung keine Schwierigkeiten mehr. Bei komplexen Bedingungen sollten *Entscheidungstabellen* verwendet werden.

Cobol erlaubt folgende Vergleichsoperationen:

```
EQUAL oder =               IF FELDA  = FELDB
GREATER oder >             IF FELDA GREATER FELDB
LESS oder <                IF FELDA LESS   FELDB
NOT EQUAL oder NOT =       IF FELDA NOT = FELDB
oder  UNEQUAL
oder <>                     ungleich
NOT GREATER (entspricht »kleiner oder gleich«)
IF FELDA NOT GREATER FELDB
```

Diese Schreibweise muß in alten Cobol-Dialekten verwendet werden.

```
LESS OR EQUAL              IF FELDA LESS OR EQUAL FELDB
```

Alternativ kann in Cobol-85 geschrieben werden:

```
<=                          IF FELDA <= FELDB
GREATER OR EQUAL            IF FELDA GREATER OR = FELDB
>=                          IF FELDA >= FELDB
oder
EXCEEDS
NOT LESS (entspricht »größer gleich«)
                           IF FELDA NOT LESS FELDB
```

Anstelle der Worte GREATER, LESS und EQUAL können die mathematischen Symbole oder Vergleichszeichen verwendet werden. Die Vergleichsoperatoren »<=« »>=« und »<>« stehen in Cobol-85 endlich zur Verfügung. Die beiden zu vergleichenden Datenfelder müssen zur gleichen Klasse gehören, d.h. es dürfen nur *numerische Datenfelder* mit numerischen Datenfeldern oder Zahlen verglichen werden, und *alphanumerische Datenfelder* mit alphanumerischen Datenfeldern, Gruppenfeldern oder in Hochkommas eingeschlossenen Literalen. Beim Vergleich numerischer Operanden entscheidet der Zahlenwert der Felder das Ergebnis. Kommastellen werden automatisch berücksichtigt. Bei unterschiedlicher Vor- und Nachkommastellenzahl der Operanden wird das kürzere Datenfeld mit Nullen aufgefüllt.

Bei nicht-numerischen Operanden wird der Inhalt der Felder von links beginnend zeichenweise miteinander verglichen. Sind zwei vergleichbare Zeichen ungleich, so hat der Operand den größeren Wert, dessen Zeichen in der Sortierfolge des Maschinencodes höherwertig ist.

Beispiel:

```
A = 0100 0001  im ASCII-Code
B = 0100 0010
```

»B« ist höherwertig, da im siebenten Bit eine »1« steht, bei »A« noch eine »0«. Haben die zu vergleichenden Datenfelder unterschiedliche Feldlängen, wird das kürzere Feld temporär mit Leerstellen (SPACE) auf die komplette Feldlänge aufgefüllt.

Im Vergleich können Literale verwendet werden.

Beispiel:

```
 IF   FELD-A     = "ABC   "
     MOVE  FELD-E     TO FELD-F
END-IF.
IF   ZAHL-X     =  123,12
     ADD 1      TO ZAHL-Y
END-IF.
```

Anstelle des Literals kann auch eine figurative Konstante (SPACE, ZERO, HIGH-VALUE usw.) verwendet werden.

In einem Vergleich dürfen in Cobol-85 arithmetische Ausdrücke verwendet werden.

```
IF (A + B)  >  C ....
```

ist zulässig. Im Handbuch wird jedoch von der Verwendung solcher zusammengesetzter Operationen abgeraten, da die Laufzeit des Programms gegenüber Einzelbefehlen beträchtlich ansteigt.

In Cobol-85 dürfen auch numerische und nicht-numerische Datenfelder miteinander verglichen werden. Cobol führt den Vergleich nach den Regeln für nicht-numerische Operanden durch, d.h. Byte für Byte von links nach rechts.

In Cobol kann ein sog. *Klassentest* durchgeführt werden. Es wird geprüft, ob der Inhalt eines *Datenelementes* numerisch oder alphabetisch ist oder nur bestimmte Zeichen enthält. Das zu prüfende Datenelement muß alphanumerisch beschrieben sein.

Format:

```
IF Datenname    IS [NOT] NUMERIC / ALPHABETIC
                ALPHABETIC-LOWER / ALPHABETIC-UPPER
     unbedingte Anweisung(en)-1
[ELSE
    unbedingte Anweisung(en)-2]
[END-IF]
```

Mit diesem Befehl kann leicht geprüft werden, ob ein Eingabefeld richtige Werte enthält. Für den NUMERIC-Test kann das Datenfeld nach folgendem Muster alphanumerisch und numerisch beschrieben werden:

```
05   FELDA     PIC X(7).
05   FELDAN  REDEFINES FELDA  PIC S9(5)V99.
```

In der PROCEDURE DIVISION kann nun mit folgenden Befehlen der Inhalt des Datenfeldes geprüft und verarbeitet werden:

```
IF   FELDA     NUMERIC
     ADD FELDAN TO  FELDB
END-IF.
```

Das Datenfeld ist NUMERIC, wenn sein Inhalt nur aus den Ziffern 0 bis 9, gegebenenfalls mit Vorzeichen, besteht. Das Datenfeld ist ALPHABETIC, wenn sich sein Inhalt aus den Buchstaben A bis Z und dem Leerzeichen zusammensetzt.

Mit ALPHABETIC-LOWER kann geprüft werden, ob der Inhalt eines Datenfeldes nur aus den Zeichen »a« bis »z« und Leerzeichen besteht. ALPHABETIC-UPPER bedeutet ein Test auf Leerzeichen und Großbuchstaben. Ergänzend kann der Programmierer ein eigenes Alphabet im SPECIAL-NAMES-Paragraphen definieren und für die Prüfung zugrunde legen. Dadurch ist es möglich, auch die deutschen Sonderzeichen »Ä, Ö, Ü, ß« usw. in der Prüfung zu berücksichtigen. Das folgende Beispiel soll die Verwendung demonstrieren.

```
ENVIRONMENT DIVISION.
CONFIGURATION SECTION.
SPECIAL-NAMES.
     CLASS DEUTSCHES-ALPHABET IS "A"  THRU "Z",  "a"  THRU "z",
                                 "ÄÖÜäöü-éèáà' ",
     DECIMAL-POINT IS COMMA.
DATA DIVISION.
     77  E-NAME     PIC X(20).
PROCEDURE DIVISION.
EINGABE.
     ACCEPT E-NAME.
     IF E-NAME IS NOT DEUTSCHES-ALPHABET
          DISPLAY "Falsches Zeichen im Namen"
          ....
          GO TO EINGABE
     END-IF.
```

Cobol prüft im Klassentest, ob die in E-NAME stehenden Zeichen in dem privaten Alphabet enthalten sind. Mit THRU werden Unter- und Obergrenzen des Alphabetbereichs angegeben. Alle Zeichen, deren ASCII-Codes zwischen diesen Grenzen liegen, sind in das Alphabet eingeschlossen.

In Cobol kann ein sog. *Vorzeichentest* mit numerischen Datenfeldern durchgeführt werden.

Format:

```
IF  Datenname  IS [NOT] POSITIVE / NEGATIVE / ZERO
      unbedingte Anweisung(en)-1
[ELSE
      unbedingte Anweisung(en)-2]
[END-IF]
```

Beispiel:

```
IF  ZAHL  IS POSITIVE
     GO TO A100
END-IF.
```

Im *Bedingungsnamentest* wird geprüft, ob der Wert einer Größe (Bedingungsvariablen) gleich einem der Werte ist, die dem Bedingungsnamen zugeordnet sind. Ein Bedingungsname wird auf der Stufennummer 88 in der DATA DIVISION definiert.

Format:

```
IF [NOT]  Bedingungsname
      unbedingte Anweisung(en)-1
[ELSE
      unbedingte Anweisung(en)-2]
[END-IF]
```

Beispiel:

```
DATA DIVISION.
01   E-SATZ.
  05 E-SCHLUESSEL    PIC XX.
   88      ZUGANG    VALUE "11".
   88      ABGANG    VALUE "22".
   88      STORNO    VALUE "33".
```

usw.

```
 PROCEDURE DIVISION.
    ACCEPT E-SCHLUESSEL.
     IF ZUGANG  PERFORM B200.
     IF ABGANG  PERFORM B500.
```

Diese Abfrage entspricht folgendem Vergleich:

```
IF E-SCHLUESSEL     =  "11"
     PERFORM B200
END-IF.
IF E-SCHLUESSEL     =  "22"
     PERFORM B500
END-IF.
```

Durch die Verwendung von Bedingungsnamen kann ein Programm u. U. verständlicher geschrieben werden.

Kapitel 6

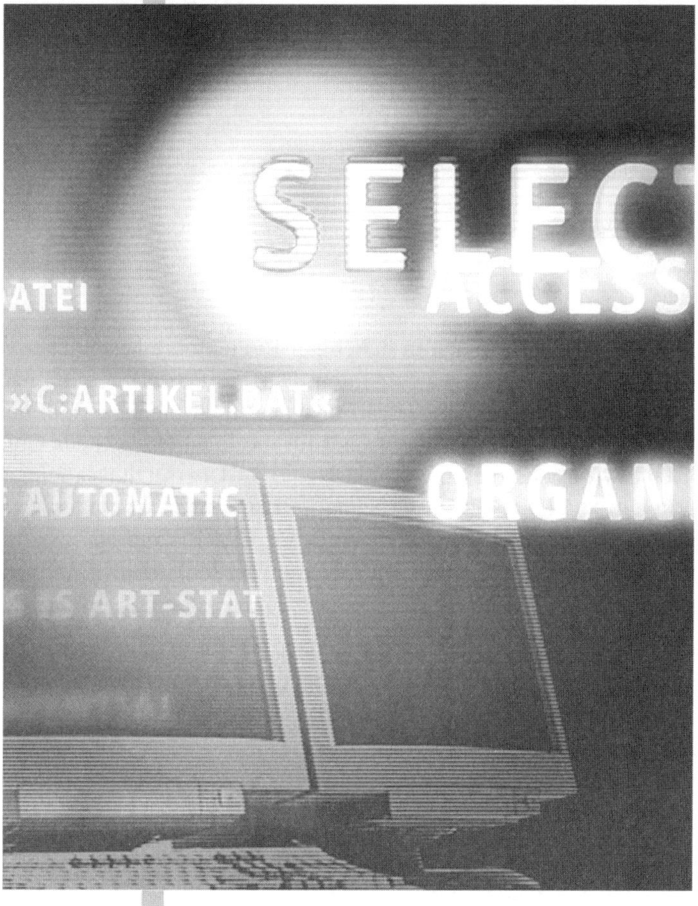

IDENTIFICATION und ENVIRONMENT DIVISION

6.1 IDENTIFICATION DIVISION

Die IDENTIFICATION DIVISION enthält allgemeine und einleitende Kommentare zum Programm. Sie kann in Cobol-85 komplett entfallen. Die Paragraphennamen der Division sind fest vorgegeben:

```
PROGRAM-ID.     Programm-Name.
AUTHOR.         Kommentar.
INSTALLATION.   Kommentar.
DATE-WRITTEN.   Kommentar.
DATE-COMPILED.  Kommentar.
SECURITY.       Kommentar.
REMARKS.        Kommentar.
```

Die Paragraphen können in beliebiger Reihenfolge geschrieben werden. Der PROGRAM-ID-Paragraph enthält den Programm-Namen. Der Name muß nach den Regeln der Cobol-Sprache gebildet werden, er darf also aus Buchstaben, Ziffern und Bindestrichen bestehen. Der Programm-Name wurde früher für die Identifikation des Objektprogramms verwendet. Heute wird der Objektprogramm-Name im Übersetzungskommando festgelegt. Der in der PROGRAM-ID angegebene Name ist bei einigen Compiler-Versionen beim Arbeiten mit dem CALL-Befehl von Bedeutung (mit CALL kann aus einem laufenden Programm ein anderes Programm geladen und gestartet werden).

Die anderen Paragraphen werden vom Compiler wie Kommentare behandelt, die Angaben sind ohne Wirkung. Sie gelten nach der neuen Norm als veraltet und sollten nicht mehr benutzt werden. Das Programm sollte mit Kommentarzeilen, die den Stern in Spalte 7 enthalten, erläutert werden.

6.2 ENVIRONMENT DIVISION

In diesem Teil werden die maschinenabhängigen Angaben eines Cobol-Programms zusammengefaßt und die Maschinenausstattung beschrieben. Das Cobol-System kann an die nationalen Besonderheiten des Anwenders angepaßt werden. Die Standardwerte von Cobol sind für den amerikanischen Sprachraum ausgelegt. Die deutschen Sonderzeichen »ÄÖÜß« werden z. B. nicht richtig sortiert. In der ENVIRONMENT DIVISION kann der Programmierer in einem gewissen Rahmen Verarbeitungsregeln für diese nationalen Besonderheiten festlegen. Die DIVISION und alle in ihr enthaltenen Paragraphen sind ab Cobol-85 optional. Die SECTION- und Paragraphennamen sind fest vorgegeben. Die Namen sind mit einem Punkt und einer folgenden Leerstelle zu beenden. Alle Angaben sollten aus einem Musterprogramm kopiert werden. Viele kompliziert aussehende Angaben haben nur dokumentarischen Wert, sie haben keinerlei Auswirkung auf das Programm.

Format der Environment Division:

```
ENVIRONMENT DIVISION.
CONFIGURATION SECTION.
SOURCE-COMPUTER. Computer-Bezeichnung [WITH DEBUGGING MODE].
OBJECT-COMPUTER. Computer-Bezeichnung
     [MEMORY SIZE  Ganzzahl WORDS / CHARACTERS / MODULES]
     [PROGRAM COLLATING SEQUENCE IS Alphabet-Name]
     [SEGMENT-LIMIT IS Segment-Nummer].
SPECIAL-NAMES.   [PRINTER IS  Merkname]
     [CURRENCY SIGN IS Literal]
     [NUMERIC SIGN IS TRAILING SEPARATE]
     [DECIMAL-POINT IS COMMA]
     [ALPHABET Alphabet-Name IS Zeichenfolge]
     [CLASS Klassen-Name IS Zeichenfolge].
INPUT-OUTPUT SECTION.
FILE-CONTROL.  File-Control-Angaben (s. Bsp. unten).
I-O-CONTROL.
     [SAME RECORD AREA FOR Dateiname-1 Dateiname-2 ...]
```

Beispiel:

```
ENVIRONMENT DIVISION.
CONFIGURATION SECTION.
SOURCE-COMPUTER.    IBM-PC.
OBJECT-COMPUTER.    IBM-PC.
SPECIAL-NAMES. DECIMAL-POINT IS COMMA
               PRINTER IS DRUCKER
               ALPHABET DEUTSCH-ALPHA IS
               "A" ALSO "Ä", "a" ALSO "ä",
               "B", "b", "C", "c",
               "D", "d", ...., "S", "s", "ß", "T", "t",
                "0" THRU "9", " ",
               CLASS PRUEF-ALPHA IS "A" THRU "Z", "a" THRU "z",
                 "ÄÖÜäüöß- ".
INPUT-OUTPUT SECTION.
FILE-CONTROL.
     SELECT ARTIKELDATEI
            ASSIGN TO »C:ARTIKEL.DAT«.
     SELECT ARTIKELLISTE
            ASSIGN TO PRINTER.
```

6.2.1 CONFIGURATION SECTION

Diese SECTION kann wahlweise angegeben werden. Der Inhalt der SOURCE- und OBJECT-COMPUTER-Paragraphen wird als Kommentar behandelt, ausgenommen die WITH DEBUGGING MODE (Fehlerbehebungs-)-Angabe. Wird sie eingesetzt, wird bei der Übersetzung ein Zusatzmodul eingefügt, das die Fehlersuche erleichtern soll. In MF-Cobol kann auf die DEBUGGING-Angabe verzichtet werden, da der ANIMATOR über den ANSI-Standard hinausgehende Leistungen bietet. Mit MEMORY SIZE kann die Speichergröße des Computers angegeben werden. Mit PROGRAM COLLATING SEQUENCE kann eine spezielle Rangfolge der Zeichen festgelegt werden, die beim Vergleich alphanumerischer Daten im Programm zugrunde gelegt wird. »Alphabet-Name« muß im SPECIAL-NAMES-Paragraphen definiert werden. PROGRAM COLLATING SEQUENCE sollten nur erfahrene Programmierer einsetzen, da die interne Codestruktur verändert wird und leicht unerwartete Ergebnisse auftreten. Mit der SEGMENT LIMIT-Klausel kann der Programmierer die Überlagerung von Programmteilen im Speicher steuern.

Im SPECIAL-NAMES-Paragraphen werden Verbindungen zwischen Systemnamen und vom Programmierer definierte Merknamen aufgebaut, und es können die nationalen Besonderheiten bei der Darstellung von Zeichen festgelegt werden. Mit der PRINTER IS-Angabe wird ein Merkname bestimmt, der im DISPLAY ... UPON-Merkname-Befehl eingesetzt werden kann. PRINTER bezeichnet das Standard-Druckausgabegerät. Für die Steuerung der Terminal-Ein- und -Ausgabe können hier ebenfalls Angaben gemacht werden. Die Eintragungen sind in Kapitel 17 behandelt.

Das Währungssymbol (Currency Sign) kann vom Dollar-Zeichen ($) in ein anderes Zeichen umgesetzt werden. Das Literal in der CURRENCY SIGN-Angabe darf nur ein Zeichen lang sein, es darf kein Hochkomma, keine Ziffer und kein Zeichen sein, das in der PICTURE-Eintragung verwendet werden darf (X, V, S, Z, A, B, P u.a.m.). Die CURRENCY SIGN-Angabe wird in deutschen Programmen selten verwendet.

Mit NUMERIC SIGN wird dem Computer mitgeteilt, wie das Vorzeichen von Zahlen zu speichern ist. Cobol speichert das Vorzeichen in einer eigenen Technik. Sollen Daten mit anderen Programmiersprachen ausgetauscht werden, kann hier definiert werden, daß das Vorzeichen in einem separaten Byte vor oder hinter der Zahl abgelegt werden soll.

Mit der DECIMAL-POINT IS COMMA-Angabe kann von der amerikanischen Schreibweise von Dezimalkommazahlen auf die europäische Schreibweise umgeschaltet werden. Die Bedeutung von Punkt und Komma in der Zahlendarstellung ist dann vertauscht.

Mit der ALPHABET-Klausel wird dem Computer mitgeteilt, in welchem Code die Daten angeliefert und verarbeitet werden. Der Programmierer kann ein privates Alphabet definieren, das für die Sortierfolge zugrunde gelegt werden kann. Die Angabe im Beispiel bewirkt, daß »A« und »Ä« gleichwertig sind (ALSO Verbindung), dann folgt das kleine »a«, das gleichrangig mit »ä« ist, dann folgen die Buchstaben »B«, »b« usw. Am Ende liegen die Ziffern. Die Daten werden in dieser Rangfolge sortiert, wenn im Sortierkommando der Alphabetname DEUTSCH-ALPHA angegeben wird (SORT ... COLLATING SEQUENCE IS DEUTSCH-ALPHA). Fehlt der Zusatz, werden die Daten im internen Code der Anlage sortiert. Dadurch werden die deutschen Umlaute falsch behandelt.

Mit der CLASS-Angabe kann ein weiteres Alphabet definiert werden, das für Prüfungen herangezogen werden kann. Der Programmierer kann mit einer einfachen Abfrage im Programm testen, ob in einem Datenfeld die im CLASS-Alphabet festgelegten Zeichen enthalten sind. THRU oder THROUGH bedeutet, daß alle Zeichen, die im internen Code der Anlage zwischen den beiden Zeichen liegen, im definierten Alphabet enthalten sind.

In MF-Cobol sind weitere Angaben zum internen Code der Anlage und zu internen Schaltern möglich. Sie werden jedoch selten eingesetzt. Für die gemischtsprachige Programmierung müssen ebenfalls Parameter in der CONFIGURATION SECTION spezifiziert werden.

6.2.2 INPUT-OUTPUT SECTION

Diese SECTION wird vom Compiler verlangt, wenn Dateien im Programm verarbeitet werden. Sie liefert Information über die Gerätezuordnung, die Merkmale von Dateien und die Ein-/Ausgabepuffer. Die programminternen Dateinamen, die nach den Regeln der Cobol-Sprache gebildet werden, werden den Dateien auf den externen Speichermedien zugeordnet.

FILE-CONTROL-Paragraph (SELECT-Klausel)

Für jede im Programm verarbeitete Datei muß eine SELECT-Angabe im FILE-CONTROL-Paragraphen geschrieben werden.

Format (sequentielle Datei):

```
SELECT  Dateiname ASSIGN TO DISK  / "DOS-Dateiname" / PRINTER
     [RESERVE Ganzzahl AREAS / AREA]
     [FILE STATUS IS Datenname-1]
     [LOCK MODE IS EXCLUSIVE / AUTOMATIC / MANUAL]
     [ACCESS MODE IS SEQUENTIAL]
     [ORGANIZATION IS [LINE] SEQUENTIAL].
```

Beispiel:

```
SELECT ARTIKEL-DATEI
     ASSIGN TO "C:ARTIKEL.DAT"
     LOCK MODE AUTOMATIC
     FILE STATUS IS ART-STAT
     ACCESS SEQUENTIAL
     ORGANIZATION SEQUENTIAL.
```

Die SELECT-Klausel muß rechts vom Bereich A (Spalte 12) der Cobol-Zeile beginnen. Die Reihenfolge der Angaben nach SELECT-Dateiname ist beliebig. Die ACCESS- und ORGANIZATION-Angabe können bei sequentiellen Dateien entfallen, da dies die Cobol-Vorgabewerte sind.

In der Eintragung wird angegeben, auf welchem Gerät die Datei gespeichert ist (ASSIGN TO ...), wie die Datei auf dem Externspeicher gespeichert ist (ORGANIZATION ...), wie die Datei im Programm verarbeitet wird (ACCESS ...), wie viele Ein-/Ausgabepuffer der Datei zugeordnet werden (RESERVE ...), in welchem Datenfeld das Betriebssystem hinterlegen soll, wie die Ein-/Ausgabeoperation durchgeführt werden konnte (FILE STATUS ...). Der LOCK MODE gibt an, wie die Datei in Mehrbenutzersystemen bei konkurrierenden Zugriffen geschützt wird.

Die Bedeutung der einzelnen Angaben wird in der Beschreibung der sequentiellen und indexsequentiellen Dateien erläutert.

I-O-CONTROL-Paragraph

In diesem Paragraphen können spezielle Angaben zur Ein-/Ausgabetechnik gemacht werden. Die meisten Angaben werden vom Compiler als Kommentare aufgefaßt, da das Betriebssystem die Ein-/Ausgabe automatisch optimiert. Alle Angaben können daher entfallen. Lediglich die SAME RECORD AREA-Eintragung ist sinnvoll, wenn der Speicherplatz für ein Programm knapp wird. Die SAME RECORD AREA-Angabe bewirkt, daß alle genannten Dateien den gleichen Ein-/Ausgabebereich benutzen, um Speicherplatz zu sparen. Die Dateien können gleichzeitig eröffnet sein, im Satzbereich kann jedoch nur ein einziger Satz stehen. Der Effekt ist so, als ob sich alle Sätze der angegebenen Dateien bei der Durchführung der Ein-/Ausgabebefehle gegenseitig überlagern.

Format:

```
SAME RECORD AREA FOR Dateiname-1 Dateiname-2 ...
```

Die genannten Dateien müssen nicht die gleiche Organisationsform oder Verarbeitungsform (ACCESS) aufweisen. Eine Datei darf jedoch nicht in mehreren SAME AREA-Eintragungen genannt werden. Da MF-Cobol bessere Techniken zur Verwaltung von knappem Speicherplatz bietet als die SAME RECORD-Angabe, sollte dieses Verfahren nicht genutzt werden.

Kapitel 7

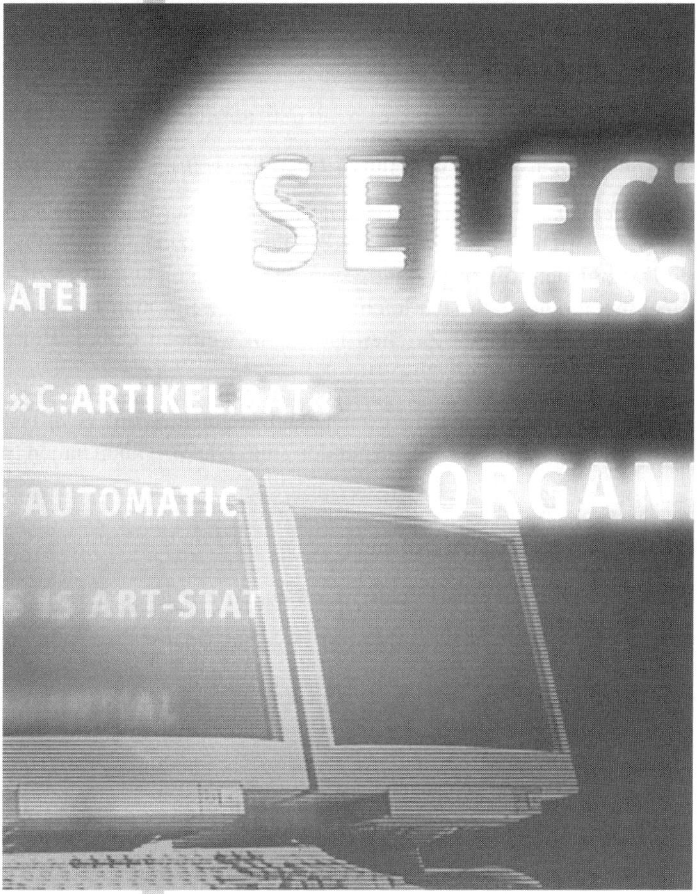

Die Datenbeschreibung in der DATA DIVISION

7.1 Allgemeiner Überblick

In Cobol müssen alle Datenfelder, die im Programm angesprochen werden, in der DATA DIVISION des Programms beschrieben werden.

Eine Datenbeschreibung besteht aus:

```
Stufen-Nr   Datenname    PIC-Eintragung   [Zusätze].
```

Die Datenbeschreibung wird durch einen *Punkt* mit einer *folgenden Leerstelle* beendet.

Der *Datenname* darf maximal 30 Stellen lang sein, Buchstaben (A...Z, a...z), Ziffern (0...9) und Bindestriche (-), aber keine Leerstellen (Blanks) enthalten. Die im Programm verwendeten Datennamen sollten eindeutig sein. Sie dürfen nicht mit reservierten Cobol-Wörtern übereinstimmen. Dies läßt sich leicht vermeiden, wenn man im Datennamen einen Bindestrich verwendet, denn dieses Zeichen ist nur in wenigen Cobol-Wörtern enthalten. Klein- und Großbuchstaben sind gleichwertig.

In den Programmbeispielen wird bei den Datennamen mit Vorsilben gearbeitet, die mit einem Bindestrich mit dem Namen verbunden sind. Die Vorsilben haben folgende Bedeutung:

E- oder E1-, E2-	Eingabefeld
A- oder A1-, AB-	Ausgabefeld
F- oder F1-, F2-	Dateifelder (F = File, Datei)
S- oder S1-, S2-	allg. Arbeitsfelder im Speicher
T-	Tabellenfelder
I-	Indexfelder
SC-	Schalter

Beispiel:

```
01   E-FELD-A       PIC X(10).
|    |              |   | |
|    |              |   | Feldlänge = 10 Byte
|    |              |   Symbol für ein alphanumerisches
|    |              |     Datenfeld
|    |              Cobol-Schlüsselwort für die Datenbe-
|    |              schreibung (PIC = PICTURE)
|    Datenname (max. 30 Zeichen lang)
Stufennummer
01   S-FELD-B       PIC 9(7).
                        | |
                        | Anzahl der Ziffern der Zahl
                        |
                        Symbol für ein numerisches Datenfeld
```

Die Wörter PIC und PICTURE können alternativ in der Datenbeschreibung verwendet werden. Die führende Null in den Stufennummern 01 bis 09 darf in Cobol-85 weggelassen werden.

Beispiel: für eine Datenbeschreibung

```
DATA DIVISION.
WORKING-STORAGE SECTION.
01    FILLER                      PIC X(11) VALUE
         'W-S SECTION'.
01    E-FELDER.
05    E-MENGE                    PIC S9(7)V99.
05    E-PREIS                    PIC S9(7)V99.
05    e-mwst                     PIC S99V99.
1   S-RECHFELDER.
   5   S-NETTO                   PIC S9(9)V99.
   5   S-BRUTTO                  PIC S9(9)V99.
1   A-FELDER.
   5   A-NETTO                   PIC ZZZ.ZZZ.ZZ9,99-.
   5   A-MWST-BETR               PIC ZZZ.ZZZ.ZZ9,99-.
  05   A-BRUTTO                  PIC ZZZ.ZZZ.ZZ9,99-.
01    S-ARBFELDER.
  05    S-STRICH                 PIC X(80) VALUE ALL "-".
  05   S-WEITER                  PIC X.
```

Der Datenname FILLER (= Füller) wird für solche Datenfelder verwendet, die im Programm nicht angesprochen werden. Im Beispiel wird der Beginn der WORKING-STORAGE SECTION gekennzeichnet, damit der Programmierer in einem Speicherauszug nach einem Programmabbruch (DUMP) die WORKING-STORAGE SECTION schnell finden kann. Meistens wird ein FILLER verwendet, um Datenfelder in Ein- oder Ausgabesätzen zu beschreiben, die in dem speziellen Programm nicht benötigt werden. Für einen FILLER gelten die gleichen Beschreibungsregeln wie für die anderen Datenfelder. Ab Cobol-85 kann das Wort FILLER entfallen. Es kann also auch geschrieben werden:

```
01  PIC X(10) VALUE »WS-SECTION«.
```

Die Datennamen können in Groß- oder Kleinbuchstaben geschrieben werden. Die im Programm verwendeten Datennamen sollten *eindeutig* sein. Ist dies nicht der Fall, dann muß das Datenfeld, falls es in einer Anweisung der PROCEDURE DIVISION angesprochen wird, durch einen Zusatz *qualifiziert* oder gekennzeichnet werden. In der oben angeführten Datenbeschreibung kann z. B. das Feld für den Nettobetrag in den Rechenfeldern mit NETTO und in den Ausgabefeldern ebenfalls mit NETTO bezeichnet werden. Soll das Datenfeld verarbeitet werden, muß NETTO qualifiziert werden, damit das Programm »weiß«, welches Nettofeld der Programmierer ansprechen will. Der entsprechende Zusatz lautet NETTO IN S-RECHFELDER bzw. NETTO IN A-FELDER, d. h. die übergeordnete Gruppenstufe muß zusätzlich als Kennzeichner angegeben werden. Anstelle von IN kann auch OF geschrieben werden.

Beispiel:

```
MOVE NETTO IN S-RECHFELDER TO NETTO IN A-FELDER.
```

Die Verwendung von gleichen Datennamen im Programm ist nicht zu empfehlen. Der Cobol-Compiler gibt eine Warnung aus, wenn der gleiche Datenname mehrfach im Programm definiert wird. Das Programm wird mit einem Runtime-Fehler abgebrochen, wenn Sie ein solches Datenfeld ansprechen, da der Computer nicht weiß, welches Datenfeld er verändern soll.

Die DATA DIVISION ist in mehrere SECTIONs aufgeteilt.

FILE SECTION	Sie enthält die Beschreibung der zu verarbeitenden Dateien mit den zugehörigen Satzbeschreibungen.
WORKING-STORAGE SECTION	Sie enthält die Definitionen der Arbeitsspeicherfelder zum Rechnen für die Druckaufbereitung und die Zwischenspeicherung von Daten.
OBJECT-STORAGE SECTION	Eine MF-Cobol-Erweiterung für die objektorientierte Programmierung, kein ANSI-Standard. Hier werden die Attribute des Objekts definiert. Es gelten ähnliche Regeln wie in der LINKAGE SECTION.
LOCAL-STORAGE SECTION	Eine MF-Cobol-Erweiterung, kein ANSI-Standard. Sie enthält die Beschreibung solcher Datenfelder, die bei einem rekursivem Programmaufruf benötigt werden. Rekursiv heißt, das Programm ruft sich selbst wieder als Internetprogramm auf. Es gelten im Wesentlichen die gleichen Regeln wie für die WORKING-STORAGE SECTION.
LINKAGE SECTION	Hier werden die Datenfelder beschrieben, die außerhalb des Programmspeicherbereichs in einem übergeordneten Programm liegen. Es gelten im Wesentlichen die gleichen Regeln wie für die WORKING-STORAGE SECTION. VALUE-Zusätze für das Setzen von Anfangswerten der Variablen sind ohne Wirkung.
COMMUNICATION SECTION	Hier werden die Daten definiert, die zwischen dem Programm und dem Message Control System (MCS) ausgetauscht werden. Über MCS können mehrere zusammengeschaltete Computer Information austauschen. Das MCS-System muß gesondert installiert werden.
REPORT SECTION	Hier können Listen definiert werden. Der in Cobol enthaltene REPORT GENERATOR erzeugt diese Listen.

FILE SECTION — Sie enthält die Beschreibung der zu verarbeitenden Dateien mit den zugehörigen Satzbeschreibungen.

SCREEN SECTION — Eine MF-Cobo-Erweiterung, kein ANSI-Standard. Sie enthält Beschreibungen kompletter Bilder, die mit einer einzigen Anweisung auf dem Terminal ausgegeben und eingelesen werden können. Es gelten ähnliche Regeln wie in der WORKING-STORAGE SECTION.

Die SECTIONs müssen, falls vorhanden, in dieser Reihenfolge im Programm erscheinen.

Cobol kennt sechs Datenarten.

1. Alphanumerische Daten (Basic: Stringvariable)

Sie müssen mit PIC X... beschrieben werden.

Beispiel:

```
01    FELD-C     PIC XXX.
```

oder

```
01    FELD-C     PIC X(3).
```

Beide Definitionen beschreiben ein 3 Byte langes Datenfeld, d.h. maximal 3 Zeichen können in dem Feld gespeichert werden. Pro Byte wird ein Zeichen gespeichert (Buchstabe, Ziffer oder Sonderzeichen). Mit alphanumerischen Datenfeldern kann *nicht* gerechnet werden.

2. Numerische Daten (Basic: Zahlenvariable)

Sie müssen mit PIC 9... (9 = Cobol-Symbol für numerische Daten) beschrieben werden.

Zulässige Symbole in der PICTURE-Eintragung sind:

```
9    Ziffernstelle
S    SIGN = Vorzeichenstelle
V    Dezimalkommastelle
```

Beispiel 1:

```
05    FELDN      PIC 9999.
```

oder

```
05    FELDN      PIC 9(4).
```

Beide Definitionen sind gleichbedeutend. Sie beschreiben ein 4 Byte langes numerisches Datenfeld. Pro Byte wird eine Ziffer gespeichert. In Cobol kann nur mit numerisch beschriebenen Datenfeldern gerechnet werden.

Beispiel 2:

```
05   FELDM      PIC S9(5)V99.
```

Diese Definition beschreibt ein 7 Byte langes Datenfeld, in dem 5 Vorkommastellen, 2 Nachkommastellen und das Vorzeichen der Zahl gespeichert werden können.

In Cobol werden Zahlen *nicht* automatisch mit Kommastellen und Vorzeichen gespeichert, sondern nur dann, wenn eine entsprechende Datenbeschreibung vorliegt. Passen bei der Verarbeitung von Zahlen die Datenbeschreibungen nicht zueinander, werden u.U. überzählige Vor-, Nachkommastellen und das Vorzeichen abgeschnitten. Das Ergebnis wird also falsch! Andererseits können mit dieser Speichertechnik Rundungsfehler vermieden werden, die in fast allen anderen Programmiersprachen auftreten können, mit der Folge, daß die Programme nicht von den Revisions- und Finanzabteilungen akzeptiert werden.

Bei den numerischen Daten gibt es mehrere interne Speicherungsformen, die weniger Speicherplatz benötigen und eine höhere Verarbeitungsgeschwindigkeit bringen. Eine Zahl darf maximal 18 Stellen lang sein.

3. Druckaufbereitungsfelder und Ausgabeformate

Numerische und alphanumerische Datenfelder können vor der Ausgabe in Druckaufbereitungsfelder übertragen werden, damit ihre Lesbarkeit erhöht wird. Numerische Datenfelder sollten nur druckaufbereitet ausgegeben werden, da Cobol kein Standardausgabeformat für Zahlen kennt. Geben Sie eine Zahl ohne Druckaufbereitung aus, werden in der Regel unsinnige Werte geschrieben. Alphanumerische Druckaufbereitung wird selten verwendet.

Über die Druckaufbereitung kann angegeben werden, ob führende Nullen einer Zahl angezeigt, unterdrückt oder durch Sternzeichen ersetzt werden sollen, es kann die Ausgabestelle für das Dezimalkomma und das Vorzeichen festgelegt und es können Füllzeichen in die Zahl eingeblendet werden. Einzelheiten sind unter Punkt 7.4.3 erläutert.

4. Gruppenfelder

Mehreren elementaren Datenfeldern und Gruppenfeldern können andere Gruppenfelder übergeordnet werden.

Beispiel:

```
01   E-GRUPPE.
 05  E-FELDA          PIC X(10).
 05  E-FELDB          PIC 9(4).
 05  E-ANSCHRIFT.
  06 E-STRASSE      PIC X(10).
  06 E-PLZ          PIC X(5).
  06 E-ORT          PIC X(20).
01   A-FELD        PIC X(..).
```

Gruppenfelder haben *keine PIC-Eintragung*. Die Feldlänge wird automatisch vom Compiler aus den Feldlängen der untergeordneten Datenfelder errechnet.

Gruppenfelder müssen eine *niedrigere Stufennummer* als die untergeordneten Datenfelder haben. Cobol erlaubt die Stufennummern 01 bis 49. Lücken in den Stufennummern sind erlaubt. Dadurch können nachträglich bei Bedarf neue Gruppenfelder in die Datenbeschreibung eingebaut werden.

Gruppenfelder können wie elementare Datenfelder mit den Cobol-Befehlen bearbeitet werden. Sie werden bis auf wenige Ausnahmen wie *alphanumerische Datenfelder* behandelt. Die Bildung von Gruppenfeldern hängt weitgehend von der Aufgabenstellung des Programms ab. Durch geschickte Gruppenbildung können oft Programmbefehle eingespart werden. Wird im INITIALIZE-Befehl ein Gruppenfeld angegeben, z. B. INITIALIZE E-GRUPPE, werden untergeordnete alphanumerische und druckaufbereitete Datenfelder mit SPACE, numerische Datenfelder mit ZERO initialisiert.

5. Alphabetische Datenfelder

Sie werden mit PIC A... beschrieben. In diesen Datenfeldern können nur Buchstaben gespeichert werden. Sie werden in der Praxis äußerst selten verwendet. Das Datenfeld kann in der Regel ebenso mit PIC X... beschrieben werden.

6. Konstanten

Konstanten werden in der WORKING-STORAGE SECTION mit der Stufennummer 78 definiert. Ihr Inhalt kann im Programm nicht geändert werden.

Beispiel:

```
78   TEXT-1     VALUE "Fehler".
78   CR-TASTE   VALUE X"0D".
78   CRS-DN     VALUE X"0050".
78 Meldung      VALUE z"Fehlertext".
 (VALUE = Wert)
```

Konstanten haben keine PIC-Eintragung. Der Compiler ermittelt automatisch die Feldlängen aus der VALUE-Angabe. Mit VALUE X können hexadezimale Werte definiert werden. VALUE X"0D" definiert ein 1 Byte langes Datenfeld mit dem binären Inhalt »0000 1101« Dieser Wert kann normalerweise nicht über die Tastatur eingetippt werden. Mit VALUE Z, einer MF-Cobol-Erweiterung, können Texte definiert werden, die mit einem NULL-Byte (hex 00) begrenzt sind. Dieser Datentyp wird in den objektorientierten Programmen oft benötigt. Konstanten können nach ihrer Definition überall im Programm angesprochen werden, also auch in der WORKING-STORAGE SECTION.

In einer zweiten Form kann in einer Konstanten die Adresse eines Datenfeldes gespeichert werden.

Beispiel:

```
78   ADRESSE-EINGABE  VALUE NEXT.
01   EINGABE.
 05  E-NAME     PIC X(20).
```

usw.

In der Konstanten ADRESSE-EINGABE wird die Adresse des folgenden (NEXT) Datenfeldes, relativ vom Programmanfang an gezählt, hinterlegt. Die Adressen werden benötigt, wenn mit Assembler-Unterprogrammen gearbeitet wird.

7.2 Die Stufennummern

Die hierarchische Struktur von Daten wird in Cobol durch das Stufenkonzept dargestellt. Die Daten werden in Dateien gespeichert. Jede in einem Programm verarbeitete Datei muß in der *Dateibeschreibung* (FD = **F**ile **D**escription) beschrieben werden.

In der Datei werden die Daten in Datensätzen gespeichert. Datensatz ist der Ausdruck für eine logische Gruppe von Informationseinheiten, die sich jeweils auf dieselbe Sache oder dieselbe Person beziehen. So kann z.B. in einem Personalsatz folgende Information über einen Mitarbeiter gespeichert werden:

```
PERSONALSATZ
     PERSONALNUMMER
     NAME
       VORNAME
       NACHNAME
     ANSCHRIFT
       STRASSE
       POSTLEITZAHL
       ORT
     BANKVERBINDUNG
       KONTO-NR
       BANKLEITZAHL
       BANKBEZEICHNUNG
     ABTEILUNG
     GEHALTSGRUPPE
     STEUERKLASSE
```

usw.

Für jeden Mitarbeiter des Unternehmens steht in der Personaldatei ein Personalsatz.

Ein Datensatz ist die logische Transporteinheit zwischen der Datei, die sich in der Regel auf einer Platte oder einem Band befindet, und dem Programm, in dem die Daten verarbeitet werden. Bei einem READ-Befehl für die Datei wird dem Programm ein *kompletter Daten-*

satz für die Verarbeitung zur Verfügung gestellt. Es können *nicht Teile eines Datensatzes gelesen werden.*

Der Aufbau der Datensätze der Datei wird im Programm in der DATA DIVISION beschrieben. Eine Datensatzbeschreibung muß auf der Stufennummer 01 beginnen. Die Stufennummer 01 muß zwischen Stelle 8 und Stelle 12 der Cobol-Zeile stehen.

Die einzelnen Datenfelder des Datensatzes müssen mit höheren Stufennummern (02 bis 49) beschrieben werden. Dabei können wieder einzelne Datenelemente zu Datengruppen zusammengefaßt werden. Dabei erhalten Gruppen oder Datenelemente, die auf der gleichen hierarchischen Stufe relativ zu einer übergeordneten Gruppe stehen, dieselbe Stufennummer. Je höher die Stufennummer, desto niedriger der Rang, d.h. 03 ist rangniedriger als 02 usw. Führende Nullen in der Stufennummer können ab Cobol-85 entfallen.

Ein unterteiltes Datenfeld wird *Datengruppe* genannt. Eine Datengruppe darf *keine PIC-Eintragung* erhalten. Ein nicht unterteiltes Datenfeld wird *Datenelement* genannt, es *muß eine PIC-Eintragung* erhalten. Einem Datenelement darf kein Datenelement mit einer höheren Stufennummer unmittelbar folgen, sondern nur Datenelemente oder Datengruppen mit gleicher oder kleinerer Stufennummer.

Damit der Stufenaufbau optisch sichtbar wird, sollten die Zeilenanfänge mit höheren Stufennummern eingerückt geschrieben werden.

Die Stufennummern müssen innerhalb eines Datensatzes aufsteigend vergeben werden, sie brauchen aber nicht lückenlos zu sein.

Der oben angeführte Personalsatz kann also folgende Beschreibung erhalten:

```
01       PERSONALSATZ.
  05     PERSONALNUMMER      PIC X(5).
  05     NAME.
    10   VORNAME             PIC X(20).
    10   NACHNAME            PIC X(20).
   5     ANSCHRIFT.
    10   STRASSE             PIC X(15).
    10   POSTLEITZAHL        PIC X(5).
    10   ORT                 PIC X(15).
   5     BANKVERBINDUNG.
    10   KONTO-NR            PIC X(10).
    10   BANKLEITZAHL        PIC X(8).
    10   BANKBEZEICHNUNG     PIC X(25).
   5     ABTEILUNG           PIC X(7).
   5     GEHALTSGRUPPE       PIC X(3).
   5     STEUERKLASSE        PIC X(2).
```

Die Feldlängen der einzelnen Datenfelder müssen beim Aufbau der Datei genau festgelegt werden, und in jedem Programm, in dem die Datei verarbeitet wird, muß der Datensatz genau gleich beschrieben werden. Werden dieselben Datensätze in Programmen unterschiedlich beschrieben, führt dies in der Regel zu sehr schwer zu lokalisierenden Runtime-Fehlern.

Datenfelder, die keinem anderen Feld untergeordnet sind und keine untergeordneten Datenfelder haben, z.B. Felder zur Aufnahme von Zwischenergebnissen bei Rechnungen oder Laufindizes, können in der WORKING-STORAGE SECTION des Programms auf der *Stufennummer 77* beschrieben werden, z.B.:

```
WORKING-STORAGE SECTION.
77   ABSTIMM-SUMME        PIC S9(9)V99.
77   SCHALTER             PIC X.
```

Es ist auch möglich, diese Felder auf der Stufennummer 01 zu beschreiben. Allerdings hat die Stufennummer 01 bei vielen Computern den Nachteil, daß diese Datenfelder auf solchen Speicherplätzen angelegt werden, die einen besonders schnellen Zugriff erlauben. Das sind in der Regel die Speicherplätze mit Adressen von einem Vielfachen der Zweierpotenzen. Dadurch entstehen aber Lücken in der Speicherbelegung, der Speicher wird also nicht optimal ausgelastet.

Felder zur Speicherung von Zwischenergebnissen können auch auf der Stufennummer 05 beschrieben werden, wenn man ein Pseudogruppenfeld auf der Stufennummer 01 über die Beschreibung setzt.

Beispiel:

```
WORKING-STORAGE SECTION.
01   ARBEITSFELDER.
 05 ABSTIMMSUMME          PIC S9(9)V99.
 05 SCHALTER              PIC X.
```

Diese Beschreibung hat den Vorteil, daß man bei Bedarf die Datenfelder nachträglich auch unterteilen und mit einer INITIALIZE-Anweisung alle Datenelemente auf einen Anfangswert setzen kann.

Zur Verbesserung der Lesbarkeit eines Programms gibt es in Cobol die *Stufennummer 88*. Auf dieser Stufennummer können *Bedingungsnamen* definiert werden, die in Abfragen verwendet werden können (vgl. Kapitel 5.5).

Beispiel:

```
05   E-FACHSCHLUESSEL           PIC XX.
  88 EDV                        VALUE  '11'.
  88 MATHE                      VALUE  '21'.
  88 STATISTIK                  VALUE  '25'.

(VALUE = Wert)
```

Mit der *Stufennummer 78* können Konstanten definiert werden. Konstanten können im Programm nicht verändert werden.

Die Sonderstufennummer 66 kann in MF-Cobol verwendet werden. Ihr Einatz ist jedoch nicht zu empfehlen, da dann keine Verträglichkeit mit älteren Compilerversionen mehr gegeben ist. Alle kommerziellen Aufgaben können ohne diese Cobol-Ergänzung gelöst werden.

7.3 Die Bearbeitung der Datenbeschreibung durch den Compiler

Der Cobol-Compiler bearbeitet die Datenbeschreibung der DATA DIVISION während der Übersetzungszeit. Er reserviert für jedes Datenfeld einen Platz im Arbeitsspeicher. Dies geschieht nach folgendem, stark vereinfachtem Schema.

Adresse, Länge und Art des Datenfeldes speichert der Compiler bei der Übersetzung in eine Datentabelle. Die erste freie Adresse im Speicher für Anwendungsprogramme ist dem Compiler über das Betriebssystem bekannt.

Beispiel:

```
DATA DIVISION.
WORKING-STORAGE SECTION.
01        A-FELD.
  05      A-FELD-1        PIC X(10).
05        A-FELD-2.
 10    A-FELD-3        PIC 9(5).
10    A-FELD-4        PIC X(10).
05      A-FELD-5        PIC X(10).
```

Der Compiler ordnet während der Übersetzungszeit den Datenfeldern in der Reihenfolge ihrer Definition Speicherplätze zu. In diesen Feldern werden dann während der Ausführungszeit die Daten gespeichert. Ist die erste freie Speicherstelle für das Programm z.B. 10000 (dezimal), sieht die Datentabelle folgendermaßen aus:

Datenname	Adresse	Länge	Art	weitere Angaben
A-FELD	10000	35	GR	
A-FELD-1	10000	10	AN	
A-FELD-2	10010	15	GR	
A-FELD-3	10010	5	N	
A-FELD-4	10015	10	AN	
A-FELD-5	10025	10	AN	

GR = Gruppenfeld   AN = alphanumerisches Feld   N = numerisches Feld

Wird ein Datenfeld in einem Cobol-Befehl angesprochen, sucht der Compiler bei der Übersetzung des Programms in der Tabelle den Datennamen, die Adresse, Länge und Art des Datenfeldes und erzeugt mit Hilfe dieser Angaben den Befehl in Maschinensprache. Diese Befehle enthalten in der Regel einen binären Operationscode, die Speicheradressen und die Anzahl der zu verarbeitenden Bytes. Alle Werte werden intern im dualen Zahlensystem angegeben.

Der Cobol-Befehl

```
MOVE  A-FELD-1      TO  A-FELD-4
```

wird z.B. übersetzt in

```
11010010 10 10015  10000
|        |   |      |
|        |   |      WOHER Adresse (zur Vereinfachung
|        |   |      dezimal angegeben)
|        |   WOHIN Adresse (dezimal)
|       Anzahl der zu übertragenden Bytes
|         (zur Vereinfachung dezimal angegeben)
Bitkombination für den Maschinenbefehl ÜBERTRAGE
```

D.h.: Übertrage 10 Byte, beginnend ab Speicherstelle 10000 auf Speicherstelle 10015.

Die Bitkombinationen für die Maschinenbefehle und die Verschlüsselung der Adressen legt der Hersteller der Anlage fest. Aus einem Cobol-Befehl erzeugt der Compiler in der Regel viele Maschinenbefehle.

Die erzeugten Maschinenbefehle, Object Code genannt, werden vom Compiler auf einer Platte gespeichert. Soll das Programm ausgeführt werden, wird es in der Maschinensprache von der Platte in den Speicher geladen und von dem Runtime-System ausgeführt.

Der Benutzer kann sich die Datentabelle und die erzeugten Maschinenbefehle ausdrucken lassen. Diese Listen sind bei der Suche von schwierigen Fehlern manchmal erforderlich. Die Cross-Reference-Liste, die erzeugt wird, wenn der Schalter /XREF im Übersetzungskommando gesetzt ist, enthält alle wichtigen Informationen über die Datenfelder. Die Object-Liste enthält den Programmcode in Maschinensprache.

> **Anmerkung:** *Werden in einem Programm sehr viele und lange Variablen- und Paragraphennamen eingesetzt, kann die Übersetzung mit der Fehlermeldung »Compiler table overflow« oder »Out of memory« abgebrochen werden. Der Compiler kann in diesem Fall nicht mehr alle Namen in seinen internen Tabellen unterbringen. Sie müssen in diesem Fall das Programm in Teilprogramme zerlegen oder mit Hilfe der Cross-Reference-Liste alle überflüssigen Variablennamen durch FILLER ersetzen.*

7.4 Einzelheiten der Datenbeschreibung

7.4.1 Alphanumerische Datenfelder

Alphanumerische Datenfelder werden mit PIC X... beschrieben. In dem Datenfeld werden die Zeichen linksbündig gespeichert. Ist die zu speichernde Zeichenfolge kürzer als das Datenfeld, wird das Datenfeld mit Leerzeichen auf die in der PIC-Eintragung angegebene

Länge aufgefüllt. Ist die zu speichernde Zeichenfolge länger als das Datenfeld, werden die überzähligen Zeichen rechts abgeschnitten.

Beispiel:

```
DATA DIVISION.
  05  FELDA       PIC X(5).
PROCEDURE DIVISION.
   MOVE "AB"      TO FELDA.
```

In FELDA steht AB___ (_ = Leerzeichen (SPACE)).

```
MOVE "ABCDEFGH"  TO FELDA
```

In FELDA steht »ABCDE«, da die überzähligen Zeichen abgeschnitten werden. Diese Regel kann durch den Zusatz JUSTIFIED in der PIC-Eintragung geändert werden (siehe Kapitel 7.5.6).

7.4.2 Numerische Datenfelder

Bei den numerischen Datenfeldern sind in Cobol einige Besonderheiten zu beachten.

Vorzeichen

Soll eine Zahl mit ihrem Vorzeichen gespeichert werden, muß in der PIC-Eintragung ein S (= SIGN, Vorzeichen) eingetragen werden. Das S muß das erste Zeichen in der PIC-Eintragung sein.

Beispiel:

```
01   ZAHL       PIC S999.
```

Das Vorzeichen belegt keinen zusätzlichen Speicherplatz, es wird innerhalb der reservierten Bytes (hier 3 Byte) als sog. Überlochung gespeichert.

Fehlt das S in der Beschreibung, wird die Zahl immer als positive Zahl behandelt, selbst wenn sie durch Rechenoperationen negativ wird. Wird mit einer Zahl gerechnet, sollte auf jeden Fall das S in der PIC-Eintragung angegeben werden, damit keine Fehler beim Programmlauf auftreten.

Dezimalkomma

Die Dezimalkommastelle in der Zahl wird mit dem Symbol V in der PIC-Eintragung angegeben. Das Komma selbst wird *nicht* in der Zahl gespeichert, sondern die Zahl wird als Ziffernfolge gespeichert. Der Compiler verarbeitet die Dezimalkommaangabe und setzt die entsprechenden Maschinenbefehle ein, damit die Zahlen stellengerecht verarbeitet werden.

Beispiel:

```
01   ZAHLB          PIC S999V99.
```

ZAHLB belegt 5 Byte im Speicher, davon sind 3 Byte für die Vorkomma- und 2 Byte für die Nachkommastellen reserviert.

Die Zahl -100,23 wird als Ziffernfolge 1002-3 gespeichert. Das Vorzeichen wird im linken Halbbyte der letzten Ziffer festgehalten.

Beim Einlesen der Zahlen vom Bildschirm wird das Dezimalkomma und das Vorzeichen herausgefiltert, so daß die Zahl als Ziffernfolge gespeichert und das Vorzeichen innerhalb der reservierten Bytes verschlüsselt werden kann.

Auf Platten oder Bändern werden die Zahlen im gleichen Format wie im Arbeitsspeicher gespeichert.

Für die richtige Ausgabe der Zahl auf dem Bildschirm oder Drucker muß eine Druckmaske angegeben werden, die mit der Definition der Zahl abgestimmt ist. Wird die Zahl ohne Druckaufbereitung ausgegeben, erscheint die Ziffernfolge ohne Komma und Vorzeichen.

Eine richtige Ausgabemaske für ZAHLB wäre z.B.

```
01   A-ZAHLB        PIC ZZ9,99-.
```

Bei der Verarbeitung von Zahlen mit Cobol-Befehlen erfolgt automatisch die Berücksichtigung des Dezimalkommas.

Zahlenformate

Aus technischen Gründen werden für die Speicherung von Zahlen verschiedene interne Formate verwendet. Das Speicherformat wird durch den USAGE-Zusatz hinter der PIC-Eintragung angegeben. Die Worte USAGE IS können weggelassen werden. Insbesondere wenn Zahlen zwischen Programmen in verschiedenen Programmiersprachen oder Datenbanksystemen ausgetauscht werden, sind die verschiedenen Speicherformen genau zu beachten. Cobol unterstützt mehrere Speicherungsformate:

```
DISPLAY
COMPUTATIONAL oder COMP oder BINARY
COMPUTATIONAL-1 oder COMP-1
COMPUTATIONAL-2 oder COMP-2
COMPUTATIONAL-3 oder COMP-3 oder PACKED-DECIMAL
COMPUTATIONAL-4 oder COMP-4
COMPUTATIONAL-5 oder COMP-5   (kein ANSI-Standard)
COMPUTATIONAL-X oder COMP-X   (kein ANSI-Standard)
INDEX
POINTER  (kein ANSI-Standard)
OBJECT REFERENCE (MF Cobol Erweiterung)
PROCEDURE-POINTER
```

DISPLAY-Format

Beispiel:

```
05   ZAHLA          PIC S9(5)V99 USAGE IS DISPLAY.
ist gleichbedeutend mit
05   ZAHLA          PIC S9(5)V99.
```

Pro Byte wird eine Ziffer der Zahl gespeichert. Fehlt bei numerischen Datenfeldern der USAGE-Zusatz, wird automatisch DISPLAY unterstellt. Dieses Format ist zu empfehlen, wenn Daten zwischen Geräten verschiedener Hersteller ausgetauscht werden müssen. Es ist auf allen Speichermedien (Arbeitsspeicher, Platten, Bändern, Lochkarten, Bildschirm) möglich. Die Rechenoperationen laufen in diesem Format relativ langsam ab. Für den Datenaustausch kann das Vorzeichen in einer separaten Speicherstelle untergebracht werden. Dies erreicht man durch die Angabe:

```
05   ZAHL   PIC S9(5)V99 SIGN IS TRAILING SEPARATE CHARACTER.
```

Dieses Datenfeld ist acht Zeichen lang. In den ersten sieben Stellen wird der numerische Wert gespeichert. In der letzten Stelle befindet sich das Vorzeichen »+« oder »-«. Das Komma wird nicht in der Zeichenfolge gespeichert. Soll das Komma auch in der Ziffernfolge festgehalten werden, muß eine entsprechende Maske definiert werden, z.B.

```
05   A-ZAHL PIC 9(5),99+.
```

Dieses Datenfeld ist neun Zeichen lang. Es enthält 5 Vorkommastellen, das Komma selbst, zwei Nachkommastellen und das Vorzeichen. Mit diesem Datenfeld kann in Cobol *nicht* mehr gerechnet werden. Es kann allerdings für den Datenaustausch mit anderen Programmiersprachen (Basic, Excel, MS-Access) verwendet werden.

COMPUTATIONAL-, COMP-, COMPUTATIONAL-4-, COMP-4- oder BINARY-Format

Beispiel:

```
05   ZAHLB          PIC S9(5)  USAGE IS COMPUTATIONAL.
```

ist gleichbedeutend mit

```
05   ZAHLB          PIC S9(5)  COMP.
```

bzw.

```
05   ZAHLB          PIC S9(5)  BINARY.
```

Die unterschiedlichen Bezeichnungen für das gleiche Speicherformat sind wegen der Verträglichkeit der verschiedenen Cobol-Dialekte zugelassen worden.

Mit COMP wird eine *Ganzzahlvariable* definiert, in der PIC-Eintragung darf also *keine Kommastelle (V)* enthalten sein. Die Zahl wird als *Dualzahl* in einem ein oder mehrere Bytes langen Feld gespeichert. Wie viele Bytes für die Zahl reserviert werden, bestimmt der Programmierer durch die PIC-Eintragung und den Schalter /IBMCOMP im Übersetzungskommando. Die MF-Cobol-Standardwerte sind:

```
                         MF-Cobol-Standardwert   /IBMCOMP-Schalter
-------------------------------------------------------------
PIC 99 oder S99 COMP          1 Byte           2 Byte
PIC 9999 oder S9999 COMP      2 Byte           2 Byte
PIC 9(6) oder S9(6) COMP      3 Byte           4 Byte
usw.
PIC 9(18) oder S9(18) COMP    8 Byte           8 Byte
-------------------------------------------------------------
```

Die Rechenoperationen laufen in diesem Format sehr schnell ab. Das Format ist für Laufindizes und andere ganzzahlige Werte zu empfehlen.

Da die einzelnen Computerhersteller und Cobol-Dialekte für COMP-Felder unterschiedlich viele Bytes reservieren, ist dieses Format für einen Datenaustausch nicht zu empfehlen.

Das COMP-Format ist im Arbeitsspeicher, auf Platten und Bändern möglich, sollte aber nur im Arbeitsspeicher eingesetzt werden.

Die Ausgabe auf dem Bildschirm oder Drucker muß über Ausgabemasken erfolgen, es erscheinen sonst unsinnige Werte.

COMPUTATIONAL-5-Format

Beispiel:

```
05    ZAHLB1     PIC 9(8) USAGE IS COMPUTATIONAL-5.
```

ist gleichbedeutend mit

```
05    ZAHLB1     PIC 9(8) COMP-5.
```

oder

```
05    ZAHLB1     PIC XXXX COMP-5.
```

COMP-5 ist ein spezielles MF-Cobol-Speicherformat für duale Ganzzahlen. Es kann für die Ablage von Speicheradressen eingesetzt werden. Die Anzahl der »X« gibt die Länge des Datenfeldes in Bytes an. Da sowohl die interne Verschlüsselung der Zahl als auch die Anzahl der resevierten Bytes vom Zentralprozessortyp und den Compiler-Direktiven abhängen, sollte das Format nicht verwendet werden. Für die Verarbeitung gelten die gleichen Regeln wie für COMP-Zahlen.

COMPUTATIONAL-X- oder COMP-X-Format

Dies ist ebenfalls ein spezielles MF-Cobol-Format für Dualzahlen. Es kann verwendet werden, wenn mit den ASCII-Dezimalwerten von Zeichen gearbeitet wird oder wenn bestimmte Bitkombinationen von Schaltern getestet werden müssen (z.B. der FILE STATUS).

Beispiel:

```
05   EIN-STATUS     PIC X COMP-X.
```

ist gleichbedeutend mit

```
05   EIN-STATUS     PIC 99 COMP-X.
```

Beide Definitionen beschreiben ein 1 Byte langes Datenfeld. In diesem Byte wird eine positive Dualzahl bespeichert. Die Zahl kann Werte zwischen 0 und 255 (2 hoch 8 = 256 unterschiedliche Werte) aufnehmen. Die Anzahl der »X« in der PIC-Eintragung gibt die Länge des Datenfeldes in Bytes an. Darüber hinaus gelten die gleichen Regeln wie für das COMP-Format, mit der Ausnahme, daß COMP-X-Felder nicht in COMPUTE-Anweisungen eingesetzt werden dürfen.

COMPUTATIONAL-3- oder PACKED-DECIMAL-Format (gepacktes Format)

Beispiel:

```
05   ZAHLD          PIC S9(7)V99 USAGE IS COMPUTATIONAL-3.
```

oder

```
05   ZAHLD          PIC S9(7)V99 COMP-3.
```

Bei der gepackten Speicherungsform werden pro Byte *zwei Ziffern* der Zahl gespeichert, das Vorzeichen wird in dem Halbbyte, das am Weitesten rechts steht, gespeichert. Die Anzahl der reservierten Bytes im Speicher wird folgendermaßen errechnet:

```
(Anzahl der Ziffernpositionen der Zahl + 1 ) / 2
                                         |
                                         für das Vorzeichen
```

Das Ergebnis ist immer auf die nächste ganze Zahl aufzurunden.

Für ZAHLD ergibt sich eine Feldlänge von

```
( 9 (= 7 Vorkomma + 2 Nachkommastellen)  + 1 ) / 2 = 5 Byte
```

Bei der gepackten Speicherung wird der Speicherplatz besser genutzt als im DISPLAY-Format. Das gepackte Speicherungsformat ist im Arbeitsspeicher, auf Platten und Bändern möglich. Es sollte *nicht* für den Datenaustausch eingesetzt werden.

Für die Ausgabe auf dem Bildschirm oder Drucker müssen Ausgabemasken angegeben werden. Die Rechenoperationen mit gepackten Zahlen laufen schnell ab, wenn der Prozessor über entsprechende Register verfügt.

COMPUTATIONAL-1- oder COMP-1- und COMPUTATIONAL-2- oder COMP-2-Format

Dieses auch als Fließkommaformat (FLOATING POINT) bekannte Format wird überwiegend in der mathematisch-technischen Anwendung der Datenverarbeitung verwendet (Fortran, Basic). In Cobol ist es aufgenommen worden, um den Datenaustausch mit mathematisch-technisch orientierten Programmiersprachen und SQL-Datenbanken zu ermöglichen. Bei dieser Speicherform werden 4 Byte (COMP-1) oder 8 Byte (COMP-2) für die Speicherung einer Zahl verwendet. Das Komma wird automatisch so verschoben, daß immer die höherwertigen Ziffern der Zahl gespeichert und verarbeitet werden. Diese Speicherform der Zahlen wird z.B. auch in Taschenrechnern verwendet. In Cobol sollte dieses Format nur in den neuen mathematisch-statistischen Funktionen eingesetzt werden, da es zu unzulässigen Rundungsfehlern führen kann.

Die unterschiedlichen Speicherformen sollen an einem Beispiel veranschaulicht werden. Die Zahl 128 ist in den verschiedenen Formaten zu speichern.

DISPLAY-Format

Die Zahl belegt drei Byte.

```
0011 0001 0011 0010 1100 1000
 1              2   |     8
                    Vorzeichenstelle (Halbbyte)
                    (1111 od. 1100 = +; 1101 od. 0111 = -)
```

Gepackte Speicherung (COMP-3 oder PACKED-DECIMAL)

Die Zahl belegt zwei Byte.

```
0001 0010 1000 1100
 1    2    8   |
               Vorzeichenstelle (Halbbyte)
               (Verschlüsselung wie oben)
```

COMP- bzw. COMP-4-Speicherung

Die Zahl belegt zwei Byte bei der Definition:

```
PIC S9(3) COMP.

0000 0000 1000 0000     128 als Dualzahl
|
Vorzeichenbit (0 = +; 1 = -)
```

COMP-X-Speicherung

Die Zahl belegt ein Byte bei der Definition:

```
PIC X COMP-X oder PIC 99 COMP-X.
1000 0000      128 als Dualzahl, Vorzeichen wird nicht
                     gespeichert.
```

INDEX-Format

Dieses Format kann für Laufindizes bei der Tabellenverarbeitung verwendet werden.

Format:

```
Stufennummer Datenname  INDEX
```

Beispiel:

05 INDA INDEX

Das Datenelement darf *keine* PIC-Eintragung erhalten, der Cobol-Compiler erzeugt automatisch ein Datenfeld mit dem Namen INDA und USAGE IS INDEX.

Eine zweite Form der Definition sieht folgendermaßen aus:

```
05   T-ELEMENT OCCURS  15 TIMES PIC X(5)
          INDEXED BY INDB.
```

Der Compiler legt für INDB ebenfalls ein Indexfeld an. INDEX-Variablen werden in MF-Cobol wie COMP-Variablen gespeichert. Ein Indexfeld kann nur mit den speziellen Tabellenverarbeitungsbefehlen SET, SEARCH und PERFORM angesprochen werden.

Die Rechenoperationen mit Indexfeldern laufen sehr schnell ab, da in die meisten Prozessoren sog. Indexregister für die Abarbeitung von Laufschleifen eingebaut sind. Die Indexfelder können aber nicht ohne weiteres auf dem Bildschirm oder Drucker ausgegeben werden. In der Praxis wird das Indexformat deswegen seltener eingesetzt. Viele Programmierer verwenden lieber das COMPUTATIONAL-Format für Indizes, obwohl die Verarbeitung in diesem Format etwas langsamer ist.

POINTER-Format oder Object Reference

Dies sind spezielle MF-Cobol-Formate zur Speicherung von Speicheradressen. MF-Cobol reserviert vier Byte für die Variable. Die interne Verschlüsselung der Adresse und der Speicherbedarf sind prozessorabhängig.

Beispiel:

```
01    RETURN-ADRESSE  PIC 9999 POINTER.
01 objDialogBox   Object reference.
```

POINTER-Variablen können verwendet werden, wenn Unterprogramme in anderen Programmiersprachen, z.B. Assembler oder C, aufgerufen werden. Cobol kann nicht direkt auf Speicheradressen zugreifen oder sie verändern.

PROCEDURE-POINTER

Dies ist ein neues Format zur Speicherung von Ansprungadressen in der PROCEDURE DIVISION. Für die Verarbeitung dieser Variablenart gelten besondere Vorschriften, die hier nicht besprochen werden sollen.

7.4.3 Druckaufbereitungsfelder oder Ausgabeformate

Eine Druckaufbereitung kann mit alphanumerischen und numerischen Datenfeldern durchgeführt werden. Für die *Bildschirmausgabe* gelten in MF-Cobol die gleichen Formalvorschriften wie für den Drucker. In der Praxis wird die Druckaufbereitung fast ausschließlich für die Ausgabe numerischer Daten eingesetzt. Durch die Druckmaske kann die Stelle des Dezimalkommas, des Vorzeichens usw. bestimmt werden, damit die Zahl leichter lesbar wird.

Durch die Eintragung DECIMAL-POINT IS COMMA kann auf die europäische Schreibweise von Zahlen umgeschaltet werden. In den folgenden Erläuterungen wird dieser Zusatz vorausgesetzt.

In der PIC-Eintragung für Druckaufbereitungsfelder können folgende Symbole verwendet werden:

`Z` Ein Z bezeichnet die Unterdrückung führender Nullen. Eine führende Null hat links vor sich keine Ziffer außer Null. Führende Nullen in einer Zahl werden durch Leerstellen ersetzt.

`9` Alle Ziffern der Zahl, auch führende Nullen, sollen ausgegeben werden.

`X` Jedes beliebige Zeichen soll ausgegeben werden.

`,` Bezeichnet die Stelle, an der das Dezimalkomma eingefügt werden soll. Das Komma darf nicht das letzte Zeichen in der PIC-Zeichenfolge sein. Das Druckkomma belegt im Ausgabefeld ein Byte.

. An der betreffenden Stelle wird ein Punkt in die Zahl eingeblendet, um die Lesbarkeit der Zahl zu verbessern. Wenn alle Stellen der Zahl vor dem Punkt Nullen enthalten und Nullenunterdrückung verlangt ist, wird der Punkt durch ein Leerzeichen ersetzt. Der Punkt belegt im Ausgabefeld eine Stelle.

Die besprochene Bedeutung von Punkt und Komma gilt nur, wenn in der ENVIRONMENT DIVISION die Eintragung »DECIMAL-POINT IS COMMA« geschrieben wurde. Fehlt die Eintragung, ist die Bedeutung von Punkt und Komma gerade umgekehrt (amerikanische Schreibweise)

- Das Symbol bezeichnet die Stelle im Ausgabefeld, an der das Vorzeichen ausgegeben werden soll. Das Vorzeichen kann vor oder hinter der Zahl ausgegeben werden. Ist die auszugebende Zahl positiv, wird anstelle des Vorzeichens eine Leerstelle ausgegeben.

+ Hat eine ähnliche Wirkung wie das Symbol »–«. Das Vorzeichen der Zahl wird jedoch immer ausgegeben.

B Jedes B in der PIC-Eintragung gibt eine Stelle an, an der ein Leerzeichen in das Ausgabefeld eingeblendet werden soll.

* Das Symbol wird für die Schutzsternschreibung benutzt. Die führenden Nullen im Ausgabefeld werden durch das Symbol »*« ersetzt. Jedes Sternzeichen zählt zur Größe des Datenfeldes.

0 Jede Null in der PIC-Zeichenfolge gibt eine Stelle an, in der eine Null in das Ausgabefeld eingefügt werden soll. Die Null zählt zur Größe des Datenfeldes.

$ Dieses Symbol gibt die Stelle an, an der das Währungssymbol »$« in das Ausgabefeld eingeblendet werden soll. Das Währungszeichen zählt zur Größe des Datenfeldes. Das Währungssymbol wird im Deutschen selten verwendet. Es kann im SPECIAL-NAMES-Paragraphen definiert werden.

CR Gibt die Stellen an, an denen im Ausgabefeld bei negativen Werten »CR« eingeblendet werden soll (CR = Credit). Bei positiven Zahlen werden zwei Leerstellen ausgegeben. Diese Symbole werden in Deutschland selten verwendet.

DB Wie CR; »CR« wird bei negativen, »DB« bei positiven Zahlen in die Ausgabe eingeblendet.

/ An der angegebenen Stelle wird ein Schrägstrich in die Ausgabezeichenfolge eingefügt.

Die Formatierung erfolgt, wenn mit einem MOVE-Befehl ein Datenfeld in ein anderes Datenfeld übertragen wird, in dessen PIC-Eintragung die Formatsymbole stehen. Dabei werden die erforderlichen Zeichen in das Ausgabefeld eingefügt oder Zeichen durch andere Zeichen ersetzt. Die einzelnen Symbole für die Druckaufbereitung können kombiniert werden.

Die Funktionsweise der Druckaufbereitung wird am besten an Beispielen klar. Die Aufbereitung geschieht mit der Anweisung

```
 MOVE SENDEFELD TO EMPFANGSFELD.
      SENDEFELD                            EMPFANGSFELD
---------------------------------------------------------------
PICTURE         Inhalt                PICTURE         Aufbereitet
---------------------------------------------------------------
999999          123456                ZZZBZZ9,99-     123 456,00
S9999V99        001234-               ZZZ.ZZZ,ZZ           12,34
S99V99          0000                       ZZ,ZZ-
9(6)            120184                  99.99.99        12.01.84
S9(3)V99        00012                     ZZ9,999+        0,120+
S9(3)V99        00012                     ZZZ,Z-            ,1
S9(3)           012                       ZZ9,00-          12,00
9(3)            001                       999,99          001,00
S9(5)           00123-                 -----9,99         -123,00
S9(3)V99        00123                  +++++9,99           +1,23
S9(5)V99        0001234               ***.***,99-     *****12,34
S9(5)           12345-                  ZBZZZ,ZZ        2 345,00
S9(3)V9999      0012345-                  ZZ9,99CR        1,23CR
S99V99          0123                      **9,99CR        **1,23
S99V99          0000                      **9,99DB      **0,00DB
S9(5)V999       00012345-             -ZZ.ZZ9,99      -    12,34
9(8)            06111234                9999/9999      0611/1234
S9(5)V99        0012345                 +9(5),99       +00123,45
-----------------------------------------------------------------
```

Die letzte Definition kann für den Datenaustausch mit Excel, Access und dBase verwendet werden.

7.5 Zusätze in der Datenbeschreibung

7.5.1 VALUE-Eintragung

Mit der VALUE-Eintragung können Anfangswerte für ein Datenelement oder eine Datengruppe bei der Datenbeschreibung in der WORKING-STORAGE SECTION angegeben werden. Für Datengruppen kann die VALUE-Eintragung nur geschrieben werden, wenn alle untergeordneten Datenelemente zur gleichen Klasse gehören.

Format:

```
VALUE  IS Literal.
```

Bei *alphanumerischen Datenfeldern* muß das Literal in Hochkommas oder Anführungsstriche gesetzt werden, bei *numerischen Datenfeldern* wird die Zahl ohne Anführungsstriche oder Hochkommas geschrieben. Das Literal kann durch die figurativen Konstanten ZERO, SPACE, LOW-VALUE oder HIGH-VALUE oder den Namen einer auf der Stufennummer 78 definierten Konstanten ersetzt werden. SPACE, LOW-VALUE und HIGH-VALUE können nur für alphanumerische Datenfelder angegeben werden.

Bei SPACE werden alle Bytes des Datenfeldes mit der Bitkombination für die Leerstelle (= 0010 0000 im ASCII-Code) gefüllt. Bei LOW-VALUE werden alle Bits des Datenfeldes auf 0 gesetzt, also »0000 0000«; bei HIGH-VALUE werden alle Bits des Datenfeldes auf 1 gesetzt, also »1111 1111«

Beispiel:

```
01    TESTFELD.
  05  ZAHLA          PIC S9(5)V99   VALUE -123,45.
  05  ZAHLB          PIC S9(3) COMP VALUE ZERO.
  05  ZAHLC          PIC S95)V99 COMP-3  VALUE 0.
  05  FELDA          PIC X(10)      VALUE 'VERSUCH'.
  05  FELDB          PIC XX    VALUE SPACE.
  05  FELDC          PIC X(20) VALUE "  UEBERSCHRIFT   ".
  05  FELDD  VALUE LOW-VALUE.
   10 FELDE       PIC X(5).
   10 FELDF       PIC X(10).
  05 FELDG           PIC X     VALUE ZERO.
```

In älteren Compiler-Versionen darf die VALUE-Eintragung nicht bei Datenfeldern gemacht werden, die eine OCCURS- oder REDEFINES-Eintragung haben oder solchen Gruppenfeldern untergeordnet sind. Ab Cobol-85 kann bei OCCURS-Feldern eine VALUE-Angabe erfolgen.

Beim Zusatz VALUE ALL 'Zeichen' wird das angegebene Datenfeld vollständig mit dem Zeichen gefüllt.

Die VALUE-Eintragung wird verwendet, um Anfangswerte für Datenfelder vorzugeben und um Erläuterungstexte für Listen und Bildschirmmasken im Programm zu definieren.

Numerische Datenfelder, die in der WORKING-STORAGE SECTION beschrieben werden, sollten generell einen Anfangswert erhalten. Wird einem numerischen Datenfeld kein Anfangswert über VALUE oder INITIALIZE zugewiesen, kommt es in der Regel zu dem Runtime-Error »Non-numeric Data«. Sie können diesen Fehler in Cobol vermeiden, indem Sie das Programm mit dem Schalter »-F« starten, z.B. C>prog01 -F <cr>.

Der Inhalt der mit VALUE initialisierten Variablen kann im Programm geändert werden.

Wird VALUE bei einem Gruppenfeld angegeben, werden die untergeordneten Datenfelder mit dem Wert vorbesetzt, allerdings nach den Regeln für die alphanumerische Wertzuweisung. Folgende VALUE-Angabe führt zu einem Runtime-Fehler:

```
01    RECHENFELDER VALUE ZERO.
 05   SUMME   PIC S9(7)V99 COMP-3.
 05   ZAHL    PIC S9(5)  COMP-0.
```

In den elementaren Datenfeldern *Summe* und *Zahl* steht der alphanumerische Nullwert und nicht die Zahl Null.

Die zweite Version der VALUE-Eintragung weist einem Bedingungsnamen einen Wert zu. Dadurch können Abfragen verständlicher codiert werden. Die Bedingungsnamen sind mit den Booleschen oder logischen Variablen in anderen Programmiersprachen vergleichbar.

Beispiel:

```
05   AUSWAHLZEICHEN      PIC X.
  88  ERSTLAUF VALUE "E", "e".
  88  ZUGAENGE VALUE "Z", "z".
  88  ANZEIGEN VALUE "A" "a".
```

Die Abfrage in der PROCEDURE DIVISION kann nun folgendermaßen geschrieben werden:

```
IF  ERSTLAUF
    PERFORM ERSTLAUF-01.
IF ZUGAENGE
    PERFORM ZUGANG-01.
IF ANZEIGEN
    PERFORM ANZEIGEN-01.
```

Die Abfrage IF ERSTLAUF zerlegt der Compiler in die Einzelabfragen

```
IF AUSWAHLZEICHEN = "E"
OR AUSWAHLZEICHEN = "e"
     PERFORM ERSTLAUF-01
END-IF.
```

Auf der Stufennummer 88 können einem Bedingungsnamen ein oder mehrere Werte zugeordnet werden. Mit VALUE THRU kann ein Wertebereich festgelegt werden.

Beispiel:

```
05   POSTLEITZAHL    PIC 9(5)
 88  PLZ-WERTE VALUE 10000  THRU 99999.
```

Bei der Abfrage »IF PLZ-WERTE« prüft Cobol, ob der Inhalt von POSTLEITZAHL innerhalb des Wertebereiches liegt. Alle Werte, die in der Codetabelle des Computers zwischen den beiden Grenzen liegen, werden zugelassen.

Mit dem ergänzenden Zusatz WHEN [SET TO] FALSE können Boolesche Variablen simuliert werden.

Beispiel:

```
05 SCHALTER   PIC X.
 88 SCHALTER-EIN  VALUE "1"  WHEN FALSE "0"
```

Die Anweisung

```
SET SCHALTER-EIN TO TRUE
```

setzt den Inhalt von SCHALTER auf »1«. Die Anweisung

```
SET SCHALTER-EIN TO FALSE
```

setzt den Inhalt von SCHALTER auf »0«.

Mit VALUE X ".." kann der Wert hexadezimal angegeben werden. Diese Ergänzung ist nützlich, wenn spezielle Werte, z.B. Steuerzeichen für den Drucker, erzeugt werden müssen.

Beipiel:

```
01   DRUCKER-STEUERZEICHEN.
 05  NLQ-EIN   PIC XXX VALUE X"1B7801".
 05  NLQ-AUS   PIC XXX VALUE X"1B7800".
 05  FETT-EIN  PIC XX  VALUE X"1B47".
 05  FETT-AUS  PIC XX  VALUE X"1B48".
```

Die Steuerzeichen sind dem Druckerhandbuch zu entnehmen. Die Zeichen können nicht direkt über die Tastatur eingetippt werden. Bei der hexadezimalen Werteingabe werden selbstverständlich nur die Ziffern 0 bis 9 und die hexadezimalen Kunstziffern A bis F akzeptiert.

Konstanten, die im Programm nicht verändert werden können, erhalten ihren Wert ebenfalls über den VALUE-Zusatz.

Beispiel:

```
78 TEXT   VALUE "Dies ist ein Versuch".
78 Zahl-1   VALUE 1.
78 SteuerZeichen   VALUE X"1B4F".
78 BildAdresse   VALUE H"A025".
78 TextImC-Foramt value z"ABCDE".
```

Die Werte für alphanumerische Konstanten werden in Anführungszeichen oder Apostroph eingeschlossen.

VALUE X".."gibt den Wert für eine alphanumerische Konstante in hexadezimaler Form an.

VALUE H".." gibt den Wert für eine numerische Konstante in hexadezimaler Form an.

VALUE Z".." speichert den Text im C-Format mit einem abschließenden Null-Byte.

Die VALUE-Klausel darf in der WORKING-STORAGE SECTION, REPORT SECTION und SCREEN SECTION verwendet werden. In der FILE SECTION, LINKAGE SECTION,

OBJECT-STORAGE SECTION und LOCAL-STORAGE SECTION darf sie geschrieben werden, sie hat dort jedoch nur die Wirkung eines Kommentars, d.h. Anfangswerte für solche Variablen müssen in der PROCEDURE DIVISION mit MOVE oder INITIALIZE gesetzt werden.

7.5.2 REDEFINES-Eintragung

Mit Hilfe des REDEFINES-Zusatzes kann der gleiche Speicherbereich mehrfach beschrieben werden, wobei eine andere Unterteilung und andere Datenformate angegeben werden können. Durch geschickte Redefinitionen im Programm kann viel Speicherplatz gespart werden.

Format:

```
Stufen-Nr. [Datenname-2]  REDEFINES  Datenname-1 ...
```

Beispiel 1:

```
05   ZAHLA          PIC S9(7)V99.
05   FELDA  REDEFINES ZAHLA  PIC X(9).
```

Beide Definitionen beschreiben dieselben neun Byte im Speicher. Sie werden nach den Regeln für numerische Variablen bearbeitet, wenn sie mit dem Namen ZAHLA angesprochen werden. Wird das Speicherfeld mit FELDA angesprochen, wird es nach den Regeln für alphanumerische Datenfelder bearbeitet.

Anwendung:

```
ACCEPT FELDA.
IF FELDA  NUMERIC
    ADD  ZAHLA     TO  SUMMME
ELSE
    DISPLAY 'FALSCHE ZAHLENEINGABE'
END-IF
```

Die Abfrage IF FELDA NUMERIC prüft, ob in FELDA nur numerische Zeichen, also Ziffern, das Dezimalkomma und ein Vorzeichen gespeichert sind. Für diese Abfrage muß das Prüffeld laut Cobol-Vorschrift alphanumerisch definiert sein. Für Rechenoperation muß das Feld aber numerisch definiert sein. Mit einer Redefinition ist das Problem leich zu lösen.

Beispiel 2:

```
05   E-DATUM        PIC 9(6).
05   E-DAT REDEFINES  E-DATUM
  10 E-TT           PIC 99.
  10 E-MM           PIC 99.
  10 E-JJ           PIC 99.
05   FILLER         .....
```

Durch diese Definition steht das Datum als numerisches Element für die Druckaufbereitung zur Verfügung, es können aber auch bei Bedarf die einzelnen Teile des Feldes (Tag, Monat und Jahr) angesprochen werden.

Die neue Beschreibung des Bereichs mit Datenname-2 beginnt auf der gleichen Speicherstelle wie Datenname-1 und endet beim Auftreten einer Stufennummer, die kleiner oder gleich der Stufennummer von Datenname-1 ist.

Folgende Regeln müssen bei der Redefinition beachtet werden:

1. REDEFINES muß unmittelbar hinter Datenname-2 stehen. Ab Cobol-85 darf Datenname-2 entfallen.
2. Die Stufennummern von Datenname-1 und Datenname-2 müssen gleich sein. Die Stufennummern 78 und 88 dürfen nicht redefiniert werden.
3. Die Längen von Datenname-1 und Datenname-2 sollten gleich sein. Ist Datenname-1 länger, gibt der Compiler eine Fehlermeldung aus. Ist Datenname-1 kürzer, ergänzt der Compiler die Definition auf die Länge der Originaldefinition.
4. Die Eintragung darf in der FILE SECTION nicht auf der Stufennummer 01 verwendet werden. In der FILE SECTION benutzen alle Datensätze einer Datei automatisch denselben Speicherbereich.
5. Der redefinierte Bereich darf keine VALUE-Eintragung enthalten (Ausnahme: Stufennummer 88).
6. Es darf weder die Datenbeschreibung für Datenname-1 eine OCCURS-Eintragung enthalten, noch darf Datenname-1 einer Beschreibung, die OCCURS enthält, untergeordnet sein. Diese Einschränkung entfällt ab Cobol-85.
7. Bei der Redefinition von Feldern, die in COMPUTATIONAL oder COMPUTATIONAL-3 beschrieben sind, muß der Programmierer die Anzahl der belegten Bytes genau bestimmen. Vor der Redefinition von COMP-, COMP-4- und COMP-5-Feldern wird strengstens gewarnt.
8. In MF-Cobol muß Datenname-1 die Originaldefinition des Datenfeldes bezeichnen, also kein Datenfeld, das eine REDEFINES-Klausel enthält.

7.5.3 OCCURS-Eintragung

Die OCCURS-Eintragung dient zur Beschreibung einer Reihe von gleichartigen, aufeinanderfolgenden Datenfeldern oder Datengruppen, z.B. in Tabellen, Listen oder Arrays (Basic: DIM()-Vereinbarung).

Format:

```
Stufen-Nr Datenname  OCCURS Ganzzahl [TIMES] ...
```

Beispiel 1:

```
01   TABELLE.
  05 T-EL  OCCURS  3 TIMES     PIC X(4).
```

Dadurch wird folgender Speicherbereich zugeordnet:

```
T-EL(1)  T-EL(2)  T-EL(3)
 |        |        |        |
 |__|__|__|__|__|__|__|__|__|__|__|__|

    T-TABELLE            |
                         1 Byte
```

Beispiel 2:

```
01        T-TAB.
  05      T-ANZAHL OCCURS 4 TIMES.
   10     T-EL-GES.
    15    T-EL-A         PIC XX.
    15    T-EL-B         PIC S99V99.
```

T-TAB belegt im Speicher 4 * (2 + 4) = 24 Byte.

Das Datenfeld bei der OCCURS-Eintragung (T-EL und T-ANZAHL) und alle Datenfelder, die dem Datenfeld über eine höhere Stufennummer untergeordnet sind (T-EL-A und T-EL-B), müssen in der PROCEDURE DIVISION indiziert oder subskribiert angesprochen werden. Eine Ausnahme bildet der SEARCH-Befehl.

Beispiel:

```
MOVE 'XY'      TO  T-EL-A (1).
MOVE 'ABC'     TO  T-EL (3).
                       | |
                       | Subskript
                       mindestens eine Leerstelle, entfällt
                      in neueren Cobol-Versionen
```

Ein Subskript ist eine positive Ganzzahl größer Null. Der Wert muß zwischen 1 und dem in der OCCURS-Eintragung angegebenen Wert liegen. Ein Subskript kann als Direktwert, wie im Beispiel, oder als Datenname angegeben werden.

Beispiel:

```
MOVE  12,00   TO  T-EL-B  (INDA).
```

Der Subskript bzw. Index muß in Klammern eingeschlossen sein, und zwischen dem Tabellenelementnamen und dem Subskript muß mindestens eine Leerstelle stehen. In Cobol-85 kann diese Leerstelle entfallen.

Der Subskriptname *muß als* Ganzzahl definiert werden. Vorteilhaft ist folgende Beschreibung:

```
05   INDA      PIC S9(3) COMP.
05   INDA      PIC S9(3) BINARY.
(COMP bzw. BINARY = Speicherung als Dualzahl)
```

Eine Tabelle kann in älteren Cobol-Versionen mit maximal 3 OCCURS-Eintragungen definiert werden. Man spricht dann von einer dreidimensionalen Tabelle. In Cobol-85 kann eine Tabelle mit maximal 7 Dimensionen definiert werden. MF-Cobol erlaubt 16 Dimensionen. Die Handhabung von solchen Tabellen ist allerdings kompliziert. Die einzelnen OCCURS-Eintragungen müssen jeweils auf einer höheren Stufennummer vorgenommen werden.

Beispiel:

```
01        T-DREI-DIM.
 02       T-X OCCURS  2 TIMES.
  03      T-Y OCCURS  3 TIMES.
   04     T-Z OCCURS  2 TIMES.
     10   T-EL           PIC XXXX.
```

Im Speicher wird die Tabelle folgendermaßen angelegt:

```
(1,1,1) (1,1,2) (1,2,1) (1,2,2) (1,3,1) (1,3,2) (2,1,1) (2,1,2)...
|       |       |       |       |       |       |       |
|_|_|_|_|_|_|_|_|_|_|_|_|_|_|_|_|_|_|_|_|_|_|_|_|_|_|_|_|_|_|_|_|_

 |
 1 Byte
```

Das bedeutet, daß T-EL 2 * 3 * 2 = 12mal angelegt wird.

In der PROCEDURE DIVISION können die Tabellenelemente durch folgende Anweisung angesprochen werden:

```
MOVE  'XYZA'         TO T-EL (1, 1, 1).
```

oder

```
MOVE  FELDA          TO T-EL (I, J, K).
```

Die Subskripte werden im Befehl in der gleichen Reihenfolge angeführt, in der die Eintragung in der Beschreibung der Tabelle erfolgt, d.h. erst der Wert für T-X, dann für T-Y, dann für T-Z.

Mehrere Subskripte werden durch eine Leerstelle bzw. ein Komma mit einer folgenden Leerstelle getrennt.

Die OCCURS-Eintragung darf nicht bei Datenerklärungen mit der Stufennummer 01 und 77 angegeben werden. Ein Datenfeld mit einer OCCURS-Eintragung darf in MF-Cobol redefiniert werden.

Die maximale Anzahl eines Tabellenelementes beträgt in MF-Cobol 32768.

Ab Cobol-85 kann eine Tabelle bei der Definition mit Hilfe der VALUE-Angabe mit Anfangswerten vorbesetzt werden.

Beispiel:

```
01        T-TAB.
  05      T-ANZAHL OCCURS 4 TIMES.
   10     T-EL-GES.
    15    T-EL-A          PIC XX  VALUE SPACE.
    15    T-EL-B          PIC S99V99 COMP-3 VALUE ZERO.
```

7.5.4 BLANK [WHEN] ZERO-Eintragung

Format:

```
Stufennummer Datenname   PIC ..  BLANK [WHEN] ZERO.
```

Beispiel:

```
05   A-FELD          PIC ZZ.ZZ9,99-  BLANK ZERO.
```

Die Eintragung kann bei Druckmasken für numerische Datenfelder angegeben werden. Sie bewirkt, daß nur Leerstellen ausgegeben werden, wenn der Inhalt des Ausgabefeldes Null ist. Es kann ZERO, ZEROS oder ZEROES geschrieben werden.

7.5.5 SIGN-Eintragung

Über die SIGN (= Vorzeichen)-Eintragung kann bei numerischen Datenfeldern angegeben werden, wo und wie das Vorzeichen gespeichert ist. Dies ist wichtig beim Datenaustausch zwischen Anlagen verschiedener Hersteller.

Format:

```
[SIGN IS]  TRAILING / LEADING  [SEPARATE  CHARACTER]
```

Beispiel:

```
05   E-ZAHL          PIC S9(7)V99 SIGN TRAILING SEPARATE.
```

Die einzelnen Angaben bedeuten folgendes:

SIGN-Eintr.	Vorzeichen-Speicherung
TRAILING	Speicherung innerhalb des am weitesten rechts stehenden Bytes
LEADING	Speicherung innerhalb des am weitesten links stehenden Bytes
TRAILING SEPARATE	Speicherung in einem separaten Byte hinter der Zahl
LEADING SEPARATE	Speicherung in einem separaten Byte vor der Zahl

Die PIC-Eintragung der Zahl muß mit S beginnen. Fehlt die SIGN-Angabe in der Datenbeschreibung eines numerischen Datenfeldes, wird automatisch TRAILING unterstellt.

Die SIGN-Angabe kann auch auf *Gruppenstufe* geschrieben werden, sie gilt dann für alle untergeordneten Datenelemente. Die SIGN-Eintragung darf *nur* für USAGE DISPLAY-Zahlen angegeben werden.

Der SEPARATE CHARACTER-Zusatz erhöht die Anzahl der reservierten Speicherplätze für das Datenfeld um 1 Byte. Das Datenfeld E-ZAHL belegt also 10 Byte im Arbeitsspeicher.

7.5.6 JUSTIFIED-Eintragung

JUSTIFIED RIGHT oder kurz JUST verändert die interne Standardausrichtung in einem alphanumerischen Datenfeld. Normalerweise werden die Daten in einem alphanumerischen Datenfeld bei Ausführung eines MOVE-Befehls linksbündig ausgerichtet. Hat ein Empfangsfeld in einem MOVE-Befehl den Zusatz JUST, werden die Zeichen des Sendefeldes rechtsbündig von rechts nach links in das Empfangsfeld übertragen. Ist das Sendefeld kürzer als das Empfangsfeld, werden die linken Bytes des Empfangsfeldes mit Leerstellen aufgefüllt. Ist das Sendefeld länger als das Empfangsfeld, werden die linken Bytes des Sendefeldes abgeschnitten.

Beispiel:

```
05   FELDE      PIC X(3) JUST VALUE 'ABCDEF'.
```

Da die VALUE-Eintragung zu lang ist, wird sie automatisch abgeschnitten, und zwar links, da das Datenfeld den Zusatz JUST hat. In FELDE steht also »DEF«.

Die drei linken Stellen »ABC« werden abgeschitten, da die VALUE-Eintragung 6 Zeichen enthält, FELDE aber nur 3 Byte lang ist.

Die JUST-Eintragung kann verwendet werden, um alphanumerische Felder, in denen Ziffern gespeichert sind, nach dem Zahlenwert zu sortieren. Ohne bzw. mit dem JUST-Zusatz in der Datenbeschreibung werden die Felder folgendermaßen sortiert:

ohne JUST	mit JUST
1	1
11	2
15	11
2	15

Die Satzschlüsselfelder (RECORD KEYs) von indexsequentiellen Dateien sollten mit dem Zusatz JUST gespeichert werden, wenn der Schlüssel ausschließlich Ziffern enthält.

7.5.7 SYNCHRONIZED-Eintragung

Dieser Zusatz bewirkt eine interne Ausrichtung der Datenfelder auf Zweierpotenzen der Speicheradressen. Die Verarbeitungsgeschwindigkeit der Daten wird dadurch erhöht, der Speicherbedarf des Programms ist allerdings größer, da zwischen die einzelnen Datenfelder ungenutzte Füllbytes eingeschoben werden.

Format:

```
SYNCHRONIZED oder SYNC [LEFT / RIGHT]
```

Beispiel:

```
01   DATENFELD.
 05  E-NAME    PIC X(20) SYNCHRONIZED.
 05  E-ZAHL    PIC S9(7) SYNC LEFT.
```

Der SYNC-Zusatz darf nur bei elementaren Datenfeldern geschrieben werden. LEFT bewirkt ein linksbündiges, RIGHT ein rechtsbündiges Ausrichten auf die »natürlichen Grenzen« des Arbeitsspeichers. Da die Ausrichtung vom Prozessortyp und der Speicherarchitektur abhängt, sollte dieser Zusatz mit Vorsicht verwendet werden. Auf keinen Fall sollte der Zusatz in der Satzbeschreibung von Ein-/Ausgabedateien verwendet werden, da dies in der Regel zu sehr schwer zu lokalisierenden Verarbeitungsfehlern führt, wenn die Datei mit einem anderen Computersystem verarbeitet wird.

ÜBUNGEN

Aufgabe 1:

Folgende Datenbeschreibung steht in der WORKING-STORAGE SECTION eines Cobol-Programms:

```
01   S-UMSATZ-SATZ.
 05  S-UMSATZ-1          PIC S9(7)V99.
 05  S-DATUM-1           PIC 9(6).
 05  S-DAT  REDEFINES S-DATUM-1.
  10 S-TT                PIC XX.
  10 S-MM                PIC XX.
  10 S-JJ                PIC XX.
 05  S-TEXT-1            PIC X(5).
 05  S-UMSATZ-2          PIC S9(7)V99 COMP-3.
 05  S-TEXT-2            PIC XXX.
```

a) Zeichnen Sie die Arbeitsspeicheraufteilung mit den symbolischen Adressen. Geben Sie die Längen der einzelnen Datenfelder an.

```
|_|_|_|_|_|_|_|_|_|_|_|_|_|_|_|_|_|_|_|_|_|_|_|_|_|_|_|_|_|_|_|_|_|_|_|

  |
  1 Byte
```

b) Geben Sie die Adressen und Längen der einzelnen Datenfelder an. S-UMSATZ-SATZ beginnt auf der Speicherstelle 15000.

c) Was steht nach Ausführung des Befehls

```
MOVE ZERO TO S-UMSATZ-SATZ
```

in dem Datenfeld? Schreiben Sie den Inhalt hexadezimal in die Darstellung (ZERO = 30 hexadezimal).

Aufgabe 2:

Geben Sie die Ausgabezeichenfolge für die nachstehenden Datenfelder an, wenn das Sendefeld mit einem MOVE-Befehl in das Empfangsfeld übertragen und das Empfangsfeld auf dem Bildschirm oder Drucker ausgegeben wird.

Sendefeld		Empfangsfeld	
PIC-Eintr.	Inhalt	PIC-Eintr.	Druckbild
9(3)V9(2)	12345	ZZZZZ,99	....
S9(5)	12345	-ZZZZ9,99	....

Sendefeld		Empfangsfeld	
PIC-Eintr.	Inhalt	PIC-Eintr.	Druckbild
S99999	00000	$ZZ.ZZZ,99	....
S9(5)V99	0012345	**.***,***-	....
9(4)V9	00123	99.999,99+	....
S9(5)	-00123	ZZZZ,99	....
S9(5)	-00001	-ZZ.ZZZ,99	....
S99999	-00011	-----,99	....
S9(6)V9(3)	000000000	Z(6),Z(3)-	....
S9(5)	00123	++++9,99	....
9(5)	12345	BB999,00	....
S9(4)	0123	Z.ZZ9,99CR	....
9(6)	123456	99.99.99	....
S9(5)V99	0012345	ZZ.ZZ9,99-	....
X(5)	ABCDE	XBXBXBX	....

Aufgabe 3:

Welcher Unterschied besteht zwischen den Zeichen

```
S  +  –  V  ,  .
```

in der PIC-Eintragung? DECIMAL-POINT IS COMMA soll angegeben sein.

Aufgabe 4:

Welche Fehler sind in den folgenden Datenbeschreibungen enthalten:

```
01        A-FELD.
 05       A-feld-1        PIC XX VALUE "11".
 05       A-FELD-2        PIC X(10).
  10      A-FELD-21       PIC X(6) VALUE ABC.
  10      A-FELD-22       PIC 9(4) VALUE 123.
 05       A-FELD-3        PIC S9(4)V999 VALUE "123,25"
 05       A-X.
  10      A-Y             PIC S9(9)V99 COMP-3 VALUE ZERO.
  10      A-Z             PIC XX.
 05       A-RED REDEFINES A-X.
  15      A-Y-red         PIC XXX.
  15      A-Z-RED         PIC S9999 value zero.
 05       S/H-SCHLÜSSEL   PIC X VALUE ZERO.
```

LÖSUNGEN

Aufgabe 1:

a) L = Länge in Bytes

```
|                 |           |         |         |     |
|_|_|_|_|_|_|_|_|_|_|_|_|_|_|_|_|_|_|_|_|_|_|_|_|_|_|_|_|_|

|                 |           |         |         |     |
| S-UMSATZ-1      | S-DATUM-1 |S-TEXT-1 |S-UMSATZ-2     |
| L=9 Byte        | L= 6      | L=5     | L=5     |     |
|                 | S-DAT(L=6)|                   | S-TEXT-2
|                 |   |   |   |                     L=3
|                 |   |   |S-JJ (L=2)                  |
|                 |   |S-MM (L=2)                       |
|                 |S-JJ (L=2)                           |
|     S-UMSATZ-SATZ (L = 28 Byte)                       |
```

b) Adreßtabelle

```
Name              Speicheradresse     Länge in Bytes
---------------------------------------------------
S-UMSATZ-SATZ         15000                28
S-UMSATZ-1            15000                 9
S-DATUM-1             15009                 6
S-DAT                 15009                 6
S-TT                  15009                 2
S-MM                  15011                 2
S-JJ                  15013                 2
S-TEXT-1              15015                 5
S-UMSATZ-2            15020                 5
S-TEXT-2              15025                 3
```

c) In jedem Byte steht die Bitkombination für ZERO (hex 30). In dem gepackten Datenfeld S-UMSATZ-2 steht *keine* gepackte Null. Dies führt zu dem Runtime-Fehler »NON-NUMERIC DATA«, wenn man mit diesem Feld rechnet. In ein gepacktes Datenfeld muß explizit Null übertragen werden.

```
MOVE ZERO TO S-UMSATZ-2.
```

Nach diesem Befehl kann erst mit S-UMSATZ-2 gerechnet werden.

Inhalt von S-UMSATZ-2 nach MOVE ZERO TO S-UMSATZ-SATZ (hexadezimal):

```
|30|30|30|30|30|
|              |
| S-UMSATZ-2   |
```

Inhalt vom S-UMSATZ-2 nach MOVE ZERO TO S-UMSATZ-2 (hexadezimal):

```
|00|00|00|00|0+|
|              |
| S-UMSATZ-2   |
```

In dem gepackten Feld steht die richtige Bitkombination für eine gepackte Null. Das positive Vorzeichen wird mit »hex C« verschlüsselt. Es ist zur Veranschaulichung hier im Klartext in das Feld geschrieben worden. Mit diesem Feld kann nun der Zentralprozessor rechnen. Diesen häufigen Fehler beim Setzen von Anfangswerten für numerische Variablen können Sie vermeiden, indem Sie generell mit der neuen Anweisung INITIALIZE arbeiten, für das Beispiel also schreiben »INITIALIZE S-UMSATZ-SATZ«

Aufgabe 2:

_ = Leerzeichen (SPACE)

Sendefeld		Empfangsfeld	
PIC-Eintr.	Inhalt	PIC-Eintr.	Druckbild
9(3)V9(2)	12345	ZZZZZ,99	__123,45
S9(5)	12345	-ZZZZ9,99	_12345,00
S99999	00000	$ZZ.ZZZ,99	$______,00
S9(5)V99	0012345	**.***,***-	***123,450_
9(4)V9	00123	99.999,99+	00.012,30+
S9(5)	-00123	ZZZZ,99	_123,00
S9(5)	-00001	-ZZ.ZZZ,99	-_____1,00
S99999	-00011	-----,99	__-11,00
S9(6)V9(3)	000000000	Z(6),Z(3)-	__________
S9(5)	00123	++++9,99	_+123,00
9(5)	12345	BB999,00	__345,00
S9(4)	0123	Z.ZZ9,99CR	__123,00__
9(6)	123456	99.99.99	12.34.56
S9(5)V99	0012345	ZZ.ZZ9,99-	___123,45_
X(5)	ABCDE	XBXBXBX	A_B_C_D

Aufgabe 3:

S gibt an, daß die Zahl mit Vorzeichen zu speichern ist. Das Vorzeichen belegt keine Speicherstelle.

\+ ist ein Symbol für die Druckaufbereitung, es gibt die Druckposition für das Vorzeichen an. »+« besagt, daß das Vorzeichen immer auszugeben ist. Mit Datenfeldern, die dieses Zeichen in ihrer Beschreibung enthalten, kann nicht gerechnet werden.

\- ist ebenfalls ein Symbol für die Druckaufbereitung. Das Vorzeichen wird nur ausgegeben, wenn die Zahl negativ ist. Bei positiven Zahlen wird eine Leerstelle ausgegeben.

V bezeichnet die Stelle des Rechendezimalkommas (Punktes) in der Zahl. Es belegt keinen Platz im Arbeitsspeicher, da eine Zahl als Ziffernfolge gespeichert wird. Soll mit einer Zahl, die Kommastellen enthält, gerechnet werden, muß sie dieses Symbol in der PIC-Eintragung erhalten.

, bezeichnet die Stelle, an der das Dezimalkomma bei der Ausgabe eingeblendet werden soll. Das Zeichen darf nur einmal in einer Druckmaske auftauchen.

. bezeichnet die Stellen, an denen Punkte zur Verbesserung der Lesbarkeit bei der Ausgabe in die Zahl eingeblendet werden sollen. Der Punkt mit einem folgenden Leerzeichen beendet die PIC-Eintragung. Der Punkt hat also eine doppelte Bedeutung!

Aufgabe 4:

A-FELD-2 darf keine PIC-Eintragung erhalten, da es ein Gruppenfeld ist.

Die VALUE-Eintragung bei A-FELD-21 muß in Anführungsstriche eingeschlossen sein.

Die VALUE-Eintragung bei A-FELD-3 muß ohne Anführungsstriche geschrieben werden.

A-X ist 8 Byte lang, A-RED ist 7 Byte lang. Beide Datenfelder müssen aber die gleiche Länge haben. Diese Vorschrift entfällt in Cobol-85.

A-Z-RED darf keinen VALUE-Zusatz haben, da das Feld REDEFINES untergeordnet ist. VALUE-Angaben dürfen nur in der Originaldefinition des Speicherbereiches stehen, also in der Definition von A-X.

S/H-SCHLÜSSEL: Das »/«-Zeichen und das »Ü« sind in Datennamen nicht erlaubt.

Anmerkung: *Groß- und Kleinschreibung von Variablennamen ist in Cobol-85 zulässig.*

Kapitel 8

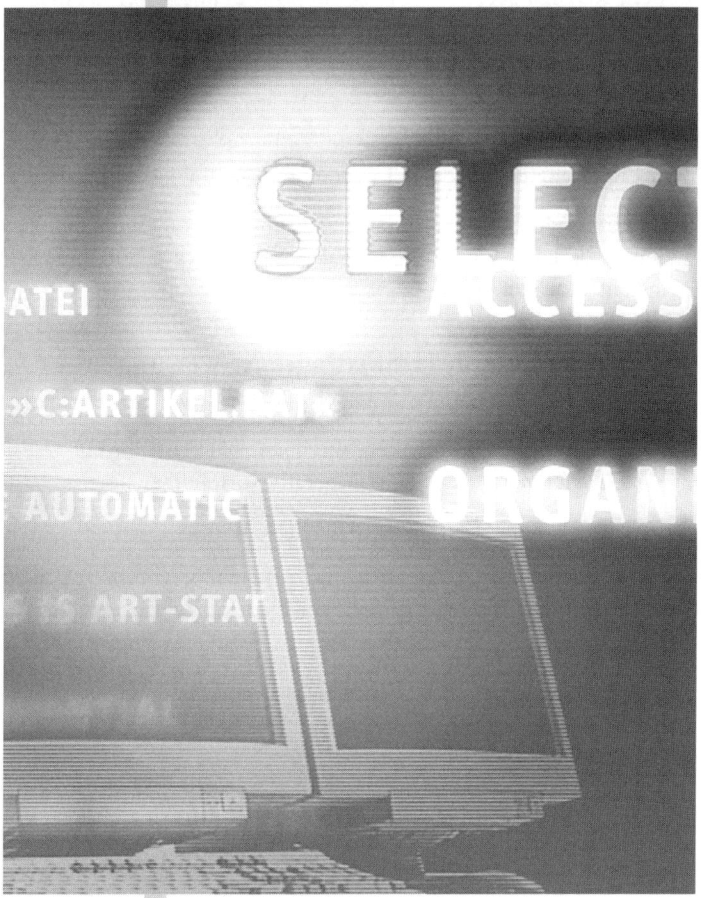

Die PROCEDURE DIVISION

8.1 Befehle, Sätze, Prozedurnamen

In der PROCEDURE DIVISION eines Programms werden die Verarbeitungsschritte für die Daten angegeben. Die einzelnen Verarbeitungsvorschriften (Berechnungen, Vergleiche usw.) werden in Anweisungen oder Befehlen geschrieben, die der englischen Sprache entnommen sind.

Eine *Anweisung* besteht aus einem Verb, das angibt, was zu tun ist, und den Datennamen oder Literalen, die verarbeitet werden sollen, und aus ergänzenden Angaben.

Mehrere Befehle können zu Sätzen zusammengefaßt werden, um Verarbeitungsschritte (Prozeduren) zu beschreiben. Die Cobol-Befehle können von ihrer Struktur her in zwei Gruppen eingeteilt werden:

Imperative Befehle (Unbedingte Anweisungen)

Ein imperativer Befehl besteht aus dem Verb und den Operanden. Ein imperativer Befehl darf keine Bedingung enthalten, die bei seiner Ausführung getestet werden muß. Folgende Zusätze dürfen *nicht* bei einem imperativen Befehl stehen:

INVALID KEY, AT END, ON SIZE ERROR, ON OVERFLOW und ON ESCAPE.

Zu den imperativen Befehlen zählen z.B. MOVE, GO TO, PERFORM, OPEN, CLOSE, COMPUTE *ohne* den Zusatz ON SIZE ERROR, READ *ohne* AT END, WRITE *ohne* INVALID KEY.

Die IF-Anweisung gehört generell *nicht* zu den imperativen Anweisungen.

Bedingte Anweisungen

Eine bedingte Anweisung enthält eine Bedingung, die bei der Ausführung geprüft wird und die unter Umständen eine Programmverzweigung bewirkt. Der IF- und der SEARCH-Befehl gehören zu dieser Gruppe und alle Ein-/Ausgabeanweisungen, die den Zusatz INVALID KEY oder AT END haben. Wenn eine Anweisung den Zusatz SIZE ERROR, OVERFLOW oder ON ESCAPE hat, wird sie ebenfalls zu den bedingten Anweisungen gezählt.

Zu den bedingten Anweisungen zählen z.B. READ ... AT END, WRITE ... INVALID KEY, COMPUTE ... ON SIZE ERROR. In der Befehlsfolge, die ausgeführt werden soll, wenn die Bedingung eintritt, darf *kein* weiterer bedingter Befehl geschrieben werden.

> **Anmerkung:** *Die Unterscheidung zwischen unbedingten (imperativen) und bedingten Anweisungen, die in Verbindung mit dem strukturierten Aufbau von Programmen genau zu beachten ist, entfällt in Cobol-85, wenn die bedingten Anweisungen mit den jeweiligen Bereichsbegrenzern (SCOPE DELIMITER) END-IF, END-READ, END-COMPUTE usw. beendet werden. Die bisher als bedingt geltenden Anweisungen werden dadurch zu unbedingten Anweisungen. Die Auswirkungen auf die Programmierung sind erheblich. Bisher waren z.B. folgende Konstruktionen nicht erlaubt:*

```
IF SCHALTER = "J"
   READ EINGABE-DATEI  AT END
      IF ENDE-DATEI-2
           MOVE "N"    TO SCHALTER
      ELSE
          DISPLAY "Neue Diskette einlegen".
                                          |
                                          Satzendepunkt
```

Mit den END-Befehlen kann dies folgendermaßen programmiert werden:

```
IF SCHALTER = "J"
    READ EINGABE-DATEI  AT END
        IF ENDE-DATEI-2
           MOVE "N"    TO SCHALTER
        ELSE
          DISPLAY "Neue Diskette einlegen"
        END-IF
    END-READ
END-IF
```

Sätze

Ein Satz besteht aus einem oder mehreren Befehlen, die durch einen Punkt mit einem folgenden Leerzeichen beendet werden. Die Befehle eines Satzes können durch Komma oder Semikolon getrennt werden. Der satzabschließende Punkt ist in Verbindung mit den bedingten Anweisungen von großer Bedeutung. Die Bedeutung des Satzendepunktes ist durch die neuen END-Anweisungen in Cobol-85 erheblich reduziert worden.

Paragraph

Ein Paragraph besteht aus einem Block zusammengehörender Sätze. Ein Paragraph muß mit einem Paragraphennamen beginnen, der im Bereich A der Zeile, d.h. Stelle 8 bis 12, beginnen muß. Der Paragraphenname muß mit einem Punkt beendet werden. Hinter den Namen können Cobol-Anweisungen in die gleiche Zeile geschrieben werden. Ein Paragraph kann leer sein, d.h. er braucht keine Anweisungen zu enthalten. In Cobol muß der Befehl *vor* einem neuen Paragraphen mit einem Satzendepunkt abgeschlossen werden.

SECTION

Eine SECTION besteht aus mehreren Paragraphen. Sie muß mit der SECTION-Überschrift beginnen. Die Überschrift besteht aus dem SECTION-Namen, der nach den Cobol-Regeln für Prozedurnamen gebildet werden muß, und dem Zusatz SECTION. Danach kann eine SECTION-Nummer geschrieben werden, die die Programmsegmentierung steuert. Die SECTION-Überschrift muß mit einem Punkt und einem folgenden Leerzeichen beendet werden. Die SECTION-Überschrift muß allein in einer Zeile stehen. Jeder SECTION-Name im Programm muß eindeutig sein.

8.2 Aufbau der PROCEDURE DIVISION

Die PROCEDURE DIVISION kann auf drei verschiedene Weisen aufgebaut werden.

1. Die PROCEDURE DIVISION besteht nur aus Paragraphen.

2. Die PROCEDURE DIVISION besteht aus Null oder mehreren Paragraphen, denen eine oder mehrere SECTIONs folgen, die wiederum in Paragraphen unterteilt sein können.

3. Die PROCEDURE DIVISION besteht aus dem DECLARATIVES-Teil und mehreren SECTIONs. Der DECLARATIVES-Teil ist optional. Er enthält Programmteile, die aufgerufen werden, wenn ein Ein-/Ausgabefehler auftritt. Es können maximal drei Programmteile im DECLARATIVES-Teil geschrieben werden.

Eine Unterteilung der PROCEDURE DIVISION in SECTIONs ist empfehlenswert, wenn mit Unterprogrammaufrufen (PERFORM) gearbeitet wird. Ab Cobol-85 muß der SECTION-Überschrift kein Paragraph mehr folgen. Der DECLARATIVES-Teil wird selten verwendet. Die Ein-/Ausgabefehler werden meistens direkt bei den Befehlen durch die Zusätze INVALID KEY, AT END oder eine Prüfung des FILE STATUS abgefangen.

Kapitel 9

Übertragungs-anweisung und Wertzuweisung

9.1 Die MOVE-Anweisung

Mit der MOVE-Anweisung werden Daten von einem Arbeitsspeicherbereich, der durch einen Datennamen oder ein Literal angegeben wird, in einen anderen Speicherbereich übertragen. Dabei wird die Art der Datenfelder (numerisch, alphanumerisch, druckaufbereitet) automatisch berücksichtigt. Der Inhalt des Sendefeldes bleibt erhalten, der Inhalt des Empfangsfeldes wird überschrieben.

Der MOVE-Befehl ist die häufigste Anweisung in kommerziellen Programmen. Er wird deswegen hier ausführlich besprochen.

Format:

```
MOVE Datenname-1 / Literal  TO Datenname-2 [Datenname-3 ...]
```

Beispiel:

```
MOVE FELD-1     TO FELD-2.
MOVE "ABC"      TO FELD-3  FELD-4.
MOVE 123,45     TO ZAHL-A.
MOVE ZERO       TO ZAHL-B  ZAHL-C, ZAHL-D.
```

Der Inhalt von Datenname-1 oder das Literal werden in die mit Datenname-2 usw. bezeichneten Datenfelder übertragen. Ist das Empfangsfeld ein *Gruppenfeld*, werden die Zeichen ohne Berücksichtigung der Struktur des Gruppenfeldes und ohne Druckaufbereitung in das Feld von links nach rechts übertragen.

Ein subskribiertes oder indiziertes Feld und Gruppenfelder können als Sende- und/oder Empfangsfeld angegeben werden.

Beispiel:

```
MOVE T-EL (I-X)     TO FELD-C.
MOVE "ABC"          TO T-EL (5).
```

Ein Feld, das mit USAGE INDEX beschrieben ist, darf *nicht* im MOVE-Befehl angegeben werden, es muß mit dem SET-Befehl bearbeitet werden.

Folgende Regeln müssen beim MOVE-Befehl beachtet werden:

1. Alphanumerisches Sende- und Empfangsfeld und Gruppenfelder
   a) Die Zeichen werden in das Empfangsfeld von links nach rechts übertragen, es sei denn, JUSTIFIED RIGHT ist in der Beschreibung angegeben.
   b) Ist das Sendefeld kürzer als das Empfangsfeld, wird das Empfangsfeld mit SPACE (Leerzeichen) aufgefüllt.
   c) Ist das Sendefeld länger als das Empfangsfeld, werden die überschüssigen Zeichen abgeschnitten, wenn das Empfangsfeld voll ist.

2. Numerische oder numerisch-druckaufbereitete Empfangsfelder

    a) Das Sendefeld sollte numerisch oder ein numerisches Literal sein.

    b) Dezimalpunkt bzw. Kommaausrichtung und eventuell notwendiges Auffüllen mit Nullen findet statt, außer wenn die Druckaufbereitung ein Ersetzen der Nullen verlangt.

    c) Wenn das Sendefeld mehr Ziffern links oder rechts vom Dezimalpunkt bzw. Komma hat, als das Empfangsfeld aufnehmen kann, werden die überzähligen Ziffern abgeschnitten. Ist das Sendefeld alphanumerisch, wird es wie eine vorzeichenlose Ganzzahl mit USAGE DISPLAY behandelt. Es sollte nicht mehr als 31 Zeichen lang sein.

    d) Wenn der Datentyp des Sendefeldes vom Datentyp des Empfangsfeldes abweicht (DISPLAY, COMP, COMP-3), wird automatisch in den Datentyp des Empfangsfeldes umgewandelt.

    e) Wenn das Sendefeld irgendwelche nichtnumerischen Zeichen enthält, ist das Ergebnis des Programmlaufs unvorhersehbar. Cobol bricht die Programmausführung mit einem Runtime-Fehler ab.

    f) Ist das Empfangsfeld ein Druckaufbereitungsfeld, erfolgt die entsprechende Druckaufbereitung.

Als *Faustregel* kann gelten:

- *Alphanumerische Datenfelder* dürfen nur zu alphanumerischen Datenfeldern oder Gruppenfeldern übertragen werden.
- *Numerische Datenfelder* dürfen nur zu numerischen Datenfeldern und Druckaufbereitungsfeldern übertragen werden.
- Numerische *Druckaufbereitungsfelder* dürfen nur zu numerischen Datenfeldern übertragen werden.
- *Gruppenfelder* dürfen nur zu Gruppenfeldern oder alphanumerischen Datenfeldern übertragen werden.

In allen anderen Fällen muß der Programmierer das Ergebnis der Übertragung genau analysieren.

Die Druckaufbereitung numerischer Felder erfolgt nur richtig, wenn das Sendefeld numerisch definiert ist. Wird ein Gruppenfeld übertragen, das ausschließlich numerische Datenfelder enthält, wird die Druckaufbereitung falsch, weil Cobol die Daten nach den Regeln für alphanumerische Übertragung überträgt, d.h. Byte für Byte von links nach rechts. Wird ein alphanumerisches Datenfeld oder Gruppenfeld in ein numerisches Datenfeld übertragen, kann dies zu dem Runtime-Error »Non-Numeric Data« führen.

Ab Cobol-85 ist es erlaubt, numerisch druckaufbereitete Datenfelder in numerische Empfangsfelder zu übertragen. Diese Übertragungsart führte bisher zu einem Fehler.

Beispiel:

```
05 DRUCK-MASKE       PIC ZZZ.ZZ9,99- VALUE -1234,56.
05 ZAHL              PIC S9(7)V99 SIGN LEADING SEPARATE.
MOVE DRUCK-MASKE TO ZAHL.
```

Der Inhalt von DRUCK-MASKE wird wieder in eine Zahl umgesetzt (de-editing). Nach Ausführung des Befehls steht in ZAHL »-000123456«. Das Vorzeichen kann je nach Angabe links oder rechts oder als »Überlochung« gespeichert sein. Die Einschränkung, daß druckaufbereitete Felder nicht in arithmetischen Anweisungen als Operanden benutzt werden dürfen, gilt weiterhin.

Beispiele zur MOVE-Anweisung (_ entspricht Leerzeichen):

(DECIMAL-POINT IS COMMA soll angegeben sein):

```
01   E-SATZ.
 05  E-NAME    PIC X(10) VALUE "Meier".
 05  E-BETRAG  PIC S9(5)V99  VALUE -1234,12.
 05  E-ZAHL    PIC S9999 COMP-3 VALUE 1234.
 05  E-WERT    PIC ZZ.ZZ9,99- VALUE ZERO.
01   A-SATZ VALUE SPACE.
 05  A-NAME    PIC X(15).
 05  FELD      PIC X(2)
 05  A-BETRAG  PIC ZZ.ZZ9,99-.
 05            PIC X(2).
 05  A-ZAHL    PIC 99999999.
 05            PIC X(2).
 05  A-WERT    PIC S9(5)V99.
 05  A-TEXT    PIC X(6).

MOVE E-SATZ    TO A-SATZ.
```

Die Anweisung ist zulässig, aber sinnlos. Cobol überträgt den Inhalt von E-SATZ Byte für Byte von links nach rechts in A-SATZ. Es erfolgt keine Druckaufbereitung. Wird A-SATZ ausgegeben, erscheinen unsinnige Werte, da der interne Aufbau der Sätze verschieden ist.

```
MOVE E-NAME    TO A-NAME.
```

Die Anweisung ist richtig. Da E-NAME zehn, A-NAME fünfzehn Byte lang ist, wird A-NAME mit SPACE aufgefüllt.

```
MOVE E-NAME    TO FELD.
```

Die Anweisung ist richtig. Da FELD nur zwei Byte lang ist, werden die überzähligen Bytes abgeschnitten. In FELD steht nach Ausführung des Befehls »Me«.

```
MOVE SPACE TO A-SATZ.
```

Die Anweisung ist richtig. Der Speicherbereich von A-SATZ, der 52 Byte lang ist, wird mit SPACE gelöscht.

```
MOVE E-SATZ     TO A-BETRAG.
```

Die Anweisung ist falsch. Sie führt zu einem Runtime-Error, da im E-SATZ Buchstaben gespeichert sind, die nicht in eine Ausgabemaske für numerische Felder übertragen werden können.

```
MOVE E-BETRAG TO A-BETRAG.
```

Die Anweisung ist richtig. Es erfolgt eine Druckaufbereitung entsprechend der Ausgabemaske. In A-BETRAG steht »_1.234,12-«.

```
MOVE E-ZAHL     TO A-ZAHL.
```

Die Anweisung ist richtig. In A-ZAHL steht »00001234«

```
MOVE E-WERT     TO A-WERT.
```

Die Anweisung ist in MF-Cobol richtig. Die Füllzeichen ».,« werden aus der Ausgabemaske herausgefiltert. A-WERT enthält nach der Befehlsausführung Null.

```
MOVE E-WERT     TO A-TEXT.
```

Die Anweisung ist zulässig, das Ergebnis kann falsch werden. E-WERT wird nach den Regeln für alphanumerische Übertragung von links nach rechts in A-TEXT übertragen, überzählige Bytes werden abgeschnitten. In A-TEXT steht nach Ausführung »_____0«.

```
MOVE SPACE      TO E-SATZ.
MOVE E-ZAHL     TO A-BETRAG.
```

Die Anweisungen sind zulässig, das Ergebnis verwirrt aber die meisten Programmierer. Das Gruppenfeld E-SATZ wird komplett mit SPACE (hex 20) gefüllt. In E-ZAHL steht also auch hex 20. Bei der folgenden Übertragung wird dieser Wert als gepackte Zahl interpretiert und entsprechend der Ausgabemaske aufbereitet. Wird A-ZAHL ausgegeben, erscheint auf dem Drucker oder Bildschirm »20.202,00_«.

Anmerkung: *In einigen Cobol-Versionen führt diese Anweisungskombination zu dem Runtime-Error »Illegal character in numeric field«, da SPACE laut Cobol-Konvention ein nichtnumerisches Zeichen ist.*

Sendefeld		Empfangsfeld		
PICTURE	Inhalt	PICTURE	Inhalt vor MOVE	Inhalt nach MOVE
99V99	1234	S99V99	9876-	1234+
99V99	1234	99V9	987	123
S9V9	12-	99V999	98765	01200
XXX	A2B	XXXXX	Y8Y8E	A2B__
9V99	123	99,99	12,34	01,23

Die MOVE ... CORRESPONDING-Anweisung steht in MF-Cobol zur Verfügung. Sie sollte nicht im Programm verwendet werden, da sie leicht zu Fehlern führt und ältere Compiler-Versionen den Befehl nicht zulassen.

In MF-Cobol steht eine Erweiterung des MOVE-Befehls zur Verfügung, die es erlaubt, Teile eines alphanumerischen Feldes zu übertragen (Teilstringübertragung).

Format:

```
MOVE Datenname-1 (Startposition : Länge) TO Datenname-2
```

Beispiel:

```
MOVE E-SATZ (1 : 5)TO A-SATZ
```

Die ersten 5 Byte aus dem Datenfeld E-SATZ werden in das Datenfeld A-SATZ übertragen. Datenname-1 und Datenname-2 müssen alphanumerisch (PIC X) oder als Gruppenfeld definiert sein. Startposition und Länge können wie im Beispiel als Konstante aber auch als ganzzahlig definierte Variable angegeben werden. Das erste Byte des Datenfeldes hat die Startposition »1«. Startposition und Länge müssen durch den Doppelpunkt getrennt werden. Diese Ergänzung des MOVE-Befehls erspart die aufwendige Neudefinition von Datenfeldern, wenn nur Teile eines Datenfeldes benötigt werden.

Beispiel:

Aus einem Datumsfeld, in dem das Datum im Format JJJJMMTT gespeichert ist, soll der Monat herausgezogen werden.

```
01      US-DATUM     PIC X(8).
01      MONAT        PIC XX.
MOVE US-DATUM (5 : 2)     TO MONAT.
```

Bisher mußte das Feld US-DATUM in der Definition so unterteilt werden, daß der Monat mit einem Datennamen angesprochen werden konnte. Diese Definitionsarbeit kann nun entfallen.

9.2 Die INITIALIZE-Anweisung

Mit dieser Anweisung können Datenfelder und Datengruppen auf einen Anfangswert gesetzt werden. Sie ersetzt mehrere MOVE-Anweisungen.

Format:

```
INITIALIZE Datenname  [REPLACING-Zusatz]
```

Der Anfangswert für numerische Datenfelder ist Null (ZERO), für nichtnumerische Datenfelder das Leerzeichen (SPACE).

Beispiel:

```
01   GRUPPENFELD.
 05  SUMME-1          PIC S9(7)V99.
 05  SUMME-2          PIC S9(5) COMP.
 05  A-WERT           PIC Z.ZZZ.ZZ9,99-.
 05  ZAHL-1           PIC S9(9)V99 COMP-3.
 05  TEXT-A           PIC X(10).
```

Die Anweisung INITIALIZE GRUPPENFELD wirkt wie eine Folge von MOVE-Anweisungen.

```
MOVE ZERO    TO SUMME-1, SUMME-2, A-WERT, ZAHL-1.
MOVE SPACE TO TEXT-A.
```

Mit dem REPLACING-Zusatz können die Anfangswerte SPACE oder ZERO durch andere Werte ersetzt werden, z.B. HIGH-VALUE. Das Format des REPLACING-Zusatzes lautet:

```
REPLACING  ALPHABETIC /
           ALPHANUMERIC /
           NUMERIC /
           ALPHANUMERIC-EDITED /
           NUMERIC-EDITED        DATA BY     Literal / Datenname
```

Beispiel:

```
INITIALIZE GRUPPENFELD REPLACING ALPHANUMERIC BY LOW-VALUE.
```

Das alphanumerische Feld TEXT-A wird mit LOW-VALUE anstelle von SPACE vorbesetzt. Im REPLACING-Zusatz können nur Felder einer der fünf Kategorien ausgewählt werden. Wird ein Datenname hinter BY aufgeführt, muß in diesem Datenfeld der Anfangswert gespeichert sein. Mit dieser Anweisung können viele MOVE-Befehle gespart werden, wenn die Daten bei der Definition geschickt angeordnet werden.

9.3 SET-Anweisung

Die SET-Anweisung kann verwendet werden, um Bedingungsnamen, die auf Stufennummer 88 definiert werden, die Wahrheitswerte TRUE (wahr) oder FALSE (falsch) zuzuweisen.

Format:

```
SET Bedingungsname-1 [Bedingungsname-2 ...] TO TRUE / FALSE
```

Beispiel:

```
01  SCHALTER PIC X VALUE ZERO.
 88 WEITER VALUE "J", "j"
WHEN FALSE "N".
```

Die Anweisung SET WEITER TO TRUE wirkt wie die Anweisung MOVE "J" TO SCHALTER. Die Bedingung IF WEITER ... ist also wahr. Die Anweisung SET WEITER TO FALSE wirkt wie die Anweisung MOVE "N"TO SCHALTER. Die Bedingung IF WEITER ... ist also falsch. Mit Bedingungsnamen und der SET-Anweisung können die aus anderen Sprachen bekannten logischen Variablen simuliert werden. Die Programme sollen dadurch weniger fehleranfällig werden.

Die SET-Anweisung gibt es noch in anderen Formaten, um Adressen von Datenfeldern zu ermitteln und zu speichern und um Indizes in Laufschleifen zu verändern. Diese Formate sollen vorerst vernachlässigt werden.

ÜBUNGEN

Aufgabe 1:

Was steht in den Empfangsfeldern, wenn die folgenden MOVE- Befehle durchgeführt werden (DECIMAL-POINT IS COMMA ist angegeben)?

Sendefelder

```
01   S-FELD.
 05  S-FELD-1        PIC S9(5)V99   VALUE 123,15.
 05  S-FELD-2        PIC S9(6)V999  VALUE 456,789.
 05  S-FELD-3        PIC X(5)       VALUE 'ABCD'.
```

Empfangsfelder

```
01   A-FELD.
 05  A-FELD-X.
  10 A-FELD-1        PIC S9(7).
 05  A-FELD-2        PIC ZZ.ZZZ,99-.
 05  A-FELD-3        PIC X(3).
```

```
a) MOVE S-FELD      TO A-FELD
b) MOVE S-FELD-2    TO A-FELD-2
c) MOVE S-FELD-1    TO A-FELD-1
d) MOVE S-FELD-1    TO S-FELD-2
e) MOVE S-FELD-3    TO A-FELD-X, A-FELD-3
```

Aufgabe 2:

Was steht im Speicher nach den Anweisungen

```
INITIALIZE S-FELD.
INITIALIZE A-FELD REPLACING ALPHANUMERIC BY LOW-VALUE.
```

Speicher

1.

```
|_|_|_|_|_|_|_|_|_|_|_|_|_|_|_|_|_|_|_|_|_|_|_|_|_|_|_|_|_|_|_|_|
|
S-FELD

|_|_|_|_|_|_|_|_|_|_|_|_|_|_|_|_|_|_|_|_|_|_|_|_|_|_|_|_|_|_|_|_|
| |
| 1 Byte
A-FELD
```

LÖSUNGEN

b = Blank entspricht dem Leerzeichen; die Ziffern und Buchstaben werden im Klartext in die Speicherfelder geschrieben.

```
 0 0 1 2 3 1 5 0 0 0 4 5 6 7 8 9 A B C D b
|_|_|_|_|_|_|_|_|_|_|_|_|_|_|_|_|_|_|_|_|_
|
S-FELD
```

a)

```
 0 0 1 2 3 1 5 0 0 0 4 5 6 7 8 9 A B C D
|_|_|_|_|_|_|_|_|_|_|_|_|_|_|_|_|_|_|_|_
|
A-FELD ist ein Byte kürzer als S-FELD; das letzte Byte wird bei der
Übertragung abgeschnitten
```

b)

```
 0 0 1 2 3 1 5 b b b 4 5 6 , 7 8 b B C D
|
A-FELD                  A-FELD-2
```

c)

```
 0 0 0 0 1 2 3 b b b 4 5 6 , 7 8 b B C D
|
A-FELD-1                A-FELD-2
```

d)

```
 0 0 1 2 3 1 5 0 0 0 1 2 3 1 5 0 A B C D b
|
S-FELD-1                S-FELD-2                  S-FELD-3
```

e)

```
 A B C D b b b b b b b 4 5 5 , 7 8 A B C
|
A-FELD-X                A-FELD-2                    A-FELD-3
```

Aufgabe 2:

```
 0 0 0 0 0 0 0 0 0 0 0 0 0 0 0 0 b b b b b
|
S-FELD-1                S-FELD-2                  S-FELD-3
```

```
 0 0 0 0 0 0 0 b b b b b b b b b b . . .
|
A-FELD-1                A-FELD-2                    A-FELD-3
(. = LOW-VALUE bzw. hex 00)
```

Kapitel 10

Testhilfen

10.1 Standardtesthilfen (TRACE, DEBUG)

Zum Testen und zur Fehlersuche können Debug-Befehle in das Quellprogramm eingefügt werden.

Im TRACE-Modus werden die Namen der Paragraphen und SECTIONs in der Reihenfolge ihrer Ausführung auf dem Terminal ausgegeben. Der TRACE kann während der Ausführung gesetzt und zurückgesetzt werden. Voraussetzung für den TRACE-Modus ist das Setzen des /TRACE-Schalters im Übersetzungskommando.

1. Wird in der PROCEDURE DIVISION die READY TRACE-Anweisung angegeben, werden nachfolgend alle SECTION- und Paragraphennamen auf dem Terminal angezeigt, wenn sie durchlaufen werden.

2. Die RESET TRACE-Anweisung beendet die Funktion der READY TRACE-Anweisung.

Mit Hilfe der TRACE-Funktion können logische Fehler im Programmablauf gefunden werden. Die TRACE-Befehle müssen vor der Übersetzung des Programms in die PROCEDURE DIVISION geschrieben werden.

Beispiel:

```
PROCEDURE DIVISION.
STEUER SECTION.
A100.
   MOVE 1    TO FELD-A.
   OPEN INPUT F1-DATEI.
   ...
A200.
   READY TRACE.
   MOVE FA  TO FB.
   IF FC = FD
      GO TO A500.
   ...    ...
A500.
   DISPLAY 'TEXT'.
   CLOSE F1-DATEI.
   RESET TRACE.
   STOP RUN.
```

Die TRACE-Ausgaben sind allerdings sehr schlecht zu lesen, wenn mit formatierten Bildschirmausgaben gearbeitet wird. Die TRACE-Meldungen erscheinen dann wild durcheinander irgendwo auf dem Bildschirm.

Eine zweite Testhilfe ist der EXHIBIT-Befehl. Mit ihm können kritische Datenwerte an bestimmten Stellen des Programms ausgegeben werden.

Format:

```
EXHIBIT NAMED / CHANGED [NAMED]

        Datenname-1 / Datenname-2 / Literal
```

Beispiel:

```
EXHIBIT NAMED FELD-A, FELD-B
EXHIBIT CHANGED »Wertwechsel im B200: », FELD-C
```

Mit dem Befehl wird das Literal und/oder der Datenname im Format

```
Datenname = Wert
```

ausgegeben. Die Anzeige erfolgt an der aktuellen Cursorposition auf dem Terminal. Die Datenfelder müssen alphanumerisch oder mit USAGE DISPLAY beschrieben sein, sonst werden unsinnige Werte angezeigt. Sind mehrere Variablen und Literale im EXHIBIT-Befehl angegeben, werden die Werte hintereinander in der Zeile angezeigt.

Der Zusatz CHANGED bewirkt, daß die Datenfelder nur angezeigt werden, wenn sich ihr Inhalt geändert hat. Ist der Inhalt gegenüber der letzten EXHIBIT-Ausführung gleich geblieben, wird die Anzeige unterdrückt.

Anmerkung: *Das Arbeiten mit den ANSI-Cobol-Testhilfen ist in MF-Cobol nicht zu empfehlen, da die Kontrollwerte immer an der momentanen Cursorposition angezeigt werden und das Programm nicht anhält. Beim Einsatz eines schnellen Zentralprozessors ist es fast unmöglich, die Werte auf dem Bildschirm zu verfolgen.*

10.2 Der ANIMATOR

In MF-Cobol steht ein leistungsstarkes Hilfsprogramm für die interaktive Fehlersuche und Fehlerbeseitigung zur Verfügung. Mit dem ANIMATOR kann die Programmausführung am Bildschirm kontrolliert werden. Der Programmierer kann in die Ausführung eingreifen und Datenfelder und Befehle temporär ändern. Er kann den Bildschirm in der Testphase in Fenster unterteilen. In einem Fenster kann er sich die Befehle anzeigen lassen, die gerade ausgeführt werden. In einem zweiten Fenster kann er die Datendefinitionen kontrollieren. An kritischen Programmstellen können Breakpoints (Haltepunkte) eingebaut werden, damit der Programmierer ganz genau den Programmlauf analysieren kann. Der ANIMATOR unterstützt den Programmierer durch Hilfstexte, die jederzeit auf den Bildschirm gerufen werden können. Der Programmierer muß die gewünschten ANIMATOR-Funktionen in Hilfsmenüs anwählen und aus Vorschlagslisten Parameter für die Steuerung des Ablaufs auswählen. Die Bedienerführung ist so aufgebaut, daß man nach einer kurzen Einarbeitungszeit ohne Handbuch auskommt.

Generell können alle Eingaben in Groß- oder Kleinbuchstaben getätigt werden. Der ANIMATOR setzt alle Eingaben in Großbuchstaben um. Die Eingabe kann an jeder Stelle mit [Esc] abgebrochen werden.

Der ANIMATOR ist nicht nur ein Programm zur Fehlersuche, sondern auch ein ausgezeichnetes Hilfsmittel, um mit der Arbeitsweise eines Computers vertraut zu werden.

10.2.1 Arbeiten mit dem ANIMATOR

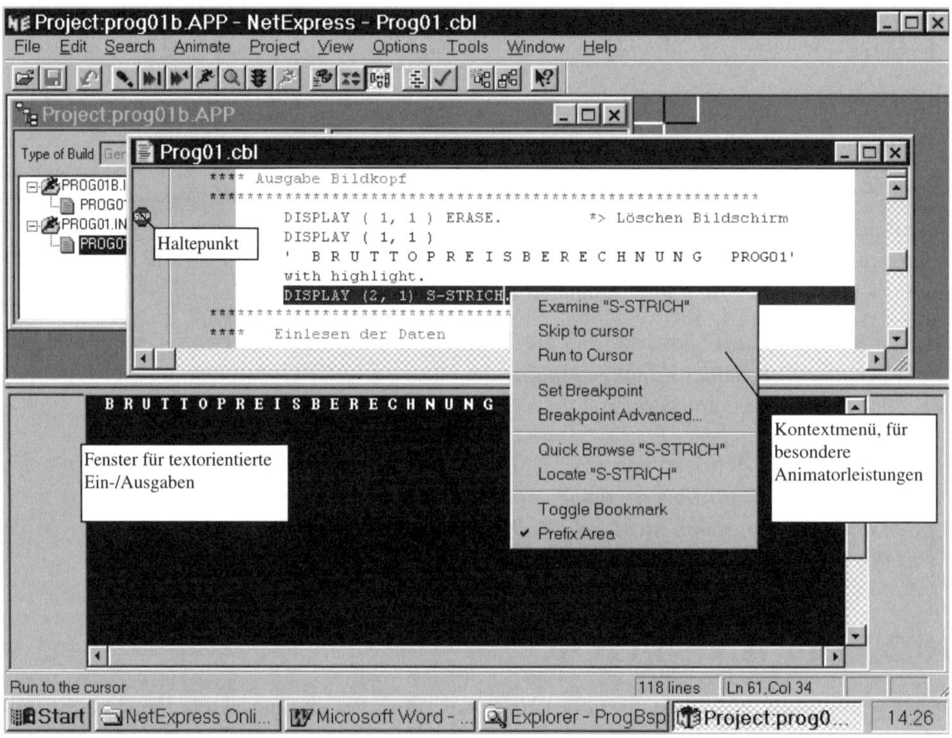

Bild 10.1: Animator-Bildschirm

Im Übersetzungskommando muß der Schalter »/ANIM« gesetzt sein, damit die Hilfsdateien »INT« und »IDY« erstellt werden, die Zusatzinformationen für die Fehlersuche enthalten. Soll z.B. das Programm PROG01.CBL übersetzt werden, dann wählen Sie im Projekt Fenster *Type of Build* <Generic Debug Build> und markieren die .CBL-Datei. Klicken Sie dann auf <Project> / <Compile> oder <Rebuild>. NetExpress setzt automatisch den Schalter / ANIM.

Der Compiler erzeugt die Datei »PROG01.INT«, die der ANIMATOR ausführen kann, und weitere Hilfsdateien, um den Programmlauf anzeigen zu können. Selbstverständlich können alle zulässigen Schalter zusätzlich gesetzt werden. Sie brauchen das LINK-Programm nicht auszuführen, da im ANIMATOR alle Bausteine der Cobol-Bibliothek enthalten sind.

Nach dem Starten des Programms über <Animate> / <Step> erscheinen die ersten Befehlszeilen des Programms auf dem Bildschirm. Die Programmzeile, welche zur Ausführung kommen soll, in der Regel die erste Befehlszeile hinter »PROCEDURE DIVISION«, wird hervorgehoben.

Der Bildschirm ist in mehrere Bereiche aufgeteilt. Im oberen Bereich steht der Programmtext. Darunter steht der Bereich für die textorientierten Ein- und Ausgaben mit ACCEPT und DISPLAY. Diesen Bereich können Sie vergrößern, indem Sie den Mauscursor auf die horizontale Trennlinie der Bereiche setzen und mit gedrückter linker Maustaste die Linie verschieben. Vergrößern Sie den Bereich für die textorientierten Programmbeispiele dieses Buches auf ¾ des Bildschirms, damit Sie alle Ein-/Ausgabefelder bearbeiten könne. NetExpress 3 eröffnet automatisch ein separates Textfenster, in dem die textorientierten Ausgaben noch besser zu sehen sind.

Aus dem Animator-Menü oder dem Kontextmenü, das eröffnet wird, wenn Sie die rechte Maustaste betätigen, können Sie die ANIMATE-Dienste durch Anklicken aufrufen. In einem Dialogfeld zeigt ANIMATE dem Programmierer entweder das Ergebnis oder fordert ihn zur Eingabe von weiteren Parametern auf oder gibt eine Fehlermeldung aus, wenn der Bediener unzulässige Werte eingibt.

Folgende Symbole in der Werkzeugleiste sind beim Testen nützlich:

Symbol (Ikon)	Erläuterung
	Rebuild; alle Programmdateien und Copy-Dateien im Projekt, die verändert wurden, werden aktualisiert und übersetzt.
	Step; schrittweises Ausführen des Programms. Beim Anklicken wird der nächste Befehl ausgeführt.
	Run; das Programm wird mit voller Geschwindigkeit ausgeführt, bis es an einen Haltepunkt oder das Programmende kommt

10.2.2 Setzen und Löschen von Breakpoints

Bevor Sie das Programm über »RUN« starten, ist es sinnvoll, Haltepunkte (Breakpoints) zu setzen, damit Sie das Programm an diesen Stellen genauer untersuchen können. Breakpoints können nur in Cobol-Befehlszeilen gesetzt werden, nicht in Zeilen, die ausschließlich Prozedurnamen oder Kommentare enthalten. Positionieren Sie den Cursor in die entsprechende Programmzeile und wählen Sie <Animate> / <Breakpoint> / <Toggle Set/Unset Breakpoint> oder klicken Sie auf das Symbol *Toggle Breakpoint* in der Werkzeugleiste. Mit diesem Wechselschalter können Sie den Breakpoint auch wieder entfernen.

2. Breakpoint beim Eintritt einer Bedingung

Positionieren Sie den Cursor in die entsprechende Programmzeile und wählen Sie <Animate> / <Breakpoint> / <Set Advanced...>/ <Conditional>.und geben Sie in dem Dialogfeld die Bedingung in der Cobol-Syntax ein, z.B. ZAEHLER > 10. Jedesmal, wenn die Befehlszeile ausgeführt wird, in der die Bedingung steht, prüft der ANIMATOR, ob die Bedingung zutrifft. Ist die Bedingung nicht erfüllt, ignoriert der ANIMATOR den Unterbrechungspunkt. Ist die Bedingung erfüllt, hält das Programm an, und der Bediener kann weitere Maßnahmen ergreifen.

Es bestehen noch weitere Möglichkeiten für das Setzen der Haltepunkte, die hier aber vernachlässigt werden sollen.

Die Breakpoints können mit <Animate> / <Breakpoint> / <Show All...> kontrolliert werden. Mit den Menübefehlen <Animate> / <Breakpoint> / <Clear All> können Sie die Haltepunkte entfernen.

Die Haltepunkte werden gespeichert, so daß Sie bei der nächsten Arbeitssitzung wieder die gleichen Einstellungen wie beim Beenden der Arbeit vorfinden.

10.2.3 Ausführen und Beenden des Programms

In der Menüzeile ist <Animate> / <Start Animating> bzw. <Step> für schrittweises Ausführen oder <Run> für schnelles Ausführen bis zu einem Breakpoint zu wählen. Die Cobol-Befehlszeile, die gerade ausgeführt wird, wird auf dem Bildschirm im Programmtext hell leuchtend hervorgehoben. Dadurch kann der Programmierer genau verfolgen, in welcher Folge die Anweisungen durchlaufen werden. Die Ausführung kann jederzeit mit der [Esc]-Taste angehalten werden. Die Programmausführung wird beendet, wenn der STOP RUN-Befehl ausgeführt wird. Bei einem Halt des Programms können Sie die Ausführung über die Menübefehle <Animate> / <Stop Animating> abbrechen. Der Animator schließt alle Dateien ordnungsgemäß ab, so daß Sie nach der Programmkorrektur wieder sicher weiterarbeiten können.

10.2.4 Ausgabe und Verändern von Variablen

Wenn das Programm stoppt, können Sie den Inhalt der Datenfelder des Programms kontrollieren und ändern. Setzen Sie am einfachsten den Cursor auf die Variable, betätigen Sie die rechte Maustaste und wählen Sie im Kontextmenü <Examine *DatenName*>. Der Inhalt der Variablen wird in einem Fenster angezeigt. Über verschiedene, selbsterklärende Schaltflächen können Sie die Art der Darstellung verändern und über <Change> den Wert modifizieren.

ÜBUNGEN

Aufgabe 1:

Übersetzen Sie das Programm PROG01, damit es unter Kontrolle des ANIMATORS ausgeführt werden kann.

Aufgabe 2:

Starten Sie das Programm mit dem ANIMATOR.

Aufgabe 3:

Setzen Sie Breakpoints in den Zeilen

```
COMPUTE S-NETTO = E-MENGE * E-PREIS
IF S-WEITER = "N"
```

Aufgabe 4:

Führen Sie das Programm schrittweise aus. Schauen Sie sich am Breakpoint den Inhalt der Variablen E-MENGE, E-PREIS, E-MWST, S-NETTO, S-MWST, S-BRUTTO, A-NETTO usw. hexadezimal an. Verändern Sie die Werte in A-NETTO, A-BRUTTO in beliebige Werte.

Führen Sie das Programm bis zur nächsten IF-Anweisung aus.

Kontrollieren Sie an der Unterbrechung den Inhalt von S-WEITER, und verändern Sie ihn in »X«.

Kapitel 11

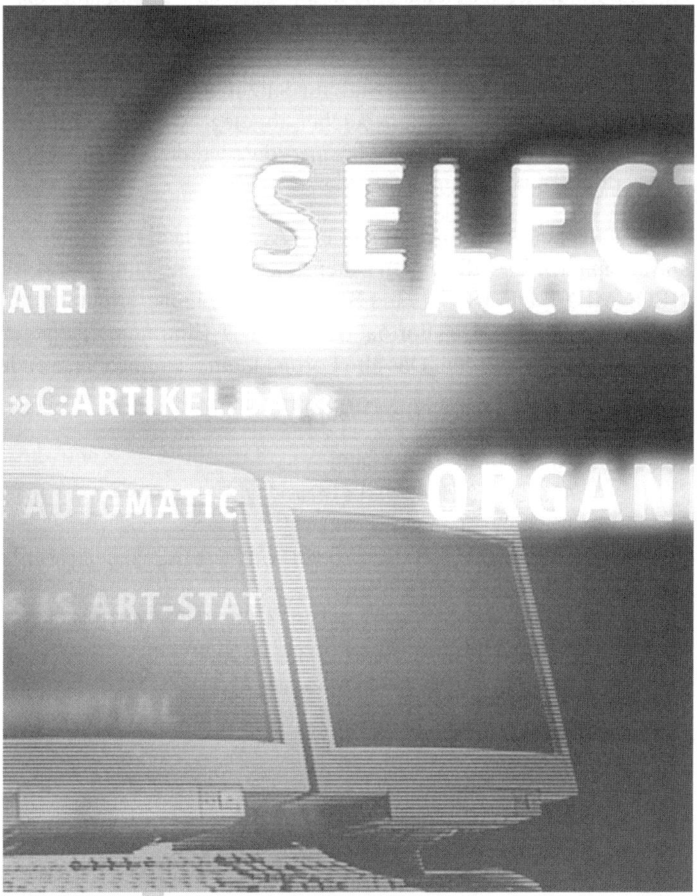

Sequentielle Dateien und der Drucker in MF-Cobol

11.1 Allgemeine Verarbeitungsregeln

Sequentielle Dateien können erstellt und gelesen werden, einzelne Datensätze können verändert werden, sie können aber nicht physisch aus der Datei entfernt werden. Eine bestehende Datei kann erweitert, d.h. es können Sätze an die Datei angehängt werden. Eine sequentielle Datei kann nur von Anfang an Satz für Satz in der Reihenfolge verarbeitet werden, in der die Sätze auf dem externen Datenspeicher abgelegt wurden. Wird eine andere Reihenfolge verlangt, müssen die Sätze physisch umsortiert werden. Dazu steht in Cobol ein Sortierbefehl zur Verfügung, der später besprochen wird.

Der Drucker kann wie eine sequentielle Ausgabedatei behandelt werden. Cobol sendet immer eine komplette Zeile, die einem Datensatz entspricht, zum Drucker. Jede Datei muß in der ENVIRONMENT DIVISION eine SELECT-Eintragung erhalten und in der DATA DIVISION beschrieben werden. Das Format der SELECT-Eintragung ist gegenüber der alten Cobol-74-Version erweitert worden. Das alte Format kann aber noch verwendet werden.

Format für Plattendateien (vereinfacht):

```
SELECT [OPTIONAL] Dateiname
       ASSIGN TO "DOS-Dateiname" / Datenname-1
       [RESERVE Ganzzahl AREAS]
       [ORGANIZATION IS SEQUENTIAL / LINE SEQUENTIAL]
       [ACCESS SEQUENTIAL]
       [LOCK MODE IS EXCLUSIVE / MANUAL / AUTOMATIC]
       [WITH LOCK ON [MULTIPLE] RECORDS]
       [FILE STATUS IS Datenname-2].
```

Format für eine Druckdatei:

```
SELECT Dateiname
       ASSIGN TO PRINTER
       [FILE STATUS IS Datenname-2].
```

Beispiel:

```
SELECT  KUNDEN-DATEI
        ASSIGN TO "C:KUNDEN.DAT"
        FILE STATUS IS KU-STAT.
SELECT  AUSGABE ASSIGN TO PRINTER STATUS IS DRU-STAT.
```

Die SELECT-Eintragung wird durch einen Punkt beendet. Zwischen den einzelnen Angaben darf kein Punkt stehen. Die Reihenfolge der Angaben ist willkürlich.

Der *Dateiname* wird nach den Regeln der Cobol-Sprache gebildet. Es ist ein Arbeitsname für die Datei im Programm. Der Name der Datei auf dem Externspeicher (DIRECTORY-Eintrag) wird mit der ASSIGN-Klausel angegeben. Der Name kann mit einer Laufwerks- und Pfadangabe ergänzt werden. Fehlt die Laufwerksangabe, wird die Datei auf dem Standardlaufwerk gesucht. Durch diese Technik kann das Programm leicht an andere Betriebssysteme und Anlagenkonfigurationen angepaßt werden. Druckausgaben werden dem PRINTER zugeordnet. PRINTER ist die Cobol-Bezeichnung für das Standardausgabegerät PRN oder LPT1.

Der File-Name kann direkt als Literal in Anführungsstrichen oder als *Datenname* angegeben werden. Datenname-1 muß in der DATA DIVISION definiert werden. Zur Ausführungszeit des Programms muß in diesem Datenfeld dann der File-Name (DIRECTORY-Eintrag) zur Verfügung stehen.

Der OPTIONAL-Zusatz bewirkt, daß kein Fehler auftritt, wenn die Datei bei der Verarbeitung nicht auf dem Externspeicher vorhanden ist, sondern EOF (End Of File) für die Datei angezeigt wird.

Die RESERVE-Eintragung gibt die Anzahl der Ein-/Ausgabepuffer an, die der Datei zugeordnet sind. Diese Eintragung wird wie ein Kommentar behandelt, da die Pufferung vom Betriebssystem vorgenommen wird.

Die ORGANIZATION-Eintragung gibt die Speicherungsform der Datei an. Wird sie weggelassen, wird SEQUENTIAL unterstellt. Für sequentielle Dateien gibt es in Cobol zwei verschiedene Speicherungsformen auf der Platte, SEQUENTIAL und LINE SEQUENTIAL. Beide Formen arbeiten mit einer variablen Satzlänge in der Datei. Bei SEQUENTIAL wird in den ersten beiden Bytes aller Sätze der Datei vom Betriebssystem automatisch die Satzlänge gespeichert, dahinter steht der Satzinhalt. Bei LINE SEQUENTIAL wird jeder Satz durch ein Carriage Return/Line Feed-Endezeichen, das vom Betriebssystem automatisch gesetzt wird, beendet. Die Satzlängenangabe fehlt also. Bei der LINE SEQUENTIAL-Speicherung darf das COMP- oder COMP-3-Speicherformat nicht verwendet werden, weil solche Datenfelder die gleichen Bitkombinationen enthalten können wie Carriage Return/Line Feed. Dadurch können beim sequentiellen Lesen der Datei Fehler auftreten. Die LINE SEQUENTIAL-Speicherung kann für den Datenaustausch mit MS-Excel oder Textsystemen eingesetzt werden.

In beiden Speicherungsformen wird der freie Platz im letzten physikalischen Block mit [Strg]-[Z]-Zeichen aufgefüllt, um das Dateiende anzuzeigen. Alle Sätze werden lückenlos hintereinander in der Datei gespeichert. Sie gehen über die physikalischen Blockgrenzen hinweg.

Die ACCESS-Eintragung gibt die Verarbeitungsart an. Die Eintragung hat nur dokumentarischen Charakter, da sequentielle Dateien nur sequentiell verarbeitet werden können.

Mit dem LOCK-Zusatz kann die Datei in Mehrbenutzersystemen für andere Programme gesperrt werden. Das Cobol-Runtime-System (RTS) unterstützt serienmäßig den Mehrbenutzerbetrieb. LOCK MODE EXCLUSIVE reserviert die gesamte Datei ausschließlich für das Programm. Dies ist die Standardeinstellung. Sequentielle Dateien, die im OUTPUT-Modus eröffnet werden, sind automatisch exklusiv für das Programm reserviert. LOCK MODE IS AUTOMATIC bzw. MANUAL erlaubt, daß mehrere Benutzer gleichzeitig auf die Datei zugreifen. Die Datei muß im INPUT- oder I-O-Modus eröffnet werden. AUTOMATIC sperrt nur den gerade gelesenen Satz und gibt ihn beim Lesen des nächsten Satzes wieder frei. Bei LOCK MODE MANUAL muß der Programmierer beim READ-Befehl explizit mit LOCK den Satz sperren. LOCK ON MULTIPLE RECORDS erlaubt das Sperren mehrerer Sätze. Sie müssen im Programm explizit wieder mit UNLOCK bzw. COMMIT freigegeben werden. Ohne diesen Zusatz kann Cobol nur einen Satz sperren.

Wird die Direktive /WRITELOCK im Übersetzungskommando gesetzt, sperrt Cobol auch die Sätze, die mit WRITE oder REWRITE in die Datei geschrieben werden, bis im Programm ein UNLOCK- oder COMMIT-Befehl ausgeführt oder die Datei geschlossen wird. LINE SEQUENTIAL-Dateien werden immer exklusiv für das Programm reserviert. Der LOCK-Zusatz hat nur dokumentarischen Wert.

Im wahlweise anzugebenden FILE STATUS-Feld wird nach jeder Ein-/Ausgabeoperation vom Betriebssystem hinterlegt, wie die Operation abgelaufen ist. Der Datenname-2 muß in der WORKING-STORAGE SECTION des Programms als zwei Byte langes Datenfeld beschrieben werden. Der Inhalt des Feldes sollte nach jeder Ein-/Ausgabeoperation abgefragt werden. Das linke Byte des FILE STATUS, STATUS KEY 1, zeigt die Fehlergruppe an. Das rechte Byte, STATUS KEY 2, spezifiziert die Fehlerursache genauer. Beim STATUS KEY 1 sind gemäß ANSI-Norm folgende Werte zulässig:

```
0    erfolgreiche Durchführung der Eingabe-/Ausgabeoperation
1    Dateiende (AT END)
2    falscher Schlüssel (INVALID KEY)
3    dauernder Fehler, z.B. Datei nicht vorhanden
4    logischer Fehler, z.B. OPEN für eine bereits eröffnete Datei
9    Runtime-Fehler, der im zweiten Byte genauer spezifiziert
     wird.
```

In der Fehlergruppe »0« bis »4« sind die zulässigen Werte im zweiten Byte in der ANSI-Norm festgelegt. In der Gruppe »9« kann der Compiler-Entwickler eigene Werte bestimmen. Micro Focus liefert bei »9« im ersten Byte des FILE STATUS, im zweiten Byte eine Dualzahl zwischen 0 und 255, die den Fehler genauer spezifiziert. Wollen Sie in diesem Fall den Fehler genau erkunden, können Sie den FILE STATUS folgendermaßen definieren:

```
05   F-FILE-STAT.
 10  F-FILE-STAT-1  PIC X.
 10  F-FILE-STAT-2.
  15 F-FILE-STAT-X       PIC X COMP-X.
```

oder

```
  15 F-FILE-STAT-X       PIC 99 COMP-X.
```

COMP-X ist eine spezielle MF-Cobol-Speicherungsform für Dualzahlen. Sie belegt bei der o.a. Definition genau ein Byte. Soll der FILE STATUS zur Kontrolle angezeigt werden, muß eine Ausgabemaske definiert werden, da in COMP-X-Feldern nichtdruckbare Bitkombinationen stehen können. Das Ausgabefeld kann definiert werden:

```
05  A-STAT.
 10  A-STAT-1          PIC X.
 10  FILLER            PIC X VALUE "-".
 10  A-STAT-2          PIC 999.
```

Vor der Ausgabe müssen F-FILE-STAT-1 und F-FILE-STAT-X in A-STAT-1 und A-STAT-2 übertragen werden, damit die FILE STATUS-Werte lesbar angezeigt werden. Die folgende Übersicht zeigt häufige FILE STATUS-Werte. Eine komplette Aufstellung ist dem Cobol-Handbuch oder der On-Line-Hilfe zu entnehmen.

FILE STATUS	Bedeutung
0-0	E/A-Operation OK.
0-4	E/A-Operation durchgeführt, aber die Satzlänge stimmt nicht mit der Definition überein.
0-5	Eine mit dem OPTIONAL-Zusatz beschriebene Datei ist beim OPEN nicht vorhanden. Dateizeiger wird auf EOF gesetzt.
1-0	EOF (Dateiende)
3-0	Permanenter Fehler und keine weitere Information kann geliefert werden.
3-4	Plattenspeicher voll.
3-5	Datei nicht vorhanden beim OPEN INPUT, I-O oder EXTEND und der OPTIONAL-Zusatz fehlte im SELECT-Eintrag.
3-7	OPEN-Fehler; die Datei kann nicht im gewünschten Modus verarbeitet werden, weil z.B. Datei-Schutz-Attribute die Verarbeitung nicht zulassen.
3-8	OPEN-Fehler; die Datei wurde vorher mit CLOSE WITH LOCK geschlossen.
3-9	OPEN-Fehler; die Dateiattribute im Programm stimmen nicht mit den Attributen auf dem Externspeicher überein.
4-1	OPEN für eine bereits geöffnete Datei.
4-2	CLOSE für eine nichtgeöffnete Datei.
4-3	Der einem DELETE oder REWRITE vorausgehende READ-Befehl wurde nicht erfolgreich durchgeführt.
4-4	Bereichsverletzung, z.B. die Satzlänge bei variabler Satzlänge überschreitet bzw. unterschreitet die maximale bzw. minimale Satzlänge.
4-5	Die Satzlänge des zurückgeschriebenen Satzes stimmt nicht mit der Satzlänge des vorher gelesenen Satzes überein, bzw. bei LINE SEQUENTIAL-Dateien ist der Satz länger als der gelesene Satz. Sätze von LINE SEQUENTIAL-Dateien können ab Cobol 5.0 beim REWRITE verkürzt werden.
4-6	Satz kann nicht gelesen werden, z.B. ein READ-Befehl im Programm, nachdem Dateiende erreicht ist.
4-7	READ-Befehl, obwohl die Datei nicht im INPUT- oder I-O-Modus-eröffnet wurde.
4-8	WRITE-Befehl, obwohl die Datei nicht im OUTPUT-, EXTEND- oder I-O-Modus eröffnet wurde.
4-9	DELETE oder REWRITE, obwohl die Datei nicht mit I-O eröffnet wurde.

```
------------------------------------------------------------------------------
FILE STATUS   Bedeutung
------------------------------------------------------------------------------
  9-001       Speicherplatz für Ein-/Ausgabepuffer nicht ausreichend.
  9-002       Zugriffsversuch auf eine Datei ohne OPEN.
  9-004       Falscher Dateiname, er enthält unzulässige Zeichen.
  9-005       Die angesprochene Einheit steht nicht zur Verfügung.
  9-006       WRITE für eine INPUT-Datei.
  9-007       Platte voll.
  9-008       READ-Befehl für eine OUTPUT-Datei.
  9-009       Directory voll.
  9-010       Externer Dateiname fehlt beim OPEN.
  9-012       OPEN für eine bereits geöffnete Datei.
  9-013       Datei nicht gefunden.
  9-014       Zu viele Dateien geöffnet.
  9-039       Datei nicht kompatibel. Die Datei wurde mit einer alten
              Cobol-Version erstellt. Die Datei muß erst umgesetzt werden.
  9-065       Datei gesperrt in Mehrbenutzersystemen (LOCKED).
  9-068       Satz gesperrt.
------------------------------------------------------------------------------
```

Beim Drucker kann mit Hilfe des FILE STATUS überprüft werden, ob er betriebsbereit ist. Da der Drucker in Cobol wie eine Datei behandelt wird, ist die indirekte Druckausgabe in eine SPOOL-Datei leicht zu realisieren.

Die *FD-Eintragung* (File Description = Dateibeschreibung) in der FILE SECTION ergänzt die SELECT-Angaben. Die FD-Eintragung ist in Cobol-85 vereinfacht worden. Die Angaben der alten Norm sind aber noch zulässig. In MF-Cobol kommen Sie mit folgenden Angaben aus:

```
FD  Dateiname
[BLOCK CONTAINS Ganzzahl RECORDS / CHARACTERS]
    [RECORD CONTAINS Ganzzahl-1 TO Ganzzahl-2 CHARACTERS].
01   Datensatzname              PIC X(..).
oder
01   Datensatzname.
  05 Datenname-1                PIC X(..).
  05 Datenname-2                PIC X(..).
```

usw.

Beispiel:

```
FD   KUNDEN-DATEI.
01   KUNDEN-SATZ.
 05  KUNDEN-NR       PIC X(4).
 05  KUNDEN-NAME     PIC X(20).
 05  KUNDEN-ANSCHRIFT.
```

usw.

```
FD   AUSGAGE.
01   DRUCK-ZEILE     PIC X(80).
```

Der *Dateiname* in der File Description muß mit dem Dateinamen in der SELECT-Eintragung identisch sein.

Die wahlweise anzugebende BLOCK CONTAINS-Eintragung gibt den Blockungsfaktor oder die Blocklänge der Datei an. Die BLOCK-Eintragung darf nur bei Platten- und Banddateien geschrieben werden. In MF-Cobol hat sie nur dokumentarischen Wert, da der Datenaustausch zwischen Plattendateien und dem Arbeitsspeicher automatisch vom Betriebssystem optimiert wird.

Die Blockgröße wird normalerweise durch die Anzahl der Sätze (Ganzzahl-RECORDS) angegeben. Die Anzahl der Zeichen (CHARACTERS) wird angegeben, wenn mit Sätzen variabler Länge gearbeitet wird. Ganzzahl-CHARACTERS gibt die Länge des längsten Blocks an.

VALUE OF FILE ID, BLOCK CONTAINS und LABEL RECORD können ab Cobol-85 entfallen. Diese Sprachelemente gelten als veraltet und werden demnächst nicht mehr unterstützt.

Die RECORD CONTAINS-Eintragung gibt die Länge des (der) Datensatzes (Datensätze) einer Datei an. Die Angabe hat nur dokumentarischen Wert, da der Compiler die Satzlänge aus der Datensatzbeschreibung errechnet, die auf der Stufennummer 01 der FD-Eintragung folgen muß. Bei variabler Satzlänge in einer Datei gibt Ganzzahl-1 die Länge des kürzesten und Ganzzahl-2 die Länge des längsten Satzes in der Datei an. Für die Verarbeitung von Sätzen variabler Länge müssen im Programm besondere Vorkehrungen getroffen werden, die hier nicht besprochen werden sollen. Wird RECORD CONTAINS angegeben, prüft der Compiler bei der Übersetzung, ob die Satzlängen stimmen, und gibt bei Differenzen eine Warnung aus.

Die FD-Eintragung wird mit einem Punkt beendet.

Mit der Stufennummer 01 wird die Satzbeschreibung der Datei eingeleitet. Es kann entweder die Länge des Satzes angegeben oder der Aufbau des Satzes beschrieben werden. Im ersten Fall muß die Satzbeschreibung dann in der WORKING-STORAGE oder LINKAGE SECTION erfolgen, im zweiten Fall errechnet sich der Compiler die Satzlänge aus den Einzelangaben. Auf Grund dieser Angaben wird der Ein-/Ausgabepuffer angelegt.

Stehen in einer Datei Sätze mit verschiedenen Satzaufbauten, sind die Sätze jeweils mit einer neuen Stufennummer 01 zu beschreiben.

Es empfiehlt sich, Sätze von Eingabedateien in der FILE SECTION, den Aufbau der Ausgabesätze in der WORKING-STORAGE SECTION zu beschreiben.

Beispiel:

```
ENVIRONMENT DIVISION.
  .....
INPUT-OUTPUT SECTION.
      SELECT F2-SEQ-DATEI
             ASSIGN TO F2-FILE-NAME
             FILE STATUS IS F2-STAT
             ORGANIZATION SEQUENTIAL.
      SELECT A-DRUCK-DATEI
             ASSIGN TO PRINTER.
DATA DIVISION.
FILE SECTION.
 FD   F2-SEQ-DATEI
     RECORD CONTAINS 100 CHARACTERS.
01   F2-SEQ-SATZ          PIC X(100).
```

Die Satzbeschreibung kann an dieser Stelle erfolgen. In diesem Bereich wird der Datensatz dem Programm nach einem READ-Befehl zur Verfügung gestellt. Vor einem WRITE-Befehl müssen die Ausgabedaten in diesen Bereich übertragen werden.

```
FD   A-DRUCK-DATEI.
01   A-DRUCK-SATZ         PIC X(80).
WORKING-STORAGE SECTION.
01   HILFSFELDER.
 05  F2-STAT         PIC XX.
 05  A-VORSCHUB      PIC 99.
 05  F2-FILE-NAME    PIC X(14) VALUE "C:SEQ_FILE.DAT".
```

Zusatzangaben für den Drucker

Anmerkung: *Der Drucker wird in Cobol im Textmodus angesteuert. Sie können daher nicht wie in modernen Systemen Schriftart und Größe und Farbe einstellen. Dazu benötigen Sie Zusatzprogramme.*

Für die Steuerung des Papiervorschubs beim Drucken von Listen können in der FD-Eintragung des Druckers Zusatzangaben gemacht werden. Von dieser Möglichkeit wird in der Praxis jedoch selten Gebrauch gemacht, da die Angaben bei den einzelnen Compilern unterschiedlich sind.

In MF-Cobol kann für den Drucker angegeben werden:

```
FD   Dateiname
     LINAGE IS Datenname-1 / Ganzzahl-1 LINES
     [WITH FOOTING AT Datenname-2 / Ganzzahl-2]
     [LINES AT TOP Datenname-3 / Ganzzahl-3]
     [LINES AT BOTTOM Datenname-4 / Ganzzahl-4 ]
```

Beispiel:

```
FD   A-DRUCK-DATEI
     LINAGE IS 40 LINES
     FOOTING AT 35
     LINES AT TOP 4
     BOTTOM 3.
```

In den Parametern der LINAGE-Eintragung wird angegeben, wie viele Zeilen auf eine Seite geschrieben werden sollen und wie viele Zeilen im Listenkopf und im Listenfuß stehen.

Alle Datennamen müssen ganzzahlig und vorzeichenlos beschrieben werden (z.B. PIC 99). Ganzzahl-1 muß größer Null sein, und Ganzzahl-2 muß kleiner als Ganzzahl-1 sein.

Der Wert bei LINAGE gibt an, wie viele Zeilen in den sogenannten Seitenrumpf geschrieben werden sollen. Der Seitenrumpf umfaßt die Zeilen zwischen dem Listenkopf und dem Listenfuß; in ihm werden normalerweise die Datenzeilen ausgegeben.

Die gesamte Zeilenzahl je Seite ergibt sich aus der Summe der Werte in den einzelnen Angaben, ausgenommen die FOOTING-Angabe. Wenn die TOP- und BOTTOM-Angabe fehlt, wird ihr Wert mit Null angenommen.

Der Listenfuß umfaßt den Teil der Seite zwischen der Zeile, die über FOOTING vorgegeben wird, und der gesamten Zeilenzahl je Seite.

Wird mit der LINAGE-Eintragung gearbeitet, erzeugt der Compiler automatisch ein LINAGE-COUNTER-Feld, mit dem die Anzahl der geschriebenen Zeilen je Seite gezählt wird. Dieses Feld kann in der PROCEDURE DIVISION abgefragt, aber nicht verändert werden. Es wird automatisch beim WRITE-Befehl nach folgenden Regeln verändert:

1. Wenn »ADVANCING PAGE« beim WRITE-Befehl angegeben ist oder eine »Seitenüberlauf«-Bedingung eintritt (siehe WRITE-Befehl), wird der LINAGE-COUNTER auf eins zurückgesetzt.

2. Wenn »ADVANCING-Ganzzahl oder Datenname« beim WRITE-Befehl angegeben ist, wird der LINAGE-COUNTER um den entsprechenden Wert erhöht.

3. Wenn der ADVANCING-Zusatz beim WRITE-Befehl fehlt, wird der LINAGE COUNTER um eins erhöht.

Bei der Behandlung des WRITE-Befehls wird nochmal auf die LINAGE-Angabe eingegangen.

In MF-Cobol kann zusätzlich der REPORT WRITER für die Erzeugung von Berichten und Listen eingesetzt werden. In der REPORT SECTION der DATA DIVISION können die Listenüberschriften, die Einzelzeilen des Berichtes und Summenzeilen deklariert werden. Da für die Handhabung des REPORT WRITERS sehr viele neue Sprachelemente erlernt werden müssen, wird aus didaktischen Gründen auf die umfangreiche Beschreibung verzichtet.

Die modernen Drucker verfügen über mehrere Schriftarten und besondere Druckeffekte. Da in Cobol keine speziellen Befehle für die Steuerung des Druckers zur Verfügung stehen, muß ein Trick angewendet werden, um die Leistungen der Drucker zu nutzen. Die Steuerzeichen, die sog. Escape-Code-Sequenzen, werden in der WORKING-STORAGE SECTION hexadezimal definiert. Die erforderlichen Codes sind den Druckerhandbüchern zu entnehmen.

Beispiel:

```
WORKING-STORAGE SECTION.
** Drucksteuerzeichen für HX-Superstar (hexadezimal)
78   ESCAPE-SCHLUESSEL   VALUE X"1B".
78   BREIT-EIN           VALUE X"1B5701".
78   BREIT-AUS           VALUE X"1B5700".
78   SCHMAL-EIN          VALUE X"1B0F".
78   SCHMAL-AUS          VALUE X"12".
78   FETT-EIN            VALUE X"1B47".
78   FETT-AUS            VALUE X"1B48".
```

usw.

```
01   UEBERSCHRIFT.
 05  PIC X(2) VALUE FETT-EIN.
 05  PIC X(3) VALUE BREIT-EIN.
 05  PIC X(40) VALUE "   *** Ladenhüterliste ***   ".
 05  PIC X(3) VALUE BREIT-AUS.
 05  PIC X(2) VALUE FETT-AUS.
```

UEBERSCHRIFT wird auf dem Drucker in breiter, fetter Schrift ausgegeben.

11.2 Verarbeitungsbefehle für sequentielle Dateien

Sequentielle Dateien können erzeugt und erweitert werden. Einzelne Datensätze können gelesen, verändert und wieder in die Datei zurückgeschrieben werden. Die folgende Zusammenstellung gibt einen Überblick über die Befehle.

OPEN	Die Datei wird auf der Platte gesucht und für die Verarbeitung vorbereitet. Die Anweisung muß vor dem ersten Lese- oder Schreibbefehl durchgeführt werden.
CLOSE	Die Bearbeitung der Datei wird beendet. Nach Ausführung dieses Befehls kann die Datei im Programm nicht mehr bearbeitet werden, es sei denn, sie wird wieder eröffnet.
READ	Ein Datensatz wird gelesen und dem Programm im Eingabebereich der Datei zur Verfügung gestellt. Ein folgender READ-Befehl liest den nächsten Satz usw.
WRITE	Ein Datensatz wird ans Ende der Datei angefügt.

REWRITE	Ein mit einem READ-Befehl gelesener Datensatz wird wieder an die gleiche Stelle in die Datei zurückgeschrieben.
DELETE FILE	Die Datei wird auf dem Externspeicher gelöscht.

11.2.1 OPEN-Befehl

Der OPEN-Befehl muß vor dem ersten Schreib- oder Lesebefehl für eine Datei ausgeführt werden.

Format:

```
OPEN INPUT / I-O / OUTPUT / EXTEND  Dateiname
     [WITH LOCK]
```

Beispiel:

```
OPEN INPUT F2-SEQ-DATEI.
OPEN OUTPUT A-DRUCK-DATEI.
OPEN I-O F3-DATEI, F4-DATEI  F5-DATEI
     EXTEND F6-DATEI.
```

OPEN INPUT eröffnet eine Datei als Eingabedatei. Die Sätze können nur gelesen werden. Die Datei muß vorhanden sein, es sei denn, der OPTIONAL-Zusatz ist in der SELECT-Eintragung angegeben. In diesem Fall wird kein Runtime-Fehler gemeldet, sondern der Satzzeiger wird auf das Dateiende gesetzt, so daß beim READ die AT END-Bedingung eintritt.

OPEN OUTPUT eröffnet eine Ausgabedatei. Datensätze können nur mit WRITE in die Datei geschrieben werden. Existiert auf der Platte eine Datei mit gleichem Namen, wird sie bei Ausführung des OPEN OUTPUT-Befehls überschrieben! Der Inhalt ist also verloren.

Der OPEN I-O-Befehl ist nur für Plattendateien zulässig. Es können Datensätze mit dem READ-Befehl gelesen, verändert und mit dem REWRITE-Befehl zurückgeschrieben werden. Der WRITE-Befehl darf nicht benutzt werden, wenn eine sequentielle Datei als I-O-Datei eröffnet ist. Die Datei muß zum Zeitpunkt der Eröffnung existieren, sie kann nicht mit dem OPEN I-O-Befehl erzeugt werden. Diese Einschränkung kann über Compiler-Direktiven gesteuert werden.

Beim OPEN EXTEND wird der Satzzeiger auf den letzten logischen Satz der Datei positioniert. Folgende WRITE-Befehle fügen die Sätze an die Datei an. Existiert die Datei noch nicht auf dem Externspeicher, wird sie beim OPEN EXTEND automatisch angelegt. Dieses Verhalten kann über Compiler-Direktiven gesteuert werden.

Lese- oder Schreibbefehle vor dem OPEN-Befehl oder dem OPEN-Befehl nicht entsprechende Lese- oder Schreibbefehle führen zu einem Abbruch des Programms bei der Ausführung. Die Fehler sind in der Online-Hilfe erläutert. Ein OPEN-Befehl für eine bereits eröffnete Datei führt zu einem Programmabbruch. Dies kann allerdings mit Hilfe des FILE STATUS-Feldes, das den Wert 4-1 erhält, abgefangen werden.

Eine Datei kann im gleichen Programm nicht wieder eröffnet werden, wenn sie mit CLOSE WITH LOCK geschlossen wurde. Wird sie nur mit CLOSE geschlossen, kann sie wieder eröffnet und bearbeitet werden. Der WITH LOCK-Zusatz beim OPEN-Befehl hat die gleiche Wirkung wie in der SELECT-Eintragung. Die Datei wird in Mehrbenutzersystemen für den parallelen Zugriff aus anderen Programmen gesperrt.

11.2.2 READ-Befehl

Der READ-Befehl stellt dem Programm den nächsten logischen Satz der Datei zur Verfügung und verändert den Wert des FILE STATUS-Datenfeldes, wenn es angegeben ist.

Format:

```
READ Dateiname RECORD [INTO Datenname]
      [AT END Unbedingte Anweisung(en)].
```

Cobol-85-Format:

```
READ Dateiname [NEXT]  RECORD [INTO Datenname]
     [AT END Anweisung(en)-1]
     [NOT AT END Anweisung(en)-2]
END-READ
```

Beispiel:

```
READ F2-SEQ-DATEI AT END
     MOVE "FF"      TO FELDA
     GO TO ENDE
END-READ
```

Da in der Regel einmal die Dateiende-Bedingung erreicht wird, sollte der AT END-Zusatz mitgeschrieben werden. Dem Wort END kann eine beliebige Anzahl von Befehlen folgen. Sie werden nur dann ausgeführt, wenn die Dateiende-Bedingung eintritt. Dem letzten Befehl in der Befehlsfolge nach dem AT END *muß ein Punkt* folgen, um das Ende der Befehlsfolge anzuzeigen. In Cobol-85 kann der Punkt durch END-READ ersetzt werden. Die bedingte Anweisung READ AT END wird durch END-READ zu einer unbedingten Anweisung und kann damit überall im Programm geschrieben werden. Diese Neuerung sollte in alle Cobol-Programme eingebaut werden. Der NEXT-Zusatz hat nur dokumentarischen Wert, da in Cobol die sequentiellen Dateien nur vorwärts gelesen werden können.

Achtung! *In der Befehlsfolge nach AT END dürfen nur sog. imperative Befehle geschrieben werden. Dies sind Befehle ohne die Zusätze INVALID KEY, AT END, ON OVERFLOW, ON SIZE ERROR. Auch die IF-Anweisung kann nicht in der Befehlsfolge verwendet werden. All diese Einschränkungen entfallen, wenn mit END-READ gearbeitet wird!*

Wenn das Dateiende erreicht wird und der AT END-Zusatz im READ-Befehl fehlt, wird die entsprechende DECLARATIVES SECTION ausgeführt. Wenn der AT END-Zusatz und die

DECLARATIVES SECTION fehlt und auch kein FILE STATUS-Feld angegeben ist, wird das Programm bei der Ausführung mit einem Runtime-Error abgebrochen.

Wenn der READ-Befehl einen Datensatz liest, wird der Programmlauf mit der Anweisung hinter END-READ bzw. dem Satzendepunkt fortgesetzt. Steht der Zusatz NOT AT END im READ-Befehl, werden zuvor die Anweisungen zwischen NOT AT END und END-READ abgearbeitet.

Wenn mehr als ein Datensatz auf der Stufe 01 in der FILE DESCRIPTION (FD) beschrieben ist, dann belegen diese Sätze den *gleichen Speicherbereich*. Der Benutzer muß deshalb in seinem Programm feststellen können, welchen Datensatz er gerade eingelesen hat. Dies kann mit einer einfachen Abfrage geschehen, in der ein Feld abgefragt wird, das für jeden Satztyp einen bestimmten Wert hat und an der gleichen Stelle in beiden Sätzen steht (z.B. eine Satzart).

Die READ-Anweisung mit dem *INTO-Zusatz* ist gleichbedeutend mit einem READ-Befehl und einer nachfolgenden MOVE-Anweisung. Der Datensatz steht im Eingabebereich der Datei und zusätzlich in dem mit Datenname bezeichneten Feld zur Verfügung. Der Datenname darf nicht in der FILE SECTION beschrieben sein, sondern muß in der WORKING-STORAGE SECTION oder LINKAGE SECTION definiert sein.

Beispiel:

```
READ  F2-SEQ-DATEI INTO F2-WORK-SATZ AT END ...
```

Der INTO-Zusatz sollte nicht benutzt werden, wenn die Datei variable Satzlänge hat.

Bei geblockten Eingabedateien führt nicht jeder READ-Befehl zu einer Datenübertragung von dem externen Gerät in den Speicher, sondern der READ-Befehl stellt lediglich den nächsten logischen Satz im Eingabepuffer zur Verfügung.

Ist der eingelesene Satz kürzer als der Eingabebereich dieser Datei, dann wird der Eingabesatzbereich rechtsbündig mit SPACE aufgefüllt.

11.2.3 WRITE-Befehl

Mit WRITE wird ein neuer Datensatz ans Ende einer Datei geschrieben oder eine Zeile auf dem Drucker ausgegeben. Beim WRITE wird das FILE STATUS-Feld der Datei aktualisiert, so daß der Programmierer über die Abfrage dieses Feldes prüfen kann, ob der Ausgabebefehl ordnungsgemäß durchgeführt wurde.

Format-1 für Plattendateien:

```
WRITE Datensatzname [FROM Datenname-1]
  [INVALID KEY unbedingte Anweisung(en)-1]
  [NOT INVALID KEY unbedingte Anweisung(en)-2]
[END-WRITE]
```

Format-2 für Druckdateien:

```
WRITE Datensatzname [FROM Datenname-1]
[AFTER / BEFORE  ADVANCING Datenname-2 / Ganzzahl LINE(S)]
[END-WRITE]
```

oder

```
[AFTER / BEFORE ADVANCING   PAGE ]
[AT  END-OF-PAGE /  EOP   unbedingte Anweisung(en)-1]
[NOT AT END-OF-PAGE unbedingte Anweisung(en)-2]
[END-WRITE]
```

Achtung! *Beim WRITE-Befehl muß der Datensatzname der Datei angegeben werden. Der Datensatz wird mit der Stufennummer 01 in der FILE DESCRIPTION (FD) der Datei beschrieben. Die Datei ist über die ASSIGN-Angabe in der SELECT-Eintragung wiederum einem Gerät zugeordnet, so daß die Ausgabe an das entsprechende Gerät geleitet werden kann.*

Die Datennamen in den folgenden Beispielen nehmen auf die Datennamen in den Beispielen von Kap. 11.1 Bezug.

Beispiel 1:

```
WRITE  F2-SEQ-SATZ.
```

Schreiben eines Datensatzes in die sequentielle Plattendatei F2-SEQ-DATEI. F2-SEQ-SATZ ist über die FD-Eintragung der Datei zugeordnet (s.o.).

Beispiel 2:

```
WRITE A-DRUCKSATZ FROM A-UEBERSCHRIFT AFTER PAGE.
```

Schreiben von A-UEBERSCHRIFT auf eine neue Seite des Papiers.

A-DRUCKSATZ ist über die FD- und SELECT-Eintragung dem PRINTER zugeordnet (s.o.). A-UEBERSCHRIFT muß in der WORKING-STORAGE oder LINKAGE SECTION definiert sein.

Beispiel 3:

```
WRITE A-DRUCKSATZ FROM A-ZEILE AFTER 2 LINES.
```

Schreiben von A-ZEILE auf dem Drucker nach einem zweizeiligen Vorschub.

Beispiel 4:

```
MOVE  1  TO A-VORSCHUB.
WRITE A-DRUCKSATZ FROM A-ZEILE BEFORE A-VORSCHUB LINES.
```

In dem Feld A-VORSCHUB, das in der WORKING-STORAGE SECTION mit PIC 99 definiert ist, steht der Zeilenvorschub. A-ZEILE wird geschrieben, bevor das Papier um eine Zeile weitertransportiert wird.

In Cobol wird die Ausgabe in Dateien generell mit dem WRITE- Befehl durchgeführt. Die Ausgabe wird an das zugeordnete Gerät (ASSIGN TO ...) geleitet. Dabei kann die Ausgabe in gedruckter Form erfolgen, wenn das zugeordnete Gerät der Drucker ist, oder in Form von magnetischen Aufzeichnungen, wenn das Ausgabegerät eine Magnetplatte ist. Die Datei muß bei der Ausführung des WRITE-Befehls mit OUTPUT oder EXTEND eröffnet sein. Dieses Verhalten des WRITE-Befehls wird neuerdings in der objektorientierten Programmierung als *Polymorphismus* bezeichnet. Der gleiche Befehl erbringt je nach Kontext unterschiedliche Leistungen.

Datensatzname muß ein Ausgabesatz einer Datei sein, d.h. er muß auf der Stufe 01 in der FD-Eintragung definiert sein. Der WRITE-Befehl schreibt den Inhalt des Datensatzes in die Datei und verändert den Inhalt des FILE STATUS.

Befinden sich die Daten für die Ausgabe nicht in dem mit Datensatzname bezeichneten Bereich, so müssen sie entweder mit MOVE oder dem Zusatz FROM umgespeichert werden. Die FROM-Angabe entspricht einem MOVE-Befehl in den Ausgabebereich vor Ausführung des WRITE-Befehls. Datensatzname und Datenname-1 müssen unterschiedliche Speicherbereiche bezeichnen.

Wenn versucht wird, über die zugeordneten Bereiche der Datei auf der Platte zu schreiben, dann wird die Fehlerprozedur im DECLARATIVES-Teil ausgeführt (falls vorhanden) und das FILE STATUS-Feld (falls vorhanden) auf den entsprechenden Wert gesetzt. Alternativ kann dieser Fehler mit dem INVALID KEY-Zusatz abgefangen werden. Die Befehlsfolge nach INVALID KEY bis zum Schlüsselwort NOT INVALID KEY wird bei einem Ausgabefehler durchlaufen. Die Befehle zwischen NOT INVALID KEY und END-WRITE werden nach einem korrekten Schreibbefehl ausgeführt. Fehlen diese Fehlerbehandlungsteile im Programm, dann bricht das Programm bei der Ausführung mit einem Runtime-Error ab.

Der ADVANCING-Zusatz kann nur bei Dateien verwendet werden, die dem Drucker zugeordnet sind. Hiermit kann der Papiervorschub des Druckers gesteuert werden. Der Vorschub kann eine vorzeichenlose Ganzzahl oder ein Datenname sein. Als Steuerzeichen sind Werte zwischen 0 und 120 erlaubt.

```
---------------------------------------
Ganzzahl       Druckvorschub
---------------------------------------
   0           kein Vorschub
   1           einzeiliger Vorschub
   2           zweizeiliger Vorschub
   3           dreizeiliger Vorschub
usw.
---------------------------------------
```

Fehlt der ADVANCING-Zusatz im WRITE-Befehl, wird automatisch ein einzeiliger Vorschub vorgenommen.

Der Zusatz AFTER bewirkt, daß das Vorschubzeichen vor dem Drucken der Zeile zum Drucker gesendet wird. Der Zusatz BEFORE bewirkt, daß das Schreiben der Zeile dem Senden des Vorschubzeichens vorausgeht. Wenn PAGE angegeben wird, dann werden die Daten geschrieben, nachdem (AFTER) oder bevor (BEFORE) der Drucker auf die neue Seite positioniert ist. Ist für den Drucker der LINAGE-Zusatz gemacht worden, dann wird der Drucker auf die Zeile positioniert, die im LINAGE-Zusatz als erste Druckzeile angegeben ist.

Ist END-OF-PAGE oder EOP im WRITE-Befehl angegeben, dann muß in der FILE DESCRIPTION (FD) der Datei die LINAGE-Eintragung vorhanden sein. Die Seitenende-Bedingung wird erreicht, wenn der Wert des LINAGE-COUNTER (Zeilen-Zähler) größer oder gleich dem über FOOTING angegebenen Wert wird. In diesem Fall werden die Befehle, die nach dem EOP-Zusatz stehen, ausgeführt, nachdem der WRITE-Befehl ausgeführt ist. Die Befehle nach dem optionalen NOT EOP-Zusatz werden ausgeführt, wenn die Seitenüberlaufbedingung nicht eintritt.

11.2.4 REWRITE-Befehl

Mit diesem Befehl wird ein Datensatz in eine sequentielle Datei zurückgeschrieben. Die Datei muß auf einer Platte liegen.

Format:

```
REWRITE Datensatzname [FROM Datenname]
[END-REWRITE]
```

Beispiel:

```
REWRITE F2-SEQ-SATZ.
```

Datensatzname muß auf der Stufe 01 in der Dateibeschreibung (FD-Eintragung) als Satz der Datei zugeordnet sein. Die Datei muß mit OPEN I-O eröffnet sein. Die FROM-Angabe entspricht einer Anweisung MOVE Datenname TO Datensatzname vor Ausführung des REWRITE-Befehls. Datensatzname und Datenname müssen verschiedene Bereiche bezeichnen.

Vor jedem REWRITE-Befehl muß ein READ-Befehl für die Datei ausgeführt worden sein. Der gelesene Satz wird auf die gleiche Stelle zurückgeschrieben. Wenn der Datensatz, der zurückgeschrieben werden soll, länger als der originale Satz ist, werden die überzähligen Bytes abgeschnitten. Ist der Datensatz, der zurückgeschrieben werden soll, kürzer als der gelesene Satz, dann steht unvorhersehbare Information in dem Bereich zwischen dem Ende des zurückgeschriebenen Satzes und dem Beginn des nächsten Satzes. Der FILE STATUS wird in diesen Fällen auf »44« gesetzt.

11.2.5 CLOSE-Befehl

Der CLOSE-Befehl beendet die Verarbeitung von Dateien. Für jede Datei, die im Programm mit OPEN eröffnet wurde, muß ein CLOSE-Befehl gegeben werden, damit die Datei im folgenden Programm wieder richtig bearbeitet werden kann. Nach dem CLOSE kann die Datei nicht mehr mit READ, WRITE oder REWRITE bearbeitet werden.

Format:

```
CLOSE Dateiname  [WITH LOCK] ....
```

Beispiel:

```
CLOSE F2-SEQ-DATEI.
CLOSE E-DATEI WITH LOCK, U-DATEI.
CLOSE DRUCKER, STAMM-DATEI WITH LOCK.
```

Der Zusatz LOCK bewirkt, daß während des laufenden Jobs nicht mehr auf die Datei zugegriffen werden kann. Folgende OPEN-Befehle führen zu Fehlern. Fehlt der Zusatz LOCK, kann die Datei im gleichen Programm später wieder eröffnet werden, falls es erforderlich ist. Ein CLOSE-Befehl für eine Datei, die nicht eröffnet wurde, führt zu einem Programmabbruch. Für Banddateien stehen Ergänzungen im CLOSE-Befehl zur Verfügung, um den Wechsel der Bandrollen zu erleichtern. Diese Erweiterungen sollen hier vernachlässigt werden. MF-Cobol schließt beim STOP RUN automatisch alle noch geöffneten Dateien eines Programms.

11.2.6 Allgemeine Bemerkung zur Ein-/Ausgabe-Fehlerbehandlung

Wenn ein Ein-/Ausgabefehler auftritt, wird der FILE STATUS der Datei, falls definiert, auf den entsprechenden Fehlercode gesetzt. Normalerweise hat er den Wert »00«.

Tritt der Fehler im Zusammenhang mit einer AT END- oder INVALID KEY-Bedingung auf, dann werden die Befehle ausgeführt, die nach dem entsprechenden Zusatz im Programm stehen. Der FILE STATUS enthält Information über die Ursache der Ausnahmebedingung. Fehlt der AT END- oder INVALID KEY-Zusatz bei dem Befehl, dann ist der Ablauf folgendermaßen:

1. Gibt es eine zugeordnete ERROR-Prozedur im DECLARATIVES-Teil, wird sie automatisch durchlaufen. Der Programmierer muß für die Behandlung des Fehlers Maßnahmen vorgesehen haben. Nach Beendigung der Fehlerprozedur kann das Programm normal fortgesetzt werden. Der DECLARATIVES-Teil ist in Kapitel 25 erläutert.

2. Gibt es keine ERROR-Prozedur, sondern ist ein FILE STATUS-Feld für die Datei angegeben, wird dieses Feld vom Betriebssystem mit dem entsprechenden Wert gefüllt und das Programm normal weitergeführt. Der Programmierer muß im Programm das Status-Feld prüfen und die entsprechenden Maßnahmen einleiten.

Nur wenn keine der angeführten Möglichkeiten im Programm vorgesehen ist, wird der Runtime-Error-Handler aktiviert. Er gibt die Zeilennummer des Befehls aus, der zum Abbruch geführt hat, und bricht den Programmlauf ab.

Ab Cobol-85 ist es empfehlenswert, nach jedem Ein-/Ausgabebefehl (OPEN, READ, WRITE usw.) das FILE STATUS-Feld zu prüfen und entsprechende Maßnahmen zu programmieren. Dies ist in Mehrbenutzersystemen die einzige Möglichkeit, einen ordnungsgemäßen Programmlauf zu gewährleisten.

11.2.7 Der DISPLAY-Befehl

Für die Ausgabe kleiner Datenmengen auf dem Drucker kann in Cobol der DISPLAY-Befehl eingesetzt werden.

Format:

```
DISPLAY  Datenname / Literal   UPON   Merkname
```

Beispiel:

```
DISPLAY  A-FELD UPON DRUCKER.
DISPLAY '*** FEHLER ***'  UPON DRUCKER.
```

Der Merkname (DRUCKER) muß im SPECIAL-NAMES-Paragraph der CONFIGURATION SECTION dem PRINTER zugeordnet werden.

Beispiel:

```
CONFIGURATION SECTION.
SPECIAL-NAMES.
     DECIMAL-POINT IS COMMA
     PRINTER IS DRUCKER.
```

Wird die Druckausgabe mit DISPLAY durchgeführt, braucht keine SELECT- und FD-Eintragung für den Drucker geschrieben zu werden. Die Ausgabe mit diesem Befehl ist also einfacher. Der Befehl hat aber den Nachteil, daß keine Vorschubsteuerung des Papiers vorgenommen werden kann. Die Ausgabe erfolgt an der momentanen Druckerposition. In den meisten Rechenzentren darf die Druckausgabe nicht mit diesem Befehl durchgeführt werden, weil die Drucker in der Regel mehreren Benutzern zur Verfügung stehen und die Organisation der Druckerbenutzung durch diesen Befehl erschwert wird.

11.2.8 Statische und dynamische Dateizuordnung

In einem Cobol-Programm wird eine Datei immer mit einem Arbeitsnamen angesprochen. In der SELECT-Eintragung wird diesem internen Dateinamen ein peripheres Gerät oder eine Datei auf einem externen Datenträger zugeordnet. Diese Verbindung kann statisch aufgebaut oder so konstruiert werden, daß zur Ausführungszeit die File-Namen und Geräte ausgetauscht werden können (dynamische Dateizuordnung). Die statische Dateizuordnung ist bereits besprochen worden.

```
SELECT Dateiname ASSIGN TO »DOS-Dateiname«
```

»DOS-Dateiname« kann der Directory-Name einer Datei sein, ergänzt um eine Laufwerks- und Pfadangabe, z.B. »C:\FIBU\BUCHUNG.DAT«. Es ist auch zulässig, Gerätenamen des Betriebssysstems anzugeben, z.B.

```
CON     Tastatur bzw. Bildschirm des Terminals
PRN     Erster paralleler Drucker
LPT1
LPT2    Zweiter und dritter paralleler Drucker
LPT3
COM1    Erster und zweiter serieller Adapteranschluß
COM2    Über diesen Eingang können z.B. Daten vom Barcode-Leser
        eingelesen werden.
NUL     Dummy-Einheit. Es wird gleich EOF erzeugt.
```

Beispiele:

```
SELECT KUNDEN-DATEI ASSIGN TO "C:KUNDEN.DAT"
SELECT DRUCK-DATEI ASSIGN TO "PRN:".
```

Soll bei der statischen Dateizuordnung das Gerät, das Laufwerk oder der externe Dateiname geändert werden, muß das Programm angepaßt und neu kompiliert werden.

Dieser Aufwand wird bei der dynamischen Dateizuordnung vermieden. MF-Cobol unterstützt hierbei zwei Techniken. Die Zuordnung des Cobol-Dateinamens zum externen Dateinamen kann mit Hilfe einer Variablen erfolgen.

```
SELECT Dateiname ASSIGN TO Variablenname
```

Variablenname wird in der DATA DIVISION definiert. Die maximale Länge beträgt PIC X(65). Vor Ausführung des OPEN-Befehls muß in dieser Variablen der externe Dateiname stehen.

Beispiel:

```
SELECT KUNDEN-DATEI ASSIGN TO KU-FILE-NAME.
WORKING-STORAGE SECTION.
77   KU-FILE-NAME PIC X(30) VALUE "B:KUNDEN.DAT".
```

Alternativ kann der externe Dateiname vor Ausführung des OPEN-Befehls vom Terminal eingelesen werden, z.B.:

```
DISPLAY "Laufwerk und Dateinamen der Kundendatei eingeben:"
ACCEPT KU-FILE-NAME.
OPEN INPUT KUNDEN-DATEI.
```

In diesen Fall kann das Programm leicht an andere Anlagenkonfigurationen angepaßt werden. Allerdings muß nach dem OPEN der FILE STATUS geprüft werden, da der Bediener falsche Werte eintippen kann und das Programm dann abstürzt.

Ein besserer Weg ist in diesem Fall die externe Dateizuordnung auf Betriebssystemebene. Dazu müssen Sie in der ENVIRONMENT DIVISION schreiben:

```
SELECT Dateiname ASSIGN TO EXTERNAL externer-Datei-Bezug
```

»Externer-Datei-Bezug« ist eine Betriebssystemvariable, die mit dem DOS-Kommando SET gefüllt wird.

Beispiel:

```
SELECT KUNDEN-DATEI
       ASSIGN TO EXTERNAL KUNDAT
```

Vor Ausführung des Programms müssen Sie der DOS-Variablen KUNDAT einen Wert zuweisen.

```
C>SET KUNDAT=C:\FAKTURA\KUNDEN.DAT
```

In NetExpress müssen Sie im Projektfenster <Project> / <Project Properties...> wählen, im Fenster *Properties* <Application ...> anklicken, dann das Register <Environment Variables> aktivieren. Im Eingabefeld *Variable* geben Sie den Namen der Umgebungsvariablen ein und im Feld *Value* den Namen und den Zugriffspfad der externen Datei.

Danach können Sie das Programm starten. Vergessen Sie die Zuordnung, wird der FILE STATUS auf »9-004« (Dateiname fehlt) gesetzt. Sie müssen in diesem Fall das Programm abbrechen. Der Variablenname für den externen Dateibezug muß den Cobol- und Betriebssystem-Sprachregeln genügen. Bindestriche sind daher im Namen nicht zu empfehlen. Diese Technik ist von Vorteil, wenn große Programmsysteme über Batch-Dateien gestartet werden. Die Dateizuordnung ist dann nicht mehr dem Anwender überlassen, sondern der Programmierer kann die Zuordnung in der Batch-Datei vornehmen und leicht an andere Gegebenheiten anpassen. Mit dieser Technik kann auch der SPOOL-Betrieb simuliert werden. Die Druckausgabe kann in eine Datei umgeleitet werden, die nach Beendigung des Programms mit dem Druckprogramm PRINT oder EDIT im Hintergrundbetrieb ausgedruckt wird. Die Programmausführungszeit kann dadurch erheblich verringert werden.

Beispiel:

```
SELECT UMSATZ-LISTE ASSIGN TO EXTERNAL DRUCKER.
```

Nach der Übersetzung des Programms, aber vor der Ausführung, setzen Sie die Umgebungsvariable:

```
C>SET DRUCKER=C:\Temp\DRUCK.TTT
```

Dann starten Sie das Programm. Nach Beendigung des Programms veranlassen Sie den Ausdruck.

```
C>PRINT C:\Temp\DRUCK.TTT
```

Dann können Sie die Datei löschen.

```
C>DEL C:DRUCK.TTT
```

Diesen Ablauf können Sie auch in eine Batch-Datei schreiben.

In NetExpress wählen Sie <Project> / <Project Properties...> / <Application ...> / <Environment Variables...>. In den Eingabefeldern geben Sie ein:

Variable	DRUCKER
Value	C:\TEMP\Liste.TXT

Die Datei Liste.TXT können Sie mit dem Editor auswerten.

ÜBUNGEN

Aufgabe 1:

Erstellen Sie die Datei- und Satzbeschreibung (SELECT- und FD-Eintragung usw.) für die Stundenerfassungsdatei. Berechnen Sie die fehlenden Feldlängen der Datenelemente.

```
DATEIBESCHREIBUNG
Verwendung:           Übung
Dateiidentifikation:  STUND.DAT
Dateibezeichnung:     Stundenerfassungsdatei
Ordnungsbegriffe:     Personalnummer
Zugriffsschlüssel:     -
Satzform:        Satzlänge:          Satzanzahl:
   fix              80 Byte              1000
Datenträger:    Speicherungsform:    Speicherumfang:
   Diskette        sequentiell          80 000 Byte
-----------------------------------------------------------------
FELDDEFINITIONEN
-----------------------------------------------------------------
Feld-  Symb.-  Bezeichnung Länge Art  Erläuterung
Nr.    Name
-----------------------------------------------------------------
  1              Satzart        2     AN   konstant »20«
  2              Personal-Nr    4     AN
  3              gearbeitete    6     AN
                 Kostenstelle
```

4	Kostenart	4	AN	
5	Auftrags-Nr	6	AN	
6	Datum	6	N	
7	gearbeitete Stunden	5	N	3 Vor-, 2 Nachkommastellen
8	Stundenlohn	?	NP	3 Vor-, 2 Nachkommastellen
9	Leerfeld	?	AN	

AN = alphanumerisch, N = numerisch, NP = numerisch-gepackt

Aufgabe 2:

Schreiben Sie den OPEN- und Lesebefehl für die Datei.

Aufgabe 3:

Wie wird in einem Cobol-Programm der Zeilen- und Blattvorschub beim Schreiben gesteuert?

Aufgabe 4:

Welcher (häufige) Fehler ist in folgenden Anweisungen enthalten?

```
SELECT A-DRUCK-DATEI
       ASSIGN TO PRINTER.
FD   A-DRUCK-DATEI.
01   A-DRUCK-SATZ         PIC X(80).
  ...
WRITE A-DRUCK-DATEI AFTER 1 LINES.
```

Schreiben Sie ein Programm für den Aufbau der Stundenerfassungsdatei. Die Daten sollen am Bildschirmterminal eingegeben werden. Das Datenerfassungsbild soll folgendermaßen aussehen:

```
Leistungsdatenerfassung                  PROGXX
-----------------------------------------------
Personal-Nr ..........:
Kostenstelle .........:
Kostenart ............:
Auftrags-Nr ..........:
Datum ................:
gearbeitete Stunden ...:
Stundenlohn ..........:
-----------------------------------------------
Weitere Eingaben J/N _
```

Wenn die Daten eines Satzes eingegeben sind, soll der Satz geschrieben werden. Tippt der Bediener bei der Abfrage »Weitere Eingaben J/N« auf »J«, soll das Erfassungsbild wieder erscheinen, bei »N« soll das Programm beendet werden. Eine Korrekturmöglichkeit falsch eingegebener Werte soll nicht im Programm vorgesehen werden.

LÖSUNGEN

Aufgabe 1:

```
Feldlänge Stundenlohn = 3 Byte ( = (5 + 1)/2))
Feldlänge Leerfeld    = 44 Byte, da die Satzlänge 80 Byte beträgt
ENVIRONMENT DIVISION.
   ...
INPUT-OUTPUT SECTION.
FILE-CONTROL.
          SELECT F6-STUNDEN-DATEI
          ASSIGN TO "STUND.DAT"
          FILE STATUS IS F6-STAT
          ORGANIZATION IS SEQUENTIAL
          ACCESS SEQUENTIAL.
DATA DIVISION.
FILE SECTION.
FD      F6-STUNDEN-DATEI
        RECORD CONTAINS 80 CHARACTERS.
01      F6-STUNDEN-SATZ.
 05     F6-SA          PIC XX.
 05     F6-PERS-NR     PIC X(4).
 05     F6-KOSTSTELLE  PIC X(6).
 05     F6-KOSTENART   PIC X(4).
 05     F6-AUFTR-NR    PIC X(6).
 05     F6-DATUM       PIC 9(6).
 05     F6-STD         PIC S9(3)V99.
 05     F6-STD-LOHN    PIC S9(3)V99 COMP-3.
 05     FILLER         PIC X(44).
```

Die Personalnummer und die Auftragsnummer können auch numerisch (PIC 9(6)) beschrieben werden. Da mit diesen Feldern aber nicht gerechnet wird, ist die alphanumerische Definition zu empfehlen.

Aufgabe 2:

```
PROCEDURE DIVISION.
          ...
     OPEN INPUT F6-STUNDEN-DATEI.
          ...
F6-LESEN.    READ F6-STUNDEN-DATEI    AT END  GO TO ENDE
     END-READ.
     ...
ENDE.
     CLOSE F6-STUNDEN-DATEI.
```

Nach dem READ steht im Eingabebereich der Datei, F6-STUNDEN-SATZ, ein Datensatz zur Verfügung. Nach dem zweiten READ der zweite Satz usw.

Aufgabe 3:

Der Programmierer muß im WRITE-Befehl im Zusatz AFTER oder BEFORE den Vorschub angeben.

```
AFTER 1 LINES = einzeiliger Vorschub
AFTER 2 LINES = zweizeiliger Vorschub usw.
AFTER PAGE    = Seitenvorschub
```

Fehlt der Zusatz, wird ein einzeiliger Zeilenvorschub vorgenommen.

Aufgabe 4:

Im WRITE-Befehl muß im Gegensatz zum READ-Befehl der Datensatzname geschrieben werden. Der WRITE-Befehl muß lauten:

```
WRITE A-DRUCK-SATZ AFTER 1 LINES.
```

Aufgabe 5:

Die Lösung der Aufgabe wird in Kapitel 29 besprochen. An diesem Beispiel werden Fehlermeldungen des Compilers erläutert.

11.3 Beispielprogramme für sequentielle Dateiverarbeitung und Druckausgabe

11.3.1 Lesen einer sequentiellen Datei und Drucken

Die Daten einer Abrechnungsdatei sollen auf dem Drucker angelistet werden.

Die Abrechnungsdatei ist sequentiell auf einer Platte gespeichert und enthält folgende Daten:

DATEIBESCHREIBUNG	
Verwendung:	Beispielprogramme
Dateiidentifikation:	SEQTEST.DAT
Dateibezeichnung:	Abrechnungsdatei
Ordnungsbegriffe:	Artikelnummer
Zugriffsschlüssel:	-
Satzform:	fix
Satzlänge:	80 Byte
Satzanzahl:	ca. 100
Datenträger:	Platte
Speicherungsform:	sequentiell
Speicherumfang:	8 Kbyte

FELDDEFINITIONEN

Feld-Nr.	Symb.-Name	Bezeichnung	Länge	Art	Erläuterung
1	siehe Pro-	Satzart	2	AN	
2	gramm	Rechnungs-Nr	5	N	
3		Datum	6	N	Format: TTMMJJ
4		Kunden-Nr	4	AN	
5		Plz	5	AN	
6		Vertreter-Nr	4	AN	
7		Artikel-Nr	4	AN	
8		Umsatz	11	N	9 Vor-, 2 Nachkommastellen und Vorzeichen
9		Reserve	39	AN	

AN = alphanumerisch N = numerisch NP = gepackte Speicherung

In der Datei werden die Daten aus der Rechnungsschreibung für statistische Auswertungen gespeichert. Die Datei kann bei der Rechnungsschreibung erstellt werden. In der Spalte »Symb.-Name« (symbolischer Name) des Formulars kann der im Programm verwendete Datenname der Felder angegeben werden. Da in Cobol die Bezeichnung direkt in den Datennamen übernommen werden kann, kann auf diese Spalte verzichtet werden. Wird die Datei mit anderen Progammiersprachen bearbeitet, z.B. Basic, kann der Variablenname in dieser Spalte dokumentiert werden.

In der Praxis ist es üblich, die Sätze einer Datei mit einer zwei- bis dreistelligen Satzart beginnen zu lassen. Dieses Feld weist auf die zugehörige Datei und das Sachgebiet hin, aus dem Daten gespeichert sind. Die Satzart kann für viele Zwecke verwendet werden.

Anmerkung: *Dieser Brauch stammt noch aus der Lochkartenzeit. Damals konnte man an Hand dieser Stellen feststellen, zu welchem Sachgebiet und in welche Abteilung die Karten gehörten, wenn die Karten verlegt wurden.*

Die Beschreibung der Datei SEQTEST.DAT ist in der Textdatei F1FD.COB gespeichert und wird mit dem Cobol-Befehl COPY in das Programm gerufen (siehe Zeile 31 im Programm). Dieser Befehl ermöglicht es, die Datenbeschreibungen zentral zu verwalten. Jeder Programmierer kann sich bei Bedarf die Datenbeschreibungen in sein Programm kopieren. Die Datei F1FD.COB kann mit dem Texteditor bearbeitet werden. Es ist eine normale ASCII-Textdatei. Die mit der COPY-Anweisung in das Programm gerufenen Zeilen werden nicht fest in den Quellprogrammtext eingebaut, sondern nur zur Übersetzungszeit temporär vom Compiler in das Programm eingefügt. Die Angaben der COPY-Anweisung bedeuten:

```
COPY B:F1FD.COB
     | |    |
     | |    DOS Namensergänzung
     | Name der Textdatei
     Laufwerk, in dem die Diskette mit der Datei liegt
```

Anmerkung: *Die Leistung der COPY-Anweisung ist in MF-Cobol weiter ausgebaut worden. Einzelheiten dazu sind der Online-Hilfe zu entnehmen. Über die Umgebungsvariable COBCPY können Sie Suchpfade für den COPY-Befehl definieren, z.B.*

```
SET COBCPY=C:\CopyDef;.;I:\Public\Defn
```

Der Compiler sucht die Copy-Dateien im Directory C:\CopyDef, danach im aktuellen Verzeichnis und dann in I:\Public\Defn. In NetExpress legen Sie diesen Suchpfad an über <Project> / <Properies...> / <IDE...>.

Damit in jeder Datei eindeutige Feldbezeichnungen sind, erhalten die Datennamen eine Vorsilbe. Die Datenfelder der SEQTEST.DAT-Datei haben die Vorsilbe F1-...(F1 = File 1). Die Dateien eines Unternehmens können durchnummeriert werden.

Das Programm soll folgende Liste erzeugen:

```
 ** U M S A T Z L I S T E **      VOM: 01.    SEITE: 1

RECHN-NR    DATUM   KUND-NR  PLZ   VERTR-NR   ART-NR   UMSATZ
--------------------------------------------------------------
12345      29. 1234    29040   1111       2222  2.111,00
12244      29. 2222    20050   1122       3333    100,00

 usw.
           Anzahl der gelesenen Sätze :  2
```

Die Anzahl der gelesenen Sätze wird zur Kontrolle ausgegeben, damit die Vollständigkeit der Verarbeitung geprüft werden kann.

Für die Ausgabe auf dem Drucker wird eine einfache Standard-Druckroutine, die in einer Datei gespeichert ist und ebenfalls mit dem COPY-Befehl in das Programm gerufen wird, verwendet. In fast allen Unternehmen existieren solche Bausteine, damit die Programmerstellung rationalisiert und die Programmwartung erleichtert wird.

Das Programm wird im Anschluß an den Ausdruck ausführlich erläutert.

```
 * Options: LIST(F:L.LST) MF(8) MS(2) SPZERO ANIM NESTCALL
*****************************************************
 IDENTIFICATION DIVISION.
*****************************************************
 PROGRAM-ID.   DRUPRO.
** DRUCKPROGRAMM F. SEQUENTIELLE DATEIVERARBEITUNG *
** Das Programm liest die Abrechnungsdatei und druckt
** eine Umsatzliste aus.
*****************************************************
 ENVIRONMENT DIVISION.
*****************************************************
 CONFIGURATION SECTION.
 SPECIAL-NAMES.
****  UMSCHALTEN AUF EUROP. SCHREIBWEISE:
         DECIMAL-POINT IS COMMA.
 INPUT-OUTPUT SECTION.
 FILE-CONTROL.
         SELECT  F1-ABRECH-DATEI
                 ASSIGN TO "SEQTEST.DAT"
                 FILE STATUS IS F1-STAT
                 ORGANIZATION SEQUENTIAL.
```

```
          SELECT  A-DRUCK-DATEI
                  FILE STATUS IS DRUCK-STAT
                  ASSIGN TO PRINTER.

*******************************************************
  DATA DIVISION.
*******************************************************
  FILE SECTION.
****  Beschreibung der Dateien
*         COPY F1FD.COB.
*** COPY-File für Abrechnungsdatei --------------- +
  FD      F1-ABRECH-DATEI
          RECORD CONTAINS 80 CHARACTERS.
  01      F1-SATZ.
    05    F1-SATZART              PIC XX.
    05    F1-RECH-NR              PIC X(5).
    05    F1-DATUM                PIC 9(6).
    05    F1-DAT REDEFINES F1-DATUM.
     10   F1-TT                   PIC 99.
     10   F1-MM                   PIC 99.
     10   F1-JJ                   PIC 99.
    05    F1-KUNDEN-NR            PIC X(4).
    05    F1-PLZ                  PIC X(5).
    05    F1-VERTR-NR             PIC X(4).
    05    F1-ART-NR               PIC X(4).
    05    F1-UMSATZ               PIC S9(9)V99.
    05    F1-FILLER               PIC X(39).
*** Ende COPY-File Satzbeschreibung ------------- +
  FD      A-DRUCK-DATEI.
  01      A-DRUCK-BER             PIC X(80).

*******************************************************
  WORKING-STORAGE SECTION.
*******************************************************
*         COPY DRUSTEU.COB.
*** Druckersteuerzeichen  (hexadezimal)
  78      ESC-SCHL    VALUE X"1B".
  78      NLQ-EIN     VALUE X"1B7801".
  78      NLQ-AUS     VALUE X"1B7800".
  78      SCHMAL-EIN  VALUE X"1B0F".
  78      SCHMAL-AUS  VALUE X"12".
  78      BREIT-EIN   VALUE X"1B5701".
  78      BREIT-AUS   VALUE X"1B5700".
  78      FETT-EIN    VALUE X"1B47".
```

```
   78       FETT-AUS    VALUE X"1B48".
***  Ende COPY-Datei -----------------------+
*           COPY DRUDEFA.COB.
***  DRUCKDEFINITIONEN ---------------------+
   01       STANDARD-AUSG-FELDER.
     05     A-VORSCHUB       PIC 99  VALUE 1.
     05     S-SEITE          PIC S999 COMP-3  VALUE ZERO.
     05     S-ZEILEN         PIC S999 COMP-3  VALUE +50.
     05     S-ZEILEN-MAX     PIC S999 COMP-3  VALUE +50.

   01       A-UEB-ZEILE.
     05     FILLER      PIC X(02)  VALUE FETT-EIN.
     05     FILLER      PIC X(03)  VALUE BREIT-EIN.
     05     FILLER      PIC X(22)  VALUE
            "    ** UMSATZLISTE ** ".
     05     FILLER      PIC X(03)  VALUE BREIT-AUS.
     05     FILLER      PIC X(02)  VALUE FETT-AUS.
     05     FILLER      PIC X(05)  VALUE "VOM: ".
     05     A-UEB-DATUM PIC X(08).
     05     FILLER      PIC X(05)  VALUE SPACE.
     05     FILLER      PIC X(03)  VALUE SCHMAL-EIN.
     05     FILLER      PIC X(07)  VALUE "SEITE: ".
     05     A-UEB-SEITE PIC ZZ9.
     05     FILLER      PIC X(03)  VALUE SCHMAL-AUS.

   01       A-KOPF-ZEILE.
     05     PIC X(20)  VALUE ' RECHN-NR   DATUM   '.
     05     PIC X(20)  VALUE 'KUND-NR  PLZ   VERTR'.
     05     PIC X(20)  VALUE '-NR    ART-NR       '.
     05     PIC X(20)  VALUE ' UMSATZ             '.

   01       A-ZEILE          PIC X(80)  VALUE SPACE.
   01       AA-ZEILE  REDEFINES A-ZEILE.
     05     FILLER           PIC X.
     05     AA-RECH-NR       PIC X(5).
     05     FILLER           PIC X(4).
     05     AA-DATUM         PIC 99.99.99.
     05     FILLER           PIC X(3).
     05     AA-KUNDEN-NR     PIC X(4).
     05     FILLER           PIC X(4).
     05     AA-PLZ           PIC X(5).
     05     FILLER           PIC X(3).
     05     AA-VERTR-NR      PIC X(4).
     05     FILLER           PIC X(7).
```

```
     05    AA-ART-NR        PIC X(4).
     05    FILLER           PIC XX.
     05    AA-UMSATZ        PIC ZZZ.ZZZ.ZZ9,99-.
     05    FILLER           PIC X(11).
 01        AB-ZEILE REDEFINES A-ZEILE.
     05    FILLER           PIC X(10).
     05    AB-TEXT          PIC X(30).
     05    AB-ANZAHL        PIC ZZZ9.
     05    FILLER           PIC X(36).

 01        A-STR-ZEILE      PIC X(80) VALUE ALL '-'.
 01        S-STRICH  REDEFINES A-STR-ZEILE  PIC X(80).
** Ende COPY-File DRUDEFA -------------------------- +
       01 HILFS-FELDER.
     05    A-DATUM          PIC 99.99.99.
     05    S1-DATUM.
      10   S1-TT            PIC 99.
      10   S1-MM            PIC 99.
      10   S1-JJ            PIC 99.
     05    SN-DATUM REDEFINES S1-DATUM  PIC 9(6).
     05    S2-DATUM.
      10   S2-JJ            PIC 99.
      10   S2-MM            PIC 99.
      10   S2-TT            PIC 99.

     05    F1-STAT VALUE ZERO.
      10   F1-STAT-1        PIC X.
      10   F1-STAT-2-X.
       15  F1-STAT-2        PIC 99 COMP-X.
     05    DRUCK-STAT VALUE ZERO.
      10   DRUCK-STAT-1     PIC X.
      10   DRUCK-STAT-2-X.
       15  DRUCK-STAT-2     PIC 99 COMP-X.
     05    A-STAT.
      10   A-STAT-1        PIC X.
      10   PIC X VALUE "-".
      10   A-STAT-2-X.
       15  A-STAT-2        PIC 999.
     05    F1-ANZAHL        PIC S999 COMP-3.
     05    S-SUMME          PIC S9(9)V99 COMP-3 VALUE ZERO.

 01        TEXTE.
     05    TEXT-1  PIC X(30) VALUE
           'Anzahl der gelesenen Sätze: '.
```

```
*****************************************************
 PROCEDURE DIVISION.
*****************************************************
***   Vorprogramm
*****************************************************
 B10 SECTION.
 B11.
          DISPLAY ( 1, 1) "PROGRAMMANFANG DRUPRO" ERASE.
          MOVE  SPACE     TO A-ZEILE.
          MOVE  ZERO      TO F1-ANZAHL.
          ACCEPT S2-DATUM FROM DATE.
          MOVE S2-JJ      TO S1-JJ.
          MOVE S2-MM      TO S1-MM.
          MOVE S2-TT      TO S1-TT.
          IF S1-DATUM     NUMERIC
                  MOVE  SN-DATUM  TO A-DATUM.
          MOVE  A-DATUM   TO A-UEB-DATUM.
 B12.
          OPEN INPUT F1-ABRECH-DATEI.
          IF F1-STAT NOT = ZERO
              MOVE F1-STAT-1  TO A-STAT-1
              IF F1-STAT-1 = "9"
                  MOVE F1-STAT-2  TO A-STAT-2
              ELSE
                  MOVE F1-STAT-2-X TO A-STAT-2-X
              END-IF
              DISPLAY (20, 1) "OPEN FEHLER F1-DATEI STATUS="
              A-STAT WITH HIGHLIGHT
              GO TO B90
          END-IF.
          OPEN OUTPUT A-DRUCK-DATEI.
          IF DRUCK-STAT NOT = ZERO
              MOVE DRUCK-STAT-1   TO A-STAT-1
              IF DRUCK-STAT-1 = "9"
                  MOVE DRUCK-STAT-2   TO A-STAT-2
              ELSE
                  MOVE DRUCK-STAT-2-X TO A-STAT-2-X
              END-IF
              DISPLAY (21,1) "OPEN FEHLER DRUCKER STATUS = "
              A-STAT WITH HIGHLIGHT
              GO TO B90
          END-IF.
 B19.
*****************************************************
```

```
***   LESEBLOCK
**************************************************
 B20 SECTION.
 B21.
          READ  F1-ABRECH-DATEI  AT END
                  GO TO B90
          END-READ.
          ADD  1  TO  F1-ANZAHL.
**************************************************
***  VERARBEITUNG
**************************************************
 B50 SECTION.
 B51.
          MOVE    F1-RECH-NR      TO  AA-RECH-NR.
          MOVE    F1-DATUM        TO  AA-DATUM.
          MOVE    F1-KUNDEN-NR    TO  AA-KUNDEN-NR.
          MOVE    F1-PLZ          TO  AA-PLZ.
          MOVE    F1-VERTR-NR     TO  AA-VERTR-NR.
          MOVE    F1-ART-NR       TO  AA-ART-NR.
          MOVE    F1-UMSATZ       TO  AA-UMSATZ.
          MOVE    1               TO  A-VORSCHUB.
          PERFORM DRUCK.
 B5190.
          GO TO B20.
**************************************************
***  ENDROUTINE
**************************************************
 B90 SECTION.
 B91.
          MOVE  TEXT-1            TO  AB-TEXT.
          MOVE  F1-ANZAHL         TO  AB-ANZAHL.
          MOVE  6                 TO  A-VORSCHUB.
          PERFORM DRUCK.
 B92.
          CLOSE F1-ABRECH-DATEI,  A-DRUCK-DATEI.
          DISPLAY ( 22, 1 ) "PROGRAMMENDE DRUPRO".
          STOP RUN.
**************************************************
*  UNTERPROGRAMME
**************************************************
*         COPY DRUROU.COB.
***STANDARD-DRUCKPROGRAMM --------------------------+
 DRUCK SECTION.
 DRUCK01.
```

```
242          ADD  A-VORSCHUB        TO  S-ZEILEN.
243          IF   S-ZEILEN          >   S-ZEILEN-MAX
244               PERFORM SEITEN
245          END-IF.
246          WRITE A-DRUCK-BER FROM A-ZEILE
247             AFTER A-VORSCHUB  LINES.
248          MOVE   SPACE           TO  A-ZEILE.
249  DRUCK90.
250          EXIT.
251
252*** SEITENWECHSEL ---------------------------------+
253
254  SEITEN SECTION.    255  SEIT01.
256          ADD     1              TO  S-SEITE.
257          MOVE    S-SEITE        TO  A-UEB-SEITE.
258          WRITE   A-DRUCK-BER  FROM A-UEB-ZEILE
259             AFTER  PAGE.
260          WRITE   A-DRUCK-BER FROM A-KOPF-ZEILE
261             AFTER 2 LINES.
262          WRITE   A-DRUCK-BER  FROM A-STR-ZEILE
263              AFTER 1 LINES.
264          MOVE    2              TO  A-VORSCHUB.
265          MOVE    5              TO  S-ZEILEN.
266  SEIT90.
267          EXIT.
268** Ende DruRou.Cob ---------------------------------+
```

Erläuterung des Programms

In dem Programm wird nicht mit dem von Cobol unterstützten LINAGE-COUNTER oder der REPORT SECTION gearbeitet, sondern die Liste wird mit den elementaren Cobol-Befehlen erstellt, damit der Umgang mit den elementaren Befehlen demonstriert wird. Die im Programm angewendete Technik läuft auf fast allen Anlagen.

Die mit dem COPY-Befehl in das Programm kopierten Bausteine werden nicht mehr in der Übersetzungsliste gekennzeichnet. Um die Copy-Datei im Programmtext zu sehen, können Sie den Cursor auf den Dateinamen setzen, die rechte Maustaste drücken und <Show Copyfile> im Kontextmenü wählen. Mit <Hide Copyfile> verschwindet der Text wieder.

Bei der Druckausgabe ist zu beachten, daß mit dem WRITE-Befehl *zeilenweise* ausgegeben wird. Im Arbeitsspeicher muß eine Zeile komplett beschrieben werden. Die Länge des Ausgabebereiches muß mit der Anzahl der Schreibstellen des Druckers übereinstimmen. In der Beschreibung der Zeile können Druckaufbereitungsfelder für die Ausgabewerte angegeben werden. Bestimmte Schreibpositionen werden angesteuert, indem Leerfelder (FILLER) mit bestimmten Feldlängen zwischen die Ausgabefelder gelegt werden (vgl. AA-ZEILE in Zeilennummer 98 ff. des Programms). Eine Tabulatorfunktion gibt es in Cobol nicht. Die Überschriften und Texte in der Liste werden mit VALUE-Eintragungen erzeugt (vgl. A-UEB-ZEILE, A-KOPF-ZEILE).

In der Datendefinition sind die verschiedenen Ausgabezeilen A-ZEILE, AA-ZEILE und AB-ZEILE redefiniert, d.h. sie belegen den gleichen Speicherbereich. Dadurch wird Speicherplatz gespart, auf der anderen Seite müssen aber konstante Texte, wie »Anzahl der gelesenen Sätze« vor der Ausgabe in die Zeile übertragen werden.

Viele Drucker können über besondere Steuerzeichen auf verschiedene Schriftarten umgestellt werden. Da diese Steuerzeichen nicht über die Tastatur eingegeben werden können, muß ein Trick angewendet werden. Die Steuerzeichen, die Sie im jeweiligen Druckerhandbuch nachlesen müssen, werden in der WORKING-STORAGESECTION als Hexadezimalwerte eingegeben, z.B. VALUE X"1A". Diese Steuerzeichen können vor dem Drucken einer Zeile mit WRITE Steuerzeichenname AFTER 0 LINES zum Drucker gesendet werden, damit die Umschaltung erfolgt, oder direkt in die Ausgabezeile eingebunden werden (Zeile 77, 81).

In der Druckroutine, DRUCK SECTION, wird bei jedem Schreiben der Zeilenvorschub, der in dem Feld A-VORSCHUB steht, zu dem Zeilenzähler S-ZEILEN addiert. Erreicht der Wert des Zeilenzählers den Grenzwert S-ZEILEN-MAX, d.h. die maximale Anzahl von Zeilen, die auf eine Seite passen, wird ein Blattwechsel ausgelöst. Es werden die Listenüberschrift, die Seitennummer, die vorher erhöht wird, und die Kopfzeile ausgegeben. Da der Listenkopf 5 Zeilen lang ist, wird der Zeilenzähler auf diesen Wert zurückgesetzt, damit die Zeilen ab diesem Wert wieder für die nächste Seite weitergezählt werden können. Damit auch beim ersten Schreiben der Listenkopf ausgegeben wird, wird der Zeilenzähler am Anfang auf den Grenzwert, der in S-ZEILEN-MAX steht, gesetzt.

Bei der Definition des FILE STATUS ist zu beachten, daß in der Fehlergruppe »0« bis »4« alphanumerische Werte übergeben werden. In der Fehlergruppe »9« liefert Cobol im zweiten Byte des FILE STATUS eine Dualzahl. Damit die STATUS-Werte richtig angezeigt werden, muß das zweite Byte zum einen alphanumerisch, zum anderen als Dualzahl definiert werden. Dies wird erreicht durch das Gruppenfeld F1-STAT-2X über F1-STAT-2. Gruppenfelder behandelt Cobol wie alphanumerische Datenfelder. Bei der Ausgabe des FILE STATUS wird in Abhängigkeit vom FILE-STATUS-1 der Wert im FILE-STATUS-2 in die Ausgabemaske übertragen (Zeile 173 ff).

Die PROCEDURE DIVISION ist in mehrere Blöcke eingeteilt. Der erste Block B10, das *Vorprogramm*, wird nur nach dem Programmstart einmal durchlaufen. In ihm werden die Dateien eröffnet und Anfangswerte gesetzt. Mit dem Befehl ACCEPT S2-DATUM FROM DATE (Zeile 164), wird das Tagesdatum für den Listenkopf aus dem Systemfeld DATE gelesen. Dieses Feld muß beim Laden des Betriebssystems vom Bediener eingegeben werden. Es steht dann allen Programmen zur Verfügung. Wird beim Laden des Betriebssystems kein Datum eingegeben, steht in dem Feld DATE eine sechsstellige Zahl. Da das Systemdatum im Format JJMMTT gespeichert ist, muß es für die Ausgabe in das deutsche Format TTMMJJ umgespeichert werden (Zeile 165–170). Anschließend wird es in ein Druckaufbereitungsfeld übertragen, damit die Punkte in das Datum eingeblendet werden. Ab Cobol-89 kann das Systemdatum auch mit dem Jahrhundert als achtstelliges Feld eingelesen werden.

Im *Leseblock*, B20, wird die Datei, die auf der Platte unter dem Namen SEQTEST .DAT gespeichert ist, gelesen. Der Arbeitsname dieser Datei im Cobol-Programm lautet F1-ABRECH-DATEI. Dieser Block und der folgende Verarbeitungsblock B50 werden so oft durchlaufen, bis alle Sätze der Datei verarbeitet sind.

Im *Verarbeitungsblock* B50 werden die Daten aus dem Eingabesatz in die Ausgabezeile übertragen. Eine direkte Ausgabe der Eingabedaten, wie in Basic, ist mit dem Cobol-Befehl WRITE nicht möglich. Bei den Übertragungen erfolgt auch die Druckaufbereitung und die Positionierung in der Zeile. Ist eine Zeile komplett, kann sie geschrieben werden. Dies geschieht in dem Unterprogramm DRUCK SECTION. Am Ende des Verarbeitungsblocks erfolgt der Sprung zum Leseblock B20. Damit ist die Verarbeitungsschleife geschlossen.

In der *Endroutine*, die angesprungen wird, wenn das Dateiende erreicht ist, wird die Abschlußzeile aufbereitet und in der DRUCK SECTION ausgegeben. Die Dateien werden geschlossen, und das Programm wird mit dem STOP RUN-Befehl beendet.

Testhinweis

Ist an den Computer kein Drucker angeschlossen, kann die Druckausgabe in eine Plattendatei umgeleitet werden. Ändern Sie dazu die SELECT-Eintragung für den Drucker in:

```
SELECT A-DRUCK-DATEI
       ASSIGN TO EXTERNAL DRUCKER.
```

Vor dem Start des Programms setzen Sie die Betriebssystemvariable:

```
C>SET DRUCKER=D:LIST
```

bzw. tragen Sie in NetExpress diese Zuordnung im Fenster *Project Properties* unter *Environment Variables* ein.

Wird das Programm ausgeführt, erfolgt die Ausgabe in die Datei LIST auf Laufwerk D:. Die Datei LIST können Sie sich mit einem Editor anschauen und kontrollieren, bevor Sie sie mit PRINT oder dem Druckmanager ausdrucken.

11.3.2 Aufbau und Erweiterung einer sequentiellen Datei

Eine Datei mit 80stelligen Sätzen soll aufgebaut werden. Die einzelnen Datensätze werden zeilenweise am Bildschirmterminal eingegeben. Der Inhalt der Datei wird auf Anforderung zeilenweise auf dem Bildschirm ausgegeben. Dieses Programm kann für den Aufbau von Testdateien verwendet werden.

Auswahlbild

```
Seq. Dateiverwaltung (Satzlänge = 80)   – Auswahl -
----------------------------------------------------------
     E = Ende
     1 = Dateiaufbau
     2 = Dateierweiterung
     3 = Anzeigen
    ----------------------------
     Auswahl.: _
```

Datenerfassungsbild

```
Seq. Dateiverwaltung (Satzlänge = 80)   – Dateiaufbau -
------------------------------------------------------------
   Bei Eingabeende * eingeben

123456789012345678901234567890123456789012345678901234567890
------------------------------------------------------------
XXXXXXXXXXXXXXXXXXXXXXXXXXXXXXXXXXXXXXXX
XXXXXXXXXXXXXXXXXXXXXXXXXXXXXXXXXXXXX

  Eingabebereich
```

Die Zeile über dem Eingabebereich zeigt die Schreibstellen.

Datenanzeigebild

```
Seq. Dateiverwaltung (Satzlänge = 80)   – Anzeigen -
------------------------------------------------------------
123456789012345678901234567890123456789012345678901234567890
------------------------------------------------------------
XXXXXXXXXXXXXXXXXXXXXXXXXXXXXXXXXXXXXXXXXXXXXX
XXXXXXXXXXXXXXXXXXXXXXXXXXXXXXXXXXXXXXXXXXXX

Dateiende
```

Das folgende Programm ist nach dem Modell der strukturierten Programmierung aufgebaut. Aus dem Steuerblock A100 SECTION werden die einzelnen Programmversionen für den Aufbau der Datei, die Dateierweiterung und das Anzeigen der Datei als Unterprogramme aufgerufen. Jedes Unterprogramm kehrt zum Steuerblock zurück. Das Programm wird beendet, wenn der Bediener das Endezeichen (E) im Hauptauswahlbild eintippt.

Programmausdruck

```
*******************************************************
 IDENTIFICATION DIVISION.
*******************************************************
 PROGRAM-ID.    BIFLO.
*** TESTPROGRAMM F. SEQUENTIELLE DATEIVERARBEITUNG *
*** Das Programm liest Daten vom Terminal und schreibt
*** sie in eine sequentielle Datei

*******************************************************
 ENVIRONMENT DIVISION.
*******************************************************

 CONFIGURATION SECTION.
 SPECIAL-NAMES.
         DECIMAL-POINT IS COMMA.
 INPUT-OUTPUT SECTION.
 FILE-CONTROL.
         SELECT  F4-DATEI
                 ASSIGN TO "SEQTEST.DAT"
                 FILE STATUS IS F4-STAT
                 ORGANIZATION SEQUENTIAL.

*******************************************************
 DATA DIVISION.
*******************************************************
 FILE SECTION.
**** Beschreibung der Dateien ***

 FD      F4-DATEI.
 01      F4-SATZ                 PIC X(80).

*******************************************************
 WORKING-STORAGE SECTION.
*******************************************************
 01      FILLER.
   05    S-ZEILEN-MAX   PIC S999 COMP-3  VALUE +23.
```

```

 01      A-UEB-ZEILE VALUE SPACE.
   05    A-UEB-1         PIC X(60).
   05    A-UEB-4         PIC X(20).

 01      A-ZEILE         PIC X(80) VALUE SPACE.
 01      AF-ZEILE REDEFINES A-ZEILE.
   05    AF-ZEILE-1      PIC X(40).
   05    AF-ZEILE-2      PIC X(35).

 01      A-STR-ZEILE     PIC X(80)  VALUE ALL '-'.
 01      S-STRICH  REDEFINES A-STR-ZEILE PIC X(80).

 01 HILFS-FELDER.
   05    F4-STAT VALUE ZERO.
    10   F4-STAT-1        PIC X.
    10   F4-STAT-2-X.
     15  F4-STAT-2        PIC X COMP-X.
   05    FEHL-FLAG        PIC X   VALUE SPACE.
   05    W-AKZ            PIC X   VALUE SPACE.
   05    IND-FEHL         PIC S999  COMP  VALUE +1.

 01      T-FEHLER-TEXT-GES.
   05    T-INHALT.
    10   PIC X(30)  VALUE  'FALSCHES AUSWAHLZEICHEN'.
    10   PIC X(30)  VALUE  '                              '.
    10   PIC X(30)  VALUE  'FALSCHE DATEN'.
    10   FILLER.
     15  PIC X(25)  VALUE  'DATEIFEHLER  F4-STAT='.
     15  A-STAT.
      20 A-STAT-1     PIC X.
      20 PIC X VALUE »-«.
      20 A-STAT-2-X.
       25 A-STAT-2    PIC 999.
    10   PIC X(30)  VALUE  "Datei-Ende erreicht".

   05    T-FEHLER-TAB REDEFINES T-INHALT.
    10   ANZ  OCCURS 5.
     15  T-FEHLER-EL      PIC X(30).

 01      TEXTE.
   05    TEXT-1      PIC X(40)        VALUE
         'Seq. Dateiverwaltung (Satzlänge = 80)'.
   05    TEXT-2      PIC X(20) VALUE  '-Auswahl- '.
```

```
     05    TEXT-3      PIC X(80) VALUE ALL »1234567890«.
     05    TEXT-4      PIC X(20) VALUE  »E = Ende«.
     05    TEXT-5      PIC X(40) VALUE
                       "1 = Dateiaufbau (Neuanlage)".
     05    TEXT-6      PIC X(20) VALUE  "2 = Dateierweiterung".
     05    TEXT-7      PIC X(20) VALUE  "3 = Anzeigen".
     05    TEXT-8      PIC X(20) VALUE  "Auswahl: ".
     05    TEXT-9      PIC X(30) VALUE
           »Bei Arbeitsende * eingeben".
     05    TEXT-10     PIC X(15) VALUE  "Satzinhalt: ".
     05    TEXT-11     PIC X(10) VALUE  "-Aufbau-".
     05    TEXT-12     PIC X(15) VALUE  "-Erweiterung-".
     05    TEXT-13     PIC X(10) VALUE  "-Anzeigen-".
     05    TEXT-14     PIC X(20) VALUE  "RETURN = WEITER".

 01        E-ZEILE  VALUE SPACE.
     05    E-STELLE-1       PIC X.
     05    E-REST           PIC X(79).

****************************************************
 PROCEDURE DIVISION.
****************************************************
**** STEUERBLOCK  ******************
 A100 SECTION.
 A110.
     PERFORM AUSW01.
     EVALUATE W-AKZ
         WHEN "E"   GO TO A900
         WHEN "e"   GO TO A900
         WHEN "1"   PERFORM AUFBAU
         WHEN "2"   PERFORM ERWEIT
         WHEN "3"   PERFORM ANZEIGE
         WHEN OTHER
            MOVE  1  TO IND-FEHL
            PERFORM FEHLAUSG
     END-EVALUATE.
     GO TO A110.
 A900.
         DISPLAY ( 20, 1 ) 'PROGRAMMENDE'.
         STOP RUN.

****  AUSWAHLBILD **
****************************************************
 AUSW01 SECTION.
```

```
*************************************************
 AUSW02.
         MOVE TEXT-1            TO  A-UEB-1.
         MOVE TEXT-2            TO  A-UEB-4
         PERFORM KOPF.         *> Bildkopf ausgeben
 AUSW10.
         DISPLAY ( 5, 10 ) TEXT-4.
         DISPLAY ( 6, 10 ) TEXT-5.
         DISPLAY ( 7, 10 ) TEXT-6.
         DISPLAY ( 8, 10 ) TEXT-7.
         DISPLAY ( 10, 1 ) S-STRICH.
         DISPLAY ( 12, 10 ) TEXT-8.
         ACCEPT ( 12, 25 ) W-AKZ WITH AUTO-SKIP.
 AUSW90.
         EXIT.
****  AUFBAU DER DATEI  *******
*************************************************
 AUFBAU SECTION.
*************************************************
 AUF01.
         MOVE TEXT-11    TO A-UEB-4.
         PERFORM KOPF.
 AUF10.
**** Dateiprüfung *****
         OPEN INPUT F4-DATEI.
** Datei vorhanden! ***
         IF  F4-STAT       = ZERO
             PERFORM HINWEIS
         END-IF.
         CLOSE F4-DATEI.
** vorhandene Datei nicht überschreiben **
         IF W-AKZ    = "N" OR  "n"
             GO TO AUF90
         END-IF.
** Datei anlegen oder überschreiben **
         OPEN  OUTPUT F4-DATEI.
         PERFORM EINGABE.
         CLOSE F4-DATEI.
 AUF90.
         EXIT.

*****  ERWEITERUNG DER DATEI   ****
*************************************************
 ERWEIT SECTION.
```

```
*************************************************
 ERW01.
         MOVE TEXT-12    TO A-UEB-4.
         PERFORM KOPF.
         OPEN EXTEND   F4-DATEI.
         IF F4-STAT NOT = ZERO
             MOVE F4-STAT-1  TO A-STAT-1
             IF F4-STAT-1 = "9"
                 MOVE F4-STAT-2  TO A-STAT-2
             ELSE
                 MOVE F4-STAT-2-X TO A-STAT-2-X
             END-IF
             MOVE  4 TO IND-FEHL
             PERFORM FEHLAUSG
             GO TO ERW90
         END-IF.
         PERFORM EINGABE.
         CLOSE F4-DATEI.
 ERW90.
         EXIT.
*************************************************
 ANZEIGE SECTION.    *>Seitenweises Ausgeben
*************************************************
 ANZ01.
         MOVE TEXT-13    TO A-UEB-4.
         PERFORM KOPF.
         DISPLAY ( 4, 1 ) TEXT-3.
         DISPLAY ( 4, 41 ) TEXT-3.
         DISPLAY ( 5, 1 ) S-STRICH.
         MOVE 6 TO LIN.
         OPEN INPUT F4-DATEI.
         IF F4-STAT NOT = ZERO
             MOVE F4-STAT-1  TO A-STAT-1
             IF F4-STAT-1 = "9"
                 MOVE F4-STAT-2  TO A-STAT-2
             ELSE
                 MOVE F4-STAT-2-X TO A-STAT-2-X
             END-IF
             MOVE  4 TO IND-FEHL
             PERFORM FEHLAUSG
             GO TO ANZ80
         END-IF.
 ANZ10.
         READ F4-DATEI  AT END
```

```
                    GO TO ANZ80
            END-READ.
            PERFORM DRU01.
            GO TO ANZ10.
    ANZ80.
            MOVE 5    TO IND-FEHL.   *> Endemeldung
            PERFORM FEHLAUSG.
            CLOSE F4-DATEI.
    ANZ90.
            EXIT.
****  Dateneingabe ****
*****************************************************
    EINGABE SECTION.
*****************************************************
    EIN01.
            DISPLAY  ( 3, 1 ) ERASE.
            DISPLAY ( 3, 10 ) TEXT-9.
            DISPLAY ( 5, 1 ) TEXT-3.
            DISPLAY  ( 6, 1 ) S-STRICH.
            MOVE  8 TO LIN.
            MOVE  1 TO COL.
    EIN20.
            ACCEPT (LIN, COL)  E-ZEILE.
*** Arbeitsende? **
            IF  E-STELLE-1  =  '*'
                    GO TO EIN90
            END-IF.
            WRITE  F4-SATZ FROM E-ZEILE.
            IF F4-STAT      NOT = '00'
                    MOVE F4-STAT    TO A-STAT
                    MOVE 4          TO IND-FEHL
                    PERFORM  FEHLAUSG
                    GO TO EIN90
            END-IF.
            ADD  1  TO LIN.
*** Bildschirm voll?
            IF  LIN    GREATER  S-ZEILEN-MAX
                    GO TO EIN01
            END-IF.
            GO TO EIN20.
    EIN90.
            EXIT.

**  Schreiben Bildkopf ****
```

```
*****************************************************
 KOPF SECTION.
*****************************************************
 KOPF01.
         DISPLAY ( 1, 1 ) ERASE.
         DISPLAY ( 1, 1 ) A-UEB-ZEILE WITH REVERSE-VIDEO.
         DISPLAY ( 2, 1 ) S-STRICH.
 KOPF90.
         EXIT.
 HINWEIS SECTION.
 HIN01.
         DISPLAY (5, 1) "Achtung, die Datei existiert, "
         "soll sie überschrieben werden (J/N)".
         ACCEPT (5, 70) W-AKZ WITH AUTO-SKIP.
         DISPLAY (5, 1) ERASE.
 HINWEIS90.
         EXIT.
*****************************************************
 DRU01 SECTION.
*****************************************************
 DRU02.
         MOVE 1  TO COL.
         MOVE F4-SATZ    TO A-ZEILE.
 DRU10.
         DISPLAY (LIN, COL) A-ZEILE.
         MOVE SPACE      TO A-ZEILE.
         ADD  1          TO  LIN.
         IF   LIN     GREATER  S-ZEILEN-MAX
              PERFORM SEITEN
         END-IF.
 DRUCK90.
         EXIT.

*** SEITENWECHSEL **************************************

 SEITEN SECTION.
 SEIT01.
         MOVE 2      TO  IND-FEHL.  *> Warteschleife
         PERFORM FEHLAUSG.
         DISPLAY ( 6, 1 ) ERASE.
         MOVE    6   TO  LIN.
 SEIT90.
         EXIT.
```

```
301*** FEHLERMELDUNG *******
302 FEHLAUSG SECTION.
303 FEHLAUS01.
304         MOVE SPACE      TO  W-AKZ.
305         DISPLAY ( 25, 1 ) ERASE.
306         MOVE  T-FEHLER-EL (IND-FEHL)  TO AF-ZEILE-1.
307         MOVE  TEXT-14                 TO AF-ZEILE-2.
308         DISPLAY ( 25, 1)  AF-ZEILE WITH HIGHLIGHT.
309         MOVE SPACE              TO  AF-ZEILE.
310         ACCEPT  ( 25, 60 ) W-AKZ WITH AUTO-SKIP.
311         DISPLAY ( 25, 1 ) ERASE.
312
313 FEHLAUSG90.
314         EXIT.
```

Programmerläuterung

Das Programm verarbeitet die Datei SEQTEST.DAT, die auch in das vorher besprochene Druckprogramm einfließt. Wegen des OPTIONAL-Zusatzes in der SELECT-Eintragung müssen keine besonderen Vorkehrungen im Programm getroffen werden, wenn die Datei nicht existiert. In S-ZEILEN-MAX (Zeile 36) wird die Anzahl der Zeilen des Bildrumpfes gespeichert. Das Feld wird verwendet, um das Rollen des Bildschirms bei der Datenein- und -ausgabe abzufangen. Bei jeder Zeilenein- oder -ausgabe wird LIN erhöht (Zeile 283). LIN (= Zeile) und COL (= Spalte) sind spezielle Cobol-Datenfelder (Register), die nicht definiert werden müssen. Sie können in den Ein-/Ausgabebefehlen für die Positionsbestimmung des Cursors verwendet werden (Zeile 235). Wenn LIN und COL für die Cursorpositionierung eingesetzt werden, muß der Schalter »/MS"2"« im Übersetzungskommando gesetzt werden. Andernfalls erhalten Sie Fehler bei der Übersetzung, da die MF-Cobol-Voreinstellung die Cursorpositionierung über »AT ZeileSpalte« verlangt. Ist der Bildschirm vollgeschrieben, wird ein Hinweis in der untersten Bildschirmzeile ausgegeben, und das Programm bleibt stehen, bis der Bediener den Programmlauf durch Drücken einer Taste wieder freigibt. In A-UEB-ZEILE wird vor der Ausgabe des Bildkopfes die Bildüberschrift gespeichert (Zeile 145, 171, 193). Durch diese Technik kann der Programmteil für die Ausgabe des Bildkopfes in allen Programmversionen eingesetzt werden. Die Bildtexte sind in der WORKING-STORAGE SECTION als Konstante angegeben. Dadurch wird der Speicherbedarf des Programms geringer und die Laufzeit vermindert.

Die System- und Fehlermeldungen sind in einer Tabelle definiert. Da nach einer OCCURS-Angabe keine VALUE-Eintragung mit unterschiedlichen Werten geschrieben werden darf, werden die Texte erst als einfache Datenfelder gleicher Länge beschrieben und dann als Tabelle redefiniert. Für die Ausgabe der Meldung auf dem Bildschirm wird dem Unterprogramm für die Systemzeile (FEHLAUSG) der Tabellenindex der Meldung im Feld IND-FEHL übergeben. Das Unterprogramm gibt die Meldung aus und hält das Programm an, bis der Bediener die Meldung durch Drücken einer Taste quittiert. Der Zusatz AUTO-SKIP im ACCEPT-Befehl (Zeile 310) bewirkt, daß die Eingabe automatisch beendet wird, wenn das Eingabefeld gefüllt ist. Die [↵]-Taste braucht nicht betätigt zu werden.

In der PROCEDURE DIVISION des Programms ist für jede Programmversion ein eigenes Unterprogramm geschrieben. Dies ist zu empfehlen, da in jeder Programmversion die Datei anders eröffnet werden muß. Die Verzweigung in die einzelnen Verarbeitungsblöcke erfolgt mit der EVALUATE-Anweisung. In der verwendeten Form wird hinter EVALUATE der Datenname angegeben, der die Fallstruktur steuert. Nach WHEN wird eine Bedingung aufgeführt. Wenn sie erfüllt ist, werden die Befehle bis zum nächsten WHEN oder END-EVALUATE ausgeführt. Dann wird zur Anweisung hinter END-EVALUATE verzweigt. Nach WHEN verkraftet Cobol nur einfache Bedingungen bzw. Abfragewerte. Mehrere Werte können nicht durch AND oder OR verknüpft werden. Cobol unterstellt bei WHEN den Vergleichsoperator »=« Die Operatoren »<« »>« usw. werden in der einfachen Form der EVALUATE-Anweisung NICHT akzeptiert. Die Befehle nach WHEN OTHER werden ausgeführt, WENN bis dahin keine der WHEN-Bedingungen erfüllt war (Einzelheiten zur EVALUATE-Anweisung s. Kap. 22.2 und 23.2). Beim Aufbau oder Erstlauf muß die Datei mit OUTPUT eröffnet werden. Befindet sich auf der Diskette eine Datei mit gleichem Namen, wird diese Datei gelöscht. Aus diesem Grund wird vor dem OPEN OUTPUT die Datei mit INPUT eröffnet (Zeile 149 ff.). Ist die Datei vorhanden, wird der FILE STATUS vom Betriebssystem auf »00« gesetzt. In diesem Fall gibt das Programm eine Warnung an den Bediener aus und kann beendet werden Bei der Erweiterung, d.h. dem Zufügen von Sätzen zu einer bestehenden Datei, muß die Datei mit OPEN EXTEND eröffnet werden. Die WRITE-Befehle fügen die Sätze an das Ende der Datei an. Beim Anzeigen des Dateiinhalts muß die Datei mit INPUT eröffnet werden, da nur dann Sätze gelesen werden können.

Der Dateneingabeblock (Zeile 225 ff.) wird aus dem Aufbau der Datei und der Dateierweiterung aufgerufen. Es wird jeweils eine Bildschirmzeile eingelesen, die Zeile in den Ein-/Ausgabebereich der Datei übertragen und der Satz geschrieben. Das FILE STATUS-Feld wird anschließend geprüft, um Ein-/Ausgabefehler abzufangen.

Das Rollen des Bildschirms wird mit Hilfe des Datenfeldes LIN abgefangen. Das Anzeigen der Sätze auf dem Bildschirm ist oben bereits erläutert worden. Beim Programmende wird die Endemeldung auf dem Bildschirm ausgegeben.

Kapitel 12

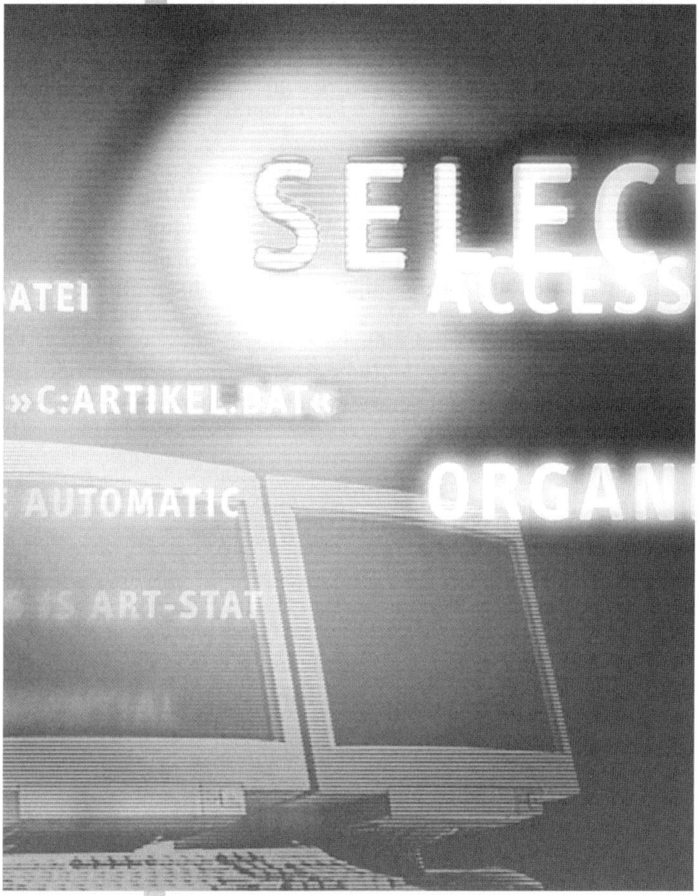

Programmlogik für die satzweise Verarbeitung von Dateien (Normierte Programmierung I)

Die normierte Programmierung nach DIN 66220 kann für die Lösung vieler kaufmännischer Probleme eingesetzt werden. Immer wenn es darum geht, Einzeldaten nach verschiedenen Kriterien zu verdichten und die Summen für Auswertungen zur Verfügung zu stellen, bietet die normierte Programmierung einen Lösungsweg für das Problem an.

Voraussetzung für den Einsatz der normierten Programmierung ist, daß die Daten *satzweise in Dateien* gespeichert sind und *sortiert* werden können oder im Direktzugriff zur Verfügung stehen.

Für Programme nach der normierten Programmierung gibt es Programmgeneratoren zu kaufen, die die erforderlichen Standard-Datendefinitionen und die Programmbefehle für die Ablaufsteuerung erzeugen. Der Programmierer muß in dieses Programmskelett dann nur noch die individuell zu programmierenden Befehle einfügen.

Die normierte Programmierung ist nicht für die Lösung von Dialogproblemen geeignet. Allerdings bringt der systematische Aufbau eines Dialogprogramms nach der Blockstruktur der normierten Programmierung viele Vorteile und verbessert die Übersichtlichkeit und Wartungsfreundlichkeit.

12.1 Aufgabenstellung

Die Grundüberlegungen der normierten Programmierung werden am einfachsten an einem Beispiel klar.

In einem Betrieb soll aus den Abrechnungsdaten der Rechnungsschreibung ein Verkaufsbericht erstellt werden. In dem Bericht sollen die Umsätze je Artikelnummer mit Zwischensummen je Kundennummer und der Gesamtumsatz der Firma ausgewiesen werden. Die auszuwertenden Daten sind in der Abrechnungsdatei gespeichert, deren Satzaufbau bereits im Beispielprogramm für die Druckausgabe beschrieben wurde.

Je Artikelnummer und Kundennummer sind mehrere Sätze in der Datei gespeichert. Die zu erstellende Liste soll folgendermaßen aufgebaut sein:

```
  ** U M S A T Z L I S T E **      VOM : 01.07.93     SEITE:  X

RECH-NR      DATUM  KUND-NR  PLZ  VERTR-NR ART-NR    UMSATZ
----------------------------------------------------------------


00001     01.01.1998 1234   10000   1111   1111      200,00
00002     05.01.1998 1234   10000   1111   1111    1.500,00

          UMSATZ KUNDEN-NR: 1234                   1.700,00 *

00011     02.01.1998 1235   22000   2222   1111      700,00
00012     03.01.1998 1235   22000   2222   1111      500,00
          UMSATZ KUNDEN-NR: 1235                   1.200,00 *

        SUMME ART-NR:   1111                       2.900,00 **

00013     12.12.1998 1234   10000   1111   2222      300,00
00015     24.12.1998 1234   10000   1111   2222      400,00

       UMSATZ KUNDEN-NR  1234                        700,00 *

      SUMME ART-NR:  2222                            700,00 **

 GESAMTUMSATZ:                                     3.600,00 ***

       ANZAHL DER VERARBEITETEN SÄTZE:   6
```

In der Liste werden die Einzelsätze zur Kontrolle und die Summenzeilen ausgegeben.

Dieses einfache Beispiel ist ausreichend, um die Grundüberlegungen der normierten Programmierung darzustellen.

Wie aus der Liste hervorgeht, sind die Eingabedaten aufsteigend nach Artikelnummer und innerhalb der Artikelnummer nach Kundennummern sortiert. Für die Sortierung von Datensätzen stellen die Hersteller der Anlagen im Rahmen der Betriebssysteme leistungsfähige *Sortierprogramme* zur Verfügung, die einfach zu handhaben sind. Das Sortierproblem soll deswegen hier nicht behandelt werden, sondern es wird davon ausgegangen, daß die Sätze entsprechend der Problemstellung sortiert werden können. In Kapitel 27 wird die Cobol-SORT-Erweiterung behandelt. Dort ist ein Cobol-Programm für die Sortierung der Datei SEQTEST .DAT zu finden.

Als erstes soll ein Datenflußplan für die Aufgabe entwickelt werden. Die Daten sind auf Platten bzw. Disketten gespeichert.

12.2 Erläuterung des Datenflußplans (Bild 12.1)

Die Daten kommen aus der Rechnungsschreibung, sie werden dann nach Artikelnummer und Kundennummer sortiert. Die so sortierte Datei läuft in das Programm NORM01 ein, dessen Programmablaufplan im folgenden entwickelt werden soll.

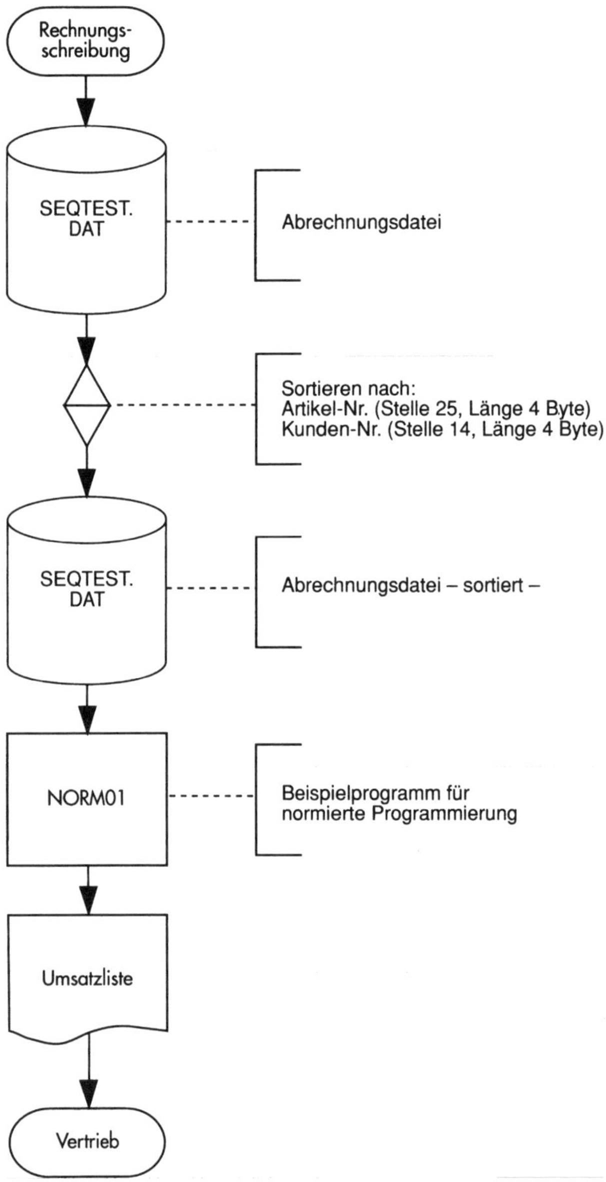

Bild 12.1: Datenflußplan für NORM01

12.3 Erläuterung des Programmablaufplans (PAP) für NORM01 (Bild 12.2)

Der *Programmablaufplan* beschreibt die Lösung eines Problems mit Hilfe von Kästchen und Linien nach einfachen Regeln. Er ist ein Hilfsmittel bei der Programmerstellung. Ein Programmablaufplan kann relativ leicht in ein Programm umgesetzt werden. Die Bedeutung der Symbole des PAP ist in der Norm DIN 66001 festgelegt. Neben den Programmablaufplänen gibt es andere Hilfsmittel, wie Pseudocode oder Struktur-Diagramme, die hier nicht verwendet werden sollen. Die DIN-Norm 66220, »Programmablaufplan für die Verarbeitung von Dateien nach Satzgruppen«, arbeitet mit dem Programmablaufplan.

Die im Programmablaufplan verwendeten Datennamen, Symbole und Befehle sind an die Cobol-Sprachregeln angelehnt. Der Lösungsweg kann aber leicht in andere Progammiersprachen übertragen werden.

In dem PAP ist die Blattwechsel- und Druckvorschubsteuerung vernachlässigt, weil nur der Lösungsweg der normierten Programmierung gezeigt werden soll. Für die Druckausgabe kann das bereits besprochene Unterprogramm DRUCK SECTION eingesetzt werden.

Das Programm wird in mehrere Funktionsblöcke unterteilt.

Im ersten Block B10, dem sogenannten *Vorprogramm*, werden die den Programmlauf vorbereitenden Aufgaben erledigt. Die Dateien werden eröffnet, und Anfangswerte für die einzelnen Datenfelder werden gesetzt. Eine Programmstartmeldung kann ausgegeben werden. Dieser Block wird nur einmal nach dem Programmstart durchlaufen.

Im zweiten Block B20, dem sogenannten *Leseblock* oder *Eingabeblock*, werden die Dateien gelesen, die sequentiell zu verarbeiten sind. In unserem Beispiel ist dies die Abrechnungsdatei. Es werden die sogenannten Gruppierwörter oder Gruppenbegriffe (NGRU..) (NGRU = neue Gruppe) aufgebaut, mit deren Hilfe die Summenbildung gesteuert wird. Das Arbeiten mit den allgemeinen Symbolen NGRU.. ermöglicht es, den Programmablaufplan und damit das Programm auf verschiedene, aber ähnlich gelagerte Problemstellungen zu übertragen. Die Beschreibung der Gruppenbegriffe muß nur an das jeweilige Problem angepaßt werden.

NGRU hat folgende Struktur:

```
+-----+-----+
   |     |
   |     |
   |     NGRU-TEIL-2 (Kundennummer)
  NGRU-TEIL-1 identisch mit NGRU-X (Artikelnummer)
```

Die Datendefinitionen für die vorliegende Aufgabenstellung sind dem Cobol-Programm zu entnehmen. Nach der Eingabe kann eine Gültigkeitsprüfung der Daten durchgeführt werden. Die Sortierfolge der Eingabedaten muß überprüft werden, denn der PAP nach der normierten Programmierung funktioniert nur, wenn die Daten aufsteigend nach den Gruppenbegriffen sortiert sind.

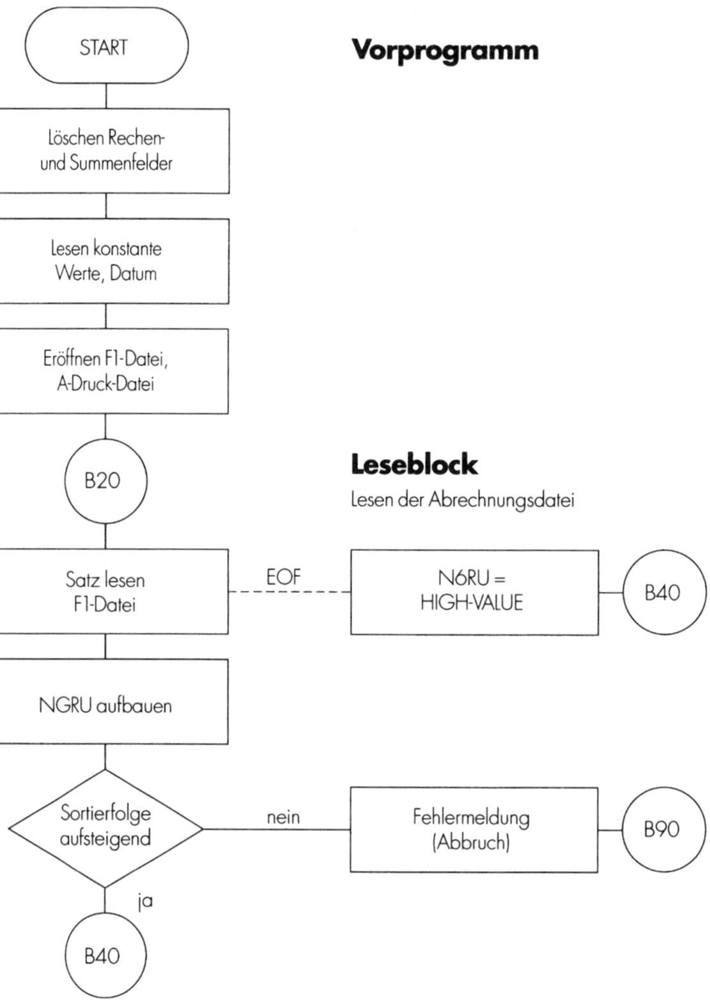

Bild 12.2: Programmablaufplan für NORM01

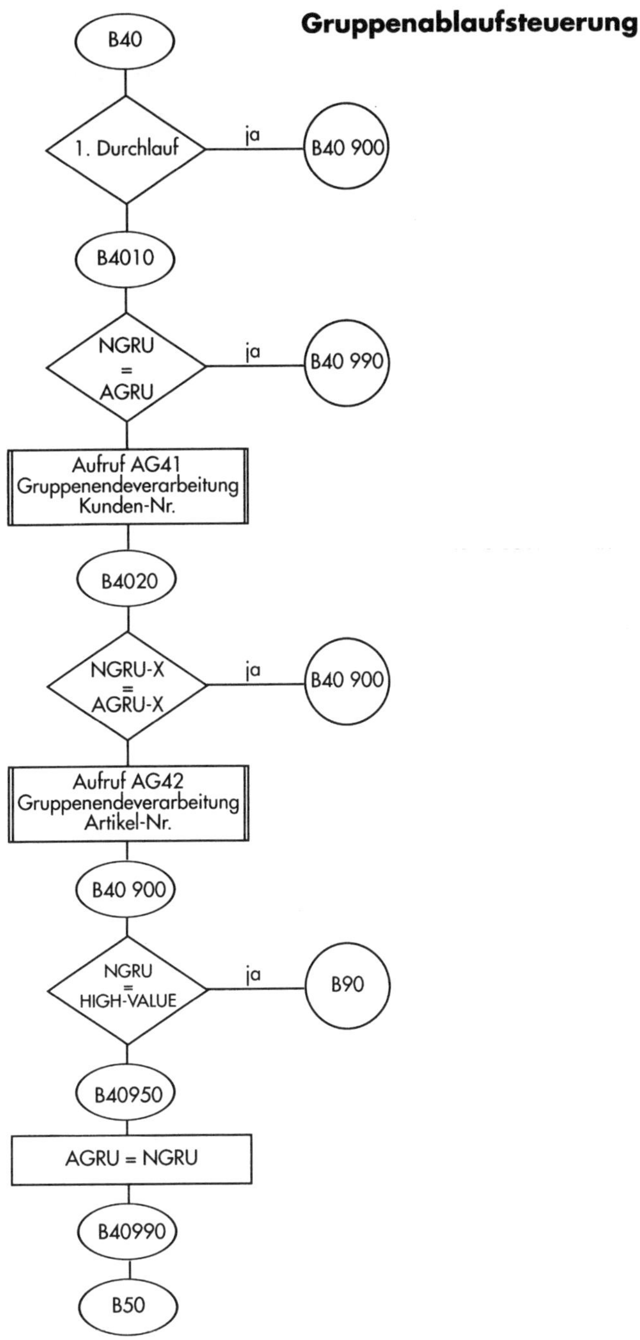

Bild 12.2: Programmablaufplan für NORM01 (Fortsetzung)

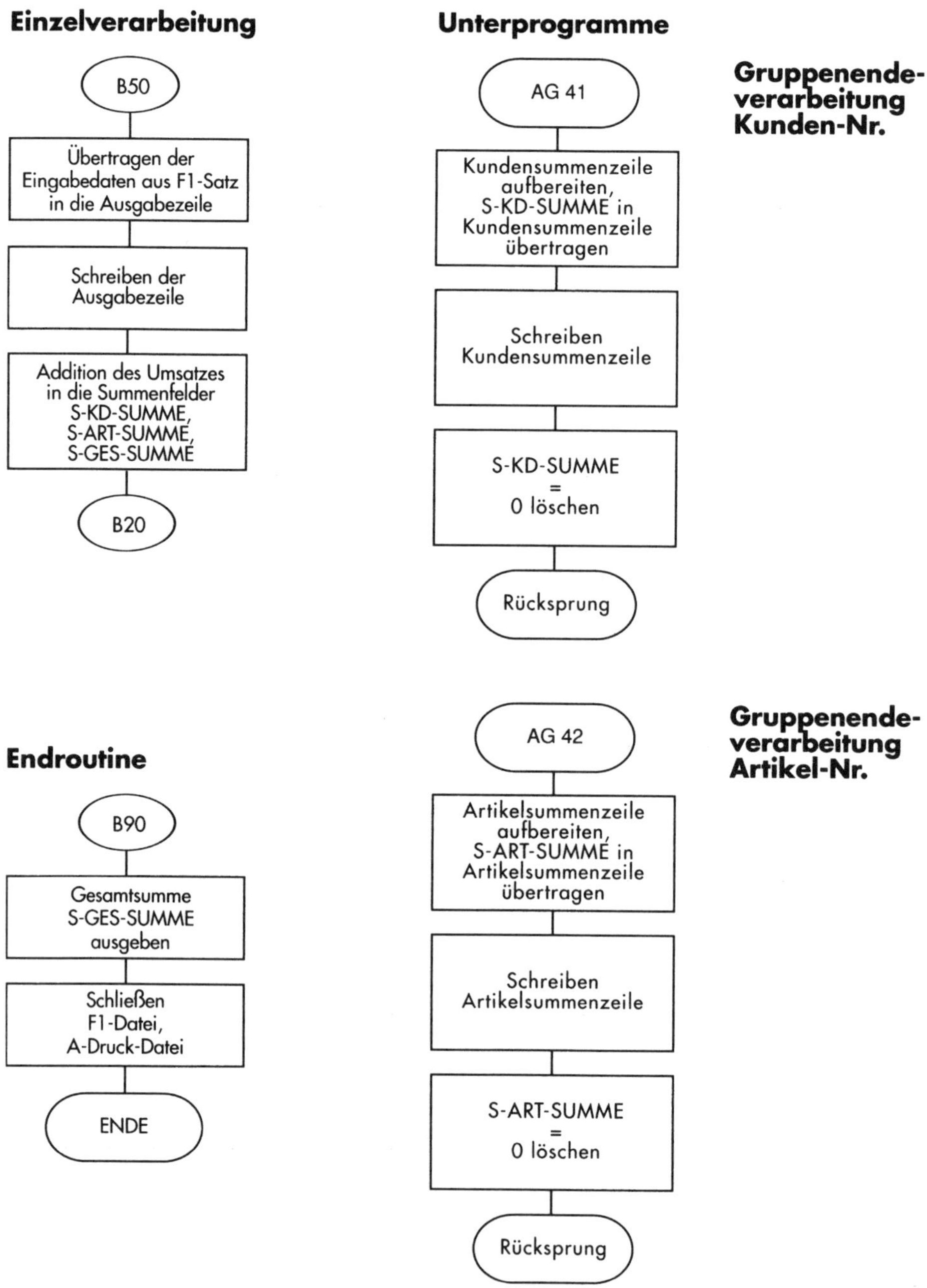

Bild 12.2: Programmablaufplan für NORM01 (Schluß)

Der dritte Block, B30, wird erforderlich, wenn mehrere sequentielle Dateien im Programm verarbeitet werden. In ihm wird die sogenannte *Auswahlsteuerung* oder *Satzauswahl* vorgenommen. Da in einem Programm nicht zwei Vorgänge simultan ablaufen können, sondern alle Aufgaben in nacheinander ablaufende Befehle zerlegt werden müssen, ist dieser Block erforderlich. Es wird jeweils die Datei mit dem kleinsten Gruppenbegriff und der höchsten Priorität für die Verarbeitung ausgewählt. Da im vorliegenden Beispiel nur eine Datei verarbeitet wird, ist dieser Block nicht erforderlich.

In der Numerierung der Blöcke kommt deswegen nach dem B20 der B40, ein B30 fehlt.

Im vierten Block B40 erfolgt die sogenannte *Gruppenablaufsteuerung*. Dieser Block ist zwischen das Lesen der Daten und die Verarbeitung der Daten geschoben. Ein Programmieranfänger wird sofort nach dem Lesen der Datensätze mit der Verarbeitung beginnen. Dieses Vorgehen führt dann aber bei der Abfrage, ob ein Gruppenwechsel vorliegt und ob Summenzeilen auszugeben sind, zu programmtechnischen Schwierigkeiten, vor allen Dingen, wenn mehrere Dateien zu verarbeiten sind. Diese Schwierigkeit wird durch das Vorgehen nach der normierten Programmierung vermieden.

Die Kontrolle des Gruppenwechsels erfolgt so, daß der Gruppenbegriff (NGRU) des neu eingelesenen bzw. zur Verarbeitung ausgewählten Satzes mit dem Gruppenbegriff des Vorgängersatzes verglichen wird, der in dem Feld AGRU (AGRU = alte Gruppe) gespeichert wird. AGRU hat die gleiche Datenbeschreibung wie NGRU. Dieser Vergleich kann aber nicht beim *ersten Satz* durchgeführt werden, da dieser Satz keinen Vorgänger hat. Deswegen muß der sogenannte erste Durchlauf ausgesteuert werden; es wird keine Gruppenwechselabfrage durchgeführt, sondern nur der Gruppenbegriff NGRU in das Feld AGRU gespeichert.

Die Zahl der einzelnen Gruppenwechsel kann beliebig ausgedehnt werden (Untergruppenwechsel, Hauptgruppenwechsel, Übergruppenwechsel). Es werden dazu Teile des Gruppenbegriffes NGRU mit AGRU verglichen, wobei immer die gerade abgeschlossene Teilgruppe aus dem Vergleich ausgeblendet wird. Durch geschickte Definition der Gruppenfelder können diese Vergleiche einfach durchgeführt werden. Im vorliegenden Beispielprogramm müssen zwei Gruppenstufenwechsel durchgeführt werden, und zwar der Wechsel der Kundennummer und der Wechsel der Artikelnummer.

Nach den Gruppenwechselabfragen erfolgt im B40 eine Arbeitsendeabfrage. Ein Programmieranfänger wird sofort beim Erreichen des Dateiendes (EOF) die Verarbeitung beenden und die Endverarbeitung ansteuern. Dieses Vorgehen hat den Nachteil, daß besondere Vorkehrungen für die Ausgabe der letzten Summenfelder getroffen werden müssen. Die normierte Programmierung arbeitet aber mit einem einfachen Trick, der dieses Problem automatisch löst. Beim Erreichen des Dateiendes wird ein Pseudogruppenbegriff aufgebaut, es werden die höchstmöglichen Zeichen (Cobol: HIGH-VALUE = hoher Wert) des Rechners in den Gruppenbegriff übertragen. Mit diesem Gruppenbegriff wird das Programm nochmals durchlaufen, und dadurch werden alle Summenfelder ausgegeben. Im B40900 wird dann in die Endroutine verzweigt und das Programm beendet, wenn der Gruppenbegriff NGRU die höchstmöglichen Zeichen enthält.

Am Ende des B40 erfolgt ein Sprung in den Block 50.

Im Block 50, der sogenannten *Einzelverarbeitung*, werden die im Block 20 gelesenen Sätze verarbeitet. Die Verarbeitungsbefehle sind von der jeweiligen Problemstellung abhängig. Im vorliegenden Beispiel müssen die einzelnen Sätze in der Liste protokolliert und die Kunden- und Artikelumsatzsummen gebildet werden.

Am Ende des B50 erfolgt der Rücksprung zum Lesen der Dateien im Block 20. Werden mehrere Dateien verarbeitet, wird die Datei gelesen, die zuletzt verarbeitet wurde.

Im Block AG41, dem sogenannten *Abschluß alte Gruppe*-Block, werden die Gruppensummen ausgegeben und die Gruppensummenfelder wieder gelöscht. Dieser Block und die Blöcke für die Ausgabe von Hauptgruppensummen (AG42), Übergruppensummen (AG43) usw. werden aus der Gruppenablaufsteuerung (B40) mit Unterprogrammaufrufen angesteuert, wenn der Gruppenbegriff wechselt.

Im Block B90, dem sogenannten *Endeblock*, werden die Endwerte, wie der Gesamtumsatz und die Anzahl der verarbeiteten Sätze, ausgegeben, die Dateien abgeschlossen und das Programm beendet.

Auf den folgenden Seiten finden Sie das Cobol-Programm »NORM01« mit einer Eingabedatei und einem zweistufigen Gruppenwechsel.

```
*********************************************************
 IDENTIFICATION DIVISION.
*********************************************************
 PROGRAM-ID.    NORM01.
****  NORMIERTE PROGRAMMIERUNG: Eine seq. Datei  *****
****  mit zweistufigem Gruppenwechsel und Druckausgabe

**************************************************
 ENVIRONMENT DIVISION.
**************************************************
 CONFIGURATION SECTION.
 SPECIAL-NAMES.
         DECIMAL-POINT IS COMMA.
 INPUT-OUTPUT SECTION.
 FILE-CONTROL.
         SELECT  OPTIONAL F1-ABRECH-DATEI
                 ASSIGN TO "SEQTEST.DAT"
                 FILE STATUS IS F1-STAT
                 ORGANIZATION SEQUENTIAL.

         SELECT  A-DRUCK-DATEI
                 ASSIGN TO External PRINTER
                 FILE STATUS IS A-STAT.

*****************************************************
```

```
   DATA DIVISION.
  *****************************************************
   FILE SECTION.

*               COPY F1FD.COB.
  ** COPY-File für Abrechnungsdatei ---------------+
   FD           F1-ABRECH-DATEI
                RECORD CONTAINS 80 CHARACTERS.
   01           F1-SATZ.
     05         F1-SATZART               PIC XX.
     05         F1-RECH-NR               PIC X(5).
     05         F1-DATUM                 PIC 9(6).
     05         F1-DAT REDEFINES F1-DATUM.
      10        F1-TT                    PIC 99.
      10        F1-MM                    PIC 99.
      10        F1-JJ                    PIC 99.
     05         F1-KUNDEN-NR             PIC X(4).
     05         F1-PLZ                   PIC X(5).
     05         F1-VERTR-NR              PIC X(4).
     05         F1-ART-NR                PIC X(4).
     05         F1-UMSATZ                PIC S9(9)V99.
     05         F1-FILLER                PIC X(39).
  ** Ende COPY-File -------------------------------+
   FD           A-DRUCK-DATEI.
   01           A-DRUCK-BER              PIC X(80).

  *****************************************************
   WORKING-STORAGE SECTION.
  *****************************************************

*               COPY DRUDEF01.COB.
  ****** COPY-File DRUCKDEFINITIONEN ------------------+
   01           STANDARD-AUSG-FELDER.
     05         A-VORSCHUB     PIC 99  VALUE 1.
     05         S-SEITE        PIC S999 COMP-3  VALUE ZERO.
     05         S-ZEILEN       PIC S999 COMP-3  VALUE +50.
     05         S-ZEILEN-MAX   PIC S999 COMP-3  VALUE +50.

   01           A-UEB-ZEILE.
     05         PIC X(20)  VALUE ' ** U M S A T Z L I '.
     05         PIC X(20)  VALUE 'S T E **       VOM : '.
     05         A-UEB-DATUM    PIC X(8).
     05         PIC X(22)  VALUE  SPACE.
     05         PIC X(07)  VALUE 'SEITE: '.
```

```
    05    A-UEB-SEITE    PIC ZZ9.

 01       A-KOPF-ZEILE.
    05    PIC X(20)  VALUE  ' RECHN-NR   DATUM   '.
    05    PIC X(20)  VALUE  'KUND-NR  PLZ   VERTR'.
    05    PIC X(20)  VALUE  '-NR    ART-NR       '.
    05    PIC X(20)  VALUE  ' UMSATZ             '.

 01       A-ZEILE        PIC X(80)  VALUE SPACE.
 01       AA-ZEILE  REDEFINES A-ZEILE.
    05    FILLER                   PIC X.
    05    AA-RECH-NR               PIC X(5).
    05    FILLER                   PIC X(4).
    05    AA-DATUM                 PIC 99.99.99.
    05    FILLER                   PIC X(3).
    05    AA-KUNDEN-NR             PIC X(4).
    05    FILLER                   PIC X(4).
    05    AA-PLZ                   PIC X(5).
    05    FILLER                   PIC X(3).
    05    AA-VERTR-NR              PIC X(4).
    05    FILLER                   PIC X(7).
    05    AA-ART-NR                PIC X(4).
    05    FILLER                   PIC XX.
    05    AA-UMSATZ                PIC ZZZ.ZZZ.ZZ9,99-.
    05    FILLER                   PIC X(11).
 01       AB-ZEILE REDEFINES A-ZEILE.
    05    FILLER                   PIC X(10).
    05    AB-TEXT                  PIC X(30).
    05    AB-ANZAHL                PIC ZZZ9.
    05    FILLER                   PIC X(36).
 01       AC-ZEILE  REDEFINES A-ZEILE.
    05    FILLER                   PIC X(05).
    05    AC-TEXT                  PIC X(20).
    05    AC-KUNDEN-NR             PIC X(4).
    05    FILLER                   PIC X(25).
    05    AC-SUMME                 PIC ZZZ.ZZZ.ZZ9,99-.
    05    AC-STERN                 PIC XX.
    05    AC-FILLER                PIC X(9).
 01       AD-ZEILE REDEFINES A-ZEILE.
    05    AD-FILLER                PIC X(5).
    05    AD-TEXT                  PIC X(20).
    05    AD-ART-NR                PIC X(4).
    05    FILLER                   PIC X(25).
    05    AD-SUMME                 PIC ZZZ.ZZZ.ZZ9,99-.
```

```
       05    AD-STERN                PIC XXXX.
       05    FILLER                  PIC X(7).
     01      AF-ZEILE REDEFINES A-ZEILE.
       05    FILLER                  PIC XX.
       05    AF-TEXT                 PIC X(20).
       05    FILLER                  PIC X(32).
       05    AF-SUMME                PIC ZZZ.ZZZ.ZZ9,99-.
       05    AF-STERN                PIC X(11).
     01      A-STR-ZEILE   PIC X(80)  VALUE ALL '-'.
     01      S-STRICH  REDEFINES A-STR-ZEILE   PIC X(80).
   ** Ende COPY-File Druckdefinitionen -------------------+
*            COPY NGRUDEF1.COB.
   *** DEFINITION DER GRUPPENBEGRIFFE ************
     01      NGRU  VALUE LOW-VALUE.
      05     NGRU-X.
       10    NGRU-TEIL-1       PIC X(4).
      05     NGRU-TEIL-2       PIC X(4).
     01      AGRU  VALUE  LOW-VALUE.
      05     AGRU-X.
       10    AGRU-TEIL-1       PIC X(4).
      05     AGRU-TEIL-2       PIC X(4).
*            COPY DATEDEF.COB.
   *** COPY-File Hilfsfelder für Datumspeicherung ****
     01  S-DATE-FELDER.
      05     SD-DATE.
       10    SD-JJ           PIC 99.
       10    SD-MM           PIC 99.
       10    SD-TT           PIC 99.
      05     SX-DATE REDEFINES SD-DATE PIC X(6).
      05     SY-DATUM.
       10    SY-TT           PIC 99.
       10    SY-MM           PIC 99.
       10    SY-JJ           PIC 99.
      05     SZ-DATUM REDEFINES SY-DATUM  PIC 9(6).
      05     AX-DATUM.
       10    A-DATUM         PIC 99.99.99.
   ** Ende COPY-File Datum --------------------------+
     01 HILFS-FELDER.
       05    F1-STAT        PIC XX  VALUE ZERO.
       05    A-STAT         PIC XX  VALUE ZERO.
```

```
         05     F1-ANZAHL      PIC S999 COMP-3.
         05     S-SUMME        PIC S9(9)V99 COMP-3 VALUE ZERO.
         05     S-KD-SUMME     PIC S9(9)V99 COMP-3 VALUE ZERO.
         05     S-ART-SUMME    PIC S9(9)V99 COMP-3 VALUE ZERO.
         05     S-GES-SUMME    PIC S9(9)V99 COMP-3 VALUE ZERO.

       01       TEXTE.
         05     TEXT-1       PIC X(30)       VALUE
                'Anzahl der gelesenen Sätze : '.
         05     TEXT-2       PIC X(19)       VALUE
                'UMSATZ KUNDEN-NR : '.
         05     TEXT-3       PIC X(19)       VALUE
                'SUMME ARTIKEL-NR : '.
         05     TEXT-4       PIC X(15)       VALUE
                'GESAMTUMSATZ : '.

      *******************************************************
       PROCEDURE DIVISION.
      *******************************************************
      ***    Vorprogramm
      *******************************************************
       B10 SECTION.
       B11.
                MOVE  SPACE     TO A-ZEILE.
*               COPY DATEBEF.COB.
      *** Datum einlesen und umspeichern ******
       DATE01.
           ACCEPT SD-DATE  FROM DATE.
           IF  SX-DATE  NOT NUMERIC
               GO TO DATE90.
           MOVE  SD-TT     TO  SY-TT.
           MOVE  SD-MM     TO  SY-MM.
           MOVE  SD-JJ     TO  SY-JJ.
           MOVE  SZ-DATUM  TO  A-DATUM.
       DATE90.
      * Ende COPY-File Datum umspeichern ----------+
               MOVE  ZERO      TO F1-ANZAHL.
               MOVE  A-DATUM   TO A-UEB-DATUM.
       B12.
               OPEN INPUT F1-ABRECH-DATEI.
               OPEN OUTPUT A-DRUCK-DATEI.
               IF F1-STAT NOT = ZERO
                   DISPLAY ( 20, 1 ) "OPEN-Fehler F1-DATEI ",
                   F1-STAT WITH HIGHLIGHT
```

```
                GO TO B90
            END-IF.
            IF A-STAT NOT = ZERO
                DISPLAY ( 20, 1 ) "OPEN-Fehler Drucker ",
                A-STAT WITH HIGHLIGHT
                GO TO B90
            END-IF.
     B19.
*****************************************************
***    LESEBLOCK
*****************************************************
     B20 SECTION.
     B21.
            READ  F1-ABRECH-DATEI  AT END
                  MOVE HIGH-VALUE   TO NGRU
                  GO TO B40
            END-READ.
            ADD  1  TO  F1-ANZAHL.
            MOVE F1-ART-NR           TO  NGRU-TEIL-1.
            MOVE F1-KUNDEN-NR        TO  NGRU-TEIL-2.
** Sortierfolgeprüfung ***
B           IF  NGRU                 LESS AGRU
               DISPLAY 'SORTIERFEHLER  *** ABBRUCH ** ',
               'NRGRU= ', NGRU, 'AGRU= ', AGRU
               GO TO B90
            END-IF.
*****************************************************
*** GRUPPENABLAUFSTEUERUNG
*****************************************************
     B40 SECTION.
     B4001.
***    Aussteuerung 1. Durchlauf   *************
B           IF  AGRU     =  LOW-VALUE
                    GO TO B40900
            END-IF.
     B4010.
B           IF NGRU      =  AGRU     *> kein Wechsel
                    GO TO B40990
            END-IF.
**** Kunden-Nr-Wechsel ***
            PERFORM AG41.
     B4020.
B           IF NGRU-X   =  AGRU-X  *>Artikel-Nr gleich?
                    GO TO B40900
```

```
           END-IF.
**** Artikel-Nr-Wechsel ***
           PERFORM AG42.
    B40900.
B          IF NGRU    =  HIGH-VALUE   *> Abfrage "Dateiende?"
              GO TO B90
           END-IF.
    B40950.
           MOVE  NGRU  TO  AGRU. *> Gruppenbegriff sichern
    B40990.
           GO TO B50.

*****************************************************
***  VERARBEITUNG der Abrechnungsdatei
*****************************************************
    B50 SECTION.
    B51.
           MOVE    F1-RECH-NR      TO  AA-RECH-NR.
           MOVE    F1-DATUM        TO  AA-DATUM.
           MOVE    F1-KUNDEN-NR    TO  AA-KUNDEN-NR.
           MOVE    F1-PLZ          TO  AA-PLZ.
           MOVE    F1-VERTR-NR     TO  AA-VERTR-NR.
           MOVE    F1-ART-NR       TO  AA-ART-NR.
           MOVE    F1-UMSATZ       TO  AA-UMSATZ.
           PERFORM DRUCK.
           MOVE    1               TO  A-VORSCHUB.
           ADD     F1-UMSATZ       TO  S-KD-SUMME.
           ADD     F1-UMSATZ       TO  S-ART-SUMME.
           ADD     F1-UMSATZ       TO  S-GES-SUMME.
    B5190.
B          GO TO B20.
*****************************************************
***  ENDROUTINE
*****************************************************
    B90 SECTION.
           MOVE  TEXT-4            TO  AF-TEXT.
           MOVE  S-GES-SUMME       TO  AF-SUMME.
           MOVE  '****'            TO  AF-STERN.
           MOVE  4                 TO A-VORSCHUB.
           PERFORM DRUCK.
           MOVE  TEXT-1            TO  AB-TEXT.
           MOVE  F1-ANZAHL         TO  AB-ANZAHL.
           MOVE  6                 TO  A-VORSCHUB.
           PERFORM DRUCK.
```

```
 B92.
          CLOSE F1-ABRECH-DATEI,  A-DRUCK-DATEI.
          STOP RUN.
*****************************************************
*  UNTERPROGRAMME
*****************************************************

*****************************************************
* GRUPPENENDEVERARBEITUNG KUNDEN-NR
*****************************************************
 AG41 SECTION.
B         MOVE AGRU-TEIL-2        TO AC-KUNDEN-NR.
          MOVE TEXT-2             TO AC-TEXT.
          MOVE S-KD-SUMME         TO AC-SUMME.
          MOVE '*'                TO AC-STERN.
          MOVE 2                  TO A-VORSCHUB.
          PERFORM DRUCK.
          MOVE ZERO               TO S-KD-SUMME.
          MOVE 2                  TO A-VORSCHUB.
 AG4190.
          EXIT.

*****************************************************
*  GRUPPENENDEVERARBEITUNG ARTIKEL-NR
*****************************************************
 AG42 SECTION.
B         MOVE AGRU-TEIL-1        TO AD-ART-NR.
          MOVE TEXT-3             TO AD-TEXT.
          MOVE S-ART-SUMME        TO AD-SUMME.
          MOVE '**'               TO AD-STERN.
          MOVE 2                  TO A-VORSCHUB.
          PERFORM DRUCK.
          MOVE ZERO               TO S-ART-SUMME.
          MOVE 2                  TO A-VORSCHUB.
 AG4290.
          EXIT.

*         COPY DRUROU.COB.
***STANDARD-DRUCKPROGRAMM ***************************
 DRUCK SECTION.
          ADD  A-VORSCHUB         TO  S-ZEILEN.
          IF   S-ZEILEN           >   S-ZEILEN-MAX
               PERFORM SEITEN
          END-IF.
```

```
           WRITE A-DRUCK-BER FROM A-ZEILE
              AFTER A-VORSCHUB  LINES.
           MOVE   SPACE             TO  A-ZEILE.
 DRUCK90.
           EXIT.
*** SEITENWECHSEL **************************************
 SEITEN SECTION.
           ADD     1                TO  S-SEITE.
           MOVE    S-SEITE          TO  A-UEB-SEITE.
           WRITE   A-DRUCK-BER  FROM A-UEB-ZEILE
              AFTER  PAGE.
           WRITE   A-DRUCK-BER FROM A-KOPF-ZEILE
              AFTER 2 LINES.
           WRITE   A-DRUCK-BER  FROM A-STR-ZEILE
               AFTER 1 LINES.
           MOVE    2                TO  A-VORSCHUB.
           MOVE    5                TO  S-ZEILEN.
 SEIT90.
           EXIT.
** Ende DruRou.Cob --------------------------------- *
```

12.4 Programmerläuterung

Die Datensatzbeschreibung der F1-ABRECH-DATEI und die für die Druckausgabe erforderlichen Definitionen werden mit COPY-Befehlen in das Programm gerufen. Die verschiedenen Zeilen für die Ausgabe der Einzeldaten, der Kundenumsätze und Artikelumsätze (AA-ZEILE, AB-ZEILE, AC-ZEILE usw.) sind redefiniert, so daß sie den gleichen Speicherbereich belegen.

Die Gruppenbegriffe NGRU und AGRU sind so definiert, daß der Gruppenwechsel leicht abgefragt werden kann. Sie haben folgende Struktur:

```
   NGRU

+------+------+
  |      |
  |      |
  |      NGRU-TEIL-2 (Kundennummer)
 NGRU-TEIL-1 identisch mit NGRU-X (Artikelnummer)
```

NGRU und AGRU umfassen Artikelnummer und Kundennummer. Wechselt einer der beiden Begriffe, wird ein Gruppenwechsel im B40 ausgelöst, weil auch bei einem Artikelnummerwechsel ein Kundenumsatz ausgegeben werden muß (vergleiche Liste). Wechselt innerhalb einer Artikelnummer nur die Kundennummer, wird nur der Kundenumsatz ausgegeben, der Artikelumsatz wird weiter addiert.

Diese Definition der Gruppenbegriffe läßt sich beliebig ausweiten, so daß auch mehr Gruppenwechsel auf verschiedenen Stufen durchgeführt werden können.

Die Gruppenbegriffe werden mit LOW-VALUE vorbesetzt, damit sie auch zur Sortierfolgeprüfung und zur Steuerung des ersten Durchlaufs verwendet werden können. Nur beim ersten Durchlauf hat AGRU den Wert LOW-VALUE, danach steht der Gruppenbegriff des Vorgängersatzes in AGRU. LOW-VALUE ist als Anfangswert zu empfehlen, da dieser Wert nicht über die Tastatur oder Lochkarten eingegeben werden kann und somit bei der Sortierfolgeprüfung der erste eingelesene Wert auf jeden Fall größer als der Wert in NGRU ist. Die VALUE-Eintragung auf Gruppenstufe ist hier möglich, da die untergeordneten Datenfelder alle zur gleichen Klasse (alphanumerisch) gehören.

Für die Ermittlung der Kundenumsätze, Artikelumsätze und des Gesamtumsatzes sind die Felder S-KD-SUMME, S-ART-SUMME und S-GES-SUMME angelegt.

Die PROCEDURE DIVISION ist, wie oben beschrieben, nach der normierten Programmierung aufgebaut.

Im *Vorprogramm* werden Anfangswerte in die Felder übertragen, sofern die Felder noch nicht über die VALUE-Eintragung mit Werten vorbesetzt sind. Das Tagesdatum für den Listenkopf wird aus dem Systemfeld DATE eingelesen, und die Dateien werden eröffnet.

Im *Leseblock* wird die Abrechnungsdatei eingelesen, die Anzahl der gelesenen Sätze gezählt, der Gruppenbegriff NGRU aufgebaut und eine Sortierfolgeprüfung durchgeführt. Bei falscher Sortierfolge wird eine Meldung auf dem Bildschirm ausgegeben und das Programm abgebrochen, da die Ausgabeliste auf jeden Fall falsch wird. In diesem Fall müßte die Datei neu sortiert und der Programmlauf wiederholt werden.

Die folgenden Blöcke des Programms sind bereits bei der allgemeinen Erläuterung des normierten PAP abgehandelt worden.

Zu beachten ist, daß in den Blöcken »*Gruppenendeverarbeitung*«, AG41 und AG42, mit der Kundennummer bzw. Artikelnummer gearbeitet wird, die in AGRU steht. Es darf nicht mit den Daten gearbeitet werden, die in NGRU stehen, denn dort steht schon die neue Artikel- bzw. Kundennummer, für die die Summen erst zu ermitteln sind.

Die Druckroutine ist bereits in dem Programm PROG01 erläutert worden. Damit nach einem Gruppenwechsel ein zweizeiliger Zeilentransport erfolgt, wird das Vorschubzeichen im B50 erst nach der Ausgabe der ersten Zeile nach einem Gruppenwechsel auf 1 gesetzt. Das Vorschubzeichen für die erste Zeile wird im Block AG41 bzw. AG42 gesetzt.

12.5 Schreibtischtest für NORM01

Den Lösungsweg der normierten Programmierung sollte man sich in einem Schreibtischtest mit Hilfe von einfachen Testdaten klarmachen. Aus dem Eingabedatensatz werden nur die für die Lösung wichtigen Felder herausgezogen.

Testdaten

```
-------------------------------------
Kunden-Nr       Art-Nr     Umsatz
-------------------------------------
1000            1111       200,00
1000            1111       300,00
2000            1111       400,00
2000            1111       500,00
2000            2222       100,00
2000            2222       300,00
3000            2222       200,00
3000            2222       100,00
EOF
-------------------------------------
```

Für den Schreibtischtest werden die den Ablauf beeinflussenden Felder auf dem Papier angelegt und die Werte, die diese Felder während des Programmlaufs annehmen, nacheinander in die Felder geschrieben. Die alten Werte werden durchgestrichen oder ausradiert.

Für das Verständnis der Lösungslogik müssen folgende Felder angelegt werden:

```
+---------------------------------------------------------+
|
F1-SATZ  (Eingabebereich für die F1-DATEI)


+----+----+                    +----+----+
|       |                       |      |
|       NGRU-TEIL-2             |      AGRU-TEIL-2
NGRU-TEIL-1                    AGRU-TEIL-1
NGRU-X                         AGRU-X
|--NGRU ---|                   |--AGRU ---|

+--------+          +--------+          +--------+
|                   |                   |
S-KD-SUMME          S-ART-SUMME         S-GES-SUMME


+---------------------------------------------------------+
|
A-DRUCK-BER
```

Alternativ zum Schreibtischtest können Sie das Programm mit dem ANIMATOR ausführen. Setzen Sie Breakpoints in die Zeilen, die in der Programmliste mit »B« vor der Zeilennummer markiert sind. Schauen Sie sich an diesen Stellen die Inhalte der o.a. Datenfelder mit »Examine« an. Führen Sie das Programm schrittweise aus, und unterbrechen Sie den Lauf, wenn Ihnen eine Befehlsfolge unklar ist. Prüfen Sie mit »Examine« insbesondere den Inhalt von NGRU und AGRU. Die Inhalte der COMP-3-Summenfelder müssen Sie hexadezimal kontrollieren.

ÜBUNG

In einem Programm sollen aus der Stundenerfassungsdatei (STUND.DAT), die weiter oben beschrieben ist, die gearbeiteten Stunden je Mitarbeiter mit Zwischensummen je Kostenstelle ermittelt werden. Je Mitarbeiter können mehrere Sätze in der Erfassungsdatei stehen. Die Ausgabeliste soll folgendes Aussehen erhalten:

```
   STUNDENERFASSUNGSPROTOKOLL  VOM XX.XX.XX   SEITE XXX
Pers-Nr.  Kostenstelle   gearb. Stunden
-------------------------------------------------------------
 XXXX        XXXXXX         XXX,XX

Beispiel:
 1111        666666          20,50
 1111        677777         100,50

SUMME MITARBEITER 1111      121,00 **

 2222        666666          80,00
 2222        668888          25,00

SUMME MITARBEITER 2222      105,00 **
```

a) Zeichnen Sie einen Datenflußplan für die Lösung der Aufgabe. Geben Sie dabei die Sortierung der Datei an.

b) Beschreiben Sie den Aufbau der Gruppenbegriffe (NGRU, AGRU).

c) Zeichnen Sie einen funktionsfähigen Programmablaufplan. Das Schreiben der Überschriften und die Blattwechselsteuerung können Sie vernachlässigen.

LÖSUNG

Der Datenflußplan gleicht dem Datenflußplan für die Aufgabenstellung NORM01. Es müssen lediglich die Dateibezeichnungen und die Listenbezeichnung geändert werden.

Die Stundenerfassungsdatei muß nach Personalnummern und innerhalb der Personalnummern nach Kostenstellen sortiert werden.

Der Aufbau der Gruppenbegriffe gleicht ebenfalls der Beschreibung in dem Programm NORM01.

```
       NGRU
+----+----+
  |    |
  |    NGRU-TEIL-2 für die Speicherung der Kostenstelle
 NGRU-TEIL-1 für die Speicherung der Personalnummer
```

Die Cobol-Beschreibung sieht folgendermaßen aus:

```
01   NGRU VALUE LOW-VALUE.
 05  NGRU-X.
  10 NGRU-TEIL-1     PIC X(4).
 05  NGRU-TEIL-2     PIC X(6).
```

Analog dazu kann AGRU beschrieben werden.

Der Programmablaufplan soll aus Platzgründen hier nicht dargestellt werden. Er gleicht dem Ablaufplan für das Programm NORM01. Folgende Änderungen sind zu berücksichtigen:

- Im AG41 wird der Kostenstellenwechsel bearbeitet.
- Im AG42 wird der Personalnummerwechsel bearbeitet.
- In der Einzelverarbeitung B50 brauchen die Datensätze laut Aufgabenstellung nicht ausgegeben zu werden. Es müssen die gearbeiteten Stunden aus der Erfassungsdatei in die Summenfelder für die Kostenstelle und die Personalnummer addiert werden.
- Im AG41 (Kostenstellenwechsel) wird die Summe der gearbeiteten Stunden je Kostenstelle ausgegeben. Dieses Summenfeld wird im B50 gefüllt. Das Summenfeld muß anschließend wieder auf den Wert 0 gesetzt werden.
- Im AG42 (Personalnummerwechsel) wird analog die Summe der gearbeiteten Stunden je Mitarbeiter ausgegeben und anschließend das Feld wieder auf 0 gesetzt.

Kapitel 13

Indexsequentielle Dateien

13.1 Beschreibung der indexsequentiellen Dateiorganisation

Die indexsequentielle Speicherung gilt heute als die leistungsstärkste Methode für die Verwaltung von Daten. Sie erlaubt es, bestimmte Datensätze *direkt* aus dem Datenbestand zu lesen, zu verändern und zurückzuschreiben. Der gesamte Datenbestand kann bei Bedarf *sequentiell* verarbeitet werden. Pro Datensatz können in Cobol *maximal 255 Zugriffsschlüssel* (multiple keys) deklariert werden. Bei der sequentiellen Verarbeitung werden die Datensätze dem Programm in der angegebenen Schlüsselfolge sortiert zur Verfügung gestellt. Die Schlüssel für den wahlfreien Zugriff können *alphanumerisch* sein, d.h. sie können Buchstaben und Ziffern enthalten und an jeder beliebigen Stelle im Satz stehen. Ein Schlüsselfeld kann 1016 Zeichen lang sein. Der *gleiche Schlüssel* (duplicate key) kann unter Umständen mehrfach in der Datei gespeichert werden. Der Platz auf den Platten wird gut und nahezu lückenlos ausgenutzt, da das Cobol-System automatisch eine Speicherplatzoptimierung durchführt. Die indexsequentielle Speicherung dominiert heute in der kaufmännischen Anwendung der Datenverarbeitung.

Bei der indexsequentiellen Datenspeicherung wird neben den Datensätzen ein Inhaltsverzeichnis (genannt *Control-Index*) geführt, das die *Schlüsselbegriffe* der Datensätze und die *Adressen* der Datensätze auf der Platte enthält und so einen direkten Zugriff auf die Datensätze erlaubt. Das Schlüsselverzeichnis wird automatisch vom Ein-/Ausgabesystem unter dem Namen der Datei angelegt. Es erhält die Namensergänzung ».IDX«.

Der prinzipielle Aufbau soll am Beispiel einer Kundendatei erläutert werden.

Im *Datenbereich* der Kundendatei werden die Datensätze hintereinander abgelegt. Die Satzlänge beträgt 100 Byte; Schlüssel sind:

1. Kundennummer (RECORD KEY)
2. Name + Vorname (ALTERNATE RECORD KEY)

13.1.1 Datenbereich KUNDEN.DAT

Adresse	Datensatz Kd-Nr.	 Name	 Vorname	 weitere Daten
0000	1111	Müller	Otto	....
0100	3333	Bo	Bill	....
0200	1122	Uhse	Beate	....
0300	1222	Cobolix	Bit	
0400	1888	Müller	Anton	
0500	2222	Floppy	Hans	
0600	1133	Boss	Armer	
0700	1144	Dracula	Graf	

Die Adresse des Datensatzes wird relativ vom Dateianfang aus gezählt. Das erste Byte der Datei hat die Adresse 0000. Der zweite Datensatz beginnt dann auf Byte 100, da die Satzlänge für das Beispiel 100 Byte beträgt.

13.1.2 Schlüssel- oder Indexbereich der Kundendatei (KUNDEN.IDX)

RECORD KEY		ALTERNATE RECORD KEY		
Kundennummer	Adresse	Name +	Vorname	Adresse
1111	0000	Bo	Bill	0100
1122	0200	Boss	Armer	0600
1133	0600	Cobolix	Bit	0300
1144	0700	Dracula	Graf	0700
1222	0300	Floppy	Hans	0500
1888	0400	Müller	Anton	0400
2222	0500	Müller	Otto	0000
3333	0100	Uhse	Beate	0200

Die Schlüsselbereiche werden sortiert nach den Schlüsseln aufgebaut. Im Datenbereich werden die Sätze in der Reihenfolge ihrer Eingabe abgelegt. Wird ein Satz mit einem bestimmten Schlüssel verlangt, wird vom Ein-/Ausgabesystem erst der Schlüsselbereich durchsucht und die Adresse des Datensatzes gelesen. Anschließend wird der Schreib-/Lesekopf der Platte auf diese Adresse positioniert und der Datensatz in den Arbeitsspeicher übertragen. Da der Platzbedarf des Schlüsselbereichs relativ gering ist, kann er bei der Verarbeitung der Datei im Speicher gehalten werden, so daß das Suchen des Schlüssels sehr schnell durchgeführt werden kann. Beim Zufügen eines Datensatzes wird der Satz auf einen freien Platz in der Datei geschrieben, die Schlüsselbegriffe werden aus dem Satz gezogen und in den Indexbereich an die richtige Stelle einsortiert.

Die Schlüsselfelder müssen nicht zusammenhängend im Satz gespeichert werden, sondern können aus mehreren Datenfeldern zusammengesetzt sein, die an beliebiger Stelle im Satz stehen (»Split-Key«). Pro Datensatz können in Cobol zur Zeit 255 Schlüsselfelder deklariert werden.

Bei der indexsequentiellen Speicherung werden raffinierte Speicher- und Suchtechniken eingesetzt, um bei vielen Änderungen in der Datei (Zugänge und Löschungen von Datensätzen) noch akzeptable Verarbeitungszeiten zu gewährleisten. Die Indexbereiche werden nach dem Prinzip von *binären Bäumen* verwaltet. Der Datenbereich kann in Teilbereiche unterteilt werden, in denen die Datensätze in sortierter Folge stehen. Die Teilbereiche sind wiederum durch Kettadressen miteinander verbunden. Der Cobol-Programmierer braucht sich um diese interne Verwaltung der Datei nicht zu kümmern und kann sie in der Regel auch nicht beeinflussen. Die Platzverwaltung auf der Platte, die Optimierung der Zugriffspfade und Suchverfahren wird automatisch von Cobol bzw. dem indexsequentiellen Datenverwaltungssystem vorgenommen. Der Cobol-Programmierer kann die Datensätze nicht in der Reihenfolge lesen, in der sie physisch auf dem Datenträger abgelegt sind, sondern immer nur in einer Schlüsselfolge.

Ein Schlüsselfeld muß als *Primärschlüssel* oder RECORD KEY definiert werden. Der RECORD KEY muß innerhalb der Datei *eindeutig* sein, d.h. der gleiche Schlüsselwert darf nicht zweimal in der Datei auftreten. Der RECORD KEY eines Satzes darf nicht geändert werden. Bei den *Sekundärschlüsseln* oder ALTERNATE RECORD KEYs kann der gleiche Wert *mehrfach* in der Datei enthalten sein. Die Schlüsselfelder müssen beim Erzeugen der Datei deklariert werden. Die ALTERNATE RECORD KEYs können geändert werden. Cobol aktualisiert automatisch die Indexeinträge. In jedem Verarbeitungsprogramm muß die Beschreibung der Datei und der Schlüssel mit der Originaldefinition übereinstimmen. Die Ergebnisse des Programmlaufs sind im anderen Fall unvorhersehbar. Es ist deswegen zu empfehlen, die Cobol-Beschreibung der Dateien in einer zentralen COPY-Datei abzulegen und mit der Cobol-COPY-Anweisung in die Anwendungsprogramme zu kopieren.

Es ist *nicht* möglich, nachträglich oder temporär zusätzliche Schlüsselfelder anzugeben, wie in einigen Datenbanksystemen, z.B SQL-Datenbanken oder MS-Access. Werden neue Zugriffsschlüssel erforderlich, muß die Datei mit der geänderten Schlüsseldefinition komplett neu aufgebaut bzw. der Datenbestand in eine Datei mit der neuen Schlüsseldefinition übertragen werden.

Eine indexsequentielle Datei muß im Cobol-Programm in der SELECT-Eintragung einer Platte zugeordnet werden. Auf eine indexsequentielle Datei kann sequentiell, direkt oder dynamisch zugegriffen werden. Die Art der Verarbeitung wird im ACCESS MODE angegeben.

Beim *sequentiellen Zugriff* (ACCESS SEQUENTIAL) werden die Sätze in aufsteigender Reihenfolge entsprechend dem RECORD oder ALTERNATE RECORD KEY zur Verfügung gestellt. Beim *Direktzugriff* (ACCESS RANDOM) bestimmt der Programmierer die Reihenfolge des Zugriffs. Es wird der Satz gelesen, dessen Schlüssel vor dem Lesebefehl in dem Schlüsseldatenfeld (RECORD KEY oder ALTERNATE RECORD KEY) gespeichert wird. Der Programmierer gibt im READ-Befehl an, mit welchem Schlüssel der Satz gelesen werden soll. Beim *dynamischen Zugriff* (ACCESS DYNAMIC) kann im Programm vom sequentiellen auf den direkten Zugriff umgeschaltet werden und umgekehrt. Dabei kann mit einer START-Anweisung mitten in der Datei aufgesetzt und ab dieser Position die Datei sequentiell vorwärts oder rückwärts gelesen werden.

Die Sätze werden dem Programm in aufsteigender oder absteigender Schlüsselfolge zur Verfügung gestellt. Den Schlüssel legt der Programmierer in der START-Anweisung fest.

In Mehrbenutzersystemen kann ein programmgesteuerter *Zugriffsschutz* für die Datei oder einzelne Datensätze programmiert werden (RECORD und FILE LOCKING). Cobol unterstützt serienmäßig den Mehrbenutzerbetrieb. Die Leistungen gehen über den ANSI-85-Standard hinaus. Über eine einfache Abfrage des File-Status kann die Sperrung kontrolliert werden.

Das Cobol-Hilfsprogramm für die indexsequentielle Dateiverwaltung, EXTFH .EXE, wird automatisch mit dem Anwendungsprogramm gebunden bzw. zur Ausführungszeit in den Speicher gerufen. Der Speicherbedarf des Programms erhöht sich dadurch um ca. 100 Kbyte. Das Directory mit EXTFH.EXE muß zur Ausführungszeit im Zugriff sein.

Anmerkung: *Microsoft-Cobol-ISAM-Dateien sind nicht mit der neuen Version kompatibel. Sie müssen erst mit einem Hilfsprogramm umgesetzt werden. MF-Cobol unterstützt auch C-ISAM-Dateien und das Btrieve-Indexformat von Novell. Welche ISAM-Treiberroutine (ISAM = Indexsequential Access Method) verwendet werden soll, teilt der Programmierer dem Compiler über den Schalter /IDXFORMAT mit.*

13.2 SELECT- und FD-Eintragung

Die Struktur der Datei wird in der ENVIRONMENT und DATA DIVISION beschrieben. In der ENVIRONMENT DIVISION müssen in der SELECT-Eintragung die Speicherungs- und Verarbeitungsform der Datei, der Name der Datei auf dem Externspeicher und die Schlüsselfelder angegeben werden:

```
ENVIRONMENT DIVISION.
FILE-CONTROL.
SELECT      [OPTIONAL] Dateiname
            ASSIGN TO "DOS-Dateiname" / Datenname-6
            [ORGANIZATION IS] INDEXED
            [ACCESS  MODE IS SEQUENTIAL / RANDOM / DYNAMIC]
            RECORD KEY IS Datenname-1 /
               Split-Key-Name-A = Datenname-1, Datenname-2, ...
            [ALTERNATE RECORD KEY IS Datenname-3
                                 [WITH DUPLICATES] /
              Split-Key-Name-B = Datenname-4, Datenname-5, ...
                         [WITH DUPLICATES]]
            [SUPPRESS [WHEN] ZERO / SPACE / [ALL] Literal]

            [LOCK  MODE IS EXCLUSIVE / MANUAL / AUTOMATIC
                   [WITH LOCK ON [MULTIPLE] RECORDS]]
            [FILE STATUS IS Datenname-5]
            [RESERVE Ganzzahl AREAS].
```

Die RESERVE-Eintragung hat nur dokumentarischen Wert, sie wird nicht vom Compiler verarbeitet. In anderen Cobol-Dialekten wird hiermit die Anzahl der Ein-/Ausgabepuffer angegeben. Mehr interne Puffer erhöhen die Verarbeitungsgeschwindigkeit der Datei. Die Regeln für ASSIGN entsprechen den allgemeinen Regeln, die in Kap. 11.2.8 behandelt sind. Es wird der Name der Datei auf dem Externspeicher (Directory-Eintrag) angegeben. Diese Zuordnung kann über den Zusatz ASSIGN EXTERNAL bzw. DYNAMIC ... auch dynamisch erfolgen (vgl. Kap. 11).

Beispiel:

```
SELECT    F1-ISAM-DATEI
          ASSIGN TO "C:KUNDEN.DAT"
          ORGANIZATION INDEXED
          ACCESS DYNAMIC
          FILE STATUS IS F1-STAT
          RECORD KEY IS F1-REC-KEY
          ALTERNATE RECORD KEY IS F1-KUNDENNAME-1
            WITH DUPLICATES
          SUPPRESS WHEN SPACE
          ALTERNATE RECORD KEY IS
            F1-KEY-2 = F1-PLZ, F1-ORT WITH DUPLICATES
          LOCK MODE IS AUTOMATIC.
```

In der DATA DIVISION wird die Struktur der Datei beschrieben. Die Schlüsselfelder müssen in der Satzbeschreibung der Datei enthalten sein, ausgenommen die Split-Key-Namen (im Beispiel F1-KEY-2). Diese dürfen *nicht* in der Satzbeschreibung auftauchen, da Cobol automatisch ein internes Datenfeld mit dem entsprechenden Namen anlegt.

Für die FILE DESCRIPTION (FD) gelten die gleichen Vorschriften wie für die sequentiellen Dateien.

Format:

```
FD   Dateiname
     [LABEL RECORD STANDARD]
     [BLOCK CONTAINS [Ganzzahl-1 TO] Ganzzahl-2 RECORDS]
     [RECORD CONTAINS [Ganzzahl-3 TO] Ganzzahl-4 CHARACTERS]
     [DATA RECORD(S) IS/ARE Datenname-1 [Datenname-2] ...].
```

Beispiel:

```
DATA DIVISION.
FILE SECTION.
FD   F1-ISAM-DATEI
     RECORD CONTAINS 200 CHARACTERS.
01   F1-REC-SATZ.
 05       F1-LKZ              PIC X.
 05       F1-REC-KEY.
  10      F1-KUNDEN-NR        PIC X(4).
  10      F1-SATZART          PIC XX.
 05       F1-ANREDE           PIC X.
 05       F1-NAME.
  10      F1-KUNDENNAME-1     PIC X(20).
  10      F1-KUNDENNAME-2     PIC X(20).
 05       F1-ANSCHRIFT.
  10      F1-STRASSE          PIC X(20).
```

```
 10      F1-PLZ            PIC X(5).
 10      F1-ORT            PIC X(20).
05       F1-BLZ            PIC X(8).
05       F1-BANK-BEZ       PIC X(20).
05       F1-KONTO-NR       PIC X(10).
05       F1-RESERVE        PIC X(69).
```

Alle Angaben in der FD-Eintragung, die dem Dateinamen folgen, können in Cobol-85 entfallen. LABEL RECORD STANDARD dokumentiert, daß Datei-Kennsätze vorliegen. BLOCK CONTAINS gibt den Blockungsfaktor an. Die Angabe hat keine Bedeutung, da das Betriebssystem die Ein-/Ausgabe optimiert. Die RECORD CONTAINS-Angabe muß geschrieben werden, wenn mit Sätzen variabler Länge gearbeitet wird. Es wird die Länge des kürzesten und längsten Datensatzes angegeben, damit der Ein-/Ausgabe-Pufferspeicher angelegt werden kann. Bei fester oder fixer Satzlänge kann die Satzlänge zur Kontrolle dokumentiert werden. Die RECORD CONTAINS-Klausel gibt es in Cobol noch in einer komplexeren Form. Für die Verarbeitung von Sätzen variabler Länge müssen besondere Vorkehrungen im Programm getroffen werden, die vernachlässigt werden sollen. Im Normalfall kann auf die Angabe verzichtet werden. Die DATA RECORDS-Klausel dokumentiert die Namen der Datensätze, die zu der Datei gehören. Die Datensatzbeschreibungen folgen auf der Stufennummer 01 dem FD-Eintrag.

13.3 RECORD KEY und ALTERNATE RECORD KEY

Der RECORD KEY oder auch »Primärschlüssel« muß *eindeutig* sein, d.h. der gleiche Schlüssel, im Beispiel die Kundennummer, darf nur einmal innerhalb der Datei auftreten. Der Primärschlüssel wird vom ISAM-Datenverwaltungssystem für das Zufügen, Ändern und Löschen von Datensätzen verwendet. Der RECORD KEY eines Satzes darf nicht verändert werden. Der RECORD KEY kann in einem elementaren Datenfeld, einem Gruppenfeld oder in mehreren Datenfeldern (= Split-Key) gespeichert werden. Der Schlüssel darf maximal 1016 Byte lang sein. Er darf niemals nur binäre Nullen (LOW-VALUE) enthalten. Ein Schlüsselfeld darf in der Satzbeschreibung keiner OCCURS-Angabe untergeordnet sein.

Der ALTERNATE RECORD KEY oder auch »Sekundärschlüssel« kann ebenfalls für den Zugriff auf den Datensatz verwendet werden. Der ALTERNATE KEY kann in einem elementaren Datenfeld, einem Gruppenfeld oder mehreren Datenfeldern (= Split-Key) gespeichert werden. Mit welchem Schlüssel ein Datensatz gelesen werden soll, wird im READ- bzw. START-Befehl angegeben. Der ALTERNATE RECORD KEY darf ebenfalls keiner OCCURS-Angabe untergeordnet sein.

Beim Zusatz WITH DUPLICATES können mehrere gleiche Schlüssel in der Datei enthalten sein. Die Sätze mit gleichem Schlüssel werden dem Anwendungsprogramm bei der Verarbeitung nacheinander zur Verfügung gestellt. Der FILE STATUS wird beim READ auf »02« gesetzt, wenn der gleiche Schlüssel im nächsten Satz nochmal enthalten ist. Der Programmierer kann über den FILE STATUS feststellen, ob alle Sätze mit gleichem Schlüssel verarbeitet wurden. Beim WRITE oder REWRITE zeigt der FILE STATUS »02« an, daß bereits Sätze mit gleichem Schlüssel in der Datei existieren. Dem Bediener kann dann ein entsprechender Hinweis gegeben werden.

Fehlt der Zusatz DUPLICATES, dürfen keine gleichen Schlüssel in der Datei auftreten. Beim Schreiben eines Datensatzes mit gleichem Schlüssel tritt dann die INVALID KEY-Bedingung ein, und der FILE STATUS wird auf »22« gesetzt.

Beim ALTERNATE RECORD KEY wird häufig mit dem Zusatz DUPLICATES gearbeitet.

In MF-Cobol steht beim ALTERNATE RECORD KEY der Zusatz »SUPPRESS WHEN ZERO / SPACE« bzw. »ALL Literal« zur Verfügung. In diesem Fall macht Cobol keinen Eintrag im Indexbereich, wenn im ALTERNATE RECORD KEY die spezifizierten Zeichen stehen. Dies hat zur Folge, daß die Datensätze mit diesen Schlüsselwerten automatisch überlesen werden, wenn über den ALTERNATE RECORD KEY auf die Datei zugegriffen wird. Dieser Zusatz ermöglicht es, mit sogenannten segmentspezifischen Zugriffsschlüsseln zu arbeiten, wenn in einer Datei Datensätze mit unterschiedlichen Satzstrukturen (Segmenten) gespeichert werden. Die Segmentierung von Datensätzen soll allerdings hier nicht behandelt werden.

> **Anmerkung:** *Das Arbeiten mit Sekundärschlüsseln erhöht die Verarbeitungszeit der Datei beträchtlich. Der Programmierer sollte wirklich nur die Felder als alternative Schlüssel definieren, die häufig für einen Zugriff benötigt werden. Für sporadische Auswertungen sollte die Datei besser mit dem Cobol-SORT umsortiert werden.*

Mit dem Zusatz LOCK MODE IS EXCLUSIVE / MANUAL / AUTOMATIC können die Datei oder einzelne Datensätze für den Zugriff aus anderen Programmen gesperrt werden.

Bei LOCK IS EXCLUSIVE wird die Datei ausschließlich für das Programm reserviert. Kein anderes Programm kann gleichzeitig mit der Datei arbeiten.

Bei LOCK AUTOMATIC wird nur der gerade vom Programm gelesene Satz für den Zugriff von anderen Programmen gesperrt. Der Satz wird automatisch beim nächsten READ-, WRITE-, REWRITE- oder CLOSE-Befehl freigegeben. Der START-Befehl hebt die Sperrung nicht auf. Es können also mehrere Anwender gleichzeitig mit der Datei arbeiten. Nach jeder Ein-/Ausgabeoperation muß im Programm über eine Abfrage des FILE STATUS geprüft werden, ob die Operation erfolgreich war. Gegebenenfalls muß der Zugriffsversuch wiederholt oder das Programm abgebrochen werden, damit das Computersystem nicht blokkiert wird.

Bei LOCK MANUAL muß der Programmierer beim READ explizit den Zusatz LOCK schreiben.

```
READ Dateiname RECORD LOCK ...
```

Der so gelesene Satz oder auch mehrere Sätze (MULTIPLE RECORDS) werden für den Zugriff gesperrt, bis im Programm der Befehl

```
UNLOCK Dateiname
```

oder

```
COMMIT
```

gegeben oder die Datei geschlossen wird. Dann werden die Sätze wieder freigegeben. Der Programmierer kann so das Sperren und Freigeben von Sätzen steuern.

Versucht ein anderes Programm, eine gesperrte Datei oder einen gesperrten Satz zu lesen, wird der FILE STATUS auf »9-065« (File locked) oder »9-068« (Record locked) gesetzt. Der Programmierer muß im Programm über eine Abfrage des FILE STATUS Maßnahmen programmieren, damit das Programm fortgesetzt werden kann. In Cobol tritt bei gesperrten Dateien oder Sätzen nicht die INVALID KEY-Bedingung ein. Fehlt der LOCK-Zusatz, werden die Sätze nicht gesperrt. Dies kann in Mehrbenutzersystemen zum Datenchaos führen. Der LOCK-Zusatz sollte nur in Mehrbenutzersystemen verwendet werden.

Der Zusatz WITH LOCK ON RECORD hat nur dokumentarischen Wert, es ist die Cobol-Standardeinstellung. Es wird immer nur ein Satz gesperrt, der beim Zugriff auf den nächsten Satz automatisch wieder freigegeben wird. Der Zusatz WITH LOCK ON MULTIPLE RECORDS muß angegeben werden, wenn mehrere Sätze einer Datei gesperrt werden sollen. In Verbindung mit LOCK IS AUTOMATIC bewirkt er, daß alle gelesenen Sätze gesperrt bleiben, bis im Programm die Sätze mit UNLOCK freigegeben werden. In Verbindung mit LOCK IS MANUAL bewirkt der MULTIPLE-Zusatz, daß die Satzsperrung durch den Befehl READ WITH KEPT LOCK ausgelöst wird.

Anmerkung: *Die Datei- und Satzsperrung muß auch vom Betriebssystem unterstützt werden. Ist die Lösung auf Betriebssystemebene nicht mit Cobol kompatibel, funktioniert nichts. Die Datei- und Satzsperrung arbeitete unter UNIX und MS-Windows mit dem Netzbetriebssystem Novell Netware problemlos.*

13.4 FILE STATUS

Wenn ein FILE STATUS-Feld in der ENVIRONMENT DIVISION für eine indexsequentielle Datei angegeben wird, wird dieses zwei Byte lange Datenfeld nach jeder Ein-/Ausgabeoperation vom Betriebssystem automatisch gesetzt. Es gelten die gleichen Vorschriften wie bei den sequentiellen Dateien. Das FILE STATUS-Feld sollte in der DATA DIVISION folgendermaßen definiert werden:

```
05  F-FILE-STAT VALUE ZERO.
 10  F-STAT-1        PIC X.
 10  F-STAT-2-X.
  15 F-STAT-2        PIC 99 COMP-X.
```

In der Fehlergruppe »0« bis »4«, die im ersten Byte des FILE STATUS angezeigt wird, werden alphanumerische STATUS-Werte gesetzt. In der Fehlergruppe »9« übergibt Cobol im zweiten Byte des FILE STATUS eine Dualzahl, die den Fehler genauer spezifiziert. Die folgende Zusammenstellung zeigt einen kleinen Teil der möglichen FILE STATUS-Werte. Alle Werte sind in der On-Line-Hilfe erläutert.

FILE STATUS	Bedeutung
0-0	Erfolgreiche Ausführung des Befehls
0-2	Doppelter Schlüssel; DUPLICATES zugelassen Beim READ: gleicher Schlüssel im nächsten Satz Beim WRITE oder REWRITE: Schlüssel ist bereits mindestens einmal in der Datei.
0-4	Die Satzlänge ist nicht in Ordnung.
0-5	Die mit dem OPTIONAL-Zusatz versehene Datei ist beim OPEN nicht vorhanden.
1-0	Dateiende
2-1	Sortierfolgefehler beim Schreiben mit ACCESS SEQUENTIAL, oder der RECORD KEY wurde zwischen READ und REWRITE geändert.
2-2	Doppelter Schlüssel; DUPLICATES nicht zugelassen
2-3	Schlüssel nicht gefunden
2-4	Platte voll
3-0	Datei nicht gefunden oder sonstiger Fehler
3-5	Datei nicht vorhanden beim OPEN INPUT oder I-O und kein OPTIONAL-Zusatz
3-7	OPEN-Fehler; die Datei kann nicht im angegebenen Modus verarbeitet werden.
3-8	OPEN-Fehler; die Datei wurde im gleichen Programm mit CLOSE WITH LOCK geschlossen.
3-9	OPEN-Fehler; die Dateiattribute im Programm stimmen nicht mit den Attributen auf dem Externspeicher überein (z.B. die Schlüsseldefinitionen).
4-1	OPEN für eine bereits geöffnete Datei
4-2	CLOSE für eine nicht geöffnete Datei
4-3	Der einem DELETE oder REWRITE vorausgehende READ-Befehl wurde nicht erfolgreich durchgeführt.
4-4	Bereichsverletzung, z.B. die Satzlänge des zurückgeschriebenen Satzes stimmt nicht mit der Satzlänge des vorher gelesenen Satzes überein.
4-6	Satz kann nicht gelesen werden, z.B. ein READ-Befehl im Programm, nachdem Dateiende erreicht ist.
4-7	READ-Befehl, obwohl die Datei nicht im INPUT- oder I-O-Modus eröffnet wurde.
4-8	WRITE-Befehl, obwohl die Datei nicht im OUTPUT-, EXTEND- oder I-O-Modus eröffnet wurde.
4-9	DELETE oder REWRITE, obwohl die Datei nicht mit I-O eröffnet wurde.

FILE STATUS	Bedeutung
9-001	Speicherplatz für Ein-/Ausgabepuffer nicht ausreichend.
9-002	Zugriffsversuch auf eine Datei ohne OPEN.
9-004	Falscher Dateiname, er enthält unzulässige Zeichen.
9-005	Die angesprochene Einheit steht nicht zur Verfügung.
9-006	WRITE für eine INPUT-Datei
9-007	Platte voll
9-008	READ-Befehl für eine OUTPUT Datei
9-009	Directory voll
9-010	Externer Dateiname fehlt beim OPEN.
9-012	OPEN für eine bereits geöffnete Datei
9-013	Datei nicht gefunden
9-014	Zu viele Dateien geöffnet
9-015	Zu viele Indexdateien geöffnet
9-039	Datei nicht kompatibel. Die Datei wurde mit einer alten Cobol Version erstellt. Die Datei muß erst umgesetzt werden.
9-041	Indexsequentielle Datei nicht in Ordnung
9-043	Indexbereich .IDX nicht in Ordnung. IDX-Datei fehlt oder wurde durch einen Programmabsturz zerstört.
9-065	Datei gesperrt in Mehrbenutzersystemen (LOCKED)
9-066	Doppelter RECORD KEY
9-067	Indexdatei nicht geöffnet
9-068	Satz gesperrt
9-076	Datei kann nicht gesperrt (LOCKED) werden.
9-078	Falsche Schlüsselbeschreibung der Datei
9-081	Schlüssel existiert bereits in der Indexdatei.

In Verbindung mit einem OPEN INPUT oder OPEN I-O-Befehl bedeutet der FILE STATUS »30«, daß die Datei nicht gefunden wurde. FILE STATUS »9-043« kann bei einem OPEN INPUT oder OPEN I-O-Befehl auftreten, wenn die Datei durch einen Systemzusammenbruch oder Programmfehler in einem vorhergehenden Programm zerstört wurde. Bei diesem FILE STATUS kann die Datei noch mit OPEN INPUT eröffnet werden, und READ-Befehle können ausgeführt werden. Die Datei kann jedoch nicht mit OPEN I-O eröffnet werden, alle Ein-/Ausgabeoperationen werden dann falsch.

Beim Fehler »Platte voll« wird der FILE STATUS bei indexsequentiellen und relativen Dateien auf »24« oder »9-007« gesetzt. Der Wert hängt von den Schaltern bei der Übersetzung und bei der Ausführung ab.

Der Programmierer muß über den INVALID KEY- oder AT END-Zusatz in den Verarbeitungsbefehlen bzw. über eine Abfrage des FILE STATUS die Dateifehler im Programm abfangen. Alternativ kann er eine ERROR SECTION im DECLARATIVES-Teil des Programms für die Datei schreiben und dort die Ein-/Ausgabefehler bearbeiten. Fehlen diese

Maßnahmen, wird das Programm in der Regel mit einem unverständlichen Runtime-Error abgebrochen, wenn irgend etwas an der Datei nicht in Ordnung ist.

> **Achtung!** *MF-Cobol setzt die INVALID KEY-Bedingung nicht bei Fehlern der Gruppe »9«, d.h. wenn das erste Byte des FILE STATUS »9« enthält. Diese Fehler muß der Programmierer abfangen, indem er explizit den FILE STATUS nach der Ein-/Ausgabeoperation abfragt oder in den DECLARATIVES-Teil verzweigt.*

Die Werte des FILE STATUS sind in den einzelnen Compiler-Versionen verschieden und hängen von Compiler-Direktiven ab. Prüfen Sie die Angaben in den Systemhandbüchern.

13.5 PROCEDURE DIVISION-Befehle für indexsequentielle Dateien

Es stehen die Anweisungen OPEN, CLOSE, READ, WRITE, REWRITE, DELETE und START zur Verfügung. Die Befehle haben folgende Bedeutung:

OPEN
: Die Datei (Index- und Datenbereich) wird auf der Platte gesucht und für die Verarbeitung vorbereitet. Die Anweisung muß vor dem ersten Schreib- oder Lesebefehl ausgeführt werden.

CLOSE
: Die Bearbeitung der Datei wird beendet. Der Directory- Eintrag wird aktualisiert. Die Anweisung sollte am Ende der Verarbeitung ausgeführt werden, da sonst die Datei in einem Folgeprogramm nicht mehr ordnungsgemäß verarbeitet werden kann. In MF-Cobol wird eine Datei automatisch beim Programmende vom Runtime-System geschlossen.

READ
: Ein Datensatz der Datei wird gelesen und dem Programm zur Verfügung gestellt. Im KEY IS-Zusatz wird der Schlüssel angegeben (RECORD KEY oder ein ALTERNATE RECORD KEY), mit dem der Satz gesucht werden soll.

START
: Der Dateipositionszeiger wird für einen folgenden READ NEXT-Befehl auf einen bestimmten Satz positioniert. Im KEY IS-Zusatz kann der Suchschlüssel wie beim READ angegeben werden. Der START-Befehl liest noch keinen Satz, sondern positioniert nur auf einen Datensatz. Erst ein folgender READ NEXT holt den Satz in das Programm.

READ NEXT
: Die Datei wird sequentiell ab der im START- oder READ-Befehl angegebenen Stelle gelesen, und zwar in der Reihenfolge des Schlüssels, der im START- oder READ- Befehl angegeben wurde, nicht in der Reihenfolge, in der die Sätze in der Datei abgelegt sind.

READ PREVIOUS	Die Datei wird sequentiell ab der im START- oder READ-Befehl angegebenen Stelle rückwärts zum Dateianfang hin gelesen, und zwar in der Reihenfolge des Schlüssels, der im START- oder READ-Befehl angegeben wurde, nicht in der Reihenfolge, in der die Sätze in der Datei abgelegt sind.
WRITE	Ein neuer Datensatz wird in die Datei eingefügt. Alle Schlüsselfelder werden automatisch in den Indexbereich eingetragen.
REWRITE	Ein geänderter Datensatz wird in die Datei zurückgeschrieben. Alle Schlüsseleintragungen werden automatisch aktualisiert.
DELETE	Ein Datensatz wird aus der Datei gelöscht. Alle mit dem Datensatz verbundenen Einträge im Indexbereich werden ebenfalls gelöscht.

Mit »DELETE FILE Dateiname« kann die Datei auf dem Externspeicher gelöscht werden.

13.5.1 OPEN-Anweisung

Die Formalvorschriften für den OPEN-Befehl von indexsequentiellen Dateien sind mit den Vorschriften für sequentielle und relative Dateien identisch. Der Zusatz EXTEND ist in MF-Cobol erlaubt. Der Dateipositionszeiger wird auf den Satz mit dem höchsten RECORD KEY gesetzt. Die Datei muß mit ACCESS SEQUENTIAL verarbeitet werden. Mit dem WRITE-Befehl werden Sätze angefügt. Die Datei wird auch automatisch erweitert, wenn im I-O-Modus Sätze mit dem WRITE-Befehl zugefügt werden. (Voraussetzung ist eine dynamische oder wahlfreie Verarbeitung.)

Format:

```
OPEN INPUT / OUTPUT / I-O / EXTEND  Dateiname [WITH LOCK]
```

Beispiel:

```
OPEN INPUT F1-ISAM-DATEI, I-O F2-DATEI WITH LOCK.
```

Es können mehrere Dateinamen in einer OPEN-Anweisung aufgezählt werden. Die Namen sind durch Leerstellen oder Kommas zu trennen.

Der LOCK-Zusatz sperrt die komplette Datei. Er hat die gleiche Bedeutung wie LOCK IS EXCLUSIVE in der SELECT-Eintragung der Datei (s.o.). Er kann alternativ in der SELECT-Eintragung oder beim OPEN-Befehl geschrieben werden. Fehlt der Zusatz, gilt die Einstellung von SELECT. OUTPUT-Dateien werden automatisch exklusiv für das Programm gesperrt. Mehrbenutzerfähig sind nur INPUT- und I-O-Dateien.

Eine Datei kann in einem Programm zur Ausführungszeit nur in einem Modus eröffnet werden.

Die folgende Zusammenstellung beschreibt den Zusammenhang zwischen der ACCESS-Angabe, dem OPEN-Befehl und den READ- und WRITE-Befehlen. Andere Kombinationen sind nicht erlaubt.

ACCESS MODE IS	PROCEDURE Befehle	OPEN Modus INPUT	OUTPUT	I-O	EXTEND
	READ	X		X	
	WRITE		X		X
SEQUENTIAL	REWRITE			X	
	START	X		X	
	DELETE			X	
	READ	X		X	
	WRITE		X	X	
RANDOM	REWRITE			X	
	START				
	DELETE			X	
	READ	X		X	
	WRITE		X	X	
DYNAMIC	REWRITE			X	
	START	X		X	
	DELETE			X	

Hinweis: *Eine indexsequentielle Datei sollten Sie, wenn möglich, nur im INPUT-Modus eröffnen. Müssen Sie die Datei im I-O-Modus verarbeiten, sollten Sie auf jeden Fall eine Sicherungskopie anfertigen. Ist die Datei im OUTPUT- oder I-O-Modus eröffnet, und das Programm bricht mit einem Runtime-Fehler ab, kann die Datei in Folgeprogrammen nicht mehr richtig verarbeitet werden. ACCESS DYNAMIC ist die leistungsstärkste Verarbeitungsart. Der Speicherbedarf des Programms wird allerdings auch am größten.*

13.5.2 CLOSE-Anweisung

Mit dieser Anweisung wird die Bearbeitung einer Datei beendet. Alle internen Pufferbereiche für die Datei werden geleert und freigegeben. Der Directory-Eintrag der Datei wird aktualisiert.

Format:

```
CLOSE Dateiname [WITH LOCK]
```

Beispiel:

```
CLOSE F1-ISAM-DATEI, F2-TEST-DATEI.
```

Es können mehrere Dateinamen, getrennt durch eine Leerstelle oder ein Komma mit einer folgenden Leerstelle, angegeben werden.

Jede Schreib-/Leseoperation für eine Datei nach dem CLOSE-Befehl führt zu einem Runtime-Fehler.

Der Zusatz WITH LOCK bewirkt, daß die Datei im gleichen Programmlauf nicht wieder eröffnet werden kann. Fehlt dieser Zusatz, kann sie bei Bedarf wieder eröffnet und bearbeitet werden. Der LOCK-Zusatz beim CLOSE hat nichts zu tun mit dem LOCK-Zusatz für die Satz- oder Dateisperrung in Mehrbenutzersystemen. In MF-Cobol wird die Datei automatisch geschlossen, wenn das Programm beendet wird. Ein CLOSE für eine nicht eröffnete Datei führt zu einem Programmabbruch.

13.5.3 READ-Anweisung

Mit dem READ-Befehl wird ein Datensatz der Datei gelesen.

Format-2 (direkter Zugriff):

```
READ Dateiname RECORD [INTO Datenname-2]
   [KEY IS Datenname-3]
   [INVALID KEY Befehlsfolge.]
```

Cobol-85-Format:

```
READ Dateiname RECORD [INTO Datenname-2] [WITH [KEPT / NO / IGNORE /WAIT]
LOCK]
   [KEY IS Datenname-3]
   [INVALID KEY Befehlsfolge-1]
   [NOT INVALID KEY Befehlsfolge-2]
[END-READ]
```

Beispiel:

```
ACCEPT F1-KUNDEN-NR.
MOVE "01"   TO F1-SATZART.
READ F1-ISAM-DATEI
     INVALID KEY DISPLAY "Kein Satz vorhanden"
        GO TO ENDE
     NOT INVALID KEY DISPLAY F1-REC-SATZ
END-READ
**** Lesen mit ALTERNATE KEY ****
ACCEPT  F1-KUNDENNAME-1.
READ F1-ISAM-DATEI LOCK  KEY IS F1-KUNDENNAME-1
     INVALID KEY DISPLAY "Kein Satz vorhanden"
         GO TO ENDE
END-READ.
DISPLAY F1-REC-SATZ.
```

Der Format-2-READ wird für den direkten Zugriff auf Datensätze eingesetzt. In der SELECT-Eintragung muß ACCESS RANDOM oder ACCESS DYNAMIC angegeben sein.

Im KEY-Zusatz wird angegeben, mit welchem Schlüssel auf den Datensatz zugegriffen werden soll. Datenname-3 muß als RECORD KEY oder ALTERNATE RECORD KEY in der SELECT-Eintragung beschrieben sein. Fehlt der KEY-Zusatz, wird der RECORD KEY (Primärschlüssel) für das Lesen verwendet. Vor dem Lesen muß das Schlüsselfeld gefüllt werden. Wird kein zum Schlüssel passender Datensatz gefunden, wird die Befehlsfolge hinter INVALID KEY ausgeführt. Sind in der Datei mehrere zum Schlüssel passende Datensätze gespeichert, was bei der Angabe »DUPLICATES« erlaubt ist, wird der erste zum Schlüssel passende Datensatz dem Programm zur Verfügung gestellt und der FILE STATUS auf »02« gesetzt. Der Programmierer muß die weiteren Datensätze mit dem READ NEXT-Befehl (s.u.) einlesen. Die Sätze werden bei gleichen Schlüsselwerten in der Reihenfolge gelesen, in der sie mit dem WRITE- oder REWRITE-Befehl in die Datei geschrieben wurden. Fehlt der INVALID KEY-Zusatz, wird bei einem Lesefehler zu der im DECLARATIVES-Teil angegebenen ERROR SECTION verzweigt, sofern dort eine entsprechende SECTION vorhanden ist. Fehlt auch die ERROR SECTION, wird das Programm mit einem Runtime-Fehler beendet.

> **Achtung!** *In der Befehlsfolge nach AT END und INVALID KEY dürfen nur sog. imperative Befehle geschrieben werden. Dies sind Befehle ohne die Zusätze INVALID KEY, AT END, ON OVERFLOW, ON SIZE ERROR. Die IF-Anweisung darf nicht in der Befehlsfolge nach AT END eingesetzt werden. Diese Einschränkung entfällt, wenn mit den Bereichsbegrenzern END-READ, END-IF usw. gearbeitet wird.*

Die Regeln für den INTO-Zusatz sind die gleichen wie bei der sequentiellen Verarbeitung von Dateien. Der Datensatz wird in den angegebenen Bereich, der in der WORKING-STORAGE SECTION beschrieben sein muß, kopiert.

Mit dem LOCK-Zusatz kann der Datensatz für andere Benutzer gesperrt werden. Der Zusatz ist möglich, wenn in der SELECT-Angabe der Zusatz LOCK MODE IS MANUAL angegeben ist. WITH KEPT LOCK muß angegeben werden, wenn mehrere Sätze manuell gesperrt werden sollen (LOCK ON MULTIPLE RECORDS in der SELECT-Eintragung). WITH LOCK sperrt nur den gerade gelesenen Satz und gibt den Vorgänger wieder frei. WITH NO LOCK sperrt den gelesenen Satz nicht.

WITH WAIT stellt sicher, daß das Programm wartet, bis der Satz gelesen und dann gesperrt werden kann. Das Programm geht in eine Warteschleife, bis der andere Benutzer den Satz freigibt. Dies wirkt im Dialogbetrieb wie ein Programmabsturz, da alle Terminalfunktionen blockiert sind, bis der Zugriff erfolgen kann. Der Zusatz sollte nur in Batch-Programmen verwendet werden.

Beim Zusatz WITH IGNORE LOCK wird der gesperrte Satz dem Programm zur Verfügung gestellt, die Sperrung wird ignoriert. Dies kann im Mehrbenutzerbetrieb zum Datenchaos führen.

Format-1 (sequentieller Zugriff):

```
READ Dateiname [NEXT]  RECORD [INTO Datenname-1]
   [AT END Befehlsfolge.]
```

Cobol-85-Format:

```
READ Dateiname [NEXT / PREVIOUS]  RECORD [INTO Datenname-1]
   [WITH [KEPT /  NO / IGNORE / WAIT] LOCK]
   [AT END Befehlsfolge-1]
   [NOT AT END Befehlsfolge-2]
[END-READ]
```

Beispiel:

```
READ F1-ISAM-DATEI INTO F1-WORK-SATZ LOCK
      AT END GO TO SCHLUSS
END-READ.
```

Beim Format-1-READ werden die Datensätze dem Programm in aufsteigender Schlüsselfolge zur Verfügung gestellt.

Der Format-1-READ ohne NEXT wird eingesetzt, wenn die Datei mit ACCESS SEQUENTIAL verarbeitet wird. Dem Format-1-READ muß in diesem Fall kein START-Befehl vorausgehen. Die Sätze werden vom Anfang der Datei in der Reihenfolge des RECORD KEY gelesen. Der Befehl wird eingesetzt, wenn der Datenbestand vollständig verarbeitet werden muß.

Der Zusatz NEXT oder PREVIOUS muß geschrieben werden, wenn die Datei mit ACCESS DYNAMIC verarbeitet wird. Dem READ NEXT muß ein erfolgreicher direkter Zugriff oder ein START-Befehl vorausgegangen sein. Beim READ NEXT / PREVIOUS werden die Datensätze dem Programm in der Reihenfolge des im Format-2 oder START-Befehl angegebenen Schlüssels (KEY IS ...) zur Verfügung gestellt. READ NEXT liest zum Dateiende, READ PREVIOUS in Richtung Dateianfang. LOCK bedeutet das gleiche wie beim direkten Zugriff.

Beispiel:

```
POSITIONIERUNG.
     MOVE "Mü"       TO   F1-KUNDENNAME-1
     START F1-ISAM-DATEI KEY IS >= F1-KUNDENNAME-1
          INVALID KEY DISPLAY "Kein Satz vorhanden"
          GO TO ENDE
     END-START.
LESEN.
     READ F1-ISAM-DATEI NEXT AT END
          DISPLAY "Dateiende erreicht"
          GO TO ENDE
     END-READ.
```

```
***** Ausgabe des Datensatzes ****
    DISPLAY F1-REC-SATZ.
    .....
    GO TO LESEN.
```

oder

```
    READ F1-ISAM-DATEI PREVIOUS AT END
         DISPLAY "Dateianfang erreicht"
         GO TO ENDE
    END-READ.
```

Mit dem START-Befehl wird in der Datei bei dem ersten Namen, der größer als »Mü« ist, aufgesetzt. Die fehlenden Stellen von F1-KUNDENNAME-1 werden mit Leerstellen (SPACE) aufgefüllt. Ab dieser Stelle wird die Datei mit dem READ NEXT-Befehl in alphabetischer Reihenfolge des Namens gelesen (»Blätter-Funktion«), da F1-KUNDENNAME-1 als Zugriffsschlüssel im START-Befehl angegeben ist. Beim Erreichen des Dateiendes oder Dateianfangs wird die Befehlsfolge hinter AT END ausgeführt. Die Befehlsfolge wird durch einen *Punkt* oder END-READ beendet. Bevor mit einem neuen Format-1-READ ein Satz gelesen werden kann, muß nach Erreichen des Dateiendes einer der folgenden Befehle alternativ ausgeführt werden.

1. Ein CLOSE mit einem folgenden OPEN-Befehl für die Datei. Dadurch wird die Datei wieder auf den Anfang positioniert.
2. Ein START-Befehl für die Datei.
3. Ein Format-2-READ-Befehl für die Datei.

Andernfalls kommt es zu einem Runtime-Fehler.

13.5.4 START-Anweisung

Mit der START-Anweisung wird der Dateipositionszeiger in der indexsequentiellen Datei auf einen bestimmten Satz positioniert. Die Datensätze können ab dieser Stelle mit dem READ NEXT-Befehl gelesen werden. Die Datei muß mit ACCESS SEQUENTIAL oder ACCESS DYNAMIC bearbeitet werden, und sie muß als INPUT oder I-O-Datei eröffnet sein. Der START-Befehl holt den Datensatz noch nicht in den Arbeitsspeicher. Dies erfolgt erst mit dem READ NEXT- oder READ PREVIOUS-Befehl.

Format:

```
START Dateiname
 [KEY IS EQUAL TO / GREATER THAN /NOT  LESS THAN Datenname]
 [INVALID KEY  Befehlsfolge.]
```

Cobol-85-Format:

```
START Dateiname
 [KEY IS EQUAL TO / GREATER THAN /NOT GREATER THAN /  LESS THAN /
        NOT LESS THAN /  GREATER OR EQUAL / LESS OR EQUAL
        Datenname]
 [WITH SIZE Datenname-1 / Ganzzahl]
 [INVALID KEY  Befehlsfolge-1]
 [NOT INVALID KEY Befehlsfolge-2]
[END-START]
```

Beispiel:

```
MOVE "MEYER"      TO F1-KUNDENNAME-1.
START F1-ISAM-DATEI
      KEY IS GREATER OR EQUAL F1-KUNDENNAME-1
      INVALID KEY DISPLAY "Kein Satz gefunden"
END-START.
```

Anstelle der Worte EQUAL, GREATER und LESS können auch die mathematischen Zeichen geschrieben werden. Folgende Symbole sind zulässig: »=, <, <=, >, >=, NOT >, NOT <«.

Datenname muß eines der in der SELECT-Eintragung angegebenen Schlüsselfelder bezeichnen (RECORD KEY oder ALTERNATE RECORD KEY). Das Schlüsselfeld muß vor dem START-Befehl mit einem passenden Wert gefüllt werden. Der Suchbegriff wird immer linksbündig im Schlüsselfeld angeordnet. Fehlt der KEY IS-Zusatz, wird der Primärschlüssel (RECORD KEY) und der Vergleichsoperator EQUAL TO für die Positionierung verwendet.

WITH SIZE gibt die Anzahl der Zeichen des Schlüssels an, die für den Suchprozeß verwendet werden. Die Wirkung soll an einem Beispiel demonstriert werden.

```
MOVE "MÜLLER"  TO F1-KUNDENNAME-1.
START F1-ISAM-DATEI KEY = F1-KUNDENNAME-1 SIZE 6
      INVALID KEY DISPLAY "Kein Satz gefunden"
END-START.
```

Diese Anweisung würde auch auf »MÜLLER-WIPPERFÜRTH« positionieren, da nur die ersten sechs Zeichen des Namens geprüft werden.

Alle dem START folgenden READ NEXT/PREVIOUS-Anweisungen lesen die Datensätze in der Reihenfolge des angegebenen Schlüssels. Wenn beim START kein passender Satz gefunden wird, werden die Befehle nach INVALID KEY ausgeführt, oder wenn der Zusatz fehlt, die Befehle der entsprechenden ERROR SECTION im DECLARATIVES-Teil des Programms. Der FILE STATUS wird auf »23« gesetzt. Der Inhalt des Dateipositionszeigers ist in diesem Fall undefiniert.

Sind doppelte Schlüssel erlaubt, muß der Programmierer dafür sorgen, daß alle Datensätze verarbeitet werden. Dies kann nach folgendem Schema geschehen:

```
EINGABE.
     ACCEPT E-NAME.
     MOVE E-NAME    TO F1-KUNDENNAME-1, NAME-ALT.
EINGABE10.
     START F1-ISAM-DATEI KEY >= F1-KUNDENNAME-1
          INVALID KEY DISPLAY "Kein Satz gefunden"
          PERFORM WARTEN
          GO TO EINGABE
     END-START.
EINGABE20.
     READ F1-ISAM-DATEI NEXT AT END
          DISPLAY "Dateiende"
          PERFORM WARTEN
          GO TO EINGABE
     END-READ.
**** Prüfen Namenswechsel ***
     IF F1-KUNDENNAME-1 NOT = NAME-ALT
          DISPLAY "Kein Satz mehr zum Schlüssel"
          PERFORM WARTEN
          GO TO EINGABE
     END-IF.
EINGABE50.
***** Anzeigen des Datensatzes **
     DISPLAY F1-REC-SATZ.
     PERFORM WARTEN.
     GO TO EINGABE20.
```

In dem Programmfragment ist die formatierte Ein- und Ausgabe vernachlässigt. Nach jedem Lesen wird geprüft, ob der Name bzw. Suchbegriff wechselt.

Der START-Befehl sperrt keinen Satz für den konkurrierenden Zugriff, noch stellt er fest, ob ein Satz gesperrt ist. Er positioniert lediglich den Dateipositionszeiger auf einen Satz. Erst der folgende READ NEXT-Befehl prüft die Satzsperrung.

Anmerkung: *Zur Zeit ist in Cobol keine Verknüpfung von Schlüsseln durch ein logisches AND oder OR möglich, um Datensätze zu suchen, die mehrere Bedingungen erfüllen müssen. In der READ- und START-Anweisung darf nur ein Schlüsselfeld angegeben werden.*

13.5.5 WRITE-Anweisung

Mit dem WRITE-Befehl wird ein neuer Satz in eine Ausgabedatei (mit OPEN OUTPUT eröffnet) oder Ein-/Ausgabedatei (mit OPEN I-O eröffnet) geschrieben. Dabei wird das Schlüsselverzeichnis ».IDX« aktualisiert, und zwar für alle in der SELECT-Eintragung angegebenen Schlüssel.

Format:

```
WRITE Satzname [FROM Datenname-1]
      [INVALID KEY    Befehlsfolge.]
```

Cobol-85-Format:

```
WRITE Satzname [FROM Datenname-1]
      [INVALID KEY  Befehlsfolge-1]
      [NOT INVALID KEY Befehlsfolge-2]
[END-WRITE]
```

Beispiel:

```
MOVE "1234"    TO F1-KUNDEN-NR.
MOVE "01"      TO F1-SATZART.
WRITE    F1-REC-SATZ
     INVALID KEY DISPLAY "SCHREIBFEHLER F1-DATEI", F1-STAT
     GO TO ENDE
END-WRITE.
```

Vor dem Schreiben muß ein richtiger, eindeutiger Schlüssel in das Feld des Satzes übertragen worden sein, das als RECORD KEY dient. Der ALTERNATE RECORD KEY muß nicht eindeutig sein, wenn der Zusatz DUPLICATES angegeben ist. Fehlt der DUPLICATES-Zusatz, tritt bei gleichem Schlüssel die INVALID KEY-Bedingung ein, und der FILE STATUS wird auf »22« gesetzt. Der Primärschlüssel-Inhalt darf auf keinen Fall in der Datei enthalten sein.

Beim Auftreten eines falschen Schlüsselwertes wird die Befehlsfolge, die hinter dem Zusatz INVALID KEY angegeben ist, ausgeführt. In dieser Befehlsfolge dürfen nur imperative Befehle stehen. Die Befehlsfolge wird durch einen *Punkt* beendet. Alternativ kann in Cobol die Befehlsfolge durch END-WRITE beendet werden. Die Befehlsfolge nach NOT INVALID KEY wird ausgeführt, wenn ein Satz gelesen wird. Fehlt der Zusatz INVALID KEY, wird die zur Datei gehörende ERROR SECTION im DECLARATIVES-Teil ausgeführt, wenn sie vorhanden ist.

Die INVALID KEY-Bedingung tritt ein:

1. wenn bei sequentieller Verarbeitung (ACCESS SEQUENTIAL) die Schlüssel nicht in aufsteigender Reihenfolge eingegeben werden.
2. wenn der Schlüsselwert (RECORD KEY oder ALTERNATE RECORD KEY) nicht eindeutig ist, d.h. bereits ein Satz mit gleichem Schlüssel in der Datei steht und DUPLICATES nicht zugelassen sind.
3. wenn der für die Datei reservierte Bereich auf der Platte nicht ausreicht.

Über eine Abfrage des FILE STATUS nach der WRITE-Anweisung kann die Fehlerursache genau ergründet werden. Der WRITE-Befehl ändert nicht den Dateipositionszeiger.

13.5.6 REWRITE-Anweisung

Mit dem REWRITE-Befehl wird ein existierender Satz nach einer Veränderung wieder in die Datei zurückgeschrieben.

Format:

```
REWRITE Satzname [FROM Datenname-1]
   [INVALID KEY   Befehlsfolge.]
```

Cobol-85-Format:

```
REWRITE Satzname [FROM Datenname-1]
   [INVALID KEY   Befehlsfolge-1]
   [NOT INVALID KEY Befehlsfolge-2]
[END-REWRITE]
```

Beispiel:

```
REWRITE F1-REC-SATZ
   INVALID KEY DISPLAY "REWRITE-FEHLER F1-DATEI", F1-STAT
   GO TO ENDE
END-REWRITE
```

Bei sequentieller Verarbeitung der Datei (ACCESS SEQUENTIAL) muß der READ, der dem REWRITE-Befehl vorausgehen muß, ordnungsgemäß durchgeführt worden sein. Wenn der Inhalt des RECORD KEY zwischen dem READ- und dem REWRITE-Befehl verändert wird, dann wird die Befehlsfolge, die hinter INVALID KEY steht, ausgeführt. Fehlt dieser Zusatz, wird die entsprechende ERROR SECTION im DECLARATIVES-Teil ausgeführt, falls sie existiert.

Bei Bearbeitung mit ACCESS RANDOM oder ACCESS DYNAMIC muß dem REWRITE-Befehl kein READ vorangehen. Das Zurückschreiben wird allein durch den RECORD KEY bestimmt. Die INVALID KEY-Bedingung tritt ein, wenn kein Satz mit gleichem Schlüssel in der Datei ist.

Wird ein ALTERNATE RECORD KEY-Feld geändert, wird beim REWRITE automatisch der Indexeintrag aktualisiert. Existiert bereits ein solcher Schlüssel in der Datei, tritt beim REWRITE die INVALID KEY-Bedingung ein, wenn nicht DUPLICATES bei diesem Schlüssel angegeben ist. Der Dateipositionszeiger wird beim REWRITE nicht verändert.

13.5.7 DELETE-Anweisung

Der DELETE-Befehl löscht einen Satz logisch aus der Datei, d.h., der Satz wird nicht aus der Datei entfernt, sondern vom Ein-/Ausgabesystem mit einem Löschkennzeichen versehen, so daß er nicht mehr gelesen werden kann. Die Datei muß im I-O-Modus eröffnet sein.

Format-1:

```
DELETE  Dateiname [RECORD] [INVALID KEY Befehlsfolge.]
```

Cobol-85-Format:

```
DELETE  Dateiname [RECORD] [INVALID KEY Befehlsfolge-1]
  [NOT INVALID KEY Befehlsfolge-2]
[END-DELETE]
```

Beispiel:

```
MOVE "2222"    TO F1-KUNDEN-NR.
MOVE "01"      TO F1-SATZART.
DELETE F1-ISAM-DATEI RECORD  INVALID KEY
    DISPLAY "LOESCHFEHLER F1-DATEI", F1-STAT
    GO TO ENDE
END-DELETE
```

Bei *sequentieller Verarbeitung* muß der letzte, vor dem DELETE ausgeführte READ-Befehl einen Satz gelesen haben. Der gelesene Satz wird gelöscht. Bei einer Datei mit ACCESS RANDOM oder ACCESS DYNAMIC wird der Satz, der zum RECORD KEY gehört, gelöscht. Wenn kein passender Satz gefunden wird, wird die Befehlsfolge nach dem INVALID KEY-Zusatz oder die entsprechende ERROR SECTION im DECLARATIVES-Teil ausgeführt, falls sie existiert. Ein gesperrter Satz kann nicht gelöscht werden. Der Dateipositionszeiger wird vom DELETE-Befehl nicht verändert.

Format-2:

```
DELETE FILE Dateiname
```

Die Datei wird physisch gelöscht. Die angegebene Datei muß mit CLOSE, allerdings ohne den WITH LOCK-Zusatz, geschlossen sein, wenn die DELETE-Anweisung ausgeführt werden soll.

13.5.8 UNLOCK-Anweisung

Mit dieser Anweisung werden Sätze der Datei wieder freigegeben, die durch den Zusatz LOCK im READ-Befehl für andere Programme gesperrt oder automatisch reserviert wurden.

Format:

```
UNLOCK Dateiname RECORD / RECORDS
```

Beispiel:

```
UNLOCK F1-ISAM-DATEI RECORD
```

Bei Einplatzcomputern ist dieser Befehl überflüssig.

Alternativ kann die Satzsperrung mit der Anweisung COMMIT aufgehoben werden. COMMIT hebt die Sperrung aller Sätze in allen Dateien des Programms auf.

ÜBUNGEN

Aufgabe 1:

Welche Zugriffsarten sind bei der indexsequentiellen Speicherung möglich?

Aufgabe 2:

Erstellen Sie die Datei- und Satzbeschreibung (SELECT-, FD-Eintragung usw.) für die Kontendatei.

```
DATEIBESCHREIBUNG
Verwendung:              Übung
Dateiidentifikation:     KONTEN.DAT
Dateibezeichnung:        Kontendatei
Ordnungsbegriffe:        Kontonummer
Zugriffsschlüssel:       Kontonummer + Satzart
COPY-Name:               F6FD.COB
Satzform:       Satzlänge:          Satzanzahl:
fix             200 Byte            30
Datenträger:    Speicherungsform:   Speicherumfang:
Platte          ISAM                8 Kbyte
---------------------------------------------------------------
FELDDEFINITIONEN
---------------------------------------------------------------
Feld-   Symb.-   Bezeichnung   Länge   Art   Erläuterung
Nr.     Name
---------------------------------------------------------------
  1     siehe    Löschkenn-                  0 : Satz OK
        Pro-     zeichen         1     AN    1 : Satz nicht OK
  2     gramm    Konto-Nr        4     AN    RECORD KEY
  3              Satzart         2     AN      "      "
                                             Satzart = "01"
  4              Bezeichnung    20     AN
  5              Kontenart       4     AN
  6              Finanzplan-     4     AN    siehe Schlüssel-
                 schlüssel                   verzeichnis
  7              Bilanzpos.-1    6     AN
  8              Bilanzpos.-2    6     AN
  9              Bilanzpos.-3.   6     AN
 10              Kontenblatt-    3     N
                 nummer
 11              Jahresan-
                 fangssaldo      6     NP    S9(9)V99
 12              Jahresum-
                 satz-Soll       6     NP    S9(9)V99
```

```
   13                Jahresum-
                     satz-Haben     6       NP      S9(9)V99
   14                Datum letzter
                     Abschluß       6       N
   15                Reserve      120       AN
----------------------------------------------------------------
AN = alphanumerisch N = numerisch NP = numerisch-gepackt
```

Aufgabe 3:

Schreiben Sie die Anweisungen zum Lesen des Satzes mit der Konto-Nr. 4100.

Aufgabe 4:

Welcher Unterschied besteht zwischen dem START- und dem READ-Befehl?

Aufgabe 5:

Welche Bedeutung hat das FILE STATUS-Feld?

LÖSUNGEN

Aufgabe 1:

Indexsequentielle Dateien können sequentiell verarbeitet werden. Dabei werden die Sätze in aufsteigender Reihenfolge entsprechend dem Schlüssel zur Verfügung gestellt. Beim Direktzugriff kann ein Satz mit einem bestimmten Schlüssel aus der Datei gelesen werden. Beim dynamischen Zugriff kann zwischen diesen beiden Zugriffsarten im Programm gewechselt werden.

Aufgabe 2:

```
ENVIRONMENT DIVISION.
          ....
       SELECT F6-KONTEN-DATEI
       ASSIGN TO "C:\FIBU\KONTEN.DAT"
       RECORD KEY IS F6-REC-KEY
       FILE STATUS IS F6-STAT
       ORGANIZATION INDEXED
       ACCESS RANDOM.
DATA DIVISION.
FILE SECTION.
*** KONTENDATEI *
FD     F6-KONTEN-DATEI
       RECORD CONTAINS 200 CHARACTERS.
```

```
01    F6-SATZ.
05    F6-LKZ                    PIC X.
05    F6-REC-KEY.
 10   F6-KTO-NR                 PIC X(4).
 10   F6-SATZART                PIC XX.
05    F6-BEZ                    PIC X(20).
05    F6-KTO-ART                PIC X(4).
05    F6-FIN-PL-SCHL            PIC X(4).
05    F6-BILANZ-POS-1           PIC X(6).
05    F6-BILANZ-POS-2           PIC X(6).
05    F6-BILANZ-POS-3           PIC X(6).
05    F6-KTO-BL-NR              PIC 9(3).
05    F6-J-A-SALDO              PIC S9(9)V99 COMP-3.
05    F6-J-U-SOLL               PIC S9(9)V99 COMP-3.
05    F6-J-U-HABEN              PIC S9(9)V99 COMP-3.
05    F6-DAT-LA                 PIC 9(6).
05    F6-RESERVE                PIC X(120).
```

Aufgabe 3:

```
PROCEDURE DIVISION.
VORLAUF SECTION.
VORL01.
    OPEN INPUT F6-KONTEN-DATEI.
LESEN SECTION.
LES01.
    MOVE "4100"    TO F6-KTO-NR.
    MOVE "01"      TO F6-SATZART.
    READ F6-KONTENDATEI INVALID KEY
         DISPLAY "SATZ NICHT GEFUNDEN", F6-STAT
    END-READ.
LES90.
    EXIT.
```

Aufgabe 4:

Mit dem START-Befehl wird eine indexsequentielle Datei auf einen Satz positioniert. Der Satz wird noch nicht gelesen. Erst der folgende READ NEXT liest den Satz. Im START-Befehl kann ein unvollständiger Schlüssel angegeben werden.

Mit dem READ-Befehl wird ein bestimmter Datensatz gelesen. Der Schlüssel muß beim Random-Zugriff vollständig angegeben sein. Bei sequentieller Verarbeitung wird der nächste Satz gelesen.

Aufgabe 5:

Im FILE STATUS-Feld wird vom Betriebssystem nach jeder Ein-/Ausgabeoperation hinterlegt, wie die Anweisung ausgeführt werden konnte. »00« bedeutet z.B., daß die Operation ordnungsgemäß durchgeführt wurde.

Ergänzung: *In NetExpress finden Sie im Menü <Tools> / <Data Tools> Hilfsprogramme für die Verwaltung von indexsequentiellen Dateien (Zugänge, Änderungen. Löschungen, Anzeigen). Mit diesen einfachen Programmen können Sie sehr schnell Testdateien aufbauen.*

Kapitel 14

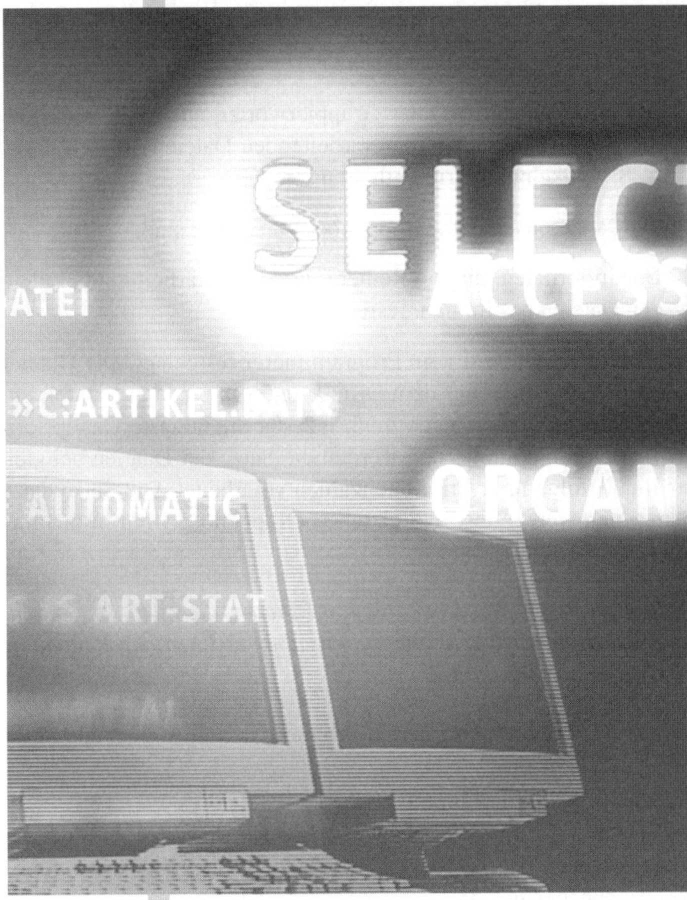

Programmlogik für die sequentielle Verarbeitung mehrerer Dateien mit unterschiedlicher Organisationsform (Normierte Programmierung II)

Die normierte Programmierung bietet für die Verarbeitung von mehreren sequentiell zu verarbeitenden Dateien einen eleganten Lösungsweg.

Voraussetzung für den Einsatz des Lösungsweges ist, daß

- jede Datei sequentiell zu lesen ist,
- alle Gruppenbegriffe oder Gruppierwörter, auch von verschiedenen Dateien, vergleichbar sind; d.h. in allen zu verarbeitenden Dateien müssen die gleichen Schlüsselbegriffe (z.B. Artikelnummern) enthalten sein,
- die Dateien nach dem Gruppenbegriff sortiert sind,
- Dateiprioritäten, die die Reihenfolge der Verarbeitung bei gleichen Gruppenbegriffen in den Dateien bestimmen, festlegbar sind.

Die Dateipriorität wird vom Programmierer festgelegt. Die Dateien, bei denen die Ausgabe des gelesenen Satzes auf dem Drucker oder in eine neue Datei *vor* dem Lesen des nächsten Satzes dieser Datei erfolgen muß, müssen die höchste Dateiprioritätenzahl erhalten. In der normierten Programmierung werden die Sätze der Dateien bei gleichem Ordnungsbegriff in der Reihenfolge ihrer Prioritätenzahlen verarbeitet. Die Sätze der Dateien mit hohen Prioritätenzahlen werden also bei gleichen Gruppenbegriffen in mehreren Dateien als letzte verarbeitet.

> **Anmerkung:** *Die Verarbeitung von Dateien, die nicht sequentiell gelesen werden oder die zwar sequentiell gelesen werden, aber nicht in der Reihenfolge des Gruppenbegriffes, wird später erläutert.*

Der Lösungsweg der normierten Programmierung soll an einem Beispiel erläutert werden.

```
PROGRAMMKURZBESCHREIBUNG
Verwendung:               Beispiel für normierte Programmierung
Programmidentifikation:   NORM02
Programmbezeichnung:      Umsatzstatistik
Eingaben:                 Abrechnungsdatei (SEQTEST.DAT)
                          Artikeldatei (ARTISAM.DAT)
Ausgaben:                 Umsatzliste
                          Artikeldatei -neu- (ARTNEU.DAT)
Ein-/Ausgaben:            -
Bildschirmbilder:         -
```

14.1 Aufgabenstellung

Aus den Daten der Abrechnungsdatei (siehe Programmlogik I) sind die Umsätze je Artikelnummer, innerhalb der Artikelnummer je Kundennummer, und der Gesamtumsatz der Firma zu ermitteln und in einer Liste auszudrucken. Der Artikelumsatz ist in das Jahresumsatzfeld des Artikelsatzes zu addieren, und das Datum des letzten Umsatzes des Artikels ist in dem Satz zu speichern. Der Aufbau des Artikelsatzes ist unten erläutert. Artikelbezeichnung, Jahresumsatz und Datum des letzten Umsatzes sind in einer Liste auszugeben (Listenaufbau siehe unten).

Die veränderten Artikelsätze sind in die neue Artikeldatei (ARTNEU.DAT) zu schreiben. Diese Datei wird beim nächsten Programmlauf als Eingabedatei genommen, so daß der Umsatz fortgeschrieben werden kann.

Alle Dateien sind sequentiell zu verarbeiten.

Die Artikeldatei enthält folgende Daten:

```
DATEIBESCHREIBUNG
Verwendung:           Beispiel für normierte Programmierung
Dateiidentifikation:  ARTISAM.DAT
Dateibezeichnung:     Artikeldatei
Ordnungsbegriffe:     Artikelnummer
Zugriffsschlüssel:    Artikelnummer + Satzart
COPY-Name:            F2FD.COB
Satzform:        Satzlänge:           Satzanzahl:
fix              100 Byte             30
Datenträger:     Speicherungsform:    Speicherumfang:
Platte           ISAM                 5 Kbyte
--------------------------------------------------------------
FELDDEFINITIONEN
--------------------------------------------------------------
Feld- Symb.-   Bezeichnung    Länge Art  Erläuterung
Nr.   Name
----------------------------------------------------------------
 1    siehe    Löschkenn-                0 : Satz OK
      Pro-     zeichen           1   AN  1 : Satz nicht OK
 2    gramm    Artikel-Nr        4   AN  RECORD KEY
 3             Satzart           2   AN    "      "
 4             Bezeichnung      20   AN
 5             Klassifikation    8   AN  z.B. Werkzeug,
                                         Möbel, usw.
 6             Mengeneinheit     2   AN
 7             Preis je
               Mengeneinheit     5   NP  S9(7)V99
```

```
 8             MwSt-Schl.      2  AN   Mehrwertsteuer-
                                       schlüssel
                                       10 = 16 %; 11 = 8 %
 9             Erlöskonto      4  AN
10             Rabattschl.     2  AN
11             Jahresum-
               satz            6  NP   S9(9)V99
12             Datum letzter
               Umsatz          6  N
13             Reserve        38  AN
-----------------------------------------------------------------
AN = alphanumerisch  N = numerisch  NP = numerisch gepackt
```

> **Anmerkung:** *Die Artikeldatei enthält Daten, die in dem Programm nicht benötigt werden. Sie sind aber aufgeführt und beschrieben, weil in der Praxis auch meistens mit existierenden Dateien gearbeitet wird, die Daten für viele Auswertungen enthalten.*

Die mit dem Programm erstellte Liste soll folgendermaßen aussehen (die Liste ist aus Platzgründen nicht maßstabsgerecht auf der nächsten Seite dargestellt).

In der Liste werden die Einzelsätze der Abrechnungsdatei und die Summenzeilen ausgegeben. Zur Vereinfachung der Lösung wird angenommen, daß für jede Artikelnummer der Abrechnungsdatei ein Satz in der Artikeldatei vorhanden ist. Alle Sätze der Artikeldatei müssen in die neue Datei übernommen werden, auch wenn keine Umsätze für eine Artikelnummer in der Abrechnungsdatei enthalten sind, weil diese neue Artikeldatei im nächsten Programmlauf wieder als Eingabedatei verwendet wird. Dadurch können die Umsätze fortgeschrieben werden.

> **Anmerkung:** *Ein Zurückschreiben der veränderten Artikelsätze in die Artikeldatei ist generell möglich. Bei dem eingeschlagenen Lösungsweg nach der normierten Programmierung können die Sätze wegen der Cobol-Regeln jedoch nicht zurückgeschrieben werden, sondern es muß eine neue Datei erstellt werden. Diese Lösung bringt den Vorteil, daß die Artikeldatei bei einem Programmabsturz nicht zerstört ist.*

Die indexsequentielle Artikeldatei wird als vorhanden vorausgesetzt. Der Aufbau und die Verwaltung von indexsequentiellen Dateien wird in Kapitel 18 behandelt. In dem Programm NORM02 wird die Artikeldatei wie eine sequentielle Datei behandelt, d.h. sie wird sequentiell gelesen und geschrieben.

Als erstes wird der Datenflußplan für die Aufgabe entwickelt.

```
** U M S A T Z L I S T E **  VOM 15.01.93          SEITE:  1

ART-NR  DATUM  KUND-NR PLZ  VERTR-NR  RECHN-NR    UMSATZ
-----------------------------------------------------------

1111 24.12.1998 1000  29000   1234      23456      100,00
1111 24.12.1998 1000  29000   1234      33333      500,00

  UMSATZ KUNDEN-NR: 1000                           600,00 *

1111 12.12.1998 2000  33000   4321      12345    2.000,00
1111 15.12.1998 2000  33000   4333      15645    5.500,00

  UMSATZ KUNDEN-NR  2000                         7.500,00 *

  SUMME ARTIKEL-NR 1111  SCHAUMWEIN              8.100,00 **

  DATUM LETZTER UMSATZ: 24.12.1998 JAHRESUMSATZ:  50.200,00

2222 15.11.1998 2000  33000    4321      12345     900,00
2222 18.12.1992 2000  33000    4333      15645      50,00

 UMSATZ KUNDEN-NR  2000                            950,00 *

usw.
GESAMTUMSATZ:                                   20.250,00 ****

     Anzahl der gelesenen Sätze:
     Abrechnungsdatei (F1-DATEI):  120
     Artikeldatei (F2-DATEI)....:  320

    Anzahl der geschriebenen Sätze:
    Artikeldatei (F2A-DATEI)....:  320
```

14.2 Erläuterung des Datenflußplans (Bild 14.1)

Die Daten der Abrechnungsdatei SEQTEST.DAT kommen aus der Rechnungsschreibung und laufen in das Programm NORM02 ein. Die Artikeldatei ARTISAM.DAT wird in dem Programm ARTVER erstellt, das später besprochen werden soll, und läuft in das Programm NORM02 als Eingabedatei ein. Die veränderte Artikeldatei wird in die Datei ARTNEU.DAT geschrieben, die beim nächsten Programmlauf wieder in das Programm NORM02 als Eingabe einfließt. Die Artikeldatei ARTNEU.DAT muß dazu in ARTISAM.DAT umbenannt werden, oder die neue Datei muß mit einem Programm über die alte Datei geschrieben werden. Dafür stehen Hilfsprogramme des Betriebssystems zur Verfügung (RENAME oder COPY), die aber im Datenflußplan nicht eingezeichnet sind.

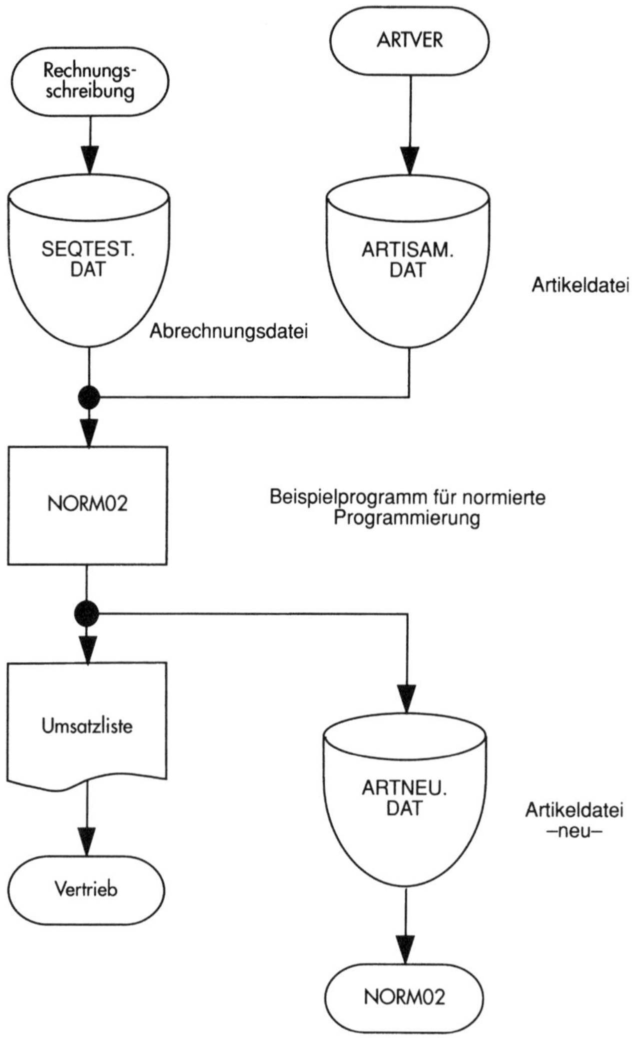

Bild 14.1: Datenflußplan für NORM02

Die Umsatzliste geht zur Bearbeitung an den Vertrieb.

14.3 Erläuterung des Programmablaufplans (PAP) und Programms NORM02 (Bild 14.2)

Im *Vorprogramm* oder *Vorlauf* werden Anfangswerte für die Datenfelder gesetzt, sofern dies noch nicht über die VALUE-Eintragung bei der Beschreibung geschehen ist. Die Abrechnungsdatei wird mit dem Cobol-SORT nach Artikel- und Kundennummer sortiert. Das Tagesdatum für den Listenkopf wird eingelesen, und die Dateien werden eröffnet.

Im *Leseblock* oder *Eingabeblock* werden die Dateien gelesen, die sequentiell zu verarbeiten sind. Für jede Datei gibt es eine eigene Befehlsfolge. Im Beispiel wird die Artikeldatei (F2-DATEI) im B21 und die Abrechnungsdatei (F1-DATEI) im B22 eingelesen. Es werden die Gruppenbegriffe NGRU-1 (**N**eue-**Gru**ppe-eins) für die Artikeldatei und NGRU-2 für die Abrechnungsdatei aufgebaut. Jede Datei hat also ihren eigenen Gruppenbegriff. Der Gruppenbegriff ist folgendermaßen aufgebaut:

```
NGRU-1  und analog NGRU-2  und NGRU

+------+-------+--+
   |      |     |
   |      |     |
   |      |     |
   |      |      NGRU-Priorität; sie steuert die Reihenfolge
   |      |      der Verarbeitung bei gleichen Gruppenbe-
   |      |      griffen in den Dateien.
   |     NGRU-TEIL-2 nimmt die Kundennummer auf. Bei der
   |     Artikeldatei wird dieser Teil mit LOW-VALUE ge-
   |     füllt, da in der Datei keine Kunden-Nr. gespei-
   |     chert ist.
  NGRU-TEIL-1 nimmt die Artikelnummer auf
```

Bei Dateiende (EOF) wird ein Endewert in den Gruppenbegriff der entsprechenden Datei übertragen. Dieser Endewert muß wegen der Sortierfolgeprüfung und Auswahlsteuerung größer als seine Vorgängerwerte sein. Es wird deswegen HIGH-VALUE in NGRU-1 bzw. NGRU-2 übertragen.

Im Leseblock ist ferner zu beachten, daß beim *ersten Durchlauf* aus jeder Datei ein Satz eingelesen werden muß. Dies ist erforderlich, weil die Sätze nicht sofort nach dem Lesen verarbeitet werden, sondern erst im Folgeblock, dem B30, die Auswahlsteuerung vorgenommen wird und dann im B50 die Sätze verarbeitet werden. Damit diese Auswahl stattfinden kann, muß aus jeder Datei ein Satz zur Verfügung stehen.

Bei allen folgenden Durchläufen wird immer nur aus der Datei ein Satz nachgelesen, von der zuletzt ein Satz ausgewählt und verarbeitet wurde. Die Sätze der anderen Dateien stehen bereits in den Eingabebereichen und warten auf die Verarbeitung, bis sie ausgewählt werden.

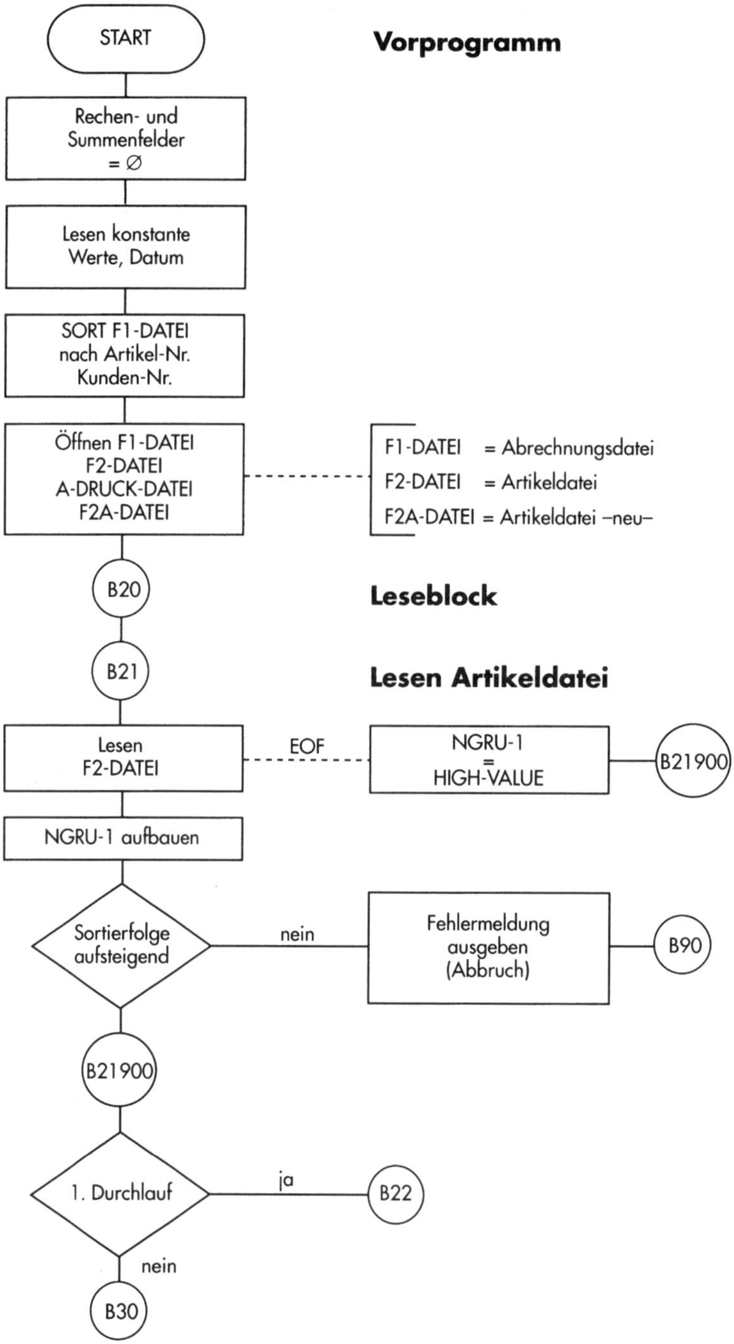

Bild 14.2: Programmablaufplan für NORM02

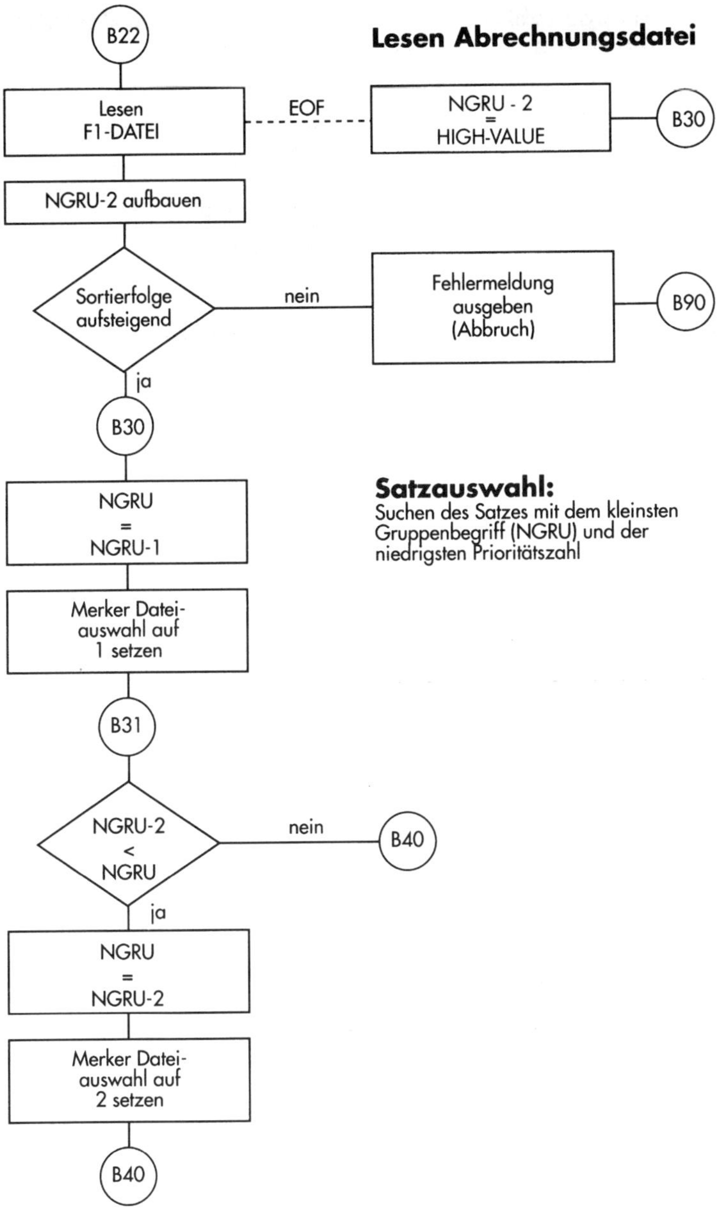

Bild 14.2: Programmablaufplan für NORM02 (Fortsetzung)

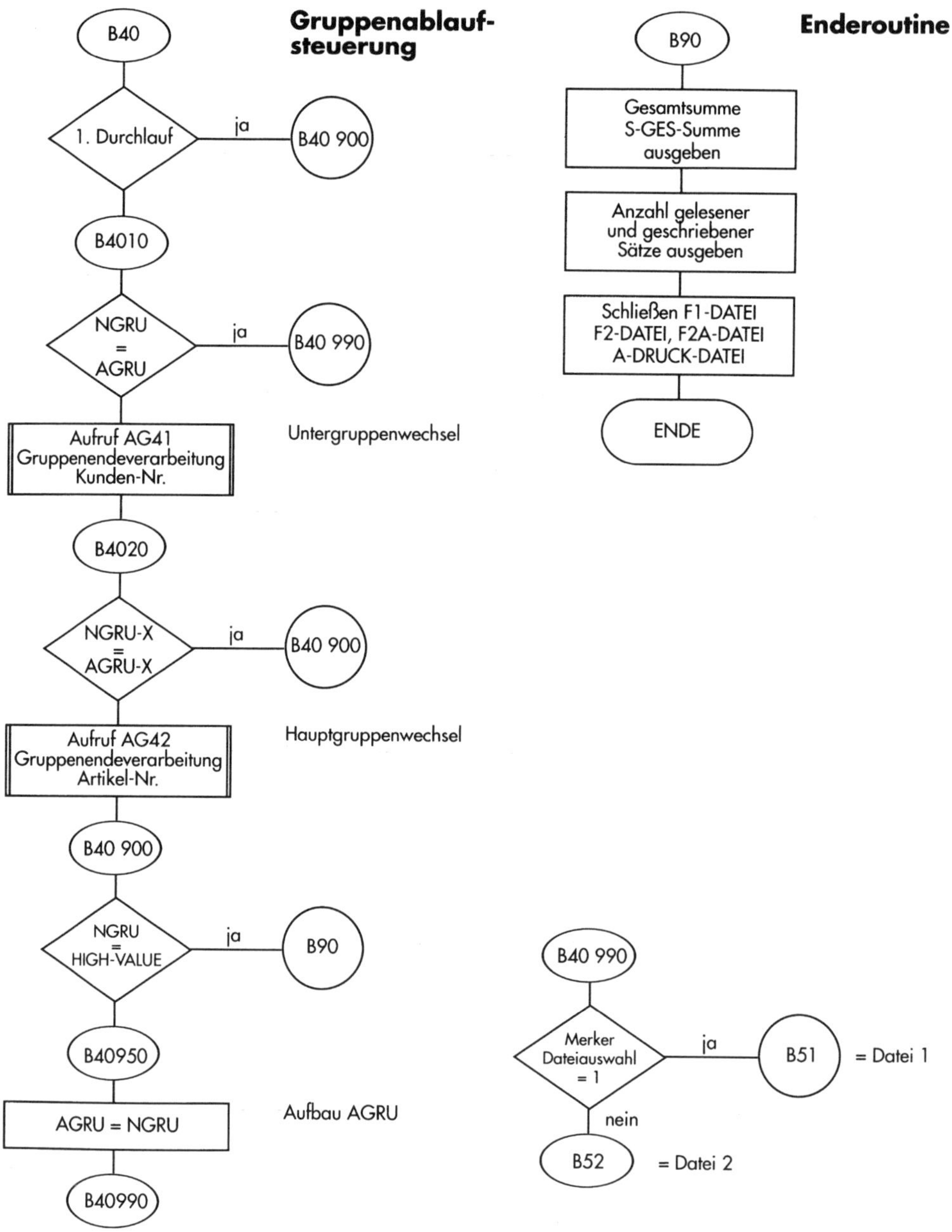

Bild 14.2: Programmablaufplan für NORM02 (Fortsetzung)

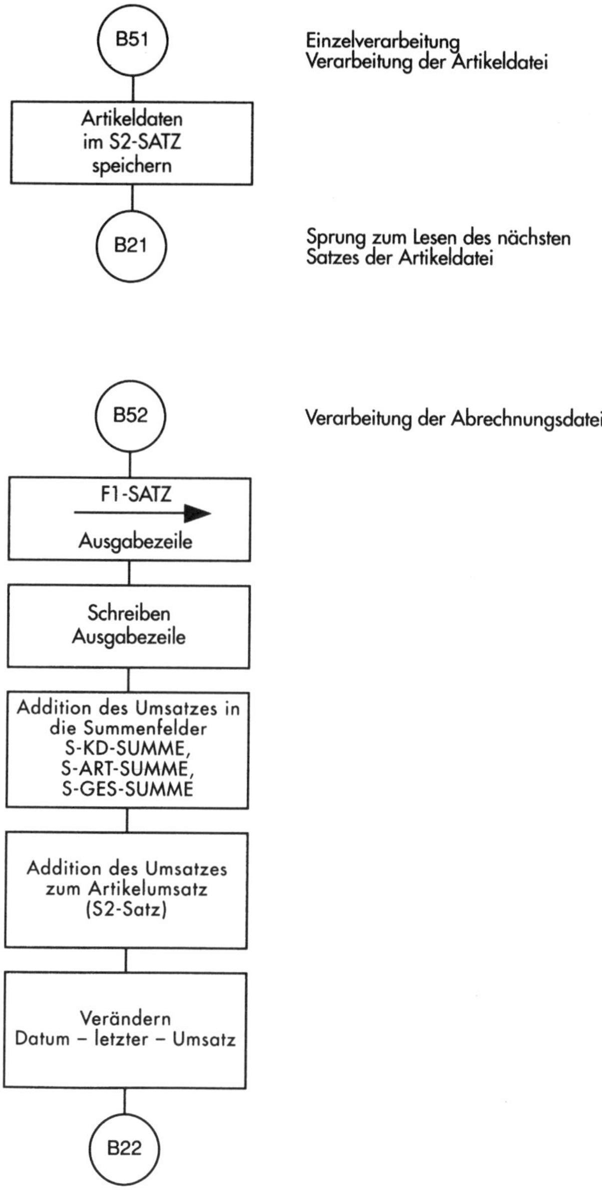

Bild 14.2: Programmablaufplan für NORM02 (Fortsetzung)

Unterprogramme

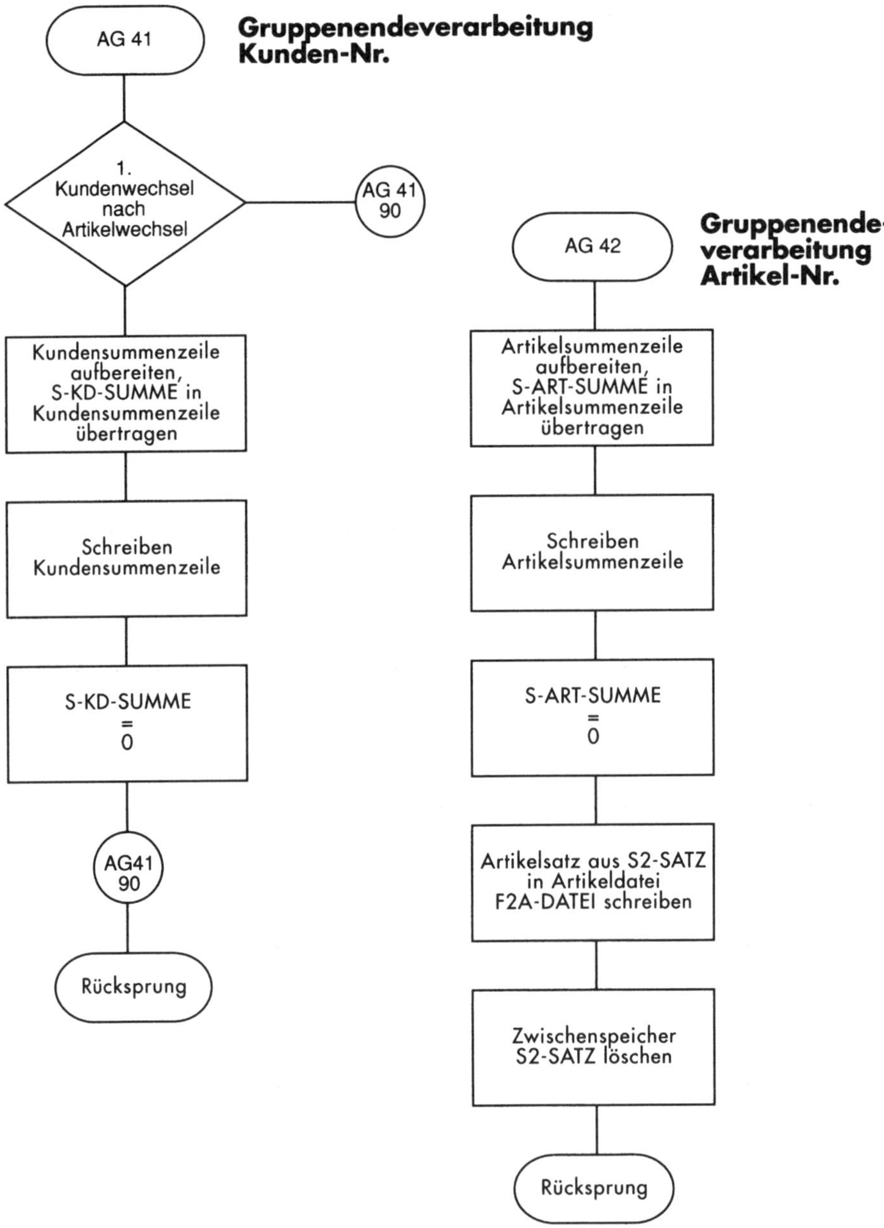

Bild 14.2: Programmablaufplan für NORM02 (Schluß)

Die Anordnung der Leseblöcke B21 und B22 muß nicht, wie im Beispiel, der Folge der Dateiprioritäten entsprechen, sondern könnte auch anders sein.

Die Abfrage »1. Durchlauf« entfällt bei der Datei, die als letzte eingelesen wird, weil keine weiteren Dateien einzulesen sind. Im Beispiel ist dies die im B22 gelesene Abrechnungsdatei (F1-DATEI).

In der *Auswahlsteuerung* wird entschieden, welcher der eingelesenen Sätze für die Verarbeitung ausgewählt wird. Es ist dies der Satz mit dem niedrigsten Gruppenbegriff. Bei gleichen Gruppenbegriffen wird der Satz mit der niedrigsten Prioritätszahl ausgewählt. Der Gruppenbegriff dieses Satzes wird in das allgemeine Gruppenfeld NGRU übertragen, denn die Gruppenwechselsteuerung im B40 ist unabhängig von der ausgewählten Datei. Jede Datei kann einen Gruppenwechsel auslösen. Da der ausgewählte Satz nicht sofort verarbeitet, sondern erst die Gruppenwechselsteuerung durchlaufen wird, muß festgehalten werden, welche Datei für die Verarbeitung ausgewählt wurde. Dazu dient der »Merker-Dateiauswahl«. Er steuert am Ende des B40 im B40990, in welchen Verarbeitungsblock verzweigt wird. Wurde die Artikeldatei ausgewählt, wird in den B51 verzweigt; stand in der Abrechnungsdatei der kleinste Gruppenbegriff, wird in den B52 verzweigt.

Die *Gruppenablaufsteuerung* ist unabhängig von der Anzahl der zu verarbeitenden Dateien. Sie sieht genauso aus wie im Beispiel der Programmlogik I, da auch der Artikelnummernwechsel und Kundennummernwechsel abgefragt werden muß. Werden mehrere Dateien verarbeitet, muß dies lediglich am Ende des Blockes berücksichtigt werden. Es muß in den Verarbeitungsblock der Datei verzweigt werden, die im B30 für die Verarbeitung ausgewählt wurde. Dies ist in dem Feld »Merker-Dateiauswahl« festgehalten.

Im Programmbaustein *Einzelverarbeitung* besteht für jede Datei ein eigener Verarbeitungsblock. Im B51 wird die Artikeldatei (F2-DATEI), im B52 die Abrechnungsdatei (F1-DATEI) verarbeitet. Die Befehle in diesen Blöcken hängen von der Aufgabenstellung ab.

Wichtig ist, daß am Ende eines Verarbeitungsblockes immer zum Leseblock der gleichen Datei gesprungen wird, also am Ende vom B51 zum B21, dem Lesen der Artikeldatei, und am Ende des B52 zum B22, dem Lesen der Abrechnungsdatei.

Im Beispiel muß der Artikelsatz nur zwischengespeichert werden, weil er mit der niedrigsten Prioritätenzahl versehen war und somit zuerst verarbeitet wird. In der Abrechnungsdatei stehen die Sätze mit den Umsatzwerten, die in das Jahresumsatzfeld des Artikelsatzes addiert werden müssen. Wenn die Abrechnungssätze verarbeitet werden, steht also im Zwischenspeicherfeld S2-SATZ der zur Artikelnummer gehörende Artikelsatz. Dies wird durch die Auswahlsteuerung gewährleistet, vorausgesetzt, es existiert für jede Artikelnummer in der Abrechnungsdatei ein Artikelsatz in der Artikeldatei. Dies wird aber laut Aufgabenstellung vorausgesetzt. Eine Paarigkeitsprüfung kann aber auch leicht durchgeführt werden. Es muß lediglich die Artikelnummer im Zwischenspeicher S2-SATZ mit der Artikelnummer im F1-SATZ verglichen werden.

Die Verarbeitungsblöcke für die Dateien können sehr einfach gehalten werden, weil alle Probleme der Ablaufsteuerung in den Blöcken B30 und B40 erledigt wurden.

Der *Block AG41* wird angesprungen, wenn die Kundennummer wechselt, die Artikelnummer gleich bleibt oder auch wechselt. Es sind also bereits alle Sätze eines Kunden verarbeitet. Die Umsatzsummen können ausgegeben und danach wieder auf Null gesetzt werden. Zu beachten ist aber, daß durch die Lösungslogik ein falscher Gruppenwechsel ausgelöst wird. Jedesmal nach einem Artikelnummerwechsel löst der nächste Satz der Abrechnungsdatei einen Kundennummerwechsel aus, weil in der Artikeldatei keine Kundennummer enthalten ist. Deswegen wird das Feld in dem Gruppenbegriff NGRU-1-TEIL-2 mit der Pseudokundennummer LOW-VALUE besetzt. Da der Wechsel von LOW-VALUE zu einer Kundennummer auch einen Gruppenwechsel auslöst, wird dieser Sonderfall durch die Abfrage »1. Kundenwechsel nach Artikelnummerwechsel« ausgesteuert.

Der *Block AG42* wird angesprungen, wenn die Artikelnummer wechselt. Es sind dann alle Sätze eines Artikels verarbeitet. Der Artikelumsatz kann in der Liste ausgegeben und der Artikelsatz mit dem geänderten Umsatz in die neue Artikeldatei geschrieben werden. Die Artikelbezeichnung, der Umsatz und die anderen Daten stehen in dem Zwischenspeicherfeld S2-SATZ. Dies ist durch die Logik der normierten Programmierung sichergestellt. Die Summen- und Zwischenspeicherfelder müssen gelöscht werden, damit die nächste Artikelnummer, die den Gruppenabschluß ausgelöst hat, mit den gleichen Verarbeitungsbefehlen bearbeitet werden kann.

Der *Block B90*, der *Endeblock*, wird angesprungen, wenn alle Sätze der Dateien verarbeitet sind. In ihm werden der Gesamtumsatz und die Anzahl der gelesenen und geschriebenen Sätze ausgegeben. Dadurch kann man die Vollständigkeit der Verarbeitung überprüfen.

Die Dateien werden abgeschlossen, und die Steuerung wird an das Betriebssystem zurückgegeben.

```
*************************************************
 IDENTIFICATION DIVISION.
*************************************************
 PROGRAM-ID.     NORMO2.
****   NORMIERTE PROGRAMMIERUNG: Zwei seq. Eingabe-Dateien,
****   zwei Gruppenwechsel, eine Ausgabeliste,
****   eine Ausgabedatei

*************************************************
 ENVIRONMENT DIVISION.
*************************************************
 CONFIGURATION SECTION.
 SPECIAL-NAMES.
         DECIMAL-POINT IS COMMA.
 INPUT-OUTPUT SECTION.
 FILE-CONTROL.
         SELECT  OPTIONAL F1-ABRECH-DATEI
                 ASSIGN TO "SEQTEST.DAT"
```

```
                         FILE STATUS IS F1-STAT
                         ORGANIZATION SEQUENTIAL.

*            COPY F2SEL.COB.
    **** SELECT für sequentielle Verarbeitung der Artikeldatei
             SELECT  F2-ARTIKEL-DATEI
                     ASSIGN TO "ARTIKEL.ISA"
                     FILE STATUS IS F2-STAT
                     ORGANIZATION IS INDEXED
                     RECORD KEY IS F2-REC-KEY
                     ALTERNATE RECORD KEY IS F2-BEZEICHNUNG
                                     WITH DUPLICATES
                     ALTERNATE RECORD KEY IS F2-ALT-KEY =
                       F2-ERL-KONTO, F2-MWST-SCHL DUPLICATES
                     ACCESS SEQUENTIAL.
    ** Ende F2-SEL.COB -------------------------------------- +

    **** SELECT für sequentielle Ausgabe der Artikeldatei
             SELECT  F2A-ARTIKEL-DATEI
                     ASSIGN TO "ARTNEU.ISA"
                     FILE STATUS IS F2A-STAT
                     ORGANIZATION IS INDEXED
                     RECORD KEY IS F2A-REC-KEY
                     ALTERNATE RECORD KEY IS F2A-BEZEICHNUNG
                                     WITH DUPLICATES
                     ALTERNATE RECORD KEY IS F2A-ALT-KEY =
                       F2A-ERL-KONTO, F2A-MWST-SCHL DUPLICATES
                     ACCESS SEQUENTIAL.

             SELECT  A-DRUCK-DATEI
                     FILE STATUS IS DRUCK-STAT
                     ASSIGN TO PRINTER.

*            COPY SORSEL.COB.
    ***  Sortierdatei *****
             SELECT SO-DATEI
                    ASSIGN TO DISK
                    SORT STATUS IS SO-STAT.

    *************************************************
     DATA DIVISION.
    *************************************************
     FILE SECTION.
*            COPY F1FD.COB.
```

```
  ** COPY-File für Abrechnungsdatei ---------------+
   FD      F1-ABRECH-DATEI
           RECORD CONTAINS 80 CHARACTERS.
   01      F1-SATZ.
  *** siehe NORM01

*          COPY F2FD.COB.
  ****  Artikeldatei ****
   FD      F2-ARTIKEL-DATEI
           RECORD CONTAINS 100 CHARACTERS.
   01      F2-SATZ.
     05    F2-LKZ                PIC X.
     05    F2-REC-KEY.
      10   F2-ART-NR             PIC X(4).
      10   F2-SA                 PIC XX.
     05    F2-BEZEICHNUNG        PIC X(20).
     05    F2-KLASSIFIK          PIC X(8).
     05    F2-ME                 PIC XX.
     05    F2-PREIS              PIC S9(7)V99 COMP-3.
     05    F2-MWST-SCHL          PIC XX.
     05    F2-ERL-KONTO          PIC X(4).
     05    F2-RABATT             PIC XX.
     05    F2-JA-UMSATZ          PIC S9(9)V99 COMP-3.
     05    F2-DATUM-LE-UMS       PIC 9(6).
     05    F2-DAT  REDEFINES F2-DATUM-LE-UMS.
      10   F2-TT                 PIC 99.
      10   F2-MM                 PIC 99.
      10   F2-JJ                 PIC 99.
     05    FILLER                PIC X(38).
  ** Ende COPY-File F2FD.COB -------------------------- +

*          COPY F2AFD.COB.
  ****  Artikeldatei -Ausgabe- ------------------------ +
   FD      F2A-ARTIKEL-DATEI
           RECORD CONTAINS 100 CHARACTERS.
   01      F2A-SATZ.
  *** wie F2-ARTIKEL-DATEI mit der Vorsilbe F2A-

   FD      A-DRUCK-DATEI.
   01      A-DRUCK-BER           PIC X(80).

   SD      SO-DATEI.
*          COPY F1SOR.COB.

```

```
 01      SO-SATZ.
   05    SO-SATZART              PIC XX.
   05    SO-RECH-NR              PIC X(5).
   05    SO-DATUM                PIC 9(6).
   05    SO-DAT-RED REDEFINES SO-DATUM.
    10   SO-TT                   PIC XX.
    10   SO-MM                   PIC XX.
    10   SO-JJ                   PIC XX.
   05    SO-KUNDEN-NR            PIC X(4).
   05    SO-PLZ                  PIC X(5).
   05    SO-VERTR-NR             PIC X(4).
   05    SO-ART-NR               PIC X(4).
   05    SO-UMSATZ               PIC S9(9)V99.
   05    SO-FILLER               PIC X(39).

****************************************************
 WORKING-STORAGE SECTION.
****************************************************
*        COPY DRUDEF02.COB.
****** DRUCKDEFINITIONEN *************************
 01      STANDARD-AUSG-FELDER.
   05    A-VORSCHUB    PIC 99  VALUE 1.
   05    S-SEITE       PIC S999 COMP-3  VALUE ZERO.
   05    S-ZEILEN      PIC S999 COMP-3  VALUE +60.
   05    S-ZEILEN-MAX  PIC S999 COMP-3  VALUE +60.

 01      A-UEB-ZEILE.
   05    PIC X(20)  VALUE " ** U M S A T Z L I ".
   05    PIC X(20)  VALUE 'S T E **      VOM : '.
   05    A-UEB-DATUM   PIC X(8).
   05    PIC X(22)  VALUE SPACE.
   05    PIC X(07)  VALUE 'SEITE: '.
   05    A-UEB-SEITE   PIC ZZ9.

 01      A-KOPF-ZEILE.
   05    PIC X(20)  VALUE ' ART-NR     DATUM  '.
   05    PIC X(20)  VALUE 'KUND-NR  PLZ   VERTR'.
   05    PIC X(20)  VALUE '-NR    RECH-NR      '.
   05    PIC X(20)  VALUE ' UMSATZ             '.

 01      A-ZEILE        PIC X(80)  VALUE SPACE.
 01      AA-ZEILE  REDEFINES A-ZEILE.
   05    FILLER         PIC X.
   05    AA-ART-NR      PIC X(5).
```

```
    05    FILLER        PIC X(4).
    05    AA-DATUM      PIC 99.99.99.
    05    FILLER        PIC X(3).
    05    AA-KUNDEN-NR  PIC X(4).
    05    FILLER        PIC X(4).
    05    AA-PLZ        PIC X(5).
    05    FILLER        PIC X(3).
    05    AA-VERTR-NR   PIC X(4).
    05    FILLER        PIC X(7).
    05    AA-RECH-NR    PIC X(4).
    05    FILLER        PIC XX.
    05    AA-UMSATZ     PIC ZZZ.ZZZ.ZZ9,99-.
    05    FILLER        PIC X(11).
 01       AB-ZEILE REDEFINES A-ZEILE.
    05    FILLER        PIC X(10).
    05    AB-TEXT       PIC X(30).
    05    AB-ANZAHL     PIC ZZZ9.
    05    FILLER        PIC X(36).
 01       AC-ZEILE  REDEFINES A-ZEILE.
    05    FILLER          PIC X(05).
    05    AC-TEXT         PIC X(20).
    05    AC-KUNDEN-NR    PIC X(4).
    05    FILLER          PIC X(25).
    05    AC-SUMME        PIC ZZZ.ZZZ.ZZ9,99-.
    05    AC-STERN        PIC XX.
    05    AC-FILLER       PIC X(9).
 01       AD-ZEILE REDEFINES A-ZEILE.
    05    AD-FILLER                 PIC X(5).
    05    AD-TEXT                   PIC X(20).
    05    AD-ART-NR                 PIC X(4).
    05    FILLER                    PIC X(5).
    05    AD-BEZEICHNUNG            PIC X(20).
    05    AD-SUMME                  PIC ZZZ.ZZZ.ZZ9,99-.
    05    AD-STERN                  PIC XXXX.
    05    FILLER                    PIC X(7).
 01       AF-ZEILE REDEFINES A-ZEILE.
    05    FILLER                    PIC XX.
    05    AF-TEXT                   PIC X(20).
    05    FILLER                    PIC X(32).
    05    AF-SUMME                  PIC ZZZ.ZZZ.ZZ9,99-.
    05    AF-STERN                  PIC X(11).
 01       AG-ZEILE REDEFINES A-ZEILE.
    05    FILLER                    PIC X(5).
    05    AG-TEXT-1                 PIC X(25).
```

```
      05    AG-DATUM                PIC 99.99.99.
      05    FILLER                  PIC X(5).
      05    AG-TEXT-2               PIC X(20).
      05    AG-UMSATZ               PIC ZZZ.ZZZ.ZZ9,99-.
      05    FILLER                  PIC X(4).
    01      A-STR-ZEILE    PIC X(80)  VALUE ALL '-'.
    01      S-STRICH  REDEFINES A-STR-ZEILE PIC X(80).

*           COPY NGRUDEF2.COB.
*** DEFINITION DER GRUPPENBEGRIFFE ************
    01      NGRU-1 VALUE LOW-VALUE.
     05     NGRU-1-TEIL-1           PIC X(4).
     05     NGRU-1-TEIL-2           PIC X(4).
     05     NGRU-1-PRI              PIC X.

    01      NGRU-2 VALUE LOW-VALUE.
     05     NGRU-2-TEIL-1           PIC X(4).
     05     NGRU-2-TEIL-2           PIC X(4).
     05     NGRU-2-PRI              PIC X.

    01      NGRU-GES  VALUE LOW-VALUE.
     05     NGRU.
      10    NGRU-X.
       15   NGRU-TEIL-1             PIC X(4).
      10    NGRU-TEIL-2             PIC X(4).
     05     NGRU-PRI                PIC X.

    01      AGRU-GES  VALUE  LOW-VALUE.
     05     AGRU.
      10    AGRU-X.
       15   AGRU-TEIL-1             PIC X(4).
      10    AGRU-TEIL-2             PIC X(4).
     05     AGRU-PRI                PIC X.

    01      HILFSFELDER.
     05     I-DATEI                 PIC S999  COMP VALUE ZERO.

*           COPY F2S2.COB.
****  Artikeldatei WORK-SATZ ****
    01      S2-SATZ.
      05    S2-LKZ                  PIC X.
      05    S2-REC-KEY.
       10   S2-ART-NR               PIC X(4).
       10   S2-SA                   PIC XX.
```

```
    05    S2-BEZEICHNUNG          PIC X(20).
    05    S2-KLASSIFIK            PIC X(8).
    05    S2-ME                   PIC XX.
    05    S2-PREIS                PIC S9(7)V99 COMP-3.
    05    S2-MWST-SCHL            PIC XX.
    05    S2-ERL-KONTO            PIC X(4).
    05    S2-RABATT               PIC XX.
    05    S2-JA-UMSATZ            PIC S9(9)V99 COMP-3.
    05    S2-DATUM-LE-UMS         PIC 9(6).
    05    S2-DAT REDEFINES S2-DATUM-LE-UMS.
     10   S2-TT                   PIC 99.
     10   S2-MM                   PIC 99.
     10   S2-JJ                   PIC 99.
    05    FILLER                  PIC X(43).
*         COPY DATEDEF.COB.
*** COPY-File Hilfsfelder für Datumsspeicherung ****
  01  S-DATE-FELDER.
*** siehe NOTM01

  01 HILFS-FELDER.
    05    F1-STAT VALUE ZERO.
     10   F1-STAT-1        PIC X.
     10   F1-STAT-2-X.
      15  F1-STAT-2        PIC 99 COMP-X.
    05    F2-STAT VALUE ZERO.
     10   F2-STAT-1        PIC X.
     10   F2-STAT-2-X.
      15  F2-STAT-2        PIC 99 COMP-X.
    05    SO-STAT          PIC XX  VALUE ZERO.
    05    F2A-STAT         PIC XX  VALUE ZERO.
    05    DRUCK-STAT VALUE ZERO.
     10   DRUCK-STAT-1     PIC X.
     10   DRUCK-STAT-2-X.
      15  DRUCK-STAT-2     PIC 99 COMP-X.
    05    A-STAT.
     10   A-STAT-1        PIC X.
     10   PIC X VALUE "-".
     10   A-STAT-2-X.
      15  A-STAT-2        PIC 999.
    05    F1-ANZAHL        PIC S999 COMP-3 VALUE ZERO.
    05    F2-ANZAHL        PIC S999 COMP-3 VALUE ZERO.
    05    F2A-ANZAHL       PIC S999 COMP-3 VALUE ZERO.
    05    S-SUMME          PIC S9(9)V99 COMP-3 VALUE ZERO.
    05    S-KD-SUMME       PIC S9(9)V99 COMP-3 VALUE ZERO.
```

```
    05     S-ART-SUMME    PIC S9(9)V99 COMP-3 VALUE ZERO.
    05     S-GES-SUMME    PIC S9(9)V99 COMP-3 VALUE ZERO.

    05     S1-V-DATUM.
     10    S1-V-JJ                 PIC 99.
     10    S1-V-MM                 PIC 99.
     10    S1-V-TT                 PIC 99.
    05     S2-V-DATUM.
     10    S2-V-JJ                 PIC 99.
     10    S2-V-MM                 PIC 99.
     10    S2-V-TT                 PIC 99.
    05     SC-F2-READ              PIC X   VALUE ZERO.
  01       TEXTE.
    05     TEXT-1           PIC X(30)       VALUE
           'Anzahl der gelesenen Sätze: '.
    05     TEXT-2           PIC X(20)       VALUE
           'UMSATZ KUNDEN-NR: '.
    05     TEXT-3           PIC X(20)       VALUE
           'SUMME ARTIKEL-NR: '.
    05     TEXT-4           PIC X(15)       VALUE
           'GESAMTUMSATZ: '.
    05     TEXT-5           PIC X(20)       VALUE
           'STAMMSATZ FEHLT'.
    05     TEXT-6           PIC X(25)       VALUE
           'DATUM LETZTER UMSATZ: '.
    05     TEXT-7           PIC X(20)       VALUE
           'JAHRESUMSATZ (DM): '.
    05     TEXT-8           PIC X(30)       VALUE
           'Abrechnungsdatei (F1-DATEI): '.
    05     TEXT-9           PIC X(30)       VALUE
           'Artikeldatei  (F2-DATEI)...:'.
    05     TEXT-10          PIC X(30)       VALUE
           'Anzahl d. geschrieb. Sätze: '.
    05     TEXT-11          PIC X(30)       VALUE
           'Artikeldatei  (F2A-DATEI)..: '.

***********************************************
 PROCEDURE DIVISION.
***********************************************
***   Vorprogramm
***********************************************
 B10 SECTION.
 B11.
           DISPLAY "PROGRAMMANFANG NORM02".
```

```
*              COPY  DATEBEF.COB.
*** Datum einlesen und umspeichern ******
*** siehe NORM01

               MOVE  A-DATUM   TO A-UEB-DATUM.
               MOVE  ZERO      TO S1-V-DATUM,  S2-V-DATUM.
     B14.
*** Sortieren der Eingabedatei **
               SORT SO-DATEI
                   ON ASCENDING KEY SO-ART-NR, SO-KUNDEN-NR,
                   SO-JJ, SO-MM, SO-TT
                   USING F1-ABRECH-DATEI
                   GIVING F1-ABRECH-DATEI.
               IF SO-STAT = "00"
                   NEXT SENTENCE
               ELSE
                   DISPLAY "Sortierfehler"
                   GO TO B95
               END-IF.
     B16.
               OPEN INPUT F1-ABRECH-DATEI,  F2-ARTIKEL-DATEI.
               OPEN OUTPUT A-DRUCK-DATEI, F2A-ARTIKEL-DATEI.
               PERFORM STAT-PRUEF.
     B19.
***************************************************
***   LESEBLOCK
***************************************************
     B20 SECTION.
***   Lesen Artikeldatei   ******
     B21.
               READ  F2-ARTIKEL-DATEI  AT END
                       MOVE  HIGH-VALUE TO NGRU-1
                       GO TO B2190
               END-READ.
               ADD   1 TO  F2-ANZAHL.
               MOVE  F2-ART-NR         TO NGRU-1-TEIL-1.
               MOVE  LOW-VALUE         TO NGRU-1-TEIL-2.
               MOVE  1                 TO NGRU-1-PRI.
***  Sortierfolgeprüfung  ******
               IF    NGRU-1   LESS AGRU
                  DISPLAY 'SORTIERFEHLER F2-DATEI ** ABBRUCH *** '
                  'NGRU = ',  NGRU-1, 'AGRU = ', AGRU
                  GO TO B90
               END-IF.
```

```
 B2190.
***  1. Durchlauf ******
          IF AGRU      =  LOW-VALUE
                 GO TO B22
          END-IF.
** folgende Durchläufe ***
          GO TO B30.
***************************************************
**  Lesen Abrechnungsdatei  ******
***************************************************
 B22.
          READ  F1-ABRECH-DATEI  AT END
                 MOVE HIGH-VALUE   TO NGRU-2
                 GO TO B30
          END-READ.
          ADD  1  TO  F1-ANZAHL.
          MOVE F1-ART-NR          TO  NGRU-2-TEIL-1.
          MOVE F1-KUNDEN-NR       TO  NGRU-2-TEIL-2.
          MOVE 2                  TO  NGRU-2-PRI.
***  Sortierfolgeprüfung  ***
          IF  NGRU-2              LESS AGRU
              DISPLAY 'SORTIERFEHLER F1-DATEI **ABBRUCH **'
              ' NRGRU= ', NGRU, ' AGRU= ', AGRU
              GO TO B90
          END-IF.

**********************************************************
*** AUSWAHLSTEUERUNG (Suchen des kleinsten Gruppenbegriffs)
**********************************************************
 B30 SECTION.
 B301.
          MOVE NGRU-1     TO  NGRU-GES.
          MOVE 1          TO  I-DATEI.
 B31.
          IF   NGRU-2     LESS  NGRU-GES
                 MOVE  NGRU-2  TO  NGRU-GES
                 MOVE  2       TO  I-DATEI
          END-IF.
 B3990.
          EXIT.
***************************************************
*** GRUPPENABLAUFSTEUERUNG
***************************************************
 B40 SECTION.
```

```
 B4001.
***   Aussteuerung 1. Durchlauf   **************
           IF  AGRU        =  LOW-VALUE
                   GO TO B40900
           END-IF.
 B4010.
           IF NGRU      =  AGRU
                   GO TO B40990
           END-IF.
**** Kunden-Nr-Wechsel ******
           PERFORM AG41.
 B4020.
           IF NGRU-X   =  AGRU-X   *> Artikel-Nr gleich?
                   GO TO B40900
           END-IF.
**** Artikel-Nr-Wechsel *******
           PERFORM AG42.
 B40900.
           IF NGRU      =  HIGH-VALUE   *> Endeabfrage
                GO TO B90
           END-IF.
 B40950.
           MOVE  NGRU      TO  AGRU.
 B40990.
           GO TO B51, B52
           DEPENDING ON I-DATEI.      *> I-DATEI siehe B30

***************************************************
***  EINZEL-VERARBEITUNG DER DATENSÄTZE
***************************************************
 B50 SECTION.
***************************************************
***  Verarbeitung F2-ARTIKEL-DATEI
***************************************************
 B51.
           MOVE F2-SATZ           TO  S2-SATZ.
           MOVE F2-TT             TO  S2-V-TT.
           MOVE F2-MM             TO  S2-V-MM.
           MOVE F2-JJ             TO  S2-V-JJ.
           MOVE '1'               TO  SC-F2-READ.
 B5190.
           GO TO B21.
***************************************************
**   Verarbeitung F1-DATEI (Abrechnungsdatei)
```

```
***************************************************
 B52.
         IF      F1-ART-NR  NOT  =   S2-ART-NR
                 INITIALIZE S2-SATZ
                 MOVE  TEXT-5    TO  S2-BEZEICHNUNG
                 MOVE  ZERO      TO  SC-F2-READ
         END-IF.
         MOVE    F1-RECH-NR      TO  AA-RECH-NR.
         MOVE    F1-DATUM        TO  AA-DATUM.
         MOVE    F1-KUNDEN-NR    TO  AA-KUNDEN-NR.
         MOVE    F1-PLZ          TO  AA-PLZ.
         MOVE    F1-VERTR-NR     TO  AA-VERTR-NR.
         MOVE    F1-ART-NR       TO  AA-ART-NR.
         MOVE    F1-UMSATZ       TO  AA-UMSATZ.
         PERFORM DRUCK.
         MOVE    1               TO  A-VORSCHUB.
         ADD     F1-UMSATZ       TO  S-KD-SUMME.
         ADD     F1-UMSATZ       TO  S-ART-SUMME.
         ADD     F1-UMSATZ       TO  S-GES-SUMME.
 B5220.
****  Verändern Artikeldatei ****
         ADD     F1-UMSATZ       TO  S2-JA-UMSATZ.
         MOVE    F1-TT           TO  S1-V-TT.
         MOVE    F1-MM           TO  S1-V-MM.
         MOVE    F1-JJ           TO  S1-V-JJ.
         IF      S1-V-DATUM  GREATER  S2-V-DATUM
                 MOVE  F1-DATUM  TO  S2-DATUM-LE-UMS
         END-IF.
 B5290.
         GO TO B22.
*****************************************************
***  ENDROUTINE
*****************************************************
 B90 SECTION.
 B91.
         MOVE  TEXT-4            TO  AF-TEXT.
         MOVE  S-GES-SUMME       TO  AF-SUMME.
         MOVE  '****'            TO  AF-STERN.
         MOVE  4                 TO A-VORSCHUB.
         PERFORM DRUCK.
         MOVE  TEXT-1            TO  AB-TEXT.
         MOVE  6                 TO A-VORSCHUB.
         PERFORM DRUCK.
         MOVE  TEXT-8            TO  AB-TEXT.
```

```
           MOVE  F1-ANZAHL         TO  AB-ANZAHL.
           MOVE  1                 TO  A-VORSCHUB.
           PERFORM DRUCK.
           MOVE  TEXT-9            TO  AB-TEXT.
           MOVE  F2-ANZAHL         TO  AB-ANZAHL.
           PERFORM DRUCK.
           MOVE  TEXT-10           TO AB-TEXT.
           MOVE  2                 TO A-VORSCHUB.
           PERFORM DRUCK.
           MOVE  TEXT-11           TO AB-TEXT.
           MOVE  F2A-ANZAHL        TO AB-ANZAHL.
           MOVE  1                 TO A-VORSCHUB.
           PERFORM DRUCK.
       B92.
           CLOSE F1-ABRECH-DATEI,  F2-ARTIKEL-DATEI,
                  A-DRUCK-DATEI,   F2A-ARTIKEL-DATEI.
       B95.
           DISPLAY ( 23, 1 ) "PROGRAMMENDE NORM02".
           STOP RUN.
      ******************************************************
      *  UNTERPROGRAMME
      ******************************************************
      ******************************************************
      * GRUPPENENDEVERARBEITUNG KUNDEN-NR
      ******************************************************
       AG41 SECTION.
       AG4101.
      ** Aussteuern "1. Kunden-Nr-Wechsel nach Art-Nr-Wechsel" **
           IF   AGRU-TEIL-2        =  LOW-VALUE
                GO TO AG4190
           END-IF.
           MOVE AGRU-TEIL-2        TO AC-KUNDEN-NR.
           MOVE TEXT-2             TO AC-TEXT.
           MOVE S-KD-SUMME         TO AC-SUMME.
           MOVE '*'                TO AC-STERN.
           MOVE 2                  TO A-VORSCHUB.
           PERFORM DRUCK.
           MOVE ZERO               TO S-KD-SUMME.
           MOVE 2                  TO A-VORSCHUB.
       AG4190.
           EXIT.
      ******************************************************
      *  GRUPPENENDEVERARBEITUNG ARTIKEL-NR
```

```
*****************************************************
 AG42 SECTION.
 AG4201.
         MOVE AGRU-TEIL-1        TO AD-ART-NR.
         MOVE TEXT-3             TO AD-TEXT.
         MOVE S2-BEZEICHNUNG     TO AD-BEZEICHNUNG.
         MOVE S-ART-SUMME        TO AD-SUMME.
         MOVE '**'               TO AD-STERN.
         MOVE 2                  TO A-VORSCHUB.
         PERFORM DRUCK.
         MOVE ZERO               TO S-ART-SUMME.
         MOVE 2                  TO A-VORSCHUB.
         MOVE TEXT-6             TO AG-TEXT-1.
         MOVE S2-DATUM-LE-UMS    TO AG-DATUM.
         MOVE TEXT-7             TO AG-TEXT-2.
         MOVE S2-JA-UMSATZ       TO AG-UMSATZ.
         PERFORM DRUCK.
         MOVE 4                  TO A-VORSCHUB.
 AG4210.
** Aussteuern falsche Artikel-Nr. in d. Abrechnungsdatei
         IF SC-F2-READ           = '1'
                PERFORM F2-SCHREIB
         END-IF.
         MOVE ZERO               TO SC-F2-READ.
         MOVE SPACE              TO S2-SATZ.
         MOVE ZERO               TO S2-PREIS, S2-JA-UMSATZ
                                    S2-DATUM-LE-UMS.
 AG4290.
         EXIT.
*** Schreiben der neuen Artikeldatei ***
 F2-SCHREIB SECTION.
 F2-SCHREIB01.
         WRITE  F2A-SATZ   FROM  S2-SATZ
           INVALID KEY  DISPLAY 'WRITE FEHLER F2A-DATEI ',
           'F2-REC-KEY = ', F2A-REC-KEY, 'S2-REC-KEY ='
            S2-REC-KEY, 'F2-STAT=', F2A-STAT
            GO TO B90
         END-WRITE.
         ADD 1   TO F2A-ANZAHL.
 F2-SCHREIB90.
         EXIT.
*** Prüfen FILE STATUS Werte *************
 STAT-PRUEF SECTION.
 STAT01.
```

```
           IF F1-STAT NOT = ZERO
               MOVE F1-STAT-1  TO A-STAT-1
               IF F1-STAT-1 = "9"
                   MOVE F1-STAT-2  TO A-STAT-2
               ELSE
                   MOVE F1-STAT-2-X TO A-STAT-2-X
               END-IF
               DISPLAY (20,1) "OPEN FEHLER F1-DATEI STATUS = "
               A-STAT WITH HIGHLIGHT
               GO TO B90
           END-IF.
           IF F2-STAT NOT = ZERO
               MOVE F2-STAT-1  TO A-STAT-1
               IF F2-STAT-1 = "9"
                   MOVE F2-STAT-2  TO A-STAT-2
               ELSE
                   MOVE F2-STAT-2-X TO A-STAT-2-X
               END-IF
               DISPLAY (20,1) "OPEN FEHLER F2-DATEI STATUS = "
               A-STAT WITH HIGHLIGHT
               GO TO B90
           END-IF.
           IF DRUCK-STAT NOT = ZERO
               MOVE DRUCK-STAT-1   TO A-STAT-1
               IF DRUCK-STAT-1 = "9"
                   MOVE DRUCK-STAT-2   TO A-STAT-2
               ELSE
                   MOVE DRUCK-STAT-2-X TO A-STAT-2-X
               END-IF
               DISPLAY (21,1) "OPEN FEHLER DRUCKER STATUS = "
               A-STAT WITH HIGHLIGHT
               GO TO B90
           END-IF.
    STAT90.
           EXIT.

*          COPY DRUROU.COB.
***STANDARD-DRUCKPROGRAMM ****************************
    DRUCK SECTION.
    DRUCK01.
*** Siehe NORM01
```

14.4 Programmerläuterung

Die Abrechnungsdatei ist bereits beim Programm NORM01 erläutert. Die indexsequentielle Artikeldatei wird sequentiell verarbeitet (ACCESS SEQUENTIAL). In der SELECT-Eintragung müssen in Cobol alle Schlüsselfelder der Datei aufgeführt werden, die beim Anlegen der Datei deklariert wurden, auch wenn sie im Programm nicht benötigt werden. Andernfalls kommt es beim OPEN-Befehl zu einem Fehler, und der FILE STATUS wird auf »3-9« gesetzt. Die auszugebende neue Artikeldatei F2A-ARTIKEL-DATEI muß genauso wie die Eingabe-Artikeldatei beschrieben werden, weil diese Datei später wieder in das Programm einfließt. Die Namen der beiden Dateien auf dem Externspeicher (ASSIGN TO) müssen verschieden lauten, damit es nicht zu Bereichsüberlagerungen und Zerstörungen kommt. Die Sortierdatei SO-DATEI benötigt der Cobol-SORT für die Sortierung einer Datei. Die Datei wird nur während der Sortierung benutzt und anschließend automatisch gelöscht. Im SORT STATUS-Feld teilt der SORT dem Anwendungsprogramm mit, ob die Sortierung ordnungsgemäß durchgeführt wurde (SORT STATUS ist dann »00«). Die SORT-Routine wird in Kapitel 27 ausführlich besprochen. Die Satzbeschreibung der Abrechnungsdatei ist aus Platzgründen aus der Programmliste gelöscht. Die Satzfelder der Ausgabe-Artikeldatei erhalten die Vorsilbe »F2A-«, damit die Feldnamen eindeutig sind. Die Satzbeschreibung der Sortierdatei ist mit der Beschreibung der Abrechnungsdatei identisch, bis auf die Vorsilbe »SO-«. In der Sortiersatzbeschreibung müssen die Felder enthalten sein, nach denen die Datei sortiert werden soll, im Beispiel SO-KUNDEN-NR und SO-ART-NR. Diese Variablen werden im SORT-Befehl als Sortierkriterien angegeben (vgl. B10 SECTION). ASCENDING KEY bedeutet aufsteigende Sortierung. Nach USING wird die zu sortierende Datei benannt. Cobol überträgt die Eingabedaten in die Sortierdatei, im Beispiel SO-DATEI sortiert sie dort und schreibt den sortierten Datenbestand in die GIVING-Datei. Die beiden Dateinamen nach USING und GIVING können identisch sein, da die eigentliche Sortierung in der Sortierdatei SO-DATEI abläuft. Die Sortierung muß vor dem Eröffnen der Abrechnungsdatei ablaufen, da der SORT nicht auf eine geöffnete Datei zugreifen kann. Nach dem Eröffnen der Dateien werden die FILE-STATUS-Werte geprüft. Die Prüfung läuft nach dem gleichen Muster ab, das im Programm DRUPRO erläutert wurde. Der Schalter SC-F2-READ steuert das Schreiben in die neue Artikeldatei. In die neue Artikeldatei werden die veränderten Sätze der Eingabe-Artikeldatei übernommen. Stehen in der Abrechnungsdatei Artikelnummern ohne einen entsprechenden Satz in der Stammdatei, dürfen für diese Nummern keine Sätze in die neue Artikeldatei geschrieben werden. Deswegen wird der Schalter SC-F2-READ im Verarbeitungsblock der Artikeldatei gesetzt (B51), d.h. wenn ein Stammsatz vorhanden ist. Vor dem Schreiben der neuen Artikeldatei wird der Schalter geprüft (AG4210) und nach dem Schreiben auf »0« zurückgesetzt.

Wenn Sie den Lösungsweg nicht an Hand des Programmablaufplans und des Programmausdrucks verstanden haben, sollten Sie einen Schreibtischtest durchführen. Alternativ können Sie das Programm mit dem ANIMATOR ausführen und die Werte der unten aufgeführten Felder an den kritischen Stellen kontrollieren. Die Werte von I-DATEI und der Summenfelder müssen Sie hexadezimal anzeigen lassen.

14.5 Testdaten für das Programm NORM02

Der Test kann mit folgenden Daten durchgeführt werden:

1. Artikeldatei (F2-DATEI):

Artikel-Nr.	Bezeichnung	Jahresumsatz	Datum letzter Umsatz
1111	Schaumwein	5.000,00	12.12.83
1122	Kerzen	1.500,00	24.12.83
2222	Videofilme	12.000,00	10.02.84
3333	Disketten	2.500,00	14.12.83
4444	Gelber Riese	7.000,00	10.12.83
EOF			

In der Abrechnungsdatei (F1-DATEI) sind die gleichen Daten wie beim Programm NORM01 gespeichert.

2. Abrechnungsdatei (F1-DATEI):

Kunden-Nr.	Art-Nr.	Umsatz	Datum
1000	1111	200,00	02.01.84
1000	1111	300,00	25.12.83
2000	1111	400,00	20.01.84
2000	2222	100,00	15.12.83
2000	2222	300,00	20.12.83
3000	2222	200,00	20.01.84
3000	2222	100,00	15.01.84
EOF			

Führen Sie das Programm mit dem ANIMATOR aus und überwachen Sie im Fenster *Examine* folgende Felder:

```
F2-SATZ (Eingabebereich für die Artikeldatei F2-DATEI)

F1-SATZ (Eingabebereich für die Abrechnungsdatei F1-DATEI)

NGRU-1 mit den Unterfeldern:
  NGRU-1-TEIL-1
  NGRU-1-TEIL-2
  NGRU-1-PRI
```

```
NGRU-2 mit den Unterfeldern:
   NGRU-2-TEIL-1
   NGRU-2-TEIL-2
   NGRU-2-PRI

NGRU und AGRU

I-DATEI

S2-SATZ

S-KD-SUMME
S-ART-SUMME
S-GES-SUMME
```

ÜBUNG

Aufgabe 1:

Der normierte Programmablaufplan funktioniert nur, wenn die Eingabedateien aufsteigend nach dem Gruppenbegriff sortiert sind. Schreiben Sie die Befehle und definieren Sie die Hilfsfelder für eine Sortierfolgeprüfung in einem Programm. Sind die Eingabedateien nicht sortiert, soll eine entsprechende Meldung mit DISPLAY '....' ausgegeben und das Programm abgebrochen werden.

Wo sollte die Sortierfolgeprüfung in das Programm eingebaut werden?

Aufgabe 2:

Bei vielen kaufmännischen Problemstellungen ist es erforderlich, Datenfelder so zu definieren, daß

a) jede Stelle des Datenfeldes ansprechbar ist.

b) Untergruppen des Datenfeldes ansprechbar sind.

Beispiel: ARTIKEL-NR.

```
 1. St 2. St 3. St 4. St      St = Stelle
|-----|-----|-----|-----|
| Stelle 1 - 4          |
|-----|-----|-----|-----|
| Stelle 1- 3     |
|-----|-----|-----|
| St. 1 - 2 |
|-----|-----|
| St.1|
|-----|
```

Solche Definitionen sind wichtig für Verdichtungen, z.B.:

```
1. Stufe (Stelle 1-4)    Artikel-Nr     z.B. 4711 Seife
2. Stufe (Stelle 1-3)    Art.-Gruppe         471. Seifen im Sortiment
3. Stufe (Stelle 1-2)    Art.-Hauptgruppe    47.. Körperpflegemittel
4. Stufe (Stelle 1)      Art.-Übergruppe     4... Non-Food-Artikel
```

Entwerfen Sie für das Beispiel eine Datendefinition.

Aufgabe 3:

Schreiben Sie die Cobol-Anweisungen, um aus den drei Gruppenbegriffen NGRU-1, NGRU-2 und NGRU-3 den niedrigsten Gruppenbegriff auszuwählen. Der ausgewählte Gruppenbegriff ist in das allgemeine Gruppenfeld NGRU zu übertragen und im »Merker-Dateiauswahl« (I-DATEI) ist festzuhalten, in welcher Datei der niedrigste Gruppenbegriff stand.

LÖSUNGEN

Aufgabe 1:

Die Sortierfolgeprüfung wird am besten in den Leseblock hinter den Aufbau der Gruppenbegriffe eingebaut. Dadurch können die Felder NGRU-1 bzw. NGRU und AGRU für die Sortierfolgeprüfung eingesetzt werden.

```
B20 SECTION.
B21.
     READ F1-DATEI AT END
          MOVE HIGH-VALUE TO NGRU
          GO TO B21900
     END-READ.
  **** AUFBAU NGRU ***
     MOVE F1-DATENFELD   TO NGRU.
     usw.
  **** Sortierfolgeprüfung ***
     IF NGRU   LESS  AGRU
        DISPLAY "SORTIERFEHLER *** ABBRUCH ***"
        GO TO B90      END-IF.
     usw.
```

Aufgabe 2:

a)

```
01   ARTIKEL-NR-GES.
 05  ART-NR-ST-1               PIC X.
 05  ART-NR-ST-2               PIC X.
 05  ART-NR-ST-3               PIC X.
 05  ART-NR-ST-4               PIC X.
01   ART-NR-Y REDEFINES ARTIKEL-NR-GES.
 05  ARTIKEL-NR-1-3            PIC X(3).
 05  FILLER                    PIC X.
01   ART-NR-YY REDEFINES ARTIKEL-NR-GES.
 05  ARTIKEL-NR-1-2            PIC X(2).
 05  FILLER                    PIC X(2).
01   ART-NR-YYY REDEFINES ARTIKEL-NR-GES.
 05  ARTIKEL-NR-1              PIC X.
 05  FILLER                    PIC X(3).
```

b)

```
01       ARTIKEL-NR-GES.
 05      ART-NR-1-4.
  10     ART-NR-1-3.
   15    ART-NR-1-2.
    20   ART-NR-1.
     25  ART-NR-ST-1    PIC X.
    20   ART-NR-ST-2    PIC X.
   15    ART-NR-ST-3    PIC X.
  10     ART-NR-ST-4    PIC X.
```

Aufgabe 3:

```
***** Satzauswahl ***
B30 SECTION.
B301.
     MOVE NGRU-1    TO NGRU.
     MOVE 1         TO I-DATEI.
 B31.
     IF NGRU-2      LESS NGRU
         MOVE NGRU-2    TO NGRU
         MOVE 2         TO I-DATEI
     END-IF.
B32.
     IF NGRU-3      LESS NGRU
         MOVE NGRU-3    TO NGRU
         MOVE 3         TO I-DATEI
     END-IF.
B39.
     EXIT.
B40 SECTION.
```

Kapitel 15

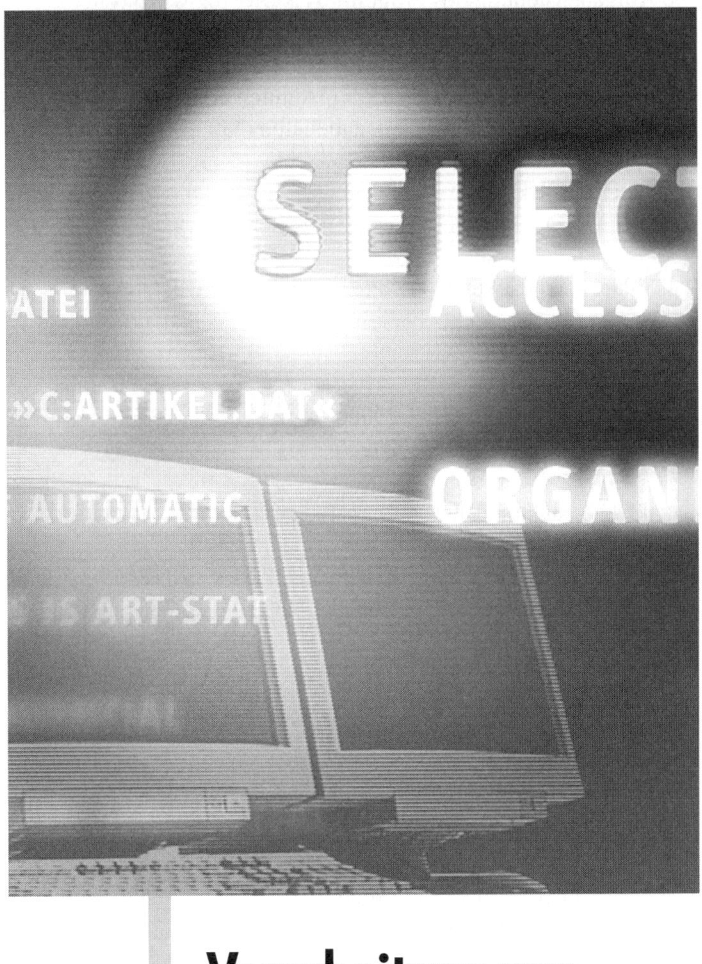

Verarbeitung von sequentiellen und Direktzugriffsdateien (Normierte Programmierung III)

15.1 Aufgabenstellung

Die Aufgabenstellung des Programms NORM02 wird weiter verändert. Die Artikeldatei soll im Direktzugriff verarbeitet werden, und der Kundenname soll zusätzlich in der Liste ausgegeben werden. Der Kundenname steht in der ebenfalls im Direktzugriff zu verarbeitenden Kundendatei. Der Aufbau der Datei ist unten erläutert. Artikel- und Kundendatei sind indexsequentiell gespeichert. Die Ausgabeliste erhält also folgendes Aussehen:

```
 ** U M S A T Z L I S T E **  VOM 25.06.98        SEITE:  1

ART-NR  DATUM  KUND-NR  PLZ  VERTR-NR   RECH-NR     UMSATZ
----------------------------------------------------------
1111  SCHAUMWEIN

1111 24.12.1999 1000   29000   1234      23456       100,00
1111 24.12.1998 1000   29000   1234      33333       500,00

  UMSATZ KUNDE: 1000   Graf Dracula                  600,00 *

1111 12.12.1998 2000   33000   4321      12345     2.000,00
1111 15.12.1998 2000   33000   4333      15645     5.500,00

  UMSATZ KUNDE: 2000   Luzifer & Teufel            7.500,00 *

SUMME ARTIKEL: 1111 SCHAUMWEIN                     8.100,00 **
DATUM LETZTER UMSATZ: 24.12.1999   JAHRESUMSATZ:    25.200,00

2222 PAPPNASEN

2222 15.11.1998 1000   29000   1234      23456       900,00
2222 18.12.1998 1000   29000   4333      33333     1.200,00

  UMSATZ KUNDE: 1000  Graf Dracula                 2.100,00 *
  usw.
  GESAMTUMSATZ:                                   20.250,00 ****

    Anzahl der gelesenen Sätze:
    Abrechnungsdatei (F1-DATEI):  120
    Artikeldatei  (F2-DATEI)   :   25
    Kundendatei   (F3-DATEI)   :   55

    Anzahl der geschriebenen Sätze:
    Artikeldatei (F2-DATEI)    :   25
```

Die Liste enthält die Einzelsätze der Abrechnungsdatei, die Umsatzsummen und am Ende die Anzahl der gelesenen und geschriebenen Sätze. Bei jeder neuen Artikelnummer wird die Bezeichnung des Artikels zur Verbesserung der Lesbarkeit ausgegeben. Zu beachten ist, daß nicht alle Sätze der Artikeldatei gelesen werden, wie bei der sequentiellen Verarbeitung, sondern nur die Sätze, für die Umsätze in der Abrechnungsdatei gespeichert sind. Bei diesen Sätzen wird das Jahresumsatzfeld und das Datum des letzten Umsatzes im Satz verändert. Danach wird der Satz wieder in die Artikeldatei zurückgeschrieben. Die Sätze der Kundendatei werden nur gelesen, damit der Name in die Liste eingeblendet werden kann. Die Kundensätze werden nicht verändert.

Die Kundendatei enthält folgende Daten:

DATEIBESCHREIBUNG

Verwendung:	Beispiel für normierte Programmierung
Dateiidentifikation:	KUNISAM.DAT
Dateibezeichnung:	Kundendatei
Ordnungsbegriffe:	Kundennummer
Zugriffsschlüssel:	Kundennummer + Satzart
COPY-Name:	F3FD.COB

Satzform:	**Satzlänge:**	**Satzanzahl:**
fix	120 Byte	30
Datenträger:	**Speicherungsform:**	**Speicherumfang:**
Platte	ISAM	6 Kbyte

FELDDEFINITIONEN

Feld-Nr.	Symb.-Name	Bezeichnung	Länge	Art	Erläuterung
1	siehe Pro-	Löschkennzeichen	1	AN	0 : Satz OK 1 : Satz nicht OK
2	gramm	Kunden-Nr	4	AN	RECORD KEY
3		Satzart	2	AN	" "
4		Name-1	20	AN	
5		Name-2	20	AN	
6		Klassifikation	2	AN	10 = Wiederverkäufer 20 = Endverbraucher
7		Straße	15	AN	
8		Plz	5		
9		Ort	15	AN	
10		Forderungskonto	4	AN	
11		Jahresanfangssaldo	6	NP	S9(9)V99

12	Jahresumsatz-Soll	6	NP	S9(9)V99
13	Jahresumsatz-Haben	6	NP	S9(9)V99
14	Datum letzter Umsatz	8	N	
15	Reserve	6	AN	

AN = alphanumerisch   N = numerisch   NP = numerisch gepackt

Die Kundendatei und die Artikeldatei existieren bereits. Sie sind mit Stammdatenverwaltungsprogrammen aufgebaut worden. Zur Vereinfachung wird angenommen, daß für jede Artikelnummer und Kundennummer ein Satz in der entsprechenden Datei vorhanden ist.

Für die Verarbeitung von Dateien im Direktzugriff müssen in den Ablaufplan neue Bausteine aufgenommen werden. Der auf der normierten Programmierung basierende Ablaufplan und der Datenflußplan sind unten dargestellt.

15.2 Erläuterung des Datenflußplans (Bild 15.1)

Die Daten der Abrechnungsdatei SEQTEST.DAT kommen aus der Rechnungsschreibung, werden sortiert und laufen in das Programm NORM03 ein. Die Artikeldatei ARTISAM.DAT wird in dem Programm ARTVER, die Kundendatei KUNISAM.DAT in dem Programm KUNVER erstellt. Die Artikeldatei läuft als Ein-/Ausgabedatei (Update-Datei) in das Beispielprogramm ein, die Kundendatei als Eingabedatei. Beide Dateien werden im Direktzugriff verarbeitet.

Die Umsatzliste geht zur Verarbeitung an den Vertrieb.

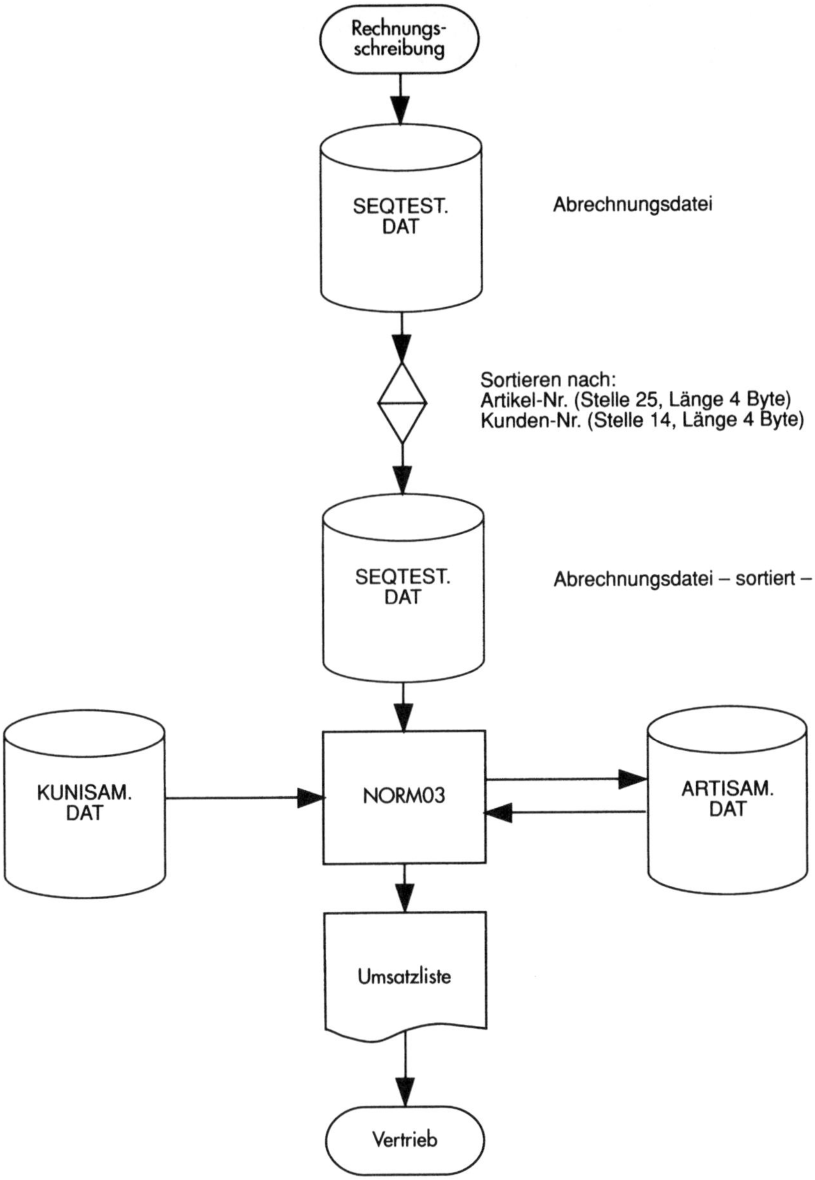

Bild 15.1: Datenflußplan für NORM03

15.3 Erläuterung des Programmablaufplans (PAP) für NORM03 (Bild 15.2)

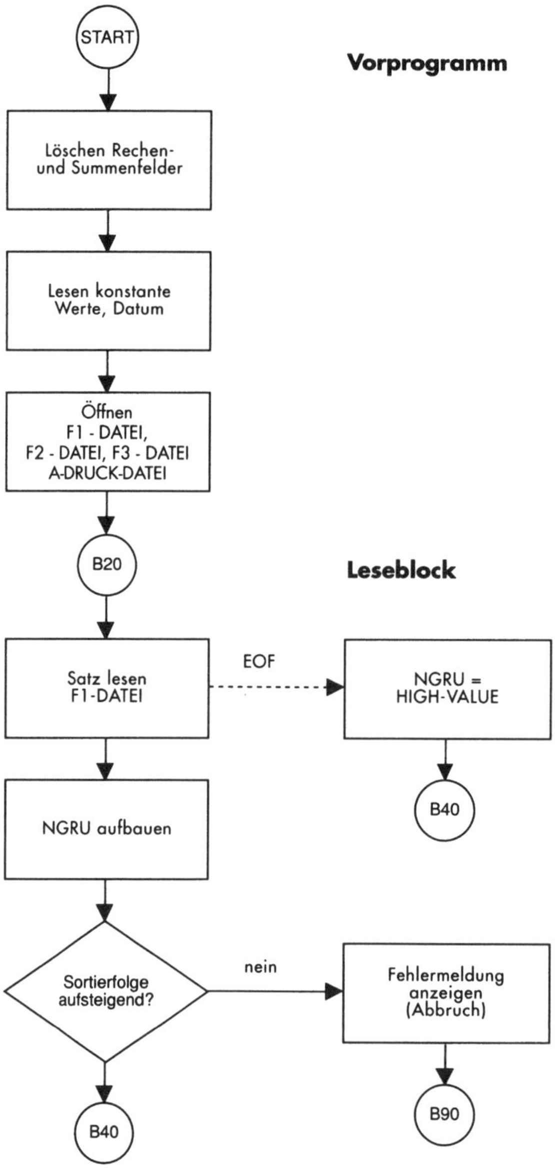

Bild 15.2: Programmablaufplan für NORM03

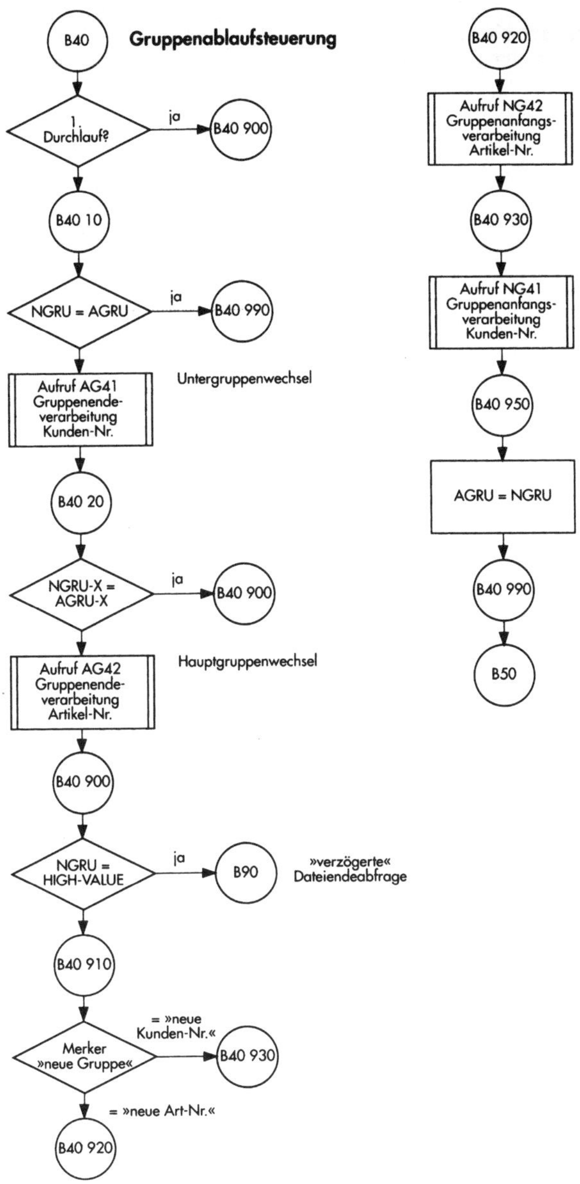

Bild 15.2: Programmablaufplan für NORM03

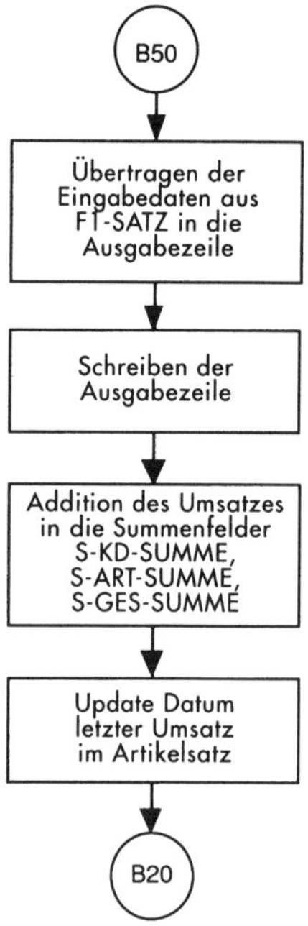

Einzelverarbeitung
Verarbeitung der Abrechnungsdatei

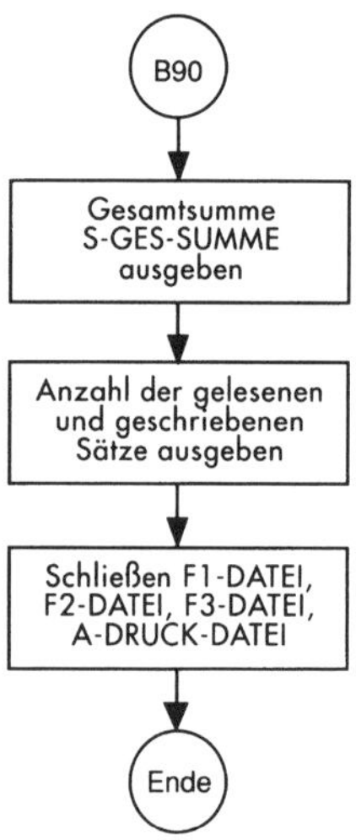

Endroutine

Bild 15.2: Programmablaufplan für NORM03

Unterprogramme

Gruppenendeverarbeitung Kunden-Nr.

Gruppenendeverarbeitung Artikel-Nr.

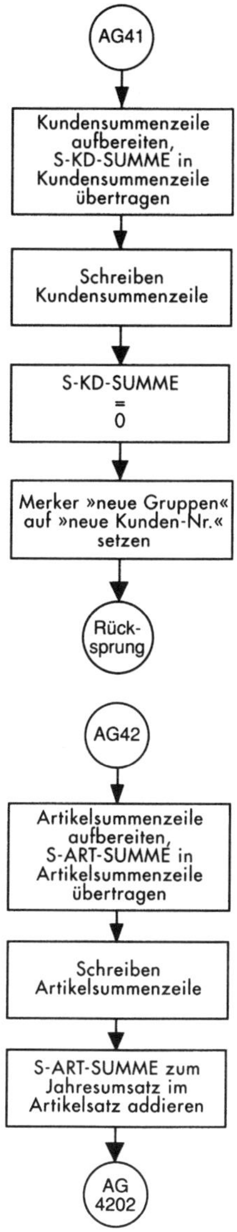

Bild 15.2: Programmablaufplan für NORM03

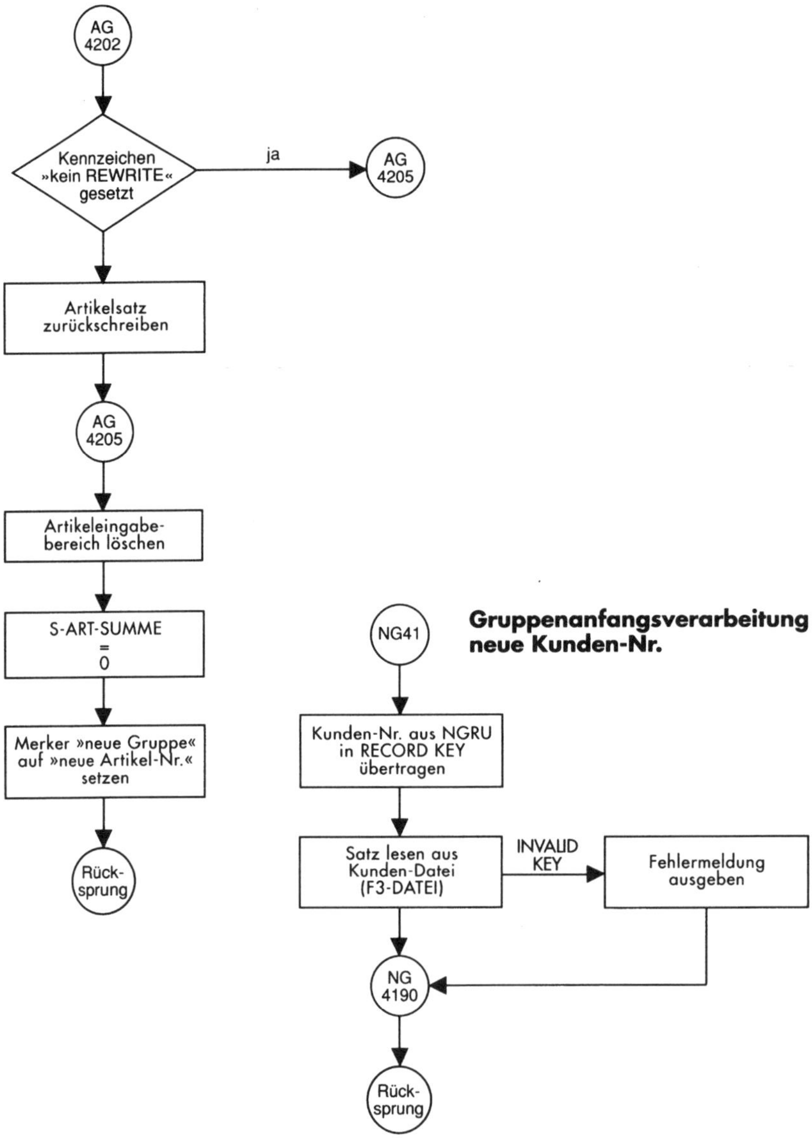

Bild 15.2: Programmablaufplan für NORM03

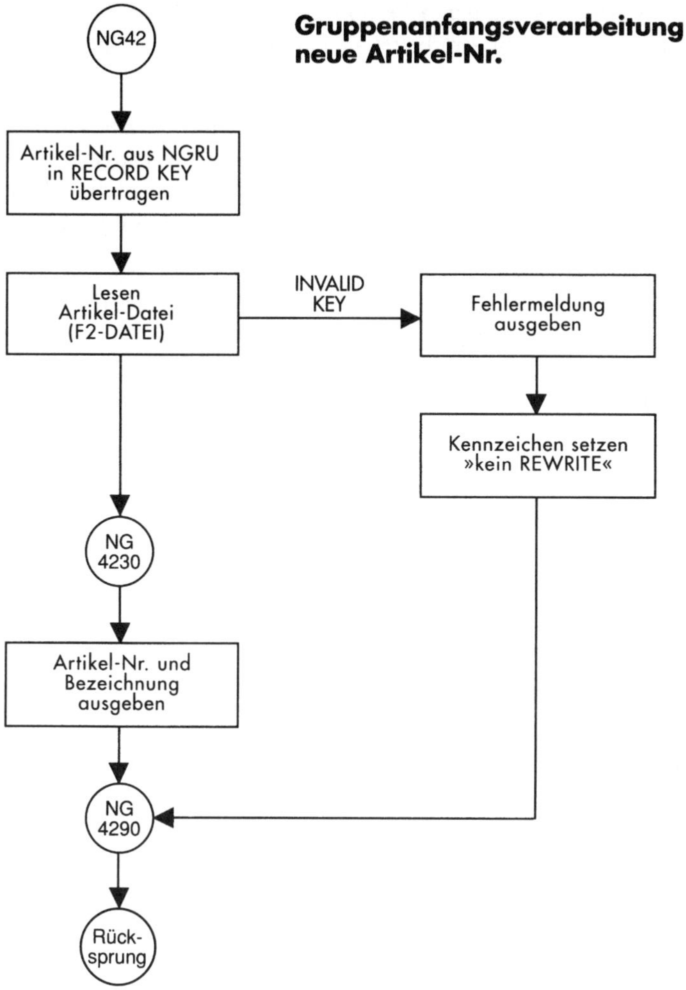

Bild 15.2: Programmablaufplan für NORM03

Der PAP für das Programm NORM03 ähnelt dem PAP für das Programm NORM01. In beiden Programmen wird eine Datei sequentiell verarbeitet, und es müssen zwei Gruppenwechsel durchgeführt werden.

Bei der Verarbeitung von Dateien im Direktzugriff ist zu beachten, daß diese Dateien *nicht* im Eingabeblock B20, sondern im B40, der Gruppenablaufsteuerung, in Abhängigkeit von den Gruppenwechseln gelesen werden. Dieses Vorgehen bringt den Vorteil, daß die Anzahl der Zugriffe zu den Dateien minimiert wird. Andere Techniken sind möglich, führen aber in der Regel zu einer aufwendigeren Lösungslogik.

Im *Vorprogramm* werden Anfangswerte für die Datenfelder gesetzt, das Tagesdatum eingelesen und die Dateien eröffnet. Die Sortierung der Abrechnungsdatei ist aus Platzgründen vernachlässigt. Sie kann nach dem gleichen Muster wie im Programm NORM02 durchgeführt werden.

Im *Eingabeblock* wird die Abrechnungsdatei (F1-DATEI) gelesen und der Gruppenbegriff aufgebaut. Der Gruppenbegriff enthält die Artikel-Nr. und Kunden-Nr. des Eingabesatzes. Er ist aufgebaut wie beim Programm NORM01. Mit diesem Begriff wird die Sortierfolgeprüfung durchgeführt, bei falscher Sortierung wird das Programm abgebrochen.

Da keine weitere, sequentiell zu verarbeitende Datei in das Programm einfließt, wird nur ein Gruppenbegriffsfeld (NGRU) benötigt.

Die *Auswahlsteuerung* im B30 entfällt, da nur eine sequentielle Datei zu verarbeiten ist.

Die *Gruppenablaufsteuerung* gleicht bis zum B40900 dem bisher besprochenen PAP, da zwei Gruppenstufenwechsel abgefragt werden müssen. Nach der Endeabfrage im B40900 werden die neuen Bausteine *»Gruppenanfangsverarbeitung«* oder *»Vorbereiten neue Gruppe«* eingefügt. In diesen Blöcken werden die Direktzugriffsdateien gelesen, deren Schlüsselbegriffe in den Gruppenbegriffen NGRU enthalten sind.

Die einzelnen Bausteine »Vorbereiten neue Artikel-Nr.« und »Vorbereiten neue Kunden-Nr.« liegen in umgekehrter Reihenfolge wie die entsprechenden Gruppenendeverarbeitungsblöcke. In den Gruppenendeverarbeitungsblöcken AG41 und AG42 wird ein sog. »Merker neue Gruppe« gesetzt, in dem festgehalten wird, ob ein Artikel-Nr.- oder ein Kunden-Nr.-Wechsel stattgefunden hat. Bei einem Kunden-Nr.-Wechsel wird nur die »Gruppenanfangsverarbeitung Kunden-Nr.« durchlaufen, bei einem Artikelnummerwechsel wird die »Gruppenanfangsverarbeitung Artikelnummer« *und* die »Gruppenanfangsverarbeitung Kunden-Nr.« durchlaufen. Beim ersten Durchlauf müssen beide Blöcke ausgeführt werden. Der Merker ist am Anfang auf den Wert für »neue Artikel-Nr.« zu setzen. Im Programm wird diese Steuerung mit einem Sprungverteiler (Zeile 384 ff.) realisiert.

Der weitere Ablauf im B40 ist mit dem PAP des Programms NORM01 identisch.

Die *Einzelverarbeitung* der Abrechnungsdatei gleicht dem Block B50 im Programm NORM01, nur das Datum des letzten Umsatzes muß verändert werden.

Das gleiche gilt für den Block *Abschluß Kunden-Nr.* (AG41), es wird nur zusätzlich der »Merker neue Gruppe« gesetzt.

Im *Abschluß der Artikel-Nr.* (AG42) wird der veränderte Artikelsatz in die Artikeldatei zurückgeschrieben, nachdem der Umsatz in das Jahrsumsatzfeld addiert worden ist. Der »Merker neue Gruppe« wird gesetzt.

In der *Gruppenanfangsverarbeitung Kunden-Nr.* (NG41) wird der Kundensatz direkt aus der Kundendatei gelesen. Zu beachten ist, daß in diesem Block die richtige Kunden-Nr. in NGRU steht, während im Block »Abschluß alte Gruppe« die richtige Kunden-Nr. in AGRU steht.

In der *Gruppenanfangsverarbeitung Artikel-Nr.* (NG42) wird der Artikelsatz direkt gelesen. Wird zu der Artikelnummer kein Satz gefunden, wird ein Kennzeichen gesetzt, damit kein REWRITE-Befehl im Abschluß der *Artikelnummer* durchgeführt wird. Ein REWRITE für einen nicht existierenden Artikelsatz führt zu einem Programmabbruch. Die Artikelbezeichnung wird in einer Zeile der Liste ausgegeben.

15.4 Erläuterung des Programms

Die Datendefinitionen der Dateien werden alle mit COPY-Befehlen in das Programm gerufen. Mit dem REPLACING-Zusatz in der COPY-Anweisung (Zeile 23) können Worte in dem Text beim Kopiervorgang ausgetauscht werden. In der Originaldatei bleibt der Text unverändert. Dies ermöglicht es, die gleiche COPY-Datei in verschiedenen Programmversionen einzusetzen.

Für die Steuerung der Gruppenanfangsverarbeitung wird das Datenfeld I-NEUE-GRUPPE (I = Index) verwendet. In den Feldern SC-F2-READ und SC-F3-READ (SC = Schalter) wird festgehalten, ob zur *Artikel-* bzw. *Kunden-Nr.* ein Satz gelesen werden konnte. Die Sortierung der Abrechnungsdatei ist aus Platzgründen in dem Programm vernachlässigt. Sie kann im Programm NORM02 nachgelesen werden.

In der PROCEDURE DIVISION ist die Gruppenanfangsverarbeitung im B40910 zu beachten. Über den Sprungverteiler wird gesteuert, ob nur eine neue Kunden-Nr. im NG41 vorbereitet wird oder ob die Unterprogramme NG42 (Neue Artikel-Nr.) und NG41 durchlaufen werden. I-NEUE-GRUPPE wird im Unterprogramm AG41 auf 2 und im AG42 auf 1 gesetzt.

Die anderen Programmteile sind aus dem Programmablaufplan zu verstehen. Definitionen und Programmteile, die mit dem Programm NORM02 identisch sind, sind aus Platzgründen aus dem Programm gelöscht.

```
 ************************************************************
  IDENTIFICATION DIVISION.
 ************************************************************
  PROGRAM-ID.   NORM03.
 ****   NORMIERTE PROGRAMMIERUNG: EINE SEQ.DATEI        *****
 ****      zwei Direktzugriffsdateien, zwei Gruppenwechsel

 ************************************************************
  ENVIRONMENT DIVISION.
 ************************************************************
  CONFIGURATION SECTION.
  SPECIAL-NAMES.
          DECIMAL-POINT IS COMMA.
  INPUT-OUTPUT SECTION.
  FILE-CONTROL.
          COPY F1SEL.COB.
          SELECT  F1-ABRECH-DATEI
 *** siehe NORM02

*         COPY F2SEL-SE.COB REPLACING SEQUENTIAL BY RANDOM.
 **** SELECT für sequentielle Verarbeitung der Artikeldatei
          SELECT  F2-ARTIKEL-DATEI
                  ASSIGN TO "ARTISAM.DAT"
                  FILE STATUS IS F2-STAT
                  ORGANIZATION IS INDEXED
                  RECORD KEY IS F2-REC-KEY
                  ALTERNATE RECORD KEY IS F2-BEZEICHNUNG
                                   WITH DUPLICATES
                  ALTERNATE RECORD KEY IS F2-ALT-KEY =
                    F2-ERL-KONTO, F2-MWST-SCHL DUPLICATES
                  ACCESS RANDOM.

          COPY F3SEL.COB.
          SELECT  F3-KUNDEN-DATEI
                  ASSIGN TO "KUNISAM.DAT"
                  RECORD KEY IS F3-REC-KEY
                  FILE STATUS IS F3-STAT
                  ORGANIZATION INDEXED
                  ACCESS RANDOM.

          SELECT  A-DRUCK-DATEI
                  ASSIGN TO PRINTER.

 ***********************************************************
  DATA DIVISION.
```

```
*****************************************************************
 FILE SECTION.
*              COPY F1FD.COB.
*** COPY-File Abrechnungsdatei -------------- +
 FD            F1-ABRECH-DATEI
               RECORD CONTAINS 80 CHARACTERS.
 01            F1-SATZ.
 ***** Satzbeschreibung siehe Programm NORM01

*              COPY F2FD.COB.
**** COPY-File Artikeldatei ----------------- +
 FD            F2-ARTIKEL-DATEI
               RECORD CONTAINS 100 CHARACTERS.
 01            F2-SATZ.
**** Satzbeschreibung siehe Programm NORM02

*              COPY F3FD.COB.
*** COPY-File Kundendatei ---------------------- +
 FD            F3-KUNDEN-DATEI
               RECORD CONTAINS 120 CHARACTERS.
 01            F3-SATZ.
   05          F3-LKZ                   PIC X.
   05          F3-REC-KEY.
    10         F3-KUNDEN-NR             PIC X(4).
    10         F3-SA                    PIC XX.
   05          F3-NAME-1                PIC X(20).
   05          F3-NAME-2                PIC X(20).
   05          F3-KLASSIFIK             PIC XX.
   05          F3-STRASSE               PIC X(15).
   05          F3-PLZ                   PIC X(5).
   05          F3-ORT                   PIC X(15).
   05          F3-KONTO                 PIC X(4).
   05          F3-JA-SALDO              PIC S9(9)V99 COMP-3.
   05          F3-UMSATZ-SOLL           PIC S9(9)V99 COMP-3.
   05          F3-UMSATZ-HABEN          PIC S9(9)V99 COMP-3.
   05          F3-DATUM-LE-UMS          PIC 9(6).
   05          F3-DAT REDEFINES F3-DATUM-LE-UMS.
    10         F3-TT                    PIC 99.
    10         F3-MM                    PIC 99.
    10         F3-JJ                    PIC 9999.
   05          F3-RESERVE               PIC X(6).

 FD            A-DRUCK-DATEI.
 01            A-DRUCK-BER              PIC X(80).
```

```
*********************************************************
 WORKING-STORAGE SECTION.
*********************************************************
*           COPY DRUDEF03.COB.
****** DRUCKDEFINITIONEN ************************
 01         STANDARD-AUSG-FELDER.
   05       A-VORSCHUB          PIC 99  VALUE 1.
   05       S-SEITE             PIC S999 COMP-3  VALUE ZERO.
   05       S-ZEILEN            PIC S999 COMP-3  VALUE +50.
   05       S-ZEILEN-MAX        PIC S999 COMP-3  VALUE +50.

 01         A-UEB-ZEILE.
   05       PIC X(20)  VALUE  ' ** U M S A T Z L I '.
   05       PIC X(20)  VALUE  'S T E **      VOM : '.
   05       A-UEB-DATUM         PIC X(10).
   05       PIC X(16)  VALUE SPACE.
   05       PIC X(07)  VALUE 'SEITE: '.
   05       A-UEB-SEITE         PIC ZZ9.

 01         A-KOPF-ZEILE.
   05       PIC X(20)  VALUE ' ART-NR     DATUM   '.
   05       PIC X(20)  VALUE 'KUND-NR  PLZ   VERTR'.
   05       PIC X(20)  VALUE '-NR    RECH-NR      '.
   05       PIC X(20)  VALUE ' UMSATZ             '.

 01         A-ZEILE             PIC X(80)  VALUE SPACE.
 01         AA-ZEILE  REDEFINES A-ZEILE.
   05       FILLER              PIC X.
   05       AA-ART-NR           PIC X(5).
   05       FILLER              PIC X(3).
   05       AA-DATUM            PIC 99.99.9999.
   05       FILLER              PIC X(2).
   05       AA-KUNDEN-NR        PIC X(4).
   05       FILLER              PIC X(4).
   05       AA-PLZ              PIC X(5).
   05       FILLER              PIC X(3).
   05       AA-VERTR-NR         PIC X(4).
   05       FILLER              PIC X(7).
   05       AA-RECH-NR          PIC X(4).
   05       FILLER              PIC XX.
   05       AA-UMSATZ           PIC ZZZ.ZZZ.ZZ9,99-.
   05       FILLER              PIC X(11).
   01       AB-ZEILE REDEFINES A-ZEILE.
   05       FILLER                    PIC X(10).
   05       AB-TEXT                   PIC X(30).
```

```
     05    AB-ANZAHL                PIC ZZZ9.
     05    FILLER                   PIC X(36).
     01    AC-ZEILE  REDEFINES A-ZEILE.
     05    FILLER                   PIC X(05).
     05    AC-TEXT                  PIC X(20).
     05    AC-KUNDEN-NR             PIC X(4).
     05    FILLER                   PIC X(2).
     05    AC-NAME                  PIC X(20).
     05    FILLER                   PIC X(03).
     05    AC-SUMME                 PIC ZZZ.ZZZ.ZZ9,99-.
     05    AC-STERN                 PIC XX.
     05    AC-FILLER                PIC X(9).
   01      AD-ZEILE REDEFINES A-ZEILE.
     05    AD-FILLER                PIC X(1).
     05    AD-TEXT                  PIC X(20).
     05    AD-ART-NR                PIC X(4).
     05    FILLER                   PIC X(2).
     05    AD-BEZEICHNUNG           PIC X(20).
     05    FILLER                   PIC X(7).
     05    AD-SUMME                 PIC ZZZ.ZZZ.ZZ9,99-.
     05    AD-STERN                 PIC XXXX.
     05    FILLER                   PIC X(7).
     01    AF-ZEILE REDEFINES A-ZEILE.
     05    FILLER                   PIC X.
     05    AF-TEXT                  PIC X(20).
     05    FILLER                   PIC X(33).
     05    AF-SUMME                 PIC ZZZ.ZZZ.ZZ9,99-.
     05    AF-STERN                 PIC X(11).
     01    AG-ZEILE REDEFINES A-ZEILE.
     05    FILLER                   PIC X(5).
     05    AG-TEXT-1                PIC X(23).
     05    AG-DATUM                 PIC 99.99.9999.
     05    FILLER                   PIC X(5).
     05    AG-TEXT-2                PIC X(20).
     05    AG-UMSATZ                PIC ZZZ.ZZZ.ZZ9,99-.
     05    FILLER                   PIC X(4).
     01    A-STR-ZEILE      PIC X(80)  VALUE ALL '-'.
     01    S-STRICH  REDEFINES A-STR-ZEILE  PIC X(80).

*          COPY NGRUDEF1.COB.
   *** DEFINITION DER GRUPPENBEGRIFFE ************
    01     NGRU  VALUE LOW-VALUE.
    05     NGRU-X.
    10     NGRU-TEIL-1       PIC X(4).
    05     NGRU-TEIL-2       PIC X(4).
```

```

01      AGRU  VALUE  LOW-VALUE.
05      AGRU-X.
10      AGRU-TEIL-1        PIC X(4).
05      AGRU-TEIL-2        PIC X(4).

01      NP-HILFSFELDER.
05      I-DATEI            PIC S999 COMP VALUE ZERO.
05      I-NEUE-GRUPPE      PIC S999 COMP VALUE 1.
*               COPY DATEDEF.COB.
*** Hilfsfelder für Datumspeicherung ****
01      S-DATE-FELDER.
**** Siehe Programm NORM02
05      A-DATUM          PIC 99.99.9999.

01      HILFS-FELDER.

05      F1-STAT VALUE ZERO.
10      F1-STAT-1      PIC X.
10      F1-STAT-2-X.
15      F1-STAT-2      PIC 99 COMP-X.
05      F2-STAT VALUE ZERO.

05      F3-STAT VALUE ZERO.
05      A-STAT.
10      A-STAT-1       PIC X.
10      PIC X VALUE "-".
10      A-STAT-2-X.
15      A-STAT-2       PIC 999.

 05     F1-ANZAHL         PIC S999 COMP-3 VALUE ZERO.
 05     F2-ANZAHL         PIC S999 COMP-3 VALUE ZERO.
 05     F2A-ANZAHL        PIC S999 COMP-3 VALUE ZERO.
 05     F3-ANZAHL         PIC S999 COMP-3 VALUE ZERO.
 05     S-SUMME       PIC S9(9)V99 COMP-3 VALUE ZERO.
 05     S-KD-SUMME    PIC S9(9)V99 COMP-3 VALUE ZERO.
 05     S-ART-SUMME   PIC S9(9)V99 COMP-3 VALUE ZERO.
 05     S-GES-SUMME   PIC S9(9)V99 COMP-3 VALUE ZERO.

 05   S1-V-DATUM.
 10   S1-V-JJ                PIC 99.
 10   S1-V-MM                PIC 99.
 10   S1-V-TT                PIC 9999.
 05   S2-V-DATUM.
 10   S2-V-JJ                PIC 99.
```

```
   10   S2-V-MM                   PIC 99.
   10   S2-V-TT                   PIC 9999.
   05   SC-F2-READ                PIC X   VALUE ZERO.
   05   SC-F3-READ                PIC X   VALUE ZERO.

   01   TEXTE.
   05    TEXT-1          PIC X(30)        VALUE
         'Anzahl der gelesenen Sätze: '.
   05    TEXT-2          PIC X(20)        VALUE
         'UMSATZ KUNDE:      '.
   05    TEXT-3          PIC X(20)        VALUE
         'SUMME ARTIKEL:     '.
   05    TEXT-4          PIC X(15)        VALUE
         'GESAMTUMSATZ: '.
   05    TEXT-5          PIC X(20)        VALUE
         'STAMMSATZ FEHLT'.
   05    TEXT-6          PIC X(25)        VALUE
         'DATUM LETZTER UMSATZ: '.
   05    TEXT-7          PIC X(20)        VALUE
         'JAHRESUMSATZ (DM): '.
   05    TEXT-8          PIC X(30)        VALUE
         'Abrechnungsdatei (F1-DATEI):'.
   05    TEXT-9          PIC X(30)        VALUE
         'Artikeldatei  (F2-DATEI)    :'.
   05    TEXT-10         PIC X(30)        VALUE
         'Anzahl d. geschrieb. Sätze:'.
   05    TEXT-11         PIC X(30)        VALUE
         'Artikeldatei  (F2A-DATEI)  :'.
   05    TEXT-12         PIC X(30)        VALUE
         'Kundendatei  (F3-DATEI)    :'.

*******************************************************
 PROCEDURE DIVISION.
*******************************************************
***   Vorprogramm
*******************************************************
 B10 SECTION.
 B11.
         DISPLAY "PROGRAMMANFANG NORM03".
*        COPY DATEBEF.COB.
*** Datum einlesen und umspeichern ******
*** Siehe Programm NORM02

         MOVE  A-DATUM   TO A-UEB-DATUM.
 B12.
```

```
           OPEN INPUT F1-ABRECH-DATEI.
           OPEN I-O  F2-ARTIKEL-DATEI, F3-KUNDEN-DATEI.
           OPEN OUTPUT A-DRUCK-DATEI.
           PERFORM STAT-PRUEF.
       B19.
           EXIT.
*****************************************************
***   LESEBLOCK - Lesen Abrechnungsdatei -
*****************************************************
       B20 SECTION.
       B21.
           READ  F1-ABRECH-DATEI  AT END
                   MOVE HIGH-VALUE   TO NGRU
                   GO TO B40
           END-READ.
           ADD  1  TO  F1-ANZAHL.
           MOVE F1-ART-NR          TO  NGRU-TEIL-1.
           MOVE F1-KUNDEN-NR       TO  NGRU-TEIL-2.
           IF  NGRU                LESS AGRU
               DISPLAY 'SORTIERFEHLER *** ABBRUCH ** ',
               ' NRGRU= ', NGRU, ' AGRU= ', AGRU
               GO TO B90
           END-IF.
*****************************************************
*** GRUPPENABLAUFSTEUERUNG
*****************************************************
       B40 SECTION.
       B4001.
***   Aussteuerung 1. Durchlauf   **************
           IF  AGRU         =  LOW-VALUE
                   GO TO B40900
           END-IF.
       B4010.
           IF NGRU          =  AGRU
                   GO TO B40990
           END-IF.
*** Kunden-Nr. Wechsel **
           PERFORM AG41.
       B4020.
           IF NGRU-X   =  AGRU-X   *> Artikel-Nr. gleich?
                   GO TO B40900
           END-IF.
*** Artikel-Nr. Wechsel **
           PERFORM AG42.
       B40900.
```

```
           IF NGRU     =  HIGH-VALUE  *> Arbeitsende?
                   GO TO B90.
** Gruppenanfangsverarbeitung *****
 B40910.
           GO TO B40920, B40930
           DEPENDING ON I-NEUE-GRUPPE.
 B40920.
*** Neue Artikel-Nr. ------------------ +
           PERFORM NG42.
 B40930.
*** Neue Kunden-Nr. ------------------- +
           PERFORM NG41.
 B40950.
           MOVE  NGRU      TO  AGRU.
 B40990.
           GO TO B50.

*****************************************************
***  VERARBEITUNG DER ABRECHNUNGSDATEI
*****************************************************
 B50 SECTION.
 B51.
           MOVE    F1-RECH-NR      TO  AA-RECH-NR.
           MOVE    F1-DATUM        TO  AA-DATUM.
           MOVE    F1-KUNDEN-NR    TO  AA-KUNDEN-NR.
           MOVE    F1-PLZ          TO  AA-PLZ.
           MOVE    F1-VERTR-NR     TO  AA-VERTR-NR.
           MOVE    F1-ART-NR       TO  AA-ART-NR.
           MOVE    F1-UMSATZ       TO  AA-UMSATZ.
           PERFORM DRUCK.
           MOVE    1               TO  A-VORSCHUB.
           ADD     F1-UMSATZ       TO  S-KD-SUMME.
           ADD     F1-UMSATZ       TO  S-ART-SUMME.
           ADD     F1-UMSATZ       TO  S-GES-SUMME.
 B5120.
****  Update Datum letzter Umsatz ******
           MOVE    F1-TT           TO  S1-V-TT.
           MOVE    F1-MM           TO  S1-V-MM.
           MOVE    F1-JJ           TO  S1-V-JJ.
           IF      S1-V-DATUM  GREATER S2-V-DATUM
                   MOVE F1-DATUM   TO  F2-DATUM-LE-UMS
           END-IF.
 B5190.
           GO TO B20.
```

```
*****************************************************
***  ENDROUTINE
*****************************************************
 B90 SECTION.
 B91.
         MOVE  TEXT-4            TO  AF-TEXT.
         MOVE  S-GES-SUMME       TO  AF-SUMME.
         MOVE  '****'            TO  AF-STERN.
         MOVE  4                 TO A-VORSCHUB.
         PERFORM DRUCK.
 B9110.
****  Ausgabe der Satzzähler ****
         MOVE  S-ZEILEN-MAX      TO  S-ZEILEN.
         MOVE  TEXT-1            TO  AB-TEXT.
         MOVE  6                 TO  A-VORSCHUB.
         PERFORM DRUCK.
         MOVE  TEXT-8            TO  AB-TEXT.
         MOVE  F1-ANZAHL         TO  AB-ANZAHL.
         MOVE  1                 TO  A-VORSCHUB.
         PERFORM DRUCK.
         MOVE  TEXT-9            TO  AB-TEXT.
         MOVE  F2-ANZAHL         TO  AB-ANZAHL.
         PERFORM DRUCK.
         MOVE  TEXT-12           TO  AB-TEXT.
         MOVE  F3-ANZAHL         TO  AB-ANZAHL
         PERFORM DRUCK.
         MOVE TEXT-10            TO  AB-TEXT.
         MOVE 3                  TO A-VORSCHUB.
         PERFORM DRUCK.
         MOVE TEXT-9             TO AB-TEXT.
         MOVE F2A-ANZAHL         TO AB-ANZAHL.
         MOVE 1                  TO A-VORSCHUB.
         PERFORM DRUCK.
 B92.
         CLOSE F1-ABRECH-DATEI,  F2-ARTIKEL-DATEI,
               F3-KUNDEN-DATEI, A-DRUCK-DATEI.
         DISPLAY ( 23, 1 ) "PROGRAMMENDE NORM03".
         STOP RUN.
*****************************************************
*  UNTERPROGRAMME
*****************************************************

*****************************************************
* GRUPPENENDEVERARBEITUNG KUNDEN-NR
*****************************************************
```

```
 AG41 SECTION.
 AG4101.
         MOVE AGRU-TEIL-2        TO AC-KUNDEN-NR.
         MOVE TEXT-2             TO AC-TEXT.
         MOVE F3-NAME-1          TO AC-NAME.
         MOVE S-KD-SUMME         TO AC-SUMME.
         MOVE '*'                TO AC-STERN.
         MOVE 2                  TO A-VORSCHUB.
         PERFORM DRUCK.
         MOVE ZERO               TO S-KD-SUMME.
         MOVE 2                  TO A-VORSCHUB.
         MOVE 2                  TO I-NEUE-GRUPPE.
 AG4190.
         EXIT.

*****************************************************
*  GRUPPENENDEVERARBEITUNG ARTIKEL-NR
*****************************************************
 AG42 SECTION.
 AG4201.
         MOVE AGRU-TEIL-1        TO AD-ART-NR.
         MOVE TEXT-3             TO AD-TEXT.
         MOVE F2-BEZEICHNUNG     TO AD-BEZEICHNUNG.
         MOVE S-ART-SUMME        TO AD-SUMME.
         MOVE '**'               TO AD-STERN.
         MOVE 2                  TO A-VORSCHUB.
         PERFORM DRUCK.
         MOVE 1                  TO I-NEUE-GRUPPE.
 AG4210.
         ADD S-ART-SUMME         TO F2-JA-UMSATZ.
         MOVE TEXT-6             TO AG-TEXT-1.
         MOVE F2-DATUM-LE-UMS    TO AG-DATUM.
         MOVE TEXT-7             TO AG-TEXT-2.
         MOVE F2-JA-UMSATZ       TO AG-UMSATZ.
         MOVE 1                  TO A-VORSCHUB.
         PERFORM DRUCK.

 AG4220.
         IF SC-F2-READ           =  ZERO
                 GO TO AG4230
         END-IF.
         REWRITE  F2-SATZ  INVALID KEY DISPLAY
              'REWRITE FEHLER F2-DATEI F2-REC-KEY = '
               F2-REC-KEY 'F2-STAT = ', F2-STAT
               GO TO B90
```

```
            END-REWRITE.
            ADD  1          TO F2A-ANZAHL.
     AG4230.
            INITIALIZE  F2-SATZ.
            MOVE ZERO       TO S-ART-SUMME.
     AG4290.
            EXIT.
*****************************************************
**   Gruppenanfangsverarbeitung KUNDEN-NR ***
*****************************************************
     NG41 SECTION.
     NG4101.
*** Satz bereits im Speicher ***
            IF  NGRU-TEIL-2 =  AGRU-TEIL-2
                    GO TO NG4190
            END-IF.
            MOVE ZERO       TO SC-F3-READ.
            MOVE NGRU-TEIL-2        TO F3-KUNDEN-NR.
            MOVE '01'               TO F3-SA.
            READ F3-KUNDEN-DATEI INVALID KEY DISPLAY
                    'LESEFEHLER F3-DATEI F3-REC-KEY = '
                    F3-REC-KEY, 'F3-STAT = ', F3-STAT
                    INITIALIZE  F3-SATZ
                    MOVE TEXT-5     TO F3-NAME-1
                    GO TO NG4190
            END-READ.
            MOVE '1'        TO SC-F3-READ.
            ADD   1         TO F3-ANZAHL.
     NG4190.
            EXIT.

*****************************************************
****  Gruppenanfangsverarbeitung ARTIKEL-NR ***
*****************************************************
     NG42 SECTION.
     NG4201.
         MOVE NGRU-TEIL-1        TO F2-ART-NR.
         MOVE '01'               TO F2-SA.

         MOVE ZERO       TO SC-F2-READ.
         READ F2-ARTIKEL-DATEI
             INVALID KEY DISPLAY "LESEFEHLER F2-DATEI
              F2-REC-KEY="
                 F2-REC-KEY, " F2-STAT = ", F2-STAT
       INITIALIZE F2-SATZ
```

```
               MOVE TEXT-5        TO F2-BEZEICHNUNG
          NOT INVALID KEY
               MOVE '1'                TO SC-F2-READ
               ADD   1                 TO F2-ANZAHL
      END-READ.
  NG4230.
      MOVE  NGRU-TEIL-1       TO AA-ART-NR.
      MOVE  F2-TT             TO S2-V-TT.
      MOVE  F2-MM             TO S2-V-MM.
      MOVE  F2-JJ             TO S2-V-JJ.
      MOVE F2-BEZEICHNUNG     TO AB-TEXT.
      MOVE 3                  TO A-VORSCHUB.
      PERFORM DRUCK.
      MOVE 2                  TO A-VORSCHUB.
  NG4290.
      EXIT.

*** Prüfen FILE STATUS Werte **************
  STAT-PRUEF SECTION.
  STAT01.
      IF F1-STAT NOT = ZERO
           MOVE F1-STAT-1  TO A-STAT-1
           IF F1-STAT-1 = "9"
               MOVE F1-STAT-2  TO A-STAT-2
           ELSE
               MOVE F1-STAT-2-X TO A-STAT-2-X
           END-IF
           DISPLAY (20, 1) "OPEN FEHLER F1-DATEI STATUS = "
           A-STAT WITH HIGHLIGHT
           GO TO B90
      END-IF.
**** Analoge Abfrage von F2-STAT, F3-STAT, DRUCK-STAT **

  STAT90.
          EXIT.

*             COPY DRUROU.COB.
***STANDARD-DRUCKPROGRAMM ****************************
  DRUCK SECTION.
**** Siehe Programm NORM02 ***
```

15.5 Schreibtischtest für das Programm NORM03

Der Test kann mit folgenden Daten durchgeführt werden:

```
-----------------------------------------------------------------
1. Abrechnungsdatei (F1-DATEI):
-----------------------------------------------------------------
Kunden-Nr.     Art-Nr.   Umsatz    Datum
1000           1111      200,00    02.01.84
1000           1111      300,00    25.12.83
2000           1111      400,00    20.01.84
2000           1111      500,00    30.12.83
2000           2222      100,00    15.12.83
2000           2222      300,00    20.12.83
3000           2222      200,00    20.01.84
3000           2222      100,00    15.01.84
1000           3333      200,00    10.12.83
EOF
2. Artikeldatei (F2-DATEI):
-----------------------------------------------------------------
Artikel-Nr.    Bezeichnung    Jahresumsatz   Datum letzter
                                               Umsatz
-----------------------------------------------------------------
  1111         Schaumwein       5.000,00       12.12.83
  1122         Kerzen           1.500,00       24.12.82
  2222         Videofilme      12.000,00       10.12.84
  3333         Disketten        2.500,00       14.12.83
  4444         Gelber Riese     7.000,00       10.12.83
  EOF
3. Kundendatei (F3-DATEI):
-----------------------------------------------------------------
Kunden-Nr.     Name
-----------------------------------------------------------------
1000           Graf Dracula
1111           Pumuckel
2000           Luzifer & Teufel
3000           R. Hotzenplotz
EOF
```

Überwachen Sie bei der Ausführung des Programms mit dem ANIMATOR folgende Felder:

```
F1-SATZ (Eingabebereich für die Abrechnungsdatei F1-DATEI)

F2-SATZ (Ein-/Ausgabebereich für die Artikeldatei F2-DATEI)
```

```
F3-SATZ (Eingabebereich für die Kundendatei F3-DATEI)

NGRU
 NGRU-TEIL-1
 NGRU-TEIL-2
AGRU
 AGRU-TEIL-1
 AGRU-TEIL-2

I-NEUE-GRUPPE (Merker »neue Gruppe«)

S-KD-SUMME
S-ART-SUMME
S-GES-SUMME

A-DRUCK-BEREICH
```

Kapitel 16

Tabellenverarbeitung

16.1 Allgemeines

Probleme, die bei der Verarbeitung von Datengruppen oder gleichartigen Daten auftreten, können vielfach eleganter gelöst werden, wenn die Daten in Tabellenform gespeichert sind. In anderen Programmiersprachen wird von Vektoren, Matrizen, Feldern oder indizierten Variablen gesprochen.

Eine Tabelle bedeutet eine homogene Gruppe von Daten, sie haben das gleiche Format und den gleichen Namen. Man kann sie nur durch eine laufende Nummer unterscheiden, z.B. 12 Monatsumsatzfelder oder 100 Vertreternummern.

Die Speicherung und Verarbeitung von Daten in Tabellenform bringt viele Vorteile. Die wesentlichen sind:

- Das einzelne Tabellenelement ist einfach zu beschreiben, es belegt einen Platz relativ zum Anfang der Tabelle.
- Jedes Element ist relativ zum Anfang der Tabelle über die Angabe eines Index oder Subskripts adressierbar. Es braucht nicht mit einem eigenen Datennamen angesprochen zu werden.
- Jeder Wert kann in der Tabelle sofort gefunden werden, wenn die Werte der Koordinaten bzw. der Indizes bekannt sind.

Die Probleme, die bei der Tabellenverarbeitung auftreten, sind in allen Programmiersprachen ähnlich. Die Probleme sind im wesentlichen:

- Anlegen, Beschreiben oder Dimensionieren der Tabelle
- Löschen der Felder einer Tabelle
- Vorbesetzen der Felder mit bestimmten Werten
- Füllen einer Tabelle
- Suchen von bestimmten Werten in der Tabelle
- Sortieren der Elemente einer Tabelle
- Anzeigen oder Drucken des Inhalts der Tabelle

16.2 Beschreibung einer Tabelle

Die Tabelle wird in der DATA DIVISION eines Programms mit Hilfe der OCCURS-Angabe beschrieben (BASIC: DIM()-Vereinbarung). In Cobol-85 kann eine Tabelle bis zu sieben Dimensionen, in MF-Cobol bis zu sechzehn Dimensionen haben. Beim Arbeiten mit so vielen Dimensionen passieren allerdings sehr leicht Fehler.

Format:

```
Stufennummer  Datenname  OCCURS Ganzzahl TIMES.
```

Einfache Tabellen sind in den Datenbeschreibungen in Kap. 8.5.3 beschrieben. OCCURS darf nicht auf der Stufennummer 01 oder 77 angegeben werden. Diese Einschränkung entfällt ab Cobol-85. Die Stärke von Cobol besteht darin, daß im Gegensatz zu anderen Programmiersprachen komplexe Strukturen in einer Tabelle aufgebaut werden können. Die Möglichkeiten der Tabellendefinitionen sollen an Beispielen gezeigt werden.

Beispiel 1:

Eindimensionale Tabelle

```
01   T-EINDIM.
  05 ANZ-X  OCCURS 4 TIMES.
   10 T-EL          PIC X(4).
```

Die Tabelle kann auch folgendermaßen beschrieben werden:

```
01   T-EINDIM.
 05  T-EL  OCCURS 4      PIC X(4).
```

Die einzelnen Tabellenelemente müssen in der PROCEDURE DIVISION indiziert bzw. subskribiert angesprochen werden.

Beispiel:

```
MOVE 'ABC '    TO T-EL (3).
MOVE T-EL (I-X)     TO A-ZEILE.
```

I-X muß vor der Ausführung des Befehls ein Wert zwischen 1 und 4 zugewiesen werden. I-X muß ganzzahlig numerisch beschrieben sein.

Beispiel 2:

Ein Datensatz mit folgender Struktur ist zu beschreiben:

<table>
<tr><td rowspan="2">PERS-NR

6 Byte</td><td colspan="3">MONAT-01</td><td rowspan="2">....</td><td>MONAT-012</td></tr>
<tr><td>BRUTTO
LOHN</td><td>STEUER
ABZUG</td><td>SOZIAL
VERS</td><td>wie Monat-01</td></tr>
</table>

Alle Betragsfelder: 9 Vor-, 2 Nachkommastellen, gepackte Speicherung

Für jeden Monat sind in dem Datensatz Bruttolohn, Lohnsteuerabzugsbetrag und Sozialversicherungsbeitrag gespeichert.

Die Datensatzbeschreibung sieht folgendermaßen aus:

```
01       F5-SATZ.
  05     F5-PERSONAL-NR          PIC X(6)
  05     F5-LOHN-TAB.
   10    F5-ANZ  OCCURS 12.
    15   F5-T-ELEMENT.
     20  F5-T-BRUTTO             PIC S9(9)V99  COMP-3.
     20  F5-T-STEUER             PIC S9(9)V99  COMP-3.
     20  F5-T-SOZIAL-VERS        PIC S9(9)V99  COMP-3.
```

Das Gruppenfeld F5-T-ELEMENT kann entfallen.

Beispiel 3:

Je Vertreter-Nr. (Länge = 4 Byte) ist der Umsatz zu speichern. Die Firma hat 80 Vertreter.

```
01      T-VERTR-UMS.
 05     T-ANZ OCCURS 80.
  10    T-VERTR-EL.
   15   T-VERTR-NR            PIC X(4).
   15   T-VERTR-UMSATZ        PIC S9(9)V99  COMP-3.
```

Die Tabelle kann folgendermaßen anschaulich dargestellt werden:

```
----------------------
Vertreter-Nr.   Umsatz
----------------------
 1111          5000,00
 2222           900,00
 3333          6500,00
```

Cobol erlaubt die Definition variabel langer Tabellen mit Hilfe des OCCURS DEPENDING ON-Zusatzes.

Beispiel 4:

```
01      T-VERTR-UMS.
  10    T-VERTR-EL OCCURS 1 TO 80 DEPENDING ON I-VERTR-ANZAHL.
   15   T-VERTR-NR            PIC X(4).
   15   T-VERTR-UMSATZ        PIC S9(9)V99  COMP-3.
```

Die Tabelle nimmt maximal 80 Elemente auf. Die tatsächliche Größe richtet sich nach dem Wert, der in I-VERTR-ANZAHL steht. I-VERTR-ANZAHL kann im Programm dynamisch verändert werden. Dadurch soll sich auch die Größe der Tabelle im Arbeitsspeicher dynamisch ändern, d.h. alle nachfolgend definierten Datenfelder müssen im Speicher bei einer Änderung der Tabellengröße verschoben werden. Nach Untersuchungen des Autors reserviert Micro Focus Cobol aber immer die maximale Größe der Tabelle im Speicher, um das zeitaufwendige Verschieben der folgenden Datenfelder zu vermeiden. Die OCCURS

DEPENDING ON-Angabe hat nur die Wirkung eines Kommentars. In Verbindung mit den Tabellenfunktionen wie SORT, MIN, MAX usw., die später erläutert werden, gewinnt dieser Zusatz jedoch an Bedeutung. Alle Tabellenfunktionen ziehen automatisch nur die Tabellenelemente bis zur DEPENDING ON-Grenze in die Auswertung ein. Die neuen Tabellenfunktionen ersparen viel Programmierarbeit.

16.3 Konstante Tabellen

Häufig erleichtert es die Lösung einer Aufgabe, wenn einzelne Felder der Tabelle mit Werten vorbesetzt werden können. Es gibt dazu mehrere Lösungsmöglichkeiten. Hier soll ein einfacher, Speicherplatz sparender Weg gezeigt werden. Dazu sind zwei Schritte erforderlich:

1. Definition der Texte oder Werte als einfache Datenfelder mit einer VALUE-Eintragung. Dabei müssen alle Felder die gleiche Länge haben.
2. Beschreibung des gleichen Bereichs als Tabelle mit Hilfe der REDEFINES-Klausel.

Beispiel:

Eine Tabelle mit den Monatsnamen ist aufzubauen, damit die Monatsbezeichnung ausgegeben werden kann.

```
01        T-MONAT-GESAMT.
  05      T-INHALT.
   10     PIC X(8)  VALUE 'JANUAR  '.
   10     PIC X(8)  VALUE 'FEBRUAR '.
   ...
   ...
   10     PIC X(8)  VALUE 'DEZEMBER'.
  05      T-MONAT REDEFINES T-INHALT.
   10     T-ANZAHL OCCURS 12 TIMES.
    15    T-MON-BEZEICHNUNG   PIC X(8).
```

Wird das Datumsfeld in der Eingabe folgendermaßen beschrieben,

```
     ...
     05  F1-DATUM.
      10 F1-TT           PIC 99.
      10 F1-MM           PIC 99.
      10 F1-JJ           PIC 9999.
     ...
```

dann kann die Monatsbezeichnung mit folgendem Befehl ausgegeben werden:

```
DISPLAY T-MON-BEZEICHNUNG (F1-MM)
```

F1-MM muß dabei ganzzahlig numerisch definiert sein.

Häufig werden Texte in Tabellen gespeichert; für die Ausgabe des richtigen Textes muß dann nur vor der Ausgabe ein Indexfeld gesetzt werden.

Beispiel:

```
01        T-FEHLER-GESAMT.
 05       T-INHALT.
  10      PIC X(20) VALUE 'FALSCHES DATUM'.
  10      PIC X(20) VALUE 'FALSCHE KUNDEN-NR'.
  10      PIC X(20) VALUE 'FALSCHER BETRAG'.
  ...
  ...
 05       T-FEHLER-TEXT REDEFINES T-INHALT.
 10      T-ANZ OCCURS 20.
   15     T-FEHL-TEXT  PIC X(20).
```

Die VALUE-Angaben können kürzer als das Datenfeld geschrieben werden, da der Compiler automatisch mit Leerzeichen auf die Stellenzahl der PIC-Eintragung auffüllt.

Das Index- bzw. Subskriptfeld kann folgendermaßen definiert werden:

```
77   I-FEHLER       PIC S999 COMP VALUE 1.
```

Für die Ausgabe des richtigen Textes muß der Index gesetzt werden, dann kann in einem Unterprogramm der Text auf dem Bildschirm angezeigt werden.

Beispiel:

```
    ...
    ACCEPT F1-DATUM.
    IF F1-DATUM NOT NUMERIC
        MOVE  1   TO  I-FEHLER
        PERFORM FEHLER-AUSGABE
        GO TO EINGABE
    END-IF.
    ...
FEHLER-AUSGABE SECTION.
FEHL01.
        DISPLAY ( 24, 1 )  T-FEHL-TEXT (I-FEHLER)
        ...
        ...
FEHL90.
        EXIT.
```

Weitere Anwendungen dieser Technik können den Beispielprogrammen für die Dialogverarbeitung entnommen werden.

16.4 Löschen des Inhalts einer Tabelle

Häufig ist es erforderlich, die einzelnen Felder der Tabelle auf einen bestimmten Anfangswert zu setzen, damit eine einfache Verarbeitung der Tabelle möglich wird. Cobol initialisiert nicht automatisch die Variablen mit Anfangswerten wie andere Programmiersprachen. Numerische Datenfelder werden meistens auf Null (ZERO) gesetzt, alphanumerische Felder auf SPACE, LOW-VALUE oder HIGH-VALUE. Für das Löschen stehen mehrere Techniken zur Verfügung. Diese Techniken sollen an Beispielen gezeigt werden. In den Beispielen wird mit der Subskribierungstechnik gearbeitet, da die erforderlichen Befehle bereits bekannt sind.

Am einfachsten ist es, die Tabelle bei der Definition über den VALUE-Zusatz mit Anfangswerten zu besetzen. Diese Technik kann in Cobol-85 für Tabellen eingesetzt werden, die in der WORKING-STORAGE SECTION definiert werden.

Beispiel 1:

```
01       T-VERTR-UMS.
 05      T-ANZ OCCURS 80.
  10     T-VERTR-EL.
   15    T-VERTR-NR       PIC X(4) VALUE SPACE.
   15    T-VERTR-UMSATZ   PIC S9(9)V99  COMP-3 VALUE ZERO.
```

Beispiel 2:

Die Bruttolohntabelle des F5-SATZES aus dem Beispiel 2 in Kap. 16.2, der in der FILE SECTION definiert ist, ist mit dem Anfangswert Null zu besetzen.

Dazu kann nicht die VALUE-Angabe eingesetzt werden, da sie in der FILE SECTION ohne Wirkung ist. Der Ein-/Ausgabepufferbereich wird immer mit dem aktuellen Satzinhalt überschrieben. Die VALUE-Angabe wirkt nur beim Starten des Programms. Sie können die Tabelle in der PROCEDURE DIVISION mit der INITIALIZE-Anweisung auf bestimmte Anfangswerte setzen.

INITIALIZE F5-LOHN-TAB

F5-LOHN-TAB ist ein Gruppenfeld. INITIALIZE besetzt alle untergeordneten elementaren Datenfelder entsprechend ihrer Definition mit Anfangswerten, alphanumerische Felder mit SPACE, numerische Felder mit ZERO. Mit dem REPLACING-Zusatz können Sie andere Werte vorgeben (siehe Kap. 9.2). Diese Technik kann auch eingesetzt werden, wenn eine Tabelle im Programm wiederholt auf bestimmte Anfangswerte gesetzt werden muß.

16.5 PERFORM VARYING-Anweisung

Beim Arbeiten mit Laufindizes muß immer ein Anfangswert gesetzt werden, der Grenzwert muß abgefragt, der Laufindex muß erhöht werden, und es muß an den Anfang der Schleife gesprungen werden. Diese Befehlsfolge kann auch in einer anderen Reihenfolge als in der hier gezeigten geschrieben werden. Wichtig ist, daß die Lösungslogik verständlich ist und akzeptable Verarbeitungszeiten bringt.

Da diese Befehlsfolge immer wieder bei der Tabellenverarbeitung auftritt, gibt es hierfür einen Spezialbefehl, der ähnlich abläuft wie der FOR ... NEXT-Befehl in Basic. Die Cobol-Befehle lauten:

Format-1:

```
PERFORM Unterprogramm   Datenname / Ganzzahl  TIMES
```

Beispiel:

```
PERFORM LOESCHEN 12 TIMES.
```

Das Unterprogramm LOESCHEN wird 12mal durchlaufen.

Format-2 (Cobol-85):

```
PERFORM  Datenname / Ganzzahl TIMES
   Befehlsfolge
END-PERFORM
```

Beispiel:

```
MOVE 0 TO I-MONAT.
PERFORM 12 TIMES
     ADD 1 TO I-MONAT
     MOVE ZERO    TO F5-T-BRUTTO (I-MONAT),
                     F5-T-STEUER (I-MONAT),
                     F5-T-SOZIAL-VERS (i-MONAT)
END-PERFORM.
```

Bei diesem sog. »Inline-PERFORM« wird kein Unterprogrammname angegeben, sondern die Befehle werden direkt zwischen PERFORM und END-PERFORM geschrieben. Dadurch wird das Programm kompakter und die manchmal mühselige Suche nach dem Unterprogramm entfällt.

Format-3:

```
PERFORM Unterprogramm  VARYING Datenname / Indexname
    FROM  Wert-1 BY Wert-2 UNTIL  Bedingung
```

Beispiel:

```
PERFORM T-LOESCH VARYING I-MONAT FROM 1 BY 1
    UNTIL I-MONAT GREATER I-MON-MAX.

T-LOESCH SECTION.
T-LOE01.
    MOVE ZERO      TO F5-T-BRUTTO (I-MONAT),
    F5-T-STEUER (I-MONAT),
                      F5-T-SOZIAL-VERS (I-MONAT).
T-LOE90.
    EXIT.
```

Das Unterprogramm T-LOESCH SECTION wird 12mal durchlaufen, dabei wird I-MONAT, ausgehend vom Anfangswert 1, jedesmal um 1 erhöht.

Format-3 gibt es noch in einer komplexeren Form, die später besprochen wird.

Format-4 (Cobol-85):

```
PERFORM VARYING Datenname / Indexname FROM  Wert-1 BY Wert-2
        UNTIL  Bedingung
    Befehlsfolge
END-PERFORM
```

Beispiel:

```
PERFORM VARYING I-MM FROM 1 BY 1 UNTIL I-MM GREATER 12
    MOVE ZERO  TO   F5-T-BRUTTO (I-MONAT), F5-T-STEUER (I-MONAT),
                    F5-T-SOZIAL-VERS (I-MONAT)
END-PERFORM.
```

Bei diesem Inline-PERFORM werden die Befehle zwischen PERFORM und END-PERFORM wiederholt durchlaufen, wobei jedesmal I-MM um 1 erhöht wird, bis der Grenzwert 12 erreicht ist. In der Befehlsfolge dürfen keine Satzendepunkte und Paragraphen stehen. Bei einem Punkt in der Befehlsfolge meldet der Compiler einen SCOPE DELIMITER-Fehler (Bereichsbegrenzer-Fehler). In der Befehlsfolge dürfen keine bedingten Anweisungen geschrieben werden. Diesen Fehler können Sie leicht vermeiden, indem Sie alle in Frage kommenden Befehle mit END-IF, END-READ usw. beenden.

In dem PERFORM-Befehl bedeuten die einzelnen Angaben:

1. *Unterprogramm* kann einen Paragraphennamen, einen SECTION-Namen oder die Angabe Prozedurname-1 THRU Prozedurname-2 (THRU ist gleichbedeutend mit THROUGH) bezeichnen. Wenn nur ein Paragraphenname angegeben ist, dann erfolgt der Rücksprung automatisch nach dem letzten Befehl dieses Paragraphen. Wenn ein SECTION-Name angegeben ist, dann erfolgt der Rücksprung automatisch nach dem letzten Befehl dieser SECTION, also vor der nächsten SECTION oder beim letzten Programmbefehl. Wird ein Unterprogrammbereich über THRU angegeben, erfolgt der

Rücksprung, wenn der letzte Befehl des über THRU angegebenen Paragraphen oder der SECTION ausgeführt wurde.

Die Rücksprungpunkte sind nur aktiviert, wenn das Unterprogramm über PERFORM aufgerufen wurde. Wird der Unterprogrammbereich ohne PERFORM-Aufruf durchlaufen, läuft das Programm durch die Rücksprungpunkte durch (vgl. Kapitel 5).

2. Die Operanden Wert-1 und Wert-2 können numerische Literale bzw. Ganzzahlen, Indexnamen oder Datennamen bezeichnen. Meistens sind die Operanden Ganzzahlen oder Datennamen, die mit PIC S999 COMP beschrieben sind. Der angegebene Datenname wird als Subskript in dem Unterprogramm verwendet.

Beim Format-1 wird das Unterprogramm n-mal durchlaufen, wobei n als Ganzzahl oder über den Datennamen, der als ganzzahliges Datenfeld beschrieben sein muß, angegeben wird. Fehlt die TIMES-Angabe, wird das Unterprogramm nur einmal durchlaufen. Ist der PERFORM-Befehl beendet, wird der nächste auf den PERFORM bzw. END-PERFORM folgende Befehl ausgeführt.

Beim Format-3 des PERFORM-Befehls wird das Unterprogramm ebenfalls mehrfach durchlaufen. Dabei wird bei jedem Durchlauf das Feld mit dem Indexnamen oder Datennamen von einem Anfangswert, der über die Wert-1-Angabe bestimmt wird, um den Wert-2 erhöht, bis die angegebene Bedingung eintritt. Dann wird der auf den PERFORM folgende Befehl ausgeführt.

Die Bedingung in dem PERFORM wird vor jedem Unterprogrammaufruf getestet (WITH TEST BEFORE). Es ist deshalb möglich, das Unterprogramm nicht auszuführen, indem man dafür sorgt, daß die Bedingung gleich am Anfang erfüllt ist. Auch im Format-1 PERFORM wird das Unterprogramm nicht durchlaufen, wenn der Wert von Datenname kleiner oder gleich null ist. Beim Format-3 PERFORM kann in Cobol die Bedingung erst nach Ausführung des Unterprogramms getestet werden. Dazu muß explizit angegeben werden: »PERFORM Unterprogramm WITH TEST AFTER ...«. Diese Form stellt sicher, daß das Unterprogramm mindestens einmal durchlaufen wird.

Mit EXIT PERFORM und EXIT PERFORM CYCLE kann der Inline-PERFORM vorzeitig verlassen werden.

16.6 Füllen und Ausgeben der Tabellenfelder

Während der Verarbeitung müssen in der Regel in den Tabellenfeldern Werte gespeichert werden. Dabei sind zwei grundsätzlich verschiedene Problemstellungen zu beachten.

1. Die Koordinaten bzw. Indizes des Tabellenelementes werden vom Anwender angegeben. Die Daten sind dann nur in das entsprechende Tabellenfeld zu übertragen, zu addieren oder sonstwie zu speichern.

2. Die Koordinaten des Tabellenelementes sind nicht bekannt. Das Tabellenelement muß erst mit einem Suchbegriff in der Tabelle bestimmt werden.

Die Lösung für die Problemstellung 1 soll am Beispiel der Bruttolohntabelle aus Kapitel 16.2 erläutert werden. Bei der Eingabe der Daten für die Lohnberechnung muß auch das Abrechnungsdatum eingegeben werden. Dieses Datum liefert den Index bzw. Subskript für die Addition des errechneten Lohns, der Lohnsteuer und des Sozialversicherungsbeitrages in die Tabelle. Die Berechnung der Beträge soll vernachlässigt werden, da sie für die Betrachtung des Problems ohne Bedeutung ist. Aus dem Programm werden nur die für die Aufgabenstellung relevanten Datenfelder und Befehle gezeigt.

```
DATA DIVISION.
FILE SECTION.
FD   F5-DATEI.
01       F5-SATZ.
  05     F5-PERS-NR            PIC X(6).
  05     F5-LOHN-TAB.
   10    F5-ANZ  OCCURS 12.
    15   F5-T-ELEMENT.
     20  F5-T-BRUTTO           PIC S9(9)V99  COMP-3.
     20  F5-T-STEUER           PIC S9(9)V99  COMP-3.
     20  F5-T-SOZIAL-VERS      PIC S9(9)V99  COMP-3.
WORKING-STORAGE SECTION.
01       HILFSFELDER.
  05     E-DATUM               PIC 9(6).
  05     E-DAT REDEFINES E-DATUM.
   10    E-TT                  PIC 99.
   10    E-MM                  PIC 99.
   10    E-JJ                  PIC 99.
  05     E-BRUTTO              PIC S9(5)V99.
  05     E-STEUER              PIC S9(5)V99.
  05     E-SOZ-VERS            PIC S9(5)V99.
  05     E-PERS-NR             PIC X(6).
         .......
PROCEDURE DIVISION.
*****  Eröffnen der Dateien usw. wird vernachlässigt

*****  Eingabe der Daten ***
EINGABE SECTION.
EIN01.
     ACCEPT E-PERS-NR.
     ACCEPT E-DATUM.
     ACCEPT E-BRUTTO.      ACCEPT E-STEUER.
     ACCEPT E-SOZ-VERS.
***   Lesen des Lohnsatzes (ISAM) ***
LESE SECTION.
LES01.
```

```
     MOVE E-PERS-NR TO   F5-PERS-NR.
     READ F5-DATEI INVALID KEY ......
***  Addition in Lohnsatz ***
ADDITION SECTION.
ADD01.
*** Prüfung des MONATS ***
    IF E-MM   < 1  OR > 12
       DISPLAY 'FALSCHES DATUM'
       GO TO EINGABE
    END-IF.
    ADD E-BRUTTO   TO  F5-T-BRUTTO (E-MM).
    ADD E-STEUER   TO  F5-T-STEUER (E-MM).
    ADD E-SOZ-VERS TO  F5-T-SOZIAL-VERS (E-MM).
***  Zurückschreiben des Lohnsatzes ***
SCHREIB SECTION.
SCHREIB01.
     REWRITE F5-SATZ  INVALID KEY ..... END-REWRITE.
SCHREIB90.
     GO TO EINGABE.
```

In dem Programmfragment werden die Daten vom Bildschirm eingelesen, dabei wird die Bildschirmgestaltung vernachlässigt. Der eingetippte Monat muß geprüft werden, da ein Subskript außerhalb der OCCURS-Angabe zu einem Programmabbruch führt. Die Prüfung des Tages und des Jahres ist vernachlässigt. Das Eingabefeld für den Monat muß numerisch beschrieben sein, da es als Subskript für die Addition in die Monatsfelder verwendet wird.

Wird bei der Eingabe kein Index für das Tabellenelement eingegeben, muß ein anderer Lösungsweg eingeschlagen werden. Eine Lösung für dieses Problem soll am Beispiel der Vertreterumsatztabelle erläutert werden. Am Bildschirm wird die Vertreternummer und ein Rechnungsbetrag eingegeben, der dem Vertreter gutzuschreiben ist. Die Rechnungsbeträge sind je Vertreter-Nr. zu kumulieren. Die Eingabe erfolgt unsortiert, deswegen ist der normierte Programmablaufplan nicht einzusetzen, sondern die Lösung muß mit Hilfe von Tabellen erarbeitet werden. Die Vertreter-Nr. kann nicht als Subskript eingesetzt werden, da nicht vorausgesetzt werden kann, daß die Vertreter-Nr. ausschließlich Ziffern enthält.

Die Bildschirmbilder sollen folgendermaßen aussehen:

Datenerfassungsbild

```
     TABELLENVERARBEITUNG          Prog = TAB02
     Vertreter-Umsatzermittlung
     Bei Datenende "*" eingeben
---------------------------------------------------------

 Verteter-Nr.....: _
 Rechnungsbetrag.: _
```

Die Dateneingabe wird beendet, wenn der Bediener einen Stern (*) anstelle einer Vertreter-Nr. eingibt.

Datenausgabebild

```
          Vertreterumsatzstatistik
    Vertreter-Nr.       Umsatz (DM)
------------------------------------------------------------
     XXXXX             XX.XXX,XX
     XXXXX              X.XXX,XX
     ...                ...
```

Die Systemmeldung »ZUR FORTSETZUNG ...« erscheint, wenn bei der Ausgabe der Bildschirm vollgeschrieben ist. Die Ausgabe soll unsortiert erfolgen.

Programmausdruck

Programmliste TAB02 einfügen

```
*************************************************
 IDENTIFICATION DIVISION.
*************************************************
 PROGRAM-ID.     TAB02.
****   Tabellenverarbeitung: Löschen, Füllen und
****   Ausgeben  einer eindimensionalen Tabelle
*************************************************
 ENVIRONMENT DIVISION.
*************************************************
 CONFIGURATION SECTION.
 SPECIAL-NAMES.
            DECIMAL-POINT IS COMMA.
*************************************************
```

```
 DATA DIVISION.
************************************************
 WORKING-STORAGE SECTION.

 01   EINGABE-FELDER.
  05  E-VERTR-NR           PIC X(4).
  05  EIN-RECH-BETR        PIC Z.ZZZ.ZZ9,99-.
  05  E-RECH-BETR          PIC S9(7)V99.

 01      S-STRICH    PIC X(75) VALUE ALL '-'.
 01      A-ZEILE.
   05    FILLER            PIC X(10).
   05    A-VERTR-NR        PIC X(4).
   05    FILLER            PIC X(9).
   05    A-UMSATZ          PIC ZZZ.ZZZ.ZZ9,99-.

 01      HILFSFELDER.
   05    S-ZEILEN-MAX  PIC S999  COMP  VALUE +23.

 01        T-VERTR-UMS.
    10     T-ANZ OCCURS 80.
     15    T-VERTR-EL.
      20   T-VERTR-NR     PIC X(4) VALUE HIGH-VALUE.
      20   T-VERTR-UMSATZ PIC S9(9)V99 COMP-3 VALUE ZERO.

 01        INDIZES.
  05       I-VERTR      PIC S999 COMP VALUE +1.
  05       I-VERTR-LAD  PIC S999 COMP VALUE +0.
  05       I-VERTR-MAX  PIC S999 COMP VALUE +80.

 01        SCHALTER.
   05      SC-ABBRUCH           PIC X VALUE ZERO.
   05      SC-WART              PIC X VALUE SPACE.
************************************************
 PROCEDURE DIVISION.
************************************************
***********  Steuerblock ********
 A100 SECTION.
 A101.
         PERFORM VORLAUF.
 A110.
         PERFORM EINGABE.
         IF E-VERTR-NR   = '*'
                 GO TO A900
```

```
          END-IF.
          PERFORM FUELL.
          IF SC-ABBRUCH   = '1'
                GO TO A900
          END-IF.
          GO TO A110.
    A900.
          PERFORM AUSGABE.
          DISPLAY  ( 22, 1 ) 'PROGRAMMENDE'.
          STOP RUN.
*************************************************
** Vorprogramm *****
*************************************************
    VORLAUF SECTION.
    VORL02.
       MOVE SPACE                 TO A-ZEILE.
**  Bildkopf ***
       DISPLAY ( 1, 1 ) ERASE.
       DISPLAY ( 1, 10 ) 'TABELLENVERARBEITUNG Prog = TAB02'
          WITH HIGHLIGHT.
       DISPLAY ( 2, 10 ) ' Vertreter-Umsatzermittlung'.
       DISPLAY ( 3, 10 ) " Bei Datenende '*' eingeben".
       DISPLAY ( 4, 1) S-STRICH.
    VORL90.
       EXIT.
*************************************************
*** DATENEINGABE  ****
*************************************************
    EINGABE SECTION.
    EING01.
          DISPLAY ( 5, 1 ) ERASE.
          DISPLAY ( 5, 1)  'Vertreter-Nr....:'.
          ACCEPT ( 5, 25 ) E-VERTR-NR.
          IF E-VERTR-NR   = '*'
                exit section
          end-if.
          DISPLAY ( 6, 1 ) 'Rechnungsbetrag.:'.
          ACCEPT  ( 6, 25 ) EIN-RECH-BETR.
          MOVE EIN-RECH-BETR  TO E-RECH-BETR.
    EING90.
          EXIT.
*************************************************
*  Füllen der Tabelle ****
*************************************************
```

```
 FUELL SECTION.
 FUELL01.
         MOVE  1          TO I-VERTR.
 FUELL10.
         IF I-VERTR      GREATER I-VERTR-MAX
             DISPLAY ( 20, 1 )
             'Tabelle zu klein dimensioniert *** ABBRUCH *'
             MOVE '*'        TO E-VERTR-NR
             MOVE '1'        TO SC-ABBRUCH
             exit section
         END-IF.
** Vertreter in Tabelle gefunden **
         IF E-VERTR-NR   =  T-VERTR-NR (I-VERTR)
            ADD E-RECH-BETR TO T-VERTR-UMSATZ (I-VERTR)
            exit section
         END-IF.
** Vertreter noch nicht gespeichert **
         IF T-VERTR-NR (I-VERTR) = HIGH-VALUE
             MOVE E-VERTR-NR TO T-VERTR-NR (I-VERTR)
             ADD  E-RECH-BETR  TO T-VERTR-UMSATZ (I-VERTR)
             ADD 1 TO I-VERTR-LAD
             GO TO FUELL90
         END-IF.
** Loop schließen ***
         ADD 1            TO I-VERTR.
         GO TO FUELL10.
 FUELL90.
         EXIT.

*** Ausgabe des Tabelleninhalts ***
 AUSGABE SECTION.
 AUSG01.
         DISPLAY ( 1, 1 ) ERASE.
         DISPLAY ( 1, 12 ) 'Vertreterumsatzstatistik'
             WITH HIGHLIGHT.
         DISPLAY ( 2, 10 )
         'Vertreter-Nr     Umsatz (DM)' WITH REVERSE-VIDEO.
         MOVE 4  TO LIN.

 AUSG10.
      PERFORM VARYING I-VERTR FROM 1 BY 1
         UNTIL I-VERTR   >  I-VERTR-LAD
           IF LIN   > S-ZEILEN-MAX
                 PERFORM WART
```

```
          END-IF
          MOVE T-VERTR-NR (I-VERTR)  TO A-VERTR-NR
          MOVE T-VERTR-UMSATZ (I-VERTR) TO A-UMSATZ
          DISPLAY ( LIN, 1 ) A-ZEILE
          ADD 1   TO LIN
          MOVE SPACE      TO A-ZEILE
    END-PERFORM.
AUSG90.
    EXIT.
WART SECTION.
WART01.
    DISPLAY (25, 1 ) 'ZUR FORTSETZUNG EINE TASTE DRÜCKEN'.
    ACCEPT (25, 50 ) SC-WART WITH AUTO-SKIP.
    DISPLAY ( 5, 1 ) ERASE.
    MOVE 4         TO LIN.
WART90.
    EXIT.
```

Erläuterung des Programms TAB02

In der WORKING-STORAGE SECTION sind die Eingabe- und Ausgabefelder und die Vertreterumsatztabelle definiert. Die Hilfsfelder und die Schalter dienen der Steuerung des Programmlaufs und der Bildschirmausgabe.

Das Programm ist nicht nach der normierten Programmierung aufgebaut, da keine Verarbeitung von Dateien nach Satzgruppen vorliegt, sondern nach dem Modell der strukturierten Programmierung.

Aus dem *Steuerblock* A100 SECTION werden alle anderen Module aufgerufen. Das Programm wird beendet, wenn der Bediener einen Stern »*« anstelle der Vertreter-Nr. eingibt oder die Tabelle, in der maximal 80 verschiedene Vertreternummern gespeichert werden können, zu klein ist. Beim Programmende wird der Inhalt der Tabelle auf dem Bildschirm ausgegeben.

Im *Vorprogramm* werden die Tabelle und die Ausgabezeile gelöscht und die Eingabe vorbereitet.

Im *Eingabeblock* werden die Vertreter-Nr. und der Rechnungsbetrag eingelesen; dabei wird vor jeder Eingabe ein Erläuterungstext auf dem Bildschirm angezeigt. Nach dem Einlesen der Vertreter-Nr. wird das Eingabeende abgefragt.

Beim *Füllen der Tabelle* wird in einer Laufschleife abgefragt, ob die eingetippte Vertreter-Nr. bereits in der Tabelle gespeichert ist. Wird die Vertreter-Nr. gefunden, wird der Rechnungsbetrag zu dem bereits gespeicherten Umsatz addiert. Ist die Nummer noch nicht in der Tabelle, muß sie neu gespeichert werden. Dies wird festgestellt, indem die Grundstellung

(HIGH-VALUE) des Tabellenelementes für die Vertreter-Nr. abgefragt wird. Mit dieser einfachen Technik kann die Aufgabenstellung gelöst werden.

Wird eine neu eingegebene Nummer nicht in der Tabelle gefunden und ist kein Platz mehr in der Tabelle, dann erreicht der Laufindex den Grenzwert I-VERTR-MAX. In diesem Fall wird das Programm mit einer entsprechenden Meldung abgebrochen, da die Tabelle zu klein angelegt wurde.

In dem *Ausgabeblock* wird der Bildkopf und dann mit Hilfe einer Laufschleife der Tabelleninhalt ausgegeben. Dabei wird mit Hilfe des Zeilenzählers LIN geprüft, ob der Bildschirm vollgeschrieben ist. Ist der Bildschirm voll, muß der Bediener durch Tippen einer Taste den Programmlauf freigeben. Die Ausgabe ist beendet, wenn der Grenzwert I-VERTR-LAD erreicht wird. Der Ladeindex I-VERTR-LAD wird beim Füllen der Tabelle bei jeder neuen Vertreter-Nr. um eins erhöht.

Der Zusatz WITH AUTO-SKIP im ACCEPT-Befehl der Warteschleife bewirkt, daß die Eingabe automatisch beendet wird, wenn der Bediener ein Zeichen eingetippt hat. Er braucht nicht die [↵]-Taste zu betätigen.

16.7 Sortieren einer Tabelle

Für das Sortieren von Tabellen gibt es eine Reihe von Techniken, die sich durch mehr oder weniger aufwendige Programmierung und Maschinenlaufzeit unterscheiden. Hier soll eine weit verbreitete und einfach zu programmierende Technik gezeigt werden, die akzeptable Verarbeitungszeiten bringt.

Bei dieser Technik werden zwei benachbarte Tabellenelemente miteinander verglichen. Ist die verlangte Sortierfolge nicht eingehalten, werden die beiden Elemente vertauscht. Dieser Vorgang wird mit allen Tabellenelementen so lange wiederholt, bis kein Element mehr ausgetauscht werden muß. Dann ist die Tabelle sortiert.

Beispiel:

Die Zahlenfolge 3 1 2 soll aufsteigend sortiert werden.

1. Durchlauf:

1. Tausch nach dem Vergleich des ersten mit dem zweiten Element: 1 3 2

   Sortierschalter auf »Austausch« setzen.

2. Tausch nach dem Vergleich des zweiten mit dem dritten Element: 1 2 3

   Sortierschalter auf »Austausch« setzen.

Danach ist der erste Durchlauf beendet.

Da der Sortierschalter auf »Austausch« gesetzt wurde, muß der Sortiervorgang wiederholt werden.

2. Durchlauf:

- Kein Austausch mehr, da die Folge aufsteigend sortiert ist. Der Sortierlauf kann beendet werden.
- Die Zahlenfolge ist damit in zwei Durchläufen sortiert worden.

In dem Programm soll auch noch eine andere Technik für das Füllen einer Tabelle eingesetzt werden, die eine etwas bessere Maschinenlaufzeit bringt als das Verfahren im Programm TAB02. Diese Technik wird häufig verwendet, wenn auf Grund des Datenmaterials sichergestellt ist, daß pro Ordnungsbegriff nur ein Datensatz existiert. In dem Programm soll die Kunden-Nr. und der Kundenname aus der Kundendatei, die Sie bereits in dem Programm NORM03 kennengelernt haben, in einer Tabelle gespeichert, nach dem Kundennamen sortiert und ausgegeben werden.

Die Bildschirmausgabe soll folgendermaßen aussehen:

```
   ALPHABETISCHES KUNDENVERZEICHNIS        TAB03
   KUNDENNAME-1      KUNDENNAME-2        KUNDEN-NR
 ----------------------------------------------------------
   XXXXXXXXXXX       XXXXXXXXXXXXXX        XXXX
   XXXXXXXXX         XXXXXXXXX             XXXX

 ----------------------------------------------------------
  ZUR FORTSETZUNG EINE TASTE DRÜCKEN
```

Die Meldung »ZUR FORTSETZUNG EINE TASTE DRÜCKEN« erscheint, wenn der Bildschirm vollgeschrieben ist.

Anmerkung: *Die Sortierung kann ab Cobol-89 auch mit der SORT-Anweisung durchgeführt werden. Aus didaktischen Gründen wird aber eine eigene Sortierroutine entwickelt.*

16.7.1 Sortierroutine

Programmausdruck

```
 *****************************************************
 IDENTIFICATION DIVISION.
 *****************************************************
 PROGRAM-ID.     TAB03.
 ****   Tabellenverarbeitung: Löschen, Füllen,
 ****   Sortieren und Ausgeben
 ****   einer eindimensionalen Tabelle

 *****************************************************
 ENVIRONMENT DIVISION.
 *****************************************************
 CONFIGURATION SECTION.
 SPECIAL-NAMES.
         DECIMAL-POINT IS COMMA.
 INPUT-OUTPUT SECTION.
 FILE-CONTROL.
*       COPY F3SEL.COB REPLACING RANDOM BY SEQUENTIAL.
         SELECT  F3-KUNDEN-DATEI
                 ASSIGN TO "KUNDEN.ISA"
                 RECORD KEY IS F3-REC-KEY
                 FILE STATUS IS F3-STAT
                 ORGANIZATION INDEXED
                 ACCESS SEQUENTIAL.

 *****************************************************
 DATA DIVISION.
 *****************************************************
 FILE SECTION.
*        COPY F3FD.COB.

 *** Kundendatei *****
 FD      F3-KUNDEN-DATEI
         RECORD CONTAINS 120 CHARACTERS.
 01      F3-SATZ.
   05    F3-LKZ                  PIC X.
   05    F3-REC-KEY.
    10   F3-KUNDEN-NR            PIC X(4).
    10   F3-SA                   PIC XX.
   05    F3-NAME-1               PIC X(20).
```

```
    05    F3-NAME-2               PIC X(20).
*** weitere Beschreibung siehe NORM03
*****************************************************
 WORKING-STORAGE SECTION.
*****************************************************
 01       S-STRICH         PIC X(75) VALUE ALL '-'.
 01       A-ZEILE.
   05     FILLER           PIC X(2).
   05     A-NAME-1         PIC X(20).
   05     FILLER           PIC X(3).
   05     A-NAME-2         PIC X(20).
   05     FILLER           PIC X(4).
   05     A-KUNDEN-NR      PIC X(4).
 01       HILFSFELDER.
   05     S-ZEILEN-MAX  PIC S999  COMP-3 VALUE +15.
   05     S-KUNDEN-EL.
    10    S-KUNDEN-NR   PIC X(4).
    10    S-NAME.
     15   S-NAME-1      PIC X(20).
     15   S-NAME-2      PIC X(20).
   05     F3-STAT VALUE ZERO.
    10    F3-STAT-1     PIC X.
    10    F3-STAT-2     PIC 99 COMP-X.
   05     AA-STAT.
    10    AA-STAT-1     PIC X.
    10    AA-STAT-2     PIC 999.
 01         T-KUNDE.
    10      T-ANZ OCCURS 500.
     15     T-KUNDEN-EL.
      20    T-KUNDEN-NR      PIC X(4) VALUE HIGH-VALUE.
      20    T-NAME.
       25   T-NAME-1         PIC X(20) VALUE HIGH-VALUE.
       25   T-NAME-2         PIC X(20) VALUE HIGH-VALUE.
 01         INDIZES.
  05        I-KUNDE         PIC S999 COMP VALUE +1.
  05        I-KUNDE-MAX     PIC S999 COMP VALUE +500.
  05        I-KUNDE-LAD     PIC S999 COMP VALUE ZERO.
  05        I-MAX           PIC S999 COMP VALUE ZERO.
 01         SCHALTER.
```

```
    05      SC-ABBRUCH           PIC X VALUE ZERO.
    05      SC-WART              PIC X VALUE SPACE.
    05      SC-SORT              PIC X VALUE ZERO.

  01      TEXTE.
    05    A-KOPF.
     10   PIC X(50)  VALUE
          ' ALPHABETISCHES KUNDENVERZEICHNIS  TAB03 '.
    05    A-UEBERSCHRIFT.
     10   FILLER                 PIC X(45)  VALUE
          '  KUNDENNAME-1              KUNDENNAME-2  '.
     10   FILLER   PIC X(10) VALUE 'KUNDEN-NR'.
    05    TEXT-1   PIC X(20) VALUE '** BITTE WARTEN **'.

*******************************************************
 PROCEDURE DIVISION.
*******************************************************
** Steuerblock *********
 A100 SECTION.
 A101.
          PERFORM VORL01.
          IF SC-ABBRUCH   = '1'
                  GO TO A900
          END-IF.
 A110.
          PERFORM EINGABE.
          IF SC-ABBRUCH   = '1'
                  GO TO A900
          END-IF.
          PERFORM B-SORT.
 A900.
          PERFORM AUSGABE.
          CLOSE F3-KUNDEN-DATEI.
          DISPLAY (LIN + 5, 1) 'PROGRAMMENDE'.
          STOP RUN.
*******************************************************
** Vorprogramm *****
*******************************************************
 VORL01 SECTION.
 VORL02.
          MOVE SPACE                 TO A-ZEILE.
          OPEN INPUT F3-KUNDEN-DATEI.
          IF F3-STAT NOT = ZERO
              MOVE F3-STAT-1  TO AA-STAT-1
```

```
                MOVE F3-STAT-2  TO AA-STAT-2
                MOVE "1"        TO SC-ABBRUCH
                DISPLAY ( 20, 1 )
                  "OPEN-FEHLER F1-STAT = " AA-STAT
                GO TO VORL90
            END-IF.
**  Bildkopf ***
            DISPLAY ( 1, 1 ) ERASE.
            DISPLAY ( 1, 5 ) A-KOPF WITH REVERSE-VIDEO.
 VORL90.
            EXIT.

*****************************************************
*** DATENEINGABE  UND FÜLLEN DER TABELLE  *****
*****************************************************
 EINGABE SECTION.
            MOVE ZERO       TO I-KUNDE-LAD.
 EING20.
            READ F3-KUNDEN-DATEI   AT END GO TO EING90
            END-READ.
            ADD 1           TO I-KUNDE-LAD.
            IF I-KUNDE-LAD  GREATER I-KUNDE-MAX
                DISPLAY (23, 1)
                'Tabelle zu klein dimensioniert *** ABBRUCH *'
                MOVE '1'        TO SC-ABBRUCH
                PERFORM WART
                GO TO EING90
            END-IF.
            MOVE F3-KUNDEN-NR  TO T-KUNDEN-NR (I-KUNDE-LAD).
            MOVE F3-NAME-1     TO T-NAME-1 (I-KUNDE-LAD).
            MOVE F3-NAME-2     TO T-NAME-2 (I-KUNDE-LAD).
            GO TO EING20.

 EING90.
            EXIT.
*****************************************************
*** Sortierung der Tabelle **
*****************************************************
 B-SORT SECTION.
 B-SORT01.
            MOVE  ZERO      TO  SC-SORT.
            COMPUTE I-MAX = I-KUNDE-LAD - 1.
 B-SORT10.
            PERFORM VARYING I-KUNDE FROM 1 BY 1
```

```
              UNTIL I-KUNDE > I-MAX
                IF T-NAME (I-KUNDE)  >  T-NAME (I-KUNDE + 1)
                    PERFORM AUSTAUSCH
            END-PERFORM.
    B-SORT80.
** Prüfen, ob Austausch erfolgte:
            IF SC-SORT      = '1'
               GO TO B-SORT01
            END-IF.
    B-SORT90.
            EXIT.
*** Austausch zweier benachbarter Elemente **
    AUSTAUSCH SECTION.
    AUST01.
        MOVE  T-KUNDEN-EL (I-KUNDE + 1) TO S-KUNDEN-EL.
        MOVE  T-KUNDEN-EL (I-KUNDE) TO T-KUNDEN-EL (I-KUNDE + 1).
        MOVE  S-KUNDEN-EL  TO T-KUNDEN-EL (I-KUNDE).
        MOVE '1'           TO SC-SORT.
    AUST90.
            EXIT.

*** Ausgabe des Tabelleninhalts ***
    AUSGABE SECTION.
    AUSG01.
            DISPLAY ( 1, 1 ) ERASE.
            DISPLAY ( 1, 5 ) A-KOPF WITH REVERSE-VIDEO.
            DISPLAY ( 2, 1 ) A-UEBERSCHRIFT WITH HIGHLIGHT.
            DISPLAY ( 3, 1) S-STRICH.
            MOVE 6  TO LIN.
    AUSG10.
            PERFORM VARYING I-KUNDE FROM 1 BY 1
              UNTIL I-KUNDE  GREATER I-KUNDE-LAD
                IF LIN  >  S-ZEILEN-MAX
                    PERFORM WART
                END-IF
                MOVE T-NAME-1 (I-KUNDE)      TO A-NAME-1
                MOVE T-NAME-2 (I-KUNDE)      TO A-NAME-2
                MOVE T-KUNDEN-NR (I-KUNDE)   TO A-KUNDEN-NR
                DISPLAY (LIN, 1) A-ZEILE
                ADD 1   TO LIN
                MOVE SPACE      TO A-ZEILE
            END-PERFORM.
    AUSG90.
            EXIT.
```

```
WART SECTION.
WART01.
      DISPLAY (24, 1) 'ZUR FORTSETZUNG EINE TASTE DRÜCKEN'.
          ACCEPT (24, 50) SC-WART WITH AUTO-SKIP.
          DISPLAY ( 6, 1 ) ERASE.
          MOVE 6   TO LIN.
WART90.
          EXIT.
```

Erläuterung des Programms TAB03

In dem Programm wird die indexsequentielle Kundendatei sequentiell eingelesen und der Name in einer Tabelle gespeichert. Die Kundendatei ist bereits aus dem Programm NORM03 bekannt.

In der WORKING-STORAGE SECTION sind die Ausgabezeile, die Texte für die Bildgestaltung und die Tabelle definiert. Die Schalter SC-... steuern den Programmlauf. SC-ABBRUCH wird gesetzt, wenn die Anzahl der Kundensätze die Tabellendimensionierung übersteigt. Das Programm wird dann abgebrochen. SC-WART wird verwendet, wenn die Anzahl der Ausgabesätze eine Bildschirmseite übersteigt. Das Programm hält an, bis der Bediener den Programmlauf durch Drücken einer Taste freigibt. SC-SORT steuert die Sortierung. Er wird gesetzt, wenn ein Austausch zweier benachbarter Elemente stattfindet, wenn also die Tabelle noch nicht richtig sortiert ist. Die Sortierroutine wird so lange durchlaufen, bis kein Austausch mehr stattfindet.

Aus dem *Steuerblock* werden die einzelnen Verarbeitungsblöcke aufgerufen. Der Abbruch erfolgt, wenn die Kundentabelle zu klein ist.

Im *Vorprogramm* wird die Tabelle gelöscht, die Datei eröffnet und der Bildkopf als Bedienerhinweis ausgegeben.

Im *Eingabeblock* wird die Kundendatei gelesen, und die Daten werden in die Tabelle übertragen. In dem Ladeindex I-KUNDE-LAD ist die Anzahl der belegten Tabellenelemente festgehalten. Er wird bei jedem neu zu speichernden Satz um eins erhöht. Diese einfache Ladetechnik ist anwendbar, wenn pro Ordnungsbegriff, z.B. Kunden-Nr., nur ein Datensatz vorhanden ist.

In dem *Sortierblock* werden zwei benachbarte Elemente (I-KUNDE und I-KUNDE + 1) miteinander verglichen. Beachten Sie, daß der Grenzwert der Laufschleife I-MAX um eins niedriger sein muß als der Ladeindex I-KUNDE-LAD, weil sonst bei der Indizierung mit I-KUNDE + 1 der Tabellenbereich überschritten würde. Ist die Sortierfolge nicht eingehalten, ist also der Vorgänger größer als der Nachfolger, muß ein Austausch der beiden Elemente erfolgen. Der Austausch erfolgt über ein Hilfsfeld S-KUNDEN-EL, das genauso aufgebaut ist wie das Tabellenelement. Dieses Hilfsfeld muß eingesetzt werden, weil bei einer einfachen Übertragung des Elementes (I-KUNDE) in das Element (I-KUNDE + 1) der Inhalt dieses Feldes verloren wäre.

Der *Ausgabeblock* gleicht dem Block im Programm TAB02. In den DISPLAY-Befehlen wird nicht mit Literalen gearbeitet, sondern die Texte werden über Datennamen angesprochen. Diese Technik benötigt weniger Arbeitsspeicher und verkürzt die Programmlaufzeit.

16.7.2 COBOL-Tabellensortier-Anweisung

Mit der neuen, ab Cobol-89 zur Verfügung stehenden Sortieranweisung wird die Lösung der Aufgabenstellung erheblich erleichert. Das Programm ist dazu folgendermaßen zu modifizieren:

1. Die OCCURS-Angabe in der Tabellendefinition ist um den DEPENDING ON-Zusatz zu erweitern, damit nur die Tabellenelemente sortiert werden, die gültige Daten enthalten.

```
01   T-KUNDE-GES.
 10  T-KUNDEN-EL OCCURS 1 TO 500 DEPENDING ON I-KUNDE-LAD.
  15 T-KUNDEN-NR         PIC X(4) VALUE HIGH-VALUE.
  15 T-NAME.
   20 T-NAME-1           PIC X(20) VALUE HIGH-VALUE.
   20 T-NAME-2           PIC X(29) VALUE HIGH-VALUE.
```

   I-KUNDE-LAD wird beim Füllen der Tabelle gepflegt (vgl. Zeile 164 im Programm TAB03).

2. Die Sortierung in der PROCEDURE DIVISION kann mit einer einzigen Anweisung erledigt werden.

```
SORT T-KUNDEN-EL ON ASCENDING KEY T-NAME.
```

In der SORT-Anweisung muß der Name einer Tabelle angegeben werden, d.h. eines Datenfeldes, das eine OCCURS-Angabe enthält oder einer OCCURS-Angabe untergeordnet ist. Das Sortierfeld muß in der Tabellendefinition enthalten sein. Es wird ohne Index bzw. Subskript geschrieben. Für die weiteren Zusätze in der SORT-Anweisung gelten die gleichen Regeln, die in Kapitel 27 besprochen werden.

16.8 Zweidimensionale Tabellen

Eine zweidimensionale Tabelle besteht aus mehreren Zeilen, wobei jede Zeile mehrere Spalten enthält.

Beispiel:

Umsatztabelle

Artikel-Nr.	Vertreter-Nr.			
	1234	2345	3456	....
1111	20,00	15,00	200,00	......
2222	450,50	250,00	70,00	......
3333	560,00	70,00	800,20	.....

In der Tabelle sind die Artikelumsätze je Vertreter-Nr. gespeichert. In der Vorspalte stehen die Artikelnummern, in der Kopfzeile die Vertreternummern und in den einzelnen Feldern die Umsätze.

Bei der Definition der Tabelle in einem Programm muß der Programmierer wissen, wie viele Artikelnummern und Vertreter in dem Unternehmen existieren. Die maximale Größe einer Tabelle ist in vielen Cobol-Dialekten limitiert. In dem Beispiel wird die OCCURS-Angabe so gewählt, daß die Tabelle auf jeden Fall zu speichern ist. Die Tabelle soll für 5 Vertreter und 15 Artikel dimensioniert werden.

Diese zweidimensionale Tabelle kann man in Cobol folgendermaßen beschreiben:

```
01         T-ZWEIDIM.
 05        T-ZEILE  OCCURS 15.
  10       T-ART-NR             PIC X(4).
  10       T-SPALTE  OCCURS 5.
   15      T-VERTR-UMS          PIC S9(7)V99 COMP-3.
01         T-HILFE.
 05        T-SPALTE OCCURS 5.
  10       T-VERTR-NR           PIC X(4).
```

Es ist aus technischen Gründen nicht möglich, die Artikel-Nr. und Vertreter-Nr. direkt als Index bzw. Subskript zu verwenden. Bei vierstelligen Nummern müßten 9999 * 9999 = 99.980.001 Speicherplätze à 5 Byte reserviert werden. Die Tabelle würde dann 499.900.005 Byte im Speicher belegen. Dabei würden die meisten Plätze unbenutzt bleiben, weil die Artikel- und Vertreternummern nicht lückenlos belegt sind. Aus diesem Grund muß bei zwei- und dreidimensionalen Tabellen in der Regel mit umständlichen Verfahren gearbeitet werden.

Im obigen Beispiel wäre es auch möglich, die Vertreter-Nr. in der zweidimensionalen Tabelle nach folgendem Muster zu speichern:

```
01        T-ZWEIDIM.
 05       T-ZEILE  OCCURS 15.
  10      T-ART-NR             PIC X(4).
  10      T-SPALTE  OCCURS 5.
   15     T-VERTR-NR           PIC X(4).
   15     T-VERTR-UMS          PIC S9(7)V99 COMP-3.
```

Dabei wird aber die Vertreter-Nr. in jeder Zeile gespeichert, was zu einem zusätzlichen Platzbedarf von 15 * 4 = 60 Byte führt.

Da zwei- und dreidimensionale Tabellen sehr viel Speicherplatz belegen, sollten Verfahren gewählt werden, die möglichst wenig Speicherplatz beanspruchen.

Aus diesem Grunde werden die Vertreternummern, die in allen Zeilen gleich sein sollen, in der Hilfstabelle T-HILFE gespeichert.

Bei der Verarbeitung der Tabelle ist zu beachten, daß ein- und zweidimensionale Felder gemischt in der Tabelle auftreten. T-ART-NR hat nur eine OCCURS-Angabe, muß also mit einem Index bzw. Subskript angesprochen werden. T-VERTR-UMS hat zwei OCCURS-Angaben, T-ZEILE und T-SPALTE. Das Feld muß also mit zwei Indizes oder Subskripten, z.B. (1, 4), angesprochen werden.

Für die Verarbeitung mehrdimensionaler Tabellen steht in Cobol eine Erweiterung des PERFORM-Befehls zur Verfügung.

Format-1:

```
PERFORM Unterprogramm VARYING Datenname-1 / Indexname-1
     FROM  Wert-1 BY  Wert-2 UNTIL Bedingung-1
     AFTER Datenname-2 / Indexname-2 FROM Wert-3 BY Wert-4
          UNTIL  Bedingung-2
     [AFTER Datenname-3 / Indexname-3 FROM Wert-5 BY Wert-6
          UNTIL Bedingung-3].
```

Beispiel:

```
PERFORM UPRO VARYING I-ZEILE FROM 1 BY 1
     UNTIL I-ZEILE  > I-ZEILE-MAX
     AFTER  I-SPALTE FROM 1 BY 1
          UNTIL I-SPALTE GREATER I-SPALTE-MAX.
```

Format-2 (Cobol-85):

```
PERFORM VARYING Datenname-1 / Indexname-1
     FROM  Wert-1 BY  Wert-2 UNTIL Bedingung-1
     AFTER Datenname-2 / Indexname-2 FROM Wert-3 BY Wert-4
          UNTIL  Bedingung-2
```

```
     [AFTER Datenname-3 / Indexname-3 FROM Wert-5 BY Wert-6
          UNTIL Bedingung-3]
          Befehlsfolge
END-PERFORM
```

Die Bedeutung von *Unterprogramm*, *Datenname-1* usw. ist die gleiche wie bei dem PERFORM VARYING-Befehl, der unter 16.5 bei der Tabellenverarbeitung besprochen wurde. Bei der Ausführung des PERFORM-Befehls nehmen die Indizes folgende Werte an:

```
    (1, 1);(1, 2);(1, 3);....(1, I-SPALTE-MAX);
    (2, 1);(2, 2);(2, 3);....(2, I-SPALTE-MAX);
    (3, 1);(3, 2);............................
    ........
    ........
  (I-ZEILE-MAX, 1);(I-ZEILE-MAX, 2)..(I-ZEILE-MAX, I-SPALTE-MAX)
```

I-ZEILE-MAX und I-SPALTE-MAX stehen für die Grenzwerte der Indizes.

Beim Inline-PERFORM (Format-2) wird kein Unterprogramm angegeben, sondern die Befehle werden direkt zwischen PERFORM und END-PERFORM geschrieben. Dadurch wird das Programm übersichtlicher.

Bei mehrdimensionaler Tabellenverarbeitung können noch weitere Laufindizes nach dem AFTER-Zusatz im PERFORM angegeben werden. Maximal sechs AFTER-Zusätze sind in MF-Cobol zulässig.

Die Verarbeitung einer zweidimensionalen Tabelle soll an einem Beispiel demonstriert werden. Aus der Abrechnungsdatei (SEQTEST.DAT), die aus den Programmen NORM01, NORM02 und NORM03 bekannt sein sollte, soll die oben angeführte Umsatzstatistik erstellt werden. Die Datei enthält u.a. die Artikel-Nr., Vertreter-Nr. und den Umsatz einer Rechnung. Die Daten sollen unsortiert in das Programm einlaufen, so daß nicht der normierte Programmablaufplan eingesetzt werden kann, sondern die Summenbildung mit Hilfe der Tabelle durchgeführt werden muß.

Der Inhalt der Tabelle soll auf dem Bildschirm sortiert nach Artikelnummer und Vertreternummer ausgegeben werden.

```
            Vertreter-Umsatzstatistik            TAB04
  ART-NR    Umsatz je Vertreternummer
-----------------------------------------------------------
             XXXX        XXXX        XXXX       XXXX
-----------------------------------------------------------
   XXXX     X.XXX,XX   XXX,XX      .....      ......
   XXXX     .....

-----------------------------------------------------------
   Systemmeldungen
```

Das Programm wird im Anschluß an den Ausdruck ausführlich erläutert.

```
*****************************************************
 IDENTIFICATION DIVISION.
*****************************************************
 PROGRAM-ID.    TAB04.
*>  Tabellenverarbeitung: Löschen, Füllen,
*>  Sortieren und Ausgeben einer zweidimensionalen Tabelle

*****************************************************
 ENVIRONMENT DIVISION.
*****************************************************
 CONFIGURATION SECTION.
 SPECIAL-NAMES.
         DECIMAL-POINT IS COMMA.
 INPUT-OUTPUT SECTION.
 FILE-CONTROL.
*       COPY F1SEL.COB.

         SELECT  OPTIONAL F1-ABRECH-DATEI
                 ASSIGN TO "SEQTEST.DAT"
                 FILE STATUS IS F1-STAT
                 ORGANIZATION SEQUENTIAL.
*****************************************************
 DATA DIVISION.
*****************************************************
 FILE SECTION.
*        COPY F1FD.COB.

 FD      F1-ABRECH-DATEI
         RECORD CONTAINS 80 CHARACTERS.
 01      F1-SATZ.
*** siehe NORM01
*****************************************************
 WORKING-STORAGE SECTION.
*****************************************************
 01      A-ZEILE          PIC X(80) VALUE SPACE.
 01      AB-ZEILE REDEFINES A-ZEILE.
   05    FILLER           PIC X(5).
   05    AB-TAB.
    10   AB-ANZ OCCURS 5.
     15  AB-FILLER        PIC X(10).
     15  AB-VERTR-NR      PIC X(4).

```

```
 01      AC-ZEILE REDEFINES A-ZEILE.
  05     FILLER          PIC XX.
  05     AC-ART-NR       PIC X(4).
  05     AC-TAB.
   10    AC-ANZ OCCURS 5.
    15   AC-FILLER       PIC X(3).
    15   AC-UMS          PIC ZZZ.ZZ9,99-.
 01      AD-ZEILE REDEFINES A-ZEILE.
  05     FILLER          PIC X(40).
  05     AD-ANZAHL       PIC ZZ9-.

*** Umsatztabelle **
 01      T-ZWEIDIM.
  05     T-ZEILE OCCURS 15.
   10    T-ART-NR        PIC X(4) VALUE HIGH-VALUE.
   10    T-SPALTE OCCURS 5.
    15   T-VERTR-UMS     PIC S9(7)V99 COMP-3 VALUE ZERO.

 01      T-HILFE.
  05     T-HILFE-SPALTE OCCURS 5.
   10    T-VERTR-NR      PIC X(4) VALUE HIGH-VALUE.

 01      INDIZES.
  05     I-ZEILE         PIC S999 COMP VALUE 1.
  05     I-ZEILE-MAX     PIC S999 COMP VALUE +15.
  05     I-ZEILE-LAD     PIC S999 COMP VALUE ZERO.
  05     I-SPALTE        PIC S999 COMP VALUE 1.
  05     I-SPALTE-MAX    PIC S999 COMP VALUE +5.
  05     I-SPALTE-LAD    PIC S999 COMP VALUE ZERO.
  05     I-HILFE         PIC S999 COMP VALUE 0.
  05     IND-A           PIC S999 COMP VALUE 0.
  05     IND-B           PIC S999 COMP VALUE 0.
  05     IND-C           PIC S999 COMP VALUE 0.

 01      S-LOESCH-ZEILE.
  05     FILLER          PIC X(4) VALUE HIGH-VALUE.
  05     FILLER.
   10    FILLER          PIC S9(7)V99 COMP-3 VALUE 0.
   10    FILLER          PIC S9(7)V99 COMP-3 VALUE 0.
   10    FILLER          PIC S9(7)V99 COMP-3 VALUE 0.
   10    FILLER          PIC S9(7)V99 COMP-3 VALUE 0.
   10    FILLER          PIC S9(7)V99 COMP-3 VALUE 0.

 01      HILFSFELDER.
```

```
  05    S-ZEILEN-MAX      PIC S999  COMP-3 VALUE +15.
  05    F1-STAT           PIC XX VALUE ZERO.
  05    F1-ANZAHL         PIC S999  COMP-3 VALUE 0.
  05    S-STRICH          PIC X(80) VALUE ALL '-'.

01        SCHALTER.
  05      SC-ABBRUCH      PIC X VALUE ZERO.
  05      SC-WART         PIC X VALUE SPACE.

01      TEXTE.
  05    A-KOPF.
   10   PIC X(50) VALUE 'Vertreter-Umsatzstatistik TAB04'.
  05    A-UEBERSCHRIFT.
   10   PIC X(45)  VALUE
        'ART-NR       Umsatz je Vertreternummer'.
   10   FILLER   PIC X(10) VALUE SPACE.
  05    TEXT-1   PIC X(20) VALUE '** BITTE WARTEN **'.
  05    TEXT-2   PIC X(30) VALUE
        'TABELLE ZU KLEIN ** ABBRUCH'.
  05    TEXT-3   PIC X(30) VALUE
        "Anzahl der gelesenen Sätze: ".
*****************************************************
PROCEDURE DIVISION.
*****************************************************
** Steuerblock *********
A100 SECTION.
        PERFORM VORLAUF.
*** Verarbeitung **
A110.
        PERFORM EINGABE.
        IF SC-ABBRUCH   = '1'
                GO TO A950
        END-IF.

A900.
        PERFORM AUSGABE.
A950.
        MOVE TEXT-3      TO A-ZEILE.
        MOVE F1-ANZAHL   TO AD-ANZAHL.
        ADD 3  TO LIN.
        DISPLAY (LIN, 1) A-ZEILE.
        CLOSE F1-ABRECH-DATEI.
        DISPLAY ( 22, 1 ) 'PROGRAMMENDE'.
        STOP RUN.
```

```
** Vorprogramm *****
 VORLAUF SECTION.
         OPEN INPUT F1-ABRECH-DATEI.
         DISPLAY ( 1, 1 ) ERASE.
         DISPLAY ( 1, 1 ) "Programmanfang TAB04".
 VORL90.
         EXIT.

*** DATENEINGABE  UND FÜLLEN DER TABELLE  *****
 EINGABE SECTION.
         MOVE ZERO  TO I-ZEILE-LAD, I-SPALTE-LAD.
 EING20.
         READ F1-ABRECH-DATEI   AT END
              GO TO EING90
         END-READ.
         ADD 1   TO F1-ANZAHL.
         PERFORM FUELLEN.
         IF SC-ABBRUCH   = '1'
                 GO TO EING90
         END-IF.
         GO TO EING20.

 EING90.
         EXIT.

*** Ausgabe des Tabelleninhalts ***
 AUSGABE SECTION.
*** Bildkopf **
     DISPLAY ( 1, 1 ) ERASE.
     DISPLAY ( 1, 1 ) A-KOPF WITH HIGHLIGHT.
     DISPLAY ( 2, 1 ) A-UEBERSCHRIFT.
     DISPLAY ( 3, 1) S-STRICH.
     MOVE 4  TO LIN.
     MOVE SPACE TO A-ZEILE.
 AUSG10.
***  Zeile mit Vertreternummern ausgeben ***
     PERFORM  VARYING I-SPALTE FROM 1 BY 1
       UNTIL I-SPALTE GREATER I-SPALTE-LAD
          MOVE T-VERTR-NR (I-SPALTE)
             TO AB-VERTR-NR (I-SPALTE)
     END-PERFORM.
     DISPLAY (LIN, 1) A-ZEILE.
     ADD 1 TO LIN.
     DISPLAY (LIN, 1) S-STRICH.
```

```
*** Umsatzzeilen ausgeben ***
     PERFORM SCHREIB VARYING I-ZEILE  FROM 1 BY 1
           UNTIL I-ZEILE  GREATER I-ZEILE-LAD.
 AUSG90.
     EXIT.

 SCHREIB SECTION.
*** Übertragen Umsätze in die Zeile ***
     PERFORM VARYING I-SPALTE FROM 1 BY 1
        UNTIL I-SPALTE GREATER I-SPALTE-LAD
          MOVE T-VERTR-UMS (I-ZEILE, I-SPALTE) TO
             AC-UMS (I-SPALTE)
     END-PERFORM.
** Bildschirm voll ***
     IF LIN  >  S-ZEILEN-MAX
           PERFORM WART
     END-IF.
     MOVE T-ART-NR (I-ZEILE)  TO  AC-ART-NR.
     ADD 1   TO LIN.
     DISPLAY (LIN, 1) A-ZEILE.
     MOVE SPACE      TO A-ZEILE.
 SCHREIB90.
         EXIT.

 WART SECTION.
     DISPLAY (24, 1 ) 'ZUR FORTSETZUNG EINE TASTE DRÜCKEN'.
     ACCEPT (24, 50) SC-WART WITH AUTO-SKIP.
     DISPLAY ( 5, 1 ) ERASE.
     MOVE 4  TO LIN.
 WART90.
         EXIT.

 FUELLEN SECTION.
**** Suchen der Artikel-Nr in der Tabelle
     MOVE 1           TO I-ZEILE.
 FUELL10.
     IF I-ZEILE      GREATER  I-ZEILE-MAX
*** Fehlerausgang  - Tabelle zu klein - ***
         DISPLAY (LIN, 1) TEXT-2, " I-ZEILE = ", I-ZEILE
         MOVE 1       TO SC-ABBRUCH
         PERFORM WART
         Exit Section
     END-IF.
**** Artikel-Nr gefunden *********
```

```
       IF F1-ART-NR    = T-ART-NR (I-ZEILE)
                   PERFORM FUELLSPALTE
                   GO TO FUELL90.
**** Artikel-Nr noch nicht gespeichert *****
       IF F1-ART-NR   LESS T-ART-NR (I-ZEILE)
                   PERFORM ZEILESCHIEBEN
                   MOVE F1-ART-NR TO T-ART-NR (I-ZEILE)
                   PERFORM FUELLSPALTE
                   GO TO FUELL90.
       ADD 1    TO I-ZEILE.
       GO TO FUELL10.
   FUELL90.
           EXIT.

   ZEILESCHIEBEN SECTION.
*** freie Zeile schaffen *******
       ADD 1           TO I-ZEILE-LAD.
*** Tabelle voll? **
       IF  I-ZEILE-LAD GREATER I-ZEILE-MAX
           DISPLAY (LIN, 1) TEXT-2 "I-ZEILE-LAD = ", I-ZEILE-LAD
           PERFORM WART
           MOVE '1'        TO SC-ABBRUCH
           Exit Section
       END-IF.
*** Zeile ist noch nicht besetzt *****
       IF T-ART-NR (I-ZEILE) = HIGH-VALUE
                   GO TO ZEISCH90.
**** besetzte Zeile nach unten verschieben **
   ZEISCH10.
       PERFORM VARYING I-HILFE FROM I-ZEILE-LAD   BY -1
         UNTIL I-HILFE  LESS (I-ZEILE + 1)
           MOVE T-ZEILE (I-HILFE – 1)  TO T-ZEILE (I-HILFE)
       END-PERFORM.

       MOVE S-LOESCH-ZEILE  TO T-ZEILE (I-ZEILE).
   ZEISCH90.
       EXIT.

   FUELLSPALTE SECTION.
*** Suchen der Vertreter-Nr in den Spalten ******
       MOVE 1  TO I-SPALTE.
   FUELLSP10.
**** FEHLER  – Tabelle zu klein –  ***
       IF I-SPALTE  GREATER I-SPALTE-MAX
```

```
            DISPLAY (LIN, 1) TEXT-2  "I-SPALTE = ",  I-SPALTE
            PERFORM WART
            MOVE '1'        TO SC-ABBRUCH
            GO TO FUELLSP90
        END-IF.
*** Vertreter-Nr gefunden ******
        IF F1-VERTR-NR  =  T-VERTR-NR (I-SPALTE)
            ADD F1-UMSATZ  TO T-VERTR-UMS (I-ZEILE, I-SPALTE)
            Exit Section
        END-IF.
*** Vertreter-Nr noch nicht gespeichert *****
        IF F1-VERTR-NR LESS T-VERTR-NR (I-SPALTE)
            PERFORM SPALTESCHIEBEN
            MOVE F1-VERTR-NR     TO T-VERTR-NR (I-SPALTE)
            MOVE F1-UMSATZ  TO T-VERTR-UMS (I-ZEILE, I-SPALTE)
            Exit Section
        END-IF.

        ADD 1   TO I-SPALTE.
        GO TO FUELLSP10.
    FUELLSP90.
            EXIT.

    SPALTESCHIEBEN SECTION.
*** freie Spalte schaffen ******
        ADD 1   TO  I-SPALTE-LAD.
** Tabelle voll? **
        IF  I-SPALTE-LAD GREATER I-SPALTE-MAX
            DISPLAY (LIN, 1) TEXT-2 "I-SPALTE-LAD =", I-SPALTE-LAD
            PERFORM WART
            MOVE '1'        TO SC-ABBRUCH
            Exit Section
        END-IF.
*** Spalte ist noch nicht besetzt, Verschieben unterbleibt ****
        IF T-VERTR-NR (I-SPALTE) = HIGH-VALUE
              Exit Section
        END-IF.
    SPASCHI10.
        PERFORM VARYING I-HILFE FROM I-SPALTE-LAD BY -1
            UNTIL I-HILFE  LESS (I-SPALTE + 1)
**** Verschieben der Spaltenelemente nach hinten ***
           MOVE T-VERTR-NR(I-HILFE – 1) TO T-VERTR-NR(I-HILFE)
            COMPUTE IND-C = I-HILFE – 1
** Laufindex für Zeilen **
```

```
            PERFORM VARYING IND-B FROM 1 BY 1
               UNTIL IND-B > I-ZEILE-LAD
                 MOVE T-VERTR-UMS (IND-B, IND-C) TO
                    T-VERTR-UMS (IND-B, I-HILFE)
** Löschen der frei geschobenen Spalte **
                 MOVE ZERO  TO T-VERTR-UMS (IND-B, IND-C)
            END-PERFORM
        END-PERFORM.

 SPASCHI90.
            EXIT.
```

Erläuterung des Programms TAB04

In dem Programm wird die Umsatztabelle sortiert nach Artikelnummer und Kundennummer aufgebaut. Die Sortierung erfolgt bereits beim Füllen der Tabelle mit den Daten der Abrechnungsdatei SEQTEST.DAT. Dadurch entfällt ein Unterprogramm für die Sortierung der Tabelle. Die Ausgabe des Inhaltes einer Tabelle sollte in der Regel sortiert erfolgen, weil dadurch die Bearbeitung erleichtert wird.

Die Beschreibung der Abrechnungsdatei wird mit dem COPY-Befehl in das Programm kopiert.

In der WORKING-STORAGE SECTION sind die Bildschirmzeilen für die Ausgabe der Daten wie Druckzeilen definiert. Es ist auch möglich, die einzelnen Positionen auf dem Bildschirm über Positionsangaben im DISPLAY-Befehl anzusteuern. Das Verfahren ist allerdings aufwendiger als die zeilenweise Ausgabe der Daten. Zu beachten ist, daß auch Druckaufbereitungsfelder in Tabellen beschrieben werden können (AB-ZEILE).

In der Tabelle T-ZWEI-DIM werden die Artikelnummern in einer eindimensionalen Vorspalte gespeichert. Die Umsätze je Artikel- und Vertreternummer stehen im zweidimensionalen Teil. Die Vertreternummern werden in der eindimensionalen Hilfstabelle T-HILFE gespeichert. Die Koppelung des Umsatzes mit der entsprechenden Vertreternummer erfolgt über den Index bzw. Subskript. Die Artikelnummer und die Vertreternummer können mit einem Index, der Umsatz T-VERTR-UMS muß mit zwei Indizes bzw. Subskripten angesprochen werden. Wegen dieser speichersparenden Technik kann die SORT-Anweisung nicht eingesetzt werden. Sie verlangt, daß alle Sortierkriterien in einer Tabelle stehen.

Für das sortierte Aufbauen der zweidimensionalen Tabelle werden diverse Hilfsindizes benötigt. I-ZEILE wird für die Artikelnummer, I-SPALTE für die Vertreternummer verwendet. Die Grenzwerte für die Laufschleifen sind in den Feldern I-ZEILE-MAX (= Maximum) und I-SPALTE-MAX als Dualzahlen gespeichert. In I-ZEILE-LAD bzw. I-SPALTE-LAD wird im Programm festgehalten, wieviel Plätze in der Tabelle belegt sind. Die Hilfsindizes I-HILFE, IND-A usw. werden für Laufschleifen eingesetzt. S-LOESCH-ZEILE wird verwendet, um die in einer Zeile gespeicherten Umsätze bei Bedarf zu löschen. Dadurch kann das

Programmieren einer Laufschleife vermieden werden. Die Bedeutung der Schalter und Textfelder ist bereits in den Programmen TAB02 und TAB03 erläutert worden.

Die PROCEDURE DIVISION ist nach dem Modell der strukturierten Programmierung aufgebaut. Aus dem Steuerblock werden alle anderen Programmteile als Unterprogramme aufgerufen. Ein Unterprogramm sollte in der Regel eine Seite (ca. 60 Zeilen) nicht überschreiten, da sonst die Übersichtlichkeit des Programms leidet.

Im *Vorprogramm* werden die Tabellen gelöscht, sofern dies nicht über VALUE-Zusätze bei der Definition geschehen ist, die Datei wird eröffnet und eine Kontrollmeldung auf dem Bildschirm ausgegeben, damit der Bediener erkennt, daß das Programm läuft. Die Vertreternummern und die Artikelnummern in den Tabellen sind mit HIGH-VALUE vorbesetzt, damit der sortierte Aufbau möglichst einfach erfolgen kann.

Im *Eingabeblock* werden die Ladeindizes auf den Anfangswert Null gesetzt und die Abrechnungsdatei gelesen. Das Füllen ist in ein Unterprogramm ausgelagert, da es einen abgeschlossenen Funktionsblock bildet. Der Schalter SC-ABBRUCH wird in dem Unterprogramm gesetzt, wenn beim Füllen ein Fehler auftritt.

Das *Füllen der Tabelle* im Unterprogramm FUELLEN SECTION läuft im Prinzip so ab, daß bei jedem Satz in einer Laufschleife geprüft wird, ob die Artikel-Nr. und die Vertreter-Nr. bereits in der Tabelle gespeichert sind. Wird die Artikel-Nr. in einer Zeile gefunden, wird die Vertreter-Nr. im Unterprogramm FUELLSPALTE SECTION in der Hilfstabelle T-HILFE gesucht. Wird sie gefunden, wird mit den in I-ZEILE und I-SPALTE festgehaltenen Indizes bzw. Subskripten der Betrag F1-UMSATZ zu dem in der Tabelle stehenden Umsatz addiert.

Steht die Artikelnummer noch nicht in der Tabelle, muß sie an der richtigen Stelle in die Tabelle eingefügt werden. Die in der Sortierfolge richtige Stelle wird dadurch erkannt, daß die Artikelnummer des Eingabesatzes kleiner als eine in der Tabelle gespeicherte Artikelnummer ist (Zeile 245). Für leere Plätze in der Tabelle brauchen keine besonderen Vorkehrungen getroffen zu werden, weil die Artikelnummern in der Tabelle mit HIGH-VALUE vorbesetzt sind. Ist die Stelle gefunden, werden alle folgenden Tabellenelemente in dem Unterprogramm ZEILESCHIEBEN SECTION um einen Platz in der Tabelle nach hinten verschoben, und die freigewordene Stelle bzw. Zeile wird gelöscht. Der Ladeindex I-ZEILE-LAD, in dem festgehalten wird, wie viele Plätze der Tabelle belegt sind, wird um 1 erhöht. Das Verschieben der Tabellenelemente kann unterbleiben, wenn die neue Artikel-Nr. auf einen freien Platz hinter die bereits gespeicherten Artikelnummern gebracht wird. Dies wird durch den Vergleich »IF T-ART-NR (I-ZEILE) = HIGH-VALUE« erkannt (Zeile 267). In der freigemachten Zeile wird die Artikelnummer gespeichert.

Das Verschieben der Tabellenzeilen um einen Platz nach hinten (Zeile 255 ff.) erfolgt vom Ende der Tabelle bzw. vom Ladeindex nach vorne mit der Anweisung PERFORM VARYING I-HILFE BY -1 (Zeile 271, 272). Beim einfachen Verschieben nach hinten würde die Vorgängerzeile den Inhalt der folgenden Zeile überschreiben.

Danach wiederholt sich der gleiche Vorgang für die Vertreternummer des Eingabesatzes. Wird die Vertreter-Nr. nicht in der Tabelle gefunden, müssen alle ab der richtigen Stelle folgenden Spalten um eine Spalte nach hinten verschoben, die freigewordene Spalte gelöscht und dann die Vertreter-Nr. und der Umsatz in der Tabelle gespeichert werden.

Beim Füllen wird immer geprüft, ob die Anzahl der Tabellenplätze ausreicht (Zeile 260, 286). Ist die Tabelle zu klein, wird das Programm mit einer entsprechenden Meldung abgebrochen. In der Abbruchmeldung wird die Programmstelle und der Inhalt des Feldes, das zum Abbruch geführt hat, ausgegeben, damit der Programmierer das Programm berichtigen kann. Es empfiehlt sich, an kritischen Programmstellen solche Meldungen im Programm vorzusehen, damit auch im Falle eines Programmfehlers die Fehlerursache schnell gefunden und beseitigt werden kann.

Im Ausgabeblock, der aufgerufen wird, wenn alle Eingabesätze verarbeitet sind, wird der Bildkopf ausgegeben. Dann werden die einzelnen Zeilen mit den Tabellendaten gefüllt und auf dem Bildschirm angezeigt.

In den Unterprogrammen für die Tabellenverarbeitung wird alternativ mit dem PERFORM VARYING-Befehl und den Einzelbefehlen MOVE, IF, ADD und GO TO gearbeitet, damit die Techniken für Laufschleifen noch mal verdeutlicht werden.

ÜBUNGEN

Aufgabe 1:

Erstellen Sie die Datei- und Satzbeschreibung (SELECT und FD-Eintragung usw.) für die Kontenumsatzdatei. Die Datei ist indexsequentiell gespeichert und hat folgenden Satzaufbau:

Konto-Nr.	SA	Monat-01		...	Monat-12	
RECORD KEY		Umsatz Soll	Umsatz Haben		Umsatz Soll	Umsatz Haben

Die Konto-Nr. ist 4-stellig, die Satzart 2-stellig, alphanumerisch. Alle Umsatzfelder haben 9 Vor- und 2 Nachkommastellen und sind gepackt gespeichert. Die Satzlänge beträgt 200 Byte.

Aufgabe 2:

In einem Programm soll folgende Tabelle aufgebaut werden:

Kostenart	Kostenstellen			
	2222	1122	3312	usw.
4100	10,00	2,00	usw.	
4300	120,00	22,00	usw.	

In der Tabelle sollen die Kosten je Kostenstelle und Kostenart gespeichert werden. Die Betragsfelder sind aus Platzgründen nicht stellengerecht dargestellt. In dem Unternehmen existieren ca. 50 Kostenarten und 30 Kostenstellen.

a) Definieren Sie die Tabelle in Cobol. Die Betragsfelder sind mit 9 Vor- und 2 Nachkommastellen anzulegen.

b) Schreiben Sie die Befehle zum Löschen des Tabelleninhalts.

c) Schreiben Sie ein Unterprogramm, in dem die Eingabedaten in der Tabelle gespeichert werden. Der Bediener gibt am Terminal eine Kostenarten- und Kostenstellennummer und einen Betrag ein (E-KOART, E-KOST und E-BETR). Ist die Kostenart und Kostenstelle bereits in der Tabelle gespeichert, ist der Betrag zu dem alten Wert zu addieren. Stehen Kostenart und Kostenstelle noch nicht in der Tabelle, sind sie mit dem eingegebenen Betrag zu speichern. Die Tabelle kann unsortiert aufgebaut werden.

LÖSUNGEN

Aufgabe 1:

```
ENVIRONMENT DIVISION.
 ....
        SELECT F7-KONTEN-DATEI
        ASSIGN TO "KONTEN.DAT"
        RECORD KEY IS F7-REC-KEY
        FILE STATUS IS F7-STAT
        ORGANIZATION INDEXED
        ACCESS RANDOM.
DATA DIVISION.
FILE SECTION.
```

```
*** KONTENUMSATZ-DATEI *
FD      F7-KONTEN-DATEI.
01      F7-KONTEN-UMSATZ-SATZ.
 05     F7-REC-KEY.
    10  F7-KTO-NR                PIC X(4).
    10  F7-SATZART               PIC XX.
 05     F7-UMSAETZE.
    10  F7-UMS-EL OCCURS 12.
     15 F7-UMS-SOLL              PIC S9(9)V99 COMP-3.
     15 F7-UMS-HABEN             PIC S9(9)V99 COMP-3.
 05     F7-FILLER                PIC X(50).
```

Ergänzung

In Cobol ist es möglich, in einer Datei Sätze mit unterschiedlichen Satzbeschreibungen zu speichern. Dadurch kann unter Umständen Platz auf den Externspeichern und im Arbeitsspeicher gespart werden. In der Kontendatei kann z.B. auch der Kontenstammsatz aus der Übung in Kapitel 14 gespeichert werden. Der Satzaufbau muß nur so geändert werden, daß der RECORD KEY in beiden Sätzen an der gleichen Stelle steht, und beide Sätze müssen die gleiche Satzlänge haben. Die Satzbeschreibung des zweiten Satzes wird in der FILE SECTION direkt hinter der Satzbeschreibung des ersten Satzes mit der Stufennummer 01 angefügt. Beide Satzbeschreibungen beziehen sich automatisch auf den gleichen Speicherbereich, der Ein-/Ausgabebereich wird praktisch redefiniert. Damit im Programm die beiden Sätze unterschieden werden können, muß jeder Satz eine »Satzart« erhalten. Im Feld F7-SATZART soll beim Stammsatz »01« stehen, im Umsatzsatz »02«.

Der Kontenstammsatz wird also folgendermaßen beschrieben:

```
01    F7-1-STAMM-SATZ.
  05    F7-1-REC-KEY.
  10    F7-1-KTO-NR             PIC X(4).
  10    F7-1-SATZART            PIC XX.
  05    F7-1-BEZ                PIC X(20).
  05    F7-1-KTO-ART            PIC X(4).
  05    F7-1-FIN-PL-SCHL        PIC X(4).
  05    F7-1-BILANZ-POS-1       PIC X(6).
  05    F7-1-BILANZ-POS-2       PIC X(6).
  05    F7-1-BILANZ-POS-3       PIC X(6).
  05    F7-1-KTO-BL-NR          PIC 9(3).
  05    F7-1-J-A-SALDO          PIC S9(9)V99 COMP-3.
  05    F7-1-J-U-SOLL           PIC S9(9)V99 COMP-3.
  05    F7-1-J-U-HABEN          PIC S9(9)V99 COMP-3.
  05    F7-1-DAT-LA             PIC 9(6).
  05    F7-1-RESERVE            PIC X(120).
```

Das Feld F7-1-REC-KEY ist ohne Bedeutung, da der Zugriffsschlüssel im Feld F7-REC-KEY stehen muß.

In der PROCEDURE DIVISION kann nun, je nach Bedarf, der Umsatz- oder der Stammsatz gelesen werden.

```
PROCEDURE DIVISION.
VORLAUF SECTION.
    OPEN INPUT F7-KONTEN-DATEI.
              ...
VERARBEITUNG.
     PERFORM STAMM-LESEN.
     ...
     PERFORM UMS-LESEN.
     ...
*** Lesen Stammsatz ***
STAMM-LESEN SECTION.
     MOVE "4100"    TO F7-KTO-NR.
     MOVE "01"      TO F7-SATZART.
     READ F7-KONTEN-DATEI INVALID KEY
          DISPLAY "SATZ NICHT GEFUNDEN", F7-STAT
     END-READ.
     ....
ST-90.
     EXIT.
```

Im Eingabebereich der Datei steht nach diesen Befehlen der Stammsatz für die Kontonummer 4100 (Satzart »01«).

```
**** Lesen Umsatzsatz ***
UMS-LESEN SECTION.
     MOVE "4100"    TO F7-KTO-NR.
     MOVE "02"      TO F7-SATZART.
     READ F7-KONTEN-DATEI INVALID KEY
          DISPLAY "SATZ NICHT GEFUNDEN ", F7-STAT
     END-READ.
     ...
UMS90.
     EXIT.
```

Nach Ausführung dieser Befehle steht im Eingabebereich der Datei der Umsatzsatz (Satzart »02«). Der Stammsatz wird überlagert, falls er in diesem Bereich gestanden hat. Braucht man in einem Programm Daten aus beiden Datensätzen, muß man den Inhalt des zuerst gelesenen Satzes in einen Speicherbereich in der WORKING-STORAGE SECTION übertragen.

Durch diese Technik ist es möglich, in einer Datei beliebig viel Information zu speichern. Reicht bei Programmerweiterungen der Reserveplatz in einem Datensatz nicht mehr aus, um die zusätzliche Information unterzubringen, kann ein neuer Datensatz mit einer anderen Satzart definiert werden. In diesem Satz können dann die Daten gespeichert werden. Bei der Verarbeitung müssen den Programmierern die Satzarten der Sätze bekannt sein, in denen die im Programm benötigte Information gespeichert ist.

Diese Speichertechnik entspricht allerdings nicht der SQL-Norm (Structured Query Language), bei der alle Sätze einer sog. Tabelle (= Cobol-Datei) den gleichen Aufbau haben müssen. Bei der Übernahme von Cobol-Dateien in SQL-Tabellen führt die o.a. Speichertechnik zu Problemen.

Aufgabe 2:

```
DATA DIVISION.
     ...
WORKING-STORAGE SECTION.
 01        T-BAB-GES.
  05        T-ZEILE OCCURS 50.
   10        T-KOART        PIC X(4) VALUE HIGH-VALUE.
   10        T-SPALTE       OCCURS 30.
    15        T-BETR         PIC S9(9)V99 COMP-3 VALUE ZERO.

 01        T-HILFE.
  05        T-H-SPALTE OCCURS 30.
   10        T-KOST         PIC X(4) VALUE HIGH-VALUE.

 01        INDIZES.
  05        I-INDA        PIC S999 COMP VALUE ZERO.
  05        I-INDA-MAX    PIC S999 COMP VALUE +50.
  05        I-INDB        PIC S999 COMP VALUE ZERO.
  05        I-INDB-MAX    PIC S999 COMP VALUE +30.
  05        SC-ABBRUCH    PIC X VALUE ZERO.
```

Die Tabelle soll unsortiert aufgebaut werden. Dadurch wird die Lösung relativ einfach.

PROCEDURE DIVISION.

```
VORLAUF SECTION.
** LÖSCHEN DER TABELLEN **
** entfällt in Cobol-85 wegen Definition **
** Füllen der Tabelle mit den Eingabedaten:
VERARBEITUNG SECTION.
    ACCEPT E-KOART.
     ACCEPT E-KOST.
```

```
     ACCEPT E-BETR.
     PERFORM FUELL.
     IF SC-ABBRUCH = 1
        GO TO ENDE.
      ...
ENDE.
     STOP RUN.
FUELL SECTION.
   MOVE 1          TO I-INDA.
FUELL10.
     IF I-INDA GREATER I-INDA-MAX
          DISPLAY "TABELLE ZU KLEIN (ZEILEN) ** ABBRUCH **"
          MOVE 1          TO SC-ABBRUCH
          Exit Section
     END-IF.
*** Kostenart bereits in der Tabelle gespeichert ***
     IF E-KOART     = T-KOART (I-INDA)
          PERFORM FUELL-SP
          Exit Section
     END-IF.
*** Kostenart noch nicht gespeichert ***
     IF T-KOART (I-INDA) = HIGH-VALUE
          MOVE E-KOART   TO T-KOART (I-INDA)
          PERFORM FUELL-SP
          Exit Section
     END-IF.
*** Schließen Schleife **
     ADD  1          TO I-INDA.
     GO TO FUELL10.

FUELL90.
     EXIT.
FUELL-SP SECTION.
   MOVE  1         TO I-INDB.
FUELL-SP10.
     IF I-INDB      GREATER I-INDB-MAX
          DISPLAY "TABELLE ZU KLEIN (SPALTEN) ** ABBRUCH **"
          MOVE 1    TO SC-ABBRUCH
          Exit Section
     END-IF.
*** Kostenstelle bereits gespeichert ***
     IF E-KOST  = T-KOST (I-INDB)
          ADD E-BETR     TO T-BETR (I-INDA, I-INDB)
          GO TO FUELL-SP90
```

```
     END-IF.
*** neue Kostenstelle **
    IF T-KOST (I-INDB)  = HIGH-VALUE
        MOVE E-KOST    TO T-KOST (I-INDB)
        MOVE E-BETR    TO T-BETR (I-INDA, I-INDB)
        GO TO FUELL-SP90
     END-IF.
*** Schließen Schleife **
     ADD 1      TO I-INDB.
     GO TO FUELL-SP10.
FUELL-SP90.
     EXIT.
```

Es empfiehlt sich, bei dieser Lösungstechnik nicht mit dem PERFORM VARYING-Befehl zu arbeiten, da dabei die Laufschleife immer über den Grenzwert verlassen werden muß. Bei dem eingeschlagenen Lösungsweg muß die Schleife aber vorzeitig verlassen werden, wenn die Kostenart bzw. Kostenstelle in der Tabelle gespeichert ist. Bei der PERFORM VARYING-Anweisung müßten dazu besondere Vorkehrungen im Programm getroffen werden.

16.9 Tabellenverarbeitung mit der Index-Methode

Neben der Subskribierungstechnik, die in Kap. 16 gezeigt wurde, gibt es in Cobol die Index-Methode zur Tabellenverarbeitung. Dieses Verfahren bringt etwas bessere Programmlaufzeiten.

16.9.1 Indexnamen und Indexdatenfelder

Ein Indexname wird nicht durch Stufen-Nr., Name und PIC-Eintragung definiert, sondern implizit durch den Zusatz »INDEXED BY Indexname« in der OCCURS-Eintragung. Ein Indexname muß im Programm eindeutig sein.

Ein Index-Datenfeld wird durch die Eintragung »USAGE IS INDEX« definiert. Ein Index-Datenfeld darf keine PICTURE-Eintragung haben. Indexnamen und Index-Datenfelder dürfen nur in folgenden Befehlen angesprochen werden:

- In der SET- oder SEARCH-Anweisung
- In der USING-Liste eines CALL-Befehls
- In der PROCEDURE DIVISION-Überschrift des gerufenen Programms
- In Vergleichsbedingungen
- Im PERFORM VARYING-Befehl

Ein Index wird wie eine duale Ganzzahl behandelt. Ein Index muß auf einen Anfangswert gesetzt werden, bevor er im SET-, SEARCH- oder PERFORM-Befehl verwendet werden kann.

16.9.2 SET-Anweisung

Mit dem SET-Befehl können Indexnamen, Index-Datenfelder, Dualzahlen (COMP) und Bedingungsnamen verändert werden. Es gibt drei Formate:

Format-1:

```
SET Indexname-1 / Index-Datenfeld / Datenname ...
     TO  Indexname-2 / Index-Datenfeld-2 / Ganzzahl-2
```

Format-2:

```
SET  Indexname-3 UP BY / DOWN BY  Datenname-4 / Ganzzahl-4
```

Format-3:

```
SET  Bedingungsname  TO  TRUE / FALSE
```

Beispiel:

```
01   INDIZES.
 05  I-IND     USAGE INDEX.
 05  I-INDA    INDEX.
 05  I-INDC    INDEX.
01   SC-ENDE    PIC X.
 88    ENDE         VALUE "e", "E"
          WHEN FALSE "X".
01    SC-OK     PIC X.
 88 RECHNUNG    VALUE "R", "r".
 88  GUTSCHRIFT VALUE "G", g".

SET I-IND      TO  1
SET I-INDA     TO  I-INDB
SET I-INDC     UP BY 1
SET ENDE       TO TRUE
SET RECHNUNG   TO TRUE
```

Format-1 entspricht einer MOVE-Anweisung. Das *Empfangsfeld* steht hinter SET, das *Sendefeld* hinter TO, also anders als im MOVE- Befehl.

Format-2 entspricht einem Additions- bzw. Subtraktionsbefehl. Indexname-3 wird um Datenname-4 bzw. Ganzzahl-4 erhöht oder erniedrigt. Im SET-Befehl dürfen nur ganzzahlige Datenfelder angesprochen werden.

Format-3 entspricht einem MOVE-Befehl. Das erste Literal, welches mit dem Bedingungsnamen verknüpft ist (bei ENDE »e«, bei RECHNUNG »R«), wird in die zugehörige Variable (im Beispiel SC-ENDE bzw. SC-OK) übertragen, so daß bei einer folgenden Abfrage die Bedingung erfüllt ist. Mit dieser Anweisung können logische Variablen in Cobol simuliert werden.

16.9.3 SEARCH-Anweisung

Eine Tabelle kann mit dem SEARCH-Befehl durchsucht werden.

Format-1:

```
SEARCH  Tabelle [VARYING Indexname / Datenname]
    [AT END Befehlsfolge-1]
    [WHEN Bedingung-1 NEXT SENTENCE / Befehlsfolge-2]
    [WHEN Bedingung-2 NEXT SENTENCE / Befehlsfolge-3]
[END-SEARCH]
```

Beispiel:

```
DATA DIVISION.
     ...
01   T-TAB-GES.
 05  T-TAB-EL  OCCURS 20 INDEXED BY I-IND  PIC X(4).
     ...
PROCEDURE DIVISION.
B100.
     ...
     SET I-IND      TO 1.
     ...
     SEARCH T-TAB-EL  VARYING I-IND
          AT END  DISPLAY "ELEMENT NICHT GEFUNDEN"
          WHEN T-TAB-EL (I-IND) = "2222"
            DISPLAY "HURRA, ELEMENT GEFUNDEN"
     END-SEARCH.
```

Tabelle ist der Name eines Datenfeldes mit dem OCCURS-Zusatz und einer INDEXED BY-Liste. Tabelle muß ohne Subskript oder Index angegeben werden, weil die SEARCH-Anweisung automatisch die Indizierung mit dem Indexnamen vornimmt, der der Tabelle über INDEXED BY zugeordnet ist.

Es gibt vier Fälle beim VARYING-Zusatz:

1. Kein VARYING-Zusatz. Der erste über INDEXED BY angegebene Indexname wird verwendet.
2. VARYING Indexname einer anderen Tabelle. Der erste im INDEXED BY angegebene Indexname wird verändert und gleichzeitig der im VARYING-Zusatz angegebene Indexname.
3. VARYING Indexname der angegebenen Tabelle. Nur der angegebene Indexname wird verändert.
4. VARYING ganzzahliges Datenfeld. Das Datenfeld und der im INDEXED BY angegebene Indexname werden parallel verändert.

Bei der Ausführung des Befehls läuft folgendes ab:

1. Der Anfangswert des Indexnamens muß mit einem vorhergehenden SET-Befehl gesetzt worden sein.
2. Wenn der Anfangswert größer als der Wert in der entsprechenden OCCURS-Eintragung ist, wird der SEARCH-Befehl sofort beendet. Ist der AT END-Zusatz geschrieben, wird die Befehlsfolge-1 hinter diesem Zusatz ausgeführt und dann das Programm hinter END-SEARCH fortgesetzt.
3. Liegt der Wert des Index innerhalb der gültigen Grenzen, dann werden die WHEN-Bedingungen geprüft, bis eine Bedingung zutrifft oder alle Bedingungen falsch sind. Ist die Bedingung wahr, dann wird die Befehlsfolge-2 bzw. der NEXT SENTENCE-Befehl ausgeführt und die SEARCH-Operation beendet, d.h. das Programm hinter END-SEARCH wird fortgesetzt. Trifft keine Bedingung zu, werden der Index erhöht und die gleichen Schritte wiederholt.

Ist die im SEARCH-Befehl angeführte Tabelle einer anderen Tabelle untergeordnet (mehrdimensionale Tabelle), dann muß jeder Dimension ein Indexname über INDEXED BY zugeordnet sein. Im SEARCH-Befehl wird nur der Indexname der SEARCH-Tabelle nach den oben angeführten Regeln verändert. Wenn eine zwei- oder dreidimensionale Tabelle durchsucht werden soll, muß der SEARCH-Befehl entsprechend oft durchlaufen werden, wobei jedesmal die Anfangswerte der Indizes richtig gesetzt werden müssen. Dies kann mit der PERFORM ... VARYING-Anweisung geschehen.

Format-2-SEARCH

Diese Anweisung kann für sortierte Tabellen eingesetzt werden. Die Ausführungszeit ist kürzer als beim Format-1-SEARCH.

Format-2:

```
SEARCH ALL Tabelle [AT END Befehlsfolge-1]
     [WHEN Bedingung NEXT SENTENCE / Befehlsfolge-2]
[END-SEARCH]
```

Es ist nur ein WHEN-Zusatz erlaubt, und folgende Regeln müssen eingehalten werden:

1. Nur einfache Bedingungen oder Bedingungsnamen dürfen verwendet werden. Das Datenfeld in der Bedingung muß richtig indiziert werden, und zwar mit dem ersten der Tabelle zugeordneten Indexnamen bzw. mit mehreren Indizes bei mehrdimensionalen Tabellen. Darüber hinaus muß das in der Bedingung angesprochene Datenfeld in dem KEY-Zusatz in der Tabellenbeschreibung enthalten sein. Der KEY-Zusatz ist eine Ergänzung der OCCURS-Eintragung mit folgendem Format:

   ```
   ASCENDING / DESCENDING KEY IS Datenname
   ```

   Beispiel:

   ```
   01        T-UMSATZ-GESAMT.
    05       T-UMSATZ-TAB OCCURS 50 ASCENDING KEY IS T-ART-NR.
     10      T-UMS-EL.
      15     T-ART-NR        PIC X(4).
      15     T-ART-UMS       PIC S9(9)V99 COMP-3.
   ```

   Datenname (im Beipiel T-ART-NR) muß in der Tabelle beschrieben sein. Wenn mehr als ein Datenname im ASCENDING-Zusatz angegeben wird, müssen alle Datennamen einem Gruppenfeld untergeordnet sein. Der KEY-Zusatz zeigt an, daß die Daten in der Tabelle aufsteigend oder absteigend nach dem Schlüssel sortiert gespeichert sind. Die Sortierung muß der Programmierer selbst vornehmen.

2. In einer einfachen Bedingung ist nur die Abfrage auf »gleich« erlaubt (z.B. A = 1).

3. Der Bedingungsname, der auf der Stufennummer 88 angegeben wird, darf nur einen einzigen Wert haben.

4. In der Bedingung kann die logische Verknüpfung AND verwendet werden, aber *nicht* OR.

Werden diese Regeln beim SEARCH-Befehl nicht beachtet, ist das Ergebnis des Programmlaufs unvorhersehbar. Das gleiche gilt, wenn die Tabelle nicht entsprechend der KEY-Angabe sortiert ist oder wenn die Schlüssel, die in der WHEN-Bedingung angegeben sind, nicht ausreichen, um ein einzelnes Tabellenelement zu identifizieren.

Beim Format-2 SEARCH wird die Tabelle mit einem sehr schnellen Sprungverfahren durchsucht. Der Index braucht nicht auf einen Anfangswert gesetzt zu werden. Der Index wird beim Suchen automatisch innerhalb der Tabellengrenzen verändert. Wird die nach WHEN angegebene Bedingung beim Suchen nicht erfüllt, werden die Befehle nach dem AT END-Zusatz ausgeführt oder der nächste, auf den SEARCH folgende Befehl, wenn AT END fehlt. Wenn alle Bedingungen in dem WHEN-Zusatz erfüllt sind, steht der Index auf dem entsprechenden Wert, und die Befehlsfolge-2 wird ausgeführt.

In allen anderen Fällen sind die Werte nicht vorhersehbar. Aus diesem Grund und wegen der vielen Nebenbedingungen beim SEARCH wird dieser Befehl selten eingesetzt.

Kapitel 17

Dialogverarbeitung

17.1 Allgemeiner Überblick

Für die Dateneingabe und -ausgabe am Terminal im Textmodus stehen in Cobol der ACCEPT- und DISPLAY-Befehl zur Verfügung. Die vorliegende Version des Compilers unterstützt mehrere Techniken der Terminal-Ein-/-Ausgabe. Eine Art ist bereits in den bisher erarbeiteten Beispielprogrammen behandelt worden. Dabei wird mit einem DISPLAY-Befehl der Inhalt eines Datenfeldes auf dem Bildschirm angezeigt; im DISPLAY-Befehl können Zusatzangaben für die Cursorpositionierung und Datendarstellung gemacht werden. Mit dem ACCEPT-Befehl werden einzelne Datenfelder eingelesen. Die Dateneingabe und -ausgabe im Grafikmodus ist noch nicht genormt. Micro Focus hat hierzu eine eigene Lösung entwickelt, die in Kapitel 30 kurz behandelt wird.

Die zweite Technik ist bisher noch nicht behandelt worden. Bei ihr werden komplette Bilder in der SCREEN SECTION, der vierten SECTION in der DATA DIVISION, beschrieben. In der Bildbeschreibung können bei jedem Datenfeld Attribute für die Darstellung, die Behandlung bei der Ein- und Ausgabe und für die Verbindung von Bildfeldern mit Variablen der FILE SECTION oder WORKING-STORAGE SECTION gemacht werden. Jedes Bild kann mit einem einzigen ACCEPT- oder DISPLAY-Befehl bearbeitet werden. Während der Eingabe kann der Bediener mit den Cursor- oder [⇆]-Tasten in den Bildfeldern hin- und herspringen und die Eingabedaten korrigieren. Die [Einfg]- und [Entf]-Taste können für das Einfügen und Löschen von Eingabezeichen verwendet werden.

Die Wirkung der Korrekturtasten, Funktionstasten, Cursortasten und der [↵]-Taste bestimmt der Programmierer bei der Installation des Cobol-Systems über die Terminal-Kontrolltabelle ADISCTRL und das Hilfsprogramm ADIS.EXE. Cobol unterstützt die Terminal-Ein-/-Ausgabetechniken von Microsoft Cobol, Micro Focus Cobol, Ryan-McFarland Cobol, IBM OS/MS Cobol u.a.m. Wird die Installation nicht richtig vorgenommen, gibt es merkwürdige Ergebnisse auf dem Bildschirm. In der Microsoft-Cobol-Version wird z.B. die Eingabe in ein Bildfeld mit der [↵]- bzw. [Enter]-Taste, der [⇆]-Taste oder der Taste [↓] abgeschlossen. Der Cursor springt dann ins nächste Bildfeld. Die Eingabe in ein Bild kann vorzeitig mit den Funktionstasten oder der [Esc]-Taste beendet werden. In der Micro-Focus-Version wird die Eingabe in ein einzelnes Bildfeld mit der [⇆]-Taste abgeschlossen. Mit der [↵]- oder [Enter]-Taste wird die komplette Eingabe in ein Bild vorzeitig beendet. Während der Eingabe erscheinen automatisch englische Erläuterungs- und Fehlertexte in der untersten Bildzeile. Diese Texte kann der Programmierer bei der Installation (s.o.) ändern. Beim Entwurf der Eingabemasken sind diese Besonderheiten zu berücksichtigen.

Für die programmtechnische Abwicklung der Terminal-Ein-/-Ausgabe können im SPECIAL-NAMES-Paragraphen Steuerungsangaben geschrieben werden.

```
SPECIAL-NAMES.
     [CONSOLE IS CRT]
     [CURSOR IS Datenname-1]
     [CRT STATUS IS Datenname-2]
```

CONSOLE IS CRT bewirkt, daß alle ACCEPT- und DISPLAY-Befehle nach der MF-Cobol-Technik arbeiten. Auswirkungen hat das nur beim Format-2-ACCEPT-Befehl, der in Kapitel 17.3.1.2 behandelt wird. Er reagiert nicht gemäß den ANSI-Standard-Regeln.

CURSOR IS Datenname-1 bezeichnet ein Datenfeld, in dem das Cobol-System die Cursorposition nach Beendigung eines ACCEPT-Befehles hinterlegt. Das Datenfeld muß vier- oder sechsstellig definiert werden, z.B.:

```
CURSOR IS CURS-POS.
WORKING-STORAGE SECTION.
01   CURS-POS.
 05  CURS-ZEILE      PIC 99  oder PIC 999.
 05  CURS-SPALTE     PIC 99  oder PIC 999.
```

In den ersten zwei bzw. drei Byte steht die Zeile, in den folgenden zwei bzw. drei Byte die Spalte. Wird beim ACCEPT-Befehl keine explizite Cursorposition angegeben, und steht in Datenname-1 eine gültige Cursorposition, beginnt der ACCEPT an dieser Stelle. Ungültige Werte wie Null, Buchstaben oder Positionen außerhalb des Bildschirmes, verändern die Cursorposition nicht. Die automatische Aktualisierung von CURS-POS wird eingeleitet, indem Sie am Programmanfang eine zulässige Position in CURS-POS einstellen, z.B. »MOVE "0101" TO CURS-POS«. Beim Einlesen eines kompletten Bildes mit dem Format-4-ACCEPT kann mit CURS-POS bestimmt werden, in welchem Eingabefeld des Bildes der Cursor am Anfang des ACCEPTs stehen soll.

CRT STATUS IS Datenname-2 benennt ein Datenfeld, in dem das Cobol-System hinterlegt, wie der ACCEPT-Befehl beendet wurde. Datenname-2 muß in der WORKING-STORAGE SECTION als drei Byte langes Datenfeld definiert werden, z.B.:

```
CRT STATUS IS TERM-STAT
WORKING-STORAGE SECTION
01   TERM-STAT.
 05  TERM-STAT-1     PIC X.
 05  TERM-STAT-2     PIC 99 COMP-X.
 05  TERM-STAT-3     PIC 99 COMP-X.
```

TERM-STAT-1 zeigt an, wie der ACCEPT beendet wurde. Folgende Werte setzt Cobol:

»0« Der ACCEPT-Befehl wurde regulär beendet.

»1« Der ACCEPT-Befehl wurde mit einer Funktionstaste beendet, die der Programmierer zugelassen hat. Die Nummer der Funktionstaste wird dem Programm in TERM-STAT-2 übergeben. Die Werte sind im Cobol »System Reference« erläutert. Neben den Funktionstasten [F1] bis [F12] können auch alle [Strg]- und [Alt]-Tastenkombinationen zur Unterbrechung eines ACCEPTs zugelassen werden. Welche Tasten bzw. Tastenkombinationen den ACCEPT unterbrechen können, kann der Programmierer auch dynamisch im Programm mit der Funktion CALL X"AF" bestimmen.

»2« Der ACCEPT wurde mit einer ADIS-Taste beendet. Welche Tasten zulässig sind, wird bei der Installation in der ADISCTRL-Tabelle definiert. TERM-STAT-2 gibt an, welche Taste den ACCEPT beendet hat. Die zulässigen Werte sind im Cobol »System Reference« erläutert.

»3« Der ACCEPT wurde mit einer normalen Taste beendet. Welche Tasten den ACCEPT beenden können, legt der Programmierer dynamisch im Programm mit der Funktion CALL X"AF" fest. TERM-STAT-2 gibt an, welche Taste gedrückt wurde.

»9« Beim ACCEPT-Befehl trat ein Fehler auf. Weitere Informationen sind den Systemhandbüchern zu entnehmen.

Die flexible Handhabung des ACCEPT-Befehls und die Modifikationen der ADISCTRL-Tabelle erlauben es, moderne Eingabetechniken in Cobol zu realisieren. Die Änderungen sollten nur von erfahrenen Programmierern und nach eingehendem Studium der Systemhandbücher vorgenommen werden.

Die Technik der Bildbeschreibung in der SCREEN SECTION ermöglicht es, weite Teile der PROCEDURE DIVISION bei Dialogprogrammen zu standardisieren. Bei konkreten Aufgabenstellungen müssen dann immer nur die Bilder der SCREEN SECTION ausgetauscht werden. So gleicht der Programmaufbau für die Verwaltung einer Artikeldatei weitgehend dem Programm für die Verwaltung einer Kundendatei, Lieferantendatei oder Kontendatei. In allen Fällen müssen die Daten aufgenommen, geprüft, Fehler angezeigt und richtige Daten in die Dateien übernommen werden. Die Programme unterscheiden sich im Wesentlichen durch die Bildschirmbilder.

Die Technik der SCREEN SECTION soll an einem Beispiel veranschaulicht werden. Die Aufgabenstellung ist mit dem ersten Cobol-Einführungsbeispiel identisch (vgl. Kap. 2).

In einem Programm soll der Bruttowert, der sich aus Menge, Einzelpreis und Mehrwertsteuer errechnet, bestimmt werden. Menge, Einzelpreis und Mehrwertsteuerprozentsatz sollen am Bildschirmterminal eingegeben werden, der Nettowert, der Mehrwertsteuerbetrag und der Bruttopreis sollen auf dem Bildschirm ausgegeben werden.

Das Bildschirmbild für die Dateneingabe und -ausgabe ist mit dem Bild des Einführungsbeispiels in Kapitel 2 identisch.

```
*8901234567890123456789012345678901234567890123456789
*****************************************************
 IDENTIFICATION DIVISION.
*****************************************************
 PROGRAM-ID.   PROG01B.
*** Das Programm berechnet aus Menge, Preis und MwSt-
*** Prozentsatz Netto- und Bruttobetrag
*****************************************************
 ENVIRONMENT DIVISION.
*****************************************************
```

```
 CONFIGURATION SECTION.
 SPECIAL-NAMES.
         DECIMAL-POINT IS COMMA
         CONSOLE IS CRT.
*****************************************************
 DATA DIVISION.
*****************************************************
 WORKING-STORAGE SECTION.

 01      E-FELDER.
   05    E-MENGE          PIC S9(7)V99.
   05    E-PREIS          PIC S9(7)V99.
   05    E-MWST           PIC S99V99.
   05    Meldung          PIC X(30).
   05    Attrib           PIC X(20).

 01      S-RECHFELDER.
   05    S-NETTO          PIC S9(9)V99.
   05    S-MWST-BETR      PIC S9(9)V99.
   05    S-BRUTTO         PIC S9(9)V99.

 01      S-ARBFELDER.
   05    S-STRICH         PIC X(80) VALUE  ALL '-'.
   05    S-WEITER         PIC X.
    88   WEITER  VALUE "J", "j".
    88   ENDE    VALUE "N", "n".

*****************************************************
 SCREEN SECTION.
*****************************************************
**   Beschreibung kompletter Bilder
 01      BILD01.
   05    BLANK SCREEN.
   05    LINE 1  COLUMN 10 HIGHLIGHT  VALUE
         '*** BRUTTOPREISBERECHNUNG **      PROG01'.
   05    LINE   PIC X(80)   FROM S-STRICH.
   05    LINE 4  COLUMN 1        VALUE
         'MENGE............ :'.
   05      COLUMN plus 2  PIC Z.ZZZ.ZZ9,99- TO E-MENGE.
   05    LINE  VALUE  "EINZELPREIS....... :".
   05      COLUMN plus 2  PIC Z.ZZZ.ZZ9,99- TO E-PREIS.
   05    LINE  VALUE  'MWST-PROZENTSATZ.. :  '.
   05       PIC Z9,99  TO E-MWST.
   05    LINE   PIC X(80)  FROM S-STRICH.
```

```

 01       BILD02.
   05     LINE 8  VALUE  'NETTOWERT......... :'.
   05        COLUMN 30  PIC ZZZ.ZZZ.ZZ9,99- FROM S-NETTO.
   05        pic X(30) from Meldung control is Attrib.
   05     LINE   VALUE   'MEHRWERTSTEUER.... :'.
   05        COLUMN 30  PIC ZZZ.ZZZ.ZZ9,99- FROM S-MWST-BETR.
   05     LINE    VALUE  'BRUTTOPREIS....... :'.
   05       COLUMN 30   PIC ZZZ.ZZZ.ZZ9,99- FROM S-BRUTTO.
   05     LINE 23   PIC X(80) FROM S-STRICH.
   05     LINE    BLANK LINE REVERSE-VIDEO VALUE
            'WEITERE BERECHNUNGEN (J/N) :'.
   05        COLUMN 35   PIC X  USING S-WEITER AUTO.
   05     LINE BLANK LINE.

*         copy p01fuss.cob.
**** Allg. Eingabeerläuterung ****
 01  B00-FUSS.
  05      LINE 23      PIC X(80) FROM S-STRICH.
  05      LINE  BLANK LINE VALUE "ESC" REVERSE-VIDEO.
  05        VALUE "=EingEnde ".
  05        VALUE "DEL" REVERSE-VIDEO.
  05        VALUE "=LöschZeich ".
  05        VALUE "CTRL-X" REVERSE-VIDEO.
  05        VALUE "=LöschFeld ".
  05        VALUE X"201820" REVERSE-VIDEO.
  05        VALUE "=Feldzurück ".
  05        VALUE X"201920" REVERSE-VIDEO.
  05        VALUE "=nächstFeld".
  05        LINE BLANK LINE VALUE "INS" REVERSE-VIDEO.
  05        VALUE "=Einfüg".

******************************************************
 PROCEDURE DIVISION.
******************************************************
 B100.
          Initialize E-Felder.  *> Anfangswerte in Cobol 4.0
** Einlesen der Daten ***
          DISPLAY BILD01.
          DISPLAY B00-FUSS.
          ACCEPT  BILD01.
 B200.
** Berechnung der Werte **
          COMPUTE  S-NETTO ROUNDED = E-MENGE * E-PREIS
```

```
               On Size Error
                  Move Zero  to S-NETTO
                  Move "Zahlenüberlauf" to Meldung
                  Move "Reverse-Video"  to Attrib
           End-Compute.
           COMPUTE  S-MWST-BETR ROUNDED =
                S-NETTO * E-MWST / 100.
           COMPUTE S-BRUTTO = S-NETTO + S-MWST-BETR.
    B300.
*** Ausgabe der Daten ***
           MOVE  'J'       TO  S-WEITER.  *> Vorgabewert
           DISPLAY BILD02.
    B400.
** Eingabeendeabfrage ***
           ACCEPT   BILD02.
           IF  WEITER    GO TO B100.
           IF  ENDE      GO TO B900.
** falsche Eingabe ***
           GO TO B300.
    B900.
           STOP RUN.
```

Die Bedeutung der einzelnen Angaben in der SCREEN SECTION ist dem folgenden Kapitel zu entnehmen. In NetExpress Cobol ist ein Maskengenerator enthalten, mit dem Sie interaktiv am Terminal die Masken entwerfen und die Definitionen wahlweise für den Text- oder Grafik-Modus des Terminals erzeugen können. Die Handhabung des Generators wird später erläutert.

17.2 Die SCREEN SECTION

Diese Section der DATA DIVISION wird für die Bildschirm-Maskenbeschreibung verwendet. Es können wie in der WORKING-STORAGE SECTION Gruppenfelder durch entsprechende Stufennummern gebildet werden. Es gibt daher zwei Typen von Bildfeldern:

- *Elementare Datenfelder*, mit denen der Programmierer das Aussehen der einzelnen Datenfelder bei der Ausgabe und Eingabe der Daten festlegt;
- *Gruppenfelder*, die verwendet werden, um mehrere Datenfelder zusammenzufassen, so daß diese mit einem einzigen ACCEPT- oder DISPLAY-Befehl bearbeitet werden können.

Das Format von *Gruppenfeldbeschreibungen* lautet:

```
Stufennummer  Bildname [AUTO] [SECURE] [REQUIRED] [FULL].
```

Beispiel:

```
01  BILD01   AUTO.
```

Die Stufennummer muß zwischen 1 und 49 liegen; Bildname muß nach den Regeln der Cobol-Sprache gebildet werden. Dem Gruppenfeld müssen ein oder mehrere Datenfeldbeschreibungen mit einer höheren Stufennummer folgen. Wenn AUTO, SECURE, REQUIRED oder FULL für ein Gruppenfeld angegeben wird, gilt diese Eintragung für alle untergeordneten Datenfelder.

Das Format für eine *elementare Datenfeldbeschreibung* lautet:

```
Stufennummer [Bildname]
  [BLANK SCREEN] / [BLANK LINE]
  [ERASE EOL / EOS]
  [LINE NUMBER IS [PLUS oder + / – ] Ganzzahl-1 / Datenname-1]
  [COLUMN oder COL NUMBER IS [PLUS oder + / – ]
                              Ganzzahl-2 / Datenname-2]
  [FOREGROUND-COLOR Ganzzahl-3]
  [BACKGROUND-COLOR Ganzzahl-4]
  [BLINK]
  [BELL oder BEEP]
  [UNDERLINE]
  [OVERLINE]
  [LEFTLINE]
  [GRID]
  [REVERSE-VIDEO]
  [HIGHLIGHT]
  [LOWLIGHT]
  [BLINK]
  [SIZE IS Ganzzahl / Datenname]
  [CONTROL IS Datenname
  [VALUE IS Literal-1]
  [PICTURE / PIC IS  pic-Eintragung]
  [FROM Literal-3 oder Datenname-3]
  [TO Datenname-4]
  [USING Datenname-5]
  [OCCURS Ganzzahl-6 TIMES]
  [PROMPT [CHARACTER IS Literal-7 / Datenname-7]]
  [BLANK WHEN ZERO]
  [JUSTIFIED od. JUST  RIGHT]
  [SIGN IS TRAILING / LEADING [SEPARATE CHARACTER]]
  [AUTO] oder [AUTO-SKIP]
  [SECURE] oder [NO-ECHO]
  [REQUIRED] oder [EMPTY-CHECK]
  [FULL] oder [LENGTH-CHECK]
  [ZERO-FILL]
```

Beispiel:

```
01   BILD01.
  05 BLANK SCREEN.
  05 LINE 1 COLUMN 5  REVERSE-VIDEO  VALUE  "TESTBILD ".
  05   UNDERLINE VALUE "für SCREEN SECTION ".
  05 LINE + 2 COL 1       PIC X(8)  FROM  W-DATUM.
  05 LINE 4 COL 3 highlight  VALUE "PERSONALNR..........:".
  05        COLUMN PLUS 3  PIC X(6)  USING W-PERSNR.
  05 LINE  COL 3 FOREGROUND-COLOR 4  VALUE "NAME ...:".
  05   E-NAME  COL 30     PIC X(20) TO W-NAME AUTO
         PROMPT CHARACTER "." REQUIRED.
```

Die entsprechenden Befehle der PROCEDURE DIVISION lauten:

```
DISPLAY BILD01.
ACCEPT  BILD01.
```

Die Stufennummer und der Bildname werden nach den gleichen Regeln gebildet wie die Gruppenfelder. FILLER ist als Bildname nicht zulässig. Die Reihenfolge der Eintragungen in der Beschreibung der elementaren Datenfelder ist nicht festgelegt, nur der Bildname muß, falls vorhanden, direkt der Stufennummer folgen.

Wenn eine *PICTURE-Eintragung* gemacht wird, *muß* entweder USING, FROM oder TO folgen. Es darf auch FROM und TO beim Bildfeld angegeben werden. In der PIC-Eintragung dürfen die üblichen Symbole verwendet werden. Die PIC-Eintragung bestimmt die zulässigen Eingabezeichen in das Bildfeld und die Darstellung des Eingabewertes auf dem Bildschirm.

AUTO, SECURE, BLANK WHEN ZERO PROMPT und JUSTIFIED RIGHT dürfen nur angegeben werden, wenn eine PICTURE-Eintragung vorausgeht.

Mit den Zusätzen bei den elementaren Bilddatenfeldern kann die Dateneingabe und -ausgabe beim ACCEPT- und DISPLAY-Befehl gestaltet werden. Die Eintragungen bedeuten folgendes:

1. BLANK SCREEN löscht den Bildschirm und positioniert den Cursor auf die Grundstellung (Zeile 1, Spalte 1). Fehlt der Zusatz, überlagert das neue Bild den alten Bildschirminhalt, wobei der Inhalt der Stellen, die das neue Bild nicht ansprechen, erhalten bleibt.

2. BLANK LINE bewirkt das Löschen der Zeile von der aktuellen Cursorposition bis zum Ende der Zeile. Die aktuelle Cursorposition wird nicht verändert.
   ERASE kann alternativ verwendet werden. Der Bildschirm wird ab der aktuellen Cursorposition bis zum Ende der Zeile gelöscht (EOL) oder bis in die rechte untere Ecke (EOS).

3. LINE und COLUMN bewirkt die Cursorpositionierung auf die angegebene Stelle. Da die SCREEN SECTION während der Übersetzungszeit bearbeitet wird, wird bei jedem elementaren Bildfeld die jeweilige Cursorposition festgehalten, so daß jedes elementare

Bildfeld mit einem festen Bereich auf dem Bildschirm verknüpft ist. Bei jeder Stufe 01 wird die Cursorposition auf Zeile 1, Spalte 1 zurückgesetzt. Bei jedem elementaren Bildfeld wird die aktuelle Cursorposition entsprechend der Feldlänge verändert. Deshalb erscheinen nacheinander definierte Felder automatisch hintereinander auf dem Bildschirm.

Die Cursorposition für ein Bildfeld kann durch die Angabe von LINE (Zeile) und COLUMN oder COL (Spalte) bestimmt werden. Wenn weder LINE noch COLUMN angegeben werden, wird die aktuelle Cursorposition nicht geändert. Das Feld wird direkt hinter dem vorhergehenden Bildfeld angeordnet. Wird nur LINE *ohne* COLUMN angegeben, wird auf Spalte 1 der nächsten Zeile positioniert. Werden LINE und COLUMN als Ganzzahlen oder Datennamen ohne den Zusatz PLUS angegeben, werden die Ganzzahlen bzw. der Inhalt der Datenfelder, die ganzzahlig definiert sein müssen, als Startpositionen für das Bildfeld eingesetzt (absolute Adressierung). Der Zusatz PLUS oder »+« bewirkt, daß die Zahlen zur aktuellen Cursorposition zugezählt werden bzw. bei »–« davon subtrahiert werden. Das Ergebnis bestimmt die Startposition für das Bildfeld (relative Adressierung). Wenn LINE bzw. COLUMN *ohne Zahlenzusatz* angegeben werden, wird automatisch LINE PLUS 1 bzw. COLUMN PLUS 1 angenommen. Bildpositionen außerhalb des Bildschirmes führen zu einem Programmabbruch.

Anmerkung: *Wird COL in der SCREEN SECTION geschrieben, darf der Compiler-Schalter /MS"2" nicht gesetzt werden.*

Achtung! *Die folgenden Funktionen werden immer in der nachfolgend angegebenen Reihenfolge ausgeführt, unabhängig von der Reihenfolge, in der sie im Programmtext hingeschrieben werden*
1. BLANK SCREEN
2. LINE/COLUMN
3. BLANK LINE
4. DISPLAY- oder ACCEPT-Ausführung

4. BELL oder BEEP läßt die Klingel des Terminals läuten, wenn es entsprechend ausgestattet ist und das Programm den ACCEPT-Befehl ausführt. Der Zusatz BELL ist bei Ausgabefeldern (FROM-Zusatz) ohne Wirkung.

5. HIGHLIGHT, LOWLIGHT und BLINK sind ähnlich. Sie bewirken, daß das Ausgabefeld (DISPLAY) auf dem Bildschirm hell, blaß, blinkend oder auf hellem Untergrund dargestellt wird, je nachdem, wie die Hardware des Terminals ausgestattet ist. HIGHLIGHT ist bei INPUT-Feldern ohne Wirkung.

6. VALUE IS Literal-1 gibt die Zeichenfolge an, die auf dem Bildschirm ausgegeben wird, wenn das Bild mit einem DISPLAY-Befehl ausgegeben wird. LITERAL-1 muß von Hochkommas oder Anführungsstrichen eingeschlossen sein und darf keine figurative Konstante (SPACE, ZERO usw.) sein. Ein Bildfeld, für das eine VALUE-Eintragung angegeben ist, wird bei allen ACCEPT-Befehlen ignoriert. Das Bildfeld darf im Gegensatz zur WORKING-STORAGE SECTION keine PIC-Eintragung haben.

7. PICTURE gibt das Format an, in dem die Daten auf dem Bildschirm dargestellt werden. Die Eintragung wird nach den Regeln der PICTURE-Eintragung der WORKING-STORAGE SECTION gemacht. Beim DISPLAY-Befehl wird der Inhalt des Feldes, das durch FROM oder USING bestimmt ist, in ein *temporäres* Feld, das durch die PICTURE-Eintragung beschrieben ist, übertragen, bevor es auf dem Bildschirm ausgegeben wird. Beim ACCEPT-Befehl wird der auf dem Bildschirm angezeigte Inhalt des eingetippten Datenfeldes so mit Interpunktionszeichen versehen, daß er dem angegebenen PICTURE-Format entspricht. Die PIC-Eintragung bestimmt, welche Zeichen beim Eintippen akzeptiert werden. Bei PIC X werden alle Zeichen der Tastatur angenommen, bei PIC 9 und PIC Z nur Ziffern. Enthält die Maske »S«, »–«, »+«, »,«, werden auch ein Vorzeichen und ein Dezimalkomma akzeptiert.

8. FROM, TO und USING geben die Beziehung zwischen dem Bildschirmfeld und Literalen oder Datenfeldern der FILE, WORKING-STORAGE oder LINKAGE SECTION an. Beim DISPLAY des Bildschirmfeldes wird ein MOVE-Befehl von dem mit FROM oder USING angegebenen Literal oder Datenfeld zu einem temporären Datenfeld mit der angegebenen PICTURE-Eintragung durchgeführt. Der Inhalt dieses Datenfeldes wird dann auf dem Bildschirm angezeigt. Beim ACCEPT eines Bildes überträgt das Betriebssystem die mit ACCEPT eingelesenen Daten in das mit TO oder USING bezeichnete Feld. Dabei werden die Füllzeichen, die durch die Erfassungsmaske in das Bildfeld eingeblendet wurden, aus dem Eingabefeld entfernt. Für die Eingabe von indizierten Tabellenfeldern sind besondere Regeln zu beachten (s.u.). Indizierte Datenfelder können direkt angegeben werden. »05 FELD PIC X(10) FROM TEXT (1)« ist zulässig.

9. BLANK WHEN ZERO bewirkt, daß das Bildschirmfeld als Leerfeld angezeigt wird, wenn sein Inhalt Null ist.

10. JUSTIFIED oder JUST bewirkt, daß vom Bediener eingetippte Daten oder Daten aus einem mit FROM oder USING angegebenen Feld oder ein Literal rechtsbündig in dem Bildschirmfeld ausgerichtet werden, wenn sie auf dem Bildschirm ausgegeben werden.

11. AUTO oder AUTO-SKIP bewirkt, daß der Cursor automatisch zum nächsten Eingabefeld springt, wenn der Bediener das Eingabefeld vollständig gefüllt hat. Er braucht in diesem Fall kein Eingabeendezeichen (z.B. [↵] oder [⭾]) einzutippen.

12. SECURE oder NO-ECHO unterdrückt die Anzeige der Eingabezeichen. Statt dessen wird für jedes eingetippte Zeichen ein Stern angezeigt.

13. REQUIRED oder EMPTY-CHECK bewirkt, daß der Bediener mindestens ein Zeichen für das Datenfeld eingeben muß.

14. FULL oder LENGTH-CHECK bewirkt, daß das Feld bei der Eingabe komplett mit Zeichen gefüllt werden muß.

15. FOREGROUND-COLOR setzt die Farbe des Bildschirmvordergrundes (Schrift). Es sind Zahlen zwischen 0 und 15 erlaubt. Die Wirkung muß im jeweiligen Terminalhandbuch nachgelesen werden. Folgt der FOREGROUND-COLOR-Angabe der Zusatz

BLANK SCREEN, wirkt die Farbe für das komplette Bild. Fehlt der Zusatz, wirkt die Angabe nur für das folgende Bildfeld.

16. BACKGROUND-COLOR setzt die Farbe des Bildschirmhintergrundes. Sonst gilt das gleiche wie für FOREGROUND-COLOR.

17. REVERSE-VIDEO bewirkt die umgekehrte Farbdarstellung des Bildes (dunkel auf hellem Hintergrund).

18. UNDERLINE bewirkt die unterstrichene Darstellung des Datenfeldes.

19. OVERLINE zieht einen Strich über dem Feld. Die Angabe ist ohne Wirkung, wenn das Terminal diese Darstellung nicht unterstützt.

20. LEFTLINE zieht einen vertikalen Strich im linken Byte des Bildfeldes. Die Angabe ist ohne Wirkung, wenn das Terminal diese Darstellung nicht unterstützt.

21. GRID bewirkt, daß in jedem Zeichen des Bildfeldes ein vertikaler Strich auf der linken Seite gezogen wird.

22. PROMPT; mit dem angegebenen Zeichen werden die Eingabestellen des Bildfeldes markiert. Das Zeichen überschreibt den Vorgabewert aus der ADISCTRL-Tabelle. Sie können nur ein Zeichen definieren, z.B. PROMPT IS "_". Die Eingabepositionen werden durch einen Unterstrich markiert.

23. SIZE gibt die Länge des Bildfeldes an. Ist der Wert kürzer als die PIC-Maske oder die VALUE-Angabe, werden die Felder rechts abgeschnitten. Ist der SIZE-Wert größer, wird das Bildfeld mit SPACE aufgefüllt. Hat SIZE den Wert Null, wird die SIZE-Angabe ignoriert. Interessant ist dieser Zusatz, wenn die Länge als Datenname angegeben wird. Die Länge des Bildfeldes kann dann dynamisch während der Programmausführung geändert werden. Bei relativer Adressierung der Bildfelder (LINE + N, COL + M) verschieben sich dann automatisch alle folgenden Bildfelder.

24. OCCURS; mit Hilfe dieses Zusatzes können leicht Tabellenfelder ausgegeben oder eingelesen werden. Der OCCURS-Zusatz darf nur bei Bildfeldern mit dem Attribut FROM, TO, USING und Gruppenfeldern geschrieben werden. Bei Eingabe (TO)- und Updatefeldern (USING) müssen die entsprechenden Empfangsfelder ebenfalls mit OCCURS definiert sein, und die Anzahl der Tabellenfelder muß übereinstimmen. Die Koppelung der Bildfelder mit den Tabellenfeldern erfolgt über den Index, der automatisch von 1 bis zur Ganzzahl-6 läuft. Das Bildfeld muß relativ adressiert werden, damit die Ausgabe untereinander oder nebeneinander erfolgt. Bei absoluter Adressierung würden alle Werte an der gleichen Stelle ausgegeben. Bei Ausgabefeldern (FROM) erfolgt ebenfalls eine Koppelung über den Index. Ist das Sendefeld nicht mit OCCURS definiert, wird bei der Ausgabe der Inhalt des Sendefeldes entsprechend oft wiederholt angezeigt.

25. CONTROL erlaubt die dynamische Änderung der Bildattribute zur Laufzeit. »Datenname« muß alphanumerisch mit PIC X(...) definiert und darf maximal 65535 Byte lang sein. Vor der Ausgabe des Bildes können Sie mit einer MOVE-Anweisung ein Attribut in

»Datenname« einstellen, z. B. »MOVE »Reverse-Video« TO Datenname«. Sie können auch mehrere Attribute kombinieren. Das dynamische Bildattribut überlagert die in der SCREEN SECTION definierten statischen Attribute. Enthält »Datenname« SPACE, gelten die statisch definierten Attribute. Mit der Ergänzung NO kann das Attribut aufgehoben werden, z. B. »MOVE »NO Reverse-Video« TO Datenname«. Steht der CONTROL-Zusatz bei einem Gruppenfeld, gelten die dynamisch zugeordneten Attribute für alle untergeordneten Datenelemente. »Datenname« darf nicht indiziert oder subskribiert sein.

Ergänzung

Alternativ zur SCREEN SECTION können in Cobol die Bilder in der WORKING-STORAGE SECTION definiert werden wie im alten Micro-Focus-Cobol-Dialekt. Dabei können aber keine Attribute angegeben werden. Das komplette Bild wird als Gruppenfeld definiert. Bestimmte Bildpositionen werden angesteuert, indem FILLER mit entsprechenden Längen zwischen die einzelnen Ein-/Ausgabefelder gelegt werden. Die Ein-/Ausgabefelder werden als elementare Datenfelder unter einem Gruppenfeld definiert. Im DISPLAY-Befehl wird der Gruppenfeldname angegeben, ebenso beim ACCEPT-Befehl. Wegen des internen Ablaufs beim DISPLAY und ACCEPT müssen aber die Ausgabe- und Eingabebilder separat über Redefinitionen angelegt werden. Da dieser Ablauf umständlich ist und bei weitem nicht die Leistungen der SCREEN SECTION erreicht werden, soll diese Lösungstechnik vernachlässigt werden.

17.3 Die Bildschirm-Ein-/Ausgabebefehle

17.3.1 ACCEPT-Befehl

Der ACCEPT-Befehl wird verwendet, um Daten vom Bildschirm oder von Systemfeldern während des Programmlaufs einzulesen. Der ACCEPT-Befehl gibt keine Erläuterungstexte auf dem Bildschirm aus. Dies muß mit einer DISPLAY-Anweisung vor dem ACCEPT geschehen. Vier Formate stehen zur Verfügung:

Format-1:

```
ACCEPT Datenname-1  FROM  DATE [YYYYMMDD]/
                          DAY  [YYYYDDD]/
                          DAY-OF-WEEK /
                          TIME /
                          LINE NUMBER /
                          ESCAPE KEY /
                          EXCEPTION STATUS /
                          USER NAME
[END-ACCEPT]
```

Beispiel:

```
ACCEPT S-DATUM FROM DATE
ACCEPT S-ESC-KEY FROM ESCAPE KEY
```

Der Befehl holt Systemfelder in das Programm.

Format-2:

```
ACCEPT Datenname-2 [FROM Merkname]
  [ON EXCEPTION Befehlsfolge-1]
  [NOT ON EXCEPTION Befehlsfolge-2]
[END-ACCEPT]
```

Beispiel:

```
ACCEPT E-NAME
```

Dieser Befehl liest Daten vom Terminal ein und speichert die Eingabezeichen in Datenname-2. Dieser ACCEPT entspricht dem ANSI-Standard. Es kann keine Cursorpositionierung vorgenommen werden. »Merkname« muß im SPECIALNAMES-Paragraphen dem Terminal zugeordnet werden.

Format-3:

```
ACCEPT (Positionsangaben) Datenname-3
     [ WITH  Zusätze, z.B. SPACE-FILL
                           UPDATE
                           EMPTY-CHECK
                           AUTO-SKIP ]
                           u.a.m.
     [ON ESCAPE / EXCEPTION Befehlsfolge-1]
     [NOT ON ESCAPE / EXCEPTION Befehlsfolge-2]
[END-ACCEPT]
```

Beispiel:

```
ACCEPT (5, 10) E-MENGE WITH UPDATE, AUTO-SKIP.
oder
ACCEPT E-MENGE WITH UPDATE, AUTO-SKIP AT 0510
     ON ESCAPE  PERFORM PRUEFUNG
          GO TO VERZWEIGUNG
     NOT ON ESCAPE PERFORM VERARBEITUNG
          GO TO EINGABE
END-ACCEPT
```

Dieser ACCEPT liest Daten vom Terminal ein und gestattet eine Bildschirmformatierung. Datenname-3 muß in der DATA DIVISION definiert sein. Die Positionsangaben können mit unterschiedlichen Formaten bestimmt werden. Sie werden später besprochen. ESCAPE und EXCEPTION sind gleichbedeutend.

Format-4:

```
ACCEPT  Bildname
   [AT Positionsangaben]
   [ON ESCAPE / EXCEPTION Befehlsfolge-1]
   [NOT ON ESCAPE / EXCEPTION  Befehlsfolge-2]
[END-ACCEPT]
```

Beispiel:

```
ACCEPT BILD1 ON ESCAPE GO TO ENDE
END-ACCEPT
```

Dieser ACCEPT liest ein in der SCREEN SECTION definiertes Bild ein. Alle festgelegten Attribute kommen zur Wirkung.

Die Format-3- und Format-4-ACCEPT-Befehle sind eine Erweiterung des ANSI-Standard-Cobol.

Mit jedem ACCEPT-Befehl werden Daten von einer externen Quelle geholt und in den angegebenen Empfangsfeldern abgelegt. Die Formate unterscheiden sich primär durch die Datenquelle, mit der sie zusammenwirken sollen.

Format-1 holt die Daten aus Systemdatenfeldern.

Die anderen Formate erhalten die Daten von dem Systemterminal, an dem sie eingetippt werden. Beim *Format-2* ist dieses Gerät ein Fernschreiber, ein Kassenterminal mit einem Lesestift oder ein Bildschirmterminal mit Zeilendisplay im Roll-Modus. Beim *Format-3* ist das Gerät ein Terminal ohne Roll-Modus. Beim *Format-4*-ACCEPT wird ein kompletter Datensatz eingelesen, so wie er in der SCREEN SECTION definiert ist. Ein übliches Bildschirmterminal kann als Eingabegerät im Format-2, -3 und -4 verwendet werden. Allerdings kann es bei den einzelnen Geräten Unterschiede in der Bilddarstellung geben.

Format-1-ACCEPT-Befehl

```
ACCEPT Datenname-1  FROM  DATE [YYYYMMDD] / DAY / DAY-OF-WEEK /
  TIME / LINE NUMBER / USER NAME / ESCAPE KEY / EXCEPTION STATUS
[END-ACCEPT]
```

Beispiel:

```
WORKING-STORAGE SECTION.
01   HILFSFELDER.
  05 W-DATUM         PIC 9(6).
  05 S-ESC-KEY       PIC XX.
  ...
PROCEDURE DIVISION.
  ...
   ACCEPT W-DATUM  FROM DATE.
   ACCEPT S-ESC-KEY FROM ESCAPE KEY.
```

Bestimmte systeminterne Datenfelder können mit diesem ACCEPT-Befehl in das Programm geholt werden.

Datenname-1	muß als vorzeichenloses Ganzzahlfeld (z.B. PIC 99) oder als alphanumerisches Feld definiert werden, dessen Länge mit der Länge des systeminternen Datenfeldes übereinstimmen sollte. Falls nicht, werden bei der Übertragung die allgemeinen Regeln des MOVE-Befehls angewendet.

Die Formate der systeminternen Datenfelder sind:

DATE	Ein sechs Byte langes Datenfeld im Format JJMMTT (Jahr, Monat, Tag). Mit dem Zusatz YYYYMMDD wird das Datum als acht-Byte-Datenfeld mit dem Jahrhundert geliefert, also JJJJMMTT.
DAY	Ein fünf Byte langes Datenfeld im Format JJNNN. JJ ist das Jahr und NNN der Tag im Jahr, eine Zahl zwischen 1 und 366. Mit dem Zusatz YYYYDDD wird ein sieben Byte langes Datenfeld mit dem Jahrhundert geliefert.
DAY-OF-WEEK	Ein ein Byte langes, vorzeichenloses, numerisches Datenfeld, das eine Ziffer für den Wochentag enthält. 1 bedeutet Montag, 2 Dienstag usw.
TIME	Ein acht Byte langes Feld im Format HHMMSSFF. HH = Stunden (0 bis 23) MM = Minuten (0 bis 59) SS = Sekunden (0 bis 59) FF = Hundertstelsekunden (0 bis 99)
LINE NUMBER	Ein zwei Byte langes Feld, das die Zeile enthält, die das Programm bearbeitet. In MF-Cobol enthält LINE NUMBER immer 00.
ESCAPE KEY	Ein zwei Zeichen langes Feld, dessen Inhalt von der Taste abhängt, mit der der letzte Format-3- oder Format-4-Befehl beendet wurde. Datenname-1 kann im Programm abgefragt werden, um festzustellen, welche Taste getippt wurde. Eingaben können mit einer der folgenden Tasten beendet werden, wobei der Inhalt von ESCAPE KEY wie folgt gesetzt wird: [←] (nur zur Beendigung eines Format-3-ACCEPT) 99 [Esc] 01

Feld-Ende-Zeichen (z.B. [↵] im Format-4-ACCEPT)	00
Funktions-Taste ([F1] – [F10])	02–10
[↑] + [F1] – [F10]	11–20
[Strg] + [F1] – [F10]	21–30
[Alt] + [F1] – [F10]	31–40
[Alt] + [1] – [9]	41–49
[Alt] + [0]	50
[Bild ↑]	53
[Bild ↓]	54
[Alt] + [A] – [Z]	65–90

Alle Tastencodes müssen im Terminaltreiberprogramm definiert werden. Die Codes sind den Gerätehandbüchern zu entnehmen. Welche Tasten bzw. Tastenkombinationen den ACCEPT beenden können, wird in der ADISCTRL-Tabelle mit Hilfe des ADISCF-Programms definiert. Alternativ kann der Programmierer im Programm dynamisch die Abbruchtasten mit Hilfe der Zusatzroutine CALL X"AF" USING ... einstellen und die Werte über das CRT STATUS-Feld abfragen. Cobol bietet hier sehr viele Möglichkeiten, so daß fast alle gängigen Eingabe- und Menütechniken realisiert werden können. Es würde zu weit führen, alle Möglichkeiten hier zu erläutern.

EXCEPTION STATUS — Ein drei Byte langer Code, der angibt, welcher Fehler beim Laden eines Unterprogramms mit CALL aufgetreten ist. Die Werte sind im Systemhandbuch erläutert.

USER NAME — Liefert die Benutzeridentifikation in Mehrbenutzersystemen.

Format-2-ACCEPT-Befehl

Format:

```
ACCEPT Datenname-2 [FROM Merkname]
  [ON ESCAPE / EXCEPTION Befehlsfolge-1]
  [NOT ON ESCAPE / EXCEPTION Befehlsfolge-2]
[END-ACCEPT]
```

Beispiel:

```
DATA DIVISION.
01   FELDER
 05  FELD-A      PIC X(10).
 05  FELD-B      PIC S9(5)V99.
PROCEDURE DIVISION.
     ACCEPT FELD-A.
     ACCEPT FELD-B.
```

Dieser ACCEPT-Befehl wird verwendet, um Daten von einem Gerät mit Roll-Modus einzulesen, z.B. Fernschreiber oder ein Terminal, dessen Bild nach oben wegläuft, wenn am unteren Bildrand eine Zeile zugefügt wird. Bei der Ausführung des ACCEPT-Befehls werden alle über die Tastatur eingegebenen Zeichen gelesen, bis ein Carriage Return auftritt. Dann wird vom Ein- und Ausgabesystem ein Carriage Return/Zeilenvorschub zurück zur Konsole gesendet. Die Eingabezeichenfolge besteht aus allen Zeichen, die vor dem [↵] eingetippt wurden. Der Merkname oder mnemonische Name muß, falls verwendet, im SPECIAL-NAMES-Paragraphen einem Eingabegerät zugeordnet worden sein, z.B.:

```
SPECIAL-NAMES.
     CONSOLE IS EIN-TERMINAL
```

Beim ACCEPT mit einem *alphanumerischen Empfangsfeld* wird die Eingabezeichenfolge nach den Regeln des MOVE-Befehls für alphanumerische Datenfelder in das Empfangsfeld (Datenname-2) übertragen, d.h. linksbündiges Ausrichten, mit Leerzeichen auffüllen oder rechtsbündiges Abschneiden, wenn die Zeichenfolge zu lang ist bzw. rechtsbündiges Ausrichten, wenn das Empfangsfeld mit JUSTIFIED RIGHT beschrieben ist.

Wenn das Empfangsfeld (Datenname-2) ein *alphanumerisches Druckausgabefeld* ist, wird es wie ein alphanumerisches Feld gleicher Länge behandelt, d.h. so, als ob alle Zeichen der PIC-Eintragung X wären. Es finden keine Einfügungen für die Druckaufbereitung statt.

Bei einem Format-2-ACCEPT mit einem *numerischen Empfangsfeld* oder *numerisch druckaufbereitetem* Feld wird die Eingabezeichenfolge entsprechend der PIC-Eintragung des Empfangsfeldes geprüft. Wenn das Empfangsfeld mit COMP beschrieben ist, wird vom System »S9(5)« zugrundegelegt. Die Zeichen 0 bis 9 sind in der Eingabezeichenfolge immer richtig. Das *Dezimalpunktzeichen* (Punkt oder Komma, in Abhängigkeit von der DECIMAL POINT-Eintragung) wird als richtig akzeptiert, wenn ein Dezimalkomma (»V« oder »,«) in der Datenbeschreibung des Empfangsfeldes enthalten ist. Die *Vorzeichen* »+« oder »–« werden nur als erste oder letzte Zeichen der Eingabezeichenfolge akzeptiert und nur dann, wenn die PICTURE-Eintragung des Empfangsfeldes eines der Vorzeichensymbole »S«, »+«, »–«, »CR« oder »DB« enthält. Alle anderen Eingabezeichen werden als falsch abgelehnt.

Ist das Eingabedatenfeld falsch, wird ein Klingelzeichen zum Terminal gesendet, und neue Eingabedaten werden erwartet.

Wenn richtige Daten eingegeben wurden, werden die Daten in das Empfangsfeld nach den Regeln des MOVE-Befehls übertragen. Dabei werden Druckaufbereitungszeichen wie »,«, ».« und Leerstellen aus dem Eingabebildfeld herausgefiltert, so daß im Empfangsfeld die Zahlen im richtigen Cobol-Format stehen.

Die Befehlsfolge nach ON EXCEPTION wird ausgeführt, wenn ein Fehler beim ACCEPT aufgetreten ist oder der Bediener eine Unterbrechungstaste betätigt hat. Welche Tasten den ACCEPT unterbrechen können, legt der Programmierer in der ADISCTRL-Tabelle fest.

Die Befehle nach NOT ON EXCEPTION werden bei einer normalen Beendigung des ACCEPTs ausgeführt.

Format-3-ACCEPT-Befehl

Format:

```
ACCEPT Datenname-3 AT Position
    [FROM CRT] [MODE is BLOCK]
    [WITH   SPACE-FILL
            ZERO-FILL
            LEFT-JUSTIFY
            RIGHT-JUSTIFY
            TRAILING-SIGN
            PROMPT CHARACTER IS Literal
            UPDATE
            LENGTH-CHECK oder FULL
            EMPTY-CHECK oder REQUIRED
            AUTO-SKIP oder AUTO
            NO-ECHO oder SECURE
            BEEP oder BELL
            BLINK
            UNDERLINE
            OVERLINE
            FOREGROUND-COLOR IS Ganzzahl-1
            BACKGROUND-COLOR IS Ganzzahl-2
            HIGHLIGHT
            UPPER
            LOWER
            TIME-OUT AFTER Ganzzahl / Datenname]
            CONTROL IS Datenname

[ON ESCAPE  Befehlsfolge-1]
[NOT ON ESCAPE Befehlsfolge-2]
[END-ACCEPT]
```

Beispiel:

```
DATA DIVISION.
    ...
    05  E-MENGE         PIC S9(7)V99.
    05  E-TEXT          PIC X(20).
    ...
PROCEDURE DIVISION.
EINGABE.
      ACCEPT E-MENGE AT 0205
         WITH UPDATE HIGHLIGHT
         ON ESCAPE GO TO ENDE
      END-ACCEPT.

      ACCEPT ( 3, 5 )  E-TEXT   WITH PROMPT.
```

Diese Form wird eingesetzt, um Daten von einem nichtrollenden Terminal einzulesen. Folgende Regeln müssen beim Format-3-ACCEPT beachtet werden:

1. Datenname-3 kann ein elementares Datenfeld oder Gruppenfeld sein. Gruppenfelder sind erforderlich, wenn die alte Micro-Focus-Bildbeschreibungstechnik eingesetzt wird. In diesem Zusammenhang ist auch der MODE IS BLOCK-Zusatz von Bedeutung. Er regelt die Behandlung von FILLERn in den Gruppenfeldern. Da diese Bildbeschreibungstechnik nicht behandelt wird, soll der Zusatz vernachlässigt werden. Generell sollten nur elementare Datenfelder mit diesem ACCEPT eingelesen werden.
2. FROM CRT gibt an, von welchem Terminal eingelesen wird. Die Angabe kann entfallen.
3. Die Positionsangabe bestimmt die Bildschirmadresse, an der die Eingabe beginnen soll. Die Angaben werden unten genauer erläutert. Fehlt die Positionsangabe, beginnt der ACCEPT in Zeile 1, Spalte 1.
4. Die Zusätze haben die gleiche Bedeutung wie in der SCREEN SECTION. SPACE FILL und ZERO FILL können nicht zusammen im gleichen ACCEPT-Befehl angegeben werden. Das gleiche gilt für den Zusatz LEFT-JUSTIFY und RIGHT-JUSTIFY.
5. Der TRAILING-SIGN-Zusatz darf nur angegeben werden, wenn Datenname-3 ein elementares numerisches Datenfeld ist. Wenn Datenname-3 als vorzeichenloses Feld beschrieben ist, wird der Zusatz TRAILING-SIGN ignoriert.
6. Bei alphanumerischem oder druckaufbereitetem Datennamen-3 wird der SPACE-FILL-Zusatz unterstellt, es sei denn, ZERO-FILL ist ausdrücklich angegeben. Ebenso wird LEFT-JUSTIFY unterstellt, wenn RIGHT-JUSTIFY nicht ausdrücklich vorgegeben wird.
7. Bei numerischem oder numerisch-druckaufbereitetem Datennamen-3 wird ZERO-FILL unterstellt, es sei denn, SPACE-FILL wird angegeben.

Die Befehlsfolge nach ON ESCAPE wird ausgeführt, wenn der ACCEPT abnormal beendet wird, z.B. mit der [Esc]-Taste. Alle Anweisungen bis zu NOT ON ESCAPE, falls vorhanden, oder END-ACCEPT werden dann ausgeführt. In dieser Befehlsfolge dürfen nur sog. imperative Befehle stehen, und die Befehle dürfen nicht mit einem Satzendepunkt enden. Die Befehlsfolge nach NOT ON ESCAPE wird bei normalem Ende des ACCEPT-Befehls ausgeführt. Dann fährt das Programm mit den Befehlen nach END-ACCEPT fort, es sei denn, in den vorhergehenden Befehlen steht ein Sprungbefehl. Anstelle von ON ESCAPE kann auch ON EXCEPTION geschrieben werden. END-ACCEPT kann durch einen Satzendepunkt ersetzt werden. Die Taste, mit der der ACCEPT beendet wurde, kann über den ACCEPT-Datennamen FROM ESCAPE KEY oder mit Hilfe des CRT STATUS-Feldes ermittelt werden.

Dateneingabefeld auf dem Bildschirm

Die Positionsangaben und die Beschreibung des Empfangsfeldes im Format-3-ACCEPT-Befehl bestimmen die Darstellung des Dateneingabefeldes auf dem Bildschirm.

Positionsangaben

Cobol unterstützt die Technik von Microsoft und Micro Focus Cobol. Die Microsoft-Technik wird nur akzeptiert, wenn der Schalter /MS"2" im Cobol-Übersetzungskommando gesetzt wird. Die Micro-Focus-Version ist generell zugelassen.

Die Position wird in der Microsoft-Technik folgendermaßen angegeben:

```
( Zeilennummer, Spaltennummer )
```

Format:

```
( LIN  [+/-  Ganzzahl-1],   COL  [+/-  Ganzzahl-2] )
```

oder

```
( Ganzzahl-3, Ganzzahl-4 )
```

Klammerauf, Klammerzu, das *Komma* und das *Leerfeld*, das die Zeilen und Spaltenangabe trennt, sind zwingend vorgeschrieben. LIN und COL sind spezielle Cobol-Register. Sie brauchen nicht in der DATA DIVISION deklariert zu werden.

Die Werte von LIN und COL geben die Zeile und Spalte des Eingabefeldes auf dem Bildschirm an. 1 entspricht Zeile 1 usw. Wird LIN +/- Ganzzahl-1 angegeben, wird Ganzzahl-1 zum aktuellen Inhalt des LIN-Registers addiert (subtrahiert), und das Ergebnis bestimmt die Zeile des Eingabefeldes. Der alte Inhalt von LIN bzw. COL bleibt erhalten. Wenn weder LIN noch Ganzzahl-3 angegeben wird, beginnt das Dateneingabefeld auf der momentanen Cursorposition. Vor der Ausführung des ACCEPT-Befehls müssen zulässige Werte in LIN und COL gespeichert werden.

Beispiel:

```
MOVE  5   TO  LIN.
MOVE  10  TO  COL.
ACCEPT (LIN, COL)  E-NAME.
ADD 1     TO  LIN.
IF LIN GREATER 25
    PERFORM UNTERPROGRAMM
END-IF.
ACCEPT (LIN, COL + 20) E-VORNAME.
ACCEPT (LIN + 1, COL) E-STRASSE.
```

In der Micro-Focus-Technik wird die Cursorposition mit dem AT-Zusatz im ACCEPT- oder DISPLAY-Befehl festgelegt.

Format:

```
ACCEPT Datenname-1 AT Ganzzahl / Datenname-2
```

Ganzzahl muß vier- oder sechsstellig angegeben werden. Die ersten zwei bzw. drei Stellen bezeichnen die Bildzeile, die letzten zwei bzw. drei Stellen die Bildspalte. Datenname-2 muß als vier- oder sechsstelliges Feld in der WORKING-STORAGE SECTION definiert werden. Sonst gilt das gleiche wie bei der Ganzzahl.

Beispiel:

```
01   CURS-POS.
 05  CURS-ZEILE      PIC 99 VALUE ZERO.
 05  CURS-SPALTE     PIC 99 VALUE ZERO.
PROCEDURE DIVISION.
     MOVE  5   TO  CURS-ZEILE.
     MOVE  10  TO  CURS-SPALTE.
     ACCEPT E-NAME AT CURS-POS.
     ADD 1     TO  CURS-ZEILE.
     IF CURS-ZEILE GREATER 22
          PERFORM UNTERPROGRAMM
     END-IF.
     ACCEPT E-VORNAME AT CURS-POS.
     ADD 20 TO CURS-SPALTE.
     ACCEPT E-STRASSE AT CURS-POS.
```

usw.

Als dritte Möglichkeit für die Cursorpositionierung steht die Ryan-McFarland-Cobol-Technik zur Verfügung. In diesem Fall muß der Schalter /RM im Übersetzungskommando gesetzt werden. Diese Lösung soll vernachlässigt werden, da sie keine neuen Möglichkeiten eröffnet.

Darstellung des Eingabefeldes auf dem Bildschirm

Die Charakteristik des Dateneingabefeldes wird von der PICTURE-Eintragung des Empfangsfeldes (Datenname-3) bestimmt. Bei *alphanumerischen* oder *alphanumerisch-druckaufbereiteten* Empfangsfeldern wird das Bildschirmeingabefeld wie ein alphanumerisches Feld behandelt. Die Länge des Bildschirmfeldes entspricht der Länge des Empfangsfeldes. Die Eingabestellen können mit dem PROMPT-Zeichen markiert werden.

Ist das Empfangsfeld (Datenname-3) ein *numerisches* oder *numerisch druckaufbereitetes* Datenfeld, gelten für das Bildschirmeingabefeld die gleichen Regeln wie beim Format-2-ACCEPT-Befehl, die oben besprochen wurden. Die Eingabestellen können mit Nullen, dem PROMPT-Zeichen oder SPACE markiert werden. Die Dezimalkommastelle kann angezeigt werden.

Zahlen sollten generell mit einer Erfassungsmaske eingelesen und anschließend in ein numerisch definiertes Datenfeld übertragen werden. Diese Eingabetechnik ist erheblich bedienerfreundlicher.

Beispiel:

```
01     FELDER.
 05    E-ZAHL             PIC Z.ZZZ.ZZ9,99-.
 05    RECHEN-ZAHL        PIC S9(7)v99.
PROCEDURE DIVISION.
     INITIALIZE FELDER.
     DISPLAY "Zahl eingeben...: " AT 0501.
     ACCEPT E-ZAHL AT 0520.
     MOVE E-ZAHL     TO RECHEN-ZAHL.
```

Mit der MOVE-Anweisung werden alle Füllzeichen aus dem Eingabefeld entfernt, und die Zahl wird in das interne Cobol-Format umgespeichert, so daß mit dem Wert gerechnet werden kann.

Dateneingabe und Datenübertragung in das Empfangsfeld

Der Bediener kann alle Zeichen in ein alphanumerisches Bildfeld eintippen. Bei numerischen Feldern werden nur Ziffern, das Dezimalkomma und das Vorzeichen beim Eintippen akzeptiert. Die Anzahl der Ziffern entspricht der Beschreibung im Empfangsfeld. Wird die Eingabeende-Taste gedrückt, wird der ACCEPT-Befehl beendet und der ESCAPE KEY gesetzt. Dieser Wert kann mit Hilfe eines Format-1-ACCEPT-Befehls mit dem Zusatz FROM ESCAPE KEY oder über das CRT STATUS-Feld abgefragt werden. Falsch eingetippte Zeichen kann der Bediener *vor* dem Eingabeende mit Hilfe der Bildschirmsteuertasten korrigieren.

Die LINE DELETE-Taste (häufig [Strg]+[X]) löscht das Bildschirmeingabefeld und das Empfangsfeld. Der ACCEPT-Befehl wird neu gestartet. Ist PROMPT beim ACCEPT angegeben, wird das Bildschirmeingabefeld wieder mit der Eingabemaske versehen. Andernfalls wird es mit SPACE oder ZERO (NULL) vorbesetzt. [←] löscht das Zeichen vor der Cursorposition. Die [Entf]-Taste löscht das Zeichen an der Cursorposition. Diese Taste funktioniert nur, wenn der Cursor auf einer Stelle steht, an der Zeichen eingetippt werden können. Mit der [Einfg]-Taste kann in den Einfügemodus geschaltet werden. Die Zeichen hinter der Cursorposition werden beim Einfügen nach rechts im Bildfeld verschoben. Nochmaliges Betätigen der [Einfg]-Taste schaltet wieder in den Überschreibemodus. Mit den Cursortasten kann der Cursor im Eingabefeld hin- und herbewegt werden. Die [↓]-Taste, die [↑]-Taste und die [⇆]-Taste beenden die Eingabe.

Zusammenstellung der WITH-Zusätze

Die Zusätze haben im Prinzip die gleiche Wirkung wie die gleichlautenden Zusätze in der SCREEN SECTION, die bereits oben erläutert wurden.

a) alphanumerische oder alphanumerisch-druckaufbereitete Empfangsfelder

SPACE-FILL	Nicht eingegebene Zeichen im Bildschirmeingabefeld und im Empfangsfeld werden mit SPACE (Leerzeichen) gefüllt, wenn der ACCEPT-Befehl beendet ist.
ZERO-FILL	Wie oben, es werden ASCII-Nullen in die leeren Positionen gesetzt.
LEFT-JUSTIFY	Wird vom Compiler als Kommentar aufgefaßt.
RIGHT-JUSTIFY	Die eingetippten Daten werden im Bildschirmfeld nach Beendigung des ACCEPT-Befehls rechtsbündig ausgerichtet. Im Empfangsfeld wird die Ausrichtung allerdings entsprechend der dort angegebenen JUSTIFIED-Eintragung vorgenommen, *nicht* entsprechend der WITH JUSTIFY-Eintragung.
PROMPT	Alle Stellen des Bildschirmeingabefeldes werden mit dem angegebenen Zeichen vorbesetzt.
UPDATE	Das Bildschirmeingabefeld wird mit dem momentanen Inhalt des Empfangsfeldes vorbesetzt, und diese Daten werden vom System so behandelt, als ob der Bediener sie eingetippt hätte.
LENGTH-CHECK/FULL	Das Eingabeendezeichen wird erst akzeptiert, wenn alle Positionen des Bildschirmfeldes gefüllt sind.
EMPTY-CHECK/ REQUIRED	Mindestens ein Zeichen muß eingetippt werden, bevor die Eingabeende-Taste akzeptiert wird.

SPACE-FILL	Nicht eingegebene Zeichen im Bildschirmeingabefeld und im Empfangsfeld werden mit SPACE (Leerzeichen) gefüllt, wenn der ACCEPT-Befehl beendet ist.
AUTO-SKIP/AUTO	Der ACCEPT-Befehl wird automatisch beendet, wenn alle Positionen des Eingabefeldes gefüllt sind. Das Eingabeende-Zeichen kann die Eingabe vorzeitig beenden.
BEEP	Die Klingel läutet bei Beginn des ACCEPT-Befehls.
NO-ECHO/SECURE	Anstelle der eingetippten Zeichen erscheinen Sterne auf dem Bildschirm.
UPPER	Setzt die eingetippten Zeichen in Großbuchstaben um.
LOWER	Setzt die Zeichen in Kleinbuchstaben um.
TIME-OUT	Der Wert gibt die Sekunden (oder Zehntelsekunden) an, nach denen der ACCEPT vom Cobol-Runtime-System beendet wird. Der Programmierer kann in der ADIS-Tabelle festlegen, ob die Uhr nur beim Beginn des ACCEPT oder jedesmal beim Eintippen eines Zeichens zurückgesetzt und ob die Zeitangabe in Sekunden oder Zehntelsekunden angegeben wird. In Mehrbenutzersystemen kann hiermit die Blockierung der Anlage verhindert werden. Cobol führt nach einem TIME-OUT die Befehle nach dem EXCEPTION-Zusatz aus und setzt das CRT-Status-Feld. Anstelle von TIME-OUT kann auch TIMEOUT geschrieben werden.

b) Numerische und numerisch-druckaufbereitete Empfangsfelder

SPACE-FILL	Alle nicht eingetippten Ziffernpositionen des Bildschirmeingabefeldes (nicht des Empfangsfeldes) links vom Dezimalpunkt werden mit Leerzeichen gefüllt, wenn der ACCEPT beendet ist, und ein führendes Vorzeichen wird nach rechts hinter die Zahl verschoben.
ZERO-FILL	Alle nicht eingetippten Ziffernpositionen des Bildschirmfeldes werden auf Null gesetzt.
LEFT-JUSTIFY und RIGHT-JUSTIFY	haben keine Wirkung.
TRAILING-SIGN	Das Vorzeichen erscheint rechts hinter der Zahl. Normalerweise steht das Vorzeichen in der Bildschirmeingabe links vor der Zahl.
PROMPT	Das Dateneingabefeld wird wie folgt initialisiert: Ziffernpositionen mit Nullen, der Dezimalpunkt mit dem Dezimalpunktzeichen, die Vorzeichenstelle mit Space.

UPDATE	Das Dateneingabefeld wird mit dem aktuellen Inhalt des Empfangsfeldes initialisiert, und dieser Wert wird behandelt, als ob er eingetippt worden wäre.
LENGTH-CHECK/FULL	Alle Vorkomma- und Nachkommastellen der Zahl müssen eingetippt werden, bevor das Eingabeendezeichen akzeptiert wird.
AUTO-SKIP/AUTO	Die Eingabe der Vorkommastellen wird automatisch beendet, wenn alle Vorkommastellen eingetippt sind, der komplette ACCEPT-Befehl, wenn alle Ziffernpositionen der Zahl eingetippt sind.
BEEP/BELL	Die Klingel ertönt, wenn der ACCEPT-Befehl gestartet wird.

17.3.2 Format-4-ACCEPT-Befehl

Format:

```
ACCEPT Bildname  AT Ganzzahl / Datenname
    [ON ESCAPE / EXCEPTION Befehlsfolge-1]
    [NOT ON ESCAPE / EXCEPTION Befehlsfolge-2]
[END-ACCEPT]
```

Beispiel:

siehe Beispielprogramm in Kap. 17.1

Mit diesem ACCEPT-Befehl werden Daten vom Terminal eingelesen und in die Felder übertragen, die in der SCREEN SECTION unter dem Bildnamen mit TO und/oder USING angegeben sind. Bildfelder, die eine VALUE-Eintragung oder die FROM-Angabe haben, haben hierbei keine Bedeutung. Jede Dateneingabe besteht aus einem impliziten Format-*3*-ACCEPT für das Feld, das durch die PICTURE-Eintragung des Bildfeldes definiert ist, gefolgt von einem MOVE-Befehl in das Feld, das mit TO oder USING angegeben ist. Wenn der ACCEPT beendet ist, wird der ESCAPE KEY, so wie früher beschrieben, gesetzt. Sein Wert kann mit einem Format-1-ACCEPT FROM ESCAPE KEY oder über das CRT STATUS-Feld abgefragt werden.

Die Felder werden in der Reihenfolge eingelesen, in der sie in der SCREEN SECTION unter dem Bildnamen definiert sind. Der Bediener kann während der Eingabe mit den Cursortasten oder mit [⇆] und [←] im Bild hin- und herspringen.

Wenn die [Esc]- oder eine *Funktionstaste* ([F1] bis [F12]) während der Dateneingabe gedrückt wird, wird der ganze ACCEPT-Befehl beendet, ohne den Inhalt des aktuellen Eingabefeldes in das Datenfeld zu übertragen, das mit TO oder USING angegeben ist. Der ESCAPE KEY wird auf den entsprechenden Wert gesetzt. Dann werden die Befehle ausgeführt, die nach dem ON ESCAPE-Zusatz angegeben sind. Welche Tasten den ACCEPT beenden können und wie die Cursortasten wirken, wird in der ADISCTRL-Tabelle festgelegt. Der Programmierer kann diese Tasten oder Tastenkombinationen auch während der Programmlaufzeit dynamisch mit Hilfe der Funktion CALL X "AF" modifizieren. Im Cobol-System-Handbuch ist die Handhabung ausführlich erläutert. Anstelle von ON ESCAPE kann auch ON EXCEPTION geschrieben werden. Für die Befehlsfolge nach ON ESCAPE gelten die gleichen Regeln wie nach AT END, INVALID KEY usw.

Wenn die Eingabeendetaste gedrückt wird ([↵], [↓], [⇆] usw.), wird der Wert des ESCAPE KEY auf 00 gesetzt, und der Cursor springt auf das nächste Eingabefeld, das unter dem Bildnamen definiert ist. Beim letzten Feld wird der ganze ACCEPT-Befehl beendet. Wenn die [←]-Taste oder die Taste [↑] gedrückt wird, wird die Eingabe im laufenden Feld beendet, und der Cursor springt in das vorhergehende Feld, das unter dem Bildnamen angegeben ist. Die Wirkung der Steuer- und Korrekturtasten wird bei der Installation des Cobol-Systems in der ADISCTRL-Tabelle festgelegt.

Wenn ein Feld durch eine Eingabeende- oder andere Taste beendet wird, wird der Inhalt des Bildfeldes in das mit TO oder USING bezeichnete Feld übertragen, es sei denn, es wurden keine Werte in das Feld eingetippt. Dies ermöglicht es dem Bediener, vorwärts oder rückwärts durch die Eingabefelder zu springen, ohne den Inhalt der Empfangsfelder zu verändern.

Alle Möglichkeiten der Bildgestaltung und der Prüfung, die für den Format-3-ACCEPT-Befehl bestehen, gelten auch für den Format-4-ACCEPT.

Der Format-4-ACCEPT benutzt immer die PROMPT- und TRAILING SIGN-Angabe.

Wenn die PICTURE-Eintragung des Bildfeldes eine numerisch oder alphanumerisch druckaufbereitete Maske vorgibt, wird der ACCEPT-Befehl dennoch so durchgeführt, als ob das Bildfeld numerisch oder alphanumerisch beschrieben wäre. Wenn die Eingabe in das Feld beendet ist, dann werden die Daten entsprechend der Maske in der PICTURE-Eintragung aufbereitet und an der vorgegebenen Bildschirmstelle wieder ausgegeben.

Die Übertragung von den Bildfeldern in die Empfangsfelder geschieht nach den Standard-Cobol-Regeln für MOVE-Befehle. Zulässig sind auch die Übertragungen von numerisch druckaufbereiteten Bildfeldern in numerische Empfangsfelder. Dabei wird das Bildfeld wie ein numerisches Feld behandelt, aber nur das Vorzeichen, der Dezimalpunkt und die Ziffern werden übertragen (De-Editing).

Mit dem AT-Zusatz kann festgelegt werden, an welcher Position der ACCEPT-Befehl starten soll. An dieser Position steht das erste Eingabefeld des Bildes. Ganzzahl muß als vier- oder sechsstellige Zahl angegeben werden. Der Datenname muß ebenfalls vier- oder sechsstellig definiert werden. Es gelten die gleichen Regeln wie beim Format-3-ACCEPT. Einige Werte haben besondere Bedeutung.

- Ist sowohl die Zeilen- als auch die Spaltennummer Null, beginnt der ACCEPT an der Position, an der der vorhergehende ACCEPT- oder DISPLAY-Befehl endete.

- Ist die Zeilennummer Null und eine gültige Spaltennummer angegeben, beginnt der ACCEPT in der folgenden Zeile, in der der vorhergehende ACCEPT/DISPLAY endete, an der spezifizierten Spalte.
- Ist die Spaltennummer Null, aber eine gültige Zeilennummer angegeben, startet der ACCEPT in der spezifizierten Zeile in der folgenden Spalte, in der der vorhergehende ACCEPT endete.

Der Einsatz des AT-Zusatzes ist nur sinnvoll, wenn das gleiche Bild an verschiedenen Stellen auf dem Bildschirm erscheinen soll.

Bei fehlerhaften Eingaben und beim Einsatz von On-Line-Hilfen ist es bedienerfreundlich, wenn der ACCEPT nicht mit dem ersten Eingabefeld des Bildes beginnt, sondern auf dem falschen Eingabefeld steht oder dort fortfährt, wo der Bediener die Eingabe unterbrochen hat. Diese Technik kann leicht mit Hilfe der CURSOR IS-Angabe realisiert werden. Der ACCEPT beginnt in der Zeile und Spalte, die über die Cursorposition festgelegt wird. Ist an dieser Position kein Eingabefeld, sucht das Ein-/Ausgabesystem das nächste im Bild definierte Eingabefeld und positioniert den Cursor auf den Anfang des Feldes. Von diesem Feld ausgehend kann der Bediener wieder vorwärts und rückwärts durch die Eingabefelder springen. Diese Technik soll an einem kleinen Beispiel veranschaulicht werden.

```
ENVIRONMENT DIVISION.
SPECIAL-NAMES.
     CURSOR IS Curs-Pos
     CRT STATUS IS Term-Stat
     DECIMAL-POINT IS COMMA.
DATA DIVISION.
WORKING-STORAGE SECTION.
01   Hilfsfelder VALUE ZERO.
 05  Curs-Pos.
  10 Curs-Zeile    pic 99.
  10 Curs-Spalte   pic 99.
** Sicherungs-Feld **
 05  S-Curs-Pos.
  10 S-Curs-Zeile  pic 99.
  10 S-Curs-Spalte pic 99.
 05  Term-Stat.
  10 Term-Typ-Code pic X.
  10 Term-Code-1   pic 9(2) comp-x.
  10 Term-Code-2   pic 9(2) comp-x.
```

usw.

```
SCREEN SECTION.
01     BILD01.
*** siehe PROG01B in Kap. 17.1 **
PROCEDURE DIVISION.
```

```
:
B100.
** Einlesen der Daten *****
     Display Bild01.
** Cursor auf erstes Eingabefeld stellen ***
     Move 0101      to S-Curs-Pos.
B150.
*** allg. Einstellen der Cursorposition ***
     Move S-Curs-Pos  to Curs-Pos.
     Accept Bild01  On Escape
***    Retten der Cursorposition bei Unterbrechung des Accept *
         Move Curs-Pos  to S-Curs-Pos
         Perform Analyse   *> Analysieren der Unterbrechung
         Go to B150            *> Fortsetzen der Eingabe
     End-Accept.
```

usw.

```
ANALYSE SECTION.
     IF      Term-Typ-Code      = "1"      *> ACCEPT abgebrochen
          EVALUATE   Term-Code-1
            WHEN  0
               DISPLAY "Escape wurde gedrückt"
            WHEN  1
               DISPLAY "F1 wurde gedrückt"
            WHEN 10
               DISPLAY "F10 wurde gedrückt"
            WHEN 11
               DISPLAY "SHIFT + F1" wurde gedrückt"
            WHEN 65
               DISPLAY "ALT + A wurde gedrückt"
          END-EVALUATE
     END-IF.
```

usw.

Die aktuelle Cursorposition, die Cobol im Feld CURS-POS festhält, wird bei einer Unterbrechung des ACCEPTs in S-CURS-POS gesichert, da in dem Unterprogramm ANALYSE u. U. Meldungen ausgegeben werden, die die Position verändern. Nach der Rückkehr aus dem Unterprogramm wird der ACCEPT wegen der Anweisung GO TO B150 wiederholt. Da vor dem ACCEPT die gesicherte Cursorposition aus S-CURS-POS wieder in das Steuerfeld CURS-POS übertragen wird, steht der Cursor genau in dem Feld, in dem eine Unterbrechungstaste (F1 usw.) gedrückt wurde.

Der Format-4-ACCEPT-Befehl gibt keine Texte oder Hilfszeichen auf dem Bildschirm aus. Dies muß mit dem DISPLAY-Befehl vor dem ACCEPT-Befehl erfolgen, d.h. das Bild muß vor der Eingabe mit DISPLAY auf dem Bildschirm ausgegeben werden.

17.3.3 Der DISPLAY-Befehl

Der DISPLAY-Befehl erlaubt die Ausgabe *kleiner Datenmengen* aus dem Programm ohne umfangreiche Dateibeschreibung auf dem Drucker und die Ausgabe auf dem *Bildschirm.*

Format:-1

```
DISPLAY Datenname-1 / Literal-1  Datenname-2 / Literal-2 ...
  [UPON Merkname] [WITH NO ADVANCING]
  [ON EXCEPTION Befehlsfolge-1]
  [NOT ON EXCEPTION Befehlsfolge-2]
[END-DISPLAY]
```

Merkname muß im SPECIAL-NAMES-Paragraphen dem Bildschirm oder Drucker zugeordnet sein, z.B. CONSOLE IS BILDSCHIRM bzw. für den Drucker PRINTER IS DRUKKER. Beim Zusatz WITH NO ADVANCING wird der Text an der aktuellen Cursorposition ausgegeben. Fehlt der Zusatz, wird der Text in eine neue Zeile geschrieben. Für den EXCEPTION-Zusatz gelten die gleichen Regeln wie beim ACCEPT-Befehl.

Beispiel:

```
DISPLAY "Bitte Drucker einschalten" UPON BILDSCHIRM.
```

Ausgabe auf dem Systemdrucker:

```
DISPLAY "Feierabend, wir gehen nach Hause" UPON DRUCKER.
```

Format-2 für die Bildschirmausgabe:

```
DISPLAY Bildname  [AT Ganzzahl / Datenname]
[END-DISPLAY]
```

Beispiel:

```
DISPLAY BILD01.
```

Ein in der SCREEN SECTION definiertes Bild wird ausgegeben. Mit AT kann die Startposition für die linke obere Ecke des Bildes festgelegt werden. Dies ist nur sinnvoll, wenn in der Bildbeschreibung mit relativer Adressierung (LINE +/- N) gearbeitet wird.

Auf dem Bildschirm werden alle Felder des Bildes angezeigt, die einen VALUE-Zusatz haben oder bei denen über FROM oder USING Variablen angegeben sind. Hat ein Bildfeld nur den TO-Zusatz, dann werden auf dem Bildfeld in dem entsprechenden Eingabefeld Punkte (».«) ausgegeben. Das PROMPT-Zeichen wird in der ADISCTRL-Tabelle festgelegt.

Format-3:

```
DISPLAY Datenname-1 / Literal-1  AT Ganzzahl-2 / Datenname-2
     [UPON CRT] [MODE IS BLOCK]
     [ WITH    BELL oder BEEP
               BLINK
               HIGHLIGHT
               LOWLIGHT
               REVERSE-VIDEO
               UNDERLINE
               OVERLINE
               LEFTLINE
               GRID
               FOREGROUND-COLOR
               BACKGROUND-COLOR
               BLANK SCREEN / LINE
               ERASE EOS / EOL
               SIZE IS Ganzzahl-2 / Datenname-2
               CONTROL IS Datenname]
    [ON EXCEPTION Befehlsfolge-1]
    [NOT ON EXCEPTION Befehlsfolge-2]
[END-DISPLAY]
```

Beispiel:

```
DISPLAY "ALLER ANFANG IST SCHWER" AT 0110 WITH HIGHLIGHT,
          BLANK-SCREEN
```

Die Positionsangaben können alternativ im Microsoft-Cobol-Dialekt oder Ryan-McFarland-Dialekt gemacht werden. Es müssen dann die Übersetzungsschalter /MS"2" oder /RM gesetzt werden. In Microsoft Cobol gilt:

```
DISPLAY ( Zeile, Spalte) Datenname-1 / Literal-1 ...
```

Beispiel:

```
DISPLAY ( 1, 10 ) "ALLER ANFANG IST SCHWER" WITH HIGHLIGHT,
          BLANK-SCREEN
```

Folgende Regeln sind zu beachten:

1. *Datenname-1* muß ein elementares Datenfeld oder Gruppenfeld sein. Numerische Datenfelder sollten vor der Ausgabe in Ausgabemasken übertragen werden, da der DISPLAY sonst merkwürdige Zahlen ausgibt. Gruppenfelder sind erforderlich, wenn die Bilder mit der alten Micro-Focus-Technik in der WORKING-STORAGE SECTION beschrieben sind. In diesem Zusammenhang ist der Zusatz UPON CRT MODE IS BLOCK von Bedeutung. Die Angabe kann normalerweise entfallen.

2. Die Bildposition wird wie beim ACCEPT-Befehl mit AT angegeben, d.h. als vier- oder sechsstellige Zahl oder eine entsprechend definierte Variable. Die ersten beiden bzw. drei Stellen spezifizieren die Zeile, die beiden bzw. drei hinteren Stellen spezifizieren die Spalte.
3. Die WITH-Zusätze haben die gleiche Bedeutung wie die entsprechenden Zusätze in der SCREEN SECTION.
4. Folgende Angaben haben eine besondere Bedeutung (CURS-POS sei mit PIC 9999 definiert):

```
DISPLAY SPACE AT CURS-POS.
Löscht den Bildschirm ab der angegebenen Position bis zum Ende.
DISPLAY LOW-VALUE AT CURS-POS.
Positioniert den Cursor auf die angegebene Stelle.
DISPLAY ALL X"01" AT CURS-POS.
Löscht eine Zeile ab der angegebenen Position.
DISPLAY ALL X"02"
Löscht den gesamten Bildschirm.
```

Positionsangaben

Die Angaben werden im Microsoft-Format folgendermaßen gemacht:

```
( Zeilennummer, Spaltennummer )
```

Der Cursor wird vor der Datenausgabe auf die angegebene Stelle positioniert.

Format:

```
( LIN   [+/-   Ganzzahl-1],  COL  [+/-   Ganzzahl-2] )
```

oder

```
( Ganzzahl-3,  Ganzzahl-4  )
```

Es gelten die gleichen Regeln wie bei den Positionsangaben des ACCEPT-Befehls.

Beispiel:

```
DISPLAY (1, 1) "Überschrift" ERASE.
MOVE 5    TO LIN.
MOVE 10   TO COL.
DISPLAY (LIN, COL) "Betrag eingeben..: ".
ACCEPT (LIN, COL + 20) E-BETRAG.
ADD 1     TO LIN.
DISPLAY (LIN, COL) "Datum eingeben..: ".
```

Wenn ERASE mit Positionsangaben angegeben ist oder die Positionsangaben im vorhergehenden DISPLAY-Befehl stehen, wird der Bildschirm ab dieser Position bis zum Ende gelöscht. Die Startposition des Cursors im nächsten DISPLAY ist die im DISPLAY mit ERASE vorgegebene Position oder die Position, in der der Cursor im vorhergehenden DISPLAY-Befehl zurückgelassen wurde. Wenn ERASE ohne Positionsangaben angegeben wird und bis dahin auch in keinem vorhergehenden DISPLAY-Befehl Positionsangaben gemacht wurden, dann passiert nichts.

Die Technik der Positionierung mit dem AT-Zusatz soll an einem Beispiel demonstriert werden:

```
01   CURS-POS.
 05  CURS-ZEILE      PIC 999 VALUE ZERO.
 05  CURS-SPALTE     PIC 999 VALUE ZERO.
 PROCEDURE DIVISION.
     DISPLAY SPACE AT 0101.
     MOVE  5   TO  CURS-ZEILE.
     MOVE  10  TO  CURS-SPALTE.
     DISPLAY "Micro Focus Technik" AT CURS-POS.
     ADD 1     TO  CURS-ZEILE.
     IF CURS-ZEILE GREATER 22
          PERFORM UNTERPROGRAMM
     END-IF.
     DISPLAY "Bildzeile ", CURS-ZEILE AT CURS-POS.
     ADD 20 TO CURS-SPALTE.
     DISPLAY "Bildspalte ", CURS-SPALTE AT CURS-POS.
```

Für die Zusätze ON EXCEPTION, NOT ON EXCEPTION, die ab Cobol-85 zulässig sind, gelten die gleichen Regeln wie beim ACCEPT-Befehl. Die Befehlsfolge-1 wird ausgeführt, wenn der DISPLAY nicht ausgeführt werden kann, weil z.B. das Terminal nicht angesprochen werden kann.

17.4 Bildgestaltung

Die Eingabe- und Ausgabebilder sind so zu gestalten und mit Erläuterungstexten zu versehen, daß »sachverständige Dritte« mit den Programmen arbeiten können. Der Bediener soll durch die Bilder bei seiner Arbeit unterstützt werden. Falsche Eingaben müssen korrigiert werden können. Fehlerhafte Eingaben sind mit Erläuterungen abzuweisen.

Ein Bildschirmbild sollte generell folgenden Aufbau haben.

Der *Bildkopf* sollte ca. 2 bis 4 Zeilen umfassen und folgende Angaben enthalten:

Tätigkeit	Z.B. Verwalten der Artikeldaten, Erfassen der Rechnungseingänge

Programmname	Z.B. FIBU10; die Programmnamen sollten in einem Unternehmen nach bestimmten Regeln vergeben werden und eindeutig sein. Der Programmname kann bei einem Fehler dem zuständigen Programmierer mitgeteilt werden, damit der Fehler schnell lokalisiert und behoben werden kann.
Bildname	Die Bilder eines Programms sollten einen eindeutigen Namen erhalten. Das erleichtert die Fehlersuche und Programmänderungen.
Tagesdatum	zur Dokumentation
Benutzeridentifikation	Bei Mehrplatzsystemen sollte die Benutzeridentifikation angezeigt werden, damit die Berechtigung des Bildschirmbedieners überprüft werden kann.

```
BILDKOPF
---------------------------------------------------------------
BILDRUMPF für Datenein- und -ausgaben;
Arbeitsbereich für den Benutzer
---------------------------------------------------------------
BILDFUSS für Systemmeldungen, Fehlermeldungen und
Steuerungseingaben
```

Der *Bildrumpf* enthält die Eingabe- und Ausgabedaten für den Benutzer. Alle Daten sollten durch Texte erläutert werden, so daß der Bediener ohne Schwierigkeiten arbeiten kann. Der Programmierer sollte bei der Dialoggestaltung nie vergessen, daß der spätere Benutzer des Programms in der Regel kein EDV-Experte ist. Der Bildrumpf umfaßt ca. 20 Zeilen.

Der *Bildfuß* enthält Programm- und Betriebssystemmeldungen, die wenig oder keine Reaktion durch den Bediener erfordern, z. B. Fehlermeldungen bei falschen Eingaben, Programmendemeldungen oder Aufforderungen, eine bestimmte Auswahltaste zu drücken.

Die Bildschirmbilder eines Programmsystems sollten vor der Programmerstellung entworfen werden. Für den Entwurf der Bilder stehen in der Regel Formulare zur Verfügung, die die Besonderheiten eines speziellen Terminals berücksichtigen.

Alle Eingabedaten müssen normalerweise im Programm vor der Verarbeitung geprüft werden. Diese Plausibilitätsprüfungen der Eingabedaten sind häufig aufwendiger zu programmieren als die eigentliche Verarbeitung der Daten. In Cobol nimmt das Ein-/Ausgabesystem dem Programmierer bereits viele Prüfungen ab.

Anmerkung: *Nach den SAA-Richtlinien von IBM (System Application Architecture = System-Anwendungs-Architektur) wird der Bildschirm anders aufgeteilt. Der Bediener wählt aus Kopfmenüzeilen, Pop-up- und Pull-down-Menüs die Programmfunktionen aus. Ab Cobol 4.5 wird diese Technik auch unterstützt. Dazu kann die ADISCTRL-Tabelle dynamisch im Programm angepaßt und die Mausunterstützung aktiviert werden. Da diese Technik aber erheblich mehr Programmieraufwand erfordert, soll auf eine Darstellung verzichtet werden. NetExpress Cobol geht über den Standard hinaus und unterstützt grafische Bedieneroberflächen, wie sie in Windows eingesetzt werden, inklusive Symbolleisten, Mausbedienung u. a.m.*

ÜBUNGEN

Aufgabe 1:

Welche Bedeutung haben die Zusätze

```
FROM
TO
USING
```

in der Bildbeschreibung der SCREEN SECTION?

Aufgabe 2:

Ist die Anweisung »ACCEPT BILDI« zulässig? Mit der Anweisung soll ein Wert für E-ZAHL eingelesen werden.

```
WORKING-STORAGE SECTION.

    05 E-ZAHL          PIC S9(5)V99 COMP-3 VALUE ZERO.
SCREEN SECTION.
01   BILDI.
 05  E-FELD.
  10 LINE 5 COL 3      PIC ZZ.ZZ9,99- TO E-ZAHL.
PROCEDURE DIVISION.
       ACCEPT BILDI.
```

Aufgabe 3:

Mit welchen Befehlen kann der Bildschirm ganz oder teilweise gelöscht werden?

Aufgabe 4:

Welche Bedeutung hat der ESCAPE KEY im Format-4-ACCEPT?

Aufgabe 5:

Beschreiben Sie das Datenerfassungsbild für die Eingabe der Stundenerfassungsdatei (Übung in Kap. 12) in der SCREEN SECTION, und geben Sie die entsprechenden DISPLAY- und ACCEPT- Befehle an.

```
Leistungsdatenerfassung                    PROGXX
--------------------------------------------------
     Kostenstelle ..........:
     Kostenart .............:
     Auftrags-Nr ...........:
     Datum .................:
     gearbeitete Stunden ...:
     Stundenlohn ...........:
--------------------------------------------------
     Weitere Eingaben J/N __
```

Das Bild ist nicht maßstabsgerecht dargestellt.

Aufgabe 6:

Wie wird in Cobol die Länge des Eingabefeldes auf dem Bildschirm begrenzt?

LÖSUNGEN

Aufgabe 1:

Der Zusatz FROM bei einem elementaren Datenfeld bewirkt, daß bei der Ausgabe des Bildes mit DISPLAY der Inhalt des über FROM bezeichneten Datenfeldes an der angegebenen Position angezeigt wird. Dabei wird das Datenfeld entsprechend der PIC-Maske aufbereitet. Beim Einlesen des Bildes mit ACCEPT wird der Inhalt des Bildfeldes in das über TO angegebene Datenfeld übertragen.

Beim Zusatz USING wird der Inhalt des bezeichneten Datenfeldes als Vorgabewert auf dem Bildschirm angezeigt. Der Bediener kann diesen Wert durch Drücken der [↵]-Taste akzeptieren oder überschreiben. Nach Beendigung der Eingabe steht der Vorgabewert oder der neu eingetippte Wert in dem über USING bezeichneten Datenfeld.

Aufgabe 2:

Die Datenbeschreibung, die SCREEN SECTION und der ACCEPT-Befehl sind richtig. Die Druckmaske in BILDI für den Eingabewert beeinflußt die Darstellung der eingetippten Zahl auf dem Bildschirm. Bei der Übertragung in E-ZAHL, die über den Zusatz TO veranlaßt wird, wird vom Ein-/Ausgabesystem beim Bildschirmfeld (Sendefeld) die numerische Datenbeschreibung PIC S9(5)V99 unterstellt.

Aufgabe 3:

Der Bildschirm wird vollständig gelöscht

a) durch den Zusatz BLANK SCREEN in der Bildbeschreibung der SCREEN SECTION.

b) durch den Befehl DISPLAY (1, 1) ERASE
oder DISPLAY SPACE AT 0101
oder DISPLAY ALL X"02"
oder DISPLAY" " AT 0101 WITH BLANK SCREEN

Teile des Bildschirms können gelöscht werden durch die Angaben

a) BLANK LINE in der SCREEN SECTION bzw. DISPLAY WITH BLANK LINE,
Löschen einer Bildschirmzeile ab der aktuellen Cursorposition,
DISPLAY ALL X"01« AT 1020,
Löschen der Zeile 10 ab der angegebenen Position 20.

b) DISPLAY (Zeile, Spalte) ERASE
oder DISPLAY SPACE AT 1020,
Löschen des Bildschirms ab der angegebenen Position bis zum Ende.

Soll nur ein einzelnes Bildfeld gelöscht werden, muß SPACE oder ZERO in das Feld übertragen werden, bevor es mit DISPLAY auf dem Bildschirm ausgegeben wird.

Aufgabe 4:

Der ESCAPE KEY wird vom Cobol-Ein-/Ausgabesystem bei der Beendigung eines Format-3- oder Format-4-ACCEPT-Befehls gesetzt. Der ESCAPE KEY kann im Programm abgefragt werden, um festzustellen, welche Taste getippt wurde. Wird der ACCEPT normalerweise durch Drücken der [↵]-Taste beendet, steht im ESCAPE KEY 00.

Wird der ACCEPT-Befehl durch die [Esc]-Taste oder eine Funktionstaste beendet, steht im ESCAPE KEY 01 bzw. 02 – nn.

Aufgabe 5:

Die Datenbezeichnungen sind mit der Lösung in Kap. 12 bzw. 29 abgestimmt.

```
DATA DIVISION.
 ....
```

Beschreibung der Stundenerfassungsdatei F6-STUNDEN-DATEI (siehe Übung in Kap. 12):

```
WORKING-STORAGE SECTION.
01   HILFSFELDER.
 05  W-AKZ          PIC X VALUE SPACE.
 05  S-STRICH       PIC X(79) VALUE ALL  "-".
 SCREEN SECTION.
01        BILD01.
```

```
 05      LINE 1  COLUMN 1 BLANK SCREEN.
 05      B1-KOPF.
  10     LINE 1 COLUMN 5  HIGHLIGHT VALUE
         "Leistungsdatenerfassung      PROGXX".
  10     LINE    PIC X(80) FROM S-STRICH.
 05      B1-EING.
  10     LINE 4 VALUE "Personal-Nr ............:".
  10       B1-PERS-NR  COLUMN 30    PIC X(4) TO F6-PERS-NR.
  10     LINE  VALUE "Kostenstelle ...........:".
  10       B1-KOST   COLUMN 30    PIC X(6) TO F6-KOSTSTELLE.
  10     LINE VALUE  "Kostenart ..............:".
  10       B1-KOART  COLUMN 30    PIC X(4) TO F6-KOSTEART.
  10     LINE  VALUE "Auftrags-Nr ............:".
  10       B1-AUFTR  COLUMN 30    PIC X(6) TO F6-AUFTR-NR.
  10     LINE  VALUE  "Datum ..................:".
  10       B1-DATUM  COLUMN 30    PIC 99.99.99  USING F6-DATUM.
  10     LINE VALUE   "gearbeitete Stunden.....:".
  10       B1-STD    COLUMN 30    PIC ZZ9,99- TO F6-STD.
  10     LINE  VALUE  "Stundenlohn ............:".
  10       B1-LOHN  COLUMN 30    PIC ZZ9,99 TO F6-STD-LOHN.
  10     LINE  VALUE "----------------------------------------".
01       SYSBILD.
 05      LINE 23 COLUMN 1    PIC X(80) FROM S-STRICH.
 05      LINE    COLUMN 10   VALUE  "Weitere Eingaben (J/N): ".
 05          COLUMN 37   PIC X  TO W-AKZ AUTO.
PROCEDURE DIVISION.
     .....
EINGABE SECTION.
EIN01.
    DISPLAY BILD01.
    ACCEPT BILD01.
    ...
*** Verarbeitung der Daten
    ...
    DISPLAY SYSBILD.
    ACCEPT SYSBILD.
    IF W-AKZ = "J"
       GO TO EIN01.
     ...      ...
EIN90.
   EXIT.
```

Das Schreiben der Datei ist vernachlässigt.

Erläuterung

Das Bild ist in den Bildkopf und den Erfassungsteil aufgeteilt. Die Bildnamen bei einzelnen Eingabefeldern (B1-PERS-NR usw.) erlauben es, auch einzelne Datenfelder aus dem kompletten Bild einzulesen. Dies ist bei Korrekturen einzelner Werte nützlich. Mit ACCEPT-B1-PERS-NR wird aus dem Bild nur die Personal-Nr. eingelesen. Alternativ kann der Cursor mit Hilfe der CURSOR IS-Angabe auf ein bestimmtes Eingabefeld positioniert werden.

Das Druckaufbereitungsfeld bei dem Datum bewirkt, daß bei der Eingabe Punkte zur Verbesserung der Lesbarkeit in das Datum eingeblendet werden. Durch die USING-Angabe kann das Datum aus dem Vorgängersatz als Vorgabewert angezeigt und damit der Erfassungsaufwand reduziert werden.

Durch den Zusatz AUTO in der Systemzeile beim Feld W-AKZ braucht die [↵]-Taste zur Beendigung der Eingabe nicht betätigt zu werden.

Aufgabe 6:

Die Länge des Eingabefeldes auf dem Bildschirm wird automatisch vom Cobol-Ein-/Ausgabesystem begrenzt. Cobol akzeptiert nur so viele Eingabezeichen, wie in der PIC-Eintragung des Eingabefeldes angegeben sind. Mehr Zeichen werden nicht akzeptiert. Der Cursor bleibt am Ende des Eingabefeldes stehen, bis die [↵]-Taste oder eine Funktionstaste zur Beendigung der Eingabe betätigt wird.

Kapitel 18

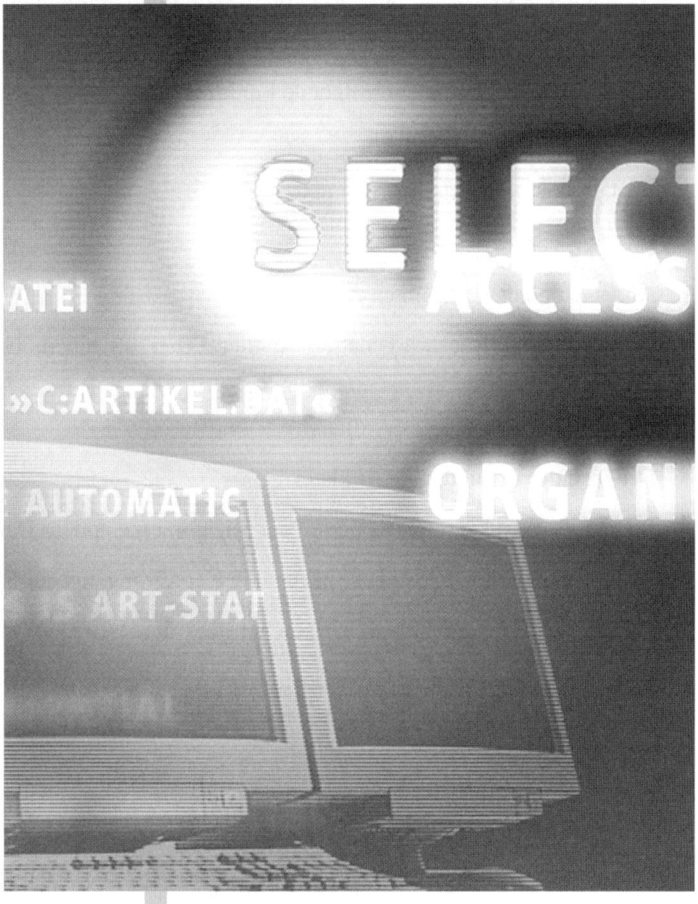

Dialogprogramm für die Verwaltung einer indexsequentiellen Datei

18.1 Aufgabenstellung

Die Problematik und Technik von Dialogprogrammen soll an einem Beispiel erläutert werden. Die bereits bekannte Artikeldatei soll in einem Programm im Dialog angelegt und verwaltet werden. Die Datei ist indexsequentiell gespeichert, dies verlangt bestimmte Lösungstechniken. Das Programm soll folgende Funktionen abdecken:

- Zugänge von neuen Artikeln
- Ändern von vorhandenen Artikeldaten
- Löschen von Artikeln
- Anzeigen eines bestimmten Artikels
- Vorwärts- und Rückwärtsblättern in der Datei ab einem beliebigen Artikel für das Suchen eines Artikels
- Drucken der Daten eines Artikels
- Drucken der gesamten Artikeldatei
- Sichern der Artikeldatei (Kopieren der Sätze in eine andere Datei)
- Wiederaufbau der Artikeldatei nach einer Zerstörung aus der Sicherungsdatei

Der Zugriff und das Suchen sollen sowohl über die Artikelnummer als auch die Bezeichnung möglich sein.

PROGRAMMKURZBESCHREIBUNG	
Verwendung:	Beispielprogramm für Dialogverarbeitung
Programmidentifikation:	ARTVER
Programmbezeichnung:	Verwaltung der Artikeldatei
Eingaben:	Artikeldaten Artikelsicherungsdatei in der Version -Wiederaufbau-
Ausgaben:	Artikelliste Artikelsicherungsdatei in der Version -Sicherung- Artikeldatei in den Programmversionen -Erstlauf- u. -Wiederaufbau-
Ein-/Ausgaben:	Artikeldatei in der Programmversion -Verwaltung-
Bildschirmbilder:	Anmeldebild Auswahlbild Erfassungs- und Anzeigebild für die Artikeldaten Abstimmbild für Sicherung/Wiederaufbau Programmeldungen

Aufgabenstellung

Verwaltung der Artikeldatei im Dialog am Bildschirmterminal. Die Artikeldaten sollen über den Schlüssel *Artikelnummer* oder die Artikelbezeichnung neu angelegt, angezeigt, geändert und gelöscht werden können. Die Artikeldaten sollen wahlweise auf dem Drucker einzeln oder insgesamt protokolliert werden können.

Der Benutzer soll an einem beliebigen Punkt in der Datei aufsetzen und die Datei in alphabetischer oder Nummernfolge vorwärts oder rückwärts durchblättern können.

Die Datei soll auf Anforderung gesichert werden, damit bei einer Zerstörung des Datenbestandes auf die Sicherungsdateien zurückgegriffen werden kann.

Die Artikeldatei soll auf Anforderung aus der Sicherungsdatei wieder aufgebaut werden.

Die Artikeldatei hat folgenden Aufbau:

```
DATEIBESCHREIBUNG
Verwendung:             Beispiel für Dialogprogramm
Dateiidentifikation:    ARTIKEL.ISA
Dateibezeichnung:       Artikeldatei
Ordnungsbegriffe:       Artikelnummer
RECORD KEY:             Artikelnummer + Satzart
Alternative Schlüssel:  Artikelbezeichnung;
                        Erlöskonto + Mehrwertsteuerschlüssel
COPY-Namen:       F2SEL.COB, F2FD.COB
Satzform:         Satzlänge:          Satzanzahl:
fix               100 Byte            30
Datenträger:      Speicherungsform:   Speicherumfang:
Platte            ISAM                6 Kbyte
FELDDEFINITIONEN
-----------------------------------------------------------------
Feld-  Symb.-   Bezeichnung   Länge Art  Erläuterung
Nr.    Name
-----------------------------------------------------------------
 1     siehe    Löschkenn-               »0«: Satz OK
       Pro-     zeichen         1   AN   »1«: Satz nicht OK
 2     gramm    Artikel-Nr      4   AN   RECORD KEY
 3              Satzart         2   AN     "     "
 4              Bezeichnung    20   AN   ALTERNATE KEY
 5              Klassifikation  8   AN   siehe Schlüssel-
                                         verzeichnis
 6              Mengeneinheit   2   AN
 7              Preis je
                Mengeneinheit   5   NP   S9(7)V99
```

```
8             MwSt-Schl.      2  AN  Mehrwertsteuer-
                                     schlüssel (siehe
                                     Schlüsselverzeichnis)
9             Erlöskonto      4  AN
10            Rabattschl.     2  AN  siehe Schlüssel-
                                     verzeichnis
11            Jahresum-
              satz            6  NP  S9(9)V99
12            Datum letzter          Format: TTMMJJJJ
              Umsatz          8  N
13            Reserve        36  AN
---------------------------------------------------------------
AN = alphanumerisch  N = numerisch   NP = numerisch gepackt
```

Der Klassifikationsschlüssel kann in jedem Unternehmen beliebig festgelegt werden.

Beispiel:

```
1... = Lebensmittel
11.. = Obst u. Gemüse
111. = Südfrüchte
1111 = Orangen
1112 = Zitronen
1113 = Sonstiges
112. = deutsches Obst
12.. = Konserven
121. = Suppen
122. = Gemüsekonserven
13.. = Getränke
```

usw.

```
2... = Elektrogeräte
21.. = Kühlschränke
22.. = Stereoanlagen
```

usw.

Der Schlüssel soll in dem Beispielprogramm nicht geprüft und verarbeitet werden. Das gleiche gilt für den Mehrwertsteuerschlüssel und den Rabattschlüssel.

18.2 Entwurf der Ein- und Ausgaben

Die Artikelliste enthält alle Datenfelder des Satzes. Sie soll folgendes Aussehen erhalten (aus technischen Gründen ist die Liste nicht maßstabsgerecht dargestellt):

```
 A R T I K E L L I S T E       VOM: 10.02.91         SEITE: 1

KLASSIFI ME PREIS/ME MWST-SCHL ERL-KONT RABATT DAT-LE-UMS JA-UMS
---------------------------------------------------------------
Artikel: 1234 BASF Diskette 3 1/2 "
3112     St    6,80     11       8443     20   10.02.1997  680,00
Artikel: 2222 Scotch Diskette 3 1/2 "
3112     St    7,50     11       8433     21   05.01.1997  970,00
usw.
```

Die Bildschirmbilder des Programms werden ebenfalls vor der Programmerstellung entworfen. Sie sind aus Platzgründen nicht maßstabsgerecht dargestellt.

Anmeldebild

```
ARTVER/01  ** ARTIKEL-DATEIVERWALTUNG ** ANMELDUNG **  17.02.98
------------------------------------------------------------

    Bitte geben Sie Ihre Identifikation ein :

         Name................:

         Berechtigungscode...:

-----------------------------------------------------------
FALSCHER BENUTZERCODE  RETURN = WEITER
```

Nach dem Starten des Programms muß sich der Benutzer anmelden. Der Name erscheint nach der Eingabe in jedem Bildkopf, damit geprüft werden kann, ob der richtige Bediener am Terminal sitzt. Die Berechtigungscodes sind programmintern in einer Tabelle gespeichert. Der eingetippte Code muß mit einem zugelassenen Code übereinstimmen. Wird ein unzulässiger Code eingetippt, wird die Fehlermeldung in der Systemzeile ausgegeben, und der Benutzer muß den Programmlauf durch Drücken der [↵]-Taste wieder freigeben.

Nach der Anmeldung erscheint ein Auswahlbild, in dem der Benutzer eine Programmfunktion auswählen muß.

Auswahl- oder Menübild

```
ARTVER/10  ** ARTIKEL-DATEIVERWALTUNG * -Hauptmenü-   17.02.98
---------------------------------------------------Asterix

     E = ENDE
     1 = Erstlauf (Neuanlegen der Datei)
     2 = Verwaltung (Zugänge, Änderungen, Löschungen)
     3 = Gesamtdruck der Artikelliste
     4 = Sicherung der Datei auf Diskette
     5 = Wiederaufbau der Datei von der Sicherungsdisk

-----------------------------------------------------------
     AUSWAHL.: _
-----------------------------------------------------------
 FALSCHES AUSWAHLZEICHEN RETURN = WEITER
```

Die Fehlermeldung wird selbstverständlich nur bei falschen Eingaben eingeblendet.

Die Programmfunktionen bedeuten im einzelnen:

Erstlauf
: Die Artikeldatei wird zum ersten Mal aufgebaut. Dieser Lauf ist bei indexsequentiellen Dateien aus technischen Gründen erforderlich. Die Bereiche auf der Platte werden angelegt (Index- und Datenbereich). Dabei wird unter Umständen eine bereits auf der Platte bestehende Datei überschrieben, d.h. die Daten dieser Datei sind verloren. Der Erstlauf sollte nur von autorisierten Personen durchgeführt werden.

: Beim Erstlauf müssen die Daten nach der Artikelnummer sortiert eingegeben werden.

Verwaltung
: Zu der mit dem Erstlauf aufgebauten Datei können Zugänge, Änderungen, Löschungen eingegeben werden, einzelne Datensätze können angezeigt bzw. gesucht werden.

Gesamtdruck
: Der Inhalt der Artikeldatei kann in der oben entworfenen Liste auf dem Drucker ausgegeben werden.

Sicherung
: Der Inhalt der Artikeldatei kann in eine Sicherungsdatei kopiert werden. Dieser Sicherungslauf sollte vor jeder Veränderung durchgeführt werden. In der Sicherungsdatei stehen die Artikelsätze sequentiell, sortiert nach der Artikelnummer.

Wiederaufbau der Datei

Nach einer Zerstörung der Datei kann die Datei wieder aus der Sicherungsdatei aufgebaut werden. Da die Datei dabei sortiert nach der Artikelnummer aufgebaut wird, ist dieser Wiederaufbau gleichzeitig eine Reorganisation der Datei. Indexsequentielle Dateien müssen nach vielen Änderungen und Zugängen aus technischen Gründen reorganisiert werden, um akzeptable Zugriffszeiten zu den einzelnen Datensätzen zu erreichen. In vielen Betriebssystemen stehen Hilfsprogramme für die Sicherung und Reorganisation zur Verfügung. Da diese Programme jedoch nicht ohne Systemkenntnisse vom Benutzer eingesetzt werden können, sind diese Funktionen in das Verwaltungsprogramm aufgenommen worden.

Nach der Auswahl in diesem sogenannten Menübild erfolgt im Programm der Aufruf der entsprechenden Programmteile.

Vor dem Erstlauf wird ein Hinweis ausgegeben, daß eine existierende Artikeldatei überschrieben wird. Der Benutzer kann den Erstlauf nach dieser Meldung unterbrechen.

```
ARTVER/20    ** ARTIKELVERWALTUNG ** -ERSTLAUF-       17.02.98
--------------------------------------------------Asterix

    ** ACHTUNG ** DIE ARTIKELDATEI WIRD ÜBERSCHRIEBEN

      Erstlauf bzw. Wiederaufbau durchführen  J/N: N
```

Für den Aufbau und die Verwaltung der Artikeldatei wird ein Bildschirmbild verwendet, in dem im Bildkopf die jeweilige Tätigkeit angegeben ist.

```
ARTVER/30  ** ARTIKELDATEIVERWALTUNG ** *ERSTLAUF**     17.02.98
-------------------------------------------------Asterix

  Bitte Artikel-Nr. oder Bezeichnung als Suchbegriff eingeben
  Artikel-Nr.: _____  Bezeichnung: ________________________

      Artikel-Nr..............:         ** ZUGANG **

      Bezeichnung.............:
      Klassifikation..........:
      Mengeneinheit...........:
      Preis / Mengeneinheit...:
      MWST-Schl...............:
      Erlöskonto..............:
      Rabatt-Schl.............:
      Jahresumsatz............:
      Datum letzter Umsatz....:

 ------------------------------------------------------------
 Speichern Korrektur NeuerArtikel Drucken VorBlätter RückBlätter
 Abbruch   Löschen   Ende                         Auswahl: _
 ------------------------------------------------------------
 Fehlermeldung      RETURN = WEITER
```

In diesem Bild werden die Daten von oben nach unten eingegeben. In dem umrahmten Fenster muß der Bediener als erstes den Ordnungs- bzw. Suchbegriff eintippen, damit das Programm prüfen kann, ob die gleichen Daten bereits erfaßt wurden. Diese Werte werden dann in den darunterliegenden Teil des Bildes kopiert. Der Cursor springt automatisch immer auf die nächste Eingabeposition. Die Eingabe kann durch Drücken der [Esc]-Taste unterbrochen werden. Sind alle Daten eingegeben, bestimmt der Benutzer in der Systemzeile die Verarbeitung der eingetippten Daten. Während der Eingabe werden im Bildfuß die Korrekturtasten erläutert.

```
ESC=EingEnde DEL=LöschZeich CTRL-X=LöFeld ↓ =nächFeld ↑ =Feldzurck
F1 =Hilfe    F2 =Kopieren
```

Mit der Taste [↓] oder der [↵]-Taste wird die Eingabe in ein Bildfeld beendet. Mit der Taste [↑] kann in das vorhergehende Eingabefeld zurückgesprungen werden, um Korrekturen vorzunehmen. Mit der Funktionstaste [F1] kann der Bediener Hilfstexte abrufen. Sie können im rechten Teil des Erfassungsbildes eingeblendet werden. Die Hilfefunktion ist im nachfolgenden Programm aus Platzgründen nicht realisiert. In Kapitel 20.10 finden Sie ein Programm für die Bearbeitung von Hilfefenstern in Cobol. Mit der Funktionstaste [F2] können die Daten des Vorgängersatzes als Vorgabewerte in das Bild kopiert werden, um den Erfassungsaufwand bei ähnlichen Daten zu vermindern.

Beim Erstlauf müssen die Artikelsätze in aufsteigender Nummernfolge eingetippt werden. Alle Sätze sind Zugänge. Beim Verwaltungslauf, d.h. wenn die Datei existiert, wird der Inhalt des Datensatzes automatisch angezeigt, wenn die eingetippte Artikelnummer oder Bezeichnung bereits in der Datei gespeichert ist. Die Sätze können in beliebiger Reihenfolge eingetippt werden. Im Verwaltungslauf kann der Bediener wahlweise die Artikelnummer oder Bezeichnung als Suchbegriff, d.h. Zugriffsschlüssel, eingeben. Das nicht benutzte Schlüsselfeld kann er mit der [↵]-Taste überspringen. Werden beide Suchbegriffe eingegeben, hat die Artikelnummer den Vorrang. Sind zur eingegebenen Bezeichnung mehrere Sätze im Bestand, erfolgt ein Hinweis in der Systemzeile. Der Benutzer kann vorwärts und rückwärts durch den Bestand blättern, bis er den gewünschten Artikel findet. Er kann das zu ändernde Feld mit den Cursortasten ansteuern und den alten Inhalt überschreiben. Die Artikelnummer kann als Primärschlüssel nicht geändert werden. Bei einem Zugang, d.h. wenn die Artikelnummer noch nicht im Bestand ist, erfolgt ein Hinweis im Erfassungsbild. Der Bediener muß alle Daten neu eingeben oder mit der [F2]-Kopiertaste aus dem Vorgängersatz übernehmen. Ist das letzte Eingabefeld gefüllt, oder wird die [Esc]-Taste betätigt, erscheint die horizontale Menüzeile, in der der Bediener die Verarbeitung der Daten bestimmt.

Bei »Speichern« wird der angezeigte Datensatz in die Artikeldatei geschrieben. Bei »Korrektur« können die einzelnen Datenfelder, ausgenommen die Artikelnummer, verändert werden. Der Cursor springt auf das erste Eingabefeld. Bei »NeuerArtikel« kann der Bediener einen neuen Suchbegriff im Eingabefenster eintippen und damit die Verarbeitung des nächsten Satzes einleiten. Bei »Drucken« wird der angezeigte Datensatz auf dem Drucker ausgegeben. Bei »VorBlättern« wird der nächste Satz, aufsteigend nach Artikelnummmer oder Bezeichnung, angezeigt. Die Reihenfolge bestimmt der Bediener durch die Eingabe des Suchbegriffs. Bei »RückBlättern« wird der Vorgängersatz analog dem Vorwärtsblättern angezeigt. Bei »Abbruch« wird die Bearbeitung des angezeigten Satzes beendet, und der Bediener kann eine andere Funktion aufrufen. Bei der Auswahl »Löschen« wird der angezeigte Satz aus dem Datenbestand entfernt. Bei »Ende« wird zum Hauptmenü verzweigt.

Die Fehlermeldung wird ausgegeben, wenn falsche Daten eingetippt wurden. Durch Drükken der [↵]-Taste muß der Bediener die Meldung quittieren und den Programmlauf wieder freigeben.

Bei der Sicherung und beim Wiederaufbau der Datei werden folgende Bilder angezeigt:

Bedienerhinweis

```
ARTVER/40 ** ARTIKEL-DATEIVERWALTUNG ** SICHERUNG **  17.02.98
-------------------------------------------------Asterix


     Bitte Sicherungsdiskette einlegen,
     danach eine Taste zur Freigabe tippen
```

Kontrollbild

```
ARTVER/50 ** ARTIKEL-DATEIVERWALTUNG ** SICHERUNG **  17.02.98
-------------------------------------------------Asterix


    ANZAHL DER GELESENEN SÄTZE.... : 999
    ANZAHL DER GESCHRIEBENEN SÄTZE : 999
```

Die Anzahl der gelesenen und geschriebenen Sätze wird angezeigt, damit die Vollständigkeit der Übernahme kontrolliert werden kann.

Die Bilder werden in der SCREEN SECTION des Programms beschrieben bzw. mit dem COPY-Befehl in das Programm geholt. Bei der Beschreibung der Bilder werden verschiedene Möglichkeiten der Bilddefinition gezeigt.

18.3 Programmbeschreibung

Der programmtechnische Lösungsweg soll in einer tabellarischen Übersicht dargestellt werden. Die Form weicht von Nassi-Shneidermann-Diagrammen ab, da diese Diagramme für eine maschinell erstellte Dokumentation nicht geeignet sind. N.-S.-Diagramme entwickeln sich horizontal, dadurch ist die Darstellungsmöglichkeit auf dem Papier durch den Papierrand begrenzt. Werden in ein N.-S.-Diagramm nachträglich neue Fälle in die CASE-Struktur oder neue Auswahlbedingungen aufgenommen, muß unter Umständen das ganze Diagramm neu gezeichnet und geschrieben werden. Die Nassi-Shneidermann-Diagramme sind daher für eine wirtschaftliche Programmdokumentation schlecht geeignet. Sie sind ein wertvolles Hilfsmittel in der Phase der manuellen Programmkonzeption.

In der gewählten Programmdokumentation wird der Ablauf wie im Programmablaufplan von oben nach unten beschrieben. Das Programm wird verbal in Umgangssprache erläutert.

Das Programm ist nach dem Modell der strukturierten Programmierung aufgebaut. Die einzelnen Programmteile werden aus Steuerblöcken aufgerufen. Ein Modul ist ein abgeschlossener Programmteil oder ein Unterprogramm mit einem Einsprung- und einem Endpunkt. Ein Modul kann mit einem PERFORM-, CALL- oder CHAIN-Befehl aufgerufen werden. Aus einem Modul kann ein anderes Modul aufgerufen werden. Aus dem Modul wird über den Endpunkt wieder zurück in das übergeordnete Modul gesprungen. Einfache Sprungbefehle (GO TOs) dürfen nur innerhalb eines Moduls ausgeführt werden.

Anmerkung: *Die Aufteilung der Aufgabenstellung auf mehrere selbständige Programme ist möglich und sinnvoll. Da diese Technik bisher nicht behandelt wurde, sind alle Bearbeitungsschritte in ein Programm gepackt. Die Technik der Programmaufteilung, Programmüberlagerung, des dynamischen Ladens und Löschens von Programmen und Programmteilen aus dem Speicher wird in Kapitel 20 behandelt.*

Verarbeitungsbeschreibung

Programmname: ARTVER
Verwendung: Artikeldateiverwaltung

Modul/ Marke	Verarbeitung	Unter-modul	Sprung-ziel
A100	Steuerblock		
	Vorlauf	VORL01	
A110	Anzeigen Hauptmenübild		
	Auswahlzeichen einlesen		
	Auswahlzeichen prüfen		
	Fehler?		
	J neue Eingabe		A110
	N -		
	Auswahlzeichen =		
	E Ende		A900
	1 Erstlauf	ERSTLAUF	
	2 Verwaltung der Datei	VERWALTUNG	
	3 Gesamtdruck der Datei	GESDRU	
	4 Sichern der Datei	SICHERUNG	

Modul/ Marke	Verarbeitung	Unter-modul	Sprung-ziel
	5 Wiederaufbau der Datei	AUFBAU	

A900	Endverarbeitung Programmende	END01	
VORL01	Allg. Vorlauf Einlesen konstante Werte Einlesen Benutzeridentifikation Prüfen Benutzeridentifikation	BENPRUEF	
	Fehler?		

	J Ausgabe Fehlermeldung, zurück zur Eingabe	FEHLAUSG	VORL01

	N –		
	Eröffnen der Druckdatei		
VORL90	Rücksprung		
END01	Allg. Endverarbeitung Schließen der Druckdatei Ausgeben Programmendemeldung		
END90	Rücksprung		
ERSTLAUF	Aufbau der Artikeldatei Untersteuerung für Erstlauf		
	Vorlauf für Erstlauf	EVORL	
ERST100	Löschen der Schalter und Arbeitsbereiche		
ERST110	Einlesen der Daten Prüfen der Daten	EINGABE SATZ-PRUEF	
	Fehler?		

	J Zurück zur Eingabe		ERST110

Modul/ Marke	Verarbeitung	Unter- modul	Sprung- ziel
	N –		

ERST250	Ausgeben Systemzeile Auswahlzeichen einlesen Auswahlzeichen prüfen Fehler?		

	J Zurück zur Eingabe		ERST250

	N –		

	Auswahlzeichen =		

	S Satz in die Datei schreiben	SCHREIB	

	K Korrektur der Eing.-Daten		ERST110

	D Drucken der Eing.-Daten	DRU01	

	L Löschen der Eing.-Daten	LOESCH	

	N neue Daten eingeben		ERST100

	A Abbruch der Eingabe		ERST100

	E Eingabeende		ERST900

	– Zurück zur Eingabe		ERST250
ERST900	Endverarbeitung für Erstlauf Rücksprung zum Hauptmenü	E-ENDE	
ERVORL	Vorlauf für Erstlauf Prüfen, ob Datei existiert Hinweis ausgeben, daß Datei überschrieben wird Bediener Antwort einlesen Erstlauf durchführen?		

Modul/ Marke	Verarbeitung	Unter-modul	Sprung-ziel
	J –		
	N Abbruchkennzeichen setzen, Sprung zum Ende		EVORL90
ERVORL90	Artikeldatei als OUTPUT-Datei eröffnen Schalter und Arbeitsbereiche löschen Rücksprung		
EINGABE	Einlesen der Artikeldaten vom Terminal beim Erstlauf Löschen der Schalter Ausgeben Erfassungsbild Einlesen der Artikelnummer Eingabeende (ESCAPE)?		
	J Sprung zum Ende		EING90
	N –		
	Sortierfolge aufsteigend?		
	J –		
	N Ausgabe Fehlermeldung, neue Eingabe	FEHLAUSG	EINGABE
EING20	Einlesen der restlichen Daten des Artikels ESCAPE KEY =		
	00 Sprung zum Ende		EING90
	F1 Hilfstexte einblenden	FEHLAUSG	EING20
	F2 Vorgängersatz aus Zwischenspeicher kopieren, Sprung		EING20

Modul/ Marke	Verarbeitung	Unter-modul	Sprung-ziel
EING90	Rücksprung		
SCHREIB	Schreiben des Artikelsatzes beim Erstlauf (sequentiell)		
	Artikelsatz bereits geschrieben?		
	J Fehlermeldung, Sprung zum Ende	FEHLAUSG	SCHREIB90
	N –		
	Artikelsatz schreiben Kontrollmeldung ausgeben		
SCHREIB-90	Rücksprung		
E-ENDE	Endverarbeitung Erstlauf Schließen der Artikeldatei Kontrollmeldung ausgeben		
E-E90	Rücksprung		
VERWAL-TUNG	Steuerblock für die Verwaltung der Artikeldatei		
	Vorlauf für die Verwaltung	VVORL	
VER100	Löschen der Schalter, Steuer-kennzeichen, Arbeitsbereiche		
	Einlesen der Artikeldaten	VEINGABE	
VER200	Kontrollanzeige der einge-tippten Daten		
VER300	Systemzeile ausgeben Auswahlzeichen einlesen Auswahlzeichen prüfen Fehler?		
	J Zurück zur Eingabe		VER300

Modul/ Marke	Verarbeitung	Unter- modul	Sprung- ziel
	N -		
	Auswahlzeichen =		
	S Satz in die Datei schreiben	ST-SCHREIB	
	K Korrektur der Eing.-Daten	KORR	VER300
	D Drucken der Eing.-Daten	DRU01	
	L Löschen der Eing.-Daten	ST-LOESCH	
	N neue Daten eingeben		VER100
	V Vorwärtsblättern in der Datei	BLATT	VER200
	R Rückwärtsblätt. in der Datei	RUECK	VER200
	A Abbruch der Verarbeitung		VER100
	E Eingabeende		VER900
	- Zurück zur Eingabe		VER300
VER900	Endverarbeitung des Verwaltungs-laufs	V-ENDE	
VER990	Rücksprung		
VVORL	Vorlauf für die Verwaltung der Artikeldatei		
	Artikeldatei als INPUT-OUTPUT-Datei eröffnen		
	Fehler (FILE STATUS)?		
	J Fehlermeldung,	FEHLAUSG	
	Sprung zum Ende		VVORL90

Modul/ Marke	Verarbeitung	Unter- modul	Sprung- ziel
	N –		
VVORL90	Rücksprung		
VEINGABE	Dateneingabe im Verwaltungslauf		
	Ausgeben des Datenerfassungsbildes Einlesen der Artikelnummer oder Artikelbezeichnung		
	Artikel-Nr. eingegeben?		
	J Lesen der Datei (random)	LESEN	VEIN20
	N –		
	Artikelbezeichnung eingegeben?		
	J Lesen der Datei (random)	ALT-LES	
	N Sprung zur neuen Eingabe		VEINGABE
VEIN20	Satz gefunden?		
	J Sprung zum Ende		VEIN90
	N »Zugang« ausgeben		
VEIN30	Einlesen der restlichen Daten des Artikelsatzes vom Terminal Prüfen der Eingabedaten Fehler?		
	J Fehlermeldung, zurück zur Eingabe	FEHLAUSG	VEIN30
	N –		
VEIN90	Rücksprung		

Modul/ Marke	**Verarbeitung**	**Unter- modul**	**Sprung- ziel**
LESEN	Lesen der Artikeldatei (random) Aufbau des RECORD KEY Schalter »Satz gelesen« zurück- setzen Lesen Artikeldatei Satz gefunden?		

	J Schalter »Satz gelesen« setzen, Satz in Arb.-Bereich über- tragen		

	N Meldung »Zugang« ausgeben		

LES90	Rücksprung		
ALT-LES	Lesen der Artikeldatei (random) mit dem ALTERNATE KEY Aufbau des ALTERNATE RECORD KEY Schalter »Satz gelesen« zurück- setzen Lesen Artikeldatei Satz gefunden?		

	J Schalter »Satz gelesen« setzen, Satz in Arb.-Bereich über- tragen		

	N –		

ALT- LES90	Rücksprung		
ST- SCHREIB	Steuerung f. Schreiben od. Zurückschreiben		

Modul/ Marke	Verarbeitung	Unter- modul	Sprung- ziel
	Schalter »Satz gelesen« gesetzt?		
	J Satz zurückschreiben	RESCHREIB	
	N Satz schreiben	SCHREIB-	
ST- SCHREIB90	Rücksprung		
SCHREIB- DATEI	Schreiben von Zugängen (RANDOM) Schalter »Satz geschrieben« gesetzt?		
	J Fehlermeldung, Sprung zum Ende	FEHLAUSG	SCHREIBF390
	N –		
	RECORD KEY aufbauen Artikelsatz schreiben Fehler (FILE STATUS)?		
	J Fehlermeldung	FEHLAUSG	
	N –		
SCHREIBF 390	Schalter »Satz geschrieben« setzen Kontrollmeldung ausgeben Rücksprung		
RE- SCHREIB	Zurückschreiben des Artikelsatzes (RANDOM) Schalter »Satz zurückgeschrieben« gesetzt?		
	J Fehlermeldung Sprung zum Ende	FEHLAUSG	RESCHREIB90

Modul/ Marke	Verarbeitung	Unter-modul	Sprung-ziel
	N –		

	Artikelsatz zurückschreiben		
	Fehler (FILE STATUS)?		

	J Fehlermeldung	FEHLAUSG	RESCHREIB90

	N –		

	Schalter »Satz zurückgeschrieben« setzen		
RE-SCHREIB 90	Rücksprung		
ST-LOESCH	Löschen von Artikelsätzen		
	Schalter »Satz gelöscht« gesetzt?		

	J Fehlermeldung,	FEHLAUSG	
	Sprung zum Ende		ST-LOESCH90

	N –		

	Satz aus der Datei löschen (DELETE)		
	Schalter »Satz gelöscht« setzen		
	Arbeitsbereiche löschen		
ST-LOESCH90	Rücksprung		

V-ENDE	Ende der Dateiverwaltung		
	Schließen der Artikeldatei		
VEND90	Rücksprung		
KORR	Korrektur falscher Daten durch den Bediener		
	Einlesen der korrigierten Daten		

Modul/ Marke	Verarbeitung	Unter- modul	Sprung- ziel
	Pruefen der Daten	SATZ- PRUEF	
      KORR90	Fehler? --- J zurück zur Eingabe --- N – --- Übertragen der Daten in den Artikelsatz Rücksprung		 KORR
BLATT BLATT90	Blättern in der Artikeldatei Schalter »Satz gelesen« gesetzt? --- J Lesen des nächsten Artikelsatzes (READ NEXT ...) --- N Datei positionieren, zurück zum Lesen --- Rücksprung	 START- DATEI	 BLATT
RUECK RUECK90	Rückwärts blättern in der Datei Schalter »Satz gelesen« gesetzt? --- J Lesen des nächsten Artikelsatzes (READ PREVIOUS) --- N Datei positionieren, zurück zum Lesen --- Rücksprung	 START- DATEI	 RUECK
START- DATEI	Positionieren der Datei für das Blättern eingegebene Artikel-Nr. in RECORD KEY übertragen mit START aufsetzen		

Modul/ Marke	Verarbeitung	Unter- modul	Sprung- ziel
	Schalter »Satz gelesen« setzen		
START90	Rücksprung		
GESDRU	Gesamtdruck der Datei		
	Eröffnen der Artikeldatei (INPUT)		
	Zurücksetzen der Schalter,		
	Löschen der Arbeitsbereiche		
GESDRU10	Lesen der Datei		
	Dateiende?		

	J Sprung zum Ende		GESDRU80

	N –		

	Drucken des Satzinhalts	DRU01	
	Rücksprung zum Lesen		GESDRU10
GESDRU80	Schließen der Datei		
GESDRU90	Rücksprung		
DRU01	Aufbau der Druckzeile		
	Übertragen der Daten des Artikelsatzes in die Ausgabezeile		
	Schreiben der Zeile	DRUCK	
DRU90	Rücksprung		
SICHE-RUNG	Sichern der Artikeldatei		
	Vorlauf		
	Bedienerhinweis ausgeben		
	Artikeldatei eröffnen (INPUT)		
	Sicherungsdatei eröffnen (OUTPUT)		
	Satzzähler und Schalter löschen		
SICH20	sequentielles Lesen der Artikeldatei		
	Ende (AT END) ?		

	J Sprung zum Ende		SICH80

	N –		

Modul/ Marke	Verarbeitung	Unter-modul	Sprung-ziel
	Artikelsatz in Ausgabebereich übertragen		
	Artikelsatz in die Sicherungsdatei schreiben		
	Satzzähler erhöhen		
	Rücksprung zum Lesen		SICH20
SICH80	Endverarbeitung		
	Abstimmbild ausgeben		
	Dateien schließen		
SICH90	Rücksprung zum Hauptmenü		
AUFBAU	Wiederaufbau der Artikeldatei		
	Bedienerhinweis ausgeben		
	Sicherungsdatei eröffnen (INPUT)		
	Artikeldatei eröffnen (OUTPUT)		
	Löschen Zähler und Schalter		
AUF20	Lesen Sicherungsdatei (seq.)		
	Ende (AT END)?		
	J Sprung zum Ende		AUF80
	N –		
	Satz in Ausgabebereich übertragen		
	Satz in Artikeldatei schreiben		
	Satzzähler erhöhen		
	Rücksprung zum Lesen		AUF20
AUF80	Abstimmbild ausgeben		
	Dateien schließen		
AUF90	Rücksprung zum Hauptmenü		
FEHLAUSG	Ausgeben der Fehler und Systemmeldung		
	Fehlermeldung aus der Tabelle		

Modul/ Marke	Verarbeitung	Unter-modul	Sprung-ziel
	indiziert mit dem Fehler-index ausgeben Quittungstaste abwarten Fehlermeldung löschen		
FEHL-AUSG90	Rücksprung		
BENPRUEF	Benutzercodeprüfung		
	Prüfen, ob eingegebener Benutzer-code in der Benutzercodetabelle steht		
	J Sprung zum Ende		BENPR90
	N Fehlermeldung ausgeben, Fehlerschalter setzen	FEHLAUSG	
BENPR90	Rücksprung		

Die Routinen für die Druckausgabe und die Seitenwechselsteuerung sind bereits früher erläutert worden.

18.4 Programmausdruck

In der Liste sind Definitionen und Programmteile, die bereits in anderen Programmen besprochen wurden, aus Platzgründen gelöscht.

```
 IDENTIFICATION DIVISION.
 PROGRAM-ID.    ARTVER.
**** TESTPROGRAMM F. INDEXSEQENTIELLE DATEIVERARBEITUNG **
**** Das Programm verwaltet die Artikelstammdatei **
****   - Zugänge, Änderungen und Löschungen
****   - Einzel- oder Gesamtdruck der Datei *************
 ENVIRONMENT DIVISION.
*******************************************************
 CONFIGURATION SECTION.
 SPECIAL-NAMES.
```

```
          CURSOR IS CURS-POS
          DECIMAL-POINT IS COMMA.
  INPUT-OUTPUT SECTION.
  FILE-CONTROL.
*         COPY F2ASEL.COB.
**** Select für Erstlauf und sequentielle Verarbeitung
****  der Artikeldatei
          SELECT  F2A-DATEI
             ASSIGN TO "ARTIKEL.ISA"
             FILE STATUS IS F2A-STAT
             ORGANIZATION IS INDEXED
             RECORD KEY IS F2A-REC-KEY

             ALTERNATE RECORD KEY IS F2A-BEZEICHNUNG
                       WITH DUPLICATES
             ALTERNATE RECORD KEY IS F2-ALT-KEY =
               F2A-ERL-KONTO, F2A-MWST-SCHL DUPLICATES
             ACCESS SEQUENTIAL.

*         COPY F2USEL.COB.
***  Select für Zugänge, Änderungen, Löschungen für die
***  bestehende Datei
          SELECT  F2U-DATEI
             ASSIGN TO "ARTIKEL.ISA"
             FILE STATUS IS F2U-STAT
             ORGANIZATION IS INDEXED
             RECORD KEY IS F2U-REC-KEY
             ALTERNATE RECORD KEY IS F2U-BEZEICHNUNG
                       WITH DUPLICATES
             ALTERNATE RECORD KEY IS F2U-ALT-KEY =
                 F2U-ERL-KONTO, F2U-MWST-SCHL DUPLICATES
             ACCESS DYNAMIC.

***  Select für die Artikelsicherungsdatei
          SELECT OPTIONAL F2S-DATEI
             ASSIGN TO "ARTSICH.DAT"
             FILE STATUS IS F2S-STAT
             ORGANIZATION SEQUENTIAL.

          SELECT  A-DRUCK-DATEI
             ASSIGN TO PRINTER.
*******************************************************
  DATA DIVISION.
*******************************************************
```

```
       FILE SECTION.
*                COPY F2FD1.COB.
      **** Artikeldatei ---------------------------- +
       FD        F2A-DATEI
                 RECORD CONTAINS 100 CHARACTERS.
       01        F2A-SATZ.
         05      F2A-LKZ                 PIC X.
         05      F2A-REC-KEY.
           10    F2A-ART-NR              PIC X(4) JUSTIFIED RIGHT.
           10    F2A-SA                  PIC XX.
         05      F2A-BEZEICHNUNG         PIC X(20).
         05      F2A-KLASSIFIK           PIC X(8).
         05      F2A-ME                  PIC XX.
         05      F2A-PREIS               PIC S9(7)V99 COMP-3.
         05      F2A-MWST-SCHL           PIC XX.
         05      F2A-ERL-KONTO           PIC X(4).
         05      F2A-RABATT              PIC XX.
         05      F2A-JA-UMSATZ           PIC S9(9)V99 COMP-3.
         05      F2A-DATUM-LE-UMS                 PIC 9(8).
         05      F2A-DAT REDEFINES F2A-DATUM-LE-UMS.
           10    F2A-TT                  PIC 99.
           10    F2A-MM                  PIC 99.
           10    F2A-JJ                  PIC 9999.
         05      FILLER                  PIC X(36).

*                COPY F2FD2.COB.
      **** Artikeldatei ------------------------- +
       FD        F2U-DATEI
                 RECORD CONTAINS 100 CHARACTERS.
       01        F2U-SATZ.
      **** Wie F2A-SATZ mit der Vorsilbe F2U- ***

*                COPY F2FD3.COB.
      **** Artikeldatei (Sicherung) ------------ +
       FD        F2S-DATEI
                 RECORD CONTAINS 100 CHARACTERS.
       01        F2S-SATZ.
         05      F2S-LKZ                 PIC X.
         05      F2S-REC-KEY.
           10    F2S-ART-NR              PIC X(4) JUST.
           10    F2S-SA                  PIC XX.
         05      F2S-REST                PIC X(93).

       FD        A-DRUCK-DATEI.
```

```
 01       A-DRUCK-BER              PIC X(80).

**************************************************
 WORKING-STORAGE SECTION.
**************************************************
 01       STATUS-WERTE.
  05      STATUS-OK        PIC XX VALUE ZERO.
  05      DUPL-KEY         PIC XX VALUE "02".
  05      DATEI-ENDE       PIC XX VALUE "10".
  05      DUPL-KEY-FALSCH  PIC XX VALUE "22".
  05      KEY-NOT-FOUND    PIC XX VALUE "23".
  05      FILE-GESPERRT.
   10       PIC X VALUE "9".
   10       PIC 99 COMP-X VALUE 065.
  05      SATZ-GESPERRT.
   10       PIC X VALUE "9".
   10       PIC 99 COMP-X VALUE 068.
  05      CURS-POS.
   10     CURS-ZEILE       PIC 99.
   10     CURS-SPALTE      PIC 99.
  05      S-CURS-POS.
   10     S-CURS-ZEILE     PIC 99.
   10     S-CURS-SPALTE    PIC 99.
  05     ESC-CODE          PIC XX VALUE "01".
  05     F1                PIC XX VALUE "02".
  05     F2                PIC XX VALUE "03".
  05     F3                PIC XX VALUE "04".

          COPY DRDEF.COB.
****** DRUCKDEFINITIONEN ------------------------ +
 01       A-STR-ZEILE      PIC X(80)  VALUE ALL '-'.
 01       S-STRICH  REDEFINES A-STR-ZEILE PIC X(80).

 01       STANDARD-AUSG-FELDER.
   05     A-VORSCHUB       PIC 99  VALUE 1.
   05     S-SEITE          PIC S999 COMP-3  VALUE ZERO.
   05     S-ZEILEN         PIC S999 COMP-3  VALUE +50.
   05     S-ZEILEN-MAX     PIC S999 COMP-3  VALUE +50.

 01       A-UEB-ZEILE.
   05     PIC X(20)  VALUE  " A R T I K E L D A T".
   05     PIC X(20)  VALUE  " E I – VERWALTUNG   ".
   05     PIC X(18)  VALUE  "             VOM: ".
   05     A-UEB-DATUM      PIC X(10).
```

```
   05    PIC X(01)  VALUE   SPACE.
   05    PIC X(07)  VALUE  'SEITE: '.
   05    A-UEB-SEITE             PIC ZZ9.

 01      A-KOPF-ZEILE.
   05    PIC X(20)  VALUE  'KLASSIFI  ME     PRE'.
   05    PIC X(20)  VALUE  'IS/ME  MWST-SCHL  ER'.
   05    PIC X(20)  VALUE  'L-KONTO RABATT DATUM'.
   05    PIC X(20)  VALUE  '-LE-UMS   JAHRES-UMS'.

 01      A-ZEILE         PIC X(80) VALUE SPACE.
 01      AA-ZEILE  REDEFINES A-ZEILE.
   05    AA-KLASSIFIK            PIC X(8).
   05    FILLER                  PIC X(2).
   05    AA-ME                   PIC X(2).
   05    FILLER                  PIC X.
   05    AA-PREIS                PIC Z.ZZZ.ZZ9,99-.
   05    FILLER                  PIC X(4).
   05    AA-MWST-SCHL            PIC XX.
   05    FILLER                  PIC X(8).
   05    AA-ERL-KONTO            PIC X(4).
   05    FILLER                  PIC X(6).
   05    AA-RABATT               PIC XX.
   05    FILLER                  PIC X(2).
   05    AA-DATUM-LE-UMS         PIC 99.99.9999.
   05    FILLER                  PIC X(2).
   05    AA-JA-UMSATZ            PIC ZZZ.ZZZ.ZZ9,99-.
 01      AB-ZEILE REDEFINES A-ZEILE.
   05    AB-TEXT                 PIC X(10).
   05    AB-ART-NR               PIC X(4).
   05    FILLER                  PIC X(2).
   05    AB-BEZEICHNUNG          PIC X(20).
   05    FILLER                  PIC X(4).

*        COPY S2FD.COB.
**** Artikeldatei WORK-Bereich ****
 01      F2-SATZ IS GLOBAL.
   05    F2-LKZ                  PIC X.
   05    F2-REC-KEY.
    10   F2-ART-NR               PIC X(4) JUST RIGHT.
    10   F2-SA                   PIC XX.
   05    F2-BEZEICHNUNG          PIC X(20).
            siehe F2A-... Beschreibung

```

```
   01      F2-KOPIER-SATZ VALUE SPACE.
    05     FILLER         PIC X.
    05     F2-KOPIER-KEY  PIC X(6).
    05     F2-KOPIER-DAT  PIC X(93).

*          COPY DATEDEF.COB.
*** COPY-File Hilfsfelder für Datumspeicherung ****
   01  S-DATE-FELDER.
*** siehe NORM03 **
     10    A-DATUM        PIC 99.99.9999.

*          COPY BENDEF.COB.
*** Anmeldecode-Tabelle **
   01      T-ANMELDE-GES.
    05     T-ANMELDE-INHALT.
     10    PIC X(10) VALUE  'NAME      '.
     10    PIC X(10) VALUE  '          '.

    05     T-ANMELDE REDEFINES T-ANMELDE-INHALT.
     10    T-ANZ OCCURS 2.
      15   T-BEN-CODE     PIC X(10).

   01      ANM-HILFSFELDER.
    05     I-ANM          PIC S999 COMP VALUE ZERO.
    05     I-ANM-MAX      PIC S999 COMP VALUE +2.
    05     BEN-CODE       PIC X(10) VALUE SPACE.
    05     BEN-NAME       PIC X(20) VALUE SPACE.

   01      ALLG-FELDER.
     05    W-AKZ         PIC X   VALUE SPACE.
      88   W-AKZ-WERTE VALUE "E", "e", "1", "2", "3", "4", "5".
      88   A-ENDE        VALUE "E", "e".
      88   A-ERSTLAUF    VALUE "1".
      88   A-VERWALTUNG  VALUE "2".
      88   A-GESDRUCK    VALUE "3".
      88   A-SICHERUNG   VALUE "4".
      88   A-AUFBAU      VALUE "5".
     05    W-BKZ         PIC X   VALUE SPACE.
      88   W-BKZ-WERTE VALUE "A", "a", "E", "e", "D", "d", "L",
    "l", "S", "s", "B", "b", "o", "O", "K", "k", "N", "n",
    "V" "v" "R" "r".
      88   B-ABBRUCH   VALUE "A", "a".
      88   B-ENDE      VALUE "E", "e".
      88   B-DRUCKEN   VALUE "D", "d".
      88   B-LOSCHEN   VALUE "L", "l".
```

```
     88   B-SPEICHERN VALUE "S", "s".
     88   B-BLATTERN  VALUE "B", "b".
     88   B-KORREKTUR VALUE "K", "k".
     88   B-NEU-ART   VALUE "N", "n".
     88   B-KOPIEREN  VALUE "O", "o".
     88   B-VOR       VALUE "V", "v".
     88   B-RUCK      VALUE "R", "r".
    05    W-CKZ       PIC X   VALUE SPACE.

    05    S-WEITER      PIC X   VALUE SPACE.
    05    S-ESC-KEY     PIC 99  VALUE ZERO.

 01       SCHALTER.
    05    SC-READ       PIC X   VALUE ZERO.
    05    SC-WRITE      PIC X   VALUE ZERO.
    05    SC-REWRITE    PIC X   VALUE ZERO.
    05    SC-LOESCH     PIC X   VALUE ZERO.
    05    SC-ALT-KEY    PIC X   VALUE ZERO.
    05    FEHL-FLAG     PIC X   VALUE SPACE.

 01 INDIZES.
    05    IND-FEHL      PIC S999  COMP  VALUE +1.

 01 HILFS-FELDER.
    05    F1-STAT VALUE ZERO.
     10   F1-STAT-1       PIC X.
     10   F1-STAT-2-X.
      15  F1-STAT-2       PIC 99 COMP-X.

    05    DRUCK-STAT VALUE ZERO.
     10   DRUCK-STAT-1    PIC X.
     10   DRUCK-STAT-2-X.
      15  DRUCK-STAT-2    PIC 99 COMP-X.
    05    A-STAT.
     10   A-STAT-1      PIC X.
     10   PIC X VALUE "-".
     10   A-STAT-2-X.
      15  A-STAT-2      PIC 999.

    05    F2-ZAEHLER      PIC S999 COMP-3 VALUE ZERO.
    05    F2S-ZAEHLER     PIC S999 COMP-3 VALUE ZERO.
    05    LANGE           PIC 999 COMP VALUE 33.
    05    SORT-KEY.
     10   SORT-SCHL         PIC X(4)  VALUE LOW-VALUE.
```

```
        10   SORT-SA          PIC X(2)  VALUE LOW-VALUE.
      05     BI-NR            PIC XX VALUE ZERO.

   01        T-TEXT-GES.
      05     T-IS-INHALT.
        10   TEXT-1   PIC X(15) VALUE "** AUSWAHL **".
        10   TEXT-2   PIC X(15) VALUE "** ERSTLAUF **".
        10   TEXT-3   PIC X(18) VALUE "Zugänge/Änderung".
        10   TEXT-4   PIC X(15) VALUE "** SICHERUNG **".
        10   TEXT-5   PIC X(15) VALUE "** AUFBAU  ****".
        10   TEXT-6   PIC X(15) VALUE "** ZUGANG **".
        10   TEXT-7   PIC X(15) VALUE "** ANMELDUNG **".
        10   TEXT-8   PIC X(10) VALUE "ARTIKEL:  ".
        10   TEXT-ALLG  PIC X(18) VALUE SPACE.
        10   TEXT-W   PIC X(18)  VALUE "RETURN = WEITER ".

   01        T-FEHLER-TEXT-GES.
      05     T-INHALT.
        10   PIC X(40)  VALUE "FALSCHES AUSWAHLZEICHEN".
        10   PIC X(40)  VALUE "FALSCHER SCHLUESSEL".
        10   PIC X(40)  VALUE "FALSCHE DATEN".
        10   FILLER.
          15 PIC X(35)  VALUE "SCHREIB-FEHLER F2-DATEI STAT=".
          15 STAT-4     PIC X(5) VALUE SPACE.
        10   PIC X(40)  VALUE  "FALSCHE SORTIERUNG ".

      05     T-FEHLER-TAB REDEFINES T-INHALT.
        10   ANZ  OCCURS 18.
          15 T-FEHLER-EL      PIC X(40).
   01        T-FEHLER         PIC X(40)  VALUE SPACE.

*            COPY ZEICHEN.COB.
*** Sonderzeichen für Bildrahmen ********
   01        HILFSZEICHEN.
     05      STRICH           PIC X(80) VALUE ALL "-".
     05      STRICH-DOPPEL    PIC X(80) VALUE ALL "=".
     05      BALKEN           PIC X VALUE "│".
     05      BALKEN-DOPPEL    PIC X VALUE "║".
     05      ECKEOL           PIC X VALUE "┌".
     05      ECKEUL           PIC X VALUE "└".
     05      ECKEOR           PIC X VALUE "┐".
     05      ECKEUR           PIC X VALUE "┘".
     05      ECKEOL-DOPPEL    PIC X VALUE "╗".
     05      ECKEUL-DOPPEL    PIC X VALUE "╝".
```

```
 05      ECKEOR-DOPPEL   PIC X VALUE "╔".
 05      ECKEUR-DOPPEL   PIC X VALUE "╚".
 05      WINKELR         PIC X VALUE "├".
 05      WINKELL         PIC X VALUE "┤".
 05      WINKELO         PIC X VALUE "┴".
 05      WINKELU         PIC X VALUE "┬".
 05      WINKELL-DOPPEL  PIC X VALUE "╣".
 05      WINKELR-DOPPEL  PIC X VALUE "╠".
 05      WINKELO-DOPPEL  PIC X VALUE "╩".
 05      WINKELU-DOPPEL  PIC X VALUE "╦".

******************************************************
 SCREEN SECTION.
******************************************************
*            COPY ARTBI01.COB.
*****  ERFASSUNGSBILD FüR ARTIKEL ************
 01        BILD1.
  03       BILD1-KOPF.
   05      BLANK SCREEN.
   05      LINE  1 COLUMN 1 HIGHLIGHT  VALUE
           "ARTVER/30 ** ARTIKEL-DATEIVERWALTUNG **".
   05         COLUMN 43  PIC X(20) HIGHLIGHT FROM TEXT-ALLG.
   05         COLUMN 64   VALUE  "DATUM: ".
   05           PIC X(10) FROM A-DATUM.
   05      LINE 2       PIC X(80) FROM S-STRICH.
   05      LINE 2 COLUMN 59  PIC X(20) FROM BEN-NAME.
 03        BILD1-RUMPF.
   05      LINE 7 BLANK LINE VALUE
           "  Artikel-Nr.:.............".
   05      BILD1-ART-NR COLUMN 30  PIC X(04) FROM F2-ART-NR.
   05      LINE + 2 BLANK LINE VALUE
           "  Bezeichnung..............".
   05         COLUMN 30  PIC X(15) USING F2-BEZEICHNUNG.
   05      LINE  VALUE "  Klassifikation..........".
   05        COLUMN 30   PIC X(8) USING F2-KLASSIFIK.
   05      LINE  VALUE "  Mengeneinheit...........".
   05        COLUMN 30   PIC XX USING F2-ME.
   05      LINE  VALUE "  Preis / Mengeneinheit...".
   05        COLUMN 30   PIC Z.ZZZ.ZZ9,99- USING F2-PREIS.
   05      LINE  VALUE "  MWST-Schl...............".
   05        COLUMN 30   PIC XX USING F2-MWST-SCHL.
   05      LINE  VALUE "  Erlöskonto..............".
   05        COLUMN 30   PIC X(4) USING F2-ERL-KONTO.
   05      LINE  VALUE "  Rabatt-Schl.............".
```

```
    05       COLUMN 30    PIC XX USING F2-RABATT.
    05     LINE  VALUE "  Jahresumsatz...........".
    05      COLUMN 30 PIC ZZZ.ZZZ.ZZ9,99- USING F2-JA-UMSATZ.
    05     LINE  VALUE "  Datum letzter Umsatz....".
    05       COLUMN 30  PIC 99.99.9999 USING F2-DATUM-LE-UMS.

*** Eingabebild für Artikelnummer ------------- +
 01        BILD1I.
  05       LINE 4 COLUMN 3 VALUE  "Bitte Artikel-Nr.".
  05       VALUE " oder Bezeichnung als Suchbegriff" SIZE IS LANGE.
  05       VALUE " eingeben".
  05       LINE REVERSE-VIDEO COLUMN 3 VALUE "Artikel-Nr.: ".
  05         B1-ART-NR      PIC X(4)  TO F2-ART-NR.
  05         COLUMN + 2 REVERSE-VIDEO VALUE  "Bezeichnung: ".
  05         PIC X(20)  TO F2-BEZEICHNUNG.

*** Überlagerungsbild Zugang -------------- +
 01        BILD1ZUG.
   05      LINE 7 COLUMN 40        VALUE
           "*** ZUGANG ***" REVERSE-VIDEO.

 01        FEHLER-BILD.
   05      LINE 24 BLANK LINE  PIC X(42)
             FROM T-FEHLER HIGHLIGHT.
   05        PIC X(20) FROM TEXT-W.
   05        COLUMN  70  PIC X USING S-WEITER.
   05      LINE BLANK LINE.

 01        B1-MENU-ZEILE.
  05       LINE 23         PIC X(80) FROM S-STRICH.
  05       LINE BLANK LINE VALUE " S " REVERSE-VIDEO.
  05         VALUE "peichern  ".
  05         REVERSE-VIDEO VALUE " K ".
  05         VALUE "orrektur  ".
  05         REVERSE-VIDEO VALUE " N ".
  05         VALUE "euerArtikel  ".
  05         REVERSE-VIDEO VALUE " D ".
  05         VALUE "rucken    ".
  05         REVERSE-VIDEO VALUE " V ".
  05         VALUE "orBlätter ".
  05         REVERSE-VIDEO VALUE " R ".
  05         VALUE "ückBlätt".
  05       LINE BLANK LINE VALUE " A " REVERSE-VIDEO.
  05         VALUE "bbruch    ".
```

```
     05       REVERSE-VIDEO VALUE " L ".
     05       VALUE "öschen    ".
     05       REVERSE-VIDEO VALUE " E ".
     05       VALUE "nde       ".
     05       COLUMN 60 HIGHLIGHT VALUE "Auswahl: ".
     05       PIC X  Using W-BKZ AUTO.
*            COPY ARTBI03.COB.
****  Auswahlbild ------------------------ +
    01       BILD-AUSW.
      05     BLANK SCREEN.
      05     COLUMN  3 HIGHLIGHT  VALUE
             'ARTVER/10  **  ARTIKEL-DATEIVERWALTUNG  ***'.
      05       COLUMN 50  HIGHLIGHT VALUE "-Hauptmenü-".
      05       COLUMN 64  VALUE  'DATUM: '.
      05        PIC X(10)   FROM A-DATUM.
      05     LINE 2   PIC X(80)   FROM S-STRICH.
      05     LINE 2 COLUMN 59  PIC X(20) FROM BEN-NAME.
      05     LINE 5 COLUMN 10  VALUE  'E = ENDE '.
      05     LINE   COLUMN 10  VALUE
             "1 = Erstlauf (Neuanlegen der Datei)".
      05     LINE   COLUMN 10  VALUE
             "2 = Verwaltung (Zugänge, Änderung, Löschung)".
      05     LINE   COLUMN 10  VALUE
             "3 = Gesamtdruck der Artikelliste ".
      05     LINE   COLUMN 10  VALUE
             "4 = Sicherung der Datei auf Diskette ".
      05     LINE   COLUMN 10  VALUE
             "5 = Wiederaufbau der Datei von der Diskette".
      05     LINE PLUS 2   PIC X(75) FROM S-STRICH.
      05     LINE PLUS 2   COLUMN 10 HIGHLIGHT  VALUE
             "AUSWAHL..: ".
      05       PIC X  TO W-AKZ AUTO.

*            COPY ARTBI05.COB.
*** Warnung beim Erstlauf -------------- +
  01       BILD-WARN.
   05      LINE 15 COLUMN 5  HIGHLIGHT  BLINK VALUE
    ' ** ACHTUNG ** DIE ARTIKELDATEI WIRD ÜBERSCHRIEBEN'.
   05      LINE + 2 COLUMN 5        VALUE
           'Erstlauf bzw. Wiederaufbau  durchführen     J/N'.
   05        COLUMN 60  PIC X  TO W-BKZ AUTO.

*** BILD-3 (Warnbild) -------------- +
  01       BILD3.
```

```
      05    LINE 20 COLUMN 5 HIGHLIGHT  VALUE
            '** ACHTUNG** SATZ NICHT GESCHRIEBEN'.
      05    LINE COLUMN 5 HIGHLIGHT VALUE 'SATZ SCHREIBEN J/N: '.
      05       PIC X  TO W-CKZ AUTO.
     01     BILD-GESPERRT.
      05    LINE 24 BLANK LINE HIGHLIGHT  VALUE
      "Datei/Satz gesperrt  <W>iederholen <A>bbrechen: ".
      05      PIC X  TO W-CKZ AUTO.
      05    LINE BLANK LINE.
*           COPY ARTBIKO.COB.

****  Bildkopf ----------------------- +
     01     BILDK001.
      05    BLANK SCREEN.
      05      VALUE  'ARTVER/'.
      05      PIC XX FROM BI-NR.
      05      COLUMN 10  HIGHLIGHT VALUE
              '** ARTIKEL-DATEIVERWALTUNG ***'.
      05      COLUMN 45  PIC X(18) HIGHLIGHT  FROM TEXT-ALLG.
      05      COLUMN 64  VALUE "Datum: ".
      05      PIC X(10)   FROM A-DATUM.
      05    LINE 2      PIC X(80)  FROM S-STRICH.
      05    LINE 2 COLUMN 60  PIC X(20)  FROM BEN-NAME.

*           COPY ANMEBI.COB.
*** Anmeldebild ***
     01     BILDANM01.
      05    BLANK SCREEN.
      05    COLUMN 10 HIGHLIGHT VALUE
             "*** Dialoganmeldeverfahren ***".
      05    COLUMN 64 value "Datum: ".
      05    PIC X(10) FROM A-DATUM.
      05    LINE    PIC X(59) FROM S-STRICH.
      05       COLUMN 60 PIC X(20) FROM BEN-NAME.
      05    LINE 5 COLUMN 10 REVERSE-VIDEO VALUE
             'Bitte geben Sie Ihre Identifikation ein :'.
      05    LINE PLUS 2 COLUMN 15       VALUE
              'Name...............:'.
      05      COLUMN 40  PIC X(20)  TO BEN-NAME.
      05    LINE PLUS 2 COLUMN 15       VALUE
              'Berechtigungscode..:'.
      05      COLUMN 40  PIC X(10)  TO BEN-CODE SECURE.

*           COPY ARTBISI.COB.
```

```
    01      BILD5.
     05     BLANK SCREEN.
     05       COLUMN  1 HIGHLIGHT   VALUE
            'ARTVER/40    **  ARTIKEL-DATEIVERWALTUNG ***'.
     05       COLUMN  43 HIGHLIGHT  PIC X(18) FROM  TEXT-ALLG.
     05       COLUMN 65  VALUE  'DATUM: '.
     05       PIC X(10)  FROM A-DATUM.
     05     LINE 2   PIC X(80)  FROM S-STRICH.
     05     LINE 2 COLUMN 60  PIC X(20) FROM BEN-NAME.
     05     LINE 4 COLUMN  5        VALUE
            'ANZAHL DER GELESENEN SÄTZE .......'.
     05       COLUMN 40  PIC ZZZZ  FROM F2-ZAEHLER.
     05     LINE   COLUMN  5       VALUE
            'ANZAHL DER GESCHRIEBENEN SÄTZE ...'.
     05       COLUMN 40   PIC ZZZZ  FROM F2S-ZAEHLER.

    01      BILDSI02.
    05      LINE 6 COLUMN 10        VALUE
            'Bitte Sicherungsdiskette einlegen '.
    05      LINE PLUS 2 COLUMN 10   VALUE
            'danach eine Taste zur Freigabe tippen '.
    05      LINE   PIC X  USING W-AKZ AUTO.

*           COPY RAHMEN.COB.
** Hilfs-Rahmen *******
    01      RAHMEN-01.
    05      LINE 3    PIC X  FROM ECKEOL.
    05        PIC X(78)  FROM STRICH.
    05        PIC X      FROM ECKEOR.
    05      LINE    PIC X FROM BALKEN.
    05        COLUMN 80 PIC X FROM BALKEN.
    05      LINE    PIC X FROM BALKEN.
    05        COLUMN 80 PIC X FROM BALKEN.
    05      LINE    PIC X FROM ECKEUL.
    05        PIC X(78)  FROM STRICH.
    05        PIC X      FROM ECKEUR.
*           COPY P10FUSS.COB.
**** Allg. Eingabeerläuterung ****
    01  B00-FUSS.
    05      LINE 23      PIC X(80) FROM S-STRICH.
    05      LINE  BLANK LINE VALUE "ESC" REVERSE-VIDEO.
    05        VALUE "=EingEnde ".
    05        VALUE "DEL" REVERSE-VIDEO.
    05        VALUE "=LöschZeich ".
```

```
   05        VALUE "CTRL-X" REVERSE-VIDEO.
   05        VALUE "=LöschFeld ".
   05        VALUE X"201820" REVERSE-VIDEO.
   05        VALUE "=Feldzurück ".
   05        VALUE X"201920" REVERSE-VIDEO.
   05        VALUE "=nächstFeld".
   05      LINE  BLANK LINE VALUE " F1" REVERSE-VIDEO.
   05         VALUE "=Hilfe    ".
   05         VALUE " F2" REVERSE-VIDEO.
   05         VALUE "=Kopieren ".
*****************************************************
 PROCEDURE DIVISION.
**** STEUERBLOCK ************************************
 A100 SECTION.
         PERFORM VORL01.
 A110.
         MOVE TEXT-1     TO TEXT-ALLG.
         DISPLAY BILD-AUSW.
         ACCEPT  BILD-AUSW.
         IF NOT W-AKZ-WERTE GO TO A110.

         EVALUATE W-AKZ
             WHEN "E"    GO TO A900
             WHEN "e"    GO TO A900
             WHEN "1"    PERFORM ERSTLAUF
             WHEN "2"    PERFORM VERWALTUNG
             WHEN "3"    PERFORM GESDRU
             WHEN "4"    PERFORM SICHERUNG
             WHEN "5"    PERFORM AUFBAU
         END-EVALUATE.
         GO TO A110.
 A900.
         PERFORM END01.
         STOP RUN.

***** Allgemeiner Vorlauf ************************
 VORL01 SECTION.
****************************************************
         DISPLAY "Programmanfang ARTVER" AT 0101.
*        COPY DATEBEF.COB.
*** Datum einlesen und umspeichern ******
*** siehe NORM03 ***
         MOVE SZ-DATUM   TO A-UEB-DATUM.
         Initialize F2-Kopier-Satz.
```

```
***** Anmeldung ***
            MOVE TEXT-7     TO TEXT-ALLG.
            DISPLAY BILDK001.
            DISPLAY BILDANM01.
            ACCEPT BILDANM01.
            PERFORM BENPRUEF.
            IF FEHL-FLAG    = "1"      *> falscher Ben-Code
                    MOVE 11         TO IND-FEHL
                    PERFORM FEHLAUSG
                    GO TO VORL02.
     VORL10.
            OPEN OUTPUT  A-DRUCK-DATEI.
            MOVE  TEXT-1    TO  TEXT-ALLG.

     VORL90.
            EXIT.

**  Allgemeine Endverarbeitung  *******************
     END01 SECTION.
**************************************************
            CLOSE A-DRUCK-DATEI.
            DISPLAY ( 25, 1 ) "PROGRAMMENDE".
     END90.
            EXIT.

***   DATEIAUFBAU (Neuanlage) ***
***   Substeuerung Erstlauf ***********************
     ERSTLAUF SECTION.
            PERFORM EVORL.
**  Abbruch Erstlauf Datei nicht überschreiben ***
            IF W-BKZ        = "N" OR "n"
                    GO TO ERST990.
     ERST100.
            MOVE  ZERO      TO FEHL-FLAG.
            INITIALIZE F2-SATZ.
            PERFORM EINGABE.
     ERST110.
            PERFORM SATZ-PRUEF.
            IF FEHL-FLAG    = "1"
                    GO TO ERST100
            END-IF.
     ERST200.
            DISPLAY BILD1-RUMPF.
     ERST250.
```

```
          MOVE SPACE      TO  W-AKZ.
          MOVE "S"        TO  W-BKZ.    *> Vorgabewert
          DISPLAY B1-MENU-ZEILE.
          ACCEPT  B1-MENU-ZEILE.
          IF  B-ABBRUCH   GO TO ERST100   END-IF.
          IF  B-SPEICHERN
                  PERFORM SCHREIB
                  GO TO ERST100
          END-IF.
          IF  B-KORREKTUR
                  ACCEPT BILD1
                  GO TO ERST110
          END-IF.
          IF  B-DRUCKEN  PERFORM DRU01   END-IF.
          IF  B-LOSCHEN
                  INITIALIZE F2-SATZ
                  GO TO ERST100
          END-IF.
          IF B-VOR  OR B-RUCK
              MOVE 17 TO  IND-FEHL
              PERFORM FEHLAUSG
              GO TO ERST250
          END-IF.
**** eingegebener Satz noch nicht übernommen **
          IF  (B-NEU-ART  OR B-ENDE)
          AND  SC-WRITE   = "0"
          AND F2-Rec-Key NOT = Space
              PERFORM WARNUNG
              IF   W-CKZ      = "J" OR "j"
                  PERFORM SCHREIB
              END-IF
          END-IF.
          IF   B-NEU-ART  GO TO ERST100    END-IF.
          IF   B-ENDE     GO TO ERST900    END-IF.
** Fasches Auswahlzeichen ***
          GO TO ERST250.
  ERST900.
          PERFORM E-ENDE.
  ERST990.
          EXIT.

*** Vorlauf für Erstlauf mit Dateiprüfung *******
  EVORL SECTION.
  EVORL01.
```

```
           OPEN INPUT F2A-DATEI.
           IF F2A-STAT  NOT = ZERO
               IF F2A-STAT  = FILE-GESPERRT
                   DISPLAY BILD-GESPERRT
                   ACCEPT  BILD-GESPERRT
** OPEN-Versuch wiederholen **
                   IF W-CKZ = "W" OR "w"
                   GO TO EVORL01
               ELSE
                   GO TO EVORL90
               END-IF
               GO TO EVORL10
           END-IF.
** Datei existiert bereits ***
           MOVE "N"        TO W-BKZ.
           DISPLAY BILD-WARN.
           ACCEPT  BILD-WARN.
** Abbruch ****
           IF W-BKZ        = "N" OR "n"
                   CLOSE F2A-DATEI
                   GO TO EVORL90
           END-IF.
       EVORL10.
           CLOSE F2A-DATEI.
           OPEN OUTPUT F2A-DATEI.
           IF F2A-STAT  NOT = ZERO
               MOVE F2A-STAT-1  TO A-STAT-1
               MOVE F2A-STAT-2  TO A-STAT-2
               MOVE A-STAT      TO STAT-4
               MOVE 4  TO IND-FEHL
               PERFORM FEHLAUSG
           END-IF.
           MOVE ZERO       TO SC-WRITE.
           INITIALIZE F2-SATZ.
       EVORL90.
           EXIT.
*** Eingabe der Artikeldaten beim Erstlauf ****************
       EINGABE SECTION.
       EING01.
           MOVE  ZERO      TO  SC-WRITE.
           MOVE  TEXT-2    TO  TEXT-ALLG.
           MOVE  1   TO LANGE.
           DISPLAY BILD1.
           DISPLAY BILD1I.
```

```
           DISPLAY RAHMEN-01.
           DISPLAY BOO-FUSS.
           MOVE 0101   TO CURS-POS.
*** Einlesen Artikelnummer (RECORD KEY) **
 EING10.
           ACCEPT  BILD1I ON ESCAPE
*** retten Cursorposition bei Unterbrechung für Hilfe *
               MOVE CURS-POS   TO S-CURS-POS
               PERFORM BESC
               IF S-ESC-KEY = F1 OR F2
*** wiederherstellen Cursorposition
                   MOVE S-CURS-POS TO CURS-POS
                   GO TO EING10    *> Eingabe fortsetzen
               ELSE
                   GO TO EING90    *> mit ESC abgebrochen
               END-IF
           end-accept.
           IF  F2-REC-KEY  <=  SORT-KEY
                   MOVE  5 TO IND-FEHL
                   PERFORM  FEHLAUSG
                   GO TO EINGABE
           END-IF.
           MOVE  F2-REC-KEY  TO SORT-KEY.
 EING20.
           DISPLAY BILD1-RUMPF.
 EING30.
           ACCEPT  BILD1 ON ESCAPE
               MOVE CURS-POS   TO S-CURS-POS
               PERFORM BESC
** Kopieren ***
               IF S-ESC-KEY =  F2
                   MOVE 0101  TO CURS-POS
                   GO TO EING20    *> Eingabe fortsetzen
               END-IF
** Hilfsfunktion aufgerufen ***
               IF S-ESC-KEY = F1
** Cursor positionieren **
                   MOVE S-CURS-POS   TO CURS-POS
                   GO TO EING30
               ELSE
                   GO TO EING01
               END-IF
           end-accept.
 EING90.
```

```
           MOVE 33     TO LANGE.
           EXIT.
*** Sequentielles Schreiben beim Erstlauf ***
    SCHREIB SECTION.
    SCHREIB01.
           IF  SC-WRITE    = "1"
                   MOVE 18 TO IND-FEHL
                   PERFORM FEHLAUSG
                   GO TO SCHREIB90
           END-IF.

           MOVE "01"       TO F2-SA.
           MOVE F2-SATZ  TO F2-KOPIER-SATZ.
           WRITE F2A-SATZ   FROM F2-SATZ.
           IF F2A-STAT-1 NOT = ZERO
               DISPLAY ( 21, 1) F2-SATZ
               MOVE F2A-STAT-1  TO  A-STAT-1
               MOVE F2A-STAT-2  TO  A-STAT-2
               MOVE A-STAT      TO  STAT-4
               MOVE  4 TO IND-FEHL
               PERFORM FEHLAUSG
           ELSE
               MOVE  "1"       TO SC-WRITE.
    SCHREIB90.
           EXIT.
*** Erstlauf Ende ***
    E-ENDE SECTION.
           CLOSE F2A-DATEI.
           DISPLAY ( 25, 1 ) "ENDE ERSTLAUF".
    E-E90.
           EXIT.

***  ISAM UPDATE **********
**** SUBSTEUERUNG UPDATE *****
    VERWALTUNG SECTION.
           PERFORM VVORL.
    VER100.
           INITIALIZE F2-SATZ.
    VER150.
           MOVE ZERO   TO  FEHL-FLAG SC-READ SC-WRITE
                       SC-LOESCH SC-REWRITE W-AKZ W-BKZ W-CKZ
                       S-ESC-KEY.
           MOVE TEXT-3     TO TEXT-ALLG.
** Einlesen der Daten ****
```

```
            PERFORM VEINGABE.

     VER200.
** Kontrollanzeige des Satzes ***
            DISPLAY BILD1-RUMPF.
     VER300.
** Menü-Auswahl ****************
            MOVE SPACE      TO W-AKZ FEHL-FLAG.
            Move "S"        To W-BKZ.
            DISPLAY B1-MENU-ZEILE.
            ACCEPT  B1-MENU-ZEILE.

            IF NOT W-BKZ-WERTE  GO TO VER300 END-IF.
            IF B-ABBRUCH  GO TO VER100  END-IF.
            IF B-SPEICHERN
                    PERFORM ST-SCHREIB
                    GO TO VER100
            END-IF.
            IF B-KORREKTUR
                    PERFORM KORR
                    GO TO VER300
            END-IF.
     VER350.
            IF B-DRUCKEN
                    PERFORM DRU01
                    GO TO VER300
            END-IF.
            IF B-LOSCHEN
                    PERFORM ST-LOESCH
                    GO TO VER300
            END-IF.
            IF B-VOR
                    DISPLAY BILD1I
                    PERFORM BLATT
                    MOVE F2-SATZ  TO F2-KOPIER-SATZ
                    GO TO VER200
            END-IF.
            IF B-RUCK
                    DISPLAY BILD1I
                    PERFORM RUECK
                    MOVE F2-SATZ  TO F2-KOPIER-SATZ
                    GO TO VER200
            END-IF.
*** eingegebener Satz noch nicht übernommen **
```

```
           IF  (B-NEU-ART  OR   B-ENDE)
           AND  (SC-WRITE   = "0"
           AND   SC-REWRITE = "0"
           AND   F2-Rec-Key  Not = Space)
               PERFORM WARNUNG
               IF W-CKZ      = "J" OR "j"
                   PERFORM ST-SCHREIB
               END-IF
           END-IF.
           IF B-NEU-ART
               MOVE F2-SATZ  TO F2-KOPIER-SATZ
               GO TO VER100
           END-IF.
           IF B-ENDE   GO TO VER900   END-IF.
** Falsche Eingabe ***
           GO TO VER300.
 VER900.
           PERFORM V-ENDE.
 VER990.
           EXIT.

*** Vorlauf für Verwaltung ****************
 VVORL SECTION.
           OPEN I-O F2U-DATEI.
           IF  F2U-STAT    = ZERO
                   GO TO VVORL90.
           IF F2U-STAT  = FILE-GESPERRT
                   DISPLAY BILD-GESPERRT
                   ACCEPT  BILD-GESPERRT
** OPEN-Versuch wiederholen **
                   IF W-CKZ = "W" OR "w"
                       GO TO VVORL01
                   ELSE
                      CLOSE F2U-DATEI
                      GO TO VVORL90
                   END-IF
           END-IF.
** Allg. OPEN-Fehler ***
           MOVE 9  TO  IND-FEHL.
           MOVE F2U-STAT-1  TO A-STAT-1.
           MOVE F2U-STAT-2  TO A-STAT-2.
           MOVE A-STAT TO STAT-9.
           PERFORM FEHLAUSG.
 VVORL90.
```

```
           EXIT.

*** Dateneingabe im Verwaltungslauf **
 VEINGABE SECTION.
           MOVE TEXT-3     TO TEXT-ALLG.
           DISPLAY BILD1.
           DISPLAY BILD1I.
           DISPLAY RAHMEN-01.
           DISPLAY B00-FUSS.
           MOVE ZERO TO SC-ALT-KEY.
** Suchbegriff einlesen: Art-Nr oder Bezeichnung ***
           ACCEPT BILD1I ON ESCAPE
                  PERFORM BESC
                  GO TO VEIN90
           end-accept.
** Kontroll-Lesen der Artikeldatei für Steuerung
**    Zugang/Änderung
           IF F2-ART-NR  NOT = SPACE  *> Art-Nr eingetippt
               PERFORM LESEN
           ELSE                       *> Bezeichnung eingetippt
               MOVE "1"    TO SC-ALT-KEY
               PERFORM ALT-LESEN
           END-IF.
** Satz gefunden, Änderungsmodus ***
           IF SC-READ  =  "1"
                  GO TO VEIN90
           END-IF.
 VEIN30.
*** REC-KEY einlesen bei ALT-KEY-Eingabe AND Zugang **
           IF SC-ALT-KEY = "1"
               ACCEPT B1-ART-NR ON ESCAPE
*** Notausgang ******
                   INITIALIZE F2-SATZ
                   GO TO VEIN90
               end-accept
               PERFORM LESEN
*** REC-KEY belegt bei Zugang  ***
               IF SC-READ = "1"
                   MOVE 13 TO IND-FEHL
                   PERFORM FEHLAUSG
                   INITIALIZE F2-SATZ
                   GO TO VEIN30
               ELSE
                   DISPLAY BILD1-RUMPF
```

```
                  END-IF
             END-IF.
*** Zugang ******
 VEIN40.
             MOVE ZERO        TO FEHL-FLAG.
             MOVE SPACE       TO W-BKZ.
             DISPLAY B00-FUSS.
             MOVE 0101    TO CURS-POS.
 VEIN50.
** restliche Daten einlesen ***
             ACCEPT BILD1 ON ESCAPE
                  MOVE CURS-POS    TO S-CURS-POS
                  PERFORM BESC
                  IF B-KOPIEREN
                      GO TO VEIN40
                  END-IF
                  IF S-ESC-KEY = F1
                      MOVE S-CURS-POS    TO CURS-POS
                      GO TO VEIN50
                  END-IF
             end-accept.
             PERFORM SATZ-PRUEF.
             IF FEHL-FLAG     = "1"
                     GO TO VEIN40
             END-IF.
 VEIN90.
             EXIT.

**** Lesen Artikeldatei (random) ************************
 LESEN SECTION.
             MOVE F2-REC-KEY           TO F2U-REC-KEY.
             MOVE "01"                 TO F2U-SA.
 LES20.
             MOVE ZERO      TO SC-READ SC-REWRITE.
             READ F2U-DATEI KEY IS F2U-REC-KEY.
             EVALUATE F2U-STAT
                 WHEN STATUS-OK
** Satz gefunden – Änderungsmodus -
                      MOVE "1"                  TO SC-READ
                      MOVE F2U-SATZ   TO F2-SATZ
                  WHEN KEY-NOT-FOUND
                      DISPLAY BILD1ZUG
                  WHEN SATZ-GESPERRT
                      DISPLAY BILD-GESPERRT
```

```
                    ACCEPT  BILD-GESPERRT
                    IF W-CKZ  = "W" OR "w"
                       GO TO LES20 *> Leseversuch wiederholen
                WHEN OTHER
                    MOVE F2U-STAT  TO STAT-4
                    MOVE  4 TO IND-FEHL
                    PERFORM FEHLAUSG
           END-EVALUATE.
 LES90.
           EXIT.
**** Lesen Artikeldatei mit ALTERNATE KEY
 ALT-LESEN SECTION.
           MOVE F2-BEZEICHNUNG     TO F2U-BEZEICHNUNG.
           MOVE ZERO               TO SC-READ SC-REWRITE.
 ALT-20.
           READ F2U-DATEI KEY IS F2U-BEZEICHNUNG.
           EVALUATE F2U-STAT
               WHEN STATUS-OK
** Satz gefunden – Änderungsmodus -
                    MOVE "1"                 TO SC-READ
                    MOVE F2U-SATZ   TO F2-SATZ
                WHEN DUPL-KEY *>mehrere gleiche Bezeichnungen
                    MOVE "1"                 TO SC-READ
                    MOVE F2U-SATZ   TO F2-SATZ
                    MOVE 12 TO IND-FEHL
                    PERFORM FEHLAUSG
                WHEN KEY-NOT-FOUND
                    DISPLAY BILD1ZUG
                WHEN SATZ-GESPERRT
                    DISPLAY BILD-GESPERRT
                    ACCEPT  BILD-GESPERRT
                    IF W-CKZ = "W" OR "w" *>Zugriff wiederholen
                       GO TO ALT-20
                WHEN OTHER
                    MOVE F2U-STAT  TO STAT-4
                    MOVE  4 TO IND-FEHL
                    PERFORM FEHLAUSG
           END-EVALUATE.
 ALT-LES90.
           EXIT.
*** Substeuerung WRITE (Zugang) REWRITE (Änderung)
 ST-SCHREIB SECTION.
```

```
          MOVE F2-SATZ    TO F2-KOPIER-SATZ.
          IF SC-READ      = ZERO
                PERFORM SCHREIB-DATEI
                GO TO ST-SCHR90
          END-IF.
          IF SC-READ      = "1"
                PERFORM RESCHREIB
                GO TO ST-SCHR90
          END-IF.
          DISPLAY ( 23, 1 ) "FEHLER SC-READ = "  SC-READ.
 ST-SCHR90.
          EXIT.
*** Schreiben von Zugängen ******************
 SCHREIB-DATEI SECTION.
** Satz bereits geschrieben **
          IF  SC-WRITE    = "1"
                MOVE 18  TO IND-FEHL
                PERFORM FEHLAUSG
                GO TO SCHREIBF390
          END-IF.
          MOVE "01"       TO F2-SA.
          MOVE  F2-SATZ   TO F2U-SATZ.
          WRITE F2U-SATZ.
          IF F2U-STAT-1   NOT = ZERO
             DISPLAY ( 21, 1) F2U-SATZ
             MOVE F2U-STAT-1  TO A-STAT-1
             IF F2U-STAT-1 = "9"
                MOVE F2U-STAT-2  TO A-STAT-2
             ELSE
                MOVE F2U-STAT-2-X  TO A-STAT-2-X
             END-IF
             MOVE A-STAT      TO STAT-4
             MOVE  4 TO IND-FEHL
             PERFORM FEHLAUSG
          Else
            MOVE  "1"       TO SC-WRITE
          End-If.
 SCHREIBF390.
          EXIT.

 RESCHREIB SECTION.    *> Zurückschreiben nach Änderung
 RESCHR01.
** Satz bereits geschrieben **
          IF SC-REWRITE   = "1"
```

```
                MOVE 18 TO  IND-FEHL
                PERFORM FEHLAUSG
                GO TO RESCHR90
        END-IF.
        MOVE F2-SATZ    TO F2U-SATZ.
        REWRITE F2U-SATZ  INVALID KEY
        IF F2U-STAT-1  NOT = ZERO
            DISPLAY ( 21, 1 ) F2U-SATZ,
            MOVE F2U-STAT-1  TO A-STAT-1
            MOVE F2U-STAT-2  TO A-STAT-2
            MOVE A-STAT      TO STAT-4
            MOVE 4 TO IND-FEHL
            PERFORM FEHLAUSG
        Else
            MOVE "1"        TO SC-REWRITE
        End-If.
RESCHR90.
        EXIT.
*** Löschen von Sätzen ***********************
ST-LOESCH SECTION.
        IF SC-LOESCH            = "1"
        OR SC-READ              = ZERO
                MOVE  4         TO  IND-FEHL
                MOVE  F2U-STAT  TO  STAT-4
                PERFORM FEHLAUSG
                GO TO ST-LOE90
        END-IF.
        DELETE F2U-DATEI RECORD.
        IF F2U-STAT  NOT = ZERO
            MOVE F2U-STAT-1  TO A-STAT-1
            MOVE F2U-STAT-2  TO A-STAT-2
            MOVE A-STAT      TO STAT-4
            MOVE 4  TO IND-FEHL
            PERFORM FEHLAUSG
            GO TO ST-LOE90
        END-IF.
        MOVE  "1"       TO  SC-LOESCH.
        DISPLAY ( 23, 1 ) ERASE.
        DISPLAY ( 23, 1 ) "SATZ GELOESCHT ****".
        DISPLAY ( 23, 1 ) ERASE.
        INITIALIZE F2-SATZ.
ST-LOE90.
        EXIT.
```

```
 V-ENDE SECTION.          *> Ende des Verwaltungslaufs
 VEND01.
         CLOSE F2U-DATEI.
 VEND90.
         EXIT.

 KORR SECTION.   *> Korrektur falscher Eingaben
         MOVE ZERO       TO FEHL-FLAG.
         MOVE 0101       TO CURS-POS.
         Display B00-Fuss.
 KORR10.
         ACCEPT BILD1 ON ESCAPE
             MOVE CURS-POS   TO S-CURS-POS
             PERFORM BESC
             IF S-ESC-KEY = F1
                 MOVE S-CURS-POS TO CURS-POS
                 GO TO KORR10
             END-IF
         end-accept.
         PERFORM SATZ-PRUEF.
         IF FEHL-FLAG  = "1"
                 GO TO KORR01
         END-IF.
 KORR90.
         EXIT.
*** Vorwärtsblättern durch die Datei ************
 BLATT SECTION.
         IF SC-READ        = ZERO
                 PERFORM START-DATEI.
 BLATT10.
         MOVE  ZERO       TO SC-READ SC-REWRITE SC-LOESCH.
         READ  F2U-DATEI  NEXT  INTO F2-SATZ.
         EVALUATE F2U-STAT
             WHEN DATEI-ENDE
                 INITIALIZE F2-SATZ
                 MOVE 10         TO IND-FEHL
                 MOVE F2U-STAT   TO STAT-10
                 PERFORM FEHLAUSG
             WHEN SATZ-GESPERRT
                 DISPLAY BILD-GESPERRT
                 ACCEPT  BILD-GESPERRT
                 IF W-CKZ  = "W" OR "w" *>Lesen wiederholen
                     GO TO BLATT10
             WHEN OTHER
```

```
                  MOVE  1         TO  SC-READ
           END-EVALUATE.
       BLATT90.
           EXIT.
      *** Rückwärts blättern durch die Datei ***
       RUECK SECTION.
           IF SC-READ        = ZERO
                   PERFORM START-DATEI
           END-IF.
       RUECK10.
           MOVE  ZERO       TO SC-READ SC-REWRITE SC-LOESCH.
           READ  F2U-DATEI PREVIOUS  INTO F2-SATZ.
           EVALUATE F2U-STAT
               WHEN DATEI-ENDE
                   INITIALIZE F2-SATZ
                   MOVE 10         TO IND-FEHL
                   MOVE F2U-STAT   TO STAT-10
                   PERFORM FEHLAUSG
               WHEN SATZ-GESPERRT
                   DISPLAY BILD-GESPERRT
                   ACCEPT  BILD-GESPERRT
                   IF W-CKZ  = "W" OR "w" *>Lesen wiederholen
                       GO TO RUECK10
               WHEN OTHER
                  MOVE  1         TO  SC-READ
           END-EVALUATE.
       RUECK90.
           EXIT.
      *** Datei positionieren für Blättern ***
       START-DATEI SECTION.  *> Positionieren mit RECORD KEY
       START01.
           IF SC-ALT-KEY = "1"
               PERFORM ALT-START-DATEI
               GO TO START90.
           MOVE F2-REC-KEY         TO F2U-REC-KEY.
           MOVE "01"               TO F2U-SA.
           START F2U-DATEI KEY IS >= F2U-REC-KEY.
           IF F2U-STAT-1  NOT = ZERO
                   MOVE 9  TO IND-FEHL
                   MOVE  F2U-STAT  TO STAT-9
                   PERFORM FEHLAUSG
                   GO TO START90
           END-IF.
           MOVE "1"        TO SC-READ.
```

```
 START90.
         EXIT.
 ALT-START-DATEI SECTION. *> Positionieren mit ALT REC KEY
         MOVE F2-BEZEICHNUNG     TO F2U-BEZEICHNUNG.
         START F2U-DATEI KEY IS >= F2U-BEZEICHNUNG.
         IF F2U-STAT-1  NOT = ZERO
                 MOVE 9  TO IND-FEHL
                 MOVE  F2U-STAT  TO STAT-9
                 PERFORM FEHLAUSG
                 GO TO START90
         END-IF.
         MOVE "1"        TO SC-READ.
 ALT-START90.
         EXIT.

*** Gesamtdruck der Datei ***************
 GESDRU SECTION.
         OPEN INPUT F2A-DATEI WITH LOCK.
         IF  F2A-STAT    NOT = ZERO
             MOVE F2A-STAT-1 TO A-STAT-1
             MOVE F2A-STAT-2 TO A-STAT-2
             MOVE A-STAT-2   TO STAT-9
             MOVE 9  TO IND-FEHL
             PERFORM FEHLAUSG
             GO TO GESDRU80
         END-IF.
         MOVE ZERO       TO F2-ZAEHLER.
         MOVE S-ZEILEN-MAX       TO S-ZEILEN.
         MOVE ZERO       TO S-SEITE.
 GESDRU10.
         READ F2A-DATEI  INTO F2-SATZ AT END
                 GO TO GESDRU80.
         ADD 1   TO F2-ZAEHLER.
         PERFORM DRU01.
         GO TO GESDRU10.
 GESDRU80.
         DISPLAY BILD5.
         CLOSE F2A-DATEI.
         MOVE S-ZEILEN-MAX       TO S-ZEILEN.
         MOVE ZERO       TO S-SEITE.
 GESDRU90.
         EXIT.

**  DRUCKEN  ****************************
```

```
 DRU01 SECTION.
         MOVE TEXT-8              TO AB-TEXT.
         MOVE F2-ART-NR           TO AB-ART-NR.
         MOVE F2-BEZEICHNUNG      TO AB-BEZEICHNUNG.
         MOVE 3                   TO A-VORSCHUB.
         PERFORM DRUCK.
         MOVE F2-KLASSIFIK        TO AA-KLASSIFIK.
         MOVE F2-ME               TO AA-ME.
         MOVE F2-PREIS            TO AA-PREIS.
         MOVE F2-MWST-SCHL        TO AA-MWST-SCHL.
         MOVE F2-ERL-KONTO        TO AA-ERL-KONTO.
         MOVE F2-RABATT           TO AA-RABATT.
         MOVE F2-JA-UMSATZ        TO AA-JA-UMSATZ.
         MOVE F2-DATUM-LE-UMS     TO AA-DATUM-LE-UMS.
         MOVE 2                   TO A-VORSCHUB.
         PERFORM DRUCK.
 DRU90.
         EXIT.

*** Übernahme der Artikeldatei in die Sicherungsdatei **
 SICHERUNG SECTION.
         DISPLAY BILDK001.
         MOVE SPACE      TO W-AKZ.
         DISPLAY BILDSI02.
         ACCEPT BILDSI02.
         OPEN INPUT F2A-DATEI WITH LOCK.
         IF  F2A-STAT    NOT = ZERO
             MOVE F2A-STAT-1 TO A-STAT-1
             MOVE F2A-STAT-2 TO A-STAT-2
             MOVE A-STAT-2   TO STAT-9
             MOVE 9  TO IND-FEHL
             PERFORM FEHLAUSG
             GO TO GESDRU80
         END-IF.
         OPEN OUTPUT F2S-DATEI WITH LOCK.
         MOVE ZERO                TO F2-ZAEHLER.
         MOVE ZERO                TO F2S-ZAEHLER.
 SICH20.
         READ  F2A-DATEI AT END
                 GO TO SICH80.
         ADD 1   TO F2-ZAEHLER.
         WRITE F2S-SATZ   FROM F2A-SATZ.
         IF F2S-STAT NOT = ZERO
                 DISPLAY ( 22, 1)  F2S-SATZ
```

```
                   MOVE F2S-STAT  TO  STAT-4
                   MOVE  4 TO IND-FEHL
                   PERFORM FEHLAUSG
                   GO TO SICH90
           END-IF.
           ADD  1  TO F2S-ZAEHLER.
           DISPLAY BILD5.
           GO TO SICH20.
 SICH80.
           DISPLAY BILD5.
           MOVE 10 TO IND-FEHL.
           PERFORM FEHLAUSG.
           CLOSE F2A-DATEI.
           CLOSE F2S-DATEI.
 SICH90.
           EXIT.
*** Aufbau der Artikeldatei aus der Sicherungsdatei *
 AUFBAU SECTION.
           DISPLAY BILDK001.
           MOVE "N"         TO W-BKZ.
           DISPLAY BILD-WARN.
           ACCEPT BILD-WARN.
           IF W-BKZ         = "N" OR "n"
                   GO TO AUF90.
           DISPLAY BILDK001.
           MOVE SPACE       TO W-AKZ.
           DISPLAY BILDSI02.
           ACCEPT BILDSI02.
           OPEN INPUT F2S-DATEI WITH LOCK.
           IF  F2S-STAT    NOT = ZERO
               MOVE F2S-STAT   TO STAT-4
               MOVE 4  TO IND-FEHL
               PERFORM FEHLAUSG
               GO TO AUF90
           END-IF.
           OPEN OUTPUT F2A-DATEI WITH LOCK.
           MOVE ZERO        TO  F2-ZAEHLER  F2S-ZAEHLER.
 AUF20.
           READ  F2S-DATEI AT END
                   GO TO AUF80.
           ADD 1            TO F2-ZAEHLER.
           WRITE F2A-SATZ FROM F2S-SATZ.
           IF F2A-STAT-1   NOT = ZERO
                   MOVE F2A-STAT   TO STAT-4
```

```
                   MOVE  4          TO IND-FEHL
                   PERFORM FEHLAUSG
                   GO TO AUF90
           END-IF.
           ADD     1        TO F2S-ZAEHLER.
           DISPLAY BILD5.
           GO TO AUF20.
       AUF80.
           DISPLAY BILD5.
           MOVE 10 TO IND-FEHL.
           PERFORM FEHLAUSG.
           CLOSE F2A-DATEI.
           CLOSE F2S-DATEI.
       AUF90.
           EXIT.

      ***  FEHLERMELDUNG ********
       FEHLAUSG SECTION.
           MOVE SPACE      TO  S-WEITER.
           DISPLAY ( 25, 1 ) ERASE.
           MOVE  T-FEHLER-EL (IND-FEHL)  TO T-FEHLER.

           DISPLAY FEHLER-BILD.
           ACCEPT  FEHLER-BILD.
           DISPLAY ( 25, 1 ) ERASE.
       FEHLAUSG90.
           EXIT.

       WARNUNG SECTION.
           DISPLAY BILD3.
           ACCEPT  BILD3.
           DISPLAY ( 15, 1 ) ERASE.
       WARN90.
           EXIT.

       SATZ-PRUEF SECTION.
      ***** Frei für Prüfung der Satzfelder ***
      ***** nicht verwendet **
       SATZ-PRUEF90.
           EXIT.

      *** Lesen ESCAPE-KEY *************
       BESC SECTION.
           ACCEPT S-ESC-KEY FROM ESCAPE KEY.
```

```
** Kopieren aus Vorgängersatz ***
           IF S-ESC-KEY = F2
                 MOVE F2-REC-KEY TO F2-KOPIER-KEY
                 MOVE F2-KOPIER-SATZ TO F2-SATZ
                 DISPLAY BILD1-RUMPF
                 MOVE "0" TO W-BKZ
           END-IF.
           IF S-ESC-KEY = F1
                MOVE  16    TO IND-FEHL
                PERFORM FEHLAUSG
                DISPLAY B00-FUSS
           END-IF.
 BESC90.
           EXIT.

*          COPY BENPRUEF.COB.
** Benutzercodeprüfung ***
 BENPRUEF SECTION.
           MOVE ZERO        TO FEHL-FLAG.
           MOVE 1           TO I-ANM.
 BENPR10.
** Code nicht gefunden ***
           IF I-ANM         GREATER I-ANM-MAX
                MOVE 1           TO FEHL-FLAG
                GO TO BENPR90
           END-IF.
           IF BEN-CODE      = T-BEN-CODE (I-ANM)
                     GO TO BENPR90
           END-IF.
           ADD 1   TO I-ANM.
           GO TO BENPR10.
 BENPR90.
           EXIT.
*          COPY DRUROU.COB.
***STANDARD-DRUCKPROGRAMM ****************************
 DRUCK SECTION.
*** siehe NORM01 ***
```

18.5 Erläuterung des Programms

In dem Programm werden zwei SELECT-Angaben für die Artikeldatei benötigt, einmal für die sequentielle Verarbeitung und einmal für die Verarbeitung im Direktzugriff. Beim Erstlauf und beim Wiederaufbau wird die indexsequentielle Datei sequentiell verarbeitet, dafür ist eine SELECT-Angabe erforderlich (F2A-DATEI ... ACCESS SEQUENTIAL). Beim Verwaltungslauf wird die Datei im Direktzugriff als Input-Output-Datei und dynamisch verarbeitet, dafür ist die zweite SELECT-Angabe erforderlich (F2U-DATEI ... ACCESS DYNAMIC). Beide Cobol-Dateien können der gleichen externen DOS-Datei zugeordnet sein (ASSIGN TO ..). Die dritte SELECT-Eintragung (F2S-DATEI) ist für die Sicherungsdatei erforderlich, in der die Artikelsätze platzsparend sequentiell gespeichert werden. Der Drucker, mit dem die Sätze protokolliert werden sollen, muß ebenfalls eine SELECT-Eintragung erhalten.

Die ALTERNATE KEY-Zusätze bewirken, daß für die angeführten Schlüssel zusätzliche Indexbereiche angelegt und bei Änderungen angepaßt werden. Über diese Schlüssel kann ebenfalls auf die Datensätze zugegriffen werden.

Für jede Datei ist eine FD-Eintragung erforderlich. Die Satzbeschreibung der Artikeldatei ist bereits aus früheren Programmen bekannt. Das gleiche gilt für den Drucker.

Alle Dateibeschreibungen werden mit dem COPY-Befehl in das Programm gerufen. Zuvor wurde mit dem Textsystem die Vorsilbe F2- in F2A- (A = Ausgabe) und F2U- (U = Update) und F2S- (S = Sicherung) umgewandelt. Die COPY-Anweisung kann mit dem REPLACING-Zusatz Vorsilben austauschen.

Das RECORD KEY-Feld, F2-ART-NR, ist mit dem Zusatz JUSTIFIED RIGHT versehen, damit bei der sequentiellen Anzeige und beim Blättern die Datensätze nicht in der Reihenfolge 1, 10, 100, 2, 20, 200, 3, 30 usw. ausgegeben werden, sondern in der Folge 1, 2, 3, ..., 10, 20, ..., 100 usw.

In der WORKING-STORAGE SECTION sind die Ausgabefelder für die Liste, ein Arbeitsbereich für die Artikeldatei und verschiedene Tabellen mit ihren Hilfsfeldern beschrieben.

In der Anmeldetabelle können die Codes gespeichert werden, die der Benutzer bei der Anmeldung eingeben muß. Die Verarbeitung der Tabelle erfolgt in dem Block BENPRUEF SECTION.

Die Auswahlzeichen sind als Bedingungsnamen definiert, damit das Programm verständlicher wird. Für die verschiedenen Menüebenen sind eigene Auswahlzeichen angelegt (W-AKZ, W-BKZ, W-CKZ), um die Steuerung übersichtlicher zu gestalten. In der Tabelle T-FEHLER-TEXT-GES sind Fehlertexte und sonstige Meldungen gespeichert. Die Verarbeitung erfolgt im Block FEHLAUSG SECTION, nachdem bei der Prüfung einer Eingabe der entsprechende Index in das Feld IND-FEHL übertragen wurde.

Die Schalter SC-READ, SC-WRITE, SC-REWRITE und SC-LOESCH dienen der Steuerung der Lese- und Schreiboperationen. Bei indexsequentiellen Dateien müssen bestimmte Nebenbedingungen bei den Ein-/Ausgabebefehlen eingehalten werden, um einen Programmabbruch durch das Runtime-System zu vermeiden. Die einzelnen Nebenbedingungen sind bei der Besprechung der indexsequentiellen Dateien behandelt worden.

Der Schalter SC-READ wird auf »1« gesetzt, wenn ein erfolgreicher READ-Befehl mit dem Schlüsselbegriff durchgeführt wurde. Andernfalls hat er den Wert »0«.

SC-WRITE wird auf »1« gesetzt, wenn ein WRITE-Befehl mit dem Schlüssel erfolgreich durchgeführt wurde. Andernfalls hat er den Wert »0«. Mit dem Schalter wird ein doppelter WRITE-Befehl und ein WRITE-Befehl für einen existierenden Satz verhindert.

SC-REWRITE wird auf »1« gesetzt, wenn ein REWRITE-Befehl für einen Schlüsselbegriff erfolgreich durchgeführt wurde. Andernfalls hat er den Wert »0«. Mit dem Schalter wird ein doppelter REWRITE-Befehl verhindert.

Analoges gilt für den Schalter SC-LOESCH.

In der SCREEN SECTION sind die einzelnen Bilder beschrieben. Dabei sind folgende Besonderheiten zu beachten:

BILD1I überlagert BILD1; es dient dazu, die Artikelnummer oder die Bezeichnung für den Zugriff auf die Datei aus dem kompletten Bild separat einzulesen. BILD1ZUG überlagert ebenfalls BILD1. Mit ihm wird die Meldung »ZUGANG« bei einem neuen Schlüssel eingeblendet. In den Systemzeilen sind die vom Bediener einzutippenden Auswahlzeichen revers hervorgehoben. FEHLERBILD wird für die Ausgabe der Fehlertexte und sonstigen Meldungen verwendet. Die anderen Bilder beinhalten einfache Texte, die bei Bedarf ausgegeben werden. Die Bilder sind vorne dargestellt.

Die PROCEDURE DIVISION ist nach der strukturierten Programmierung aufgebaut. Aus dem Steuerblock werden alle Programmteile als Unterprogramme aufgerufen. Für die einzelnen Tätigkeiten wie Erstlauf, Verwaltung, Gesamtdruck usw. sind Substeuerungen aufgebaut, aus denen die eigentlichen Verarbeitungsblöcke aufgerufen werden. Durch diese Technik kann das Programm übersichtlich gehalten werden.

Im Vorlauf VORL01 SECTION wird das Tagesdatum für den Bildkopf eingelesen und die Bedieneranmeldung bearbeitet. Von den Dateien wird nur der Drucker, A-DRUCK-DATEI, eröffnet. Die anderen Dateien können erst nach dem Auswahlbild eröffnet werden, da die OPEN-Befehle von der gewählten Verarbeitung abhängen.

Im Ende-Block END01 SECTION wird der Drucker geschlossen, eine Kontrollmeldung auf dem Bildschirm ausgegeben und das Programm beendet.

Die Substeuerung *Erstlauf*, ERSTLAUF SECTION, wird bei dem entsprechenden Auswahlzeichen angesprungen. Im Vorlauf für den Erstlauf (EVORL SECTION) wird die Artikeldatei im INPUT-Modus eröffnet, um zu prüfen, ob die Datei bereits existiert oder in Mehrbenutzersystemen gerade gesperrt ist. Der Benutzer wird entsprechend informiert und kann gegebenenfalls den Erstlauf abbrechen. Soll der Erstlauf durchgeführt werden, wird die Artikeldatei als Ausgabedatei eröffnet, da sie noch nicht existiert, und die Arbeitsfelder werden gelöscht.

Die Eingabe und Verarbeitung der Daten wird so lange wiederholt, bis der Bediener in der Systemzeile ein »E« für Ende eingibt. Dann erfolgt der Rücksprung in den Hauptsteuerblock. Die Datenerfassung ist nach folgendem Schema aufgebaut:

- Anzeigen des Datenanforderungsbildes
- Einlesen des Schlüsselbegriffs (Artikel-Nr. oder Bezeichnung)
- Kontrollesen der Datei
- Anzeigen der Vorgabewerte aus dem gelesenen Datensatz oder dem Vorgängersatz bei der Kopierfunktion
- Einlesen der Daten des Artikels
- Prüfung der Daten
- Anzeigen der Menüzeile und Einlesen des Auswahlzeichens
- Verarbeitung der Daten entsprechend der Auswahl in Unterprogrammen
- Rücksprung zum Datenanforderungsbild oder Aufruf der Endverarbeitung

Unterbricht der Bediener einen ACCEPT mit einer Funktionstaste, wird die Bildposition im ON ESCAPE-Zusatz in der Variablen S-CURS-POS festgehalten. Soll die Eingabe nach der Unterbrechung an der gleichen Stelle fortgesetzt werden, wird vor der Wiederholung des ACCEPT-Befehls S-CURS-POS in das Feld CURS-POS übertragen, das im SPECIAL-NAMES-Paragraphen als Cursorsteuerfeld deklariert ist.

Die Bedeutung der einzelnen Auswahlzeichen ist bei der Bildbeschreibung erläutert. Die Verzweigung in die Unterprogramme wird nicht mit einer EVALUATE-Anweisung gesteuert, sondern mit einer IF-Konstruktion, weil Groß- und Kleinbuchstaben als Auswahlzeichen zugelassen sind und verschiedene Sprungziele angesteuert werden müssen.

In der SCHREIB SECTION wird der Satz in die Artikeldatei geschrieben. Der WRITE-Befehl muß unterbleiben, wenn der Satz bereits geschrieben ist (SC-WRITE = »1«). Dies kann passieren, wenn der Bediener mehrfach »S« (= Schreiben) in der Systemzeile wählt.

In der WARNUNG SECTION wird eine Warnung ausgegeben, wenn der Bediener neue Daten eingeben oder das Programm beenden will, die zuvor eingegebenen Daten aber noch nicht in die Datei geschrieben hat. In diesem Fall kann er nach dem Hinweis im Warnungsbild entscheiden, ob die Daten in die Datei übernommen oder ob sie wegen der Fehler übergangen werden sollen.

Die anderen Unterprogramme beim Erstlauf sind leicht zu verstehen.

Die Substeuerung Update (VERWALTUNG SECTION) kann aufgerufen werden, nachdem die Datei im Erstlauf aufgebaut wurde. Im Vorlauf (VVORL SECTION) wird die Artikeldatei als Ein-/Ausgabedatei eröffnet, da Sätze gelesen, geschrieben und gelöscht werden sollen. Die Steuerung läuft ähnlich ab wie beim Erstlauf. In der Systemzeile kann jetzt zusätzlich die Lösch- und Blätterfunktion aufgerufen werden. Bei der Eingabe eines neuen Artikels ist zu beachten, daß der Bediener zuerst die Bezeichnung eingeben kann, um zu prüfen, ob ein gleichnamiger Artikel im Bestand ist (VEINGABE SECTION). Wird kein Artikel gefunden, muß der Bediener die neue Artikel-Nr. festlegen. Jetzt ist wieder zu prüfen, ob diese Nummer frei ist, damit beim WRITE kein Fehler auftritt. Die Artikel-Nr. muß als RECORD KEY eindeutig sein.

Beim Lesen und Schreiben der Sätze werden die Fehler über eine Abfrage des FILE STATUS abgefangen. Der INVALID KEY-Zusatz ist in Cobol nicht zu empfehlen, da die INVALID KEY-Bedingung bei allen Fehlern der Gruppe »9« nicht eintritt. Gerade diese Fehler, wie Datei oder Satz gesperrt, müssen aber in Mehrbenutzersystemen abgefangen werden. Beim Schreiben muß in der Steuerung ST-SCHREIB SECTION geprüft werden, ob der Satz mit dem WRITE- oder dem REWRITE-Befehl in die Datei übernommen werden muß.

Vor dem Löschen wird in der ST-LOESCH SECTION geprüft, ob der Satz in der Datei vorhanden war oder bereits gelöscht ist.

Beim Blättern in der BLATT SECTION wird geprüft, ob die Datei bereits mit Hilfe eines READ-Befehls auf einen Satz positioniert wurde. Ist dies nicht der Fall, wird die Datei mit Hilfe des START-Befehls auf den ersten Schlüssel, der größer oder gleich dem eingegebenen Schlüssel ist, positioniert. Im READ NEXT bzw. READ PREVIOUS wird kein Schlüsselfeld angegeben. Die Datei wird immer sequentiell in der Reihenfolge gelesen, die im vorhergehenden READ ... KEY IS ...- oder START ... KEY IS ...- Befehl festgelegt wurde.

Bei der Sicherung in der SICHERUNG SECTION wird die Artikeldatei als Eingabedatei eröffnet und sequentiell gelesen. Die Sätze werden in die Sicherungsdatei übertragen, die sequentiell geschrieben wird.

Beim Wiederaufbau der Datei in der AUFBAU SECTION wird die Sicherungsdatei sequentiell gelesen, die Sätze werden in die indexsequentielle Artikeldatei übertragen, die dann sequentiell geschrieben wird. Dadurch wird der Index- und Datenbereich der Datei neu geordnet.

Da in Cobol bei der Verwaltung einer indexsequentiellen Datei mit verschiedenen OPEN-, WRITE- bzw. REWRITE-Befehlen gearbeitet werden muß, ist es vom Programmaufbau her am einfachsten, wenn für die verschiedenen Verwaltungsfunktionen separate Programmteile geschrieben werden, wie es in dem Beispielprogramm geschehen ist, oder jeweils eigene Programme erstellt werden, die über den CALL-Mechanismus aufgerufen werden. Andere Lösungstechniken sind aber auch denkbar und in der Praxis anzutreffen.

Kapitel 19

Relative Dateien

19.1 Beschreibung der relativen Dateiorganisation

Relative Dateien sind nur auf Plattenspeichern möglich. Jeder Datensatz erhält eine *relative Satznummer*, die für die Adressierung verwendet wird. Sie muß zwischen 1 und 2000 Mbyte geteilt durch (Satzlänge in Bytes + 2) liegen. 2000 Mbyte kann MF-Cobol maximal auf den Externspeichern verwalten. Zwei Byte mit Kontrollinformation werden von MF-Cobol an jeden Satz angehängt. Beträgt die Kapazität der Festplatte z.B. 10 Mbyte und die Satzlänge 98 Byte, kann die Satznummer zwischen 1 und 100.000 (10 Mio / 100) liegen. Für kleinere Dateien kann eine niedrigere maximale Satznummer gewählt werden. Anders als bei indexsequentiellen Dateien ist die Satznummer nicht Bestandteil des Satzes, sondern sie wird intern vom Betriebssystem für die Adressierung des Satzes verwendet. Das Betriebssystem errechnet aus Satznummer und Satzlänge die relative Adresse des Datensatzes in der Datei nach folgendem vereinfachten Schema:

Beträgt die Satzlänge 78 Byte, ergibt sich z.B. für Satznummer 200 die relative Byteadresse:

(78 + 2) * 200 = 16000

Die Byteadresse dividiert durch die Sektorgröße (z.B. 512 Byte) ergibt die Sektoradresse:

16000 / 512 = 31 Rest 128

In Sektor 31 der Datei wird ab Byte 128 der Datensatz abgelegt. Die Sätze der relativen Datei haben fixe Länge. Werden mehrere Datensätze mit unterschiedlicher Länge in der FD-Eintragung angegeben, bestimmt der längste Satz in der Beschreibung die Satzlänge. In diesem Fall entsteht also ungenutzter Speicherplatz auf der Platte. Die Zugriffszeiten zu einzelnen Datensätzen sind extrem kurz, weil der Schreib-Lese-Kopf der Platte nach der Adreßberechnung direkt auf den Sektor positioniert werden kann.

Eine Datei mit relativer Speicherung kann sequentiell, dynamisch oder random verarbeitet werden.

Bei *sequentieller Verarbeitung* werden die Sätze in aufsteigender Satznummernfolge zur Verfügung gestellt. Nicht belegte Satznummern werden automatisch überlesen.

Beim *random Zugriff* wird der Satz dem Programmm vom Betriebssystem zur Verfügung gestellt, dessen Satznummer in dem mit RELATIVE KEY bezeichneten Datenfeld steht.

Beim *dynamischen Zugriff* kann im Programm zwischen random und sequentieller Verarbeitung gewechselt werden.

Eine typische Anwendung ist das separate Speichern von Fehlermeldungen und Nachrichten in einer relativen Datei. Diese Texte werden dann unter Angabe der betreffenden relativen Satznummer eingelesen. Vorteil: Die Meldungen brauchen nicht mehr im Programm selbst geschrieben und können leicht verwaltet werden. Relative Dateien werden in der kaufmännischen Anwendung selten eingesetzt, da die Nebenbedingungen für den Aufbau des Schlüssels ihre Verwendungsfähigkeit stark einengen. Streuen die Schlüsselwerte stark und weisen viele Lücken auf, entsteht viel ungenutzter Speicherplatz auf den Platten. Schon wenige

Sätze können die Fehlermeldung »DISK SPACE FULL« hervorrufen, obwohl noch viel freier Platz auf der Platte vorhanden ist.

19.2 Cobol-Regeln für die Verarbeitung

Die Sprachregeln sind weitgehend mit den Vorschriften für die indexsequentiellen Dateien identisch. In der ENVIRONMENT DIVISION wird die Speicherungs- und Verarbeitungsform der Datei in der *SELECT-Eintragung* angegeben.

```
ENVIRONMENT DIVISION.
FILE-CONTROL.
SELECT       [OPTIONAL] Dateiname
             ASSIGN TO "DOS-Dateiname" / Datenname-1
             [ORGANIZATION] IS RELATIVE
             RELATIVE KEY IS Datenname-2
             [ACCESS  MODE IS SEQUENTIAL / RANDOM / DYNAMIC]
             [LOCK  MODE IS EXCLUSIVE / MANUAL / AUTOMATIC]
                [WITH LOCK ON [MULTIPLE] RECORDS]
             [FILE STATUS IS Datenname-5]
             [RESERVE Ganzzahl AREAS]
```

Beispiel:

```
SELECT     F1-REL-DATEI
           ASSIGN TO "C:\FIBU\TEXT.DAT"
           ORGANIZATION RELATIVE
           ACCESS DYNAMIC
           FILE STATUS IS F1-STAT
           RELATIVE KEY IS F1-REC-KEY
           LOCK  IS AUTOMATIC.
```

In der DATA DIVISION müssen der Satzaufbau der Datei und das Satznummernfeld angegeben werden. Die FILE DESCRIPTION (FD) hat das gleiche Format wie bei den indexsequentiellen Dateien. Die Satzlänge (RECORD CONTAINS ...) kann zur Kontrolle angegeben werden.

```
DATA DIVISION.
FILE SECTION.
FD   F1-REL-DATEI
     RECORD CONTAINS 100 CHARACTERS.
01   F1-REC-SATZ.
      05  DATEN-1        PIC X(10).
      05  DATEN-2        PIC X(90).
      ...
```

```
WORKING-STORAGE SECTION.
01   RELATIVE-HILFSFELDER.
 05  F1-REC-KEY      PIC 9(5) COMP VALUE 1.
 05  F1-STAT.
  10 F1-STAT-1       PIC X.
10 F1-STAT-2       PIC 99 COMP-X.
```

Die ASSIGN-, OPTIONAL-, RESERVE-, LOCK- und FILE STATUS-Angaben sind identisch mit den Eintragungen bei sequentiellen oder indexsequentiellen Dateien. Die RESERVE-Angabe hat nur dokumentarischen Wert, sie wird vom Compiler nicht verarbeitet. Mit dieser Angabe wird bei Mainframe-Computern die Anzahl der Ein-/Ausgabepuffer festgelegt. Mit dem LOCK-Zusatz kann die Datei in Mehrbenutzersystemen für den konkurrierenden Zugriff anderer Benutzer gesperrt werden. WITH LOCK ON MULTIPLE RECORDS wird verlangt, wenn der Programmierer mehrere Sätze der Datei sperren will. Normalerweise kann immer nur ein Satz gesperrt werden. Es gelten die gleichen Regeln wie bei indexsequentiellen Dateien.

Mit dem ACCESS-Zusatz wird die Verarbeitungsform der Datei im Programm beschrieben. Fehlt der Zusatz, wird SEQUENTIAL angenommen.

Die *RELATIVE KEY-Eintragung* wird bei random und dynamischem Zugriff verlangt und wenn bei sequentiellem Zugriff der START-Befehl für die Datei verwendet wird.

```
RELATIVE KEY IS Datenname-2
```

Datenname-2 muß als vorzeichenlose Ganzzahl (COMP) beschrieben werden und darf *nicht* in der Satzbeschreibung der Datei enthalten sein. Der Wert muß immer positiv und ungleich Null sein.

Das FILE STATUS-Feld hat folgende Bedeutung:

```
-------------------------------------------------------------------
Status    Bedeutung
-------------------------------------------------------------------
0-0 Ein-/Ausgabeoperation erfolgreich ausgeführt
0-5 Die mit dem OPTIONAL-Zusatz beschriebene Datei ist beim OPEN nicht vorhanden
1-0 Dateiende
1-4 Die relative Satznummer ist größer als die Definition des KEY-Feldes
2-2 Satz mit gleicher Satznummer soll geschrieben werden
2-3 Satz mit der Satznummer existiert nicht
2-4 Platte voll
3-0 Allgemeiner OPEN-Fehler
3-5 Datei nicht gefunden beim OPEN
4-1 Datei beim OPEN bereits eröffnet
4-2 CLOSE für eine nicht geöffnete Datei
4-4 Satzlänge stimmt nicht
```

```
4-6 sequentieller READ, nachdem Dateiende erreicht ist
4-7 OPEN-Modus und Verarbeitungsbefehle passen nicht zusammen
9-001 Speicherplatz für Ein-/Ausgabepuffer nicht ausreichend
9-065 Datei gesperrt (LOCKED) in Mehrbenutzersystemen
9-067 Satz gesperrt
-----------------------------------------------------------------
```

In der Fehlergruppe »9« gibt es ca. 100 weitere Fehlerschlüssel.

Das erste Byte des Datensatzes der Datei darf nicht mit COMP oder COMP-3 beschrieben werden oder Teil eines solchen Feldes sein.

19.3 Verarbeitungsbefehle für relative DATEIEN

Die Befehle OPEN, CLOSE, READ, WRITE, REWRITE, DELETE und START werden wie bei indexsequentiellen Dateien verwendet. Die Befehle haben folgende Bedeutung:

OPEN	Die Datei wird für die Verarbeitung vorbereitet und auf der Platte gesucht. Der Befehl muß vor dem ersten Schreib- oder Lesebefehl für eine Datei ausgeführt werden.
CLOSE	Die Bearbeitung der Datei wird beendet. Der DIRECTORY- Eintrag wird auf den neuesten Stand gebracht. Die Anweisung sollte am Ende der Verarbeitung geschrieben werden.
READ	Ein Satz der Datei wird gelesen und dem Programm zur Verfügung gestellt.
START	Der Dateizeiger wird für einen folgenden READ NEXT- Befehl auf einen bestimmten Satz positioniert.
READ NEXT	Die Datei wird sequentiell ab einer bestimmten Position in Richtung Dateiende gelesen.
READ PREVIOUS	Die Datei wird rückwärts in Richtung Dateianfang gelesen.
WRITE	Ein neuer Datensatz wird in die Datei geschrieben.
REWRITE	Ein Datensatz wird entsprechend der Satznummer in die Datei zurückgeschrieben. Der an der Stelle stehende Satz wird überschrieben, der alte Inhalt ist also verloren.
DELETE	Ein der Satznummer entsprechender Datensatz wird aus der Datei gelöscht.

19.3.1 OPEN-Anweisung

Mit dieser Anweisung wird die Datei dem Programm zugänglich gemacht.

Format:

```
OPEN INPUT / OUTPUT / I-O  Dateiname  [WITH LOCK]
```

Beispiel:

```
OPEN INPUT F1-REL-DATEI, I-O F2-U-DATEI.
```

Der LOCK-Zusatz hat die gleiche Bedeutung wie in der SELECT-Eintragung der Datei (s.o.). Er kann alternativ in der SELECT-Eintragung oder beim OPEN-Befehl geschrieben werden. Die Datei wird exklusiv für den Benutzer reserviert.

Mit OPEN INPUT wird eine existierende Datei für das Lesen (READ, START, READ NEXT) eröffnet. Existiert die Datei nicht und fehlt der OPTIONAL-Zusatz in der SELECT-Eintragung, wird der FILE STATUS auf »35« gesetzt. Das Programm muß entsprechende Fehlerroutinen enthalten.

Mit OPEN OUTPUT wird eine Datei für das Schreiben (WRITE, DELETE) eröffnet. Existiert auf der Platte eine Datei mit dem gleichen Namen (DIRECTORY-Filename), wird die Datei überschrieben. Ihr Inhalt ist unwiederbringlich verloren.

Mit OPEN I-O wird eine Datei für das Schreiben und Lesen eröffnet. Es können alle Schreib-/Lesebefehle ausgeführt werden. Die Datei muß allerdings bereits existieren. Sie kann nicht mit dieser Anweisung erzeugt werden.

19.3.2 READ-Anweisung

Mit dieser Anweisung wird ein Datensatz aus der Datei in den Ein-/Ausgabebereich des Programms geholt, der mit der Stufennummer 01 in der Dateibeschreibung deklariert ist.

Format-2 (direkter Zugriff):

```
READ Dateiname RECORD [INTO Datenname-2]
      [WITH [KEPT / NO] LOCK]
   [INVALID KEY Befehlsfolge-1]
   [NOT INVALID KEY Befehlsfolge-2]
[END-READ]
```

Beispiel:

```
MOVE 10 TO F1-REC-KEY.
READ F1-REL-DATEI
     INVALID KEY DISPLAY "Kein Satz vorhanden"
     GO TO ENDE
END-READ
```

Der Format-2 READ wird für den direkten Zugriff auf Datensätze eingesetzt. In der SELECT-Eintragung muß ACCESS RANDOM oder ACCESS DYNAMIC angegeben sein. Es wird der Satz gesucht, dessen Satznummer vor dem READ-Befehl in das mit RELATIV KEY bezeichnete Datenfeld übertragen wurde. Wenn der Satz nicht existiert, werden die Befehle ausgeführt, die nach INVALID KEY oder in der zugehörenden DECLARATIVES SECTION stehen. Die Befehlsfolge nach INVALID KEY kann durch einen Punkt oder in Cobol-85 durch den Bereichsbegrenzer END-READ beendet werden. Da ein Punkt sehr leicht übersehen wird, sollte die Befehlsfolge durch END-READ abgeschlossen werden, auch wenn der Schreibaufwand höher ist.

Die Regeln für den INTO-Zusatz gelten wie üblich.

In der READ-Anweisung kann zusätzlich WITH LOCK geschrieben werden, um Sätze für andere Programme zu sperren. Der Zusatz LOCK ist nur möglich, wenn LOCKING IS MANUAL deklariert wurde. WITH KEPT LOCK muß angegeben werden, wenn mehrere Sätze gesperrt werden sollen. Fehlt KEPT, wird der zuvor gelesene Satz automatisch freigegeben.

> **Anmerkung:** *Ist ein Satz gesperrt und kann daher nicht gelesen werden, tritt nicht die INVALID KEY-Bedingung ein. Der Programmierer muß die Sperrung über das FILE STATUS-Feld abfangen und Maßnahmen einleiten, damit das Programm weiterlaufen kann.*

Format-1 (sequentieller Zugriff):

```
READ Dateiname [NEXT] / [PREVIOUS] RECORD [INTO Datenname]
     [WITH LOCK]
     [AT END Befehlsfolge-1]
     [NOT AT END Befehlsfolge-2]
[END-READ]
```

Beispiel:

```
READ F1-REL-DATEI NEXT
     AT END DISPLAY "Dateiende erreicht" AT 2401
END-READ
```

Format-1 wird bei sequentiellem Zugriff verwendet. Der Zusatz NEXT muß angegeben werden, wenn die Datei mit ACCESS IS DYNAMIC beschrieben wurde und sequentiell gelesen werden soll. Der AT END-Zusatz, falls vorhanden, wird ausgeführt, wenn das Dateiende oder der Dateianfang beim READ PREVIOUS erreicht wird. Fehlt der AT END-Zusatz, muß im DECLARATIVES-Teil eine ERROR SECTION für diese Datei existieren. Andernfalls kommt es zu einem Programmabbruch. READ ohne den Zusatz NEXT wird verwendet, wenn die Datei mit ACCESS SEQUENTIAL von Anfang an verarbeitet wird.

Wenn ein RELATIVE KEY in der SELECT-Eintragung angegeben ist, dann enthält dieses Datenfeld bei einem erfolgreichen Format-1-READ-Befehl die Satznummer des gelesenen Satzes.

19.3.3 WRITE-Anweisung

Mit dieser Anweisung wird ein neuer Satz in die Datei eingefügt. Es gelten die gleichen Regeln wie bei indexsequentiellen Dateien.

Format:

```
WRITE Datensatzname [FROM Datenname]
     [INVALID KEY Befehlsfolge-1]      [NOT INVALID KEY Befehlsfolge-2]
[END-WRITE]
```

Beispiel:

```
MOVE 20   TO F1-REC-KEY.
WRITE F1-REC-SATZ INVALID KEY
      DISPLAY "Schreibfehler F1-REL-DATEI F1-STAT = ", F1-STAT
      GO TO ENDE
END-WRITE
```

Bei sequentieller Verarbeitung (ACCESS SEQUENTIAL) wird die relative Satznummer des geschriebenen Satzes in dem mit RELATIVE KEY bezeichneten Datenfeld hinterlegt.

Bei random oder dynamischer Verarbeitung muß der Benutzer vor dem Schreiben die Satznummer in das mit RELATIVE KEY bezeichnete Datenfeld übertragen. Die INVALID KEY-Bedingung tritt ein, wenn ein Satz mit der gleichen Satznummer bereits existiert oder wenn der Plattenbereich für die Datei überschritten wird.

19.3.4 REWRITE-Anweisung

Mit dieser Anweisung wird ein Satz nach einer Änderung wieder in die Datei zurückgeschrieben.

Format:

```
REWRITE Datensatzname [FROM Datenname]
     [INVALID KEY Befehlsfolge-1]
     [NOT INVALID KEY Befehlsfolge-2]
[END-REWRITE]
```

Beispiel:

```
REWRITE F1-REC-SATZ INVALID KEY
     DISPLAY "REWRITE-Fehler F1-STAT = ", F1-STAT
     GO TO ENDE
END-REWRITE
```

Es gelten die gleichen Formalvorschriften wie bei den indexsequentiellen Dateien. Bei sequentieller Verarbeitung (ACCESS SEQUENTIAL) muß dem REWRITE- ein erfolgreicher READ-Befehl vorausgehen. Der gelesene Satz wird mit dem REWRITE-Befehl auf die gleiche Stelle in der Datei zurückgeschrieben. Wenn der READ-Befehl nicht erfolgreich war, wird die Programmausführung mit einem Runtime-Fehler beendet. Aus diesem Grund ist der INVALID KEY-Zusatz bei sequentieller Verarbeitung der Datei nicht erlaubt.

Bei random oder dynamischer Verarbeitung wird der Satz in die Datei zurückgeschrieben, dessen Satznummer in dem mit RELATIVE KEY bezeichneten Datenfeld steht. Existiert dieser Datensatz noch nicht, tritt die INVALID KEY-Bedingung ein.

19.3.5 DELETE-Anweisung

Ein Datensatz wird aus der Datei gelöscht.

Format-1:

```
DELETE Dateiname RECORD
     [INVALID KEY Befehlsfolge-1]
     [NOT INVALID KEY Befehlsfolge-2]
[END-DELETE]
```

Beispiel:

```
DELETE F1-REL-DATEI RECORD INVALID KEY
     DISPLAY "Löschfehler F1-STAT = ", F1-STAT
     GO TO ENDE
END-DELETE
```

Es gelten die gleichen Formalvorschriften wie für die indexsequentiellen Dateien. Bei sequentieller Verarbeitung muß dem DELETE- ein erfolgreicher READ-Befehl vorausgegangen sein. Der gelesene Satz wird logisch aus der Datei entfernt, d.h. er wird vom Ein-/Ausgabesystem mit einem Löschkennzeichen versehen, so daß er nicht mehr gelesen werden kann. Er bleibt aber noch in der Datei stehen. Cobol markiert den Satz in den letzten beiden Bytes. Soll der Satzinhalt nicht mehr erkennbar sein, sollte vor dem Löschen ein Leersatz mit der Satznummer zurückgeschrieben werden. War der READ-Befehl nicht erfolgreich, wird das Programm mit einem Runtime-Fehler beendet. Deswegen darf bei sequentieller Verarbeitung der INVALID KEY-Zusatz nicht verwendet werden.

Bei random oder dynamischer Verarbeitung der Datei wird der Satz gelöscht, dessen Satznummer in dem mit RELATIVE KEY bezeichneten Datenfeld steht. Wenn ein Satz mit dieser Nummer nicht existiert, tritt die INVALID KEY-Bedingung ein.

Format-2:

```
DELETE FILE Dateiname
```

Die Datei wird physisch gelöscht. Die angegebene Datei muß mit CLOSE geschlossen sein, wenn die DELETE-Anweisung ausgeführt werden soll.

19.3.6 START-Anweisung

Mit der START-Anweisung wird der Dateipositionszeiger in der relativen Datei auf einen bestimmten Satz positioniert. Der START-Befehl liest keinen Datensatz. Die Sätze können ab dieser Stelle mit dem READ NEXT- oder READ PREVIOUS-Befehl gelesen werden. Der Befehl ist nur erlaubt, wenn die Datei mit ACCESS SEQUENTIAL oder DYNAMIC bearbeitet wird.

Format:

```
START Dateiname
     [KEY IS =, >, >=, <, <=   Datenname]
     [INVALID KEY Befehlsfolge-1]
     [NOT INVALID KEY Befehlsfolge-2]
[END-START]
```

Beispiel:

```
MOVE 15      TO F1-REC-KEY
START F1-REL-DATEI
     KEY IS >= F1-REC-KEY
     INVALID KEY DISPLAY "Kein Satz gefunden"
     NOT INVALID KEY PERFORM LESEN
END-START
```

Anstelle der mathematischen Zeichen können die Worte EQUAL, GREATER, LESS, GREATER OR EQUAL, LESS OR EQUAL, NOT LESS und NOT GREATER geschrieben werden. NOT LESS bedeutet »größer oder gleich«. Es gelten die gleichen Formalvorschriften wie bei indexsequentiellen Dateien.

Datenname muß das mit RELATIVE KEY bezeichnete Datenfeld sein, und die Satznummer, bei der aufgesetzt werden soll, muß vor dem START-Befehl in das Datenfeld übertragen worden sein. Die Datei muß bei der Ausführung des Befehls mit INPUT oder I-O eröffnet sein.

Wenn der *KEY-Zusatz* fehlt, wird »KEY = F1-REC-KEY« eingesetzt. Ist die KEY-Bedingung GREATER oder NOT LESS angegeben, dann wird der Satzzeiger für den nächsten Zugriff auf den ersten Satz gesetzt, dessen Satznummer größer bzw. größer gleich dem angegebenen Wert ist. Wenn kein Satz mit einer solchen Satznummer gefunden wird, werden die Befehle, die nach INVALID KEY stehen, ausgeführt, oder es wird die entsprechende ERROR SECTION im DECLARATIVES-Teil aufgerufen. Der START-Befehl prüft nicht, ob der Datensatz gesperrt ist und sperrt den Satz auch nicht. Dies muß beim folgenden READ-Befehl erfolgen.

19.3.7 UNLOCK-Anweisung

Mit dieser Anweisung werden Sätze der Datei wieder freigegeben, die durch den Zusatz LOCK im READ-Befehl für andere Programme gesperrt oder automatisch reserviert wurden.

Format:

```
UNLOCK Dateiname [RECORDS]
```

Beispiel:

```
UNLOCK F1-REL-DATEI
```

Bei Einplatzcomputern ist dieser Befehl überflüssig.

19.3.8 CLOSE-Anweisung

Mit dieser Anweisung wird die Bearbeitung einer Datei beendet. Alle internen Pufferbereiche für die Datei werden geleert und freigegeben.

Format:

```
CLOSE Dateiname [WITH LOCK]
```

Beispiel:

```
CLOSE F1-REL-DATEI, F2-TEST-DATEI.
```

Es können mehrere Dateinamen angegeben werden. Jede Schreib-/Leseoperation für eine Datei nach dem CLOSE-Befehl führt zu einem Runtime-Fehler. Der Zusatz WITH LOCK bewirkt, daß die Datei im gleichen Programmlauf nicht wieder eröffnet werden kann. Fehlt dieser Zusatz, kann sie bei Bedarf wieder eröffnet und bearbeitet werden.

Kapitel 20

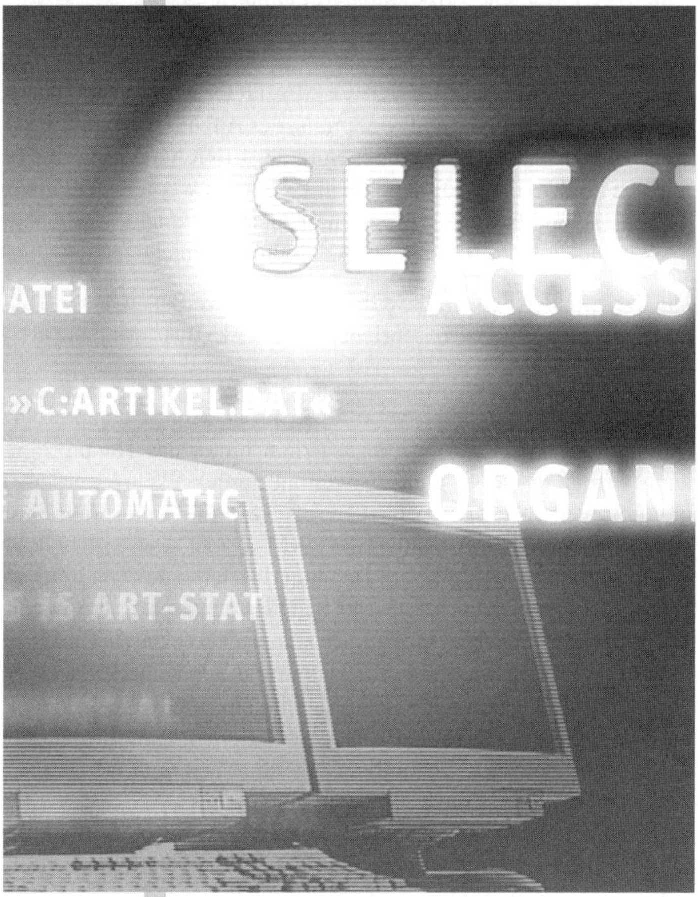

Programmverbindung und Überlagerung

Unabhängig voneinander erstellte Cobol-Programmteile können zu einem ausführbaren Programm zusammengebaut werden. Cobol stellt mehrere Möglichkeiten hierfür zur Verfügung. Die klassische Programmverbindung in der ANSI-74-Norm benötigt die LINKAGE SECTION in der DATA DIVISION, den CALL-Befehl in der PROCEDURE DIVISION und die USING-Liste als Anhängsel an die PROCEDURE DIVISION-Überschrift in dem Unterprogramm. In der LINKAGE SECTION werden die Daten beschrieben, die im Speicherbereich eines anderen Programms, des rufenden Programms, liegen. Durch die Verwendung von Datensatzbeschreibungen in der LINKAGE SECTION können ganze Speicherbereiche zwischen den Programmen ausgetauscht werden. Datenfelder in der LINKAGE SECTION des aufgerufenen Programms belegen keinen Speicherplatz, weil die Daten im Speicherbereich des rufenden (CALL) Programms liegen.

Die Datenfelder der LINKAGE SECTION werden wie die Datenfelder der WORKING-STORAGE SECTION beschrieben. Die VALUE-Eintragung ist jedoch nur für die Stufennummer 88 erlaubt.

Beim *CALL-Befehl* bleibt das rufende Programm (= Hauptprogramm) im Arbeitsspeicher, das gerufene Programm wird zusätzlich hinter das Hauptprogramm geladen. Bei Bedarf kann wieder in das rufende Programm zurückgekehrt werden. Die Daten des Hauptprogramms bleiben erhalten. CALL ruft »externe Unterprogramme« in den Speicher. Der Ablauf ist ähnlich wie beim PERFORM-Befehl. Der PERFORM-Befehl ruft ein »internes Unterprogramm« auf, d.h. die Daten und Befehle des Unterprogramms befinden sich innerhalb des Hauptprogramms. Ein PERFORM-Unterprogramm kann alle Daten des Hauptprogramms verändern. Das mit CALL aufgerufene externe Unterprogramm hat eigene Datenfelder und Programmbefehle. Es kann nur die speziell deklarierten Übergabedatenfelder des Hauptprogramms verändern. Die Variablennamen der beiden Programme sind vollkommen unabhängig voneinander. Die Daten des externen Unterprogramms sind gekapselt, wie es in der objektorientierten Terminologie heißt. Nach dem Verlassen des Unterprogramms über EXIT PROGRAM kann der Speicherbereich mit CANCEL wieder gelöscht und von anderen externen Unterprogrammen belegt werden. Wird der Speicherbereich nicht gelöscht, weil unter Umständen das Unterprogramm später noch einmal benötigt wird, packt Cobol neue CALL-Programme immer hinter die im Speicher befindlichen Programme, bis der Speicher des Computers erschöpft ist. Dies geschieht bei großen Programmsystemen überraschend schnell, da neben dem ».EXE«-Programm das Runtime-System mit ca. 120 Kbyte, ADIS mit ca. 100 Kbyte und EXTFH mit ca. 80 Kbyte im Speicher sind.

Der *CHAIN-Befehl* ermöglicht es, ein anderes ausführbares Programm aus einem laufenden Programm zu starten und bei Bedarf dem mit CHAIN gestarteten Programm Datenfelder als Parameter zu übergeben. Beim CHAIN-Befehl wird das rufende Programm überlagert. Seine Daten sind verloren, mit Ausnahme der speziell deklarierten Übergabevariablen. Sie werden vom Runtime-System im oberen Speicherbereich gesichert und nach dem Laden in die entsprechenden Datenfelder des neuen Programms übertragen.

Cobol-85 gestattet eine weitere Technik für den Aufbau von komplexen Programmsystemen. Ein Cobol-Programm kann aus einem Hauptprogramm und einem oder mehreren geschachtelten Unterprogrammen (nested programs) bestehen, die mit CALL aufgerufen werden.

Alle Programme, die zur sog. Run-Unit gehören, können auf einen gemeinsamen Datenbereich zugreifen (GLOBAL-Daten), der im Hauptprogramm liegt. Dieser Datenbereich wird nur im Hauptprogramm mit dem Attribut GLOBAL beschrieben. Er steht automatisch allen Programmen der Run-Unit zur Verfügung. Als GLOBAL-Daten können sowohl Dateien als auch Datenfelder der WORKING-STORAGE SECTION deklariert werden. Die Unterprogramme dürfen die globalen Daten nicht nochmal definieren. Die Namen der globalen Daten müssen den Programmierern bekannt sein. Alle Daten und Dateien eines Programms ohne den GLOBAL-Zusatz sind automatisch lokale Daten, die nur in dem Programm angesprochen und verändert werden können, in dem sie definiert sind. Die Unterprogramme werden mit CALL aufgerufen. Daten werden nicht übergeben, da das Unterprogramm auf alle globalen Variablen zugreifen kann. Die LINKAGE SECTION für die Datenübergabe entfällt.

Als vierte Möglichkeit können externe (EXTERNAL) Daten deklariert werden. EXTERNAL-Daten und -Dateien werden in einem gesonderten Speicherbereich außerhalb der Programme abgelegt und von dem Cobol-Hilfsprogramm EXTERNL.EXE verwaltet, das zur Ausführungszeit automatisch in den Speicher geladen wird. Mehrere Programme, auch selbständige Hauptprogramme, können auf diesen externen Speicherbereich zugreifen und mit den Daten arbeiten. Die externen Daten müssen in allen Programmen, die damit arbeiten, mit dem Attribut EXTERNAL in der DATA DIVISION beschrieben werden. Als EXTERNAL-Daten können nur Dateien und Datensätze mit der Stufennummer 01 deklariert werden. Alle untergeordneten Datenfelder sind automatisch EXTERNAL. Die Programme, die den externen Speicherbereich nutzen, können mit CALL oder CHAIN aufgerufen werden. Übergabefelder brauchen nicht explizit angegeben zu werden.

Cobol unterstützt den rekursiven Programmaufruf, d.h. ein Programm ruft sich selbst wieder mit CALL auf (kein ANSI-Standard). Der Programmierer muß dazu eine LOCAL-STORAGE SECTION definieren, die zwischen WORKING-STORAGE und LINKAGE SECTION liegen muß. In dieser SECTION werden die Daten definiert, die für die Rekursion benötigt werden. In der Regel werden mathematische Iterationsverfahren mit der Rekursionstechnik gelöst. Für die LOCAL-STORAGE SECTION gelten im wesentlichen die gleichen Vorschriften wie für die WORKING-STORAGE SECTION. Den Datenfeldern der LOCAL-STORAGE SECTION werden freie Speicherbereiche zugeordnet, wenn das Programm mit CALL aufgerufen wird. Wird das Programm über EXIT PROGRAM verlassen, wird der Speicherbereich der LOCAL-STORAGE SECTION wieder freigegeben. Die Datenfelder leben also nur während der Programmausführungszeit. Da die Befehle der PROCEDURE DIVISION und die übrigen Speicherbereiche nur einmal im Arbeitsspeicher sind und bei jedem rekursiven CALL nur eine Kopie der LOCAL-STORAGE SECTION im Speicher erzeugt wird, kann der Speicherbedarf des Gesamtsystems relativ gering gehalten werden. Der Programmierer muß dafür sorgen, daß der rekursive Programmaufruf einmal beendet wird, sonst kommt es infolge der Endlosschleife zu einem Speicherüberlauf. Da diverse Nebenbedingungen zu berücksichtigen sind und diese Technik nicht der ANSI-Norm entspricht, soll der rekursive Programmaufruf nicht näher erläutert werden.

Cobol erlaubt den CALL-Aufruf von Programmen, die in anderen Programmiersprachen erstellt wurden. Cobol verfügt über Schnittstellen, in denen die Daten in das Format der jeweiligen Zielsprache umgesetzt werden. Im SPECIAL-NAMES-Paragraphen kann über den CALL-CONVENTION-Zusatz die Datenübergabetechnik zu anderen Programmiersprachen festgelegt werden. Ergänzend muß der Programmierer beim CALL bestimmte Regeln einhalten und Compiler-Schalter setzen. Diese Technik sollte nur von erfahrenen Programmierern verwendet werden. Einzelheiten der Technik sind in den Systemhandbüchern beschrieben.

Mit Hilfe der CALL- und CHAIN-Technik können Programmsysteme entwickelt werden, die die vorhandene Speicherkapazität weit überschreiten, da immer nur die aktiven Programmteile im Speicher gehalten werden müssen.

In Verbindung mit der *objektorientierten Programmierung* ist der INVOKE-Befehl in Cobol eingeführt worden. Mit diesem Befehl können Sie ähnlich wie mit CALL externe Unterprogramme aufrufen, die beim INVOKE in ein übergeordnetes Containerprogramm, ein sog. *Klassenprogramm*, eingebettet sind. Die Unterprogramme werden in diesem Zusammenhang als *Methoden* bezeichnet. Die Arbeitsspeicherverwaltung kann hier noch raffinierter gesteuert werden.

20.1 CALL-Befehl und die LINKAGE SECTION

Der CALL lädt ein Unterprogramm (.EXE-Version) von der Platte in den Arbeitsspeicher hinter das rufende Programm und startet das Unterprogramm.

Format: (vereinfacht)

```
CALL Datenname / Literal
[USING [BY REFERENCE] / [BY CONTENT] Datenname-1 Datenname-2 ...];
     [ON OVERFLOW oder EXCEPTION  Befehlsfolge-1]
     [NOT ON EXCEPTION Befehlsfolge-2]
[END-CALL]
```

Beispiel:

```
CALL "PROGX" USING FELD-A, FELD-B
   ON EXCEPTION DISPLAY "Programm PROGX kann nicht geladen werden"
   GO TO ENDE
END-CALL
```

Literal ist der Name des selbständig umgewandelten und gebundenen Unterprogramms, der in der PROGRAM-ID festgelegt wurde. In MF-Cobol sollte der Unterprogrammname in der PROGRAM-ID des Unterprogramms mit dem Namen der .EXE-Datei übereinstimmen. Er muß mindestens einen Buchstaben enthalten. Die Namensergänzung .EXE wird nicht angegeben. Wird ein *Datenname* angegeben, muß in diesem Feld der Unterprogrammname gespeichert sein. Das Runtime-System lädt das externe Unterprogramm von der Platte in den freien Speicherplatz hinter das rufende Programm, wenn der CALL zum erstenmal ausgeführt wird. Das Unterprogramm bleibt im Speicher, bis das Hauptprogramm beendet wird oder der Speicherbereich explizit mit der CANCEL-Anweisung freigegeben wird. Beim ersten CALL des Unterprogramms wird das Programm in seinem Ursprungszustand von der

Platte geladen. Folgende CALL-Anweisungen finden das Unterprogramm so vor, wie es verlassen wurde, es sei denn, der Speicherbereich wurde mit CANCEL gelöscht.

Die Datennamen hinter USING bezeichnen die Datenfelder, deren Adressen an das gerufene Programm übergeben werden. Die Adressen werden den in der LINKAGE SECTION des gerufenen Programms beschriebenen Datenfeldern zugeordnet, und zwar in der Reihenfolge, in der die Datennamen in der USING-Liste des gerufenen Programms stehen. Deswegen sollte die Zahl der Datenfelder im CALL-Befehl mit der Zahl der Datenfelder im USING-Eintrag der PROCEDURE DIVISION des gerufenen Programms übereinstimmen. Die Übergabefelder müssen auf der Stufennummer 01 oder 77 definiert sein.

Achtung! *Die Zuordnung der Übergabefelder in der USING-Liste erfolgt in der Reihenfolge, in der sie aufgeführt sind, nicht über identische Namen. Es empfiehlt sich aber, zur Klarheit identische Namen in dem rufenden und gerufenen Programm zu verwenden.*

Beispiel:

Rufendes Programm

```
IDENTIFICATION DIVISION.
 ...
DATA DIVISION.
01   FELD-A     PIC X(100).
01   FELD-B.
 05  FELD-C     PIC 9(9).
 05  FELD-E     PIC X(5).
PROCEDURE DIVISION.
     ...
     CALL 'PROGX' USING FELD-A, FELD-B.
     ...
```

Gerufenes Programm

```
IDENTIFICATION DIVISION.
PROGRAM-ID.     PROGX.
DATA DIVISION.
LINKAGE SECTION.
01   FELD-1     PIC X(100).
01   FELD-2.
 05  FELD-C     PIC 9(9).
 05  FELD-E     PIC X(5).
PROCEDURE DIVISION USING FELD-1, FELD-2.
```

FELD-1 und FELD-2 müssen in der LINKAGE SECTION des gerufenen Programms beschrieben sein und die gleiche Beschreibung aufweisen wie FELD-A und FELD-B, die in der WORKING-STORAGE oder FILE SECTION des rufenden Programms definiert sein können.

Wird vor den Übergabefeldern der Zusatz BY CONTENT geschrieben, wird der Inhalt der Datenfelder an das Unterprogramm übergeben. Die Änderungen der Datenfelder im Unterprogramm haben aber keine Auswirkungen auf den Inhalt der Felder im Hauptprogramm. Das Unterprogramm legt noch einmal eigene Datenfelder für die Übergabeparameter an. BY CONTENT wirkt wie eine Einbahnstraße. Nach der Rückkehr aus dem Unterprogramm stehen in den Variablen die Ausgangswerte des Hauptprogramms.

BY REFERENCE ist die Standardeinstellung. Hier wirken sich alle Änderungen an den Übergabefeldern im Hauptprogramm aus. Haupt- und Unterprogramm greifen auf die gleichen Speicherstellen zu. Die Datenfelder liegen im Hauptprogramm. Die Variablen der LINKAGE SECTION sind nur »Dummy-Felder«. Zur Programmausführungszeit werden über den USING-Zusatz die Speicheradressen dieser Felder an das Unterprogramm übergeben. Das Unterprogramm greift also auf den Speicherbereich des Hauptprogramms zu, wenn es Variablen der LINKAGE SECTION verarbeitet. Nach der Rückkehr aus dem Unterprogramm stehen in den Variablen die Werte, die das Unterprogramm gesetzt hat.

Wenn der OVERFLOW-Zusatz angegeben ist, werden die Anweisungen zwischen OVERFLOW und dem abschließenden Punkt bzw. END-CALL ausgeführt, wenn das externe Unterprogramm nicht mehr in den Speicher paßt oder nicht gefunden wird. ON OVERFLOW und ON EXCEPTION sind gleichwertig. Da die Befehlsfolge-1 bei jedem Fehler ausgeführt wird, sollte zur Klarheit ON EXCEPTION geschrieben werden. Fehlt der Zusatz, und dieser Fehler tritt auf, wird das Progamm mit einem Runtime-Fehler abgebrochen.

20.2 EXIT PROGRAM-Befehl

Mit dem EXIT PROGRAM-Befehl wird das gerufene Programm verlassen und in das rufende Programm zurückgekehrt, und zwar zum nächsten Befehl hinter dem CALL-Befehl. Der EXIT PROGRAM-Befehl muß allein in einem Paragraphen stehen.

Beispiel:

```
UP-ENDE.
    EXIT PROGRAM.
```

Alternativ kann in MF-Cobol GOBACK geschrieben werden. Zusätzlich können ab Cobol-89 über den GIVING- bzw. RETURNING-Zusatz Werte an das Mutterprogramm oder Runtime-System zurückgegeben werden. Da hierbei aber etliche Nebenbedingungen und Compiler-Direktiven zu beachten sind, soll dieser Zusatz vernachlässigt werden.

20.3 CANCEL-Anweisung

Die CANCEL-Anweisung entfernt das gerufene Unterprogramm aus dem Speicher und gibt den Speicherbereich wieder frei. Ein folgender CALL-Befehl lädt das Unterprogramm von der Platte wieder in den Speicher. Fehlt die CANCEL-Anweisung, werden die mit CALL geladenen Unterprogramme hintereinander im Speicher abgelegt, bis der Speicher voll ist.

Die CANCEL-Anweisung muß im rufenden Programm stehen, und das Unterprogramm muß über den EXIT PROGRAM-Befehl verlassen worden sein. Ist das Unterprogramm noch nicht in den Speicher geladen worden, wird der CANCEL-Befehl ignoriert.

Format:

```
CANCEL Literal / Datenname
```

Beispiel:

```
CALL "PROGX" USING FELD-A, FELD-B.
CANCEL "PROGX"
```

20.4 CHAIN-Befehl

Der CHAIN-Befehl lädt ein Hauptprogramm von der Platte in den Arbeitsspeicher und startet das Programm.

Format:

```
CHAIN  Literal / Datenname-1
    [USING [BY REFERENCE / CONTENT]  Datenname-2 ...]
[ON OVERFLOW Befehlsfolge].
```

Beispiel:

```
CHAIN "C:\FIBU\PROGY" USING FELDC, FELDE.
```

oder

```
DATA DIVISION.
77 FELDF     PIC X(15) VALUE "C:\FIBU\PROGY".
     ...
PROCEDURE DIVISION.
     ...
     CHAIN FELDF USING FELDC, FELDE.
     ...
```

Literal und *Datenname-1* müssen alphanumerisch sein. Jeder *Datenname-2* muß in der WORKING-STORAGE SECTION oder LINKAGE SECTION oder im Datensatz einer zum Zeitpunkt des CHAIN-Befehls geöffneten Datei beschrieben sein. Der CHAIN-Befehl lädt das über das Literal oder den Datennamen-1 bezeichnete Programm in den Speicher und führt es aus. Das rufende Programm wird aus dem Speicher gelöscht und sein Speicherbereich freigegeben.

Der Programmname muß einen nach den Regeln des jeweiligen Betriebssystems gebildeten Programmdateinamen bezeichnen, z.B. »PROGY.INT« bzw. »PROGY.EXE«. Die Dateinamensergänzung wird nicht angegeben. Das Programm, das den CHAIN-Befehl ausführt, wird nach Ausführung des CHAINs aus dem Speicher gelöscht, so daß auch alle Daten zerstört werden. Mit Hilfe der *USING-Angabe* ist es aber möglich, Daten an das gerufene Programm zu übergeben.

Die gerufenen Programme brauchen keine Cobol-Programme zu sein. Es müssen aber Hauptprogramme, also keine mit CALL aufrufbaren Programme, sein. Die gerufenen Programme werden wie normale Programme vom Compiler übersetzt und anschließend gebunden.

Anmerkung: *Die Verwendung des CHAIN-Befehls ist in MF-Cobol nicht zu empfehlen. Cobol lädt das Tochterprogramm zusätzlich zum Mutterprogramm in den Speicher und gibt dann erst den Speicherbereich des Mutterprogramms frei. Es muß also Speicher für beide Programme zur Verfügung stehen, plus ca. 300 Kbyte für ADIS.EXE, EXTFH.EXE und COBLIB.DLE, die während der gesamten Programmlaufzeit im Speicher bleiben. Wird aus dem Tochterprogramm wieder ein Programm mit CHAIN nachgeladen, muß es in eine freie Speicherlücke passen, andernfalls kommt es zu einem Speicherüberlauf. Beim Einsatz der CALL- und CANCEL-Befehle kann der Programmierer die Speicherverwaltung besser kontrollieren.*

20.5 PROCEDURE DIVISION-Überschrift bei CALL und CHAIN

Die PROCEDURE DIVISION-Überschrift eines mit CHAIN oder CALL gerufenen Programms sieht folgendermaßen aus:

```
PROCEDURE DIVISION  [CHAINING  oder USING Datenname-1 ...].
```

CHAINING und USING sind gleichwertig.

Beispiel:

```
PROCEDURE DIVISION USING V-FELDC, V-FELDD.
```

In der PROCEDURE DIVISION-Überschrift werden die vom rufenden Programm zu übernehmenden Datenfelder angegeben. Werden die Programme mit CHAIN nachgeladen, so werden die Übergabefelder im obersten Speicherbereich vom Betriebssystem zwischengespeichert und an das nachgeladene Programm übergeben.

Werden die Programme mit CALL nachgeladen, so werden die Adressen der Übergabefelder an das nachgeladene Programm übergeben, da das rufende Programm im Arbeitsspeicher bleibt. Enthält der CALL den Zusatz BY CONTENT, werden die Übergabefelder im gerufenen Programm nochmal angelegt, damit der alte Inhalt der Felder im rufenden Programm nicht verändert wird.

Ein Hauptprogramm muß allein oder zusammen mit den Unterprogrammen gebunden (gelinkt) werden. Es kann selbständig ausgeführt oder durch einen CHAIN-Befehl aus einem anderen Programm gestartet werden.

Ein Unterprogramm muß mit nur einem Hauptprogramm gebunden (gelinkt) werden, kann aber mit mehreren Unterprogrammen zusammen gebunden werden. Es kann nur durch einen CALL-Befehl gestartet werden.

Ein mit CHAIN oder CALL gerufenes Programm muß eine CHAINING- oder USING-Liste haben, wenn das rufende Programm eine solche USING-Liste hat. Die Anzahl der Datenfelder in der Liste kann verschieden sein. Die korrespondierenden Datenfelder müssen die gleiche Datenbeschreibung aufweisen. Die Datenfelder werden von links nach rechts zugeordnet, bis die kürzere Liste abgearbeitet ist. Enthält die USING-Liste in der PROCEDURE DIVISION-Überschrift mehr Variablen als die entsprechende CALL-Liste, kommt es in der Regel zu einem Runtime-Error, wenn eine überzählige Variable im Unterprogramm angesprochen wird.

Beispiel für einen CALL-Aufruf:

Rufendes Programm

```
WORKING-STORAGE SECTION.
01   V-FELDA.
  05 V-FELD-1        PIC X(10).
  05 V-FELD-2        PIC S999V99 COMP-3.
01   V-FELDB         PIC X(20).

PROCEDURE DIVISION.
  CALL 'PROGX' USING V-FELDA V-FELDB.
```

Gerufenes Programm

```
IDENTIFICATION DIVISION.
PROGRAM-ID.     PROGX.
LINKAGE SECTION.
01   FELD-C.
 05  FELDC-1         PIC X(10).
 05  FELDC-2         PIC S999V99 COMP-3.
01   FELD-D          PIC X(20).

PROCEDURE DIVISION USING FELD-C FELD-D.
*****    Verarbeitung der Daten
UP-ENDE.
     EXIT PROGRAM.
```

Die Werte in den Übergabefeldern werden vom Hauptprogramm gesetzt. Werden die Inhalte dieser Datenfelder nach dem Aufruf mit CALL in dem Unterprogramm verändert, so stehen diese neuen Werte nach dem Verlassen des Unterprogramms über EXIT PROGRAM in den entsprechenden Feldern des Hauptprogramms.

Beispiel für eine CHAIN-Verbindung:

Rufendes Programm

Die Übergabedaten müssen in der FILE oder WORKING-STORAGE SECTION auf der Stufennummer 01 oder 77 definiert werden.

```
DATA DIVISION.
01   FELDC.
 05  FELD1      PIC XXX.
 05  FELD2      PIC S9(7)V99 COMP-3.
01   FELDE      PIC X(10).
PROCEDURE DIVISION.
       ...
    CHAIN "B:PROGB" USING FELDC, FELDE.
```

Gerufenes Programm

Die Übergabedaten müssen in der FILE oder WORKING-STORAGE SECTION definiert werden.

```
DATA DIVISION.
01   FELDA.
 05  FELDC      PIC XXX.
 05  FELDP      PIC S9(7)V99 COMP-3.
01   FELDE      PIC X(10).
       ..
PROCEDURE DIVISION USING FELDA, FELDE.
       ...
ENDE.
   STOP RUN.
```

Es kann auch wieder ein anderes Programm aufgerufen werden.

```
CHAIN "PROGA" USING FELDA, FELDE.
```

Die Namen der übergebenen Datenfelder müssen nicht identisch sein, die Datenbeschreibungen *müssen* übereinstimmen. Der beim CHAIN angegebene Programmname muß der Name einer ».EXE«-Datei sein. Das gerufene Programm kann mit STOP RUN beendet werden, es kann aber auch wieder ein weiteres Programm mit CHAIN aufrufen.

Wird ein Programm, das eine USING-Liste enthält, direkt gestartet, z.B. »C>PROGA«, so sind die Übergabefelder in der Regel mit Leerstellen besetzt, mit Ausnahme der in der LINKAGE SECTION definierten Daten. Sie erhalten nicht vorhersehbare Werte.

Bei der Programmverkettung und Überlagerung muß der Aufbau der Übergabefelder vor der Programmentwicklung genau festgelegt werden. Die Namen der Übergabefelder sollten in allen Programmen gleich lauten. Folgende Daten sollten in den Übergabefeldern gespeichert werden:

```
ÜBERGABEFELD
   EMPFÄNGERPROGRAMM
   ABSENDERPROGRAMM
   BENUTZERIDENTIFIKATION
   BEARBEITUNGSCODE
   ÜBERGABEDATEN
   ANTWORT- oder RETURNCODE
   ERGEBNISDATEN
```

Dadurch kann von dem gerufenen Programm bei Bedarf wieder in das rufende Programm zurückgekehrt und die Ergebnisse können übermittelt werden. Die Anzahl der Datenfelder mit der Stufennummer 01 oder 77 in der USING-Liste sollte nicht zu groß sein, da Cobol mindestens 1024 Byte für jedes dieser Datenfelder bei der Übergabe reserviert. Dadurch kommt es bei großen Programmen leicht zu einem Speicherüberlauf.

Wenn mit CALL und CHAIN gearbeitet wird, müssen die Vorschriften der verwendeten Cobol-Compiler und der Betriebssystemversionen genau eingehalten werden. Die Programme werden sonst mit unverständlichen Fehlermeldungen abgebrochen.

20.6 GLOBAL- und EXTERNAL-Daten und Dateien

Werden GLOBAL und EXTERNAL deklarierte Daten in einem Programmsystem eingesetzt, kann die LINKAGE SECTION entfallen. GLOBAL definierte Daten können in allen zu Run-Unit gehörenden Programmen ohne wiederholte Definition angesprochen werden.

Beispiel:

Das Unterprogramm für die Ausgabe der Fehlermeldungen FEHLAUSG, das bisher mit PERFORM aufgerufen wurde, soll in ein externes Unterprogramm ausgelagert werden, damit es einfacher in verschiedenen Programmen eingesetzt werden kann. Das folgende Programm gibt zusätzlich einige Kontrollmeldungen aus, um die Datenübergabe zu zeigen.

Achtung! *Im Übersetzungskommando muß der Schalter /NESTCALL gesetzt werden, wenn mit globalen Daten und CALL-Befehlen gearbeitet wird.*

```
$set MS"2" nestcall
*****************************************************
 IDENTIFICATION DIVISION.
*****************************************************
 PROGRAM-ID. GLOB-TEST.
*****************************************************
 ENVIRONMENT DIVISION.
*****************************************************
 CONFIGURATION SECTION.
 SPECIAL-NAMES.
           DECIMAL-POINT IS COMMA.
```

```
 INPUT-OUTPUT SECTION.
 FILE-CONTROL.
     SELECT A-DRUCK-DATEI
         ASSIGN TO EXTERNAL DRUCKER.
*******************************************************
 DATA DIVISION.
 FILE SECTION.
 FD  A-DRUCK-DATEI    GLOBAL.
 01  A-DRUCK-SATZ     PIC X(80).
*******************************************************
 WORKING-STORAGE SECTION.
*******************************************************
 01      GLOBAL-FELD IS GLOBAL.
  05     IND-FEHL     PIC S999 COMP VALUE ZERO.
  05     TEXT-1       PIC X(20) VALUE "12345".
  05     S-STRICH     PIC X(80) VALUE ALL "-".
* Lokale Variable  ******
 01      FILLER.
  05     AKZ          PIC X VALUE SPACE.
  05     IND-MAX      PIC 999 VALUE 10.
*******************************************************
 PROCEDURE DIVISION.
*******************************************************
 B10.
     OPEN OUTPUT A-DRUCK-DATEI.
 B20.
     DISPLAY SPACE at 0101.
     DISPLAY "Test für GLOBAL-Daten" at 0110 WITH HIGHLIGHT.
     DISPLAY "Indexwert eingeben (1 – 16): " at 0501.
     ACCEPT ind-fehl at 0530.
     MOVE "12345"    to text-1.
     DISPLAY " GLOBAL-Text vor CALL:"  AT 0701
     DISPLAY  text-1 AT 0730
     CALL "callglob"   END-CALL.
     DISPLAY " GLOBAL-Text nach CALL: " AT 0901.
     DISPLAY  text-1 AT 0930.
     DISPLAY "Ind-Max (lokale Variable im Hauptprogramm): "
              at 1001
     DISPLAY ind-max at 1050.
     DISPLAY "(E)nde  (W)eiter " AT 1101
     ACCEPT AKZ AT 1120 WITH AUTO-SKIP.
     IF AKZ = "e" OR "E"
         GO TO B90
     END-IF.
```

```
        GO TO B20.
    B90.
        CLOSE A-DRUCK-DATEI.
        STOP RUN.
******************************************************
    IDENTIFICATION DIVISION.
******************************************************
    PROGRAM-ID. CALLGLOB.
******************************************************
    DATA DIVISION.
    WORKING-STORAGE SECTION.
******************************************************
*** Lokale Variable ****
    01       T-FEHLER-TEXT-GES.
      05     T-INHALT.
       10    PIC X(30)  VALUE " RETURN = WEITER ".
       10    PIC X(30)  VALUE "Unzulässiger Index ".
       10    PIC X(30)  VALUE "Falsches Passwort  ".
*** usw.
      05     T-FEHLER-TAB REDEFINES T-INHALT.
       10    ANZ  OCCURS 16.
        15   T-FEHLER-EL     PIC X(30).
    01       T-FEHLER-ZEILE.
      05     T-FEHLER-1      PIC X(30)  VALUE SPACE.
      05     T-FEHLER-2      PIC X(30)  VALUE SPACE.
    01       FEHLER-HILFSFELDER.
      05     FEHL-FLAG       PIC X VALUE SPACE.
      05     S-WEITER        PIC X VALUE SPACE.
      05     AKZ             PIC X VALUE "1".
      05     IND-MAX         PIC 999 COMP VALUE 16.
******************************************************
    SCREEN SECTION.
******************************************************
    01       FEHLER-BILD.
      05     LINE 24 COLUMN 1  PIC X(80) FROM S-STRICH.
      05     LINE 25 COLUMN 1  PIC X(60) BLANK LINE
             FROM T-FEHLER-ZEILE HIGHLIGHT.
      05        COLUMN  62      PIC X USING S-WEITER.
******************************************************
    PROCEDURE DIVISION.
******************************************************
    FEHL-01.
```

```
122        IF IND-FEHL > IND-MAX OR Ind-Fehl < 1
123            MOVE 2  TO IND-FEHL
124        END-IF.
125        MOVE SPACE      TO  S-WEITER.
126        DISPLAY SPACE AT 2401.
127        MOVE  T-FEHLER-EL (IND-FEHL)  TO T-FEHLER-1.
128        MOVE  T-FEHLER-EL (1)       TO T-FEHLER-2.
129        DISPLAY FEHLER-BILD.
130        ACCEPT  FEHLER-BILD.
131        DISPLAY SPACE AT 2401.
132    FEHL-20.
133        DISPLAY "GLOBAL Text in CALL-Prog: "  at 2001.
134        DISPLAY  text-1 at 2040.
135        DISPLAY "Neuen GLOBAL Text eingeben: " at 2201.
136        ACCEPT text-1 at  2230.
137        DISPLAY "Ind-Max (lokale Variable im Unterprogramm): ",
138                 at 2301.
139        DISPLAY Ind-Max at 2350.
140        MOVE T-FEHLER-EL (IND-FEHL) TO A-DRUCK-SATZ.
141        WRITE A-DRUCK-SATZ AFTER 1 LINES.
142    FEHL-80.
143        EXIT PROGRAM.
144    FEHL90.
145        END PROGRAM CALLGLOB.
146        END PROGRAM GLOB-TEST.
```

Die Run-Unit besteht aus den beiden Programmen GLOB-TEST und CALLGLOB. Beide Programme müssen zusammen vom Compiler übersetzt werden. Sie müssen also in **einer** Quelldatei stehen. Das Unterprogramm CALLGLOB ist im Hauptprogramm GLOB-TEST enthalten. Die END PROGRAM-Klauseln zeigen diese Struktur an (Zeile 145, 146). Sie müssen bei dieser Programmstruktur verwendet werden. Der Programmname in der Klausel muß mit dem Programmnamen der IDENTIFICATION DIVISION identisch sein. Das Unterprogramm CALLGLOB hat eine eigene IDENTIFICATION DIVISION. Der PROGRAM-ID-Name wird im CALL-Befehl angegeben. Jedes Programm braucht nur die benötigten DIVISIONs zu enthalten. Die im übergeordneten Programm mit dem Zusatz GLOBAL definierten Dateien und Variablen können im Unterprogramm bearbeitet werden. Das GLOBAL-Attribut darf in der FILE DESCRIPTION (FD, Zeile 20) und bei der Stufennr. 01 (Zeile 25) geschrieben werden. Es gilt für alle untergeordneten Datenfelder. Die A-DRUCK-DATEI kann im Unterprogramm ohne OPEN-Anweisung angesprochen werden, da sie im Hauptprogramm bereits geöffnet ist. Diese Version des CALL-Befehls arbeitet wie der PERFORM-Befehl. Der Vorteil gegenüber dem PERFORM ist, daß die Datendefinitionen und Befehle des Unterprogramms dicht beieinander liegen. Dadurch wird das Programm leichter lesbar. Die lokalen Variablen des Unterprogramms gelten nur in diesem Programm. Dies erleichtert die Abstimmung der Variablennamen in komplexen Programmsystemen. Im Beispiel wird die Variable IND-MAX in beiden Programmen lokal verwendet. IND-FEHL, TEXT-1 und S-STRICH gelten in beiden Programmen. Die A-DRUCK-DATEI ist nur im Hauptprogramm deklariert. Das Unterprogramm kann die Datei ohne OPEN-Anweisung bearbeiten.

Der Zusatz ASSIGN TO EXTERNAL DRUCKER in Zeile 16 ermöglicht es, die Druckausgabe in eine Datei umzuleiten. Vor der Ausführung des Programms muß DRUCKER mit dem DOS-Kommando SET einem Gerät oder einer Datei zugeordnet werden (vgl. Kap. 11.2.8), z.B. SET DRUCKER=D:LISTE.

Ein weiterer Zusatz in der PROGRAM-ID des Unterprogramms erhöht die Flexibilität dieser Lösung.

```
PROGRAM-ID. Programmname  [IS [COMMON] / [INITIAL] PROGRAM].
```

Beim Zusatz COMMON kann das Unterprogramm auch von anderen Programmen aufgerufen werden als von dem, in dem es enthalten ist. Die Verwendung von GLOBAL-Variablen ist dann allerdings kritisch. Der Zusatz INITIAL bewirkt, daß das Unterprogramm bei jedem Aufruf in seinem Anfangszustand vorgefunden wird. Die Werte, die im vorhergehenden Programmaufruf hinterlassen wurden, werden gelöscht. Auch Dateien sind nicht mehr geöffnet.

Eine Run-Unit wird in einer ».EXE«-Datei gespeichert, die bei der Programmausführung komplett im Arbeitsspeicher steht. Dadurch ist die Ausführungsgeschwindigkeit sehr hoch.

Das Übersetzungs- und LINK-Kommando für die o.a. Run-Unit lautet:

```
C>COBOL GLOB /MS"2" NESTCALL;
```

Die Standardbibliotheken müssen über SET LIB=... zugeordnet sein.

Das Programm wird gestartet mit:

```
C>GLOB
```

Alle in der Run-Unit enthaltenen Unterprogramme sind im Speicher. In diesem Zusammenhang ist es wichtig, daß in MF-Cobol die COPY-Anweisung geschachtelt werden darf, d.h. in einem mit COPY aufgerufenen Programmteil dürfen wiederum COPY-Anweisungen stehen. Dies ermöglicht es, die Unterprogramme in separaten Textdateien zu verwalten und bei der Übersetzung mit der COPY-Anweisung in das Hauptprogramm zu rufen.

Die Verwendung von EXTERNAL-Daten soll am gleichen Beispiel demonstriert werden. Die Unterschiede liegen im Detail.

```
*****************************************************
 IDENTIFICATION DIVISION.
*****************************************************
 PROGRAM-ID. EXT-TEST.
*****************************************************
 ENVIRONMENT DIVISION.
```

```
*****************************************************

 CONFIGURATION SECTION.
 SPECIAL-NAMES.
         DECIMAL-POINT IS COMMA.
 INPUT-OUTPUT SECTION.
 FILE-CONTROL.
     SELECT A-DRUCK-DATEI
         ASSIGN TO EXTERNAL DRUCKER.
*****************************************************
 DATA DIVISION.
*****************************************************
 FILE SECTION.
 FD  A-DRUCK-DATEI    EXTERNAL.
 01  A-DRUCK-SATZ     PIC X(80).
*****************************************************
 WORKING-STORAGE SECTION.
*****************************************************
 01      EXTERNAL-FELD IS EXTERNAL.
  05     IND-FEHL     PIC S999 COMP.
  05     TEXT-1       PIC X(20).
  05     S-STRICH     PIC X(80).
* Lokale Variable -------------------------- +
 01      FILLER.
  05     AKZ          PIC X VALUE SPACE.
  05     IND-MAX      PIC 999 VALUE 10.
*****************************************************
 PROCEDURE DIVISION.
*****************************************************
 B10.
     OPEN OUTPUT A-DRUCK-DATEI.
     Initialize External-Feld.
     MOVE ALL "-"    TO S-STRICH.
 B20.
     DISPLAY SPACE at 0101.
     DISPLAY "Test für EXTERNAL-Daten" at 0110
          WITH HIGHLIGHT.
     DISPLAY "Indexwert eingeben: " at 0501.
     ACCEPT ind-fehl at 0525.
     MOVE "12345"    to text-1.
     DISPLAY "EXTERNAL-Text vor CALL:"  AT 0701
     DISPLAY  text-1 AT 0730
     CALL "callext"
         On Exception Display "Speicherüberlauf" AT 1501
```

```
           Go to B90
       END-CALL.
       DISPLAY "EXTERNAL-Text nach CALL: " AT 0901.
       DISPLAY  text-1 AT 0930.
       DISPLAY  "Ind-Max im Mutterprogramm: " AT 1001.
       DISPLAY  ind-max at 1030.
       DISPLAY "(E)nde  (W)eiter " AT 1101
       ACCEPT AKZ AT 1120 WITH AUTO-SKIP.
       IF AKZ = "e" OR "E"
           GO TO B90
       END-IF.
       GO TO B20.
   B90.
       CLOSE A-DRUCK-DATEI.
       STOP RUN.
```

```
******************************************************
   IDENTIFICATION DIVISION.
******************************************************
   PROGRAM-ID. CALLEXT.
******************************************************
   ENVIRONMENT DIVISION.
******************************************************
   CONFIGURATION SECTION.
   SPECIAL-NAMES.
           DECIMAL-POINT IS COMMA.
   INPUT-OUTPUT SECTION.
   FILE-CONTROL.
       SELECT A-DRUCK-DATEI
           ASSIGN TO EXTERNAL DRUCKER.
******************************************************
   DATA DIVISION.
   FILE SECTION.
   FD  A-DRUCK-DATEI   EXTERNAL.
   01  A-DRUCK-SATZ    PIC X(80).
******************************************************
   WORKING-STORAGE SECTION.
******************************************************
   01      EXTERNAL-FELD IS EXTERNAL.
    05     IND-FEHL    PIC S999 COMP.
    05     TEXT-1      PIC X(20).
    05     S-STRICH    PIC X(80).
** Lokale Variable --------------------- +
```

```
 01      T-FEHLER-TEXT-GES.
   05    T-INHALT.
    10   PIC X(30)  VALUE " RETURN = WEITER ".
    10   PIC X(30)  VALUE "Unzulässiger Index ".
    10   PIC X(30)  VALUE "Falsches Passwort  ".
*** usw.
   05    T-FEHLER-TAB REDEFINES T-INHALT.
    10   ANZ  OCCURS 16.
     15  T-FEHLER-EL      PIC X(30).
 01      T-FEHLER-ZEILE.
   05    T-FEHLER-1       PIC X(30)  VALUE SPACE.
   05    T-FEHLER-2       PIC X(30)  VALUE SPACE.
*** lokale Variable -------------------- +
 01      FEHLER-HILFSFELDER.
   05    FEHL-FLAG        PIC X VALUE SPACE.
   05    S-WEITER         PIC X VALUE SPACE.
   05    AKZ              PIC X VALUE "1".
   05    IND-MAX          PIC 999 COMP VALUE 16.
*****************************************************
 SCREEN SECTION.
*****************************************************
 01      FEHLER-BILD.
   05    LINE 24 COLUMN 1  PIC X(80) FROM S-STRICH.
   05    LINE 25 COLUMN 1  PIC X(60) BLANK LINE
         FROM T-FEHLER-ZEILE HIGHLIGHT.
   05        COLUMN  62       PIC X USING S-WEITER.
*****************************************************
 PROCEDURE DIVISION.
*****************************************************
 FEHL-01.
     IF IND-FEHL > IND-MAX
     OR Ind-Fehl < 1
         MOVE 2  TO IND-FEHL
     END-IF.
     MOVE SPACE      TO  S-WEITER.
     DISPLAY SPACE AT 2401.
     MOVE  T-FEHLER-EL (IND-FEHL)  TO T-FEHLER-1.
     MOVE  T-FEHLER-EL (1)        TO T-FEHLER-2.
     DISPLAY FEHLER-BILD.
     ACCEPT  FEHLER-BILD.
     DISPLAY SPACE AT 2401.
 FEHL-20.
     DISPLAY "EXTERNAL Text in CALL-Prog: "  at 2001.
     DISPLAY  text-1 at 2040.
```

```
        DISPLAY  "Ind-Max im Tochterprogramm"  at 2101.
        DISPLAY  Ind-Max at 2130.
        DISPLAY "Neuen EXTERNAL Text eingeben: " at 2201.
        ACCEPT text-1 at  2230.
        MOVE T-FEHLER-EL (IND-FEHL) TO A-DRUCK-SATZ.
        WRITE A-DRUCK-SATZ AFTER 1 LINES.
    FEHL-80.
        EXIT PROGRAM.
```

Beide Programme stehen in eigenen Textdateien und werden separat übersetzt und gebunden. Der CALL-Befehl im Hauptprogramm ruft das Unterprogramm zur Ausführungszeit in den Arbeitsspeicher. Die Datenbeschreibungen und Datennamen der EXTERNAL-Daten müssen in allen Programmen, die sie verarbeiten, mit identischen Datennamen wiederholt werden. Der EXTERNAL-Zusatz darf nur in der FILE DESCRIPTION (FD) und auf der Stufennr. 01 geschrieben werden. Alle untergeordneten Datenfelder sind dann auch EXTERNAL definiert. Die mit dem EXTERNAL-Attribut versehenen Daten und Dateien werden in einem neutralen Speicherbereich abgelegt, auf den alle Programme zugreifen können. Da nicht festgelegt werden kann, welches Programm zur Ausführungszeit als erstes auf diesen allgemeinen Speicherbereich zugreift, sind VALUE-Angaben bei EXTERNAL-Daten nicht erlaubt bzw. werden vom Compiler ignoriert. Die Felder müssen zur Ausführungszeit explizit mit INITIALIZE oder MOVE-Anweisungen gefüllt werden. Beachten Sie, daß auch Dateien EXTERNAL beschrieben werden können. Die A-DRUCK-DATEI wird im Hauptprogramm eröffnet. Das Unterprogramm schreibt die Daten in diese Datei. Im Unterprogramm steht kein OPEN-Befehl. Das Unterprogramm arbeitet in der Datei dort weiter, wo das Vorgängerprogramm aufgehört hat. Wird das Unterprogramm CALLEXT separat gestartet, was auch möglich ist, kommt es zu einem Runtime-Fehler, weil die Datei nicht geöffnet ist. EXTERNAL-Daten erleichtern die Datenübergabe beim CHAIN-Befehl.

Achtung! *Der EXTERNAL-Zusatz in der SELECT-Eintragung (ASSIGN TO EXTERNAL) hat eine andere Bedeutung als der EXTERNAL-Zusatz in der DATA DIVISION (FD A-DRUCK-DATEI EXTERNAL).*

»ASSIGN TO EXTERNAL Merkname« erlaubt die Zuordnung der externen Dateien zur Ausführungszeit des Programms mit dem SET-Kommando. Mit dem EXTERNAL-Zusatz in der DATA DIVISION wird ein allgemeiner Speicherbereich angelegt, auf den mehrere Programme zugreifen können. Wird in Anwendungsprogrammen mit EXTERNAL-Daten und EXTERNAL-Dateien gearbeitet, müssen bei der Installation von Cobol die Hilfsprogramme EXTERNL und EXTFH gebunden worden sein und in der Cobol-Bibliothek stehen. Die LINK-Kommandos lauten:

```
C>LINK EXTERNL,,,COBLIB+COBAPI;
C>LINK EXTFH,,,COBLIB+COBAPI;
```

Das Arbeiten mit GLOBAL und EXTERNAL definierten Daten erhöht die Programmgröße und Übersetzungszeit beträchtlich gegenüber der Verwendung der LINKAGE SECTION. Die Schachtelungstiefe von CALL-Programmen wird ebenfalls vermindert.

20.7 Einsatz von CALL und CHAIN in Cobol-Programmen

Die Erweiterungen des CALL- und CHAIN-Befehls in Cobol erlauben den Aufbau und Einsatz komplexer dialoggesteuerter Programmsysteme. Es können nicht nur baumartig strukturierte, sondern netzartig verknüpfte Programme erstellt werden. Der erfahrene Programmbenutzer kann sofort mit dem gewünschten Programm bzw. der Funktion starten, er braucht sich nicht wie bei den klassischen, baumartig strukturierten Systemen Schritt für Schritt bis zur beabsichtigten Funktion vorzuarbeiten. Dieser Vorteil ist nicht zu unterschätzen, da das Nachladen von Programmen erhebliche Zeit beansprucht. Damit solche Programmsysteme ablaufen können, müssen die Dialogprogramme nach bestimmten Regeln aufgebaut werden.

Bei der Entscheidung, welche Programmfunktion über PERFORM, CALL oder CHAIN aufgerufen wird, kann folgende Richtlinie angewendet werden.

1. Programmteile, die bei der Bearbeitung der Aufgabe häufiger benötigt werden und in denen Daten bearbeitet werden, die schnell auf dem Bildschirm erscheinen müssen, sollten fest in ein Programm eingebaut und über PERFORM aufgerufen werden.

2. Programmteile, die nur einmal oder selten im Programm aufgerufen werden, z.B. Benutzercodeprüfung, Help-Funktionen, Dateiprüfung, und nach deren Ausführung im Hauptprogramm weitergearbeitet werden muß, sollten über CALL aufgerufen werden. Das gleiche gilt für größere Programme oder Teile, die aus mehreren Programmen aufgerufen werden können. Die Ausführung des CALL-Befehls dauert wegen des Ladevorgangs erheblich länger als die der PERFORM-Anweisung. Ein mit CALL gerufenes Programm sollte immer über EXIT PROGRAM verlassen werden. Der Ladevorgang entfällt, wenn eine Run-Unit gebildet und mit globalen Daten gearbeitet wird. In diesem Fall ist der CALL genauso schnell wie ein PERFORM.

3. Größere Programme, in denen komplette Funktionen abgewickelt werden, wie »Erfassen der Aufträge«, »Kundendatenverwaltung«, sollten über CHAIN aufgerufen werden können. Die Ausführung des CHAIN-Befehls dauert in MF-Cobol erheblich länger als die des CALL-Befehls, da das Cobol-Runtime-System mitgeladen werden muß. Ein mit CHAIN aufgerufenes Programm kann andere Programme mit CHAIN oder CALL aufrufen. Zur Zeit ist in MF-Cobol die Verwendung des CHAIN-Befehls nicht empfehlenswert.

Die gemischte Verwendung von CALL und CHAIN in Programmen sollte gut überlegt werden, da bei einer leichtfertigen Benutzung die Speicherverwaltung des Betriebssystems durcheinander geraten kann. Das LINK-Programm bietet mehrere Möglichkeiten, CALL-Programme in Hauptprogramme einzubauen (STATIC, SOFT, DYNAMIC LINKING).

Damit kann die Speichergröße und die Ausführungsgeschwindigkeit des Programmsystems beeinflußt werden. Da hierbei aber diverse Nebenbedingungen beachtet werden müssen, soll auf die Unterschiede nicht näher eingegangen werden.

Wenn ein komplexes Dialogsystem entwickelt wird, das viele CALL- und CHAIN-Befehle enthält, sollte man ein Dialog-Rahmenprogramm konzipieren, nach dem alle Dialoge aufgebaut werden. Auf den folgenden Seiten wird ein Beispiel für ein Rahmenprogramm entwickelt.

VERARBEITUNGSBESCHREIBUNG
Programmname: DIARAHM
Verwendung: Dialograhmenprogramm

Modul/ Marke	Verarbeitung	Unter-modul	Sprung-ziel
DIAVOR01	Dialogvorprogramm Gerufenes Programm		
	J Sprung zum Steuerblock		A100
	N –		
	Aufruf Anmeldung mit CALL Übernahme Benutzercode, Benutzername, Datum u.a.m. aus dem Übergabefeld	DIANME	
	CANCEL DIANME		
DIAVOR20	Aufruf Dateiprüfung mit CALL Dateien in Ordnung?	DIAFIL	
	J CANCEL DIAFIL Sprung zum Steuerblock		A100
	N Fehlermeldung ausgeben zurück zur Prüfung		DIAVOR20
A100	Steuerblock Aufruf Vorlauf Anzeigen Hauptmenü Auswahlzeichen einlesen Auswahlzeichen =	Vorlauf	
	E Ende		A900

Modul/ Marke	Verarbeitung	Unter- modul	Sprung- ziel
	-----------------------------------		
	1 Aufruf des Verarbeitungs- moduls mit PERFORM, DALL oder CHAIN		
	-----------------------------------		
	2 usw.		
A900	Endverarbeitung Gerufenes Programm?		

	J Rücksprung via CHAIN		

	N – Aufruf Dialogendeverarbeitung mit Call Ende (STOP RUN)	DIAEND	
DIANME	Dialoganmeldung Einlesen konstante Werte, Datum		
DIAN10	Einlesen Benutzeridentifikation, Benutzername, Berechtigungscode Prüfen Benutzerberechtigung Fehler?		

	J Ausgabe Fehlermeldung, zurück zur Eingabe		DIAN10

	N – Übertragen Benutzeridentifikation Name, Datum usw. ins Übergabefeld Kennzeichen "gerufenes Programm" im Übergabefeld setzen		
DIAN90	Rücksprung (EXIT PROGRAM)		
DIAFIL	Dateiprüfung Gerufenes Programm?		

	J Sprung zum Steuerblock		DIA100

Modul/ Marke	Verarbeitung	Unter- modul	Sprung- ziel

	N –		
	Aufruf Anmeldung mit CALL	DIANME	
	Übernahme Benutzercode, Benutzer- name, Datum u.a.m. aus dem Übergabefeld		
	CANCEL DIANME		
DIA100	OPEN der Dateien		
	CLOSE der Dateien		
	FILE STATUS = "00"		

	J Sprung zum Ende		DIAFIL90

	N –		
	Fehlermeldungen ausgeben		
	Aufruf Dateiwiederaufbau mit CALL	DIAUFBAU	
	CANCEL DIAUFBAU		
DIAFIL90			
	Rücksprung (EXIT PROGRAM)		
DIAUFBAU	Wiederaufbau zerstörter Dateien		
	Gerufenes Programm?		
	J Sprung zum Steuerblock		DIAUF10

	N –		
	Aufruf Anmeldung mit CALL	DIANME	
	Übernahme Benutzercode, Benutzer- name, Datum u.a.m. aus dem Übergabefeld		
	CANCEL DIANME		
	Aufforderung, Sicherungskopie ins Diskettenlaufwerk zu legen		
DIAUF10	Sicherungskopie und zerstörte		

Modul/ Marke	Verarbeitung	Unter- modul	Sprung- ziel
	Datei eröffnen Sicherungskopie überspielen Dateien schließen		
DIAUFB90	Rücksprung (EXIT PROGRAM)		
DIAEND	Dialogendeverarbeitung Gerufenes Programm?		
	J Sprung zum Steuerblock		DIAE10
	N -		
	Aufruf Anmeldung mit CALL Übernahme Benutzercode, Benutzer- name, Datum u.a.m. aus dem Übergabefeld		
	CANCEL DIANME		
DIAE10	Aufforderung, Sicherungskopie in das Laufwerk zu legen CALL der Sicherungsprogramme, Dateien auf die Sicherungsdis- kette kopieren		
	Abstimm- und Kontrollwerte ausge- geben		
DIAEND90	Rücksprung (EXIT PROGRAM)		

Erläuterung

Am Anfang eines Programms sollte immer die Berechtigung des Programmbenutzers überprüft werden. Damit diese Prüfung nicht in jedem Programm codiert werden muß, ist sie in ein »gerufenes« Unterprogramm ausgelagert. Hat sich der Benutzer einmal ausgewiesen, braucht die Überprüfung nicht mehr in jedem gerufenen Programm wiederholt zu werden. Das Programm muß daher feststellen, ob die Überprüfung bereits stattgefunden hat. Dazu kann in dem ÜBERGABEFELD, das der Datenübergabe zwischen rufendem und gerufenem Programm dient, ein Kennzeichen aufgenommen werden, z.B. TR-KZ-GERUFEN PIC XX (s.u.), das nach erfolgreicher Anmeldung mit einem Wert besetzt wird, der nicht über die Tastatur eingegeben werden kann, z.B. HIGH-VALUE. Der Inhalt dieses Feldes ist am Programmanfang zu prüfen, um festzustellen, ob das Programm über CALL, CHAIN oder direkt gestartet wurde und ob die Benutzerprüfung bereits erledigt ist.

Die Prüfung, ob die Dateien zur Verfügung stehen, sollte vor der eigentlichen Verarbeitung erfolgen. In Dialogsystemen kommt es immer wieder durch Fehlbedienung zu einem Programmabbruch, insbesondere während der Testphase. Sind Dateien zum Zeitpunkt des Abbruchs im I-O-Modus geöffnet, der Regelfall in Dialogsystemen, können sie anschließend nicht mehr richtig verarbeitet werden. Das bedeutet, daß die Programme, die die Dateien verarbeiten, nicht lauffähig sind. Der Zustand der Datei wird dem Programm im FILE STATUS-Feld übermittelt. Eine defekte Datei muß vor der Programmausführung wieder aufgebaut werden. Der Wiederaufbau ist in ein eigenes Programm auszulagern, weil diese Funktion auch im Rahmen der allgemeinen Stammdatenverwaltungsprogramme benötigt wird.

Am Ende einer Dialogsitzung an einem PC sollte der Bediener immer aufgefordert werden, eine Datensicherung durchzuführen. Wer einmal erlebt hat, wie aufwendig und nervenaufreibend der Wiederaufbau zerstörter Datenbestände ist, wenn keine aktuellen Sicherungskopien vorliegen, wird das Verlassen eines Programmsystems nur dann zulassen, wenn der Bediener die Daten gesichert hat. Die Bilder des Rahmenprogramms sollen zum besseren Verständnis kurz erläutert werden. Als erstes erscheint immer das Anmeldebild.

```
  *** Dialoganmeldeverfahren ***            DIANME   10.10.86
-----------------------------------------------------------
     Bitte geben Sie Ihre Identifikation ein:
          Name................:
          Berechtigungscode....: *********
-----------------------------------------------------------
FALSCHER BENUTZERCODE    RETURN = WEITER
```

Nach erfolgreicher Anmeldung erfolgt die Dateiüberprüfung.

```
  *** Dateiüberprüfung ***                  DIAFIL   10.10.86
------------------------------------------------- Obelix
     Dateiname      Status    Zustand
------------------------------------------------------------
     SEQTEST.DAT    00
     ARTISAM.DAT    9-065     GESPERRT
     KUNISAM.DAT    30        DEFEKT
------------------------------------------------------------
 RETURN = WEITER
```

Ist eine Datei defekt, wird der Bediener aufgefordert, eine Sicherungskopie bereitzustellen, und die Wiederaufbauprogramme werden automatisch gestartet. Da diese Bilder und Programme den Bausteinen »SICHERUNG« und »WIEDERAUFBAU DER DATEI« der Artikeldateiverwaltung aus Kapitel 18 gleichen, sollen sie hier nicht dargestellt werden. Ist in einem Mehrbenutzersystem eine Datei gesperrt, kann der Bediener den Programmlauf abbrechen, um eine Blockierung des Systems zu vermeiden.

In dem folgenden Ausdruck eines Dialog-Rahmenprogramms sind aus Platzgründen nur die für das Verständnis erforderlichen Definitionen und Befehle aufgeführt.

Wird in einem Programmsystem viel mit CALL und CHAIN gearbeitet, kann eine Verkettungstabelle definiert werden, in der die Namen der gerufenen Programme und Steuerkennzeichen für die Verarbeitung gespeichert sind (vgl. T-FILE-GES in den Programmen DIAFIL und DIAEND).

Programmliste Dialograhmen

```
*****************************************************
 IDENTIFICATION DIVISION.
*****************************************************
 PROGRAM-ID.  DIARAHM.
****   Allgemeines Dialogprogramm ******
****   Aufgerufen mit C>DIARAHM  oder CHAIN DIARAHM
*****************************************************
 ENVIRONMENT DIVISION.
*****************************************************
 CONFIGURATION SECTION.
 SPECIAL-NAMES.
         DECIMAL-POINT IS COMMA.
*****************************************************
 DATA DIVISION.
*****************************************************
 WORKING-STORAGE SECTION.
 01      ALLG-FELDER.
  05     S-PROG-NAME          PIC X(10) VALUE "DIARAH".
  05     TEXT-ALLG            PIC X(15) VALUE SPACE.
  05     S-STRICH             PIC X(79) VALUE ALL "-".
  05     W-AKZ                PIC X VALUE SPACE.
  05     S-WEITER             PIC X VALUE SPACE.
  05     RET-PROG             PIC X(8) VALUE SPACE.
  05     BEN-NAME             PIC X(20) VALUE SPACE.

 01  CALL-PROGRAMME.
  05     P1-ANMELDUNG         PIC X(10)   VALUE "DIANME".
  05     P2-FILE-PRUEF        PIC X(10)   VALUE "DIAFIL".
  05     P3-ENDE              PIC X(10)   VALUE "DIAEND".

*        COPY DATEDEF.COB.
*** Hilfsfelder für Datumspeicherung ****
```

```
   01  S-DATE-FELDER.
*** siehe NORM01
     10    A-DATUM          PIC 99.99.99.

*      COPY FEHLTEXT.COB.
   01      T-FEHLER-TEXT-GES.
     05    T-INHALT.
      10   PIC X(30)  VALUE " RETURN = WEITER ".
      10   PIC X(30)  VALUE "Unzulässiger Index ".
      10   PIC X(30)  VALUE "FEHLER beim CALL ".
      10   PIC X(30)  VALUE "Falsches Passwort  ".
      10   PIC X(30)  VALUE "PROGRAMMFEHLER ".
      10   PIC X(30)  VALUE "KEINE PROGRAMMBERECHTIGUNG".

     05    T-FEHLER-TAB REDEFINES T-INHALT.
      10   ANZ  OCCURS 06.
       15  T-FEHLER-EL      PIC X(30).
   01      T-FEHLER-ZEILE.
     05    T-FEHLER-1       PIC X(30)  VALUE SPACE.
     05    T-FEHLER-2       PIC X(30)  VALUE SPACE.

   01      FEHLER-INDIZES.
    05     IND-FEHL     PIC S999 COMP.
     05    IND-MAX      PIC 999 COMP VALUE 06.
    05     FEHL-FLAG    PIC X.
*      COPY DIATRFEL.COB.
*******    Allgemeines Übergabefeld für Dialoge ******
   01  TR-FELD.
    03     TR-KOPF.
     05    TR-ABSE-PROG         PIC X(10).
     05    TR-BEN-CODE          PIC X(10).
     05    TR-BEN-NAME          PIC X(20).
     05    TR-DATUM             PIC X(8).
     05    TR-KZ-GERUFEN        PIC XX.
*** KZ-ANTWORT: SPACE = Keine Antwort erforderlich
***                 "1" = Antwort wird erwartet
     05    TR-KZ-ANTWORT        PIC X.
    03     TR-INHALT.
     05    TR-BEARB-CODE        PIC XX.
     05    TR-DATEN             PIC X(40).
*** Individuelle Unterteilung muß durchgeführt werden.
     05    TR-RETURN-CODE       PIC XX.
     05    TR-RET-DATEN         PIC X(40).
```

```
*****************************************************
 SCREEN SECTION.
*****************************************************
*        COPY ARTBI03.COB.
****  Auswahlbild *****
 01        BILD-AUSW.
   05      BLANK SCREEN.
   05      COLUMN  3 HIGHLIGHT  VALUE
           'ARTVER/10  **  ARTIKEL-DATEIVERWALTUNG  ***'.
   05         COLUMN 50  HIGHLIGHT VALUE "-Hauptmenü-".
   05         COLUMN 64  VALUE  'DATUM: '.
   05          PIC X(08)   FROM A-DATUM.
   05      LINE 2   PIC X(80)   FROM S-STRICH.
   05      LINE 2 COLUMN 59  PIC X(20) FROM BEN-NAME.
   05      LINE 5 COLUMN 10  VALUE  'E = ENDE '.
   05      LINE   COLUMN 10  VALUE  "1 = ERSTLAUF ".
*** usw.
   05      LINE PLUS 2   COLUMN 10 HIGHLIGHT  VALUE
           "AUSWAHL..: ".
   05         PIC X  TO W-AKZ AUTO.

*        COPY FEHLBILD.COB.
 01        FEHLER-BILD.
   05      LINE 24 COLUMN 1  PIC X(80) FROM S-STRICH.
   05      LINE  PIC X(60) BLANK LINE
           FROM T-FEHLER-ZEILE HIGHLIGHT.
   05          COLUMN  62      PIC X USING S-WEITER.
*****************************************************
 PROCEDURE DIVISION Using TR-FELD.
*****************************************************
*** Allgemeiner Vorlauf.
 DIAVOR SECTION.
 DIAVOR01.
****  Gerufenes Programm? ******
         IF  TR-KZ-GERUFEN   =  HIGH-VALUE
             GO TO A100  END-IF.
         MOVE S-PROG-NAME    TO TR-ABSE-PROG.
         MOVE SPACE   TO TR-KZ-ANTWORT, TR-DATUM, TR-INHALT.
         CALL P1-ANMELDUNG USING TR-FELD  ON EXCEPTION
             MOVE 3      TO IND-FEHL
             PERFORM FEHLAUSG
             GO TO A950
         END-CALL.
         IF TR-KZ-GERUFEN    NOT = HIGH-VALUE
```

```
            GO TO DIAVOR01 END-IF.
        CANCEL P1-ANMELDUNG.
    DIAVOR20.
        MOVE  S-PROG-NAME   TO  TR-ABSE-PROG.
        MOVE SPACE          TO  TR-KZ-ANTWORT.
        CALL P2-FILE-PRUEF  USING TR-FELD ON OVERFLOW
            MOVE 3       TO IND-FEHL
            PERFORM FEHLAUSG
            GO TO A950
        END-CALL.
        IF TR-RETURN-CODE   = SPACE
            CANCEL P2-FILE-PRUEF
            GO TO A100
        END-IF.
        GO TO DIAVOR20.  *> Wiederholung, bis Dateien OK sind
**** Hauptsteuerung **************
    A100 SECTION.
    A101.
        MOVE    S-PROG-NAME     TO TEXT-ALLG.
        MOVE    TR-BEN-NAME     TO BEN-NAME.
        MOVE    SPACE           TO W-AKZ.
        DISPLAY BILD-AUSW.      *> Menü-Bild anzeigen
        ACCEPT  BILD-AUSW.
    A200.
**** Aufruf der Unterprogramme entspr. Auswahlzeichen.
        EVALUATE W-AKZ
            WHEN "1"    CHAIN "ARTVER" USING TR-FELD
            WHEN "E"    GO TO A900
            WHEN "e"    GO TO A900
            WHEN OTHER
                 MOVE 4      TO IND-FEHL
                 PERFORM FEHLAUSG
        END-EVALUATE.
        GO TO A100.
    A900.
*** CLOSE der Dateien usw. *****
****** Antwort auf CHAIN erwartet? ******
        IF  TR-KZ-ANTWORT   = SPACE  *>keine Antwort erwartet
            GO TO A950
        END-IF.
        MOVE TR-ABSE-PROG    TO RET-PROG.       *> Rücksprung
        MOVE S-PROG-NAME     TO TR-ABSE-PROG.  *> zum
        MOVE SPACE           TO TR-KZ-ANTWORT. *> Absender
        MOVE SPACE           TO TR-RETURN-CODE.
```

```
  182       MOVE "XYZ..."        TO TR-RET-DATEN.  *> Antwortdaten
  183***** Rücksprung zu CHAIN-Programm ***
  184       CHAIN RET-PROG USING TR-FELD.
  185   A950.    *> normales Ende
  186       CALL P3-ENDE  USING TR-FELD.
  187       STOP RUN.
  188
* 189       COPY FEHLAUSG.COB.
  190* Allgemeine Fehler- und Systemmeldungen **
  191   FEHLAUSG SECTION.
  192   FEHL-01.
  193       MOVE SPACE      TO  S-WEITER.
  194       DISPLAY SPACE AT 2401.
  195       MOVE  T-FEHLER-EL (IND-FEHL)  TO T-FEHLER-1.
  196       MOVE  T-FEHLER-EL (1)        TO T-FEHLER-2.
  197       DISPLAY FEHLER-BILD.
  198       ACCEPT  FEHLER-BILD.
  199       DISPLAY SPACE AT 2401.
  200   FEHL-90.
  201       EXIT.
```

Dieses Programm kann mit C>DIARAHM direkt aufgerufen oder mit CHAIN »DIARAHM« aus einem anderen Programm gestartet werden. Das Programm kehrt zu dem rufenden Programm zurück, wenn dieses das Antwortkennzeichen TR-KZ-ANTWORT gesetzt hat (Zeile 175 ff.).

Das folgende Anmeldeprogramm wird mit CALL aufgerufen. Es kehrt immer über EXIT PROGRAM zu dem rufenden Programm zurück.

```
 1*****************************************************
 2  IDENTIFICATION DIVISION.
 3*****************************************************
 4  PROGRAM-ID.     DIANME.
 5****   Allg. Dialog-Anmeldeprogramm
 6****   gerufen mit CALL "DIANME"
15*****************************************************
16  DATA DIVISION.
17*****************************************************
18  WORKING-STORAGE SECTION.
20  01  ALLG-FELDER.
21   05     S-PROG-NAME          PIC X(10) VALUE "DIANME.EXE".
22   05     TEXT-ALLG            PIC X(15) VALUE SPACE.
23   05     S-STRICH             PIC X(79) VALUE ALL "-".
24   05     W-AKZ                PIC X VALUE SPACE.
```

```
       05     S-WEITER            PIC X VALUE SPACE.

*          COPY DATEDEF.COB.
      *** Hilfsfelder für Datumspeicherung ****
       01   S-DATE-FELDER.
      *** siehe Norm01

*          COPY BENDEF.COB.
      *** Anmeldecode-Tabelle -------------------- +
       01       T-ANMELDE-GES.
        05      T-ANMELDE-INHALT.
         10     PIC X(10) VALUE  'NAME      '.
         10     PIC X(10) VALUE  '          '.

        05      T-ANMELDE REDEFINES T-ANMELDE-INHALT.
         10     T-ANZ OCCURS 2.
          15    T-BEN-CODE      PIC X(10).

       01       ANM-HILFSFELDER.
        05      I-ANM           PIC S999 COMP VALUE ZERO.
        05      I-ANM-MAX       PIC S999 COMP VALUE +2.
        05      BEN-CODE        PIC X(10) VALUE SPACE.
        05      BEN-NAME        PIC X(20) VALUE SPACE.
*          COPY FEHLTEXT.COB.
      *** siehe DIARAHM ***

      ***************************************************
       LINKAGE SECTION.
      ***************************************************
*          COPY DIATRFEL.COB.
      *******   Allgemeines Übergabefeld für Dialoge ******
       01  TR-FELD.
        03      TR-KOPF.
         05     TR-ABSE-PROG           PIC X(10).
      *** usw. siehe DIARAHM **

      ***************************************************
       SCREEN SECTION.
      ***************************************************
*          COPY BIANMELD.COB.
      *** Anmeldebild ***
       01       BILDANM01.
        05      BLANK SCREEN.
        05        COLUMN 10 HIGHLIGHT VALUE
```

```
           "*** Dialoganmeldeverfahren ***".
05        COLUMN 65 PIC X(8) FROM A-DATUM.
05      LINE    PIC X(59) FROM S-STRICH.
05         COLUMN 60 PIC X(20) FROM BEN-NAME.
05      LINE 5 COLUMN 10 REVERSE-VIDEO VALUE
         'Bitte geben Sie Ihre Identifikation ein :'.
05      LINE PLUS 2 COLUMN 15        VALUE
          'Name..............:'.
05        COLUMN 40  PIC X(20)  TO BEN-NAME.
05      LINE PLUS 2 COLUMN 15        VALUE
          'Berechtigungscode..:'.
05        COLUMN 40  PIC X(10)  TO BEN-CODE SECURE.

*   COPY FEHLBILD.COB.
01      FEHLER-BILD.
*** siehe DIARAHM
****************************************************
PROCEDURE DIVISION USING TR-FELD.
****************************************************
DIAN SECTION.
DIAN01.
**** Vorlauf *****
*   COPY DATEBEF.COB.
*** Datum einlesen und umspeichern ******
*** siehe NORM01

DIAN10.
**** Einlesen Benutzer-Identifikation
    MOVE S-PROG-NAME    TO TEXT-ALLG.
    DISPLAY BILDANM01.
    ACCEPT BILDANM01.
    PERFORM BENPRUEF.
    IF FEHL-FLAG    =  "1"
        MOVE 4      TO  IND-FEHL
        PERFORM FEHLAUSG
        GO TO DIAN10
    END-IF.
DIAN50.
    MOVE S-PROG-NAME        TO TR-ABSE-PROG.
    MOVE BEN-CODE           TO TR-BEN-CODE.
    MOVE BEN-NAME           TO TR-BEN-NAME.
    MOVE AX-DATUM           TO TR-DATUM.
    MOVE HIGH-VALUE         TO TR-KZ-GERUFEN.
    MOVE SPACE              TO TR-KZ-ANTWORT, TR-INHALT.
```

```
 
 DIAN90.
     EXIT PROGRAM.
 
*        COPY BENPRUEF.COB.
** Benutzercodeprüfung --------------------- +
 BENPRUEF SECTION.
 BENPR01.
         MOVE ZERO        TO FEHL-FLAG.
         MOVE 1           TO I-ANM.
 BENPR10.
** Code nicht gefunden ***
         IF I-ANM         >   I-ANM-MAX
             MOVE 1           TO FEHL-FLAG
             GO TO BENPR90
         END-IF.
         IF BEN-CODE      = T-BEN-CODE (I-ANM)
                 GO TO BENPR90
         END-IF.
         ADD 1   TO I-ANM.
         GO TO BENPR10.
 BENPR90.
         EXIT.
*        COPY FEHLAUSG.COB.
* Allgemeine Fehler- und Systemmeldungen **
** siehe DIARAHM **
 
```

Nach erfolgreicher Anmeldung prüft das folgende Programm den FILE STATUS der Dateien und ruft bei Bedarf die Unterprogramme für den Wiederaufbau auf.

```
*****************************************************
 IDENTIFICATION DIVISION.
*****************************************************
 PROGRAM-ID.     DIAFIL.
****   Allg. Datei-Prüfprogramm
****  gerufen mit CALL "DIAFIL"
*****************************************************
 ENVIRONMENT DIVISION.
*****************************************************
 INPUT-OUTPUT SECTION.
 FILE-CONTROL.
****  SELECT-ANGABEN FUER DATEIEN:
*            COPY F1SEL.COB.
```

```
    19          SELECT  OPTIONAL F1-ABRECH-DATEI
    20                  ASSIGN TO "SEQTEST.DAT"
    21                  FILE STATUS IS F1-STAT
    22                  ORGANIZATION SEQUENTIAL.
*   23          COPY F2SEL.COB.
    25**** SELECT für sequentielle Verarbeitung u. Erstlauf
    25**** der Artikeldatei
    26          SELECT  F2-ARTIKEL-DATEI
    27                  ASSIGN TO "ARTIKEL.ISA"
    28                  FILE STATUS IS F2-STAT
    29*** usw. siehe ARTVER
    30
*   37          COPY F3SEL.COB.
    38          SELECT  F3-KUNDEN-DATEI
    40*** usw. siehe NORM03
    44*****************************************************
    45  DATA DIVISION.
    46*****************************************************
    47  FILE SECTION.
*   48          COPY F1FD.COB.
    50  FD      F1-ABRECH-DATEI
    51          RECORD CONTAINS 80 CHARACTERS.
    52  01      F1-SATZ.
    53*** siehe NORM01 ***
*   67          COPY F2FD.COB.
    68****  Artikeldatei ****
    69  FD      F2-ARTIKEL-DATEI
    70          RECORD CONTAINS 100 CHARACTERS.
    71  01      F2-SATZ.
    72*** siehe ARTVER **
    90
*   91          COPY F3FD.COB.
    93*** Kundendatei *****
    94  FD      F3-KUNDEN-DATEI
    95          RECORD CONTAINS 120 CHARACTERS.
    96  01      F3-SATZ.
    97*** siehe NORM03 ***
   117*****************************************************
   118  WORKING-STORAGE SECTION.
   119*****************************************************
   120  01      ALLG-FELDER.
   121   05     S-PROG-NAME           PIC X(10) VALUE "DIAFIL".
   122   05     TEXT-ALLG             PIC X(15) VALUE SPACE.
   123   05     S-STRICH              PIC X(79) VALUE ALL "-".
```

```
 05     W-AKZ                PIC X VALUE SPACE.
 05     S-WEITER             PIC X VALUE SPACE.
 05     RET-PROG             PIC X(8) VALUE SPACE.
 05     BEN-NAME             PIC X(20) VALUE SPACE.
 05     LIN-MAX              PIC S999 COMP VALUE 15.
 05     F1-STAT              PIC XX VALUE ZERO.
 05     F2-STAT              PIC XX VALUE ZERO.
 05     F3-STAT              PIC XX VALUE ZERO.
 05     FILE-GESPERRT.
  10    PIC X   VALUE "9".
  10    PIC 9 COMP-X VALUE 065.

01  CALL-PROGRAMME.
 05     P1-ANMELDUNG         PIC X(10)   VALUE "DIANME".
 05     P2-FILE-PRUEF        PIC X(10)   VALUE "DIAFIL".
 05     P3-ENDE              PIC X(10)   VALUE "DIAEND".
 05     P4-CALL-PROG         PIC X(10)   VALUE SPACE.

01  A-ZEILE                  PIC X(79)   VALUE SPACE.
01  A1-ZEILE    REDEFINES A-ZEILE.
 05     FILLER               PIC X(5).
 05     A-FILE-NAME          PIC X(12).
 05     FILLER               PIC X(5).
 05     A-FILE-STAT          PIC XX.
 05     FILLER               PIC X(5).
 05     A-MELDUNG            PIC X(10).
 05     FILLER               PIC X(42).

01  T-FILE-GES.           *> Dateinamen u. dazugehörende
 05     T-FILE-INHALT.    *> Aufbauprogramme für CALL
  07    T-EL-INHALT.
   10    PIC X(12) VALUE "SEQTEST.DAT".
   10    PIC X(10) VALUE "BIFLO".
   10    PIC XX VALUE ZERO.
   10    PIC X  VALUE SPACE.
   10    PIC X(4) VALUE SPACE.
  07    T-EL-INHALT.
   10    PIC X(12) VALUE "ARTIKEL.ISA".
   10    PIC X(10) VALUE "ARTVER".
   10    PIC XX VALUE ZERO.
   10    PIC X  VALUE "1".
   10    PIC X(4) VALUE SPACE.
  07    T-EL-INHALT.
   10    PIC X(12) VALUE "KUNDEN.ISA".
```

```
      10    PIC X(10) VALUE "KUNVER".
      10    PIC XX VALUE ZERO.
      10    PIC X  VALUE "1".
      10    PIC X(4) VALUE SPACE.
   05      T-FILE  REDEFINES T-FILE-INHALT.
    10     T-FILE-EL  OCCURS 3.
      15   T-FILE-NAME      PIC X(12).
      15   T-FILE-PROG      PIC X(10).
      15   T-FILE-STAT      PIC XX.
      15   T-CALL-KZ        PIC X.
*** CALL-KZ = SPACE: Aufruf FILE-PROG mit CALL
*** CALL-KZ = 1:     Aufruf FILE-PROG mit CHAIN
      15   T-RESERVE        PIC X(4).
 01        INDIZES.
   05      IND-FILE         PIC S999 COMP VALUE ZERO.
   05      IND-FILE-MAX     PIC S999 COMP VALUE +3.
*      COPY FEHLTEXT.COB.
*** siehe DIARAHM ***
 LINKAGE SECTION.
*      COPY DIATRFEL.COB.
*******   Allgemeines Übergabefeld für Dialoge ******
 01  TR-FELD.
** siehe DIARAHM **
***************************************************
 SCREEN SECTION.
***************************************************
 01  BI-ALLG.
  05      BILDKOPF.
   10     BLANK SCREEN.
   10     LINE 1 COLUMN 5  HIGHLIGHT   VALUE
          "***** Dateiprüfung ****".
   10         COLUMN 40    PIC X(10) FROM S-PROG-NAME.
   10         COLUMN  70   PIC X(8)  FROM TR-DATUM.
   10     LINE 2 PIC X(60) FROM S-STRICH.
   10     LINE 2 COLUMN 60  PIC X(20) FROM TR-BEN-NAME.
  05      BI-UEBERSCHRIFT.
   10     LINE 4 COLUMN 5  REVERSE-VIDEO   VALUE
          "Dateiname      Status  Zustand ".
   10     LINE  PIC X(79)  FROM S-STRICH.
```

```
*       COPY FEHLBILD.COB.
*** siehe DIARAHM ***
*****************************************************
  PROCEDURE DIVISION USING TR-FELD.
*****************************************************
*** Allgemeiner Vorlauf.
  DIAVOR SECTION.
  DIAVOR01.
**** Gerufenes Programm? ******
      IF  TR-KZ-GERUFEN   =  HIGH-VALUE
          GO TO A100 END-IF.
      MOVE S-PROG-NAME    TO TR-ABSE-PROG.
      MOVE SPACE    TO TR-KZ-ANTWORT, TR-DATUM, TR-INHALT.
      CALL P1-ANMELDUNG USING TR-FELD  ON EXCEPTION
          MOVE 3      TO IND-FEHL
          PERFORM FEHLAUSG
          GO TO A900
      END-CALL.
      IF TR-KZ-GERUFEN    NOT = HIGH-VALUE
           GO TO DIAVOR01
      END-IF.
      CANCEL P1-ANMELDUNG.
  DIAVOR20.

      MOVE TR-BEN-NAME    TO BEN-NAME.
      MOVE S-PROG-NAME    TO TEXT-ALLG.
*** Hauptsteuerung Dateiprüfung ********
  A100 SECTION.
  A101.
      DISPLAY BILDKOPF.
  A200.
      OPEN I-O  F1-ABRECH-DATEI.
      IF  F1-STAT     NOT = ZERO
          MOVE F1-STAT    TO  T-FILE-STAT (1).
      CLOSE F1-ABRECH-DATEI.
      OPEN I-O  F2-ARTIKEL-DATEI.
      IF  F2-STAT     NOT = ZERO
          MOVE F2-STAT    TO  T-FILE-STAT (2).
      CLOSE F2-ARTIKEL-DATEI.
      OPEN    I-O  F3-KUNDEN-DATEI.
      IF  F3-STAT     NOT = ZERO
          MOVE F3-STAT     TO  T-FILE-STAT (3).
      CLOSE F3-KUNDEN-DATEI.
**** Frei für weitere Dateien
```

```
 A400.
**** Kontrollausgabe auf dem Terminal *******
     DISPLAY  BI-UEBERSCHRIFT.
     MOVE 7          TO LIN.
 A410.
     PERFORM VARYING IND-FILE FROM 1 BY 1
         UNTIL IND-FILE  >   IND-FILE-MAX
         MOVE T-FILE-NAME (IND-FILE)    TO  A-FILE-NAME
         MOVE T-FILE-STAT (IND-FILE)  TO A-FILE-STAT
         EVALUATE T-FILE-STAT (IND-FILE)
             WHEN FILE-GESPERRT
                MOVE "DATEI GESPERRT"  TO  A-MELDUNG
             WHEN NOT ZERO
                MOVE "DEFEKT"          TO  A-MELDUNG
         END-EVALUATE
         ADD 1   TO LIN
         IF LIN      >   LIN-MAX
             MOVE    1   TO  IND-FEHL
             PERFORM FEHLAUSG
             MOVE 7       TO LIN
             DISPLAY (7, 1) ERASE
         END-IF
         DISPLAY ( LIN, 1 ) A-ZEILE
         MOVE SPACE      TO A-ZEILE
     END-PERFORM.
 A490.
     MOVE 1      TO IND-FEHL.
     PERFORM FEHLAUSG.
 A495.
     EXIT.
**** Laden der Wiederaufbauprogramme, wenn File-Status > 0
 A600.
     MOVE 1          TO  IND-FILE.
 A610.                              *> Schleife
     IF IND-FILE     >   IND-FILE-MAX
         GO TO A690.
     IF T-FILE-STAT (IND-FILE) = ZERO
     OR T-FILE-STAT (IND-FILE) = FILE-GESPERRT
         GO TO A670
     END-IF.
     MOVE T-FILE-PROG (IND-FILE) TO P4-CALL-PROG.
     MOVE S-PROG-NAME            TO TR-ABSE-PROG.
     MOVE SPACE            TO TR-KZ-ANTWORT, TR-INHALT.
     CALL P4-CALL-PROG USING TR-FELD ON EXCEPTION
```

```
             MOVE 3       TO IND-FEHL
             PERFORM FEHLAUSG
             GO TO A670
         END-CALL.
         CANCEL P4-CALL-PROG.
     A670.
         ADD 1        TO IND-FILE.
         GO TO A610.                *> Schließen Schleife
     A690.
         MOVE    1        TO IND-FEHL. *> Kontrollmeldung
         PERFORM FEHLAUSG.
     A695.
         EXIT.
     A900.
         EXIT PROGRAM.
*        COPY FEHLAUSG.COB.
    * Allgemeine Fehler- und Systemmeldungen **
     FEHLAUSG SECTION.
    *** siehe DIARAHM
```

Am Ende jedes Hauptprogramms (siehe DIARAHM) wird die Endroutine DIAEND über CALL aufgerufen. Dieses Programm gibt Kontrollmeldungen aus und ruft für jede Datei die Sicherungsprogramme auf.

```
 ******************************************************
  IDENTIFICATION DIVISION.
 ******************************************************
  PROGRAM-ID.   DIAEND.
 ****  Allgemeines Dialogendeprogramm ****
 ****  Aufruf der Sicherungsprogramme
 ****  Aufgerufen mit CALL DIAEND
 ******************************************************
  DATA DIVISION.
 ******************************************************
  WORKING-STORAGE SECTION.
  01  ALLG-FELDER.
   05      S-PROG-NAME         PIC X(10) VALUE "DIAEND".
   05      TEXT-ALLG           PIC X(15) VALUE SPACE.
   05      S-STRICH            PIC X(79) VALUE ALL "-".
   05      W-AKZ               PIC X VALUE SPACE.
   05      S-WEITER            PIC X VALUE SPACE.
   05      RET-PROG            PIC X(8) VALUE SPACE.
   05      BEN-NAME            PIC X(20) VALUE SPACE.
   05      LIN-MAX             PIC S999 COMP VALUE 15.
```

```

 01  CALL-PROGRAMME.
  05     P1-ANMELDUNG        PIC X(10)   VALUE "DIANME".
  05     P2-FILE-PRUEF       PIC X(10)   VALUE "DIAFIL".
  05     P3-ENDE             PIC X(10)   VALUE "DIAEND".
  05     P4-CALL-PROG        PIC X(10)   VALUE SPACE.

 01  T-FILE-GES.            *> Enthält Dateinamen und
  05     T-FILE-INHALT.     *> dazugehörende
   07    FILLER.            *> Sicherungsprogramme
     10   PIC X(12) VALUE "SEQTEST.DAT".
     10   PIC X(10) VALUE "SEQPRO".
     10   PIC XX VALUE ZERO.
     10   PIC X  VALUE SPACE.
     10   PIC X(4) VALUE SPACE.
   07    FILLER.
     10   PIC X(12) VALUE "ARTIKEL.ISA".
     10   PIC X(10) VALUE "ARTPRO".
     10   PIC XX VALUE ZERO.
     10   PIC X  VALUE " ".
     10   PIC X(4) VALUE SPACE.
   07    FILLER.
     10   PIC X(12) VALUE "KUNDEN.ISA".
     10   PIC X(10) VALUE "KUNPRO".
     10   PIC XX VALUE ZERO.
     10   PIC X  VALUE " ".
     10   PIC X(4) VALUE SPACE.

  05     T-FILE  REDEFINES T-FILE-INHALT.
   10    T-FILE-EL  OCCURS 3.
     15  T-FILE-NAME     PIC X(12).
**** Name des Sicherungsprogramms
     15  T-FILE-PROG     PIC X(10).
     15  T-FILE-STAT     PIC XX.
     15  T-CALL-KZ       PIC X.
*** CALL-KZ = SPACE: Aufruf FILE-PROG mit CALL
*** CALL-KZ = 1:     Aufruf FLE-PROG mit CHAIN
     15  T-RESERVE       PIC X(4).
 01      INDIZES.
  05     IND-FILE        PIC S999 COMP VALUE ZERO.
  05     IND-FILE-MAX    PIC S999 COMP VALUE +3.

*        COPY FEHLTEXT.COB.
*** siehe DIARAHM **
```

```
*****************************************************
 LINKAGE SECTION.
*****************************************************
*      COPY DIATRFEL.COB.
*******   Allgemeines Übergabefeld für Dialoge ******
 01  TR-FELD.
*** siehe DIARAHM ***
*****************************************************
 SCREEN SECTION.
*****************************************************
 01  BI-SICHER.
  05 BLANK SCREEN.
  05   COLUMN 5 HIGHLIGHT VALUE
     "****  Sicherungsaufforderung *****".
  05     COLUMN 40  PIC X(10) FROM S-PROG-NAME.
  05     COLUMN 70  PIC X(8)  FROM TR-DATUM.
  05 LINE 2  PIC X(60)  FROM S-STRICH.
  05 LINE 2 COLUMN 60   PIC X(20) FROM TR-BEN-NAME.
  05 LINE 8 COLUMN 10    VALUE
     "Bitte Sicherungsdiskette (Leerdiskette) bereitstellen".
  05 LINE   COLUMN 10    VALUE
     "danach eine Taste zur Freigabe drücken".
  05 LINE 15 COLUMN 10   PIC X  USING W-AKZ AUTO.

*      COPY FEHLBILD.COB.
 01       FEHLER-BILD.
*** siehe DIARAHM ***
*****************************************************
 PROCEDURE DIVISION USING TR-FELD.
*****************************************************
 DIAVOR SECTION.
 DIAVOR01.
****  Gerufenes Programm? ******
       IF  TR-KZ-GERUFEN   =  HIGH-VALUE
           GO TO A100
       END-IF.
       MOVE S-PROG-NAME    TO TR-ABSE-PROG.
       MOVE SPACE     TO TR-KZ-ANTWORT, TR-DATUM, TR-INHALT.
       CALL P1-ANMELDUNG USING TR-FELD  ON EXCEPTION
           MOVE 3       TO IND-FEHL
           PERFORM FEHLAUSG
           GO TO A900
       END-CALL.
       IF TR-KZ-GERUFEN    NOT = HIGH-VALUE
```

```
           GO TO DIAVOR01 END-IF.
       CANCEL P1-ANMELDUNG.
       MOVE TR-BEN-NAME    TO BEN-NAME.
       MOVE S-PROG-NAME    TO TEXT-ALLG.
   A100 SECTION.
   A110.
       DISPLAY  BI-SICHER.    *> Kontrollbild
       MOVE SPACE       TO W-AKZ.
       ACCEPT BI-SICHER.
**** Laden der Sicherungsprogramme für die Dateien
   A600.
       MOVE 1           TO  IND-FILE.
   A610.
       IF IND-FILE      >   IND-FILE-MAX
           GO TO A690
       END-IF.
       MOVE T-FILE-PROG (IND-FILE) TO P4-CALL-PROG.
       MOVE S-PROG-NAME            TO TR-ABSE-PROG.
       MOVE SPACE                  TO TR-KZ-ANTWORT, TR-INHALT.
       CALL P4-CALL-PROG USING TR-FELD ON EXCEPTION
           MOVE 3       TO IND-FEHL
           PERFORM  FEHLAUSG
           GO TO A670
       END-CALL.
       CANCEL P4-CALL-PROG.
   A670.
       ADD 1        TO IND-FILE.
       GO TO A610.
   A690.
       DISPLAY (10, 10) "Ende DIAEND".
       MOVE    1        TO IND-FEHL.
       PERFORM  FEHLAUSG.
   A900.
       EXIT PROGRAM.

*      COPY FEHLAUSG.COB.
* Allgemeine Fehler- und Systemmeldungen **
   FEHLAUSG SECTION.
*** siehe DIARAHM ***
```

Anmerkung: *Das Übergabefeld TR-FELD kann auch als EXTERNAL-Feld definiert werden, da alle Programme auf dieses Feld zugreifen. Der Speicherbedarf der Programme wird bei dieser Technik allerdings erheblich größer.*

20.8 System-Bibliotheksroutinen

MF-Cobol enthält Befehlserweiterungen, die über CALL aufrufbar sind. Diese Routinen bieten über den Cobol-Standard hinausgehende Leistungen. Sie erlauben den direkten Zugriff auf die Hardware. Ca. 100 Routinen zur Kontrolle der Tastatur, des Bildschirms, der Maus und der peripheren Geräte stehen zur Verfügung. Die Vorschriften des »Cobol System Reference«, insbesondere die Definitionen der Übergabefelder, sind bei dem Einsatz dieser Routinen genau zu beachten. In NetExpress Cobol werden viele dieser Routinen automatisch von den Assistenten in die Programme eingesetzt, um grafische Bedieneroberflächen zu erzeugen. Einige Unterprogramme und ihre Bedeutung sind:

```
CALL "CBL_READ_KBD_CHAR" USING Zeichen [RETURNING Status-Code]
```

Liest ein Zeichen von der Tastatur unter Umgehung des Cobol-Ein-/Ausgabesystems. »Zeichen« muß mit PIC X definiert sein. Mit dieser Funktion können alle Tastencodes, auch die Cursorsteuertasten und Funktionstasten gelesen werden. Dies ist nützlich, wenn mit Pulldown-Menüs gearbeitet wird (vgl. Kap. 20.9). Im wahlweise anzugebenden RETURNING-Zusatz kann ein Feld deklariert werden, in dem Cobol hinterlegt, wie das externe Unterprogramm ausgeführt wurde. STATUS-CODE sollte mit PIC S9(4) COMP in der DATA DIVISION beschrieben werden. »0« bedeutet, daß das Unterprogramm ordnungsgemäß ausgeführt wurde. Alle anderen Werte signalisieren Fehler. Sie sind in der Online-Hilfe erläutert. Der Returning-Zusatz kann prinzipiell bei allen Bibliotheksroutinen angehängt werden.

```
CALL "CBL_GET_KBD_STATUS" USING Status
```

Prüft, ob ein Zeichen im Tastaturpuffer steht. »Status« muß mit PIC 9(2) COMP-X im Anwenderprogramm definiert sein. Bei »0« steht kein Zeichen im Puffer, bei »1« wurde ein Zeichen eingetippt.

```
CALL "CBL_READ_SCR_CHARS"
  USING Bildposition, Zeichen-Speicher, Anzahl
```

Liest »Anzahl« Zeichen aus dem Bildschirmpufferspeicher, beginnend ab »Bildposition«, und legt sie im »Zeichen-Speicher« ab, der im Anwendungsprogramm mit PIC X(n) definiert ist. »Anzahl« muß mit PIC 9(4) COMP-X beschrieben werden, »Bildposition« als Gruppenfeld mit folgenden Bestandteilen:

```
ZEILE   PIC 9(2) COMP-X
SPALTE  PIC 9(2) COMP-X
```

Die linke obere Ecke ist Zeile 0, Spalte 0. Ein Anwendungsbeispiel für diese Funktion finden Sie in Kapitel 20.10. Mit dieser Routine kann der Bildschirminhalt im Textmodus abfotografiert werden.

```
CALL "CBL_READ_SCR_ATTRS"
  USING Bildposition, Attribut-Speicher, Anzahl
```

Liest die Attributbytes aus dem Bildschirmpufferspeicher, beginnend ab »Bildposition«, und legt sie im Speicher ab. Sonst wie CBL_READ_SCR_CHARS.

```
CALL "CBL_WRITE_SCR_CHARS"
  USING Bildposition, Zeichen-Speicher, Anzahl
```

Schreibt »Anzahl« Zeichen aus dem »Zeichen-Speicher«, beginnend an »Bildposition«, in den Bildschirmpufferspeicher.

```
CALL "CBL_WRITE_SCR_ATTRS"
  USING Bildposition, Attribut-Speicher, Anzahl
```

Schreibt die Attributbytes, beginnend ab »Bildposition«, aus dem »Attribut-Speicher« in den Bildschirmpufferspeicher.

```
CALL"CBL_GET_CSR_POS" USING Bildposition
```

Ermittelt die aktuelle Cursorposition und speichert sie in »Bildposition«. Das Feld muß wie oben definiert werden.

```
CALL"CBL_SET_CSR_POS" USING Bildposition
```

Positioniert den Cursor an die angegebene Stelle.

```
CALL "CBL_INIT_MOUSE" USING Maus-Handhabung, Maus-Schalter
```

Initialisiert die Maus und liefert in den Feldern »Maus-Handhabung« und »Maus-Schalter« Information über Art und Bedienung der Maus.

```
CALL "CBL_GET_MOUSE_POSITION" USING Maus-Handhabung, Maus-Position
```

Liefert die Position der Maus auf dem Bildschirm.

```
CALL "CBL_SET_MOUSE_POSITION" USING ...
```

Positioniert die Maus auf dem Bildschirm an eine bestimmte Stelle. Ca. 15 weitere CALL-Befehle für die Steuerung der Maus stehen zur Verfügung. In NetExpress Cobol brauchen Sie sich um die Maussteuerung nicht mehr zu kümmern.

> **Anmerkung:** *Die Maus kann auch über die ADISCTRL-Tabelle aktiviert werden. Schalten Sie mit ADISCF.EXE in der ADISCTRL-Tabelle über* [F8] *-KeyControl die Funktion 27 (Move to Mouse Position) ein. Im Anwendungsprogramm muß die Mausunterstützung mit CALL X"AF" (s.u.) aktiviert werden. Beim Drücken der Maustaste wird der Text-Cursor an die Position des Mauszeigers gesetzt und im Cursorpositionsfeld Zeile und Spalte des Cursors hinterlegt.*

```
CALL "CBL_TOUPPER" USING String BY VALUE Laenge
```

Wandelt den Inhalt der mit »String« angegebenen Variablen in Großbuchstaben um, und zwar so viele Bytes, wie über »Laenge« angegeben werden. »String« muß mit PIC X(n) definiert sein, »Laenge« mit PIC 9(8) COMP-5.

```
CALL "CBL_TOLOWER" USING String BY VALUE Laenge
```

Wandelt den Inhalt der mit »String« angegebenen Variablen in Kleinbuchstaben um, sonst wie CBL_TOUPPER.

```
CALL "PC_TEST_PRINTER" USING Printer-Nr, Printer-Status
```

Liefert den Status des Druckers. »Printer-Nr« bezeichnet den Drucker (0, 1, 2 für LPT1, LPT2, LPT3). Das Feld muß mit PIC 9(2) COMP-X im Anwendungsprogramm definiert sein. »Printer-Status« muß ebenfalls mit PIC 9(2) COMP-X definiert sein. Einige Werte bedeuten:

```
0    Drucker betriebsbereit
1    Timeout
32   Papier-Ende
128  Nicht angeschaltet
```

usw.

```
CALL "CBL_CHANGE_DIR" USING Pfad-Name
```

Ändert das aktuelle Directory. »Pfad-Name« muß mit PIC X(n) definiert sein und einen gültigen DOS-Pfad enthalten, der durch ein Leerzeichen beendet wird.

```
CALL "CBL_CREATE_DIR" USING Pfad-Name
```

Erzeugt eine Unterdirectory. Alle Directories, die im Pfad angegeben werden, müssen mit Ausnahme des letzten Namens existieren. »Pfad-Name« muß im Programm mit PIC X(n) definiert sein.

```
CALL "CBL_DELETE_DIR" USING Pfad-Name
```

Löscht ein Directory, das leer sein muß. Es gelten die gleichen Regeln wie bei CBL_CREATE_DIR.

```
CALL "CBL_READ_DIR" USING Pfad-Name, Pfad-Namen-Laenge
```

Liefert im Feld »Pfad-Name«, das mit PIC X(n) definiert sein muß, das aktuelle Directory inclusive Pfad. »Pfad-Namen-Laenge« muß mit PIC X COMP-X definiert sein und die Länge des Feldes »Pfad-Name« enthalten.

```
CALL "CBL_CHECK_FILE_EXIST" USING Dateiname, Datei-Angaben RETURNING Status-
Code
```

Prüft, ob die in »Dateiname« angegebene Datei existiert. Das Feld muß mit PIC X(n) im Anwendungsprogramm definiert sein und einen nach den DOS-Regeln gebildeten Dateinamen enthalten. »Datei-Angaben« ist ein Gruppenfeld, dessen umfangreiche Definition im Operating Guide nachzulesen ist. In ihm werden Daten über Größe und Erstellungsdatum der Datei übermittelt. »Status-Code« muß mit PIC S9(4) COMP definiert sein. Die Variable enthält »0«, wenn die Datei in Ordnung ist, andernfalls einen Wert ungleich null.

```
CALL "CBL_DELETE_FILE" USING Dateiname
```

Löscht die in der Variablen »Dateiname« angegebene Datei von der Platte.

```
CALL "CBL_RENAME_FILE" USING Alter-Dateiname, Neuer-Dateiname
```

»Alter-Dateiname« enthält den Namen der zu ändernden Datei. Das Feld muß mit PIC X(n) definiert sein. Der Dateiname kann mit einem Pfadnamen nach den DOS-/Windows-Regeln ergänzt werden. Der Dateiname muß mit einem Leerzeichen beendet werden. Analoge Vorschriften gelten für »Neuer-Dateiname«.

```
CALL "CBL_AND" USING Argument-1, Argument-2 BY VALUE Laenge
```

Verknüpft die beiden Datenfelder, Argument-1 und Argument-2, bitweise von links nach rechts mit einem logischen AND und speichert das Ergebnis in Argument-2. Als Argumente können beliebig definierte Datenfelder angegeben werden. »Laenge« muß mit PIC X(4) COMP-5 definiert sein und gibt die Anzahl der zu verknüpfenden Bytes an. Die Bytes, die rechts davon in Argument-2 stehen, bleiben unverändert. Die Regeln für die logische AND-Verknüpfung sind:

```
------------------------------------
Bit-1            Bit-2      Ergebnis
------------------------------------
  0      AND       0          0
  0      AND       1          0
  1      AND       0          0
  1      AND       1          1
```

```
CALL "CBL_NOT" USING Argument-1 BY VALUE Laenge
```

Verändert die Bits von Argument-1 von »0« in »1« und umgekehrt. Die Routine startet beim linken Bit und konvertiert so viele Bytes des Datenfeldes, wie über LAENGE festgelegt werden. Der logische Operator NOT verändert eine Aussage in ihr Gegenteil. Die Regeln für die logische NOT-Verknüpfung lauten:

```
----------------
vorher   nachher
----------------
  0         1
  1         0
```

```
CALL "CBL_OR" USING Argument-1, Argument-2 BY VALUE Laenge
```

Verknüpft bitweise die beiden Datenfelder, Argument-1 und Argument-2, mit einem logischen OR und speichert das Ergebnis in Argument-2. Es gelten die gleichen Formalvorschriften wie bei der CBL_AND-Routine. Die Regeln für die logische OR-Verknüpfung lauten:

```
--------------------------------
Bit-1         Bit-2      Ergebnis
--------------------------------
  0      OR    0          0
  0      OR    1          1
  1      OR    0          1
  1      OR    1          1
```

```
CALL "CBL_XOR" USING Argument-1, Argument-2 BY VALUE Laenge
```

Verknüpft die beiden Datenfelder bitweise mit einem logischen XOR (Exclusives ODER) und speichert das Ergebnis in Argument-2. Die Regeln für die logische XOR-Verknüpfung lauten:

```
--------------------------------
Bit-1         Bit-2      Ergebnis
--------------------------------
  0      XOR    0          0
  0      XOR    1          1
  1      XOR    0          1
  1      XOR    1          0
```

```
CALL "CBL_EQ" USING Argument-1, Argument-2 BY VALUE Laenge
```

Verknüpft die beiden Datenfelder bitweise mit einem logischen EQUIVALENCE (GLEICH). Die Regeln für diese Verknüpfung lauten:

```
--------------------------------
Bit-1         Bit-2      Ergebnis
--------------------------------
  0      EQ    0          1
  0      EQ    1          0
  1      EQ    0          0
  1      EQ    1          1
```

```
CALL "CBL_IMP" USING Argument-1, Argument-2 BY VALUE Laenge
```

Verknüpft die beiden Datenfelder bitweise mit einer logischen IMPLIKATION und speichert das Ergebnis in Argument-2. Die Regeln für die logische IMP-Verknüpfung lauten:

```
--------------------------------
Bit-1         Bit-2      Ergebnis
--------------------------------
  0     IMP    0          1
  0     IMP    1          1
  1     IMP    0          0
  1     IMP    1          1
```

Die logischen Funktionen werden in der kaufmännischen Datenverarbeitung selten eingesetzt. Sie finden überwiegend in der Systemprogrammierung Verwendung. Wenn ein Programm mit der Maussteuerung arbeitet und Mausereignisse abfragen und steuern muß, sind diese Funktionen hilfreich. Gleiches gilt, wenn direkt Hardwarefunktionen eingesetzt werden müssen.

```
CALL X"91" USING Status, Funktion, Parameter
```

Mit dieser Multifunktionsroutine können Laufwerke und Pfade abgefragt und neu gesetzt, Dateien umbenannt, geprüft und gelöscht werden. Sie können aus Ihrem Programm Tochterprozesse starten, z.B. Hilfsprogramme des Betriebssystems. In »Parameter« steht die Kommandozeile. Wird der Tochterprozeß beendet, wird das Anwendungsprogramm fortgesetzt. Die Kommandozeile kann mit der Anweisung DISPLAY ... UPON COMMAND LINE gefüllt werden. COMMAND LINE ist ein reserviertes Cobol-Wort für die Übergabezeile an das Betriebssystem. Es können praktisch alle Kommandos des Betriebssystems ausgeführt werden. Es müssen aber jeweils abgestimmte Funktionscodes in der Variablen »Funktion« gesetzt werden, die mit PIC 99 COMP-X im Anwendungsprogramm definiert sein muß. Die zulässigen Werte sind in der Online-Hilfe spezifiziert.

```
CALL X"AF" USING Funktion, Parameter
```

Diese Erweiterungsroutine erlaubt die dynamische Änderung der ADISCTRL-Tabelle zur Ausführungszeit des Programms. Die Funktionstasten [F1] – [F12] oder bestimmte [Strg]- oder [Alt]-Tastenkombinationen und die Maustasten können zum Beenden eines ACCEPT zugelassen oder wieder ausgeschaltet werden. Diese Erweiterung ist in Verbindung mit der SAA-Technik sehr hilfreich. Die Verwendung dieser Funktion verlangt fundierte Kenntnisse über die Terminal-Ein-/-Ausgabetechniken im Textmodus.

```
CALL "PANELS" USING Parameter-Block, Text-Puffer, Attribut-Puffer
```

Mit dieser Erweiterungsroutine können im Textmodus des Terminals rechteckige Fenster auf dem Bildschirm eröffnet und mit Texten gefüllt werden, die im »Text-Puffer« stehen. Dabei kann der Text in dem Fenster mit den Cursortasten gerollt werden, wenn er nicht komplett in das Anzeigefenster paßt. Im »Attribut-Puffer« stehen die Bildattribute für die Darstellung des Textes. Die Fenster können mit den Cursortasten auf dem Bildschirm verschoben und mit einer Windows-ähnlichen Technik in den Vordergrund bzw. Hintergrund geschoben werden. Auf der Installationsdiskette sind mehrere Beispielprogramme und die erforderlichen Datendefinitionen in COPY-Dateien, so daß der Programmierer die Handhabung selbständig erlernen kann.

Mit der EXECUTE-Anweisung können aus einem Cobol-Programm andere Subsysteme gestartet werden, z.B. der SQL-Server. Der Formalismus lautet:

```
EXEC[UTE] Programmname Text END-EXEC
```

Beispiel:

```
EXEC SQL
   declare Kunden Cursor for
   Select KundenNr, KuName From Kunden
   Where Plz = "2000"
END-EXEC.
```

Der Cobol-Compiler übersetzt diesen Aufruf in einen CALL »Programmname« (im Beispiel »SQL«) USING Text-Puffer. Der Text-Puffer enthält den kompletten Text der EXEC-Anweisung (im Beispiel »EXEC SQL declare Kunden ...END-EXEC). Das Unterprogramm muß diesen Text analysieren und bearbeiten. Der Programmierer muß die Leistungen und Übergabetechniken des aufgerufenen Untersystems genau kennen. Beim Einsatz des SQL-Servers, der zusätzlich erworben und auf dem Computersystem installiert sein muß, müssen zusätzlich diverse Compiler-Direktiven und Runtime-Schalter gesetzt und die Syntax der Embedded-SQL-Sprache (Microsoft SQL-Server) beherrscht werden.

20.9 Pull-down-Menü

In den bisher verwendeten Menüs mußte der Bediener die Programmfunktionen aus einer Vorschlagsliste durch Betätigen der angegebenen Taste aufrufen. In der Praxis haben sich Pull-down-Menüs bewährt, weil die Auswahl bequemer ist. Der Bediener muß einen Markierungsbalken mit den Cursortasten auf die gewünschte Funktion bewegen und die Funktion durch Drücken der [↵]-Taste aufrufen.

Mit dem normalen ACCEPT-Befehl können die Sondertasten aber nicht eingelesen werden. MF-Cobol stellt ein externes Unterprogramm zur Verfügung, mit dem alle Tastaturcodes abgefragt werden können. Das Unterprogramm CALL »CBL_READ_KBD_CHAR« USING ZEICHEN liefert jeweils ein Byte, aus dem die gedrückte Taste hervorgeht. Einige Tasten erzeugen einen zwei Byte langen Code, wobei im ersten Byte hex »00« steht. In diesem Fall muß die Funktion zweimal aufgerufen werden. Die Tastencodes sind den Gerätehandbüchern zu entnehmen. Folgende Zusammenstellung zeigt einige Codes für den PC:

[↵]	hex 0D
[Esc]	hex 1B
[⇆]	hex 09
[←]	hex 08
[↑]+[⇆]	hex 000F
[↓]	hex 0048
[↑]	hex 0050
[←]	hex 004B

[→]	hex 004D
[Entf]	hex 0053
[Einfg]	hex 0052
[Bild↑]	hex 0049
[Bild↓]	hex 0051
[F1]-Taste	hex 003B
[F2]-Taste	hex 003C
usw.	
[A]	hex 41
[B]	hex 42 usw.

Das folgende Programm soll das Arbeiten mit der Funktion demonstrieren. Es wird ein vertikales und ein horizontales Menü aufgebaut. Der Bediener kann die Programmfunktion aufrufen, indem er das markierte Zeichen eintippt oder indem er den Markierungsbalken mit den Cursortasten auf die Funktion verschiebt und dann [↵] drückt.

```
****      Pull-down-Menü ****
 ------------------------------------------------------------


      E = Ende
      1 = Dateiverwaltung (Zugänge, Änderungen, Löschungen)
      2 = Dateianzeige
      3 = Datei drucken
     -----------------------------------
     Auswahl: _

 -----------------------------------------------------------
 (S)peichern  (L)öschen  (A)bbruch  (K)orrektur  (B)lättern
 (N)eueDaten  (M)enü     (E)nde                  Auswahl: _
```

Die horizontale Menüzeile im Bildfuß erscheint, wenn der Bediener Daten eingegeben hat. Er bestimmt damit die Verarbeitung der Daten, wie in den bisher behandelten Beispielen. Der Markierungsbalken kann mit den Tasten [→] bzw. [←] in der Menüzeile verschoben werden. In dem Programm sind folgende Besonderheiten zu beachten:

I-PULL-START und I-PULL-SPALTE enthalten die Koordinaten des linken oberen Eckpunktes des Pull-down-Menüs. I-PULL-MAX enthält die Anzahl der Menüpunkte im Pull-down-Menü. START-ZEILE und START-SPALTE enthalten die linken Eckpunkte der horizontalen Menüzeilen im Bildfuß, I-BREITE enthält die Feldbreite des Menütextes. I-H-MEN-MAX speichert die Anzahl der horizontalen Menütexte insgesamt, ANZ-PRO-ZEILE die Anzahl der Menütexte pro Zeile. COL-MAX enthält die Spalte, die in der Menüzeile maximal beschrieben werden darf. Sie wird errechnet aus I-BREITE * (ANZ-PRO-ZEILE – 1) + START-SPALTE.

Die Menübilder können in der SCREEN SECTION definiert werden, da dort die Bildattribute, z. B. REVERSE-VIDEO, über den Zusatz »CONTROL IS Datenname« dynamisch festgelegt werden können. In den Pull-down-Menüs müssen die Attribute in Abhängigkeit von der Eingabetaste verändert werden. Im folgenden Programm wird wegen der Kompatibilität mit älteren Versionen mit dem Befehl »DISPLAY (Zeile, Spalte) Datenname WITH Zusätze« gearbeitet. Die Menütexte sind in konstanten Tabellen abgelegt. Die Verarbeitungsbefehle für die Daten sind aus dem Programm gelöscht, um die Menütechnik klarer zu zeigen.

```
*******************************************************
 IDENTIFICATION DIVISION.
*******************************************************
 PROGRAM-ID.    MEN02.
*** TESTPROGRAMM F. Pull-down- und horizontale Menüs *****

*******************************************************
 DATA DIVISION.
*******************************************************
 WORKING-STORAGE SECTION.
*******************************************************
*** Werte der Tastatur Funktion
*** CALL "CBL_READ_KBD_CHAR" USING tast-code
    78     CR           VALUE X"0D".
    78     BACK-SPACE   VALUE X"08".
    78     ESC-TASTE    VALUE X"1B".
    78     NUL-WERT     VALUE X"00".
    78     TAB-TASTE    VALUE X"09".
*** Zwei-Byte-Folge wenn NULL-WERT im ersten Byte
*** (vertauschte Folge wg. einfacher Abfrage)
    78     CRS-UP       VALUE X"4800".
    78     CRS-DN       VALUE X"5000".
    78     CRS-RE       VALUE X"4D00".
    78     CRS-LI       VALUE X"4B00".
    78     PG-UP        VALUE X"4900".
    78     PG-DN        VALUE X"5100".
    78     BACK-TAB     VALUE X"0F00".
    78     DEL-TASTE    VALUE X"5300".
    78     INS-TASTE    VALUE X"5200".
    78     F1-TASTE     VALUE X"3B00".
    78     F2-TASTE     VALUE X"3C00".
```

```
 78    A           VALUE X"41".
 78    B           VALUE X"42".

01 HILFS-FELDER.         *> für CALL-Funktionen
  05    INP-CODE         PIC X VALUE SPACE.
  05    TAST-CODE VALUE SPACE.
   10   TAST-CODE-1      PIC X.
   10   TAST-CODE-2      PIC X.
  05    CursPosition.
   10   ZeilNr           PIC 9(2) Comp-X value 0.
   10   SpaltNr          PIC 9(2) Comp-X value 0.

01      S-STRICH   PIC X(80) VALUE ALL "-".
01      ALLG-FELDER.
  05    W-AKZ            PIC X   VALUE SPACE.
  05    W-BKZ            PIC X   VALUE SPACE.

01 ARB-INDIZES.
  05    IND-FEHL         PIC S999  COMP  VALUE +1.


01      T-FEHLER-TEXT-GES.
  05    T-INHALT.
   10   PIC X(30)  VALUE  'falsches Auswahlzeichen'.
   10   PIC X(30)  VALUE  'richtiges Auswahlzeichen'.

  05    T-FEHLER-TAB REDEFINES T-INHALT.
   10   ANZ  OCCURS 2.
    15  T-FEHLER-EL      PIC X(30).
01      T-FEHLER         PIC X(30)  VALUE SPACE.

01      FEHLER-ZEILE.
 05     FEHLER-1         PIC X(30)  VALUE SPACE.
 05     FEHLER-2         PIC X(30)  VALUE SPACE.

01      TEXTE.
  05    TEXT-1     PIC X(20) VALUE  "RETURN = Weiter ".

*** vertikales Pull-down-Menü ***
01      T-MENU-TEXTE-GES.
 03     T-MENU-ZEILEN.
  05    PIC X(42) VALUE  "E = Ende".
  05    PIC X(42) VALUE
        "1 = Dateiverwaltung (Zugänge, Änderungen)".
```

```
    05    PIC X(42) VALUE  "2 = Datei anzeigen  ".
    05    PIC X(42) VALUE  "3 = Datei drucken ".

   03     T-MENU-TEXT REDEFINES T-MENU-ZEILEN.
    05    MENU-ANZ OCCURS 4 TIMES.
     10   T-MENU      PIC X(42).

*** horizontale Menüzeilen **
  01      T-HORI-MENU-TEXTE-GES.
   03     T-H-MENU-ZEILEN.
    05    PIC X(13) VALUE  "(S)peichern ".
    05    PIC X(13) VALUE  "(L)öschen   ".
    05    PIC X(13) VALUE  "(A)bbruch   ".
    05    PIC X(13) VALUE  "(K)orrektur ".
    05    PIC X(13) VALUE  "(B)lättern  ".
    05    PIC X(13) VALUE  "(N)eueDaten ".
    05    PIC X(13) VALUE  "(M)enü      ".
    05    PIC X(13) VALUE  "(E)nde      ".

   03     T-H-MENU-TEXT REDEFINES T-H-MENU-ZEILEN.
    05    H-MENU-ANZ OCCURS 8 TIMES.
     10   T-H-MENU      PIC X(13).

  01      INDIZES.
** Pull-down-Menü ------------ +
  05      I-PULL-MEN  PIC S999 COMP VALUE 0.
  05      I-PULL-MAX  PIC S999 COMP VALUE 4.
  05      PULL-START  PIC S999 COMP VALUE +4.
  05      PULL-SPALTE PIC S999 COMP VALUE +10.
*** horizontales Menü --------- +
  05      I-MEN       PIC S999 COMP VALUE 0.
  05      I-H-MEN-MAX PIC S999 COMP VALUE 8.
  05      I-BREITE    PIC S999 COMP VALUE +13. *> Textbreite
  05      START-SPALTE PIC S999 COMP VALUE 1.  *> linke Ecke
  05      START-ZEILE PIC S999 COMP VALUE 23.  *> des Menüs
  05      COL-MAX     PIC S999 COMP VALUE 66.  *> rechter Rand
  05      ANZ-PRO-ZEILE PIC S999 COMP VALUE 6.
  05      LIN-MAX     PIC S999 COMP VALUE 25.
  05      POS         PIC S999 COMP VALUE 1.

*****************************************************
 PROCEDURE DIVISION.
*****************************************************
**** STEUERBLOCK  *******************
```

```
 A100 SECTION.
     PERFORM AUSWAHL.
     EVALUATE W-AKZ
         WHEN "E"     GO TO A900
         WHEN "e"     GO TO A900
         WHEN "1"    PERFORM VERWALTUNG
         WHEN "2"    PERFORM ANZEIGE
         WHEN "3"    PERFORM DRUCKEN
         WHEN OTHER
            MOVE  1  TO IND-FEHL
            PERFORM FEHLAUSG
     END-EVALUATE.
     GO TO A110.
 A900.
         DISPLAY ( 20, 1 ) 'PROGRAMMENDE'.
         STOP RUN.

****  Verwaltung der Datei  *******
*************************************************
 VERWALTUNG SECTION.
*************************************************
** Datenanforderungsbild ***
     DISPLAY ( 1, 1 ) " *** Verwaltung  der Datei ***"
         WITH HIGHLIGHT BLANK SCREEN.
     DISPLAY ( 2, 1 ) S-STRICH.
     DISPLAY ( 4, 1 ) "Hier werden Daten eingegeben".
** Menüzeile anzeigen und Auswahlzeichen einlesen ***
 AUF30.
     PERFORM MENU-ZEILE.
** Verzweigung entsprechend Menüzeile
     EVALUATE W-BKZ
         WHEN "E"    GO TO AUF90
         WHEN "S"    MOVE 2  TO IND-FEHL
             PERFORM FEHLAUSG
*** usw.
     END-EVALUATE.
     GO TO AUF30.
 AUF90.
         EXIT.
*************************************************
 ANZEIGE SECTION.
*************************************************
     DISPLAY ( 1, 1 ) " *** Anzeigen der Datei **"
         WITH HIGHLIGHT BLANK SCREEN.
```

```
          EXIT.
*****************************************************
 DRUCKEN SECTION.
*****************************************************
      DISPLAY ( 1, 1 ) " *** Drucken der Datei **"
          WITH HIGHLIGHT BLANK SCREEN.
      EXIT.
**** Menübild **
*****************************************************
 AUSWAHL SECTION.
*****************************************************
      DISPLAY ( 1, 10 ) "  *** Pull-down-Menü **"
           WITH Highlight BLANK SCREEN.
 AUSW10.
*** Menübild aufbauen **
      MOVE PULL-START  TO LIN.
      MOVE PULL-SPALTE TO COL.
      PERFORM VARYING I-PULL-MEN FROM 1 BY 1
           UNTIL I-PULL-MEN > I-PULL-MAX
          ADD 1 TO LIN
          DISPLAY ( LIN, COL)  T-MENU (I-PULL-MEN)
      END-PERFORM.
      DISPLAY ( LIN + 1, 1 ) S-STRICH.
      DISPLAY ( LIN + 3, COL ) "Auswahl: _".
 AUSW20.
      MOVE 1  TO I-PULL-MEN.
 AUSW30.
*** aktuelle Zeile aufhellen  ***
      COMPUTE LIN = PULL-START + I-PULL-MEN.
      DISPLAY (LIN, COL) T-MENU (I-PULL-MEN)
              WITH REVERSE-VIDEO.
**** Cursor  positionieren **
      Display LOW-Value AT 1119.
*** Abfragen Tastatureingabe ***
 AUSW40.
      MOVE SPACE  TO TAST-CODE.
 AUSW50.
      call "CBL_READ_KBD_CHAR" USING INP-CODE.
*** Funktions-Key mit zwei Byte Ergebnis gedrückt **
      IF INP-CODE = NUL-WERT
          MOVE NUL-WERT   TO TAST-CODE-2
          GO TO AUSW50
```

```
       ELSE
           MOVE INP-CODE   TO TAST-CODE-1
       END-IF.
*** Auswahl mit RETURN getätigt, Zeile bzw Index ermitteln
       IF TAST-CODE = CR
           EVALUATE I-PULL-MEN
               WHEN 1  MOVE "E"  TO W-AKZ
               WHEN 2  MOVE "1"  TO W-AKZ
               WHEN 3  MOVE "2"  TO W-AKZ
               WHEN 4  MOVE "3"  TO W-AKZ
           END-EVALUATE
           GO TO AUSW90
       end-if.
*** Cursortasten abfragen ***
       EVALUATE TAST-CODE

           WHEN CRS-DN
****  aktuelle Zeile normal schreiben **
               DISPLAY (LIN, COL) T-MENU (I-PULL-MEN) WITH
                BACKGROUND-COLOR 0 FOREGROUND-COLOR 7
               ADD 1 TO I-PULL-MEN
               IF I-PULL-MEN > I-PULL-MAX
                  MOVE 1  TO I-PULL-MEN
               END-IF
           WHEN CRS-UP
****  aktuelle Zeile normal schreiben **
               DISPLAY (LIN, COL) T-MENU (I-PULL-MEN) WITH
                BACKGROUND-COLOR 0 FOREGROUND-COLOR 7
               ADD -1 TO I-PULL-MEN
               IF I-PULL-MEN < 1
                  MOVE I-PULL-MAX TO I-PULL-MEN
               END-IF
** Buchstaben eingetippt **
           WHEN "E"
               MOVE "E"    TO W-AKZ
               GO TO AUSW90
           WHEN "e"
               Move "E"    to W-AKZ
               GO TO AUSW90
           WHEN "1"
               MOVE "1"    TO W-AKZ
               GO TO AUSW90
           WHEN "2"
               MOVE "2"    TO W-AKZ
```

```
              GO TO AUSW90
          WHEN "3"
              MOVE "3"    TO W-AKZ
              GO TO AUSW90

      END-EVALUATE.
      GO TO AUSW30.
  AUSW90.
          EXIT.
** Aufbau und Verarbeitung der Menüzeile **
****************************************************
  MENU-ZEILE SECTION.
****************************************************
*** horizontales Menübild aufbauen **
      MOVE START-ZEILE  TO LIN.
      MOVE START-SPALTE TO COL.
** Löschen Menübereich **
      DISPLAY (LIN, 1) SPACE WITH
         BACKGROUND-COLOR 0 FOREGROUND-COLOR 7.
      PERFORM VARYING I-MEN FROM 1 BY 1
           UNTIL I-MEN > I-H-MEN-MAX
          DISPLAY ( LIN, COL ) T-H-MENU (I-MEN)
          ADD I-BREITE TO COL
** Zeile vollgeschrieben ? **
          IF  COL  > COL-MAX
              ADD 1   TO LIN
              MOVE START-SPALTE TO COL
          END-IF
      END-PERFORM.
  H-MEN20.
      MOVE START-ZEILE  TO LIN.
      MOVE START-SPALTE  TO COL.
      MOVE 1  TO I-MEN.
  H-MEN30.
*** Position zum Aufhellen berechnen **
      PERFORM B-POSITION.
*** aktuelle Position aufhellen
      DISPLAY (LIN, COL) T-H-MENU (I-MEN) WITH REVERSE-VIDEO.
      DISPLAY ( 24, 70 ) "Auswahl: " WITH HIGHLIGHT.
*** Abfragen Tastatureingabe ***
  H-MEN40.
      MOVE SPACE  TO TAST-CODE.
  H-MEN50.
      call X"83" USING INP-CODE.
```

```
*** Funktions-Key mit zwei Byte Ergebnis gedrückt **
    IF INP-CODE = NUL-WERT
        MOVE NUL-WERT   TO TAST-CODE-2
        GO TO H-MEN50
    ELSE
        MOVE INP-CODE   TO TAST-CODE-1
    END-IF.
*** Auswahl mit RETURN getätigt, Position bzw Index ermitteln **
    IF TAST-CODE = CR
        EVALUATE I-MEN
            WHEN 1  MOVE "S"  TO W-BKZ
            WHEN 2  MOVE "L"  TO W-BKZ
*** usw. Setzen des Auswahlzeichens
        END-EVALUATE
        GO TO H-MEN90
    end-if.
*** Cursortasten abfragen ***
    EVALUATE TAST-CODE

        WHEN CRS-DN
****  aktuelle Position normal schreiben **
            DISPLAY (LIN, col) T-H-MENU (I-MEN) WITH
             BACKGROUND-COLOR 0 FOREGROUND-COLOR 7
**** Zeile nach unten, wenn möglich **
            ADD ANZ-PRO-ZEILE TO I-MEN
            IF I-MEN > I-H-MEN-MAX
                MOVE I-H-MEN-MAX TO I-MEN
            END-IF
        WHEN CRS-UP
****  aktuelle Position normal schreiben **
            DISPLAY (LIN, COL) T-H-MENU (I-MEN) WITH
             BACKGROUND-COLOR 0 FOREGROUND-COLOR 7
**** Zeile nach oben, wenn möglich **
            subtract ANZ-PRO-ZEILE from I-MEN
            IF I-MEN < 1
                MOVE 1 TO I-MEN
            END-IF
        WHEN CRS-RE
****  aktuelle Position normal schreiben **
            DISPLAY (LIN, COL) T-H-MENU (I-MEN) WITH
             BACKGROUND-COLOR 0 FOREGROUND-COLOR 7
            ADD 1 TO I-MEN
            IF I-MEN >= I-H-MEN-MAX
               MOVE 1 TO I-MEN
            END-IF
```

```
            WHEN CRS-LI
****   aktuelle Position normal schreiben **
                DISPLAY (LIN, COL) T-H-MENU (I-MEN) WITH
                 BACKGROUND-COLOR 0 FOREGROUND-COLOR 7
                ADD -1 TO I-MEN
                IF I-MEN <= 1
                   MOVE I-H-MEN-MAX TO I-MEN
                END-IF

*** direkte Eingabe des Auswahlzeichens **
            WHEN "E"
                MOVE "E"    TO W-BKZ
                GO TO H-MEN90
            WHEN "e"
                MOVE "E"    TO W-BKZ
                GO TO H-MEN90
            WHEN "S"
                MOVE "S"    TO W-BKZ
                GO TO H-MEN90
*** usw. Setzen des Auswahlzeichens
        END-EVALUATE.
        GO TO H-MEN30.
    H-MEN90.
** Farbattribute zurücksetzen **
        MOVE START-ZEILE TO LIN.
        DISPLAY (LIN, 1) SPACE WITH
           BACKGROUND-COLOR 0 FOREGROUND-COLOR 7.
        EXIT.
*** Berechnen der Cursorspalte in Menüzeile **
    B-POSITION SECTION.
        MOVE START-ZEILE TO LIN.
        COMPUTE POS = (I-MEN – 1) * I-BREITE + START-SPALTE.
** Zeile voll geschrieben **
        IF POS  >  COL-MAX
          ADD 1   TO LIN
          COMPUTE POS = POS – (COL-MAX + I-BREITE) + START-SPALTE
        END-IF.
        MOVE POS TO COL.
    POS90.
        EXIT.

***  FEHLERMELDUNG *******
    FEHLAUSG SECTION.
*** siehe ARTVER
            EXIT.
```

Das Programm baut in einer Laufschleife das Menübild auf und hellt die erste Auswahlmöglichkeit auf. In I-PULL-MEN wird der Index der aufgehellten Zeile festgehalten. Dann wird der Code der gedrückten Taste abgefragt und im Feld TAST-CODE gespeichert. Hat der Bediener die Auswahl durch Drücken der [↵]-Taste getroffen, wird das Auswahlzeichen in Abhängigkeit von der Position, die aus I-PULL-MEN hervorgeht, gesetzt. Das Auswahlzeichen steuert im Hauptprogramm die Verzweigung in die Verarbeitungsblöcke. Hat der Bediener [↓] gedrückt, wird die aufgehellte Zeile wieder normal geschrieben. Der Index wird erhöht, damit die nächste Zeile aufgehellt werden kann. Ist das untere Ende erreicht, erfolgt ein Sprung in die oberste Menüzeile. Dies gilt analog für die Taste [↑]. Hat der Bediener direkt das vorgeschlagene Auswahlzeichen eingetippt, wird es in das allgemeine Feld übertragen und zum Hauptprogramm zurückgekehrt.

In der Steuerung für die horizontale Menüzeile müssen zusätzlich die Tasten [→] und [←] abgefragt werden. Wird [→] betätigt, muß die Start-Position des Markierungsbalkens in der Zeile berechnet werden. Sie wird bestimmt durch die Breite des Menütextes, den Index des Menütextes und die erste zu beschreibende Stelle in der Zeile. Zusätzlich muß geprüft werden, ob das Zeilenende erreicht ist. Die letzte Position, die in der Zeile beschrieben werden soll, steht in COL-MAX. Ist das Zeilenende erreicht, wird der Markierungsbalken auf die erste Position der nächsten Zeile gesetzt. Analoges gilt für die Taste [←]. Die Taste [↓] verschiebt den Markierungsbalken auf das darunterliegende Wort. Ist diese Position nicht mehr besetzt, wird der Markierungsbalken auf die letzte Auswahlmöglichkeit in der Zeile gesetzt. Dies gilt analog für die Taste [↑]. Hat der Bediener eine Funktion ausgewählt, wird im Programm eine Kontrollmeldung im Bildfuß angezeigt. Die eigentliche Verarbeitung der Daten ist aus Platzgründen vernachlässigt.

Das Programm kann auch so umgestaltet werden, daß es über CALL aus einem anderen Programm aufgerufen werden kann. Die Menütexte und Auswahlzeichen sind für die jeweilige Aufgabenstellung anzupassen oder in den Parameterfeldern zu übergeben.

20.10 Fenstertechnik

In der kaufmännischen Programmierung erfreut sich die Fenstertechnik steigender Beliebtheit. Nach Betätigen einer Funktionstaste überblendet ein Fenster mit Hilfstexten oder Popup-Menüs das aktuelle Bild. Nach dem Verlassen des Fensters mit [Esc] oder einer anderen Taste erscheint wieder der alte Bildinhalt, und der Bediener kann die Bearbeitung fortsetzen. In Standard-Cobol stehen keine Befehle zur Verfügung, um ein Fenster zu eröffnen, zu beschreiben und zu schließen. MF-Cobol stellt externe Unterprogramme zur Verfügung, mit denen der aktuelle Bildschirminhalt aus dem Bildschirmspeicher gelesen, gesichert und wieder restauriert werden kann. Der Bildschirmspeicher wird vom Betriebssystem verwaltet. Im Textmodus besteht er aus 2000 Byte (= 25 * 80) für die Speicherung der Zeichen und 2000 Byte für die Attribute je Bildstelle. Unter Windows übernimmt das Betriebssystem vollständig die Bildschirmspeicherverwaltung. NetExpress Cobol stellt die Verbindung zum Betriebssystem her, damit Fenstertechnik einfach realisiert werden kann.

Die Syntax der externen Unterprogramme lautet:

```
CALL "CBL_READ_SCR_CHARS"
    USING Bildposition, Zeichen-Puffer, Anzahl
```

Liest Zeichen aus dem Bildschirmpuffer und speichert sie im Datenbereich des Anwendungsprogramms.

Bildposition ist ein Gruppenfeld. Es enthält:

Zeilen-Nummer PIC 9(2) COMP-X

Spalten-Nummer PIC 9(2) COMP-X

Ab dieser Position wird der Bildinhalt gesichert. Die linke obere Ecke ist Zeile 0, Spalte 0.

Zeichen-Puffer bezeichnet den Datenbereich im Cobol-Programm, in dem der Bildinhalt abgelegt wird. Das Feld muß mit PIC X(n) definiert werden und so groß sein, daß der Inhalt des Bildausschnitts gespeichert werden kann. Der komplette Bildschirm benötigt einen Puffer von 2000 Byte (= 25 * 80) für den Text. Das Unterprogramm prüft nicht, ob der Pufferspeicher im Cobol-Programm für den Bildinhalt ausreicht. Ist der Puffer zu klein, gehen die Bilddaten verloren.

Anzahl gibt die Anzahl der Zeichen an, die, beginnend ab »Bildposition«, in den Zeichenpuffer übertragen werden sollen. »Anzahl« wird mit PIC 9(4) COMP-X im Anwendungsprogramm definiert.

```
CALL "CBL_READ_SCR_ATTRS"
    USING Bildposition, Attribut-Puffer, Anzahl
```

Liest die Attribute aus dem Bildschirmspeicher und überträgt sie in den Datenbereich des Anwendungsprogramms.

Bildposition wie bei »CBL_READ_SCR_CHARS«.

Ab dieser Position werden die Attribute gesichert. Die linke obere Ecke ist Zeile 0, Spalte 0.

Attribut-Puffer bezeichnet den Datenbereich im Cobol-Programm, in dem die Attribute abgelegt werden. Das Feld muß mit PIC X(n) definiert werden. Es gelten die gleichen Regeln wie bei »CBL_READ_SCR_CHARS«.

Anzahl gibt die Anzahl der Attributzeichen an, die, beginnend ab »Bildposition«, in den Attribut-Puffer übertragen werden sollen.

```
CALL "CBL_WRITE_SCR_CHARS"
    USING Bildposition, Zeichen-Puffer, Anzahl
```

Schreibt Zeichen aus dem »Zeichen-Puffer« des Anwendungsprogramms in den Bildschirmpuffer an die über »Bildposition« bezeichnete Stelle. Es gelten die gleichen Regeln wie bei »CBL_READ_SCR_CHARS«.

```
CALL "CBL_WRITE_SCR_ATTRS"
    USING Bildposition, Attribut-Puffer, Anzahl
```

Schreibt die Attribut-Bytes aus dem »Attribut-Puffer« des Anwendungsprogramms in den Bildschirmpuffer an die über »Bildposition« bezeichnete Stelle. Es gelten die gleichen Regeln wie bei »CBL_READ_SCR_CHARS«.

Die Arbeitsweise der Unterprogramme soll an einem kleinen Beispiel veranschaulicht werden.

In dem Programm der Mehrwertsteuer- und Bruttopreisberechnung (vgl. Kap. 2 und 17) sollen Fenster mit Erläuterungstexten eingeblendet werden, wenn der Bediener die F1-Hilfe-Taste betätigt. Der Text hängt von dem Bildfeld ab, in dem der Cursor beim Betätigen der F1-Taste steht. Steht der Cursor z.B. im Eingabefeld für den Mehrwertsteuerprozentsatz, werden die zulässigen Prozentsätze angezeigt, und der Bediener kann mit den Cursortasten den Prozentsatz auswählen. Das Fenster verschwindet nach der Auswahl, und der alte Bildinhalt wird wiederhergestellt.

Erfassungsbild

```
      B R U T T O P R E I S B E R E C H N U N G   PROG01
  --------------------------------------------------------------

    MENGE..................:
    EINZELPREIS.............:  ┌──────────────────────────────┐
    MW-ST-PROZENTSATZ.......   │ 15,00 %                      │
                               │  7,50 %                      │
    NETTOWERT...............   │  3,50 %                      │
    MEHRWERTSTEUER..........   │  0,00 %                      │
    BRUTTOPREIS.............   ├──────────────────────────────┤
                               │Anwählen: ↑ ↓ Ausführen: ↵    │
                               └──────────────────────────────┘
  --------------------------------------------------------------
  ESC=EingEnde DEL=LöZeich CTRL-X=LöFeld  ↓=nächFeld  ↑=Feldzurck
  F1 =Hilfe    F2 =Kopieren
```

Vor der Ausgabe des Fensters wird der aktuelle Bildinhalt mit den Unterprogrammen CALL »CBL_READ...« gesichert. Für die Auswahl des Mehrwertsteuersatzes in dem Pull-down-Menü wird das Unterprogramm CALL »CBL_READ_KBD_ CHAR« eingesetzt, dessen Anwendung im vorhergehenden Kapitel dargelegt wurde. Nach der Auswahl wird der alte Bildinhalt wieder mit dem Unterprogramm CALL »CBL_WRITE...« restauriert.

In welchem Eingabefeld die [F1]-Hilfe-Taste gedrückt wurde, wird über die Cursorposition ermittelt. In der Variablen CURS-POS, die im SPECIAL-NAMES-Paragraphen mit CURSOR IS CURS-POS deklariert wird, hinterlegt Cobol die aktuelle Cursorposition, wenn der Bediener den ACCEPT-Befehl mit einer Funktionstaste unterbricht. Andererseits bestimmt der Inhalt von CURS-POS das erste Eingabefeld, in dem der Cursor bei der Ausführung des ACCEPT-Befehls steht. Der ACCEPT kann also wieder an der unterbrochenen Stelle fortgeführt werden. Die Hilfefunktion ist aus Platzgründen nur für die Mehrwertsteuerauswahl realisiert.

```
*******************************************************
  IDENTIFICATION DIVISION.
*******************************************************
  PROGRAM-ID.   FENST.
*** Das Programm berechnet aus Menge, Preis und MwSt-
*** Prozentsatz Netto- und Bruttobetrag
*** Fenstertechnik mit CALL "CBL_READ_SCR_CHARS" ...
***    CALL "CBL_WRITE_SCR_CHARS" ... u.a.m.
*** OCCURS Test in der SCREEN SECTION **
*** relative und variable Adressierung in der SCREEN SECTION
*******************************************************
  ENVIRONMENT DIVISION.
*******************************************************
  CONFIGURATION SECTION.
  SPECIAL-NAMES.
          CURSOR IS CURS-POS
          DECIMAL-POINT IS COMMA.
******************************************************
  DATA DIVISION.
*******************************************************
  WORKING-STORAGE SECTION.
  01      E-FELDER.
    05    E-MENGE          PIC S9(7)V99.
    05    E-PREIS          PIC S9(7)V99.
    05    E-MWST           PIC 99v99.

  01      S-RECHFELDER.
    05    S-NETTO          PIC S9(9)V99.
    05    S-MWST-BETR      PIC S9(9)V99.
    05    S-BRUTTO         PIC S9(9)V99.

  01      S-ARBFELDER.
    05    S-STRICH         PIC X(80) VALUE  ALL '-'.
    05    S-WEITER         PIC X.
     88   WEITER  VALUE "J", "j".
```

```
   88    ENDE    VALUE "N", "n".
  05     LEER            PIC X VALUE SPACE.

 01      T-Text-Tab-Ges.
  05     T-Inhalt.
   10    pic x(40) value
         "   14,00 %                              ".
   10    pic x(40) value
         "    7,00 %                              ".
   10    pic x(40) value
         "    3,50 %                              ".
   10    pic x(40) value
         "   10,00 %                              ".
   10    pic x(40) value
         "    0,00 %                              ".
   10    pic x(40) value
         "----------------------------------------".
   10    pic x(11) value " Anwählen: ".
   10    pic x(02) value x"1819".
   10    pic x(13) value "  Ausführen: ".
   10    pic x(03) value x"11c4D9".
   10    pic x(11) value space.
  05     T-Text-Tab redefines T-Inhalt.
   10    T-Zeile occurs 7.
    15   pic x(3).
    15   T-mwst-proz      pic Z9,99.
    15   filler  pic x(32).
*** Arbeits-Indizes ------
  05     Ind-mwst        pic s999 comp value +1.
  05     Ind-mwst-max    pic s999 comp value +5.

 01      Hilfsfelder Value Zero.
  05     CURS-POS.        *> aktuelle Cursorposition
   10    CURS-ZEILE       PIC 99.
   10    CURS-SPALTE      PIC 99.
  05     S-CURS-POS.      *> Retten Cursorpos.
   10    S-CURS-ZEILE     PIC 99.
   10    S-CURS-SPALTE    PIC 99.
  05     Zeile            pic 99. *> für SCREEN-Bild
  05     Spalte           pic 99. *> dgl.
  05     S-esc-key        pic xx.

 01      Escape-Werte.
  05     esc-code         pic xx value "01".
```

```
     05     F1                pic xx value "02".
     05     F2                pic xx value "03".

** Hilfsfelder für Overlay-Fenster (CALL "CBL..." Aufruf)
    01      CBL-Hilfe-Felder.
     05     Bild-Pos.
      10    ZeilNr            pic 9(2)  comp-x Value Zero.
      10    SpaltNr           pic 9(2)  comp-x Value Zero.
     05     Anzahl            pic 9(4)  comp-x Value Zero.
     05     Zeichen-Puffer    pic x(2000)  Value Space.
     05     Attribut-Puffer   pic x(2000)  Value Space.

*** Hilfsfelder für Pull-down-Menü **
    01      INDIZES.
     05     I-PULL-MEN   PIC S999 COMP VALUE 0.
     05     I-PULL-MAX   PIC S999 COMP VALUE +5.
     05     PULL-START   PIC S999 COMP VALUE +4. *> Start-Zeile
     05     I-MEN        PIC S999 COMP VALUE 0.
     05   Start-Spalte   Pic s999 Comp Value +10. *>linker Rand

*** Werte der Tastatur Funktion CALL X"83" USING Tast-code
      78    CR           VALUE X"0D".
      78    ESC-TASTE    VALUE X"1B".
      78    NUL-WERT     VALUE X"00".
*** Zwei-Byte-Folge, wenn NUL-WERT im ersten Byte
*** (vertauschte Folge wg. Abfrage)
      78    CRS-UP       VALUE X"4800".
      78    CRS-DN       VALUE X"5000".
      78    CRS-RE       VALUE X"4D00".
      78    CRS-LI       VALUE X"4B00".
      78    F1-TASTE     VALUE X"3B00".
      78    F2-TASTE     VALUE X"3C00".
      78    PG-UP        VALUE X"4900".
      78    PG-DN        VALUE X"5100".

    01 HILFS-FELDER.
      05    INP-CODE          PIC X VALUE SPACE.
      05    TAST-CODE VALUE SPACE.
       10   TAST-CODE-1       PIC X.
       10   TAST-CODE-2       PIC X.

*** Sonderzeichen für Bildrahmen *******
    01      HILFSZEICHEN.
     05     STRICH            PIC X(80) VALUE ALL "—".
```

```
 05      BALKEN          PIC X VALUE "|".
 05      ECKEOL          PIC X VALUE "┌".
 05      ECKEUL          PIC X VALUE "└".
 05      ECKEOR          PIC X VALUE "┐".
 05      ECKEUR          PIC X VALUE "┘".

*************************************************
SCREEN SECTION.
*************************************************
01       BILD01.
  05     BLANK SCREEN.
  05     LINE 1  COLUMN 1 HIGHLIGHT  VALUE
         '     *** BRUTTOPREISBERECHNUNG **      PROG01'.
  05     LINE   PIC X(80)   FROM S-STRICH.
  05     LINE 4  COLUMN 1   highlight VALUE
         'Menge............ :'.
  05      COLUMN plus 2  PIC Z.ZZZ.ZZ9,99- using E-MENGE.
  05     LINE highlight  VALUE  "Einzelpreis....... :".
  05      COLUMN plus 2  PIC Z.ZZZ.ZZ9,99- using E-PREIS.
  05     LINE highlight VALUE  'Mehrwertsteuer % . :'.
  05       COLUMN PLUS 2 PIC Z9,99 using E-MWST.
  05     LINE   PIC X(80)  FROM S-STRICH.

01       BILD02.
  05     LINE 8  VALUE  'NETTOWERT......... :'.
  05       COLUMN 30  PIC ZZZ.ZZZ.ZZ9,99- FROM S-NETTO.
  05     LINE   VALUE   'MEHRWERTSTEUER.... :'.
  05       COLUMN 30  PIC ZZZ.ZZZ.ZZ9,99- FROM S-MWST-BETR.
  05     LINE    VALUE  'BRUTTOPREIS....... :'.
  05       COLUMN 30   PIC ZZZ.ZZZ.ZZ9,99- FROM S-BRUTTO.
  05     LINE 23   PIC X(78) FROM S-STRICH.
  05     LINE    BLANK LINE REVERSE-VIDEO VALUE
           'WEITERE BERECHNUNGEN (J/N) :'.
  05        COLUMN 35   PIC X  USING S-WEITER AUTO.
  05     LINE BLANK LINE.

*         copy p10fuss.cob.
**** Allg. Eingabe Erläuterung ****
01  B00-FUSS.
***  siehe PROG01 Kap. 17

** Hilfsrahmen für Bildfenster *******
01       RAHMEN-01.
 05      LINE Zeile column Spalte  PIC X  FROM ECKEOL.
```

```
 05         PIC X(40)  FROM STRICH.
 05         PIC X      FROM ECKEOR.
 05       LINE column Spalte  PIC X FROM BALKEN.
 05         PIC X(40) from leer.
 05         PIC X FROM BALKEN.
*** usw.
 05       LINE column Spalte   PIC X FROM BALKEN.
 05         PIC X(40) from leer.
 05         pic x from Balken.
 05       LINE column Spalte   PIC X FROM ECKEUL.
 05         PIC X(40)  FROM STRICH.
 05         PIC X      FROM ECKEUR.

** Mehrwertsteuersätze **
01        B10-Text.
 05       LINE Zeile.
 05       LINE column 11 pic x(40) from T-Zeile occurs 7.

*****************************************************
PROCEDURE DIVISION.
*****************************************************
B100.
** Einlesen der Daten ***
          INITIALIZE E-Felder.
          DISPLAY BILD01.
          display B00-FUSS.
          move 0101   to S-Curs-Pos.
B150.
          MOVE S-Curs-Pos   TO curs-pos.
          ACCEPT  BILD01 ON ESCAPE
              MOVE CURS-POS   TO S-CURS-POS
              PERFORM Hilfe
              GO TO B150
          END-ACCEPT.
B200.
** Berechnung der Werte **
          COMPUTE  S-NETTO = E-MENGE * E-PREIS.
          COMPUTE  S-MWST-BETR = S-NETTO * E-MWST / 100.
          COMPUTE  S-BRUTTO = S-NETTO + S-MWST-BETR.
B300.
*** Ausgabe der Daten ***
          MOVE  'J'       TO  S-WEITER.
          DISPLAY BILD02.
B400.
```

```
** Eingabeendeabfrage ***
           ACCEPT   BILD02.
           IF  WEITER     GO TO B100.
           IF  ENDE       GO TO B900.
** falsche Eingabe ***
           GO TO B300.
 B900.
           STOP RUN.
*********************************************************
 Hilfe section.
*********************************************************
 Hilf01.
       accept s-esc-key from escape key.
       if s-esc-key = F1
            next sentence
         else
** Testausgang für <F2>-Kopieren ****
            move T-mwst-proz (Ind-mwst) to E-mwst
            go to Hilfe900
       end-if.
** Retten Bildinhalt *************************
** Lesen Text   ------------------------------- +
       move Zero       To ZeilNr, SpaltNr.
       move 2000       To Anzahl.
       call "CBL_READ_SCR_CHARS"
           using Bild-Pos, Zeichen-Puffer, Anzahl
       end-call.
**     Lesen Bildattribute --------------------- +
       move Zero       To ZeilNr, SpaltNr.
       move 2000       To Anzahl.
       call "CBL_READ_SCR_ATTRS"
           using Bild-Pos, Attribut-Puffer, Anzahl
       end-call.

** Ausgeben Hilfstexte in Abhängigkeit vom Eingabefeld ***
       evaluate S-Curs-Zeile
           when 04             *> Hilfe für "Menge"
               move 04 to Zeile
               move 10 to Spalte
               display Rahmen-01
               display "Beliebigen Wert eingeben" at 0521
               display "RETURN = weiter         " at 0621
               accept s-weiter on escape
                  go to Hilfe200
```

```
             end-accept
          when 05              *> Hilfe für "Preis"
             move 05 to Zeile
             move 10 to Spalte
             display Rahmen-01
             display "Netto-Preis eingeben" at 0621
             display "RETURN = weiter     " at 0721
             accept s-weiter on escape
                go to Hilfe200
             end-accept
          when 06              *> Hilfe für MwSt (Fenster)
             move 06  to Zeile
             move 10  to Spalte
             display rahmen-01
             display B10-Text
             perform mwst-wahl
*** Ausgewählten Wert in Eingabefeld übernehmen (De-Editing)
             move T-mwst-proz (Ind-mwst) to e-mwst
       end-evaluate.
 Hilfe200.
** Restaurieren Bildfenster ********************
** Schreiben Fensterinhalt --------------------- +
     move Zero       To ZeilNr, SpaltNr.
     move 2000       To Anzahl.
     call "CBL_WRITE_SCR_CHARS"
         using Bild-Pos, Zeichen-Puffer, Anzahl
     end-call.
** Schreiben Bildattribute --------------------- +
     move Zero       To ZeilNr, SpaltNr.
     move 2000       To Anzahl.
     call "CBL_WRITE_SCR_ATTRS"
         using Bild-Pos, Attribut-Puffer, Anzahl
     end-call.

 Hilfe900.
     exit.

*** Pull-down-Menü für Mehrwertsteuer-Auswahl ******
 mwst-wahl section.
 mwst-01.
     move 06     to Pull-Start.
     compute col = Start-Spalte + 1.
     move 5  to I-Pull-Max.
 AUSW20.
```

```
      MOVE 1  TO I-PULL-MEN.
  AUSW30.
*** aktuelle Zeile aufhellen  ***
      COMPUTE LIN = PULL-START + I-PULL-MEN.
      DISPLAY (LIN, COL) T-Zeile (I-PULL-MEN)
          WITH REVERSE-VIDEO.
*** Abfragen Tastatureingabe *********
  AUSW40.
      MOVE SPACE  TO TAST-CODE.
  AUSW50.
      call "CBL_READ_KBD_CHAR" USING INP-CODE.
*** Funktions-Key mit zwei Byte Ergebnis gedrückt **
      IF INP-CODE = NUL-WERT
          MOVE NUL-WERT   TO TAST-CODE-2
          GO TO AUSW50
      ELSE
          MOVE INP-CODE   TO TAST-CODE-1
      END-IF.
*** Cursortasten abfragen ***
      EVALUATE TAST-CODE
*** Auswahl mit RETURN getätigt, Zeile
***  bzw. Index festhalten **
          WHEN CR
              move i-pull-men to Ind-mwst
              GO TO AUSW90

          WHEN CRS-DN
****  aktuelle Zeile normal schreiben **
              DISPLAY (LIN, COL) T-Zeile (I-PULL-MEN) WITH
               BACKGROUND-COLOR 0 FOREGROUND-COLOR 7
              ADD 1 TO I-PULL-MEN
              IF I-PULL-MEN > I-PULL-MAX
                 MOVE 1  TO I-PULL-MEN
              END-IF

          WHEN CRS-UP
****  aktuelle Zeile normal schreiben **
              DISPLAY (LIN, COL) T-Zeile (I-PULL-MEN) WITH
               BACKGROUND-COLOR 0 FOREGROUND-COLOR 7
              ADD -1 TO I-PULL-MEN
              IF I-PULL-MEN < 1
                 MOVE I-PULL-MAX TO I-PULL-MEN
              END-IF
*** Abbruch (letzten Wert übernehmen)    **
```

```
            WHEN esc-taste
                MOVE 5  to Ind-mwst
                GO TO AUSW90
        END-EVALUATE.
        GO TO AUSW30.

    AUSW90.
            EXIT.
```

Die Mehrwertsteuersätze sind im Programm in einer konstanten Tabelle T-TEXT-TAB gespeichert. Die Ausgabe der Werte erfolgt mit dem Bild B10-TEXT. Die OCCURS-Angabe im Bild muß mit der entsprechenden Angabe der Texttabelle übereinstimmen (T-ZEILE OCCURS 7). Cobol verknüpft bei der Ausgabe die Zeilen der Tabelle mit den Bildzeilen. Das Bildfeld muß relativ adressiert werden (LINE COLUMN), damit die Ausgabe untereinander erfolgt. Bei absoluter Adressierung (z.B. LINE 6), würden alle Werte an der gleichen Stelle angezeigt werden. Der Rahmen um das Fenster ist als separates Bild definiert. Die Adressierung mit LINE ZEILE COLUMN SPALTE ermöglicht es, den Rahmen an verschiedenen Stellen auf dem Bildschirm auszugeben. Vor dem DISPLAY sind die Koordinaten in die Variablen ZEILE und SPALTE zu übertragen.

Die Hilfsvariablen für das Pull-down-Menü und die Technik sind bereits im vorigen Kapitel erläutert.

Anmerkung: *Das Speichern des kompletten Bildinhalts verbraucht viel Speicherplatz im Anwendungsprogramm, nämlich 4000 Byte pro Bild. Muß mit mehreren Fensterebenen gearbeitet werden, kann dies zu Speicherproblemen führen. In MF-Cobol ist eine weitere Hilfsroutine für die Bildspeicherung enthalten, die mit CALL X"B7" USING FUNCTION, PARAMETER, BUFFER aufgerufen wird. Mit dieser Routine können auch rechteckige Bildausschnitte platzsparend gespeichert werden. Die Handhabung dieser Routine ist jedoch kompliziert und wird deswegen hier vernachlässigt.*

In MF-Cobol können Sie die Erweiterungsroutine CALL "PANELS" ... einsetzen, um Hilfefenster und Menüs im Textmodus zu erzeugen.

Die Fenstertechnik, Pop-Up- und Pull-down-Menüs stehen in Micro Focus NetExpress unter Windows als Bausteine zur Verfügung.

Kapitel 21

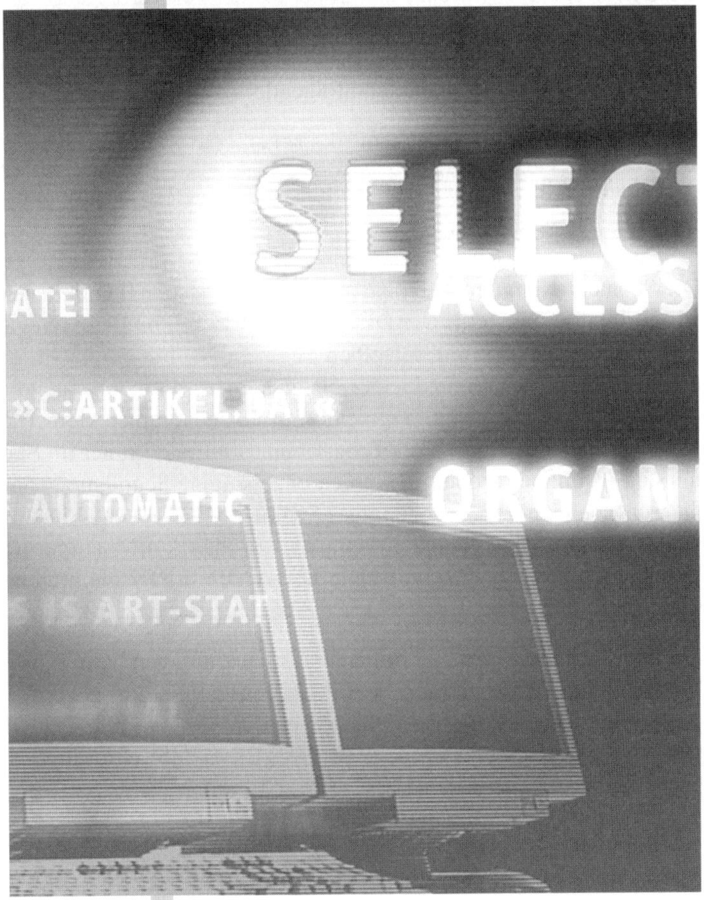

Segmentierung der PROCEDURE DIVISION

Die Programmsegmentierung kann alternativ zur CALL-Anweisung eingesetzt werden, wenn der Speicherplatz für ein Programm nicht ausreicht. Es können damit Cobol-Programme ausgeführt werden, die größer als der zur Verfügung stehende Hauptspeicher sind. Wenn die Segmentierung erforderlich wird, muß die ganze PROCEDURE DIVISION in Segmente unterteilt werden, und jede SECTION muß eine *Segment-Nummer* erhalten. Die SECTION-Überschrift sieht dann folgendermaßen aus:

```
Section-Name SECTION Segment-Nummer.
```

Beispiel:

```
    DRUCK SECTION 55.
```

Die Segment-Nummer muß eine ganze Zahl zwischen 0 und 99 sein. Fehlt die Segment-Nr., wird 0 (Null) unterstellt. Der DECLARATIVE-Teil muß eine Segment-Nr. kleiner 50 erhalten. Alle SECTIONs mit derselben Segment-Nr. bilden ein Programmsegment. Alle Segmente mit einer Nummer kleiner 50 müssen zusammenhängend am Anfang der PROCEDURE DIVISION stehen. Segmente mit einer Nummer kleiner 50 werden fixe Segmente genannt. Sie sind während der Programmausführung immer im Speicher resident. Segmente mit einer Nummer größer 49 werden unabhängige Segmente genannt. Sie bilden den Überlagerungsbereich. Ein unabhängiges Segment wird jedesmal in seinem Ursprungszustand in den Arbeitsspeicher geladen, wenn es mit PERFORM aufgerufen oder in der normalen Befehlsfolge durchlaufen wird. Die DATA DIVISION bleibt generell resident im Arbeitsspeicher.

Die Segmentierung verlangt folgende Einschränkungen beim Einsatz des ALTER- und PERFORM-Befehls (Anmerkung: Der ALTER-Befehl sollte generell nicht verwendet werden, da er sehr leicht zu Programmfehlern führt. An seiner Stelle sollte der GO TO DEPENDING ON-Befehl geschrieben werden. Der ALTER-Befehl wird deswegen in diesem Buch nicht behandelt. Er soll demnächst in Cobol entfallen).

1. Eine GO TO-Anweisung in einem unabhängigen Segment darf nicht durch eine ALTER-Anweisung in einem anderen Segment verändert werden.

2. Eine PERFORM-Anweisung in einem fixen Segment darf nur ein Unterprogramm aufrufen, das vollständig im fixen Segment liegt und/oder dessen SECTIONs oder Paragraphen vollständig in einem einzigen unabhängigen Segment liegen.

3. Ein PERFORM-Befehl in einem unabhängigen Segment darf nur ein Unterprogramm aufrufen, dessen SECTIONs und/oder Paragraphen vollständig im fixen Teil des Programms oder im gleichen unabhängigen Segment liegen wie der PERFORM-Befehl selbst.

Kapitel 22

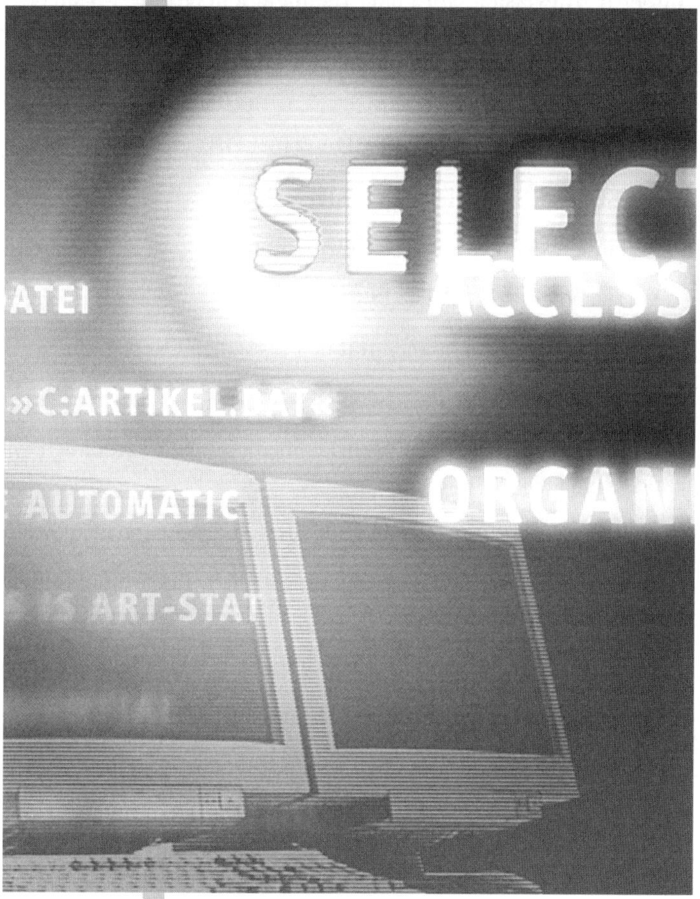

Mehrfachbedingungen und Schachtelung von Bedingungen

22.1 IF-Anweisung

Mit der IF-Anweisung wird eine Bedingung überprüft, ob sie erfüllt ist oder nicht (»wahr« oder »falsch«). In Abhängigkeit vom Ergebnis werden zwei verschiedene Ablaufzweige des Programms durchlaufen. Die einfache Bedingung wird in der IF-Anweisung verwendet, und zwar als

- Vergleichsbedingung (IF FELDA = FELDB ...)
- Klassentest (IF FELD NUMERIC ...)
- Bedingungsnamentest (IF ZUGANG ...)
- Vorzeichentest (IF ZAHL IS POSITIVE ...).

Einfache Bedingungen können mit den logischen Operatoren

AND, OR, NOT

nach bestimmten Regeln zu Mehrfachbedingungen verbunden werden. Dabei werden folgende Regeln angewendet:

1. Zuerst werden die einzelnen einfachen Bedingungen ausgewertet.
2. Dann werden die NOT-Operatoren mit den ihnen unmittelbar folgenden Bedingungen ausgewertet.
3. Es folgen dann die mit AND verknüpften Bedingungen, beginnend von links.
4. Als letztes werden die mit OR verknüpften Bedingungen ausgewertet.

Für die logischen Verknüpfungen gelten folgende Regeln:

```
ja   AND ja   = ja
ja   AND nein = nein
nein AND ja   = nein
nein AND nein = nein
```

```
ja   OR  ja   = ja
ja   OR  nein = ja
nein OR  ja   = ja
nein OR  nein = nein
```

```
NOT  ja   = nein
NOT  nein = ja
```

> **Achtung!** *In der Umgangssprache werden UND bzw. ODER oft anders eingesetzt als in der Computer-Logik. Suchen Sie z.B. alle Kunden aus Frankfurt und München, müssen Sie dies in einer Programmiersprache anders formulieren.*
>
> ```
> IF ORT = "Frankfurt" OR "München"
> ```

Das »und« der Umgangssprache muß durch das logische OR ersetzt werden. Die Abfrage

```
IF ORT = "Frankfurt" AND "München"
```

liefert keinen Kunden, da in dem Feld ORT nicht gleichzeitig Frankfurt und München stehen kann. Programmieranfänger verwenden häufig AND und OR, wie sie es aus dem täglichen Sprachgebrauch gewohnt sind, und wundern sich über die merkwürdigen Ergebnisse.

Durch runde Klammern kann die Reihenfolge, in der die Bedingungen verknüpft werden sollen, beeinflußt werden. Die Bedingungen in Klammern werden als erste ausgewertet. Sind mehrere geschachtelte Klammern vorhanden, erfolgt die Auswertung von der innersten zur äußersten Klammerung. Die Anzahl der öffnenden Klammern muß gleich der Anzahl der schließenden Klammern sein.

Beispiel:e

1. `IF A LESS B OR C = D OR E NOT GREATER F ...`

   ist gleichbedeutend mit

   `IF (A < B) OR (C = D) OR (E  <=  F) ...`

   NOT GREATER ist dabei gleichbedeutend mit kleiner oder gleich. Der Vergleichsoperator <= steht erst ab Cobol-85 zur Verfügung. Die Bedingung ist erfüllt, wenn eine der drei einfachen Bedingungen wahr ist.

2. `IF A = 1 AND B = 2 AND G GREATER -3  OR P NOT EQUAL "RE" ...`

   ist gleichbedeutend mit

   `IF ((A = 1) AND (B = 2) AND (G >  -3)) OR (P NOT = "RE") ...`

   Die Bedingung ist erfüllt und das Ergebnis der Abfrage »ja« oder »wahr«, wenn

   a) P ungleich »RE« ist, unabhängig von den Werten in A, B und G.

   b) alle Bedingungen in der ersten Doppelklammer erfüllt sind, d.h. A = 1, B = 2, G größer -3 ist, unabhängig von dem Wert in P.

Klammern

```
IF A = B AND (A = 5 OR A = 1) ...
```

Das Ergebnis der Abfrage ist »ja« oder »wahr«, wenn A = B ist und eine der beiden Bedingungen in der Klammer erfüllt ist.

Verkürzte Schreibweise

Der Programmierer braucht in einer Mehrfachbedingung gleiche »Subjekte« nur bei ihrem ersten Auftreten zu schreiben.

Beispiel:

```
IF X = Y OR GREATER W  OR LESS Z
```

ist gleichbedeutend mit

```
IF X = Y  OR  X > W  OR  X < Z
```

Der Vergleichsoperator kann ebenfalls bei den folgenden Bedingungen weggelassen werden, wenn er mit dem Operator im ersten Vergleich identisch ist.

Beispiel:

```
IF A = B OR LESS C OR Y
```

ist gleichbedeutend mit

```
IF A = B  OR  A < C  OR  A < Y
```

Verwendung von NOT

```
IF A GREATER B AND NOT GREATER C OR D
```

ist gleichbedeutend mit

```
IF A > B  AND  NOT A > C  OR  A > D
```

oder

```
IF A > B  AND  (NOT A > C) OR A > D
```

NOT wird als logischer Operator und *nicht* als Teil des Vergleichsoperators betrachtet. Die Erfahrung hat gezeigt, daß bei dieser verkürzten Schreibweise leicht Fehler unterlaufen. Insbesondere beim Arbeiten mit NOT sollte die Bedingung vollständig hingeschrieben und Klammern zur Verdeutlichung gesetzt werden. NOT kann in zwei Formen in einer Bedingung verwendet werden:

a) IF A NOT = B .... , d.h. A ungleich B

b) IF NOT (A = B OR C) ; die Bedingung ist wahr, wenn (A = B OR A = C) falsch ist, d.h. es wird erst die Bedingung hinter NOT ausgewertet und dann das Ergebnis umgedreht.

Schachtelung von IF-Anweisungen

Eine IF-Anweisung ist geschachtelt, wenn mehr als ein IF-Befehl in einem Satz verwendet wird.

Beispiel:

```
IF X = Y
    IF A = B
        MOVE "ABC"      TO FELDA
    ELSE
        MOVE "XYZ"      TO FELDA
ELSE
    MOVE ZERO       TO FELDA.
```

Die einzelnen IFs müssen nicht in den Zeilen eingerückt, sondern können auch alle hintereinander in eine Zeile geschrieben werden. Allerdings leidet dann die Lesbarkeit des Programms, und für einen Außenstehenden ist es fast unmöglich, den Lösungsweg des Programmierers zu verstehen. In Cobol sollte bei der Schachtelung immer die END-IF-Anweisung eingesetzt werden. Die IF-Anweisungen können beliebig tief geschachtelt werden.

Bei der Abarbeitung der geschachtelten Bedingung werden die ELSE-Anweisungen immer mit den vorhergehenden IF-Anweisungen gepaart, d.h. das erste ELSE gehört zum letzten IF, das zweite ELSE zum vorletzten IF usw. Die Anzahl der ELSE darf die Anzahl der IFs nicht überschreiten, die Anzahl der ELSE kann aber geringer sein als die Anzahl der IFs.

Beispiel:

```
IF A = B
     IF C = ZERO
          PERFORM LOESCHEN
     ELSE
          GO TO ANFANG
     END-IF
END-IF
IF BETRAG  NUMERIC
     IF BETRAG GREATER ZERO
          GO TO BERECHNUNG
END-IF.
      o
```

Der Satzendepunkt beendet den Befehlssatz. Alternativ können zwei END-IFs geschrieben werden.

Im letzten Beispiel kann anstelle der geschachtelten Anweisung auch ein AND für die Verknüpfung der Bedingungen verwendet werden, also:

```
IF BETRAG NUMERIC AND GREATER ZERO ...
```

Innerhalb der Schachtelung darf *kein Punkt* stehen.

Die Schachtelung von Bedingungen sollte mit Vorsicht in einem Cobol-Programm eingesetzt werden. Insbesondere treten Probleme auf, wenn das Programm im Rahmen von Erweiterungen oder Anpassungen von Programmierern geändert werden muß, die das Programm nicht geschrieben haben. Diese Schwierigkeiten sind in Cobol-85 durch END-IF weitgehend behoben. Bei komplexen Bedingungen sollte auf jeden Fall versucht werden, mit Entscheidungstabellentechnik oder der EVALUATE-Anweisung zu arbeiten.

22.2 EVALUATE-Anweisung

Mit dieser Anweisung können Fallunterscheidungen übersichtlich gelöst werden. Alle Probleme können alternativ mit IF...THEN...ELSE-Konstruktionen bearbeitet werden. EVALUATE hat folgenden formalen Aufbau:

```
EVALUATE  Subjekt-1  [ALSO Subjekt-2]   [ALSO Subjekt-3] ...
   WHEN   Objekt-1.1 [ALSO Objekt-2.1]  [ALSO Objekt-3.1] ...
      Befehlsfolge-1
   WHEN   Objekt-1.2 [ALSO Objekt-2.2]  [ALSO Objekt-3.2] ...
     Befehlsfolge-2
   WHEN  ....
   [WHEN OTHER  Befehlsfolge-3]
[END-EVALUATE]
```

Beispiel:

```
 EVALUATE  ALTER          ALSO  GESCHLECHT
     WHEN  1 THRU 14     ALSO   "M"
          DISPLAY "Männliches Kind"
          ADD 1     TO ANZ-KIND-M
     WHEN  1 THRU 14     ALSO  "W"
          DISPLAY "Weibliches Kind"
          ADD 1     TO ANZ-KIND-W
     WHEN 15 THRU 18     ALSO "M"
          DISPLAY "Männlicher Jugendlicher"
          ADD ..
     usw.
     WHEN OTHER
          DISPLAY "Falsche Eingabe"
          ADD 1     TO ANZ-FEHLER
END-EVALUATE.
```

Mit THRU oder THROUGH können Unter- und Obergrenzen eines Wertebereiches festgelegt werden. Diese EVALUATE-Konstruktion entspricht folgenden IF-Abfragen:

```
     IF (ALTER >= 1 AND <= 14)  AND GESCHLECHT = "M"
          DISPLAY "Männliches Kind"
          ADD 1     TO ANZ-KIND-M
          GO TO ENDE
     END-IF.
     IF (ALTER >= 1 AND <= 14)  AND GESCHLECHT = "W"
          DISPLAY "...
          GO TO ENDE
     END-IF.
     IF (ALTER >= 15 AND <= 18)  AND GESCHLECHT = "M"
          DISPLAY "...
          GO TO ENDE
     END-IF.
     usw.
ENDE.
```

Subjekte können in der EVALUATE-Anweisung sein:

- Datennamen, z.B. EVALUATE AUSWAHLZEICHEN
- arithmetische Ausdrücke, z.B. EVALUATE A * B + C
- Bedingungen, z.B. EVALUATE ALTER > 12 AND < 16
- Bedingungsnamen, z.B. EVALUATE ENDE
- Konstanten, z.B. EVALUATE "Meier"
- die Worte TRUE und FALSE, z.B. EVALUATE TRUE

ALSO wirkt bei der Auswertung wie ein logisches AND zwischen Bedingungen. »Objekt« in der EVALUATE-Anweisung bezeichnet den Wert oder die Merkmalsausprägung für das korrespondierende Subjekt. Die Anzahl der Subjekte bei EVALUATE muß mit der Anzahl der Objekte in der WHEN-Zeile übereinstimmen. Mehrere Subjekte und Objekte werden durch ALSO getrennt. Subjekte und korrespondierende Objekte dürfen nur nach bestimmten Regeln kombiniert werden. Bei der Auswertung werden aus den Subjekten und Objekten Bedingungen gebildet. Gilt die Bedingung bzw. gelten alle durch ALSO verbundenen WHEN-Bedingungen, dann wird die Befehlsfolge bis zur nächsten WHEN-Zeile ausgeführt, und es wird zum END-EVALUATE verzweigt. Trifft keine der WHEN-Klauseln zu, dann werden die Anweisungen, die WHEN OTHER folgen, ausgeführt.

Objekte in der WHEN-Klausel dürfen sein:

- Datennamen, z.B. WHEN FILE-GESPERRT
- Konstanten, z.B. WHEN "E", WHEN 123
- Wertebereiche, die mit THRU oder THROUGH spezifiziert werden
- TRUE, FALSE, ANY
- Bedingungsnamen

Die einzelnen *Subjekte* werden mit den Objekten so gepaart, daß eine zulässige Cobol-Bedingung entsteht. Als Vergleichsoperator wird »=« eingesetzt, bzw.»>= Untergrenze« und »<= Obergrenze« bei THRU; z.B.:

```
EVALUATE FILE-STATUS        ALSO ZAHL-A + ZAHL-B
  WHEN   FILE-GESPERRT      ALSO    100
       Befehlsfolge-1
  WHEN    "35"              ALSO    200 THRU 500
       Befehlsfolge-2
END-EVALUATE
```

Arithmetische Ausdrücke

Sie dürfen mit Konstanten und Datennamen als Subjekte gepaart werden. Als Vergleichsoperator wird »=« eingesetzt, z.B.

```
    EVALUATE      100
         WHEN BRUTTO / FAKTOR
              Befehlsfolge
```

bedeutet:

```
IF BRUTTO / FAKTOR = 100
    Befehlsfolge
END-IF
```

Verwendung von NOT

In diesem Fall wird die Verneinung geprüft, sonst gilt das gleiche wie oben, z.B.:

```
EVALUATE FILE-STATUS
          WHEN NOT FILE-GESPERRT
               Befehlsfolge-1
          WHEN NOT "00" THRU "09"
               Befehlsfolge-2
```

Bedingungen und Bedingungsnamen

Sie dürfen mit TRUE oder FALSE als Subjekte gepaart werden, z.B.:

Beispiel 1:

```
EVALUATE TRUE
          WHEN AUSWAHLZEICHEN = "E" OR "e"
               Befehlsfolge-1
          WHEN AUSWAHLZEICHEN = "A" OR "a"
               Befehlsfolge-2
```

Befehlsfolge-1 bzw. -2 wird ausgeführt, wenn die Bedingung erfüllt ist. Steht als Subjekt FALSE, wird die Befehlsfolge ausgeführt, wenn die Bedingung nicht erfüllt ist.

Beispiel 2:

```
01      AUSWAHLZEICHEN   PIC X.
  88     ENDE            VALUE "E", "e".
  88     ZUGANG          VALUE "Z", "z".
```

usw.

```
EVALUATE TRUE
    WHEN ENDE  Befehlsfolge-1
    WHEN ZUGANG Befehlsfolge-2
    WHEN OTHER ...
END-EVALUATE
```

Befehlsfolge-1 wird ausgeführt, wenn in dem AUSWAHLZEICHEN »E« oder »e« steht.

TRUE, FALSE

Sie dürfen mit Bedingungen und Bedingungsnamen als Subjekte gepaart werden, z.B.:

```
EVALUATE GEWICHT >= 100 AND <= 200
    WHEN TRUE
          Befehlsfolge-1
    WHEN FALSE
          Befehlsfolge-2
END-EVALUATE
```

Befehlsfolge-1 wird ausgeführt, wenn die Bedingung erfüllt ist. Ist sie nicht erfüllt, wird Befehlsfolge-2 ausgeführt.

ANY

Darf mit Bedingungen, Datennamen und arithmetischen Ausdrücken als Subjekt gepaart werden. ANY ist wichtig, wenn mehrere Subjekte durch ALSO verbunden sind. ANY bewirkt, daß das entsprechende Subjekt nicht ausgewertet wird.

Beispiel:

```
EVALUATE WERT   ALSO   ANZAHL < 10   ALSO  X * Y
  WHEN   20     ALSO   TRUE          ALSO  0  THRU 10
       Befehlsfolge-1
  WHEN   ANY    ALSO   ANY           ALSO  11 THRU 100
       Befehlsfolge-2
  WHEN   50     ALSO   FALSE         ALSO  ANY
      Befehlsfolge-3
  WHEN OTHER
      Befehlsfolge-4
END-EVALUATE
```

Diese EVALUATE-Anweisung entspricht folgenden IF-Anweisungen:

```
IF  WERT = 20  AND ANZAHL < 10 AND (X * Y >= 0 AND <= 10)
     Befehlsfolge-1
     GO TO WEITER
END-IF.
IF X * Y  >=  11  AND <= 100
     Befehlsfolge-2
     GO TO WEITER
END-IF.
IF WERT = 50  AND NOT (ANZAHL < 10)
     Befehlsfolge-3
     GO TO WEITER
 END-IF.
Befehlsfolge-4.
WEITER.
     ...
```

Die EVALUATE-Anweisung ist sehr nützlich, wenn komplexe Entscheidungssituationen übersichtlich gelöst werden sollen.

ÜBUNGEN

Aufgabe 1:

Für eine Briefsendung innerhalb der Bundesrepublik gelten folgende stark vereinfachte Gebühren:

```
Briefgewicht (G) bis   20 g   0,80 DM
       über 20 g bis   50 g   1,30 DM
       über 50 g bis  500 g   3,10 DM
      über 500 g bis 1000 g   3,70 DM
               über 1000 g   Päckchen oder Paket
```

Schreiben Sie ein Unterprogramm zur Bestimmung der Gebühren. Die Gebühren sollen mit DISPLAY »...« auf dem Bildschirm ausgegeben werden.

Aufgabe 2:

Schreiben Sie ein Unterprogramm zur Prüfung des eingegebenen Datums. Das Datum wird im Format TTMMJJJJ eingegeben, d.h. zwei Stellen für den Tag (TT) usw. Das Datum soll folgenden Prüfungen unterzogen werden:

```
- numerisch
- TT größer oder gleich 1; kleiner oder gleich 31
- MM größer oder gleich 1; kleiner oder gleich 12
- JJJJ gleich dem Jahr aus dem Systemfeld DATE
- das Datum darf nicht größer als das Tagesdatum aus
  dem Systemfeld DATE sein
```

Im Systemfeld DATE wird das Datum im Format JJJJMMTT gespeichert.

Wird bei der Prüfung ein Fehler festgestellt, ist die Meldung »FALSCHES DATUM« mit DISPLAY auszugeben. Geben Sie auch die Datenbeschreibung für das Datum und das Feld DATE an. Die Felder sind so zu beschreiben, daß die o.a. Prüfungen durchgeführt werden können.

LÖSUNGEN

Aufgabe 1:

```
DATA DIVISION.
     ...
01   S-GEW-GRENZEN.
 05  GR-1       PIC S9(7)V99 COMP-3 VALUE 20.
 05  GR-2       PIC S9(7)V99 COMP-3 VALUE 50.
 05  GR-3       PIC S9(7)V99 COMP-3 VALUE 500.
 05  GR-4       PIC S9(7)V99 COMP-3 VALUE 1000.
01   E-GEW      PIC S9(9)V999 COMP-3 VALUE ZERO.
PROCEDURE DIVISION.
     ...
EIN100.
    ACCEPT E-GEW.
    PERFORM PREIS.
     ...
PREIS SECTION.
PREIS01.
     IF E-GEW  <= GR-1
          DISPLAY "GEBÜHR = 0,80 DM"
          GO TO PREIS90
```

```
     END-IF.
     IF E-GEW  LESS OR = GR-2
          DISPLAY "GEBÜHR = 1,30 DM"
          GO TO PREIS90
     END-IF.
     IF E-GEW  <= GR-3
          DISPLAY "GEBÜHR = 3,10 DM"
          GO TO PREIS90
     END-IF.
     IF E-GEW  <= GR-4
          DISPLAY "GEBÜHR = 3,70 DM"
          GO TO PREIS90      END-IF.
     PERFORM PREIS-PACKCHEN.
PREIS90.
     EXIT.
```

Die Abfrage der Untergrenzen erübrigt sich bei dem eingeschlagenen Lösungsweg. Die Untergrenzen einer Abfrage sind mit den Obergrenzen der vorhergehenden Abfrage identisch. Da die Bedingungen in aufsteigender Reihenfolge getestet werden, brauchen nur die Obergrenzen abgefragt zu werden.

Mit der EVALUATE-Anweisung sieht die Lösung so aus:

```
EVALUATE E-GEW
     WHEN ZERO THRU GR-1
          DISPLAY "GEBÜHR = 0,80 DM"
     WHEN GR-1 THRU GR-2
          DISPLAY "GEBÜHR = 1,30 DM"
     WHEN GR-2  THRU GR-3
          DISPLAY "GEBÜHR = 3,10 DM"
     WHEN GR-3 THRU  GR-4
          DISPLAY "GEBÜHR = 3,70 DM"
     WHEN OTHER
         PERFORM PREIS-PACKCHEN
END-EVALUATE.
```

Andere Lösungswege sind möglich.

Anmerkung: *Generell wäre es besser, die Gebühren in der WORKING-STORAGE SECTION oder in einer Preisdatei zu speichern. Im Programm müßten dann die Datennamen der Gebührenfelder im DISPLAY-Befehl angegeben werden. Die oben angeführte Technik wurde gewählt, damit der Lösungsweg klarer wird.*

Aufgabe 2:

Vor der Codierung der Prüfung sollte man sich überlegen, welche Vergleichsoperationen die Cobol-Sprache zuläßt. Die Abfragen sollten dann so umformuliert werden, daß möglichst einfache Bedingungen getestet werden müssen. Der Vergleich »größer oder gleich 01« ist ungünstig, einfacher ist die Abfrage »kleiner 01«.

Die Abfrage, ob das eingegebene Datum größer als das Tagesdatum aus dem Feld DATE ist, muß entweder in Einzelfragen aufgelöst werden, oder das Datum muß so umgespeichert werden, daß sein Aufbau mit dem des DATE-Feldes übereinstimmt. Der zweite Lösungsweg soll eingeschlagen werden.

DATA DIVISION.

```
     ...
01   E-DATUM.
 05  E-TT       PIC 99.
 05  E-MM       PIC 99.
 05  E-JJ       PIC 9999.
01   E-DAT-NUM REDEFINES E-DATUM PIC 9(8).
01   V-DATUM.
 05  V-JJ       PIC 9999.
 05  V-MM       PIC 99.
 05  V-TT       PIC 99.
01   V1-JJ.
 05  V1-JJ      PIC 9999.
 05  V1-MM      PIC 99.
 05  V1-TT      PIC 99.
```

Das Datum muß für die Prüfung im Format Jahr, Monat, Tag gespeichert werden, weil bei einem Vergleich die Zahlenwerte des Datums verglichen werden. Dadurch wäre der 23.11.1984 kleiner als der 25.10.1984, denn 23111984 ist kleiner als 25101984.

E-DATUM wird numerisch redefiniert, weil dadurch nur Ziffern bei der Eingabe vom Cobol-System zugelassen werden. Dadurch erübrigt sich die Prüfung auf NUMERIC.

```
PROCEDURE DIVISION.
     ...
VORLAUF.
    ACCEPT V-DATUM FROM DATE YYYYMMDD.
     ...
EIN100.
    ACCEPT E-DAT-NUM.
    PERFORM PRUEF.
    IF FEHL-FLAG = 1
        GO TO EIN100
```

```
    END-IF.
PRUEF SECTION.
PRUEF01.
    IF E-DATUM NOT NUMERIC
       GO TO PRUEF80  END-IF.
    IF E-TT LESS    01
    OR E-TT GREATER 31
        GO TO PRUEF80  END-IF.
    IF E-MM   LESS 01
    OR E-MM   GREATER 12
        GO TO PRUEF80 END-IF.
    IF E-JJ NOT = V-JJ
        GO TO PRUEF80  END-IF.
PRUEF10.
    MOVE E-TT TO V1-TT.
    MOVE E-MM TO V1-MM.
    MOVE E-JJ TO V1-JJ.
    IF V1-DATUM GREATER V-DATUM
        GO TO PRUEF80 END-IF.
    GO TO PRUEF90.
PRUEF80.
    DISPLAY "FALSCHES DATUM: ", E-DATUM.
    MOVE 1    TO FEHL-FLAG.
PRUEF90.
    EXIT.
```

Anmerkung: *Sollen die zulässigen Obergrenzen für die Tage in Abhängigkeit vom Monat geprüft werden (Januar = 31, Februar = 28 usw.), können diese Werte in einer Tabelle gespeichert werden.*

```
01   T-MON-GES.
 05  FILLER    PIC 99 VALUE 31.
 05  FILLER    PIC 99 VALUE 28.
 05  FILLER    PIC 99 VALUE 31.
 usw.
01   T-MON REDEFINES T-MON-GES.
 05  T-ANZ OCCURS 12.
  10 T-TAGE    PIC 99.
```

Die Abfrage der Obergrenze im Programm kann dann so codiert werden:

```
IF E-TT GREATER T-TAGE (E-MM)
   GO TO PRUEF80.
```

Alternativ kann die EVALUATE-Anweisung verwendet werden.

```
EVALUATE  E-TT   ALSO  E-MM     ALSO E-JJ  ALSO V1-DATUM <= V-DATUM
  WHEN 1 THRU 31 ALSO 1 THRU 12 ALSO V-JJ  ALSO TRUE
     NEXT SENTENCE
  WHEN OTHER
     DIPLAY "Falsches Datum: ", E-DATUM
     MOVE 1    TO FEHL-FLAG
END-EVALUATE.
```

Kapitel 23

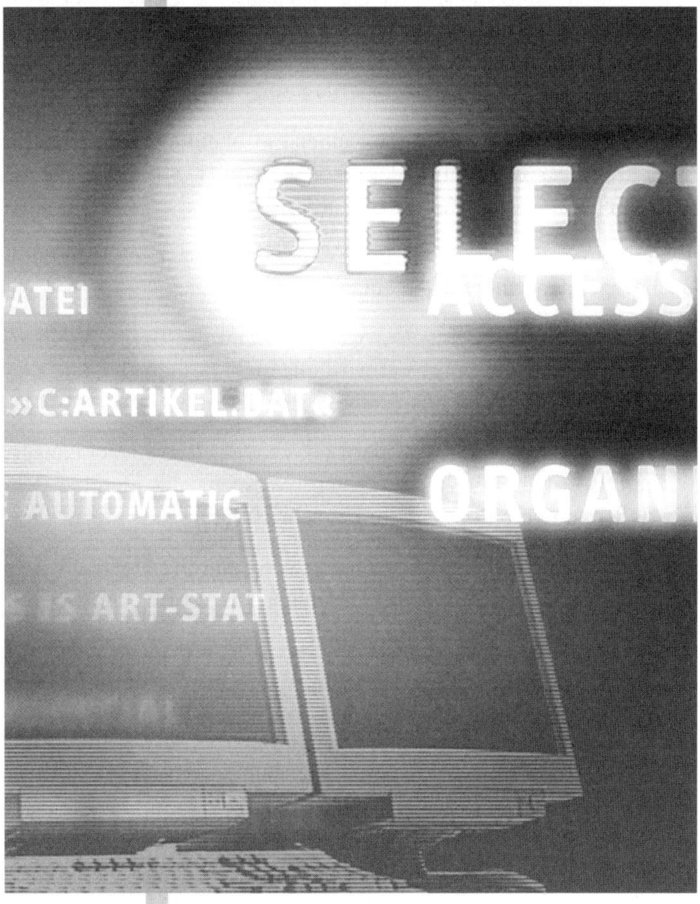

Programmieren mit Entscheidungstabellen

23.1 Aufbau von Entscheidungstabellen

Eine Entscheidungstabelle ist ein Hilfsmittel zur Darstellung komplexer Zusammenhänge zwischen Ereignissen und daraus resultierenden Aktionen. Es soll an dieser Stelle nicht die gesamte Entscheidungstabellentechnik behandelt werden, sondern nur die Aspekte, die für die programmtechnische Realisierung einer Entscheidungssituation notwendig sind.

Der Aufbau und die Bedeutung einer Entscheidungstabelle wird am besten an einem Beispiel klar. (Das Beispiel ist dem Aufsatz von H. Strunz: »Entscheidungstabellentechnik« in dem Sonderdruck der Zeitschrift für Organisation 2/73 entnommen.)

Wenn dem Schalterbeamten einer Bank ein Scheck zur Auszahlung vorgelegt wird, soll er nach folgenden Vorschriften entscheiden:

1. Der Scheck kann eingelöst werden, wenn der Betrag kleiner oder gleich DM 500,– ist, eine Scheckkarte vorgelegt wird, die nicht gesperrt ist, und die Unterschriften auf Scheck und Scheckkarte identisch sind.

2. Wenn die Scheckkarte gesperrt ist, wird der Betrag nicht ausgezahlt. Scheck und Scheckkarte werden eingezogen. Es wird versucht, die Identität des Scheckeinreichers festzustellen, und die Polizei wird benachrichtigt.

3. Wenn eine Scheckkarte vorgelegt wird und die Unterschriften auf Scheck und Scheckkarte nicht identisch sind, wird nicht ausgezahlt, und Scheck und Scheckkarte werden zurückgewiesen.

4. Wenn eine Scheckkarte vorgelegt wird und der Betrag größer DM 500,– ist, wird dem Einreicher eine Teilauszahlung von DM 500,– angeboten, oder es wird ihm vorgeschlagen, die Summe auf mehrere Formulare so zu verteilen, daß kein Betrag größer DM 500,– wird. Voraussetzung einer Zahlung bleibt jedoch, daß die Scheckkarte nicht gesperrt ist und die Unterschriften auf Scheck und Scheckkarte identisch sind.

5. Wenn keine Scheckkarte vorgelegt wird, kommt eine Barauszahlung nicht in Betracht. Der Scheck wird, wenn er nicht gesperrt ist, zur Gutschrift auf ein Zwischenkonto angenommen.

6. Wenn ein Scheck gesperrt ist, wird der Grund der Sperrung überprüft und der Scheck mit einem Sperrvermerk versehen und eingezogen.

Dieser Sachverhalt soll nun in einer Entscheidungstabelle dargestellt werden. In der Praxis bereitet die Analyse des Sachverhalts in der Regel die größten Schwierigkeiten. Das Aufstellen der Entscheidungstabelle ist dann nur noch eine Formsache. Die Entscheidungstabelle darf nichts anderes enthalten als den Sachverhalt. Sie soll ihn nur kompakter und übersichtlicher darstellen. Sie kann verwendet werden, um die logische Richtigkeit der Entscheidungsregeln zu überprüfen. Aus dem Sachverhalt müssen die *Bedingungen* herausgearbeitet werden, unter denen bestimmte *Aktionen* eingeleitet werden.

Entscheidungstabelle

SCHECKEINLÖSUNG		R1	R2	R3	R4	R5	R6
B1	Scheckkarte wird vorgelegt	J	J	J	J	N	N
B2	Betrag kleiner DM 500,-	J	–	–	N	–	-
B3	Scheckkarte gesperrt	N	J	N	N	–	-
B4	Scheck gesperrt	–	–	–	–	N	J
B5	Unterschriften auf Scheck und Karte identisch	J	–	N	J	–	-
A1	Betrag auszahlen	X					
A2	Betrag nicht auszahlen		X	X	X	X	X
A3	Scheck und Scheckkarte zurückweisen			X			
A4	Scheck und Scheckkarte einziehen		X				
A5	Identität des Einreichers feststellen		X				
A6	Polizei benachrichtigen		X				
A7	Scheck zur Gutschrift auf Zwischenkonto annehmen					X	
A8	Teilauszahl. v. DM 500,- anbieten od. mehrere Schecks ausfüllen				X		
A9	Prüfung des Sperrgrundes und weitere Aktionen						X

Die *Bedingungen* sind in der Tabelle mit B1 bis B5 bezeichnet. Sie werden im Bedingungsteil der Entscheidungstabelle untereinander geschrieben. Die *Aktionen* sind mit A1 bis A9 bezeichnet, sie werden im Aktionsteil untereinander geschrieben. Die Beziehung zwischen Bedingungen und Aktionen werden *Regeln* genannt. Sie sind in den Spalten R1 bis R6 aufgeführt. Die Symbole in der Tabelle zeigen folgendes an:

J Die Bedingung muß erfüllt sein
N Die Bedingung darf nicht erfüllt sein
- Die Bedingung ist nicht relevant
X Die Aktion muß ausgelöst werden

Der oben geschilderte Sachverhalt ist nun durch diese Symbole dargestellt. Die Regeln sind von oben nach unten zu lesen. Die einzelnen Bedingungszeilen einer Regel sind durch ein logisches UND (AND) miteinander verknüpft. Regel 1 wird deshalb folgendermaßen interpretiert:

```
WENN  die Scheckkarte vorgelegt wird
  UND der Betrag kleiner DM 300,- ist
  UND die Scheckkarte nicht gesperrt ist
  UND die Unterschriften identisch sind
DANN Betrag auszahlen
```

Punkt 1 bis 6 des Sachverhalts sind mit den Regeln R1 bis R6 identisch.

Eine Standardentscheidungstabelle besteht aus:

Bedingungsteil	Bedingungsanzeigerteil
Aktionsteil	Aktionsanzeigerteil

Andere Formate sind in der Praxis aber auch gebräuchlich.

Die erweiterten und gemischten Entscheidungstabellen sollen hier nicht behandelt werden. Bei ihnen werden die Bedingungen und Aktionen komplexer dargestellt. Sie sind deswegen kompakter und unter Umständen leichter zu lesen.

23.2 Programmtechnische Bearbeitung von Entscheidungstabellen

Durch die Entscheidungstabellen können komplexe Abläufe in eine Folge von IF ... AND ... AND ... THEN ...-Befehlen zerlegt werden. Auf dem Softwaremarkt gibt es Generatoren, die aus Entscheidungstabellen Programmbefehle in der entsprechenden Programmiersprache erzeugen, die dann nur an der richtigen Stelle in das Programm eingefügt werden müssen. Mit der EVALUATE-Anweisung ist die Bearbeitung einer Entscheidungstabelle sehr einfach.

Die Lösungstechnik soll an einem einfachen Beispiel demonstriert werden. Für den Eintrittskartenverkauf an einem Schwimmbad gelten folgende Preise:

Kinder unter 14 Jahren zahlen DM 1,–; Jugendliche (14–18) zahlen DM 1,50 und Erwachsene DM 2,–. Als Gruppe von mindestens 10 Personen zahlen Kinder DM 0,50, Jugendliche DM 1,– und Erwachsene DM 1,50. Schüler, Studenten und Lehrlinge ohne Altersbegrenzung zahlen den Kindertarif inklusive Gruppenermäßigung.

Die Entscheidungstabelle für die Eintrittspreisbestimmung hat folgenden Aufbau:

EINTRITTSPREIS	R1	R2	R3	R4	R5	R6	R7	R8
Beruf = Schüler, Student, Lehrling	J	J	–	–	N	N	N	N
Alter kleiner 14	–	–	J	J	N	N	N	N
Alter kl. od. gleich 18	–	–	–	–	J	J	N	N
Anzahl kleiner 10	J	N	J	N	J	N	J	N
Eintrittspeis (DM)	1,-	0,50	1,-	0,50	1,50	1,-	2,-	1,50

Bei der Abfrage des Alters genügen zwei Abfragen. Es handelt sich dabei um sogenannte *logisch abhängige Bedingungen*, d.h. die Bedingungen können sich gegenseitig ausschließen. So kann eine Person nicht gleichzeitig älter als 18 und jünger als 18 sein, oder wenn die Person nicht jünger als 18 ist, muß sie älter als 18 sein. Beim Aufbau von Entscheidungstabellen sollte auf solche logisch abhängigen Bedingungen geachtet werden. Durch geschickte Anordnung der Bedingungen kann die Programmierung der Entscheidungssituation vereinfacht werden.

R1 und R2 gilt für Schüler, Studenten und Lehrlinge, R3 und R4 für Kinder unter 14, R5 und R6 für Jugendliche zwischen 14 und 18, R7 und R8 für Erwachsene.

Mit der neuen EVALUATE-Anweisung können Entscheidungstabellen elegant und übersichtlich programmiert werden. Sie können die Bedingungen direkt in der EVALUATE-Zeile schreiben und durch ALSO verbinden. Durch die Verwendung von Bedingungsnamen können Sie die Abfragen sehr verständlich formulieren. Der Bedingungsanzeigerteil der Tabelle kann direkt in die WHEN-Klausel übertragen werden. Mit TRUE, FALSE und ANY kann einfach festgesetzt werden, ob die Bedingung für die Entscheidung berücksichtigt oder nicht ausgewertet werden muß.

Die Daten für die Preisermittlung sollen am Terminal eingegeben werden, Einzel- und Gesamtpreis sollen angezeigt werden.

Ein-/Ausgabebilder

```
ETAB      Preisermittlung mit einer Entscheidungstabelle
-----------------------------------------------------------
 **** Bitte Daten eingeben ****

Schüler, Student od. Lehrling (J/N)..: N
Alter ...............................:
Anzahl ..............................:
-----------------------------------------------------------

Eintrittspreis pro Person ...........:
Gesamtpreis .........................:
-----------------------------------------------------------
E = Kassenschluß       Return-Taste = weitere Eingaben
```

Bei der Abfrage des Berufes wird »N« (= nein) als Vorgabewert angezeigt, um die Erfassungsarbeit zu vermindern. Der Wert kann mit »J« überschrieben werden. Beim Kassenschluß wird ein Kontrollbild ausgegeben.

```
 ETAB  Preisermittlung mit einer Entscheidungstabelle
-----------------------------------------------------------
  ***** Endabrechnung *****

 Anzahl der Kinder...............:
 Anzahl der Jugendlichen.........:
 Anzahl der Erwachsenen..........:
 Anzahl der Schüler/Studenten....:
 Gesamtzahl der Besucher.........:
 Gesamteinnahmen (DM)............:
```

Das Programm für die Eintrittspreisbestimmung ist durch zahlreiche Kommentare so erläutert, daß sich eine detaillierte Besprechung erübrigt.

```
 IDENTIFICATION DIVISION.
 PROGRAM-ID. ETAB01.
*** Eintrittspreisermittlung mit EVALUATE-Anweisung
 ENVIRONMENT DIVISION.
 CONFIGURATION SECTION.
 SPECIAL-NAMES.
```

```
           DECIMAL-POINT IS COMMA.
*************************************************
 DATA DIVISION.
*************************************************
 WORKING-STORAGE SECTION.

*          COPY DATEDEF.COB.
*** COPY-File Hilfsfelder für Datumspeicherung ****
 01  S-DATE-FELDER.
*** siehe NORM02

 01        S-HILFSFELDER.
  05       S-DATUM          PIC 9(6) VALUE ZERO.
  05       FEHL-FLAG        PIC X    VALUE SPACE.
  05       E-BERUF          PIC X   VALUE SPACE.
   88      Schueler         VALUE "J", "j".
  05       E-ALTER          PIC 99  VALUE ZERO.
  05       E-ANZAHL         PIC S999 COMP VALUE 0.
  05       S-ANZ-KIND       PIC S999 COMP VALUE 0.
  05       S-ANZ-JUG        PIC S999 COMP VALUE 0.
  05       S-ANZ-ERW        PIC S999 COMP VALUE 0.
  05       S-ANZ-SCH        PIC S999 COMP VALUE 0.
  05       S-ANZ-GES        PIC S999 COMP VALUE 0.
  05       S-PREIS-GES      PIC S9(5)V99 COMP-3 VALUE 0.
  05       S-BETR-GES       PIC S9(5)V99 COMP-3 VALUE 0.
  05       W-AKZ            PIC X VALUE SPACE.
   88      ENDE    VALUE "E", "e".
  05       Laenge           pic 9(8) comp-5 value 1.

 01        T-PREIS-GES.
  05       T-PREIS-1   PIC S9(3)V99 COMP-3 VALUE 1,00.
  05       T-PREIS-2   PIC S9(3)V99 COMP-3 VALUE 0,50.
  05       T-PREIS-3   PIC S9(3)V99 COMP-3 VALUE 1,50.
  05       T-PREIS-4   PIC S9(3)V99 COMP-3 VALUE 2,00.
  05       T-PREIS-ALLG PIC S9(3)V99 COMP-3 VALUE 0.

 01        T-TEXT-GES.
  05       TEXT-1      PIC X(10) VALUE  'EINGABE'.
  05       TEXT-2      PIC X(10) VALUE  'ENDE'.
  05       TEXT-ALLG   PIC X(10) VALUE SPACE.

 01        S-STRICH    PIC X(80) VALUE ALL '-'.
***************************************************
 SCREEN SECTION.
```

```
******************************************************
*         COPY PREISBIO.COB.

*** Bildkopf ****
 01        BILDKOPF.
  05       BLANK SCREEN.
  05         VALUE  'ETAB'.
  05         COLUMN 10 HIGHLIGHT VALUE
       '** Preisermittlung mit einer Entscheidungstabelle'.
  05         COLUMN 60  PIC 99.99.99 FROM S-DATUM.
  05       LINE    PIC X(80)  FROM S-STRICH.

*** Eingabebild ****
 01        BILD01.
  05       LINE 4 COLUMN 5 REVERSE-VIDEO VALUE
           ' ** Bitte Daten eingeben **'.
  05       LINE PLUS 2 COLUMN 5         VALUE
              'Schüler, Student od. Lehrling (J/N).:'.
  05          COLUMN 50  PIC X USING E-BERUF AUTO.
  05       LINE  COLUMN 5          VALUE
              'Alter ..............................:'.
  05         COLUMN 50   PIC ZZ  TO E-ALTER.
  05       LINE  COLUMN 5          VALUE
              'Anzahl..............................:'.
  05          COLUMN 50  PIC ZZZ-  TO E-ANZAHL.
  05       LINE  PIC X(75)  FROM S-STRICH.

*** Ausgabebild ***
 01        BILD01A.
  05       LINE 12 COLUMN 5         VALUE
             'Eintrittspreis pro Person (DM)......:'.
  05          COLUMN 50  PIC Z.ZZ9,99- FROM T-PREIS-ALLG.
  05       LINE  COLUMN 5          VALUE
             'Gesamtpreis (DM)....................:'.
  05          COLUMN 50   PIC Z.ZZ9,99-  FROM S-PREIS-GES.
  05       LINE 20  PIC X(75)  FROM S-STRICH.
  05       LINE 21 COLUMN 5 HIGHLIGHT VALUE
     'E = Kassenschluss,  Return-Taste = weitere Eingaben'.
  05          COLUMN 60       PIC X  TO W-AKZ AUTO.

*** Endebild ****
 01        BILD02.
  05       LINE 5 COLUMN 5  REVERSE-VIDEO VALUE
              '** Endabrechnung **'.
```

```
      05      LINE PLUS 2 COLUMN 5         VALUE
                 'Anzahl der Kinder..........'.
      05           COLUMN 40  PIC Z.ZZ9-  FROM S-ANZ-KIND.
      05      LINE  COLUMN 5          VALUE
                 'Anzahl der Jugendlichen....'.
      05         COLUMN 40   PIC Z.ZZ9-  FROM S-ANZ-JUG.
      05      LINE  COLUMN 5          VALUE
                'Anzahl der Erwachsenen......'.
      05         COLUMN 40   PIC Z.ZZ9-  FROM S-ANZ-ERW.
      05      LINE  COLUMN 5         VALUE
                'Anzahl der Schüler, Student.'.
      05         COLUMN 40   PIC Z.ZZ9-  FROM S-ANZ-SCH.
      05      LINE  COLUMN 5  PIC X(70) FROM S-STRICH.
      05      LINE  COLUMN 5 HIGHLIGHT  VALUE
                'Gesamtzahl d. Besucher......'.
      05         COLUMN 40   PIC Z.ZZ9- FROM S-ANZ-GES.
      05      LINE PLUS 2 COLUMN 5 HIGHLIGHT  VALUE
                'Gesamteinnahmen (DM)........'.
      05        COLUMN 36  PIC ZZ.ZZ9,99- FROM S-BETR-GES.
*******************************************************
 PROCEDURE DIVISION.
***  Steuerblock **************************************
 A100 SECTION.
              PERFORM VORLAUF.
 A110.
              DISPLAY BILDKOPF.
              MOVE 'N'         TO E-BERUF.  *> Vorgabewerte
              MOVE 0  TO E-ANZAHL.
              DISPLAY BILD01.
              ACCEPT BILD01 ON ESCAPE GO TO A110.
              call "CBL_TOUPPER" using E-Beruf, Laenge.
              PERFORM B-ETAB.
              MOVE 'J'         TO W-AKZ.
              DISPLAY BILD01A.
              ACCEPT BILD01A.
              IF ENDE PERFORM B-ENDE
                      GO TO A900
              END-IF.
              GO TO A110.
 A900.
              STOP RUN.
 VORLAUF SECTION.
              DISPLAY "PROGRAMMANFANG PREISPRO".
*             COPY DATEBEF.COB.
```

```
*** Datum einlesen und umspeichern siehe NORM01 ******
 VORL90.
         EXIT.
*** Entscheidungstabelle ----------------------------- +
 B-ETAB SECTION.
     EVALUATE Schueler ALSO   E-ALTER <= 14
               ALSO E-ALTER <= 18   ALSO  E-ANZAHL < 10
**** Regel 1 ---------------------------------------- +
         WHEN TRUE  ALSO  ANY  ALSO ANY   ALSO  TRUE
             MOVE T-PREIS-1  TO T-PREIS-ALLG
             ADD E-ANZAHL    TO S-ANZ-SCH
             PERFORM B-BERECHN
**** Regel 2 ----------------------------------------- +
         WHEN TRUE  ALSO    ANY ALSO ANY   ALSO  FALSE
             MOVE T-PREIS-2  TO T-PREIS-ALLG
             ADD E-ANZAHL    TO S-ANZ-SCH
             PERFORM B-BERECHN
**** Regel 3 ------------------------------------------ +
         WHEN ANY   ALSO  TRUE  ALSO ANY   ALSO  TRUE
             MOVE T-PREIS-1  TO T-PREIS-ALLG
             ADD E-ANZAHL    TO S-ANZ-KIND
             PERFORM B-BERECHN
**** Regel 4 ------------------------------------------ +
         WHEN ANY   ALSO  TRUE ALSO ANY    ALSO  FALSE
             MOVE T-PREIS-2  TO T-PREIS-ALLG
             ADD E-ANZAHL    TO S-ANZ-KIND
             PERFORM B-BERECHN
**** Regel 5 ------------------------------------------ +
         WHEN  FALSE  ALSO FALSE ALSO TRUE ALSO  TRUE
             MOVE T-PREIS-3  TO T-PREIS-ALLG
             ADD E-ANZAHL    TO S-ANZ-JUG
             PERFORM B-BERECHN
**** Regel 6 ------------------------------------------ +
         WHEN  FALSE   ALSO  FALSE ALSO TRUE ALSO  FALSE
             MOVE T-PREIS-1  TO T-PREIS-ALLG
             ADD E-ANZAHL    TO S-ANZ-JUG
             PERFORM B-BERECHN
**** Regel 7 ------------------------------------------ +
```

```
          WHEN  FALSE   ALSO  FALSE ALSO FALSE ALSO  TRUE

              MOVE T-PREIS-4  TO T-PREIS-ALLG
              ADD E-ANZAHL    TO S-ANZ-ERW
              PERFORM B-BERECHN
**** Regel 8 ---------------------------------------- +
          WHEN  FALSE   ALSO  FALSE ALSO FALSE  ALSO FALSE

              MOVE T-PREIS-3  TO T-PREIS-ALLG
              ADD E-ANZAHL    TO S-ANZ-ERW
              PERFORM B-BERECHN
***** Fehlerausgang --------------------------------- +
          WHEN OTHER
              DISPLAY "Entscheidungstabellenfehler " AT 2201
              ACCEPT W-AKZ AT 2230 WITH AUTO-SKIP
      END-EVALUATE.
  ETAB90.
      EXIT.
*************************************************************
  B-BERECHN SECTION.
          COMPUTE S-PREIS-GES = T-PREIS-ALLG * E-ANZAHL.
          ADD S-PREIS-GES TO S-BETR-GES.
          ADD E-ANZAHL    TO S-ANZ-GES.
  B-BER90.
          EXIT.

  B-ENDE SECTION.
          DISPLAY BILDKOPF.
          DISPLAY BILD02.
  B-E90.
          EXIT.
```

Andere Lösungen mit EVALUATE sind auch möglich.

Kapitel 24

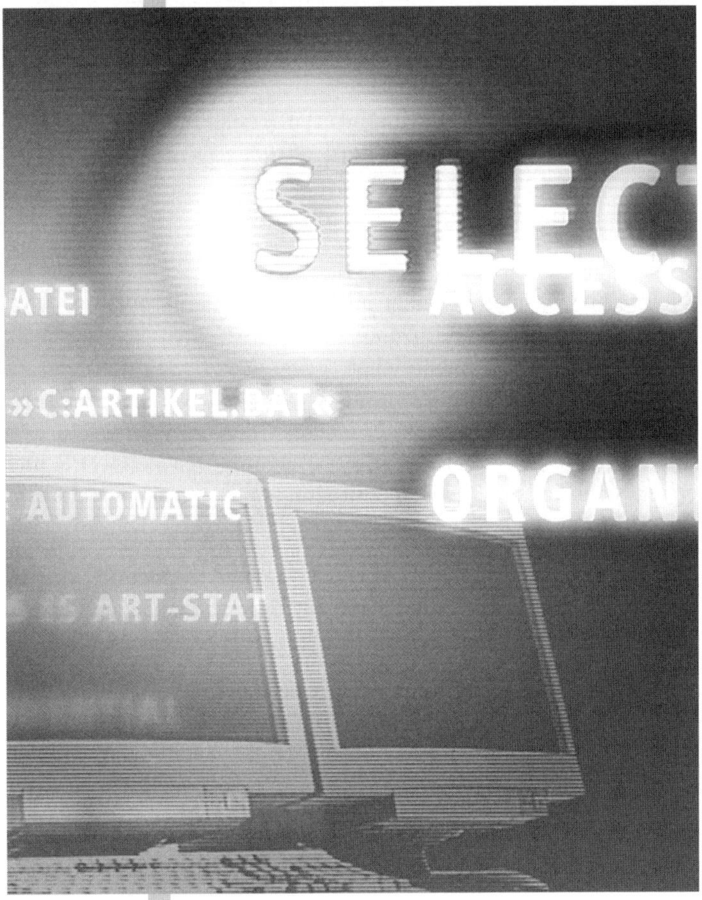

Cobol-Befehle für Stringmanipulationen

24.1 STRING-Anweisung

Mit der STRING-Anweisung können mehrere separate Datenfelder zu einem einzigen, zusammenhängenden Datenfeld zusammengefügt werden.

Format:

```
STRING Operand-1 ... DELIMITED BY Operand-2 / SIZE ...
     INTO Datenname-1 [WITH POINTER Datenname-2]
     [ON OVERFLOW  Befehlsfolge-1]
     [NOT ON OVERFLOW Befehlsfolge-2]
[END-STRING]
```

Operand bezeichnet ein nicht-numerisches Literal, eine ein Zeichen lange figurative Konstante oder ein Datenfeld. *Datenname-1* bezeichnet das Empfangsfeld, das alphanumerisch, ohne Druckaufbereitungszeichen oder den JUSTIFIED-Zusatz beschrieben sein muß. *Datenname-2* bezeichnet einen Zähler, der ganzzahlig numerisch definiert sein muß. In ihm wird festgehalten, wie viele Zeichen in dem Empfangsfeld gespeichert sind. Von dieser Stelle an wird beim STRING-Befehl angefügt. Ist POINTER nicht angegeben, wird an der ersten Stelle begonnen. Die Übertragung in das Empfangsfeld kann durch den *DELIMITED-Zusatz* begrenzt werden:

DELIMITED BY SIZE:	Das komplette Sendefeld wird in das Empfangsfeld übertragen, es sei denn, alle Stellen des Empfangsfeldes sind gefüllt.
DELIMITED BY Operand-2:	Die Übertragung wird beim ersten Auftreten der mit Operand-2 bezeichneten Zeichenfolge im Sendefeld beendet, und das nächste Datenfeld, falls angegeben, wird übertragen. Die Zeichenfolge selbst wird nicht mehr übertragen.

Ist das Empfangsfeld voll, dann wird der STRING-Befehl beendet und die Befehlsfolge-1 nach dem OVERFLOW-Zusatz ausgeführt. Fehlt der OVERFLOW-Zusatz, wird der nächste, auf den STRING-Befehl folgende Befehl ausgeführt. Wird der STRING-Befehl erfolgreich beendet, wird die Befehlsfolge-2 nach dem NOT ON OVERFLOW-Zusatz ausgeführt, falls vorhanden, und dann das Programm mit dem auf END-STRING folgenden Befehl fortgeführt.

Achtung! *Das Empfangsfeld wird nicht automatisch mit SPACE aufgefüllt, wenn nicht alle Stellen gefüllt werden, sondern der alte Inhalt bleibt erhalten.*

Ist der *POINTER-Zusatz* angegeben, dann steht im Datennamen-2 die Anzahl der übertragenen Zeichen zuzüglich seines Anfangswertes. Der Programmierer muß selbst für den richtigen Anfangswert des POINTERs vor dem STRING-Befehl sorgen.

24.2 UNSTRING-Anweisung

Mit dem UNSTRING-Befehl kann der Inhalt eines Datenfeldes in mehrere separate Teilfelder übertragen werden.

Format:

```
UNSTRING Datenname-1
     [DELIMITED BY [ALL] Operand-1 [OR [ALL] Operand-2 ...]
     INTO Datenname-2 [DELIMITER IN Datenname-3]
     [COUNT IN Datenname-4] ...
      [WITH POINTER Datenname-5]
     [TALLYING IN Datenname-6]
     [ON OVERFLOW Befehlsfolge-1]
     [NOT ON OVERFLOW Befehlsfolge-2]
[END-UNSTRING]
```

Datenname-1 bezeichnet das aufzusplittende Datenfeld. Es muß ein Gruppenfeld oder alphanumerisches Datenfeld sein. Hinter INTO werden die Empfangsfelder angegeben.

Im DELIMITED BY-Zusatz können Kriterien für die Aufteilung in die Empfangsfelder angegeben werden. *Operand* steht für ein nicht-numerisches Literal, eine figurative Konstante oder ein alphanumerisches Datenfeld. Wird diese Zeichenfolge im aufzuteilenden Feld angetroffen, wird die Übertragung in das Teilfeld beendet und in das nächste, im INTO-Zusatz angegebene Teilfeld übertragen. Ist der Zusatz ALL geschrieben, dann werden mehrere zusammenhängende Begrenzungszeichen wie ein Zeichen behandelt. Die Begrenzungszeichen werden nicht in die Empfangsfelder übertragen.

Zwei oder mehr unterschiedliche Begrenzungszeichen können mit dem OR-Zusatz angegeben werden. Die Übertragung in ein Teilfeld wird beendet, wenn eines der Zeichen im Aufteilungsfeld angetroffen wird.

Die Empfangsfelder (*Datenname-2*) können folgende Datentypen sein:

1. alphabetische Datenfelder ohne Druckaufbereitung
2. alphanumerische Datenfelder
3. Gruppenfelder
4. numerische Datenfelder mit USAGE DISPLAY ohne das Symbol »P« in der Datenbeschreibung.

Wenn im Aufteilungsfeld zwei benachbarte Begrenzungszeichen auftreten, wird das Empfangsfeld mit Null oder SPACE in Abhängigkeit von seinem Datentyp gefüllt.

Ist DELIMITED BY angegeben, dann kann auch der DELIMITER IN-Zusatz bei jedem hinter INTO angegebenen Empfangsfeld geschrieben werden. Im *Datennamen-3* werden die

Zeichen, die die Übertragung in Datenname-2 beenden, gespeichert. Datenname-3 muß alphanumerisch beschrieben sein.

In dem nach COUNT IN angegebenen Datennamen-4, der ganzzahlig numerisch beschrieben sein muß, wird die Anzahl der in Datenname-2 übertragenen Zeichen gespeichert.

Im *POINTER-Zusatz* kann im Datennamen-5 die Startposition für die Aufteilung des Sendefeldes (Datenname-1) vorgegeben werden. Datenname-5 muß ganzzahlig numerisch beschrieben sein. Fehlt der POINTER-Zusatz, wird mit der ersten Stelle begonnen. Nach der Beendigung des UNSTRING-Befehls wird im Datennamen-5 die Position des letzten aus Datenname-1 übertragenen Zeichens gespeichert (1 = 1. Stelle des Datenfeldes usw.). Ist der Pointer negativ oder überschreitet er die Feldlänge vom Datennamen-1, dann werden die Befehle nach dem OVERFLOW-Zusatz ausgeführt. Die OVERFLOW-Bedingung tritt auch ein, wenn alle Empfangsfelder gefüllt sind, aber noch Zeichen im Aufteilungsfeld stehen.

Beim Aufsplitten des Datenfeldes werden die Zeichen in ein temporäres Feld mit variabler Länge übertragen, bis ein Begrenzungszeichen im Datennamen-1 gefunden wird oder die Feldlänge des Empfangsfeldes (Datenname-2) erreicht ist. Dann wird das temporäre Feld nach den Regeln des MOVE-Befehls in das Empfangsfeld übertragen.

Ist der TALLYING IN-Zusatz geschrieben, dann wird die Anzahl der in das Empfangsfeld übertragenen Zeichen zum Inhalt von Datenname-6 addiert. Datenname-6 muß ganzzahlig numerisch beschrieben sein.

Ist Datenname-1, -5 oder -6 indiziert oder subskribiert, dann wird der Index nur einmal am Anfang des UNSTRING-Befehls berücksichtigt. Ein Subskript oder Index beim Datennamen-2, -3 und -4 wird unmittelbar vor der Verarbeitung dieses Datenfeldes berechnet. Die Zusätze ON OVERFLOW, NOT ON OVERFLOW gelten wie beim STRING-Befehl.

Die STRING-, UNSTRING- und INSPECT-Anweisung werden benötigt, wenn Daten bearbeitet werden müssen, die nicht im Cobol-Format angeliefert werden. Dies ist der Fall, wenn die Daten mit einem System erfaßt wurden, das in einer anderen Programmiersprache (z.B. Basic, C-Basic oder Assembler) geschrieben wurde, oder wenn die Daten über ein Datennetz empfangen wurden. Die Daten müssen für die Verarbeitung in das Cobol-Format umgewandelt werden.

Werden die Daten in Datennetze ausgegeben oder sollen die Daten mit anderen Programmiersprachen ausgewertet werden, müssen sie ebenfalls mit den genannten Befehlen in das entsprechende Format umgewandelt werden.

24.3 INSPECT-Anweisung

Mit der INSPECT-Anweisung kann eine Zeichenfolge geprüft werden. Es können dabei verschiedene Manipulationen mit den einzelnen Zeichen durchgeführt werden.

1. Es kann ermittelt werden, wie oft ein bestimmtes Zeichen in der Zeichenfolge enthalten ist.
2. Ein bestimmtes Zeichen kann durch ein anderes ersetzt werden.
3. Die beiden Operationen können auf einen Teilbereich des Datenfeldes durch die Angabe eines Begrenzungszeichens beschränkt werden.

Format der INSPECT-Anweisung:

```
INSPECT Datenname-1 [TALLYING-Angabe] [REPLACING-Angabe]
```

Format der TALLYING-Angabe:

```
TALLYING Datenname-2  FOR CHARACTERS / ALL / LEADING Operand-3
     [BEFORE / AFTER INITIAL Operand-4]
```

TALLYING: Es wird gezählt, wie oft ein bestimmtes Zeichen in dem Feld Datenname-1 auftritt.

Format der REPLACING-Angabe:

```
REPLACING CHARACTERS / ALL / LEADING / FIRST Operand-5
     BY Operand-6
     [BEFORE / AFTER INITIAL Operand-7]
```

REPLACING: Ein bestimmtes Zeichen wird in dem Datenfeld durch ein anderes Zeichen ersetzt.

Beispiel:

```
INSPECT FELD-A TALLYING ZAEHLER FOR ALL '*'.

INSPECT FELD-A TALLYING ZAEHLER FOR CHARACTERS.
INSPECT FELD-B REPLACING LEADING SPACE BY ZERO.
```

Da *Datenname-1* als Zeichenfolge betrachtet wird, darf das Feld nicht mit USAGE IS INDEX, COMP oder COMP-3 beschrieben sein. *Datenname-2* muß als Zählfeld numerisch beschrieben sein.

Operand-n kann ein einstelliges, in Hochkommas eingeschlossenes Literal, eine figurative Konstante oder ein einstelliges Datenfeld bezeichnen.

Im INSPECT-Befehl müssen die TALLYING- oder REPLACING-Angabe oder beide geschrieben werden. Im letzteren Fall muß die TALLYING-Angabe zuerst kommen.

Bei der *TALLYING-Angabe* wird Datenname-1 (im Beispiel FELD-A und FELD-B) nach dem Auftreten des mit Operand-3 (im Beispiel »*« bezeichneten Zeichens durchsucht und die Anzahl in dem mit Datenname-2 (im Beispiel ZAEHLER) bezeichneten Feld abgelegt. Ist der AFTER INITIAL-Operand-4-Zusatz angegeben, wird erst nach dem ersten Auftreten des mit Operand-4 bezeichneten Zeichens gezählt.

Bei dem BEFORE INITIAL-Zusatz wird bis zum ersten Auftreten des mit Operand-4 bezeichneten Zeichens im Datennamen-1 gezählt.

Das Zählen erfolgt dabei immer von links nach rechts.

Mit der REPLACING-Angabe können Zeichen in dem mit Datenname-1 bezeichneten Feld durch andere Zeichen ausgetauscht werden. Ist BEFORE INITIAL Operand-7 angegeben, wird der Austausch beim ersten Auftreten von Operand-7 gestoppt. Ist AFTER INITIAL Operand-7 angegeben, beginnt der Zeichenaustausch erst nach dem ersten Auftreten von Operand-7 in dem mit Datenname-1 bezeichneten Datenfeld.

Die anderen Angaben bewirken folgendes:

1. »CHARACTERS« bewirkt, daß alle Zeichen im Datennamen-1 gezählt (TALLYING) oder ersetzt (REPLACING) werden.
2. »ALL Operand« bewirkt, daß alle mit Operand bezeichneten Zeichen im Datennamen-1 gezählt oder ersetzt werden.
3. »LEADING Operand« bewirkt, daß nur führende Zeichen (z.B. führende Leerzeichen (SPACE)) gezählt oder ersetzt werden.
4. »FIRST Operand« bewirkt, daß nur das erste mit Operand bezeichnete Zeichen ersetzt werden soll. (Die Angabe ist bei TALLYING ohne Wirkung.)

Bei der Durchführung der TALLYING-Operation wird die Anzahl der gezählten Zeichen zum Inhalt des mit Datenname-2 bezeichneten Feldes addiert. Der Programmierer muß also dieses Datenfeld selbst an der richtigen Stelle im Programm löschen.

Beispiel:

```
INSPECT FELD-A
TALLYING ZAEHLER FOR ALL 'L'
REPLACING LEADING   'A' BY 'E' AFTER INITIAL 'L'
Datenname       Inhalt vor     Inhalt nach
                        INSPECT
-------------------------------------------
FELD-A          ALABAMA        ALEBAMA
ZAEHLER           0               1
-------------------------------------------
FELD-A          SALAMI         SALEMI
ZAEHLER           0               1
INSPECT BETRAG REPLACING LEADING ZERO BY SPACE.
```

```
BETRAG (vorher)            BETRAG (nachher)
  000840                      ...840          (. = SPACE)
INSPECT E-SATZ TALLYING E-LAENGE FOR CHARACTERS REPLACING
 ALL ',' BY SPACE.
E-SATZ (vorher):                E-SATZ (nachher)      E-LAENGE
11,abcde,20.23,AC               11 abcde 20.23 AC        17
```

Anmerkung: *Wenn Datenname-1 oder Operand-n als numerisches Feld mit Vorzeichen beschrieben ist, wird es wie ein vorzeichenloses Feld behandelt.*

24.4 Stringverknüpfung und Teilstringübertragung

MF-Cobol enthält den aus anderen Programmiersprachen bekannten Operator »&« für die Stringverknüpfung.

Beispiel:

```
01 Feld-APIC X(20) Value "Meier" & ", " & "Hans".
```

Feld-A enthält nach dieser Wertzuweisung »Meier, Hans«. Die Teilstrings werden in dem Feld-A zusammengebaut. Mit dem »&«-Operator können nicht-numerische Literale, hexadezimale Literale, Konstanten und figurative Konstanten zusammengefügt werden. Die Stringverknüpfung kann überall dort im Programm eingesetzt werden, wo nicht-numerische Literale verwendet werden dürfen.

Beispiele:

```
DATA DIVISION.
78      BreitSchrift       Value X"1B5701"
78      SchmalSchrift      Value X"1BOF"
01      A-Zeile            PIC X(80)  Value
       BreitSchrift & "Überschrift" & SchmalSchrift & "Seite: ".
01      UebergabeParameter PIC X(8)  Value "BaseAdr" & X"00".
PROCEDURE DIVISION.
    MOVE X"1B" & "ABC" & X"00"  TO UebergabeParameter.
```

Mit der MOVE-Anweisung wird das Feld »UebergabeParameter« zusammengebaut. Die Stringverknüpfung wird häufig beim Aufruf von Betriebssystemprogrammen und Cobol-Erweiterungsroutinen benötigt.

Ab Cobol-89 können mit einem Zusatz beim MOVE-Befehl Teile eines alphanumerisch definierten Datenfeldes übertragen werden. Das Datenfeld braucht nicht mehr wie bisher umdefiniert zu werden.

Beispiel:

```
01    FELDER.
 05    FELD-A    PIC X(10) VALUE "1234567890".
 05    FELD-B    PIC X(4)
MOVE FELD-A (5:3) TO FELD-B.
```

FELD-B enthält nach Ausführung des Befehls »567_« (_ = SPACE). Nach dem Feldnamen wird in Klammern die Startposition und die Anzahl der zu übertragenden Zeichen getrennt durch einen Doppelpunkt angegeben. Das erste Zeichen hat die Startposition »1«. Startposition und Anzahl können auch als ganzzahlig definierte Variable angegeben werden.

ÜBUNG

Erstellen Sie ein Programm, das Name und Anschrift der Kunden in einer Zeile zusammenhängend ausgibt, wobei die Leerstellen aus den Datenfeldern entfernt werden sollen. Die Daten werden am Terminal eingegeben. Das Ergebnis wird auf dem Bildschirm angezeigt.

Entwurf des Ein-/Ausgabebildes

```
  *** STRING-Anweisung Test ****
------------------------------------------------------------
  Name......: ___________________
  Vorname...: ___________________
  Plz.......: ____
  Ort.......: ___________________
  Straße....: ________________________

  Mit STRING zusammengebauter Text:

  Max Müller, Ammerländer Str. 10, 2800 Bremen 1
------------------------------------------------------------
  Weitere Eingaben J/N: _
```

LÖSUNGEN

```
*******************************************************
 IDENTIFICATION DIVISION.
*******************************************************
 PROGRAM-ID. STRING01.
*** Beispiel für STRING-Anweisung **
*******************************************************
```

```
 DATA DIVISION.
*****************************************************
 WORKING-STORAGE SECTION.
 01      S-HILFSFELDER.
  05     E-NAME          PIC X(20) VALUE SPACE.
  05     E-VORNAME       PIC X(20) VALUE SPACE.
  05     E-PLZ           PIC X(05) VALUE SPACE.
  05     E-ORT           PIC X(20) VALUE SPACE.
  05     E-STRASSE       PIC X(30) VALUE SPACE.
  05     W-AKZ           PIC X VALUE SPACE.
   88    ENDE    VALUE "N", "n".
  05     BEGRENZER       PIC XX VALUE SPACE.
  05     KOMMA           PIC XX VALUE ", ".
  05     ZAEHLER         PIC S999  VALUE 0.

 01      A-ZEILE         PIC X(80) VALUE SPACE.
 01      S-STRICH    PIC X(80) VALUE ALL '-'.

*****************************************************
 PROCEDURE DIVISION.
*****************************************************
***  Steuerblock ***
 A100 SECTION.
     PERFORM EINGABE.
     PERFORM AUFBEREITUNG.
     DISPLAY "Mit STRING zusammengebauter Text: " AT 1901
     DISPLAY A-ZEILE AT 2001
     DISPLAY S-STRICH AT 2101
     DISPLAY "Weitere Eingaben J/N: " AT 2205.
     ACCEPT W-AKZ AT 2245 WITH AUTO-SKIP.
     IF ENDE GO TO A900  END-IF.
     GO TO A100.
 A900.
     STOP RUN.
 EINGABE SECTION.
     DISPLAY "*** STRING-Anweisung Test ***" AT 0101
         WITH BLANK SCREEN HIGHLIGHT.
     DISPLAY S-STRICH AT 0201.
     DISPLAY "Name.....:" AT 0401.
     DISPLAY "Vorname..:" AT 0501.
     DISPLAY "Plz......:" AT 0601.
     DISPLAY "Ort......:" AT 0701.
     DISPLAY "Strasse..:" AT 0801.
 EIN10.
```

```
     ACCEPT E-NAME     AT 0415.
     ACCEPT E-VORNAME  AT 0515.
     ACCEPT E-PLZ      AT 0615.
     ACCEPT E-ORT      AT 0715.
     ACCEPT E-STRASSE  AT 0815.
 EIN90.
     EXIT.

 AUFBEREITUNG SECTION.
     MOVE 1  TO ZAEHLER.
     MOVE SPACE TO A-ZEILE.
    STRING E-VORNAME, " ", E-NAME, KOMMA, E-STRASSE, KOMMA,
        E-PLZ, " ", E-ORT
        DELIMITED BY BEGRENZER
        INTO A-ZEILE WITH POINTER ZAEHLER
        ON OVERFLOW DISPLAY "A-ZEILE zu klein " AT 2401
     END-STRING.
 AUF90.
     EXIT.
```

Beachten Sie, daß der BEGRENZER als zwei Byte langes Leerfeld mit PIC XX definiert ist. Dadurch können auch Doppelnamen, die durch eine Leerstelle getrennt sind, und das Komma einfach in die Ausgabezeile übernommen werden.

Kapitel 25

DECLARATIVES und USE SENTENCE

Im DECLARATIVES-Teil der PROCEDURE DIVISION können Programmteile geschrieben werden, die nur beim Eintreten von bestimmten Bedingungen oder Fehlern bei der Datenein- und -ausgabe ausgeführt werden sollen. Beim normalen Programmlauf werden diese Befehle übergangen.

Das Betriebssystem und Cobol führen zwar automatisch die Ein-/Ausgabe der Daten durch, erzeugen und prüfen die Dateikennsätze und sehen Fehlerbehebungsmaßnahmen vor. Der Programmierer kann aber zusätzliche Maßnahmen in sein Programm einbauen.

Da diese Programmteile nur beim Auftreten von Lese- oder Schreibfehlern ausgeführt werden sollen, können sie nicht in den normalen Programmtext geschrieben werden, sondern sie werden in einen besonderen Teil des Programms, den DECLARATIVES-Teil, ausgelagert. Der DECLARATIVES-Teil muß als erster Teil des Programms gleich hinter der PROCEDURE DIVISION stehen. Die Verbindung zwischen den Dateien und den Programmteilen im DECLARATIVES-Teil wird über den USE-Zusatz in der SECTION-Überschrift hergestellt. Eine DECLARATIVES SECTION für eine Datei endet, wenn eine neue SECTION mit einem USE-Zusatz auftritt oder durch das Schlüsselwort END DECLARATIVES.

Die Schlüsselwörter DECLARATIVES und END DECLARATIVES müssen im Bereich A (Stelle 8–12) der Zeile beginnen und mit einem Punkt abgeschlossen werden.

Format:

```
PROCEDURE DIVISION.
DECLARATIVES.
Section-Name SECTION. USE Angabe.
Paragraphenname.
    Befehle ...
END DECLARATIVES.
```

Format der USE-Angabe:

```
USE AFTER STANDARD EXCEPTION / ERROR PROCEDURE
     ON Dateiname / INPUT / OUTPUT / I-O / EXTEND.
```

Beispiel:

```
DECLARATIVES.
F1-FEHLER SECTION. USE AFTER EXCEPTION PROCEDURE ON F1-DATEI.
F1-FEHLER-01.
     EVALUATE F1-STATUS
          WHEN "10"
               DISPLAY "Dateiende F1-DATEI"
               MOVE HIGH-VALUE     TO NGRU
          WHEN  "24"
               DISPLAY "Platte voll ** Programmabbruch **"
               MOVE "1"  TO FEHL-FLAG
          usw.
```

```
F1-FEHLER-90.
     EXIT.
F2-FEHLER SECTION. USE AFTER ERROR PROCEDURE ON I-O.
 ...
END DECLARATIVES.

VORPROGRAMM SECTION.
 ...
     READ F1-DATEI.
```

Die USE-Angabe muß, falls vorhanden, direkt hinter der SECTION-Überschrift stehen und durch einen Punkt beendet werden. In ihr wird angegeben, bei welchen Bedingungen die SECTION ausgeführt werden soll.

EXCEPTION und ERROR können alternativ verwendet werden. Die DECLARATIVES SECTION wird über den PERFORM-Mechanismus aufgerufen, wenn ein Ein-/Ausgabefehler bei der angegebenen Datei auftritt oder wenn die INVALID KEY- oder AT END-Bedingung in einem Schreib- oder Lesebefehl auftritt, bei dem diese Zusätze fehlen. Pro Datei darf nur eine SECTION im DECLARATIVES-Teil geschrieben werden. Ist der Dateiname explizit im USE-Zusatz angegeben, wird nur diese SECTION bei einem Fehler in der Datei durchlaufen. Die anderen SECTIONs des DECLARATIVES-Teils werden ignoriert, auch wenn die USE-Bedingungen ebenfalls zutreffen.

Aus den SECTIONs im DECLARATIVES-Teil darf nicht in Programmteile außerhalb des DECLARATIVES-Teils gesprungen werden und umgekehrt. Ein Rücksprungbefehl wird automatisch vom Compiler nach dem letzten Befehl der SECTION eingefügt. Der Programmierer muß dafür sorgen, daß dieser Rücksprungpunkt bei der Befehlsausführung erreicht wird.

Kapitel 26

Compiler-Fehlermeldungen

Die Arbeitsweise des Compilers soll an einem Beispiel veranschaulicht werden. In dem Beispielprogramm soll die Stundenerfassungsdatei (vgl. Übung in Kap. 11) erstellt werden. Das Programm enthält Fehler, die im Anschluß an den Ausdruck erläutert werden. Die Fehlermeldungen des Compilers verwirren Programmieranfänger. NetExpress zeigt die Meldung im *Build* Fenster und markiert die fehlerhafte Zeile im Programmtext im Source-Code Fenster. Über <View> / <Next / Previous> / <Syntax Error> können Sie von Fehler zu Fehler springen. Die Fehlermeldungen haben prinzipiell folgenden Aufbau:

```
** nnn-A****                              (mmm)**
```

»nnn« ist die Fehlernummer, die in der On-Line-Hilfe erläutert wird. »A« kennzeichnet die Klasse des Fehlers. »mmm« gibt die Seitennummer des vorhergehenden Fehlers an (entfällt in NetExpress). MF-Cobol kennt folgende Fehlerklassen:

U Unrecoverable (nicht wiederherstellbar). Die Übersetzung wird abgebrochen. Meistens kann der Cobol-Compiler oder die Programmdatei nicht gefunden werden.

S Schwerer Fehler. Das Programm wird bis zum Ende übersetzt, in der Regel mit vielen »falschen« Folgefehlern. Es wird aber kein lauffähiges Maschinenprogramm erzeugt.

E Error (Fehler). Cobol versucht, den Fehler zu korrigieren, und erzeugt, so weit es geht, das Programm in Maschinensprache. Der ANIMATOR kann unter Umständen diesen Code ausführen.

W Warnung. Der Cobol-Befehl ist formal in Ordnung, aber es stimmt etwas nicht in der Befehlsumgebung. Der Compiler erzeugt einen lauffähigen Maschinencode.

I Information. Das Programm ist formal in Ordnung, der Programmierer wird auf eine Unstimmigkeit hingewiesen, z.B. wenn die VALUE-Angabe länger als die PIC-Angabe ist.

```
     1*******************************************************
     2   IDENTIFIKATION DIVISION.
** 71-S****************                           (    0)**
**      PROCEDURE DIVISION missing or unknown statement
     3*******************************************************
     4   PROGRAM-ID.  PROGXX.
** 71-S************                               (    1)**
**      PROCEDURE DIVISION missing or unknown statement
     5   AUTOR.
** 71-S*******                                    (    1)**
**      PROCEDURE DIVISION missing or unknown statement
     6          H SCHWANKE.
** 71-S**********                                 (    1)**
**      PROCEDURE DIVISION missing or unknown statement
     7*******************************************************
     8   ENVIRONMENT DIVISION.
```

```
** 71-S*************                                    (    1)**
**    PROCEDURE DIVISION missing or unknown statement
     9*******************************************************
    10   CONFIGURATION SECTION.
** 71-S**************                                   (    1)**
**    PROCEDURE DIVISION missing or unknown statement
    11   SPECIAL NAMES.
** 71-S*********                                        (    1)**
**    PROCEDURE DIVISION missing or unknown statement
    12   ******  UMSCHALTEN AUF EUROP. SCHREIBWEISE :
** 71-S****                                             (    1)**
**    PROCEDURE DIVISION missing or unknown statement
    13           DECIMAL-POINT IS COMMA.
** 71-S***********************                          (    1)**
**    PROCEDURE DIVISION missing or unknown statement
    14   INPUT-OUTPUT SECTION.
** 71-S**************                                   (    1)**
**    PROCEDURE DIVISION missing or unknown statement
    15   FILE-CONTROL.
    16
    17           SELECT F6-STUNDEN-DATEI
    18           ASSIGN TO "STUND.DAT"
    19           FILE-STATUS IS F6-STAT
**765-S************************                         (    1)**
**    INDEXED data-name missing or already declared
    20           ORGANISATION IS SEQUENTIAL.
    21           ACCESS SEQUENTIAL.
** 71-S****************                                 (    1)**
**    PROCEDURE DIVISION missing or unknown statement
    22*******************************************************
    23   DATA DIVISION.
    24*******************************************************
    25   FILE SECTION.
    26
    27   FD      F6-STUNDEN-DATEI.
*  40-S*************************                        (    1)**
**    Missing or illegal file name
    28           RECORD CONTAINS 80 CHARACTER.
**205-S****************                                 (    1)**
**    RECORD missing or has zero size
    29   01      F6-STUNDEN-SATZ
    30    05     F6-SA           PIC XX.
**1014-E*****                                          (    1)**
**    Period missing. Period assumed.
```

```
   31    05      F6-PERS-NR      PIC X(4).
   32    05      F6-KOSTELLE     PIC X(6).
   33     10     F6-KLASSE       PIC X.
**225-S******                                                 (    2)**
**    Level hierarchy wrong
   34     10     F6-KO-NR.       PIC X(5)
**256-S****************************                           (    2)**
**    Preceding record has zero length
** 71-S****************************                           (    2)**
**    PROCEDURE DIVISION missing or unknown statement
   35    05      F6-KOSTENART    PIC X(4).
   36    05      F6-AUFTR-NR     PIC X(6)
**206-S*****                                                  (    2)**
**    01 or 77 level required
   37    05      F6-DATUM        PIC 9(6).
   38    05      F6-STD          PIC S9(3),99.
**206-S*****                                                  (    2)**
**    01 or 77 level required
   39    05      F6-STD-LOHN     PIC S9(3)V99 COMP-3.
**206-S*****                                                  (    2)**
**    01 or 77 level required
   40    05      FILLER          PIC X(44).
**206-S*****                                                  (    2)**
**    01 or 77 level required
   41
   42*****************************************************
   43   WORKING STORAGE SECTION.
**205-S*********                                              (    2)**
**    RECORD missing or has zero size
   44*****************************************************
   45   01       PIC X(11) VALUE  "W-S SECTION".
   46
   47   01       S-ARBFELDER.
   48     05     S-STRICH         PIC X(80) VALUE  ALL '-.
**1004-E*********************************************** (    2)**
**    Continuation character expected. End of literal assumed.
   49     05     S-WEITER         PIC X.
**1014-E******                                                 (    2)**
**    Period missing. Period assumed.
** 27-S******                                                 (    2)**
**    Number too large
   50     05     F6-STAT          PIC XX.
   51*****************************************************
   52   PROCEDURE DIVISION.
```

```
*******************************************************
*****  STEUERBLOCK ****
     START SECTION.
** 13-S***************                                  (    2)**
**     User-name required
     A100.
             PEFORM VORLAUF.
**641-S***********************                          (    2)**
**     '.' missing following procedure name declaration,
     A 200.
**641-S********                                         (    2)**
**     '.' missing following procedure name declaration,
             PERFORM EINGABE.
             PERFORM SCHREIBEN.
             PERFORM SYSZEILE.
             IF S-WEITER     = "N" OR "n"
** 12-S*********************                            (    2)**
**     Operand  is not declared
                                GO TO END
** 13-S*********************************                (    3)**
**     User-name required
             end-if
* 564-S*****************                                (    3)**
**     A scope-delimiter did not have a matching verb and was discarded.
             GO TO A200.
     END.
** 11-S******                                          (    3)**
**     Reserved word missing or incorrectly used
             DISPLAY ( 24, 5 ) "PROGRAMMENDE".
             CLOSE F6-STUNDEN-DATEI.
* 40-S*******************************                  (    2)**
**     Missing or illegal file name
** 12-S********************************                (    3)**
**     Operand  is not declared
             STOP RUN.
     VORLAUF SECTION.
     VORL01.
             PERFORM KOPF.
             OPEN F6-STUNDEN-DATEI.
** 11-S*******************************                  (    3)**
**     Reserved word missing or incorrectly used
     VORL90.
             EXIT.
     KOPF SECTION.
```

```
    77   KOPF01.
    78*****************************************************
**301-S**                                          (    3)**
**     Unrecognized verb
    79 **     Ausgabe Bildkopf
    80*****************************************************
    81           DISPLAY (1,1) ERASE.
    82           DISPLAY "  Leistungsdatenerfassung  PROGXX"
    83           WITH REVERSE- VIDEO.
**310-S**********************                      (    3)**
**     ACCEPT/DISPLAY wrong or Communications syntax incorrect
    84           DISPLAY S-STRICH.
    85   KOPF90.
    86           EXIT.
    87   EINGABE SECTION.
    88*****************************************************
**301-S**                                          (    3)**
**     Unrecognized verb
    89***   Einlesen der Daten
    90*****************************************************
    91
    92           INITIALIZE F6-STUNDEN-SATZ.
** 29-S*************************************       (    3)**
**     Not a data name
    93           MOVE ZERO       TO F6-DATUM,F6-STD,
** 12-S*************************************       (    3)**
**     Operand  is not declared
    94                                 F6-STD-LOHN.
    95           DISPLAY ( 3, 1 ) ERASE.
    96           DISPLAY ( 3,1)      "Personal-Nr .......... :"
    97           DISPLAY ( 4, 1 )    "Kostenstelle.......... :".
    98           DISPLAY ( 5, 1 )    "Kostenart............. :".
    99           DISPLAY ( 6,1 )     "Auftrags-Nr........... :".
   100           DISPLAY ( 7, 1 )    "Datum................. :
**1004-E****************************************************(    3)**
**     Continuation character expected. End of literal assumed.
   101           DISPLAY ( 8, 1 )    "gearbeitete Stunden... :".
   102           DISPLAY ( 9, 1 )    "Stundenlohn........... :".
   103           DISPLAY  S-STRICH at 1101
   104    EIN20.
** 12-S********                                     (    4)**
**     Operand  is not declared
   105            ACCEPT ( 3, 40 )  F6-PERS-NR.
   106            ACCEPT ( 4, 40 )  F6-KOSTSTELLE.
```

```
** 12-S*****************************************            (    4)**
**    Operand  is not declared
  107            ACCEPT ( 5, 40 )  F6-KOSTENART.
** 12-S****************************************             (    4)**
**    Operand  is not declared
  108            ACCEPT ( 6, 40 )  F6-AUFTR-NR.
** 12-S***************************************              (    4)**
**    Operand  is not declared
  109            ACCEPT ( 7, 40 )  F6-DATUM.
** 12-S*************************************                (    4)**
**    Operand  is not declared
  110            ACCEPT ( 8, 40 )  F6-STD.
** 12-S***********************************                  (    4)**
**    Operand  is not declared
  111            ACCEPT ( 9, 40 )  F6-STD-LOHN
** 12-S***************************************              (    4)**
**    Operand  is not declared
  112    EIN90.
  113            EXIT.
  114********************************************************
**301-S***                                                  (    4)**
**    Unrecognized verb
  115    SATZ SCHREIBEN SECTION.
  116********************************************************
**301-S***                                                  (    4)**
**    Unrecognized verb
  117    SCHREIB01.    118            WRITE F6-STUNDEN-DATEI.
** 12-S*********************************                    (    4)**
**    Operand  is not declared
  119            IF F6-STAT NOT = ZERO
  120                DISPLAY "Schreibfehler"
  121                GOTO END.
** 12-S*******************                                  (    4)**
**    Operand  is not declared
  122            END-IF.
**302-S******************                                   (    4)**
**    IF....ELSE or scope-delimiter mismatch
  123    SCHREIB90.
  124            EXIT.
  125*******************************************************
**301-S***                                                  (    4)**
**    Unrecognized verb
  126  **   Ausgabe Systemzeile
  127*******************************************************
```

```
  128    SYSZEILE SECTION.
  129    SYS01
  130            DISPLAY ( 23, 1 )  S-STRICH ERASE.
**  9-S*****************                           (   4)**
**    '.' missing
  131            DISPLAY ( 24, 10 ) 'Weitere Eingaben (J/N): .
**  4-E*******************************************  (   5)**
**    Continuation character expected. End of literal assumed.
  132            ACCEPT S-WEITER WITH AUTO SKIP.
** 12-S*************************                   (   5)**
**    Operand  is not declared
  133    SYS90.
  134            EXIT.
*       SCHREIBEN
**348-S*********                                   (   5)**
**    Procedure name SCHREIBEN undeclared
*       SYSZEILE
**348-S********                                    (   5)**
**    Procedure name SYSZEILE undeclared
*       A200
**348-S****                                        (   5)**
**    Procedure name A200 undeclared
* Last message on page:    5
* Total Messages:    60
* Unrecoverable :     0                   Severe   :    55
* Errors        :     5                   Warnings:     0
* Informational :     0                   Flags    :     0
* Data:     178     Code:    857
```

Die Fehlermeldungen und Reaktionen der verschiedenen Compiler auf Fehler sind sehr unterschiedlich. Cobol erzeugt sehr viele »falsche« Fehlermeldungen.

Erläuterung der Fehlermeldungen

Zeile	
2–14	IDENTIFICATION DIVISION fehlt am Programmanfang. Es ist hier mit »K« geschrieben, daher erkennt der Compiler das Wort nicht (unknown statement). Er kann alle folgenden Eintragungen nicht verarbeiten. Dies ist darauf zurückzuführen, daß diese Schlüsselwörter die Arbeit des Compilers steuern. Sie bewirken eine Verzweigung in die entsprechenden Module des Compilers. Sind sie falsch geschrieben, gerät der Compiler auf die falschen Gleise. Der Compiler sucht in dem Beispiel die PROCEDURE DIVISION.
4	Folgefehler aus Zeile 2; Zeile 4 ist in Ordnung.

Zeile	
5	AUTOR muß mit »TH« geschrieben werden (englisch: AUTHOR). Der Compiler erkennt allerdings diesen Fehler nicht, weil er bereits in Zeile 2 in die Irre geleitet wurde.
8	Folgefehler aus Zeile 2. Die Zeile ist in Ordnung. Das Schlüsselwort ENVIRONMENT DIVISION hat ältere Compiler-Versionen wieder in die richtigen Bahnen gelenkt. MF-Cobol bleibt auf dem falschen Gleis.
11	In SPECIAL-NAMES fehlt der Bindestrich. Der Compiler erkennt diesen Fehler nicht.
12 ff.	Folgefehler. Die Zeilen sind in Ordnung.
19	FILE STATUS wird ohne Bindestrich geschrieben; der Compiler kann deswegen die folgenden Angaben nicht richtig interpretieren. Die Fehlermeldung ist allerdings merkwürdig.
20	ORGANIZATION wird mit Z geschrieben. Der Compiler erkennt diesen Fehler nicht.
21	Der Punkt am Ende von Zeile 20 ist falsch. Zeile 21 ist in Ordnung.
27	Die Zeile ist in Ordnung. Folgefehler aus Zeile 2.
28	Der Punkt am Ende von Zeile 27 beendet die Dateibeschreibung. RECORD CONTAINS ist ohne FD nicht zulässig. Zeile 28 ist in Ordnung.
29	Der Punkt fehlt am Ende des Gruppenfeldes. Der Compiler erkennt diesen Fehler nicht.
30	In Zeile 29 fehlt der abschließende Punkt. Zeile 30 ist in Ordnung.
33	F6-KOSTELLE ist ein Gruppenfeld. Es darf keine PIC-Eintragung erhalten. Der Compiler stellt das erst bei der Verarbeitung der Zeile 33 fest, da die Datenbeschreibung eine höhere Stufennummer hat.
34	F6-KO-NR. enthält einen Punkt im Datennamen. Ein Punkt mit einem folgenden Leerzeichen beendet die Datenbeschreibung. Die folgende PIC-Eintragung kann der Compiler nicht verarbeiten. Er gibt sogar zwei Fehlermeldungen aus.
36–40	In Zeile 36 fehlt der abschließende Punkt. Der Compiler gerät wieder auf falsche Gleise.
38	In Zeile 42 muß die Dezimalkommastelle mit V angegeben werden, nicht mit »,« (DECIMAL-POINT IS COMMA wurde vorher nicht akzeptiert).
40	Folgefehler aus Zeile 36, Zeile 40 ist in Ordnung.
43	WORKING-STORAGE SECTION wird mit Bindestrich geschrieben.
48	Das Hochkomma fehlt am Ende der VALUE-Angabe.
49	Folgefehler aus Zeile 48. Die Zeile ist in Ordnung.
55	START ist ein reserviertes Cobol-Wort. Es darf nicht als Programmierwort verwendet werden und nicht als Befehl im Bereich A der Zeile stehen. Hinter START muß ein Dateiname angegeben werden, nicht SECTION.
57	PERFORM ist falsch geschrieben.

Zeile	
58	Der Paragraphenname A200 darf keine Leerstelle enthalten.
62	S-WEITER wurde in der Datenbeschreibung nicht erkannt. Zeile 62 ist in Ordnung.
63	END ist ein reserviertes Cobol-Wort. Es darf nicht als Programmierwort verwendet werden.
64	Folgefehler aus Zeile 63. Die Zeile ist in Ordnung.
66	END ist ein reserviertes Cobol-Wort.
68	Folgefehler, die Zeile ist in Ordnung. F6-STUNDEN-DATEI wurde in der ENVIRONMENT und DATA DIVISION nicht erkannt.
73	Im OPEN-Befehl muß der Modus INPUT, OUTPUT oder I-O angegeben werden. Dies fehlt hier.
78	Unerklärliche Fehlermeldung. Die Zeile ist in Ordnung.
81	Die Positionsangaben im DISPLAY sind ohne Leerzeichen geschrieben. Der Compiler erkennt diesen Fehler nicht.
83	Die Leerstelle in REVERSE-VIDEO ist falsch.
87	Unerklärliche Fehlermeldung. Die Zeile ist in Ordnung.
92	Folgefehler. F6-STUNDEN-SATZ wurde in der Datenbeschreibung nicht erkannt. Die Zeile ist in Ordnung.
93	Die Datennamen F6-DATUM und F-STD müssen durch ein Leerzeichen oder ein Komma mit einem folgenden Leerzeichen getrennt werden. Außerdem hat der Compiler F6-DATUM in der DATA DIVISION nicht erkannt.
100	Es fehlen die Anführungsstriche am Ende des Textes.
104	In Zeile 103 fehlt der Punkt am Ende. Der Compiler zieht Zeile 104 zum DISPLAY-Befehl.
106–111	Folgefehler aus der DATA DIVISION.
106	In der Datenbeschreibung ist F6-KOSTELLE, im Programm F6-KOSTSTELLE geschrieben. Die Datennamen müssen übereinstimmen.
111	In der Datenbeschreibung ist F6-STD-LOHN mit »O« geschrieben, im Programm mit »0« (Null).
114	Unerklärliche Fehlermeldung.
116	Ein SECTION-Name darf keine Leerstelle enthalten.
118	Im WRITE-Befehl muß der Datensatzname der Datei, nicht der Dateiname angegeben werden.
121	GO TO muß in zwei Worten geschrieben werden.
122	Zwischen IF ... END-IF darf kein Punkt stehen. Zeile 121 wird mit einem Punkt beendet.
125	Unerklärliche Fehlermeldung.
130	In Zeile 129 fehlt der abschließende Punkt.

Zeile	
131	Am Ende des Literals fehlt das Hochkomma.
132	S-WEITER wurde in der DATA DIVISION nicht erkannt. AUTO-SKIP wird mit Bindestrich geschrieben. Das Unterprogramm SCHREIBEN existiert nicht im Programm. Es heißt SATZ SCHREIBEN. Der Compiler hat das Unterprogramm SYSZEILE aus unerklärlichen Gründen nicht erkannt. Der Paragraphenname A200 in Zeile 58 ist falsch geschrieben.

Sie können an diesem kleinen Beispiel erkennen, daß zur richtigen Fehlerinterpretation Übung gehört. Suchen Sie den Fehler nicht nur in der vom Compiler angegebenen Zeile, sondern schauen Sie sich die vorhergehenden Warnungen und Fehler an. Korrigieren Sie die Ihnen verständlichen Fehler, übersetzen Sie das Programm erneut, und warten Sie die neuen Fehlermeldungen ab. Die manchmal unerklärlichen Folgefehlermeldungen verschwinden, wenn Sie die Wurzel der Meldungen beseitigt haben.

Achten Sie darauf, daß die Cobol-Anweisungen nur bis Stelle 72 der Zeile geschrieben werden dürfen und daß jede Zeile, auch die letzte Programmzeile, mit [↵] abzuschließen ist. Andernfalls gibt der Compiler für diese Zeilen unverständliche Fehlermeldungen aus. Beachten Sie auch die richtige Verwendung von », «, »V« und dem ».« in der Beschreibung numerischer Datenfelder.

Bei größeren Programmen sind 100 und mehr Fehlermeldungen bei der ersten Übersetzung keine Seltenheit. Geben Sie deswegen das erste Übersetzungsprotokoll auf dem Bildschirm aus, und beseitigen Sie die gröbsten Fehler, bevor Sie das Programm ausdrucken. Insgesamt läßt sich feststellen, daß der Compiler sehr empfindlich auf fehlende Punkte am Ende einer Datenbeschreibung und bei Paragraphen- und SECTION-Namen reagiert.

> **Tip:** *Unterbrechen Sie bei unverständlichen Fehlermeldungen die Übersetzung mit* [Strg]+[Pause]*. Korrigieren Sie die ersten Fehler im Programm und versuchen Sie die Übersetzung aufs neue. So können Sie die Fehler Schritt für Schritt beseitigen.*

Wenn Sie das »Cobol Error Messages Manual« nicht zur Hand haben, können Sie über die Online-Hilfe Erläuterungen zu den Fehlern abrufen. Wenn Sie das Programm aus dem NetExpress-Editor heraus übersetzen, dann setzen Sie den Cursor auf die Fehlernummer und drücken [F1]. In der Fehlererläuterung finden Sie auch Tips zur Fehlerursache und Beseitigung.

Ausdruck des korrekten Programms

```
 *****************************************************
  IDENTIFICATION DIVISION.
 *****************************************************
  PROGRAM-ID.  PROGXX.
 *****************************************************
  ENVIRONMENT DIVISION.
```

```
*****************************************************
  CONFIGURATION SECTION.
  SPECIAL-NAMES.
*******  UMSCHALTEN AUF EUROP. SCHREIBWEISE:
          DECIMAL-POINT IS COMMA.
  INPUT-OUTPUT SECTION.
  FILE-CONTROL.
          SELECT F6-STUNDEN-DATEI
          ASSIGN TO "STUND.DAT"
          FILE STATUS IS F6-STAT
          ORGANIZATION IS SEQUENTIAL
          ACCESS SEQUENTIAL.
*****************************************************
  DATA DIVISION.
*****************************************************
  FILE SECTION.
  FD      F6-STUNDEN-DATEI
          RECORD CONTAINS 80 CHARACTERS.
  01      F6-STUNDEN-SATZ.
   05     F6-SA          PIC XX.
   05     F6-PERS-NR     PIC X(4).
   05     F6-KOSTELLE.
    10    F6-KLASSE      PIC X.
    10    F6-KO-NR       PIC X(5).
   05     F6-KOSTENART   PIC X(4).
   05     F6-AUFTR-NR    PIC X(6).
   05     F6-DATUM       PIC 9(6).
   05     F6-STD         PIC S9(3)V99.
   05     F6-STD-LOHN    PIC S9(3)V99 COMP-3.
   05     FILLER         PIC X(44).

*****************************************************
  WORKING-STORAGE SECTION.
*****************************************************
  01      S-ARBFELDER.
    05    S-STRICH        PIC X(80) VALUE  ALL '-'.
    05    S-WEITER        PIC X.
    05    F6-STAT         PIC XX.
*****************************************************
  PROCEDURE DIVISION.
*****************************************************
*****  STEUERBLOCK ****
  ANFANG SECTION.
  A100.
```

```
           PERFORM VORLAUF.
 A200.
           PERFORM EINGABE.
           PERFORM SCHREIBEN.
           PERFORM SYSZEILE.
           IF S-WEITER  = "N" OR "n"
               GO TO ENDE
           end-if
           GO TO A200.
 ENDE.
           DISPLAY ( 24, 5 ) "PROGRAMMENDE".
           CLOSE F6-STUNDEN-DATEI.
           STOP RUN.
 VORLAUF SECTION.
 VORL01.
           PERFORM KOPF.
           OPEN OUTPUT F6-STUNDEN-DATEI.
 VORL90.
           EXIT.
 KOPF SECTION.
 KOPF01.
*****************************************************
***   Ausgabe Bildkopf
*****************************************************
           DISPLAY (1, 1) ERASE.
           DISPLAY "  Leistungsdatenerfassung  PROGXX"
           WITH REVERSE-VIDEO.
           DISPLAY (2, 1) S-STRICH.
 KOPF90.
           EXIT.
 EINGABE SECTION.
*****************************************************
***   Einlesen der Daten
*****************************************************
           INITIALIZE F6-STUNDEN-SATZ.
           DISPLAY ( 3, 1 ) ERASE.
           DISPLAY ( 3, 1)   "Personal-Nr .......... :"
           DISPLAY ( 4, 1)   "Kostenstelle.......... :".
           DISPLAY ( 5, 1)   "Kostenart............. :".
           DISPLAY ( 6, 1)   "Auftrags-Nr........... :".
           DISPLAY ( 7, 1)   "Datum................. :".
           DISPLAY ( 8, 1)   "gearbeitete Stunden... :".
           DISPLAY ( 9, 1)   "Stundenlohn........... :".
           DISPLAY  S-STRICH at 1101.
```

```
    EIN20.
            ACCEPT ( 3, 40 )  F6-PERS-NR.
            ACCEPT ( 4, 40 )  F6-KOSTELLE.
            ACCEPT ( 5, 40 )  F6-KOSTENART.
            ACCEPT ( 6, 40 )  F6-AUFTR-NR.
            ACCEPT ( 7, 40 )  F6-DATUM.
            ACCEPT ( 8, 40 )  F6-STD.
            ACCEPT ( 9, 40 )  F6-STD-LOHN.
    EIN90.
            EXIT.
***************************************************
    SCHREIBEN SECTION.
***************************************************
            WRITE F6-STUNDEN-SATZ.
            IF F6-STAT NOT = ZERO
                DISPLAY "Schreibfehler"
                GO TO ENDE
            END-IF.
    SCHREIB90.
            EXIT.
*************************************************
***   Ausgabe Systemzeile
*************************************************
    SYSZEILE SECTION.
            DISPLAY ( 23, 1 )  S-STRICH ERASE.
            DISPLAY ( 24, 10 )  'Weitere Eingaben (J/N): '.
            ACCEPT S-WEITER WITH AUTO-SKIP.
    SYS90.
            EXIT.
```

Kapitel 27

SORT/MERGE-Anweisung

In MF-Cobol steht der Sortierteil standardmäßig zur Verfügung. Mit Hilfe dieser Erweiterung können in einem Cobol-Programm ein oder mehrere Dateien nach bestimmten, im Datensatz enthaltenen Datenfeldern sortiert werden. Der SORT verarbeitet sequentielle, relative und indexsequentielle Dateien. Relative und indexsequentielle Dateien sollten nur als Eingabedateien in den SORT einlaufen. Die Ergebnisdateien sollten sequentiell gespeichert werden. Bei relativen und indexsequentiellen Ausgabedateien sind Nebenbedingungen zu beachten. Beim Mischen (MERGE) werden mehrere vorsortierte Dateien zu einer sortierten Ausgabedatei zusammengefaßt.

Bei einem Sortierlauf werden Datensätze aus einer oder mehreren Eingabedateien gelesen, entsprechend dem Sortierbegriff geordnet und in einer Sortierdatei abgelegt. Dabei werden mehrere Zwischenstufen durchlaufen, um die Sortierzeit zu minimieren. Der letzte Teil des Sortierlaufs überträgt die sortierten Datensätze in eine Ausgabedatei und gibt die Kontrolle an das Cobol-Programm zurück. Diese Ausgabedatei kann im Cobol-Programm weiterverarbeitet werden.

Im Sortierteil können wahlweise Eingabe- und Ausgabeprozeduren verwendet werden, in denen der Programmierer die Datensätze zu Beginn bzw. am Ende der Sortierung vor- bzw. nachbehandeln kann.

Der Cobol-Programmierer kann die Wertigkeit der einzelnen Zeichen bei der Sortierung definieren. Normalerweise wird die ASCII-Folge bzw. die Wertigkeit im internen Code der Anlage verwendet, d.h. erst kommen die Ziffern 0 bis 9, dann die großen Buchstaben A bis Z, dann die kleinen Buchstaben, dann die Umlaute ä, Ä, ö, Ö, ü, Ü und das ß. Dazwischen liegen die Sonderzeichen /, ü & usw. Diese Rangfolge führt bei den Buchstaben Ä, ä usw. zu unerwünschten Ergebnissen. In Cobol kann in der ENVIRONMENT DIVISION die Anpassung an diese nationale Besonderheit vorgenommen werden. Die Rangfolge der einzelnen Zeichen kann individuell festgelegt werden. Sie können angeben:

```
OBJECT-COMPUTER.
     [PROGRAM COLLATING SEQUENCE IS Alphabet-Name].
     SPECIAL-NAMES.
     ALPHABET Alphabet-Name IS Zeichenfolge.
```

Beispiel:

```
ENVIRONMENT DIVISION.
OBJECT-COMPUTER.
     PROGRAM COLLATING SEQUENCE IS DEUTSCH-ALPHA.
SPECIAL-NAMES.
     ALPHABET DEUTSCH-ALPHA IS "A" ALSO "a", "Ä" also "ä",
     "B" ALSO "b", "C" ALSO "c", ... "O" ALSO "o", "Ö" also "ö",
     ...
     "S" ALSO "s", "ß", "T" ALSO "t", "U" ALSO "u", "Ü" ALSO "ü",
     "V", ... "Z" ALSO "z", "0" THRU "9", " ".
```

Die angegebene Rangfolge wird bei der Sortierung verwendet. ALSO bewirkt, daß die beiden Zeichen gleichwertig behandelt werden. THRU bewirkt, daß alle Zeichen, die in der

Code-Tabelle zwischen den beiden Grenzwerten stehen, an dieser Stelle in die Rangfolge eingefügt werden. Wird PROGRAM COLLATING SEQUENCE im OBJECT-COMPUTER-Paragraph spezifiziert, gilt die angegebene Wertigkeit der Zeichen automatisch für die Sortierung und alle alphanumerischen Vergleiche in dem Programm. Fehlt die PROGRAM COLLATING-Angabe, muß explizit bei einzelnen Befehlen angegeben werden, ob das spezielle ALPHABET gelten soll. Andernfalls gilt die ASCII-Wertigkeit der Zeichen.

27.1 Sprachelemente zum Sortieren

1. Die zu sortierende Datei (Arbeitsdatei) muß eine SELECT-Eintragung erhalten.

Format:

```
SELECT Sortierdateiname ASSIGN TO DISK / "DOS-Dateiname"
[SORT STATUS IS  Datenname].
```

Beispiel:

```
SELECT SORT-DATEI
ASSIGN TO DISK
SORT STATUS IS SO-STATUS.
```

In der Datei wird die Sortierung vorgenommen. Für die ASSIGN-Angabe gelten die üblichen Cobol-Regeln. Bei der Angabe ASSIGN TO DISK wird die Datei temporär auf dem Standardlaufwerk angelegt. Die Datei wird nach dem SORT automatisch gelöscht. Mit dem »DOS-Dateinamen« kann eine spezielle Sortierdatei angesprochen werden. Das wahlweise anzugebende SORT STATUS-Feld muß in der WORKING-STORAGE SECTION des Programms mit PIC XX definiert werden. In ihm wird vom SORT ein Code gespeichert, aus dem Fehler ersichtlich sind. »00« bedeutet, daß der SORT ordnungsgemäß beendet wurde. Alle anderen Werte bedeuten Fehler. Sie sind im Benutzerhandbuch erläutert. Das SORT STATUS-Feld kann im Programm für die Steuerung des weiteren Ablaufs verwendet werden.

2. Die Sortierdatei muß eine »*Sort File Description*« (SD) erhalten. Die Formalvorschriften für die SD-Eintragung sind mit den Vorschriften für die FD-Eintragung identisch.

Beispiel:

```
SD   SORT-DATEI.
01   SORT-SATZ.
    05  FELD-1          PIC (XX).
    05  FELD-2.
     10 FELD-3          PIC 99.
     10 FELD-4          PIC S999.
    05  FELD-5          PIC X(6).
```

usw.

In der Datensatzbeschreibung müssen die Datenfelder enthalten sein, nach denen die Datei sortiert werden soll. Die Datensatzbeschreibung ist in der Regel mit der Satzbeschreibung der Eingabe- und Ausgabedatei identisch.

3. In der PROCEDURE DIVISION wird die SORT-Anweisung gegeben.

Format:-1

```
SORT Sortierdateiname
  ON ASCENDING / DESCENDING KEY Datenname-1, Datenname-2, ...
  [ON ASCENDING / DESCENDING KEY Datenname-3, Datenname-4, ..]
  [COLLATING SEQUENCE IS Alphabet-Name]
  [WITH DUPLICATES IN ORDER]
     USING Dateiname-1, [Dateiname-2, ...]
     GIVING Dateiname-3
```

Beispiel:

```
    SORT SORT-DATEI
         ON ASCENDING KEY FELD-5, FELD-1
         ON DESCENDING KEY FELD-3, FELD-4
         USING F1-EINGABE-DATEI
         GIVING F2-AUSGABE-DATEI.
```

Die Sortieranweisung bestimmt die *Eingabedateien* (USING Dateiname-1, Dateiname-2) für den SORT, die *Ausgabedatei* (GIVING Dateiname-3), in die die sortierten Sätze geschrieben werden, und die *Sortierfelder*, die in der Reihenfolge ihrer Wertigkeit aufgeführt werden. ASCENDING bedeutet aufsteigende, DESCENDING absteigende Sortierfolge. Datenname-1 wäre der Hauptsortierbegriff, Datenname-2 der niedrigwertigere Sortierbegriff usw. In der SORT-Anweisung muß mindestens ein Sortierbegriff, eine Eingabedatei und eine Ausgabedatei angegeben werden. Die Sortierbegriffe müssen in der Sortierdateibeschreibung (SD) definiert sein. Fehlt die Angabe DUPLICATES, ist die Reihenfolge bei gleichen Werten unvorhersehbar. Mit dem DUPLICATES-Zusatz liegen die Sätze bei gleichen Werten in den Sortierfeldern in der gleichen Reihenfolge wie in den Eingabedateien. Fehlt die COLLATING SEQUENCE-Angabe, wird in der Rangfolge des ASCII-Codes sortiert, es sei denn, PROGRAM COLLATING SEQUENCE ist im OBJECT-COMPUTER-Paragraphen festgelegt. Ist ein Alphabet-Name angegeben, der im SPECIAL-NAMES-Paragraphen definiert sein muß, gilt die Rangfolge dieses Alphabets.

Mit der zweiten Version des SORT-Befehls können Tabellen sortiert werden.

Format-2:

```
SORT Datenname-1 [ON ASCENDING / DESCENDING KEY Datenname-2 ...]
    [WITH DUPLICATES IN ORDER]
       [COLLATING SEQUENCE IS Alphabet-Name]
```

Datenname-1 muß einen OCCURS-Zusatz in der Datenbeschreibung haben. Datenname-2 muß in der Tabellendefinition enthalten sein. Fehlt der KEY-Zusatz, muß in der Tabellendefinition der ASCENDING- oder DESCENDING KEY-Zusatz stehen. Im übrigen gelten die gleichen Regeln wie beim Format-1-SORT. Ein Beispiel für die Anwendung dieser Anweisung finden Sie in Kapitel 16.

27.2 Sortierbeispiel

Die Abrechnungsdatei SEQTEST.DAT (vgl. Kap. 12) soll nach Artikelnummer, Kundennummer und Umsatzdatum sortiert werden. Die sortierten Daten sollen in die Datei SEQSORT.DAT geschrieben werden.

```
***********************************************************
 IDENTIFICATION DIVISION.
***********************************************************
 PROGRAM-ID.  SORTEST.
****    SORTIERTEST    *****
***********************************************************
 ENVIRONMENT DIVISION.
***********************************************************
 CONFIGURATION SECTION.
 SPECIAL-NAMES.
         DECIMAL-POINT IS COMMA.
 INPUT-OUTPUT SECTION.
 FILE-CONTROL.

*        COPY F1SEL.COB.
         SELECT  OPTIONAL F1-ABRECH-DATEI
                 ASSIGN TO "SEQTEST.DAT"
                 FILE STATUS IS F1-STAT
                 ORGANIZATION SEQUENTIAL.

*        COPY F1ASEL.COB.
         SELECT  F1A-DATEI
                 ASSIGN TO "SEQSOR.DAT"
                 FILE STATUS IS F1A-STAT
                 ORGANIZATION SEQUENTIAL.

*        COPY SORSEL.COB.
***  Sortierdatei *****
         SELECT SO-DATEI
                 ASSIGN TO DISK
                 SORT STATUS IS SO-STAT.

```

```
  ******************************************************
   DATA DIVISION.
  ******************************************************
   FILE SECTION.

*          COPY F1FD.COB.
   FD      F1-ABRECH-DATEI.
   01      F1-SATZ.
  *** siehe NORM01

*          COPY F1AFD.COB.
   FD      F1A-DATEI.
   01      F1A-SATZ.
  *** analog F1-SATZ mit der Vorsilbe F1A-

   SD      SO-DATEI.
*          COPY F1SOR.COB.
   01      SO-SATZ.
     05    SO-SATZART               PIC XX.
     05    SO-RECH-NR               PIC X(5).
     05    SO-DATUM                 PIC 9(6).
     05    SO-DAT-RED REDEFINES SO-DATUM.
      10   SO-TT                    PIC XX.
      10   SO-MM                    PIC XX.
      10   SO-JJ                    PIC XX.
     05    SO-KUNDEN-NR             PIC X(4).
     05    SO-PLZ                   PIC X(5).
     05    SO-VERTR-NR              PIC X(4).
     05    SO-ART-NR                PIC X(4).
     05    SO-UMSATZ                PIC S9(9)V99.
     05    SO-FILLER                PIC X(39).
  ****************************************************
   WORKING-STORAGE SECTION.
  ****************************************************
   01 HILFS-FELDER.
     05    F1-STAT                  PIC XX  VALUE ZERO.
     05    F1A-STAT                 PIC XX  VALUE ZERO.
     05    SO-STAT                  PIC XX  VALUE ZERO.
     05    TEXT-1                   PIC X(40) VALUE
           'Sortierfehler SORT STATUS =  '.

  ****************************************************
   PROCEDURE DIVISION.
  ****************************************************
```

```
SORTIER SECTION.
        DISPLAY ( 1, 1 ) " *** SORTANFANG  **** ", ERASE.
SORT10.
        SORT SO-DATEI
          ON ASCENDING KEY SO-ART-NR,
          SO-KUNDEN-NR, SO-JJ, SO-MM, SO-TT
        USING F1-ABRECH-DATEI
        GIVING F1A-DATEI.
SORT90.
        IF SO-STAT  NOT = "00"
                DISPLAY (3, 1)  TEXT-1, SO-STAT
        END-IF.
        DISPLAY (20, 1)  "SORT-ENDE".
        STOP RUN.
```

Programmerläuterung

Die Ein-/Ausgabedateien und die Sortierdatei müssen im Programm beschrieben werden. Die Datei- und Satzbeschreibungen werden mit COPY-Befehlen in das Programm gerufen.

In der Satzbeschreibung der Sortierdatei müssen die Datenfelder beschrieben werden, nach denen die Datei sortiert werden soll. In der SORT-Anweisung muß der Programmierer angeben, nach welchen Datenfeldern und in welcher Folge (aufsteigend oder absteigend) die Datei zu sortieren ist. Bei der Sortierung nach dem Datum ist zu beachten, daß das Datum im Format »Tag, Monat, Jahr« gespeichert ist, die richtige Sortierfolge aber »Jahr, Monat, Tag« lauten muß. Der Programmierer muß ferner spezifizieren, woher die Daten kommen (USING-Dateiname) und wohin die sortierten Daten zu schreiben sind (GIVING-Dateiname).

Nach der SORT-Anweisung sollte der SORT STATUS geprüft werden, um festzustellen, ob der Sortiervorgang ordnungsgemäß durchgeführt wurde.

Anmerkung: *Der DIRECTORY-Dateiname oder der bei USING und GIVING angegebene Name der Ein- und Ausgabedatei darf übereinstimmen. In diesem Fall werden die sortierten Daten in die alte Datei geschrieben. Der alte Inhalt wird überschrieben. Passiert beim Sortieren ein Fehler, sind die Daten allerdings verloren. Bei indexsequentiellen Dateien müssen unterschiedliche Dateinamen angegeben werden, da sonst die interne Struktur der Datei zerstört wird. Indexsequentielle Dateien sollten generell in sequentielle Ausgabedateien sortiert werden. Bei indexsequentiellen Ausgabedateien muß der RECORD KEY als erster Sortierschlüssel angegeben werden.*

27.3 Sortieren mit Ein- und Ausgabeprozeduren

In einer zweiten Version des SORT kann der Programmierer die zu sortierenden Datensätze vor der Übergabe an die Sortierroutine in einer sog. Eingabeprozedur bearbeiten. In dieser Prozedur können z.B. bestimmte Sätze für die Sortierung ausgewählt oder Inhalte von Datenfeldern verändert werden.

Nach Ablauf der Sortierung kann der Programmierer die Datensätze wieder in einer sog. Ausgabeprozedur bearbeiten. In dieser Prozedur können z.B. Summen gebildet werden.

Für die Übergabe der Datensätze an die Sortierroutine in der Eingabeprozedur muß der Spezialbefehl »RELEASE Datensatzname ...« eingesetzt werden. Die sortierten Datensätze werden mit dem Befehl »RETURN Sortierdateiname...« aus der Sortierdatei gelesen. Diese Technik muß in älteren SORT-Versionen für die Sortierung indexsequentieller Dateien eingesetzt werden.

SORT-Anweisung Format-2:

```
SORT  Sortierdateiname
   ON ASCENDING / DESCENDING KEY Datenname-1, Datenname-2, ...
   [WITH DUPLICATES IN ORDER]
   [COLLATING SEQUENCE IS Alphabet-Name]
   INPUT PROCEDURE IS  Section-Name-1 [THRU Section-Name-2]
   OUTPUT PROCEDURE IS Section-Name-3 [THRU Section-Name-4]
```

Es gelten die gleichen Regeln wie beim Format-1 SORT. In der INPUT PROCEDURE werden die Datensätze aus der Eingabedatei gelesen und mit der RELEASE-Anweisung an die Phase-1 der Sortierroutine übergeben. Die RELEASE-Anweisung entspricht einem WRITE-Befehl in die Sortierdatei.

Format:

```
RELEASE Datensatzname-1 [FROM Datenname-2]
```

Beispiel:

```
RELEASE SO-SATZ FROM F1-SATZ.
```

Datensatzname-1 ist der auf der Stufennummer 01 erklärte Satzname der Sortierdatei. Die wahlweise anzugebende FROM-Angabe entspricht einer MOVE-Anweisung.

In der OUTPUT PROCEDURE werden die sortierten Datensätze aus der letzten Phase der Sortierroutine mit der RETURN-Anweisung in das Anwendungsprogramm gelesen. Die RETURN-Anweisung entspricht einem READ-Befehl.

Format:

```
RETURN Sortierdateiname RECORD [INTO Datenname]
     AT END Befehlsfolge-1
     [NOT AT END Befehlsfolge-2]
[END-RETURN]
```

Beispiel:

```
RETURN SO-DATEI INTO F2-SATZ
   AT END GO TO SORT-END
END-RETURN
```

Die Sortierdatei muß in der FILE SECTION mit einer SD-Eintragung beschrieben sein. Der Zusatz INTO entspricht einer MOVE-Anweisung.

Die AT END-Angabe ist erforderlich. Die Befehle nach AT END bis zum abschließenden Punkt bzw. END-RETURN werden ausgeführt, wenn alle Datensätze übergeben sind. Wird ein Satz übergeben, wird die Befehlsfolge nach NOT AT END ausgeführt, falls vorhanden, und dann das Programm mit den Befehlen nach END-RETURN fortgeführt.

Programmbeispiel

Die Datensätze der Abrechnungsdatei SEQTEST.DAT sollen wie im ersten Beispiel sortiert werden. In der INPUT PROCEDURE sollen jedoch nur die Datensätze eines bestimmten Monats, der am Terminal eingegeben wird, übernommen werden. In der OUTPUT PROCEDURE soll der Gesamtumsatz dieses Monats ermittelt und ausgegeben werden. Die sortierten Sätze sollen in die Datei SEQSOR.DAT geschrieben werden. Die Anzahl der Eingabesätze, der an den SORT übergebenen Sätze und die Anzahl der in die Ausgabedatei geschriebenen Sätze sind zu zählen und auf dem Terminal anzuzeigen. Für die Sortierung wird eine individuelle Rangfolge der Zeichen festgelegt.

```
*******************************************************
 IDENTIFICATION DIVISION.
*******************************************************
 PROGRAM-ID.  SORTHELP.
****   SORTIERTEST mit INPUT/OUTPUT PROCEDURE ***
*********************************************************
 ENVIRONMENT DIVISION.
**********************************************************
 CONFIGURATION SECTION.
 SPECIAL-NAMES.
          DECIMAL-POINT IS COMMA
*         COPY ALPHA.COB.
         ALPHABET DEUTSCH-ALPHA IS
         "A" ALSO "a", "Ä" ALSO "ä",
         "B" ALSO "b", "C" ALSO "c",
         "D" ALSO "d", "E" ALSO "e",
         "F" ALSO "f", "G" ALSO "g",
         "H" ALSO "h", "I" ALSO "i",
         "J" ALSO "j", "K" ALSO "k",
         "L" ALSO "l", "M" ALSO "m",
         "N" ALSO "n", "O" ALSO "o",
```

```
          "Ö" also "ö",
          "P" ALSO "p", "Q" ALSO "q",
          "R" ALSO "r", "S" ALSO "s", "ß"
          "T" ALSO "t", "U" ALSO "u",
          "Ü" also "ü",
          "V" ALSO "v", "W" ALSO "w",
          "X" ALSO "x", "Y" ALSO "y",
          "Z" ALSO "z",
          "0" thru "9", " ".

   INPUT-OUTPUT SECTION.
   FILE-CONTROL.
*              COPY F1SEL.COB.
              SELECT  OPTIONAL F1-ABRECH-DATEI
   *** siehe SORTEST
*              COPY F1ASEL.COB.
              SELECT  F1A-DATEI
   *** siehe SORTEST
*              COPY SORSEL.COB.
              SELECT SO-DATEI
   *** siehe SORTEST
   ********************************************************
    DATA DIVISION.
   ********************************************************
    FILE SECTION.
*              COPY F1FD.COB.
   *** siehe SORTEST
*              COPY F1AFD.COB.
   *** siehe SORTEST
    SD      SO-DATEI.
*              COPY F1SOR.COB.
   *** siehe SORTEST
   ********************************************************
    WORKING-STORAGE SECTION.
   ********************************************************
    01 HILFS-FELDER.
       05    A-DATUM                  PIC 99.99.99.
       05    S1-DATUM                 PIC X(6).
       05    SN-DATUM REDEFINES S1-DATUM  PIC 9(6).
       05    F1-STAT           PIC XX  VALUE ZERO.
       05    F1A-STAT          PIC XX.
       05    SO-STAT           PIC XX VALUE ZERO.
       05    F1-ANZAHL         PIC S999 VALUE ZERO.
       05    F1-ABGELEHNT      PIC S999 VALUE ZERO.
```

```
      05    F1-SORT          PIC S999 VALUE ZERO.
      05    F1A-SORT         PIC S999 VALUE ZERO.
      05    F1A-ANZAHL       PIC S999 VALUE ZERO.
      05    S-MM             PIC 99 VALUE ZERO.
      05    S-UMSATZ         PIC S9(9)V99 VALUE ZERO.
      05    A-UMSATZ         PIC ZZZ.ZZZ.ZZ9,99-.
      05    A-ANZAHL         PIC ZZZ-.
      05    S-STRICH        PIC X(79) VALUE ALL  "-".

    01      TEXTE.
      05    TEXT-1          PIC X(40)       VALUE
            'Sortierfehler SORT STATUS =  '.
      05    TEXT-2          PIC X(40)       VALUE
            "Anzahl der gelesenen Sätze.....: ".
      05    TEXT-3          PIC X(40)       VALUE
            "Anzahl der abgelehnten Sätze...: ".
      05    TEXT-4          PIC X(40)       VALUE
            "Anzahl der SORT Eingabesätze...: ".
      05    TEXT-5          PIC X(40)       VALUE
            "Anzahl der SORT Ausgabesätze...: ".
*******************************************************
    PROCEDURE DIVISION.
*******************************************************
    SORTIER SECTION.
            DISPLAY (1, 1) ERASE.
            ACCEPT S1-DATUM FROM DATE.
            MOVE SN-DATUM   TO A-DATUM.
    SORT10.
          DISPLAY (1, 1)
          "*** Sortiertest mit INPUT/OUTPUT Procedure ***",
            A-DATUM.
            DISPLAY ( 2, 1) S-STRICH.
            DISPLAY (4, 5) "Auswahlmonat eingeben...: ".
            ACCEPT (4, 37) S-MM.
    SORT50.
            SORT SO-DATEI
              ON ASCENDING KEY SO-ART-NR,
              SO-KUNDEN-NR, SO-JJ, SO-MM, SO-TT
              COLLATING SEQUENCE DEUTSCH-ALPHA
            INPUT PROCEDURE IS EINGABE
            OUTPUT PROCEDURE AUSGABE.
    SORT90.
            IF SO-STAT  = "00"
                    NEXT SENTENCE
```

```
            ELSE
                    DISPLAY ( 15, 1) TEXT-1, SO-STAT
            END-IF.
            DISPLAY (21, 1) "SORT-ENDE".
            STOP RUN.
    EINGABE SECTION.
******* Vorprogramm -------------------------- +
            OPEN INPUT F1-ABRECH-DATEI.
    EINGABE20.
            READ F1-ABRECH-DATEI AT END
                 GO TO EINGABE90
            END-READ.
            ADD  1    TO F1-ANZAHL.
******* Selektion ***
    EINGABE30.
            IF F1-MM        = S-MM
                    RELEASE SO-SATZ FROM F1-SATZ
                    ADD 1   TO   F1-SORT
            ELSE
                    ADD 1   TO F1-ABGELEHNT
            END-IF.
            GO TO EINGABE20.
**** Eingabeende, Ausgabe der Kontrollsummen ---- +
    EINGABE90.
            MOVE 8  TO LIN.
            MOVE 5  TO COL.
            MOVE F1-ANZAHL  TO A-ANZAHL.
            DISPLAY (LIN, COL) TEXT-2, A-ANZAHL.
            ADD 1           TO LIN.
            MOVE F1-ABGELEHNT       TO A-ANZAHL.
            DISPLAY (LIN, COL) TEXT-3, A-ANZAHL.
            ADD 1   TO LIN.
            MOVE F1-SORT    TO A-ANZAHL.
            DISPLAY (LIN, COL) TEXT-4, A-ANZAHL.
            CLOSE F1-ABRECH-DATEI.
            DISPLAY (LIN + 1, COL) "SORTANFANG".
    SORT95.
            EXIT.
******** Ausgabeprozedur ---------------------- +
    AUSGABE SECTION.
    AUSGABE01.
*** Vorprogramm ****
            ADD 2   TO LIN.
            DISPLAY (LIN, COL) "AUGABEPROCEDURE".
```

```
                OPEN OUTPUT F1A-DATEI.
***** Übergabe vom SORT ******
        AUSGABE20.
                RETURN SO-DATEI INTO F1A-SATZ
                       AT END GO TO AUSGABE90
                END-RETURN.
                ADD F1A-UMSATZ TO S-UMSATZ.
        AUSGABE30.
                WRITE F1A-SATZ.
                ADD 1    TO F1A-ANZAHL.
                GO TO AUSGABE20.
**** Endverarbeitung ***
        AUSGABE90.
                ADD 1    TO LIN.
                DISPLAY (LIN, 1) S-STRICH.
                MOVE S-UMSATZ   TO A-UMSATZ.
                DISPLAY (16, COL)
                "Monatsumsatz ", S-MM, "...: ", A-UMSATZ.
                MOVE F1A-ANZAHL TO A-ANZAHL.
                DISPLAY (18, COL) TEXT-5, A-ANZAHL.
                DISPLAY (19, 1) "OUTPUT PROCEDURE ENDE".
                CLOSE F1A-DATEI.
        AUSGABE95.
                EXIT.
```

Programmerläuterung

Das Programm enthält die gleichen Dateibeschreibungen wie das erste Beispiel. Im Vorprogramm werden der Selektionsmonat eingelesen und Kontrollmeldungen auf dem Bildschirm ausgegeben. Aus der SORT-Anweisung im Paragraphen SORT50 wird die INPUT PROCEDURE vor der eigentlichen Sortierung automatisch mit einer Art PERFORM aufgerufen. Die INPUT PROCEDURE EINGABE wird nur einmal durchlaufen. Deswegen muß in dieser PROCEDURE eine Schleife zum Lesen, Selektieren und Übergeben der Datensätze programmiert werden (EINGABE20 bis EINGABE90). In der Endroutine der INPUT PROCEDURE (EINGABE90) werden Kontrollmeldungen ausgegeben.

Die OUTPUT PROCEDURE AUSGABE wird nach Ablauf der Sortierung automatisch mit einer PERFORM-Anweisung aufgerufen. Auch sie wird nur einmal durchlaufen. Deswegen muß wiederum eine Schleife für das Lesen aus der Sortierdatei, die Verarbeitung und das Schreiben in die Ausgabedatei programmiert werden. In der Endroutine der OUTPUT PROCEDURE (AUSGABE90) werden die verlangten Werte auf dem Bildschirm ausgegeben.

Nach Beendigung des SORT (Zeile 170 ff.) sollte immer das SORT STATUS-Feld geprüft werden, um Fehler abzufangen.

Ergänzung: *Das Mischen von INPUT/OUTPUT PROCEDURE-Angaben und der USING- und GIVING-Technik ist in einem Programm zulässig.*

27.4 MERGE-Anweisung

Mit der MERGE-Anweisung können zwei oder mehr, nach gleichen Kriterien *vorsortierte* Dateien zu einer Ausgabedatei zusammengefaßt werden. Das Mischen von sortierten Dateien benötigt erheblich weniger Maschinenlaufzeit als das Sortieren.

Format:

```
MERGE Sortierdateiname

   ON ASCENDING / DESCENDING KEY Datenname-1, Datenname-2, ...
   USING Dateiname-2, Dateiname-3, ...
   GIVING Dateiname-4
```

Es gelten die gleichen Formalvorschriften wie bei der SORT-Anweisung. Es ist ebenfalls möglich, mit einer INPUT und OUTPUT PROCEDURE zu arbeiten.

Kapitel 28

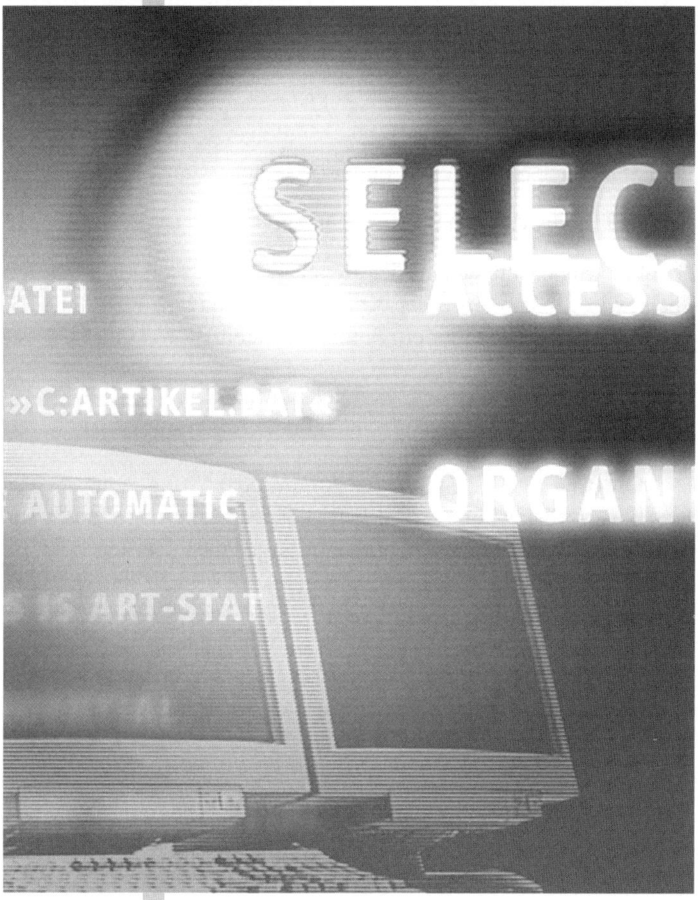

Eingebaute Funktionen

Ende 1989 verabschiedete die ANSI-Normungskommission eine neue Cobol-Erweiterung. In die Cobol-Sprache wurden sog. Intrinsic Functions (eingebaute Funktionen) aufgenommen, z.B. MIN (kleinster Wert einer Datenmenge), MAX (größter Wert), MEAN (Mittelwert), LOG (Logarithmus einer Zahl) und diverse Datumsfunktionen. Über 40 neue Funktionen stehen für mathematische und statistische Berechnungen und andere, häufig gebrauchte Programmroutinen zur Verfügung. Sie machen viele selbsterstellte Unterprogramme überflüssig.

Die allgemeine Syntax einer Funktion lautet:

```
FUNCTION  Funktionsname [ (Argument-1, Argument-2, ...) ]
```

Die Funktionen müssen in der Regel in Cobol-Befehle eingebettet werden. Als Trennzeichen zwischen den einzelnen Argumenten kann eine Leerstelle (Blank), ein Komma, gefolgt von einer Leerstelle, oder ein Semikolon, gefolgt von einer Leerstelle, verwendet werden.

Beispiel 1:

```
COMPUTE S-SUMME = FUNCTION SUM (1, 2, 3)
```

Die Funktion SUM ermittelt die Summe der Argumente, im Beispiel 1 + 2 + 3 = 6. Das Ergebnis wird im Feld S-SUMME gespeichert. Anstelle der Zahlen können auch Datennamen und Tabellen als Argumente angegeben werden. Die Funktion SUM wird später detailliert erläutert.

Beispiel 2:

```
MOVE FUNCTION UPPER-CASE (F1-NAME)  TO A-NAME
```

Die Funktion UPPER-CASE wandelt den Inhalt des angegebenen Datenfeldes in Großbuchstaben um.

Bei der Verwendung der Funktionen muß der Programmierer beachten, welcher Klasse die Funktion zugeordnet ist. Cobol unterscheidet folgende Funktionsklassen:

- *Alphanumerische Funktionen*
  Als Argumente dürfen alphanumerische Datenfelder (PIC X), Literale (»dies ist ein Text«) und die figurativen Konstanten (SPACE, LOW-VALUE usw.) verwendet werden. Die Funktionen liefern alphanumerische Ergebnisfelder. Diese Funktionen müssen in der Regel in MOVE- oder DISPLAY-Anweisungen eingebettet werden.

- *Numerische und ganzzahlige Funktionen*
  Als Argumente dürfen numerische oder bei bestimmten Funktionen nur ganzzahlig definierte Datenfelder (PIC 9), numerische Literale (+123), die figurative Konstante ZERO oder arithmetische Ausdrücke (FELD-A + FELD-B / 2) eingesetzt werden. Dabei können auch wieder Funktionen als Argumente verwendet werden, d.h. die Funktionen können geschachtelt werden. Die numerischen Funktionen müssen in der Regel in die COMPUTE-Anweisung eingebettet werden. In der IF-Anweisung können sie ebenfalls eingesetzt werden.

Bei einigen Funktionen ist die Zuordnung zu den Klassen nicht festgelegt, sondern richtet sich nach der Definition der Argumente.

Cobol legt automatisch bei der Bearbeitung einer Funktion interne Datenfelder (Register) für die Speicherung von Zwischenergebnissen an. Alle Berechnungen werden intern mit einer Genauigkeit von 18 Ziffern durchgeführt.

Der Cobol-Compiler übersetzt den Funktionsaufruf in eine entsprechende CALL-Anweisung und setzt die Argumente als Übergabeparameter ein.

Die folgende Zusammenstellung gibt einen Überblick über die neuen Funktionen. Ihre Arbeitsweise und Verwendung wird an einfachen Beispielen veranschaulicht.

Datumsfunktionen

CURRENT-DATE

Die Funktion liefert Datum, Uhrzeit und die Abweichung von der Greenwich-Zeit. Es wird kein Argument angegeben.

Beispiel:

```
01         WS-Datum-Ges.
 05         WS-Datum         PIC 9(8).
 05         Filler Redefines WS-Datum.
  10         WS-JJJJ         PIC 9(4).
  10         WS-MM         PIC 9(2).
  10         WS-TT         PIC 9(2).
 05         WS-Zeit.
  10         WS-Stunde         PIC 9(2).
  10         WS-Minute         PIC 9(2).
  10         WS-Sekunde        PIC 9(2).
  10         WS-Hundertstel    PIC 9(2).
 05         WS-Greenwich     PIC X.
 05         WS-Abweich-Std   PIC 9(2).
 05         WS-Abweich-Min   PIC 9(2).
```

Anmerkung: *Das Datumsfeld ist bereits so definiert, daß es auch in anderen Datumsfunktionen verwendet werden kann.*

```
MOVE FUNCTION CURRENT-DATE     TO WS-Datum-Ges.
```

Am 24. Dezember 1992, 19 Uhr 15 Min., 10 Sekunden, 0 Hundertstelsekunden in Deutschland würde das Feld WS-Datum folgenden Inhalt besitzen:

```
1 9 9 2 1 2 2 4 1 9 1 5 1 0 0 0 + 0 1 0 0
```

Das Feld »WS-Greenwich« bedeutet »Relation zur Greenwich-Zeit« Es enthält »+« oder »-« oder »0«.

»+« wenn die eigene Zeit vor der Greenwich-Zeit liegt. Da Deutschland bei Normalzeit eine Stunde vor der Greenwich-Zeit liegt, enthalten die Abweichungsfelder »+0100«.

»-« wenn die eigene Zeit hinter der Greenwich-Zeit liegt.

»0« wenn der Ort in der Zeitzone von Greenwich liegt.

Die Abweichungsfelder werden nur gefüllt, wenn das Betriebssystem über entsprechende Hilfsfunktionen verfügt und entsprechende Basiswerte gespeichert sind, andernfalls enthalten die Felder Nullen.

Die Datums- und Zeitwerte sind heute in internationalen Termingeschäften und im Flugverkehr wichtig.

WHEN-COMPILED

Die Funktion liefert Datum und Uhrzeit der Kompilation des Programms.

Beispiel:

```
01         Compile-Datum.
 05         Compile-JJJJ              PIC 9(4).
 05         Compile-MM                PIC 9(2).
 05         Compile-TT                PIC 9(2).
 05         Compile-Stunde            PIC 9(2).
 05         Compile-Minute            PIC 9(2).
 05         Compile-Sekunde           PIC 9(2).
 05         Compile-Hundertstel       PIC 9(2).

MOVE FUNCTION WHEN-COMPILED     TO Compile-Datum.
```

Bei der Übersetzung füllt der Compiler das Compile-Datum. Das Compile-Datum kann zur Ausführungszeit des Programms in einem Protokoll für Revisionszwecke ausgegeben werden, damit die Aktualität des Programms dokumentiert wird.

INTEGER-OF-DATE

Die Funktion liefert eine Dezimalzahl aus dem Datum der Form JJJJMMTT (Gregorianisches Kalenderformat). Die Zahl ist die Anzahl der Tage seit dem 31.12.1600 unter Berücksichtigung der Schaltjahre.

Format:

```
FUNCTION INTEGER-OF-DATE (Argument-1)
```

Argument-1 muß ein numerisch definiertes Datumsfeld im Format JJJJMMTT oder ein entsprechend ganzzahliges Literal sein.

Beispiel:

Datumsdefinition für CURRENT-DATE-Datum siehe oben.

```
01    Anzahl-Tage          PIC S9(9) Value Zero.
COMPUTE Anzahl-Tage = FUNCTION INTEGER-OF-DATE (WS-Datum)
```

Für den 3. November 1992 ergibt sich »143117« Das Datum muß numerisch mit 8 Stellen definiert sein. Mit dieser Funktion kann man sehr leicht die Differenz von Datumswerten ermitteln, was bisher sehr umständlich war. Für die Rückführung der Tageszahl in das Datum steht die Funktion DATE-OF-INTEGER zur Verfügung.

INTEGER-OF-DAY

Die Funktion liefert eine Dezimalzahl aus dem Datum der Form JJJJTTT (Julianisches Kalenderformat), die die Anzahl der Tage angibt, die seit dem 31.12.1600 vergangen sind.

Format:

```
FUNCTION INTEGER-OF-DAY (Argument-1)
```

Argument-1 muß ein numerisch definiertes Datumsfeld im Format JJJJTTT oder ein entsprechend ganzzahliges Literal sein.

Beispiel:

```
01    Datums-Felder.
 05    Julian-Datum        PIC 9(7).
 05    Filler Redefines Julian-Datum.
  10    Julian-JJJJ        PIC 9(4).
  10    Julian-TTT         PIC 9(3).
 05    Anz-Tage            PIC S9(9) Value Zero.
COMPUTE Anz-Tage = FUNCTION INTEGER-OF-DAY (Julian-Datum).
```

DATE-OF-INTEGER

Die Funktion wandelt eine Ganzzahl in ein Datum der Form JJJJMMTT um (Umkehrfunktion zu INTEGER-OF-DATE).

Format:

```
FUNCTION DATE-OF-INTEGER (Argument-1)
```

Argument-1 muß ein ganzzahlig definiertes numerisches Datenfeld oder ein entsprechend ganzzahliges Literal sein.

Beispiel:

Definition der Datenfelder siehe oben.

```
COMPUTE WS-Datum = FUNCTION DATE-OF-INTEGER (Anzahl-Tage)
```

Soll das Fälligkeitsdatum einer Rechnung bei 30 Tagen Zahlungsziel berechnet werden, können die Funktionen geschachtelt werden (RECH-DAT und FAELL-DAT müssen mit PIC 9(8) im gregorianischen Format definiert sein).

```
COMPUTE FAELL-DAT = FUNCTION DATE-OF-INTEGER (FUNCTION INTEGER-OF-DATE
(RECH-DAT + 30))
```

Für die Ausgabe muß das Datum dann noch in das deutsche Format TT.MM.JJJJ umgestellt werden.

DAY-OF-INTEGER

Die Funktion wandelt eine Ganzzahl in ein Datum der Form JJJJTTT um. Die Handhabung gleicht der Funktion DATE-OF-INTEGER.

Statistische Funktionen

MEAN

Die Funktion liefert den arithmetischen Mittelwert aus den Argumenten.

Format:

```
FUNCTION MEAN (Argument-1 [Argument-2] ... [Argument-n])
```

Argument-1 bis Argument-n müssen numerisch definierte Datenfelder oder numerische Literale sein.

Beispiel 1:

```
77 MITTELWERT           PIC S9(9)v99 Value Zero.
COMPUTE Mittelwert ROUNDED = FUNCTION MEAN (1, 3, 5)
```

MITTELWERT enthält nach Ausführung den Wert »3«. Intern berechnet Cobol den Wert mit 18 Dezimalstellen Genauigkeit. Für die Weiterverarbeitung und die Ausgabe des Mittelwertes muß der Programmierer Datenfelder definieren, die mit der gewünschten Genauigkeit abgestimmt sind. Interessant sind die statistischen Funktionen in Verbindung mit Tabellenverarbeitung. Die Ausgangsdaten werden in Tabellen gespeichert. Mit der Funktion MEAN können Sie den Mittelwert aus allen gespeicherten Werten ohne Laufschleifen berechnen.

Beispiel 2:

Der durchschnittliche Umsatz eines Vertreters soll ermittelt werden. Vertreternummer und Umsatz sind in Tabellenform gespeichert (vgl. Kapitel 16.6).

```
01        T-VERTR-TAB.
 05       T-VERTR-EL  OCCURS 80 DEPENDING ON I-VERTR-LAD.
  10      T-VERTR-NR          PIC X(4).
  10      T-VERTR-UMS         PIC S9(9)v99 COMP-3.
```

In dem Datenfeld I-VERTR-LAD wird beim Füllen festgehalten, wie viele unterschiedliche Vertreter in der Tabelle stehen. Der durchschnittliche Umsatz kann nun mit folgender Anweisung ermittelt werden:

```
COMPUTE Mittelwert = FUNCTION MEAN (T-VERTR-UMS (ALL))
```

Das Schlüsselwort ALL als Subskript bei T-VERTR-UMS bewirkt, daß nur die Umsätze bis zum Grenzwert I-VERTR-LAD in die Durchschnittsberechnung einbezogen werden. Die OCCURS DEPENDING ON-Klausel ist hier also sehr nützlich.

MAX

Die Funktion liefert den größten Wert aus den Argumenten.

Format:

```
FUNCTION MAX (Argument-1 [Argument-2] ... [Argument-n])
```

Argument-1 bis Argument-n können numerische oder alphanumerische Datenfelder oder entsprechende Literale sein. Wenn mehrere Argumente angegeben werden, müssen sie alle zur gleichen Datenklasse gehören.

Beispiel 1:

```
77    MaxWert         PIC S9(7)v99 VALUE ZERO.
COMPUTE MaxWert = FUNCTION MAX (1; 5; 3)
```

MaxWert enthält nach der Befehlsausführung »5«. Die COMPUTE-Anweisung muß verwendet werden, weil die Argumente der Funktion numerisch sind.

Beispiel 2:

```
77    MaxZeichen        PIC X.
MOVE FUNCTION MAX ("A", "B", "C")    TO MaxZeichen
```

MaxZeichen enthält nach der Befehlsausführung »C«, weil »C« im internen Code der Anlage (ASCII-Code) höherwertiger ist als »A« und »B«. Die MOVE-Anweisung kann verwendet werden, weil die Argumente der Funktion alphanumerisch sind.

Beispiel 3:

Der größte Umsatz aus der Vertretertabelle (s.o.) soll ermittelt werden.

```
COMPUTE MaxWert = FUNCTION MAX (T-VERTR-UMS (ALL))
```

Die figurative Konstante ALL als Index bewirkt wieder, daß die Umsätze bis zum Grenzwert I-VERTR-LAD in die Auswertung einbezogen werden.

Die Funktion MAX liefert allerdings nur den größten Wert, nicht die Position des Wertes in der Tabelle. Benötigt man auch diese Position, um z.B. die Nummer des Vertreters mit dem höchsten Umsatz anzuzeigen, muß zusätzlich die Funktion ORD-MAX zu Hilfe genommen werden.

ORD-MAX

Die Funktion liefert die Position bzw. den Index des größten Wertes.

Format:

```
FUNCTION ORD-MAX (Argument-1 [Argument-2] ... [Argument-n])
```

Argument-1 bis Argument-n können numerische oder alphanumerische Datenfelder oder entsprechende Konstanten sein. Die Funktion liefert als Ergebnis einen ganzzahligen Wert.

Beispiel:

```
77    Ind-Max         PIC S999 COMP VALUE ZERO.
```

Beispiel 1:

```
COMPUTE Ind-Max = FUNCTION ORD-MAX ("A", "X", "B")
```

Ind-Max enthält nach Ausführung des Befehls »2«, weil »X« im internen Code der Anlage höherwertiger als »A« und »B« ist.

Beispiel 2:

Die Vertreter-Umsatz-Tabelle sei wie oben definiert.

```
COMPUTE Ind-Max = FUNCTION ORD-MAX (T-VERT-UMS (ALL))
```

Der größte Umsatz mit der dazugehörigen Vertreternummer kann nun angezeigt werden.

```
DISPLAY T-VERTR-NR (Ind-Max), MaxWert
```

oder

```
DISPLAY T-VERTR-NR (Ind-Max), T-VERTR-UMS (Ind-Max)
```

MIN

Die Funktion liefert den kleinsten Wert aus den Argumenten. Es gelten die gleichen Regeln wie bei der Funktion MAX.

ORD-MIN

Die Funktion liefert die Position des kleinsten Wertes. Es gelten die gleichen Regeln wie bei ORD-MAX.

MEDIAN

Die Funktion liefert den Median (Zentralwert) aus den Argumenten. Der Median wird ermittelt, indem die Werte ihrer Größe nach sortiert werden und der Zentralwert herausgezogen wird. Auf beiden Seiten des Medians liegen gleichviel niedrigere wie höhere Werte. Der Median ist neben dem Mittelwert eine weitere aussagekräftige Größe zur statistischen Beschreibung der Daten.

Format:

```
FUNCTION MEDIAN (Argument-1 [Argument-2] ... [Argument-n])
```

Die Argumente müssen numerisch definierte Datenfelder oder numerische Literale sein. Es können beliebig viele Datenfelder hintereinander aufgezählt oder in Tabellen untergebracht werden.

Beispiel:

```
77    ZentralWert         PIC S9(9)v99 COMP-3 Value Zero.
COMPUTE ZentralWert = FUNCTION MEDIAN (T-VERT-UMS (ALL))
```

Die Vertreterumsatztabelle ist oben definiert. Bei ungerader Anzahl von Argumenten (I-VERTR-LAD ist ungerade) ist das Ergebnis der Wert, der genau in der Mitte aller nach Größe sortierten Argumente (d.h. Umsätze) liegt.

Bei gerader Anzahl von Argumenten gibt es kein mittleres Feld. Der Median wird nun künstlich ermittelt, indem die Werte der beiden mittleren Felder addiert werden und die Summe durch 2 dividiert wird.

RANGE

Die Funktion liefert den Abstand zwischen dem MAX- und dem MIN-Wert aus den Argumenten.

Beispiel 1:

```
77    STREUBREITE    PIC S9(9)v99 Value Zero.
COMPUTE STREUBREITE ROUNDED = FUNCTION RANGE (1; 5; 3; 2)
```

STREUBREITE enthält als Ergebnis »4«.

Beispiel 2:

```
COMPUTE Streubreite = FUNCTION RANGE (T-VERTR-UMS (ALL))
```

Die Streubreite wird ermittelt, indem der kleinste Wert in der Tabelle vom größten Wert abgezogen wird.

MIDRANGE

Die Funktion liefert den Mittelwert aus dem größten (MAX) und dem kleinsten (MIN) Wert der Argumente. Dazu wird der kleinste Wert (MIN) vom größten Wert (MAX) subtrahiert und das Ergebnis durch 2 dividiert. Es gelten die gleichen Regeln wie bei RANGE.

VARIANCE

Die Funktion liefert die Varianz als Maß für die Streuung um den Mittelwert. Die Varianz wird ermittelt, indem man die Abstände der einzelnen Werte vom Mittelwert berechnet, diese Abstände quadriert und daraus wieder einen Mittelwert berechnet. Die genauen Formeln und die Bedeutung der Varianz können in Statistik-Lehrbüchern nachgelesen werden.

Beispiel:

```
77 VARIANZ    PIC S9(13)v9(5) COMP-3 Value Zero.
COMPUTE VARIANZ ROUNDED = FUNCTION VARIANCE (T-VERTR-UMS(ALL))
```

Die Varianz aus den in der Tabelle gespeicherten Vertreterumsätzen wird ermittelt. Die VARIANZ sollte mit ausreichender Stellenzahl definiert werden, da sie leicht sehr große Werte annimmt.

STANDARD-DEVIATION

Die Funktion liefert die Standardabweichung aus den Argumenten als Maß für die Streuung der Werte um den Mittelwert. Die Standardabweichung ist die Wurzel aus der Varianz. Es gelten die gleichen Regeln wie bei der Funktion VARIANCE.

Beispiel:

```
77 Standardabweichung    PIC S9(9)v9(5) Value Zero.
COMPUTE Standardabweichung ROUNDED = FUNCTION STANDARD-DEVIATION
    (T-VERTR-UMS (ALL))
```

SUM

Die Funktion liefert die Summe aus den Argumenten.

Format:

```
FUNCTION SUM (Argument-1 [Argument-2] ... [Argument-n])
```

Die Argumente müssen numerisch definierte Datenfelder oder entsprechende Literale sein. Es dürfen beliebig viele Argumente hintereinander aufgezählt oder in Tabellenform untergebracht werden.

Beispiel:

```
77 Ges-Umsatz        PIC S9(11)v99 COMP-3 Value Zero.
COMPUTE Ges-Umsatz = FUNCTION SUM (T-VERTR-UMS (ALL))
```

Der Gesamtumsatz aus den Tabellenwerten braucht bei Verwendung dieser Funktion nicht mit einer Laufschleife ermittelt zu werden.

RANDOM

Die Funktion liefert eine Zufallszahl zwischen 0 und 1. Die Random-Funktion wird oft für die Simulation verwendet.

Format:

```
FUNCTION RANDOM [(Argument)]
```

Argument muß, falls angegeben, gemäß ANSI-Norm eine ganze Zahl zwischen 0 und 32767 sein. Wird die RANDOM-Funktion wiederholt mit dem gleichen Argument eingesetzt, dann erhält man die gleiche Folge von Zufallszahlen. Wird das Argument weggelassen, wird ein vom Compilerhersteller bestimmter Defaultwert (Vorgabewert) als Argument verwendet.

Wünscht man bei jedem Programmlauf eine andere Folge von Zufallszahlen, muß man jedesmal eine andere Zahl als Argument einsetzen. Häufig wird diese Zahl aus der Systemzeit, die bei jedem Programmlauf anders ist, ermittelt und als Argument eingesetzt.

Beispiel:

```
77    ZufallsZahl    PIC 9v999999999999 COMP-3 Value Zero.
MOVE FUNCTION CURRENT-DATE    TO WS-Datum-Ges.
COMPUTE ZufallsZahl = FUNCTION RANDOM (WS-Sekunde).
```

Die Definition des Feldes WS-Datum finden Sie bei der Funktion CURRENT-DATE.

Mathematische und finanzmathematische Funktionen

SIN

Die Funktion liefert den SINUS eines Winkels. Der Winkel muß im Bogenmaß angegeben werden. Ist der Winkel in Grad bekannt, muß er erst in das Bogenmaß umgerechnet werden, indem man den Wert durch 180 dividiert und mit PI multipliziert.

Beispiel:

Der Sinus eines Winkels von 45 Grad soll bestimmt werden.

```
78    PI    Value 3,141592653589793238.
77    Grad              PIC 999v999 Value 45.
77    SinusWert          PIC 9v9999 COMP-3 Value Zero.
COMPUTE SinusWert ROUNDED = FUNCTION SIN (PI * Grad / 180)
```

SINUSWERT enthält nach Ausführung des Befehls »0,7071«.

ASIN

Die Funktion liefert den ARCUS-SINUS des Arguments, d.h. den Winkel im Bogenmaß zu einem gegebenen SINUS-Wert. Will man den Winkel in Grad, muß das Bogenmaß wie oben umgerechnet werden. ASIN ist die sog. Umkehrfunktion zu SIN.

Beispiel:

Gesucht ist der Winkel in Grad zum Sinus von 0,7071.

```
COMPUTE Grad ROUNDED = (FUNCTION ASIN (0,7071)) * 180 / PI
```

GRAD enthält nach Ausführung des Befehls »45,000«.

COS

Die Funktion liefert den COSINUS eines Winkels, der im Bogenmaß angegeben werden muß; sonst wie die Funktion SIN.

ACOS

Die Funktion liefert den ARCUS-COSINUS des Arguments, d.h. den Winkel im Bogenmaß zu einem Cosinuswert; sonst wie die Funktion ASIN.

TAN

Die Funktion liefert den TANGENS eines Winkels. Es gelten die gleichen Regeln wie für die SIN-Funktion.

ATAN

Die Funktion liefert den ARCUS-TANGENS des Arguments; sonst wie ASIN.

FACTORIAL

Die Funktion liefert die Fakultät (n!) aus dem Argument. Das Argument muß ganzzahlig und größer null sein.

Beispiel:

```
5! = 1 * 2 * 3 * 4 * 5 = 120
77    Ergebnis        PIC S9(18) COMP.
COMPUTE Ergebnis = FUNCTION FACTORIAL (5)
```

Anmerkung: *Die Fakultät einer Zahl wird selten direkt benötigt. Die Fakultät wird aber computerintern in den Näherungsformeln für die Bestimmung von SIN, COS, LOG und anderen Werten verwendet.*

LOG

Die Funktion liefert den natürlichen Logarithmus (zur Basis e) des Arguments.

Beispiel:

Der natürliche Logarithmus der Zahl 10 soll ermittelt werden.

```
77    Log-Nat        PIC S9(9)v9(5) COMP-3 Value Zero.
COMPUTE Log-Nat ROUNDED = FUNCTION LOG (10)
```

LOG-NAT enthält nach Ausführung »2,30259«. Als Argument in der LOG-Funktion kann auch ein numerisch definiertes Datenfeld oder ein arithmetischer Ausdruck eingesetzt werden.

LOG10

Die Funktion liefert den dekadischen Logarithmus (zur Basis 10) des Arguments; sonst gelten die gleichen Regeln wie bei der Funktion LOG.

INTEGER

Die Funktion liefert eine ganze Zahl, die kleiner oder gleich dem Argument ist.

Beispiel 1:

```
77 GanzZahl         PIC S9(9) Value Zero.
COMPUTE GanzZahl = FUNCTION INTEGER (10,4)
```

GANZZAHL enthält nach Befehlsausführung »10«.

Beispiel 2:

```
COMPUTE GanzZahl = FUNCTION INTEGER (-10,4)
```

GANZZAHL enthält nach Befehlsausführung »-11«, da der nächstkleinere ganzzahlige Wert ermittelt wird. Bei positiven Argumenten werden die Nachkommastellen abgeschnitten, bei negativen Argumenten wird die nächste kleinere Zahl ausgegeben. Dies ist zu beachten, insbesondere wenn arithmetische Ausdrücke oder Datenfelder als Argumente eingesetzt werden.

INTEGER-PART

Die Funktion liefert den ganzzahligen Anteil der Zahl im Argument. Die Funktion arbeitet ähnlich wie INTEGER.

Beispiel 1:

```
77 GanzZahl         PIC S9(9) Value Zero.
COMPUTE GanzZahl = FUNCTION INTEGER-PART (10,4)
```

GANZZAHL enthält nach Befehlsausführung »10«.

Beispiel 2:

```
COMPUTE GanzZahl = FUNCTION INTEGER-PART (-10,4)
```

GANZZAHL enthält nach Befehlsausführung »-10«, da nur der ganzzahlige Teil des Arguments abgeschnitten wird. Welche Funktion, INTEGER oder INTEGER-PART, verwendet wird, hängt von der konkreten Aufgabenstellung ab.

MOD

Die Funktion liefert den ganzzahligen Rest einer MODULO-Division. Dieser Wert wird oft bei der Berechnung von sog. Prüfziffern benötigt. Die MODULO-Division kann nur mit ganzzahligen Argumenten durchgeführt werden.

Erläuterung:

```
1 MODULO 3 = 1; d.h. 1 dividiert durch 3 ergibt 0 Rest 1
2 MODULO 3 = 2; d.h. 2 dividiert durch 3 ergibt 0 Rest 2
3 MODULO 3 = 0; d.h. 3 dividiert durch 3 ergibt 1 Rest 0
4 MODULO 3 = 1; d.h. 4 dividiert durch 3 ergibt 1 Rest 1
5 MODULO 3 = 2; d.h. 5 dividiert durch 3 ergibt 1 Rest 2
```

usw.

Format:

```
FUNCTION MOD (Argument-1  Argument-2)
```

Beispiel:

```
COMPUTE Rest = FUNCTION MOD (4; 3)
```

REST enthält nach der Befehlsausführung »1«. Argument-1 muß eine ganze Zahl sein. Argument-1 ist die zu teilende Zahl (Dividend). Argument-2 muß ebenfalls ganzzahlig sein. Argument-2 ist der Divisor. Er darf nicht Null sein.

REM

Die Funktion liefert den Divisionsrest (Remainder) aus der Division. Die Funktion arbeitet ähnlich wie die MOD-Funktion. Dividend und Divisor müssen nicht ganzzahlig sein. Es gilt die gleiche Syntax.

```
FUNCTION REM (Argument-1 Argument-2)
```

Der Rest wird mit maximal 18 Stellen ermittelt. Das Datenfeld muß entsprechend definiert werden.

SQRT

Die Funktion liefert die Quadratwurzel aus dem Argument.

Syntax:

```
FUNCTION SQRT (Argument-1)
```

Beispiel:

```
COMPUTE Wurzel = FUNCTION SQRT (9)
```

Argument-1 muß eine positive Zahl oder ein numerisches Datenfeld mit positivem Inhalt oder ein arithmetischer Ausdruck sein, dessen Ergebnis eine positive Zahl ist. Das Ergebnis wird mit maximal 18 Stellen Genauigkeit geliefert.

ANNUITY

Diese finanzmathematische Funktion liefert die Annuität (jährlich gleichbleibende Zahlung) zur Tilgung einer Schuld bei einem bestimmten Zinssatz. Die Annuität ist die Summe aus Zinsen und Tilgung. Der Zins- und Tilgungsanteil ändert sich mit jeder Zahlung, wobei der Zinsanteil am Annuitätenbetrag sinkt und der Tilgungsanteil entsprechend steigt. Die finanzmathematische Berechnung und Bedeutung der Annuität kann in Lehrbüchern nachgelesen werden.

Format:

```
FUNCTION ANNUITY (Argument-1 Argument-2)
```

Argument-1 gibt den Prozentsatz (p/100) an, zu dem die Schuld zu verzinsen ist. 5% müssen als 0,05 angegeben werden. Der Zinssatz muß während der Laufzeit konstant bleiben.

Argument-2 gibt die Laufzeit des Kredits in Jahren an. Argument-2 muß ganzzahlig und positiv sein.

Der Kapitalbetrag wird nicht in der Funktion angegeben, sondern die Annuität wird für den Standardwert von DM 1,- berechnet. Die Annuität einer beliebigen Schuld erhält man, wenn man den errechneten Betrag mit dem konkreten Schuldbetrag multipliziert.

Beispiel:

Der jährlich gleichbleibende Zahlungsbetrag zur Tilgung einer Schuld von DM 5.000,– soll bei einem Zinssatz von 5% p.a. und 10 Jahren Laufzeit berechnet werden.

```
77 Zahlung         PIC Z.ZZZ.ZZ9,99-
COMPUTE Zahlung ROUNDED = FUNCTION ANNUITY (0,05; 10) * 5000,00
```

ZAHLUNG enthält nach Ausführung des Befehls DM 647,52.

PRESENT-VALUE

Die Funktion liefert den Gegenwartswert (Barwert) einer später fälligen Schuld bei einem bestimmten Zinssatz (Diskontierung).

Format:

```
FUNCTION PRESENT-VALUE (Argument-1 Argument-2 ... Argument-n)
```

Argument-1 gibt den Prozentsatz (p/100) bzw. Diskontsatz an, zu dem alle anschließend aufgeführten Zahlungsbeträge diskontiert werden sollen. 5% ist als 0,05 anzugeben.

Argument-2 bis Argument-n gibt die nachschüssigen (d.h. am Jahresende zu leistenden) jährlichen Zahlungsbeträge an, deren Barwert zu bestimmen ist.

Beispiel:

Der Barwert der drei nachschüssig zu leistenden Zahlungen von DM 100,–, DM 200,– und DM 300,– ist bei einem Zinssatz von 5% p.a. zu ermitteln.

```
77 Barwert         PIC S9(9)v99 Value Zero.
COMPUTE Barwert ROUNDED = FUNCTION PRESENT-VALUE (0,05; 100; 200; 300)
```

Anstelle der Zahlen können selbstverständlich numerisch definierte Datenfelder in der Funktion eingesetzt werden. Bei umfangreichem Datenmaterial ist es sinnvoll, die Werte in Tabellenform zu speichern. Eine Tabelle kann an Stelle von Argumente-2 bis Argument-n angegeben werden.

Beispiel:

```
77    Prozent         PIC S9v9999 Value 0,075. <* 7,5 % p.a. Zinsen
01    T-TAB-GES.
 05    T-Zahlung OCCURS 1 TO 50 DEPENDING ON IND-Z.
  10    T-Betrag          PIC S9(9)v99 Comp-3 Value Zero.
```

Die Tabelle muß im Programm mit den Zahlungsbeträgen gefüllt werden. In IND-Z wird festgehalten, wie viele Werte in der Tabelle stehen. Der Barwert kann nun ermittelt werden mit:

```
COMPUTE Barwert ROUNDED = FUNCTION PRESENT-VALUE
                      (Prozent; T-BETRAG (ALL))
```

Der fiktive Index ALL bewirkt, daß alle Beträge bis zum Grenzwert IND-Z in die Barwertberechnung einfließen.

Sonstige Funktionen

CHAR

Die Funktion liefert das Zeichen zu einer angegebenen Ordnungszahl (Ganzzahl) zwischen 1 und 256. Umkehrfunktion zu ORD (s.u.).

Format:

```
FUNCTION CHAR (Argument-1)
```

Argument-1 muß zwischen 1 und 256 liegen. Die Ordnungszahl eines Zeichens wird durch den maschineninternen Code der Anlage bestimmt. Im ASCII-Code ergeben sich beispielsweise folgende Werte:

Ordnungszahl	Binäre Darstellung	Zeichen
001	0000 0000	LOW-VALUE, nicht darstellbar
002	0000 0001	internes Steuerzeichen, nicht darstellbar
049	0011 0000	Ziffer 0
050	0011 0001	Ziffer 1
066	0100 0001	A
067	0100 0010	B

Beispiel:

```
DISPLAY FUNCTION CHAR (66)
```

ergibt das Zeichen »A« auf dem Bildschirm. Mit Hilfe dieser Funktion können alle Sonderzeichen des Computers erzeugt werden. Die Ordnungszahl eines Zeichens, d.h. die Wertigkeit beim Sortieren, kann in Cobol durch den PROGRAM COLLATING SEQUENCE-Zusatz in der ENVIRONMENT DIVISION beeinflußt werden. Arbeitet man mit diesem Zusatz, können andere als die oben angegebenen Zeichen auf dem Bildschirm erscheinen. Auch im EBCDI-Code ergeben sich andere Zeichen.

ORD

Die Funktion liefert die Ordnungszahl (Reihenfolgenummer) zwischen 1 und 256 eines Zeichens im Zeichensatz.

Format:

```
FUNCTION ORD (Argument-1)
```

Argument-1 muß ein einzelnes Zeichen oder ein einstelliges alphanumerisches Datenfeld sein.

Beispiel:

```
77    Ord-Zahl          PIC 999 Value Zero.
COMPUTE Ord-Zahl = FUNCTION ORD ("A")
```

liefert »066« als Ordnungszahl des Zeichens »A«, wenn der Computer im ASCII-Code arbeitet. Mit Hilfe dieser Funktion kann der Programmierer die Sortierfolge der Zeichen überprüfen, wenn er mit der PROGRAM COLLATING SEQUENCE-Klausel die Wertigkeit der einzelnen Zeichen verändert oder das Programm auf einem anderen Computersystem mit einem anderen internen Code laufen läßt.

UPPER-CASE

Die Funktion wandelt den Inhalt eines Datenfeldes in Großbuchstaben um.

Format:

```
FUNCTION UPPER-CASE (Argument-1)
```

Argument-1 muß ein alphanumerisch oder alphabetisch definiertes Datenfeld oder ein entsprechendes Literal sein.

Beispiel:

```
77    A-TEXT          PIC X(10).
Move FUNCTION UPPER-CASE ("abcde123")    TO A-Text
```

In A-TEXT steht nach Befehlsausführung »ABCDE123«. An Stelle des konstanten Textes kann auch ein alphanumerisch definiertes Datenfeld im Funktionsaufruf angegeben werden. Die deutschen Sonderzeichen »äöüß« werden von der Funktion nicht umgesetzt. Sie können nach Ausführung der Funktion mit INSPECT ... REPLACING umgesetzt werden.

Beispiel:

```
INSPECT A-TEXT REPLACING "äöü" BY "ÄÖÜ".
```

LOWER-CASE

Die Funktion wandelt den Inhalt eines Datenfeldes in Kleinbuchstaben um. Es gelten die gleichen Regeln wie bei UPPER-CASE.

REVERSE

Die Funktion überträgt die Zeichen in dem Datenfeld (Argument) von rechts nach links in das Ergebnisfeld.

Format:

```
FUNCTION REVERSE (Argument-1)
```

Argument-1 muß ein alphanumerisch oder alphabetisch definiertes Datenfeld oder ein entsprechendes Literal sein.

Beispiel:

```
77    A-TEXT         PIC X(10).
MOVE FUNCTION REVERSE ("abcde123") TO A-TEXT
```

In A-TEXT steht nach Ausführung des Befehls »__321edcba« (_ bedeutet Leerzeichen (SPACE)).

LENGTH

Die Funktion liefert die Länge eines Datenfeldes.

Format:

```
FUNCTION LENGTH (Argument-1)
```

Argument-1 muß ein Datenname aus der DATA DIVISION des Programms sein. Ist Argument-1 eine Tabelle mit dem OCCURS DEPENDING ON-Zusatz, wird die Länge aus dem aktuellen Inhalt der Tabelle ermittelt. Bei den übrigen Datenfeldern wird die Länge aus der Datendefinition angegeben.

Beispiel:

```
77    TEXT-FELD         PIC X(20) VALUE SPACE.
77    LAENGE            PIC 9(02) VALUE ZERO.
MOVE "abc123"         TO TEXT-FELD.
COMPUTE LAENGE = FUNCTION LENGTH (TEXT-FELD).
```

LAENGE enthält als Ergebnis »20«, also die definierte Länge, nicht »6«, wie man auch erwarten könnte.

NUMVAL

Die Funktion liefert den numerischen Wert (Zahl) aus einem editierten Feld (De-Editing). Punkte, Komma, Vorzeichen und andere Füllzeichen werden aus dem Feld entfernt.

Format:

```
FUNCTION NUMVAL (Argument-1)
```

Argument-1 muß ein alphanumerisches Datenfeld oder ein entsprechendes Literal sein. Das Ergebnis ist eine Zahl mit maximal 18 Ziffern.

Beispiel:

```
77 Zahl         PIC S9(5)v99 Value Zero.
COMPUTE Zahl = FUNCTION NUMVAL ("+2.123,45")
```

Nach Ausführung des Befehls steht in ZAHL »212345«. Vorzeichen und Dezimalkomma werden entsprechend der Cobol-Vorschrift in dem Datenfeld gespeichert. Die Funktion entspricht im wesentlichen der MOVE-Anweisung.

NUMVAL-C

Die Funktion liefert den numerischen Wert aus einem editierten Feld mit Währungszeichen.

Format:

```
FUNCTION NUMVAL-C (Argument-1 [Argument-2])
```

Argument-1 muß ein alphanumerisches Datenfeld oder Literal sein, das Druckaufbereitungszeichen und das Währungssymbol enthalten kann. Argument-2 muß das Währungszeichen enthalten, z. B. »DM«, wenn nicht das Standardsymbol »$« verwendet wird.

Beispiel:

```
COMPUTE Zahl = FUNCTION NUMVAL-C ("DM 1.456,78 CR"; "DM")
```

Nach Ausführung der Anweisung steht in ZAHL »-0145678«

Kapitel 29

Einführung in die objektorientierte und ereignisgesteuerte Programmierung

Die Erstellung von grafischen Bedieneroberflächen (Graphical User Interface GUI), bei denen der Bediener durch Mausklick oder Tastendruck am Terminal den Ablauf steuern und unterschiedlichste Aktionen ausführen kann, führt in der herkömmlichen Cobol-Programmiertechnik zu erheblichen Schwierigkeiten. In modernen Dialoglösungen hat der Bediener viele Freiheitsgrade. Er kann während der Dateneingabe in ein Bildfeld durch Anklicken von Symbolen oder Objekten auf dem Bildschirm neue Aktionen auslösen, ohne einen Arbeitsschritt abzuschließen. Er kann neue Prozesse starten und andere Leistungen des Computersystems nutzen, dann wieder an die alte Stelle zurückkehren und genau dort weiterarbeiten, wo er die Arbeit unterbrochen hatte. Die Aktionen des Bedieners lassen sich nicht mehr wie in der prozeduralen Programmiertechnik genau festlegen, sondern der Bediener hat viele Freiheiten. Diese Freiheit des Bedieners läßt sich durch die neue objektorientierte und ereignisgesteuerte Programmierung einigermaßen beherrschen. Micro Focus Dialog System erweitert den Cobol-Standard mit neuen objektorientierten Elementen, damit komplexe Dialogverarbeitung mit grafischen Bedieneroberflächen programmtechnisch relativ einfach beherrscht werden kann.

In objektorientierten Programmiersprachen (OO-Programmiersprachen) wird mit vielen neuen Begriffen gearbeitet, die in ähnlicher Form bereits in herkömmlichen Programmiersprachen enthalten waren.

29.1 Objekte

Im Prinzip wird in objektorientierten Sprachen alles als Objekt bezeichnet. Selbst Programme werden Objekte (Programm-Objekte) genannt. Dies erleichtert zwar die Beschreibung von Zusammenhängen, da man sich nicht mehr präzise ausdrücken muß, sondern allgemein immer nur von Objekten wie von »Dingsbums« reden kann. Es trägt aber nicht zur Verständlichkeit des Sachverhalts bei, wenn in den Dokumentationen Sätze zu finden sind wie »Mit Objekten können Sie Objekte bearbeiten«. Der Satz sagt soviel aus wie »Mit Dingsbums kann man Dingsbums machen«. Konkrete Objekte sind z. B.:

- Ein umrahmtes Eingabefeld auf dem Bildschirm (Rechteck bzw. Entry Field):

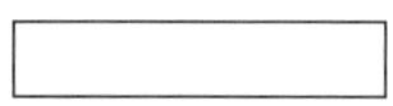

- Eine Textbox:

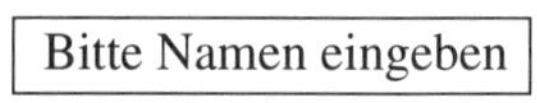

- Eine Schaltfäche:

- Ein komplettes Formular (**Container**- oder **Window-Objekt**), das viele einzelne Objekte enthalten kann:

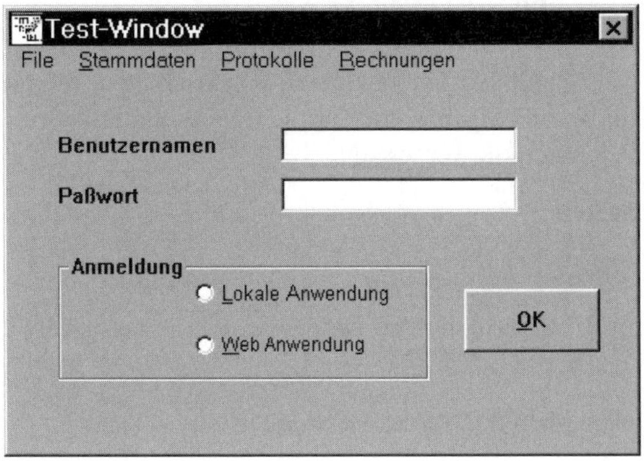

Bild 29.1: Container- oder Window-Objekt mit eingebetteten Objekten

Objekt ist ein *allgemeiner Oberbegriff* für alle möglichen Dinge. So heißt es neuerdings statt Datei »Datei-Objekt«, statt Daten »Daten-Objekt«, statt Liste »Berichts-Objekt« usw. Objekte werden charakterisiert durch ihre *Eigenschaften*. Jedes Objekt hat genau bestimmte (»wohl definierte«) Eigenschaften, die in der Regel in einem *Objektbeschreibungssatz* gespeichert sind. Das Objekt *Rechteck* hat z.B. die *Eigenschaften*:

- Position der linken oberen Ecke auf dem Bildschirm in x,y-Koordinaten,
- Länge der Seiten a und b in mm,
- Linienart der Seiten, z.B. gepunktet, durchgezogen oder gestrichelt,
- Dicke der Linien in mm,
- Farbe der Linien,
- Füllfarbe des Rechtecks usw.

In primitiven objektorientierten Sprachen muß der Programmierer die umfangreiche Objektbeschreibung mühsam als Programmtext eintippen und speichern, in guten Systemen wird der Entwickler von Assistenten und Editoren unterstützt (Micro Focus: Wizard-Programme = Zauber- oder Genie-Programme). Der Programmierer klickt Musterobjekte (auch Klassenobjekte oder *Klassen* genannt) in der Werkzeugleiste an und wählt die Attribute aus Vorschlagslisten aus. Der Programmierer erzeugt eine *Instanz* der Klasse, d.h. ein konkretes Abbild des Musterobjektes für seine Anwendung. Dieses Abbild wird auch als Objekt bezeichnet.

Jedes Objekt kann beim Anlegen einen Namen erhalten (analog einem Daten- oder Variablennamen), über den es angesprochen und bearbeitet werden kann. MF Dialog System unterstützt Sie beim Anlegen und Verwalten der Objekte. In der folgenden Beschreibung werden grafische Objekte für die Gestaltung von Bedieneroberflächen behandelt, da sie hauptsächlich in NetExpress eingesetzt werden. Datenbank-Objekte, Datenzugriffs-Objekte u.a.m. mit ihren Besonderheiten werden vernachlässigt.

29.2 Attribute, Eigenschaften oder Properties

Die Attribute beschreiben das Objekt. Jedes Objekt hat bestimmte Eigenschaften, die die Entwickler der Sprache festlegen. Auch die zulässigen Werte für die Eigenschaften bestimmen die Entwickler. Die Attribute können unterteilt werden in

Beschreibende oder Layout-Eigenschaften

Sie bestimmen Art und Aussehen des Objektes, z. B.:

X-/Y-Koordinaten des Objektes auf dem Bildschirm in Pixel oder Millimeter (analog LINE/ COLUMN in der SCREEN SECTION), z. B.:

`Xpos=10` (Abstand in mm von der linken oberen Ecke des Fensters)
`Ypos=5`
Farbe:
`ForegroundColor=16`
Schriftart:
`Type=TimesNewRoman`
usw.

Diese Eigenschaften werden manchmal auch als STYLES- oder FORMAT-Eigenschaften bezeichnet. Das Cobol-Runtime-System DSGRUN.EXE, das zur Ausführungszeit im Speicher sein muß, stellt die Objekte entsprechend ihrer Beschreibung dar. Der Dialog-Editor unterstützt den Programmierer bei der Erstellung der Objektbeschreibung. Der Programmierer kann das Objekt mit den üblichen Windows-Techniken (markieren und ziehen) auf dem Bildschirm positionieren, Größe und Aussehen verändern u. a.m. Der Dialog-Editor erzeugt die Objektbeschreibung, die in das Anwendungsprogramm mit dem COPY-Befehl übernommen werden muß. Alternativ kann die Objektbeschreibung manuell mit den integrierten Hilfsprogrammen erstellt werden. Dieses schreibaufwendige Verfahren ist nicht zu empfehlen.

Dateneigenschaften (NetExpress Cobol: Master Field)

Sie bestimmen über diese Eigenschaft, was in dem Objekt dargestellt werden soll. Der Programmierer legt ähnlich wie in der SCREEN SECTION über die Zusätze FROM, TO oder USING über die Daten-Eigenschaften fest, welche Datenfelder oder auch Bilder in dem Objekt angezeigt und bearbeitet werden sollen. In NetExpress definieren Sie über die Eigenschaft (Property) *Master field*, welche Werte in dem Objekt erscheinen sollen. In älteren Object Cobol-Versionen muß der Programmierer das Einstellen und Auslesen der Werte in bzw. aus Bildobjekten mühsam manuell programmieren. In Internetformularen wird diese Eigenschaft VALUE-Property genannt.

Ereignissteuernde Eigenschaften (NetExpress: Dialogeigenschaften und Connections)

Sie bestimmen das Verhalten des Objekts zur Ausführungszeit, z. B.

```
OnMousKlick=Uprol
```

d.h. beim Anklicken des Objektes mit der Maus wird automatisch die Prozedur Upro1 aufgerufen. Die OnMousKlick-Eigenschaft bestimmt das Verhalten bei dem Ereignis. Das Runtime-System ruft die Programmbausteine (auch *Methoden* oder *Ereignisprozeduren* genannt) mit einer Art CALL-Anweisung auf, überwacht ihre Ausführung und wartet ständig auf neue Ereignisse. Am Ende der Ereignisprozedur geht die Steuerung wieder an das Runtime-System zurück. Es prüft bei jedem Ereignis, z.B. anhand der aktuellen Cursorposition, für welches Objekt das Ereignis gilt.

Jede OO-Sprache unterstützt bestimmte Ereignisse und damit verbundene Eigenschaften.

Der NetExpress-Dialog-Editor hilft dem Programmierer bei der Einstellung dieser Eigenschaften. Klicken Sie im Fenster *Dialog System* auf <Edit> / <Connections>, dann erscheint eine Liste mit den zulässigen Ereignis-Eigenschaften für das markierte Objekt. Die Ereignisprozeduren können Sie in der von Micro Focus entwickelten, von Cobol abweichenden Programmiersprache schreiben.

29.3 Ereignisse oder Events

Sie beeinflussen und steuern den Programmablauf. Die Anwendung muß/kann auf die Ereignisse reagieren, z.B. ein Mausklick auf die Schaltfläche <OK> oder ein Tastendruck oder eine Menüauswahl oder eine Cursorbewegung in einem Bildfeld. In Cobol-85 gab es nur das ESCAPE-Ereignis, z.B.

```
ACCEPT Bild ON ESCAPE Perform Upro
```

Im Unterprogramm *Upro* konnte der Programmierer prüfen, welche Taste der Bediener betätigt hatte, und dann entsprechende Maßnahmen codieren.

NetExpress unterstützt ca. 100 verschiedene Ereignisse bei den Objekten, z.B.

GOT-FOCUS	Tritt ein, wenn der Cursor in das Feld/Objekt gesetzt wird.
LOST-FOCUS	Tritt ein, wenn der Cursor aus dem Feld/Objekt geht.
BUTTON-SELECTED	Tritt ein, wenn der Bediener eine Schaltfläche anklickt
WINDOW-CREATED	Tritt ein, wenn ein Fenster oder eine Dialogbox (Formular) erzeugt wird.
WINDOW-MOVED	Tritt ein, wenn das Fenster verschoben wird.
CLOSED-WINDOW	Tritt ein, wenn das Fenster geschlossen wird.
ESC	Escape-Ereignis; tritt ein, wenn der Bediener die Taste <Esc> betätigt.

Markieren Sie am einfachsten im Fenster *Dialog Definition* das Ereignis in der Liste *Event Name...,* die erscheint, wenn Sie die Schaltfläche <Events> anklicken, und klicken Sie dann auf die Schaltfläche <Help>. Das Ereignis wird mit Beispielen erläutert.

Für jedes Ereignis können Sie eine Ereignisprozedur (in Object Cobol auch Methode genannt) erstellen. NetExpress leitet den Namen der Ereignisprozedur automatisch aus dem Namen des Ereignisses ab und verbindet die Prozedur mit dem Objekt. Dazu müssen Sie im Dialog-Entwurfsbildschirm das Objekt markieren und im Kontextmenü <Dialog ...> wählen. Es erscheint das Fenster *Dialog Definitions*, in dem Sie über das Ikon <Events> das Ereignis auswählen und die Ereignisprozedur erstellen können.

In jeder neuen Version einer OO-Sprache werden in der Regel neue Ereignisse und entsprechende Eigenschaften zugelassen und abgefangen. Die Bezeichnung der Ereignisse ist nicht einheitlich.

In welcher Reihenfolge die Ereignisprozeduren ausgeführt werden, läßt sich nicht mehr vorherbestimmen, sondern hängt von den Aktionen des Bedieners ab. Dies führt dazu, daß man anhand des Programmtextes nichts mehr über die Richtigkeit der Programmlösung aussagen kann. Insbesondere in Verbindung mit der Vererbungstechnik (s.u.) entsteht eine aus klassischer Sicht nicht mehr revisionsfähige Lösung.

Für Interessierte sei hier vermerkt, daß jedes Ereignis einen sog. *Interrupt* auslöst, der vom Betriebssystem (DOS/Windows) in Zusammenarbeit mit dem *Runtime-System* (RTS) der OO-Programmiersprache nach den üblichen Regeln der Interruptsteuerung bearbeitet wird. Ein ausgeklügeltes RTS, das zur Ausführungszeit der Programme ständig im Speicher steht und in Zusammenarbeit mit dem Betriebssystem die Darstellung der Objekte (Bilder, Listen) auf dem Bildschirm bzw. Drucker vornimmt und die Bedienereingaben verarbeitet, gehört zwingend zu jedem OO-Programmiersystem. Das RTS prüft bei jedem Ereignis, wo, d.h. bei welchem Objekt, und wann das Ereignis aufgetreten ist und ruft dann automatisch die entsprechenden Programmbausteine (auch Methoden oder Prozeduren genannt) auf, sofern der Programmierer welche erstellt hat.

29.4 Prozeduren

Dies sind unselbständige Unterprogramme, die in NetExpress vom Runtime-System (DSGRUN) automatisch aufgerufen und wie ein konventionelles Programm abgearbeitet werden, wenn das entsprechende Ereignis eintritt. Diese Programme werden deshalb oftmals auch als *Ereignisprozeduren* oder *Event-Procedure* oder *Event-Handler* bezeichnet. Sie müssen nach einem bestimmten Formalismus aufgebaut werden, damit das Zusammenspiel mit dem Runtime-System funktionieren kann. Die Prozeduren sind über die Eigenschaften (s.o.) an das Objekt gekoppelt und werden automatisch in den Speicher geladen und gestartet, wenn das Objekt aktiviert wird. Am Ende der Prozedur wird die Steuerung wieder an das Runtime-System zurückgegeben.

Beispiel:

```
* Ereignisprozedur für eine Befehlsschaltfläche in NetExpress
BUTTON-SELECTED
* <Ende> Button
* Ausgabe einer Kontrollmeldung in einer MessageBox
```

```
       INVOKE-MESSAGE-BOX MBOX1
       MOVE "1" ENDEMERKER
* Rücksprung zum Mutterprogramm
       RETC
*---Ende der Ereignisprozedur -----
```

Micro Focus hat für das Erstellen von Ereignisprozeduren eine eigene Programmiersprache mit ca. 100 neuen Befehlen entwickelt (Dialog System Functions), mit denen Sie notwendige Maßnahmen einleiten, gegebenenfalls auch Cobol-Programme mit CALLOUT aufrufen können. In den älteren Object Cobol-Versionen werden die Ereignisprozeduren auch als Methoden bezeichnet. In sog. Klassenprogrammen werden spezielle Methoden geschrieben, um auf Ereignisse zu reagieren. In Internetformularen können Sie die Ereignisprozeduren in JavaScript schreiben.

29.5 Methoden

Dies sind Programmbausteine bzw. Unterprogramme, gespeichert in speziellen Programmdateien, den sog. Klassenprogrammen, zur Bearbeitung des Objekts, z.B. Anzeigen oder Löschen eines Fensters (Anmerkung: In früheren Cobol-Versionen wurden die Ereignisprozeduren auch als Methoden bezeichnet, da sie formal den gleichen Aufbau wie die Objekt-Bearbeitungsprozeduren hatten). Methoden werden in Object Cobol mit der INVOKE-Anweisung aufgerufen. Methoden für das Objekt Rechteck können z.B. sein:

Zeichnen: Zeichnet eine Rechteck entsprechend seinen Attributen auf den Bildschirm.

Verschieben: Verschiebt das Rechteck auf dem Bildschirm; der Verschieben-Methode müssen die neuen Koordinaten übergeben werden.

Zoomen: Verändert die Größe des Rechtecks; die neuen Maße müssen der Zoomen-Methode übergeben werden.

Löschen: Entfernt das Rechteck vom Bildschirm.

Jedes Objekt muß einen Mindestumfang an Methoden haben, damit man sinnvoll mit ihm arbeiten kann.

INVOKE funktioniert wie die CALL-Anweisung. In der INVOKE-Anweisung spezifiziert der Programmierer stark vereinfacht den Namen des Objektes, das bearbeitet werden soll, und den Namen der Methode (Hinweis: Aus technischen Gründen muß in Object Cobol eine kompliziertere Syntax eingesetzt werden, die später erläutert wird.)

```
INVOKE Objektname  „Methodenname"
z.B.
INVOKE Rechteck „Zeichnen"
```

Vielen Methoden müssen oder können beim INVOKE-Aufruf Argumente wie beim CALL-Befehl übergeben werden, andere Methoden liefern Ergebnisse zurück, die Sie in Ihrer Anwendung auswerten können. Der Aufruf kann beispielsweise lauten:

```
INVOKE Rechteck „Zeichnen" Using XPos, YPos, LengthA, LengthB, Color RETURNING
Status
```

XPos, *YPos* sind die X/Y-Koordinatien der linken oberen Ecke des Rechtecks, *LengthA*, *LengthB* die Länge der Seiten in Millimeter usw. Die Argumente »Zeichnen XPos, YPos, ...« werden in Micro Focus Object Cobol als Botschaften (*Messages*) bezeichnet, die an das Objekt »Rechteck« gesendet werden, damit es seine Leistungen erbringen kann. Anzahl, Reihenfolge und Datentypen der Übergabedaten müssen genauestens eingehalten werden, sonst kann das Objekt bzw. die Methode nicht die Leistung erbringen, und das Runtime-System stürzt in der Regel ab.

NetExpress bietet nahezu 300 vorgefertigte Methoden für die Bearbeitung der Objekte (Windows, Textboxen, Schaltflächen usw.). Zusätzlich haben Sie noch über 100 sog. Funktionen in der *Dialog System*-Programmiersprache, die oftmals die gleichen Leistungen erbringen, so daß man vor lauter Bäumen den Wald nicht mehr sieht. Sie können auch eigene Objekte und Methoden entwickeln, die Sie in sog. Klassenprogrammen ablegen müssen. Die Methoden werden von ihrer Funktion her in zwei Gruppen eingeteilt:

Klassenmethoden

Objekt- oder Instanzmethoden

Klassenmethoden sind im wesentlichen Programmbausteine zum Erzeugen und Verwalten einer Kopie, neuerdings auch »Klone« genannt, eines Musterobjekts für eine konkrete Anwendung, z.B. Erzeugen der Kopie eines allgemeinen Musterrechteckts für ein Formular. Im Prinzip wird Speicherplatz für den *Objektbeschreibungssatz*, in dem die Attribute abgelegt werden müssen, vom Betriebssystem angefordert und die Adressierung so eingerichtet, daß man später den Objektbeschreibungssatz bzw. die Attribute ansprechen kann und die vorgefertigten Methoden, wie Zeichnen des Rechtecks usw., nutzen kann. Um diese Speicherverwaltung brauchte man sich in der klassischen Cobol-Programmierung nicht zu kümmern. Die Klassenmethode zum Erzeugen einer sog. Objekt-Instanz wird in der Regel »NEW« genannt, z.B.

```
INVOKE RechteckKlasse „NEW" RETURNING NeuRechteck
```

RechteckKlasse ist hier der Name der Klasse bzw. des Klassenprogramms. In der Variablen *NeuRechteck* steht ein Adreßverweis (object reference) auf den Speicherbereich, in dem die Beschreibung des neuen Rechtecks abgelegt wird. Ein erneuter Aufruf dieser Methode im Programm erzeugt ein weiteres Rechteck. Die Methode »NEW« für die dynamische Speicheranforderung zur Laufzeit gehört zum Basis-Befehlsvorrat einer objektorientierten Programmiersprache. Selbstverständlich braucht man auch wieder eine Methode, um den Speicherbereich freizugeben, wenn er nicht mehr benötigt wird, da sonst der Arbeitsspeicher mit nicht mehr benötigten Daten überfüllt würde. Diese Methode heißt in Object Cobol FINALIZE, z.B.

```
INVOKE NeuRechteck „FINALIZE"
```

löscht den Speicherbereich des Objektbeschreibungssatzes und gibt ihn wieder frei. In neueren Cobol-Versionen wird der Speicher automatisch beim STOP RUN freigegeben. Die Klassenmethoden NEW und FINALIZE stehen als Spracherweiterung in MF-Cobol zur Verfügung. In NetExpress müssen Sie kaum noch Klassenmethoden einsetzen, sondern der Formular-Assistent erzeugt automatisch den entsprechenden Code. Sie müssen nur die Musterobjekte (Textfelder, Listenfelder usw.) in der Objekt-Paletten-Leiste, manchmal auch Toolbox-Leiste genannt, des MF-Dialog-Systems anklicken und in den Entwurfsbereich des Bildschirms ziehen. Wenn Sie den Formularentwurf speichern, erzeugt das MF-Dialog-System ein Rahmenprogramm mit den entsprechenden Aufrufen der Klassenmethoden. In dieses umfangreiche Rahmenprogramm können Sie dann die Verarbeitungsbefehle einbetten.

Objekt- oder Instanzmethoden sind im wesentlichen Programme für die Bearbeitung des erzeugten Objektes, z.B. Setzen der Maße des Rechteck, d.h. Zuweisung von Werten an die Attribute des Objekts, oder Anzeigen des Objekts. Die entsprechende Methode kann lauten:

```
INVOKE NeuRechteck „SHOW"
```

Im Aufruf der Objektmethoden muß immer der Verweis, die sog. *Objekt Referenz*, auf ein konkretes Objekt angegeben werden (hier: *NeuRechteck*), da in einer Anwendung mehrere gleichartige Objekte existieren können. Jedes Objekt muß sinnvolle Methoden anbieten. Die Leistungen der einzelnen Methoden und Art und Anzahl der Übergabeargumente sind der Dokumentation zu entnehmen. In MF NetExpress Cobol können Sie auch eigene Methoden entwickeln und eine komplette Anwendung objektorientiert entwickeln. Sie müssen sich allerdings an einen neuen Formalismus in Cobol gewöhnen. Für Standard-Objekte wie Fenster (Window), Formulare (Dialogbox), Bearbeitungsfelder (Entry Fields) usw. liefert Micro Focus die entsprechenden Objektmethoden.

Beachten Sie, daß jeder Aufruf der Methode »NEW« eine neue Kopie des Objektbeschreibungssatzes im Speicher anlegt. Wenn Sie mehrere gleiche Objekte im Programm benötigen, müssen Sie die Objektreferenzen selbst verwalten. Wenn durch einen Fehler in der Ablauflogik des Anwendungsprogramms die NEW-Methode mehrfach durchlaufen wird, ist der Speicher schnell voll.

29.6 Vererbung

Bisher mußten gleiche Datendefinitionen und Programmtexte, die in mehreren Programmen eingesetzt werden sollten, in einer Copy-Datei gespeichert und zur Compile-Zeit mit COPY in den Programmtext kopiert werden. Dies führte dazu, daß der gleiche Programmtext in mehreren Programmen vorhanden war. Mit der neuen Vererbungstechnik, die über den INHERITS FROM-Zusatz in Cobol-Programmen eingesetzt werden kann, können Sie diese Doppelarbeit vermeiden. Sie können ein übergeordnetes Programm erstellen (Elternprogramm), in dem die allgemeinen Datendefinitionen und die mehrfach verwendeten Methoden stehen. Im untergeordneten Programm (Kindprogramm) schreiben Sie »INHERITS FROM Elternprogramm«. Rufen Sie aus einem anderen Programm via INVOKE das Kind-

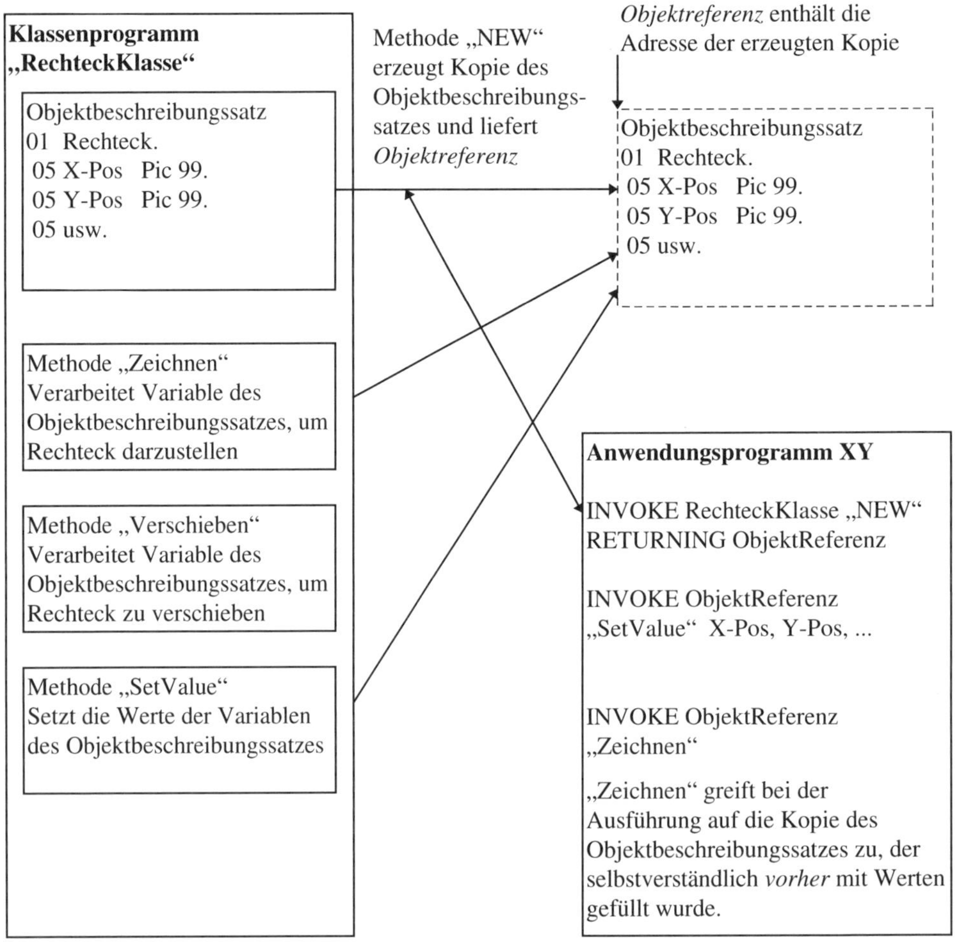

Bild 29.2: Klassenprogramme und Methoden

programm bzw. die Methode auf und das Runtime-System (RTS) findet die Methode nicht im Kindprogramm, sucht das RTS automatisch in dem Elternprogramm nach der Methode und führt sie aus. Der INHERITS-Zusatz kann über mehrere Vererbungsebenen geschachtelt werden. Das RTS sucht immer weiter nach oben in der Hierarchie der Klassen, bis eine entsprechende Methode gefunden wird. Der Vererbungsmechanismus kann allerdings nicht in normalen Cobol-Programmen eingesetzt werden, sondern nur in den neuen Klassenprogrammen, die eine etwas andere Struktur als herkömmliche Cobol-Programme haben. Die Vererbung ist vergleichbar mit den Suchpfaden im Betriebssystem.

Die Vererbung kann über mehrere Generationen gehen, d.h. steht im Mutterprogramm

```
INHERITS FROM GrossMutter
```

stehen dem Kindprogramm auch die Methoden des Klassenprogramms *GrossMutter* zur Verfügung. Dabei durchsucht das RTS die Hierarchie von unten nach oben. Findet das RTS z.B. die Methode »SHOW« nicht im Mutterprogramm *Rechteck,* geht es in der Hierarchie automatisch weiter zum Klassenprogramm *GrossMutter* und sucht dort. Erst wenn in der gesamten Vererbungshierarchie die Methode nicht gefunden wird, tritt ein Runtime-Fehler auf. In der mitgelieferten MF-Klassenprogrammbibliothek wird sehr viel mit dem Vererbungsmechanismus über viele Ebenen gearbeitet, um möglichst wenig Programmcode zu schreiben. Dies führt aber manchmal dazu, daß von irgendwelchen Klassenprogrammen, die man überhaupt nicht benutzen wollte, unerklärliche Fehlermeldungen kommen, weil sie fälschlicherweise durch den Vererbungsmechanismus aufgerufen wurden. Außerdem erschwert der Vererbungsmechanismus das Lesen des Programmtextes, da man nicht weiß, in welchen Klassenprogrammen welche Methoden zu finden sind. Ohne die Hilfe des *Class Browsers* ist man rettungslos verloren.

Beim Einsatz von NetExpress brauchen Sie sich kaum noch um den Vererbungsmechanismus zu kümmern. Die Assistenten setzen die entsprechenden INHERITS-Zusätze in die Rahmenprogramme ein, damit die Anwendung ausgeführt werden kann.

29.7 Klassen und Klassenprogramme

Eine Klasse ist eine Menge von Objekten, die alle die gleichen Datenfelder (Attribute) und die gleichen Methoden haben, deren Datenfeldinhalte (Attributwerte) jedoch unterschiedlich sein können, z.B. die Klasse der Rechtecke, dabei kann jedes Rechteck anderen Maße und Farben haben. Für die Bearbeitung von solchen gleichartigen Objekten können Sie ein allgemeines Programm erstellen, das die Datenfelder (Attribute) in allgemeiner Form enthält und Befehlsfolgen für die üblichen Verarbeitungsschritte wie Zeichnen des Rechtecks, Verschieben des Rechtecks auf dem Bildschirm, Ändern von Größe und Farbe des Rechtecks. Diese Befehlsfolgen für die Verarbeitung werden Methoden genannt. Das allgemeine Programm wird üblicherweise Klassenprogramm genannt. Es muß in Cobol einen bestimmten formalen Aufbau haben und kann nicht selbständig ausgeführt werden, da die Datenfelder noch keine Werte haben. Sie können die Leistungen des Klassenprogramms nur über den INVOKE-Befehl aufrufen, wobei Sie konkrete Werte als Argumente über den USING-Zusatz übergeben müssen. Ein Klassenprogramm ist praktisch ein Container für die allgemeinen Daten eines Objektes und für die Methoden zur Bearbeitung des Objekts.

Verwirrenderweise bezeichnet nun Micro Focus in seinen älteren Dokumentationen generell die Klassenprogramme als Klassen. Die Menge gleichartiger Objekte wird mit »Class Object (Klassenobjekte)« bezeichnet. Microsoft nennt die Klassenprogramme »Klassenmodule« und gleichartige Objekte »Klasse«. In der Dokumentation zu NetExpress hat sich Micro Focus weitgehend dem Sprachgebrauch von Microsoft angepaßt.

Eine besondere Klasse sind die **Steuerelemente** (Controls) in Formularen (Microsoft Sprachgebrauch) bzw. Dialogboxen (Micro Focus Sprachgebrauch). Sie können nicht selbständig agieren, sondern müssen immer in ein Containerobjekt, z.B. ein Formular oder einen Bericht, eingebettet sein. Wenn Sie das Containerobjekt manipulieren, z.B. anzeigen, verschieben oder schließen, wirkt dies automatisch auf alle eingebetteten Objekte.

Beim Einsatz von NetExpress können Sie weitgehend auf die Entwicklung von Klassenprogrammen und Methoden verzichten, da das MF-Dialog-System viele Hilfsprogramme enthält, die es Ihnen ermöglichen, schnell eine grafische Bedieneroberfläche interaktiv am Bildschirm zu entwickeln. Auf Knopfdruck werden die erforderlichen Definitionen und Aufrufe der Klassenprogramme generiert. Diese Programme sind in der MF Class Library abgelegt. Wenn Sie Ihre Anwendung mit dem Animator ausführen, können Sie die Verschachtelung und Verkettung der MF-Klassenprogramme erkennen. In den Vorgängerversionen von NetExpress mußte der Programmierer viele dieser Definitionen und Aufrufe selbst codieren. Die von Micro Focus entwickelten, objektorientierten Klassenprogramme laufen unter NetExpress im Hintergrund ab und erbringen die Leistungen für Ihre Anwendung. Wenn die Cobol-Norm für die objektorientierte Programmierung endgültig verabschiedet wird, erzeugt NetExpress den genormten Cobol-Code.

Kapitel 30

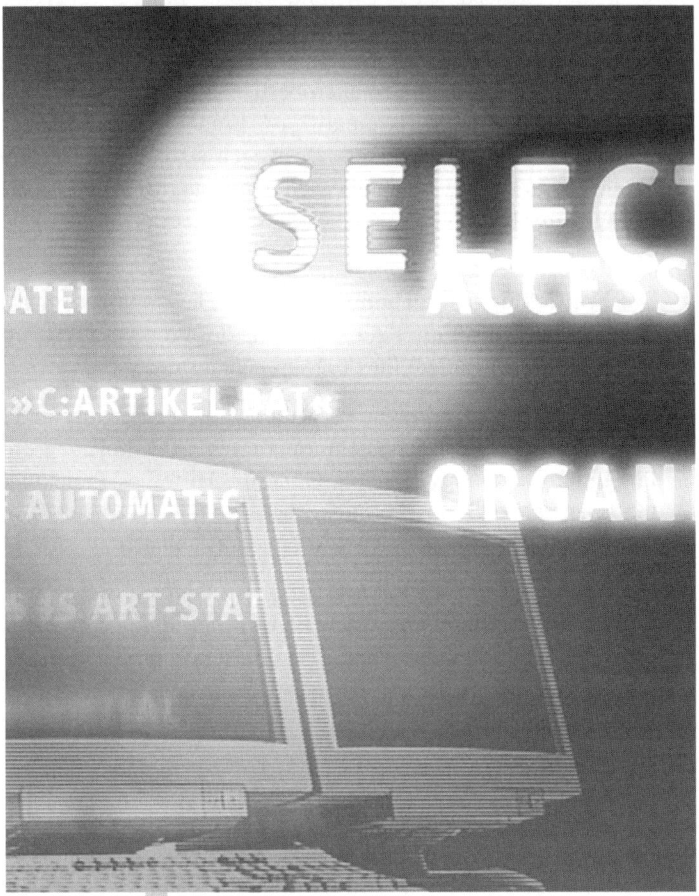

Entwicklung von grafischen Bedieneroberflächen mit NetExpress

30.1 Überblick

Bevor wir uns mit den Einzelheiten der Cobol-Spracherweiterungen für die Gestaltung von grafischen Bedieneroberflächen und objektorientierter Programmierung auseinandersetzen, soll anhand eines einfachen Beispiels ein grober Überblick vermittelt werden. Bei der Gestaltung von grafischen Bedieneroberflächen haben Sie wesentlich mehr Möglichkeiten als bei der textorientierten Terminal-Ein-/Ausgabe. Man kann sich unmöglich alle Schlüsselwörter und Einstellungen merken. Deswegen sind Assistenten unerläßlich, bei denen man die Werte aus Vorschlagslisten übernehmen kann. Micro Focus NetExpress stellt zahlreiche Hilfsprogramme bereit, die die Arbeit wesentlich erleichtern. NetExpress enthält unter anderem:

- Die **Entwicklungsumgebung** (Integrated Development Environment IDE), aus der Sie menügesteuert den Editor zur Erstellung des Programmtextes, den Compiler und Animator aufrufen können, um Ihr Programm zu testen.
- Eine **Projektprogramm** zur Verwaltung aller Programm- und Datendateien, die zu einer Anwendung gehören. In objektorientierten GUI-Projekten entstehen sehr schnell viele Programm- und Copy-Dateien. Ohne die Hilfe des Projektverwaltungsprogramms verliert man schnell den Überblick über die vielen Dateien. Für jedes Projekt, selbst das kleinste, sollten Sie ein eigenes Verzeichnis anlegen.
- **Dialog System**, mit dem Sie Fenster und Dialogboxen (Formulare) inklusive Ereignisprozeduren interaktiv entwerfen können und den erforderlichen Cobol-Programmcode erzeugen lassen können. Dialog System erzeugt und speichert die grafische Benutzerschnittstelle als sog. *Screenset*, das Sie aus dem Cobol-Anwendungsprogramm einfach aufrufen können.
- **Menü-Editor**, mit dem Sie Menüleisten und Pop-up-Menüs erzeugen können inklusive der Verarbeitungslogik zum Aufruf von Unterprogrammen.
- **Form Designer**, ein Werkzeug zur Entwicklung von Benutzerschnittstellen für Internet-Anwendungen. Mit dem Form Designer können Sie interaktiv Web-Formulare und die zur Verarbeitung erforderlichen CGI-Programme in Cobol erstellen (CGI = Common Gateway Interface, eine Vereinbarung, wie Verarbeitungsprogramme aus Internetformularen heraus gestartet werden können)
- **Solo**, ein Hilfsprogramm, um Web-Anwendungen lokal auf Ihrem Computer zu testen.

Mit weiteren Werkzeugen können Sie Datenbankzugriffe über die ODBC-Schnittstelle (ODBC = Open Database Connectivity, ein von Microsoft entwickelter Standard) entwikkeln und Ihre Anwendung optimieren.

30.2 Anwendungsbeispiel

Das Beispielprogramm soll wie das Programm in Kapitel 2 aus Menge, Einzelpreis und Mehrwertsteuerprozentsatz den Nettowarenwert, die Mehrwertsteuer und den Bruttopreis berechnen. Dabei soll der Bediener den Mehrwertsteuerprozentsatz aus einer Vorschlagsliste auswählen können. Die Dialogbox (Micro Focus Terminologie) bzw. das Formular (Microsoft-Terminologie) soll folgendermaßen aussehen:

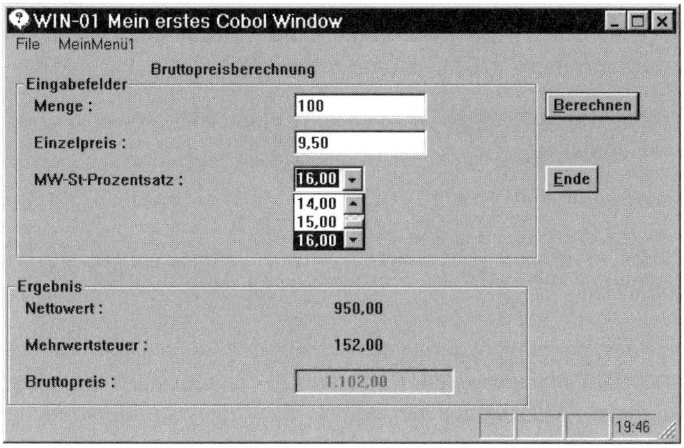

Das Formular für die Ein- und Ausgabe der Daten und die Dialogsteuerung werden mit dem MF Dialog System entwickelt, die Berechnung erfolgt in einem Cobol-Programm, dem die Daten übergeben werden müssen, wenn der Bediener die Schaltfläche <Berechnen> anklickt. Die Ergebnisse werden wieder dem Dialog System zur Ausgabe übergeben.

Die Realisierung muß in mehreren Schritten erfolgen.

- Anlegen eines Windows-GUI-Projektes mit den MF-Hilfsprogrammen (Wizard-Programme)
- Entwickeln der Dialogbox mit dem Dialog-Editor
- Definition des Datenblocks mit den sog. Master Fields für die Datenübergabe an das Cobol-Anwendungsprogramm
- Erstellen von Ereignisprozeduren für die Reaktion auf Bedieneraktionen
- Erzeugen des Cobol-Programmskeletts der Anwendung mit der Verbindung zum MF Dialog System
- Einfügen der Cobol-Verarbeitungsbefehle oder CALL-Befehle in das Programmskelett
- Übersetzen und Testen der Anwendung

Dabei kann es sinnvoll sein, zwischen den einzelnen Schritten hin- und herzuspringen.

30.3 Anlegen des Projekts

Starten Sie NetExpress und wählen Sie im Verwaltungsfenster <File> / <New> / <Project> / <Windows GUI Project>. Geben Sie in den Dialogfeldern des Assistenten nacheinander die Werte ein:

Name des Projekts, z.B. *Brutto*,

Ordner (Folder oder Directory) des Projektes, z.B. *C:\Brutto*.

Namen des Screensets, d.h. den Namen der Datei, die die Formular-, Daten- und Dialogdefinitionen für die Dialogsteuerung aufnimmt, z.B. *C:\Brutto\Brutto.GS*

Generelles Aussehen der Fenster, wie Statuszeile, Menüleiste usw. Klicken Sie in dem Dialogfeld auf die entsprechenden Optionen.

Namen des Cobol-Rahmenprogramms, z.B. BRUTTO.CBL

> **Hinweis:** *Erscheint die Option <Windows-GUI-Projekt> nicht im Projektfenster, müssen Sie diese Option nachinstallieren.*

Nach Fertigstellung erscheint das Projektverwaltungsfenster mit den Namen der automatisch erzeugten Dateien und deren Abhängigkeiten, dargestellt in einer Baumstruktur. Der Assistent erstellt eine Projektdatei .APP, in der NetExpress die Projektstruktur und die Namen und Zugriffspfade der zum Projekt gehörenden Dateien und ihre Abhängigkeiten automatisch speichert. Diese Projektdatei .APP müssen Sie in den folgenden Sitzungen eröffnen, wenn Sie die Programme und Formulare bearbeiten wollen. Markieren Sie dann im Projektfenster die zu bearbeitende Datei und wählen Sie im Kontextmenü die Bearbeitungsart aus.

30.4 Entwicklung des Formulars bzw. der Dialogbox

> **Anmerkung:** *Wenn Sie bereits wissen, welche Datenfelder Sie in das Formular aufnehmen wollen, ist es sinnvoll, zuerst die Datendefinition für die Master Fields, über die die Eingabedaten an die Anwendung übergeben werden, vorzunehmen. Die Formate der Bildfelder werden dann automatisch an die Datendefinitionen der Master Fields angepaßt. Sie können aber auch erst die Steuerelemente im Formularentwurf plazieren und dann nachträglich den Datenblock definieren. In diesem Fall müssen Sie nach der Datendefinition erneut den Formularentwurf aufrufen und die Bindung an die Master Fields festlegen.*

30.4.1 Definition des Datenblocks für das Formular

Sofern der Projektassistent noch nicht das Dialog-System gestartet hat, können Sie es im Projektfenster durch einen Doppelklick auf die Screenset-Datei *Brutto.GS* starten. Alternativ können Sie auch im Fenster *Project Brutto.APP* <Tools> / <Dialog System> anklicken und die Screenset-Datei laden.

Wählen Sie im Menü des Dialog-Systems <Screenset> / <Data Block>. Der Daten-Editor wird gestartet. Alle Ein- und Ausgabefelder im Formular können Sie mit Datenfeldern in Ihrem Programm verbinden (sog. gebundene Steuerelemente, wie beim FROM- / TO- / USING-Zusatz in der Screen Section). Das Dialog-System überträgt automatisch die in das Bildfeld eingetippten Werte in das gebundene Datenfeld Ihres Programmes. Geben Sie ähnlich wie in der DATA DIVISION des Cobol-Programms die Datendefinitionen ein. Sie können über den Schalter <Toggle Entry Syntax Mode> in der Werkzeugleiste zwischen der Cobol-Syntax und der neuen Editor-Syntax hin- und herschalten. Der Editor hat bereits automatisch einige Datenfelder definiert, die für das Zusammenspiel des Dialogsystems mit dem Cobol-Anwendungsprogramm erforderlich sind. Fügen Sie Ihre neuen Datenfelder ans Ende an (s.u.). Der Daten-Editor wird wie übliche Text-Editoren bedient. Nach der Definition müssen Sie die Copy-Datei (.cpb) für das Cobol-Anwendungsprogramm erzeugen. Wählen Sie dazu in der Menüleiste des Dialog-Systems <File> / <Generate> / <Data block COPY-File>. Den vorgeschlagenen Namen der Copy-Datei sollten Sie übernehmen, da der Programmgenerator einen entsprechenden Copy-Befehl in das Programmskelett einfügt.

Muster der Datendefinition in der Dialogsprache

```
Name                          Typ  Länge.Nachkommastellen bei Zahlen
*---<automatisch generierte Dialog System Variable>---
EXIT-FLAG                     9      1.0
CONFIG-FLAG                   4.0
CONFIG-VALUE                  C5     4.0
FUNCTION-DATA                 1
  WINDOW-HANDLE               C5     4.0
  OBJECT-REFERENCE            OBJ-REF
  CALL-FUNCTION               X     30.0
  NUMERIC-VALUE               C5     4.0
  NUMERIC-VALUE2              C5     4.0
  SIZE-WIDTH                  C5     4.0
  SIZE-HEIGHT                 C5     4.0
  POSITION-X                  C5     4.0
  POSITION-Y                  C5     4.0
  IO-TEXT-BUFFER              X    256.0
  IO-TEXT-BUFFER2             X    256.0
CURRENT-WINDOW-SBAR           OBJ-REF
WIN-01-SBAR-OBJREF            OBJ-REF
*----< Eigene Datendefinitionen >--------------------
MST-MENGE                     X     13.0
MST-PREIS                     X     13.0
* MST-MWSt hat Validation Regel
MST-MWST                      X      5.0
MST-NETTO                     X     15.0
MST-MWST-BETR                 X     15.0
MST-BRUTTO                    X     15.0
ENDEMERKER                    X      1.0
```

Die Bedeutung der Zeichen 9, X, C usw. beim Datentyp können Sie unten in dem generierten Cobol-Copy-File nachlesen. Sie haben fast die gleichen Datentypen und Definitionsmöglichkeiten wie in der DATA DIVISION, nur mit einer anderen Syntax, die hier nicht erläutert werden soll, da sie nicht der Cobol-Norm entspricht.

Beim Feld MST-MWST, dem Master Field für die Mehrwertsteuereingabe, wurde zur Demonstration eine Plausibilitätsprüfung eingebaut. Solche Prüfungen können sie auch nachträglich einfügen, wenn der Dialog funktioniert. Markieren Sie dazu das Feld im Data-Block und wählen Sie im Fenster *Data Definition* <Validation>. Der Assistent erfragt die Eingaben. Hier ist eine Bereichsprüfung (Range/Table) eingebaut. Der eingegebene Prozentsatz muß zwischen Null (Lower Range) und 20 Prozent (Upper Range) liegen.

> **Achtung!** *Nach jeder Änderung der Definition muß im Dialog-System <File> / <Generate> aufgerufen werden, damit die Cobol-Copy-Datei geändert wird. Sonst stimmen die Definitionen im Dialog-System nicht mit den Definitionen des Anwendungsprogramms überein, was unangenehme Fehler verursachen kann. Sichern Sie mit <Save> die Daten- und Screensetdeklarationen und schließen Sie das Datendefinitionsfenster.*

Die automatisch generierte Cobol-Definition in der Copy-Datei, die in das Rahmenprogramm eingefügt wird, hat folgende Struktur:

```
01 DATA-BLOCK.
03 EXIT-FLAG                          PIC  9(1).
 03 CONFIG-FLAG                        PIC  X(4)  COMP-5
 03 CONFIG-VALUE                       PIC  X(4)  COMP-5
 03 FUNCTION-DATA                      OCCURS    1.
  05 WINDOW-HANDLE                     PIC  X(4)  COMP-5
  05 OBJECT-REFERENCE                  OBJECT REFERENCE.
  05 CALL-FUNCTION                     PIC  X(30).
  05 NUMERIC-VALUE                     PIC  X(4)  COMP-5
  05 NUMERIC-VALUE2                    PIC  X(4)  COMP-5
  05 SIZE-WIDTH                        PIC  X(4)  COMP-5
  05 SIZE-HEIGHT                       PIC  X(4)  COMP-5
  05 POSITION-X                        PIC  X(4)  COMP-5
  05 POSITION-Y                        PIC  X(4)  COMP-5
  05 IO-TEXT-BUFFER                    PIC  X(256).
  05 IO-TEXT-BUFFER2                   PIC  X(256).
 03 CURRENT-WINDOW-SBAR                OBJECT REFERENCE.
 03 WIN-01-SBAR-OBJREF                 OBJECT REFERENCE.
*----< Eigene Datendefinitionen >-------------------
 03 MST-MENGE                          PIC  X(13).
 03 MST-PREIS                          PIC  X(13).
* MST-MWSt hat Validation Regel
 03 MST-MWST                           PIC  X(5).
 03 MST-NETTO                          PIC  X(15).
```

```
03 MST-MWST-BETR                    PIC  X(15).
03 MST-BRUTTO                       PIC  X(15).
03 ENDEMERKER                       PIC  X(1).
```

Die Master Fields sollten mit einer Vorsilbe (hier: MST-) gekennzeichnet werden, damit man auf die Bindung hingewiesen wird. Die Ein- und Ausgabefelder für die Werte sind alle alphanumerisch definiert, weil das Dialog System keine vernünftigen Ein- und Ausgabeformate für Zahlen bietet. Zahlen (Typ 9 in der Dialog-Definitionssprache) werden immer mit führenden Nullen ohne Tausendertrennzeichen ein- und ausgegeben. Dies erschwert die Eingabe und Lesbarkeit der Zahlen. Die Eingabewerte werden im Cobol-Programm mit der *NumVal()*-Funktion in Zahlen umgewandelt.

30.4.2 Entwerfen der Dialogbox bzw. des Formulars

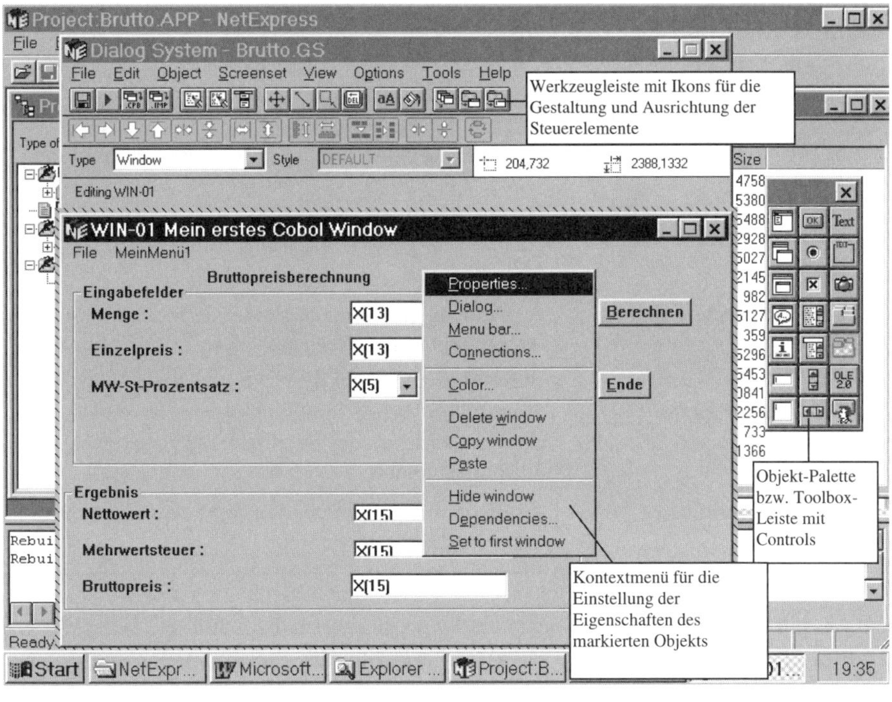

Entwurfsbildschirm

Auf dem Bildschirm sollten die drei Fenster WIN-01 in der Entwurfsansicht, (automatisch vergebener Name für das Formular), das Fenster *Dialog System: Brutto.GS* und das Fenster *Objekt-Palette* stehen. In das Fenster *WIN-01* können Sie die *Steuerelemente (Controls)* aus der Objekt-Palette einfügen. Gegebenenfalls müssen Sie dazu erst die Objekt-Palette, manchmal auch *Toolbox-Leiste* genannt, die alle Steuerelemente enthält, auf den Bildschirm holen. Klicken Sie dazu im Fenster *Dialog System* auf <Tools>. Das Fenster *Dialog System* enthält alle Menübefehle und Ikons zur Bearbeitung des Formularentwurfs. Über <Options> / <Configuration> / <Screenset ...> können Sie auf die deutsche Schreibweise des Dezimalkommas und Tausendertrennzeichens in Zahlen u. a.m. umschalten.

Achtung! *Die Objekt-Palette erscheint in NetExpress 2 in einem eigenen Fenster. Verschieben sie die Objekt-Palette an eine solche Stelle, z. B. den Rand, damit sie nicht von anderen Fenstern überlagert und damit unsichtbar wird. In NetExpress 3 ist die Objekt-Palette automatisch im Entwurfsfenster fixiert.*

In der Objekt-Palette müssen sie auf das gewünschte Steuerelement klicken, und danach das Cursor-Fadenkreuz in den Entwurfsbereich des Formulars ziehen. Wenn Sie die linke Maustaste drücken, wird das Steuerelement im Entwurf fixiert. Mit den üblichen Windows-Techniken (Markieren und Ziehen) können sie Größe und Lage des Steuerelements verändern. Für das Beispiel brauchen Sie die Steuerelemente (auch Objekte genannt) *Text*, *Entry Field*, *Selection Box*, *Push Button* und *Group Box*.

Schaltfläche	Steuerelement	Verwendung
	Text	Überschriften und Erläuterungstexte im Formular.
	Entry Field	Felder für die einzeilige Ein- und Ausgabe von Daten.
	Selection Box	Auswahl eines Wertes aus untereinander stehenden Vorschlagswerten durch Anklicken oder Eintippen des Wertes in das Eingabefeld.
	Push Button	Starten von Verarbeitungsschritten durch Anklicken der Schaltfläche oder Betätigen des zugeordneten Tastaturschlüssels.
	Group Box	Optische Zusammenfassung von Feldern durch einen beschrifteten Rahmen.

Nachdem Sie ein Steuerelement im Formularentwurf plaziert haben, können Sie seine sog. *Eigenschaften (Properties)* einstellen. Markieren Sie dazu das Steuerelement und drücken Sie die rechte Maustaste. Wählen Sie <Properties ...> im Kontextmenü. Jedes Objekt hat seine besonderen Eigenschaften. Der *Name des Objektes* ist wichtig, wenn Sie in Ihrer Anwendung auf das Objekt zugreifen müssen. Das MF Dialog System vergibt automatisch Namen, die Sie durch sprechende Namen ersetzen können. Sie werden wie Variablennamen gehandhabt. Bei einfachen *Textfeldern* können Sie über die Eigenschaften »Properties ..« und »Font..« den Text, die Schriftart, Größe und Farbe einstellen. Entry Fields haben mehr Eigenschaften. Folgende Eigenschaften sind für die Lösung von Bedeutung:

Eingabefeld für *Menge:*

Eigenschaft (Property)	Beispielwert bzw. Inhalt	Erläuterung
Name	FRM-Menge	Über den Namen können Sie im Programm das Steuerelement ansprechen.
Master Field	MST-Menge	Die eingetippten Zeichen werden automatisch in dieses Feld übertragen. Bei der Ausgabe wird der Inhalt dieses Feldes angezeigt. Das Master Field muß im DATA BLOCK definiert sein. Wenn Sie im Fenster *Properties* die Schaltfläche <Master Field ...> anklicken, erscheinen alle zulässigen Felder in einer Liste.
Initial Text	0	Anfangswert in dem Feld nach dem Starten der Anwendung.
Picture String	X(13)	Bestimmt die zulässigen Eingabezeichen. Er wird aus der Definition des Master Fields abgeleitet. *X* läßt alle Zeichen zu, 9 nur Ziffern.
Options		Hier können Sie durch Anklicken der entsprechenden Optionen festlegen, ob in das Feld etwas eingegeben werden kann oder ob es nur ein Anzeigefeld und ähnliches ist.
Connections		Hier wird angezeigt, welche Ereignisprozeduren für das Feld geschrieben wurden und Sie können neue Prozeduren erstellen.

Eingabefeld für *Preis:*

Es gelten im Prinzip die gleichen Lösungstips wie für das Eingabefeld Menge.

Mehrwertsteuerprozentsatz (Selection Box oder Kombinationsfeld)

Eigenschaft (Property)	Beispielwert bzw. Inhalt	Erläuterung
Name	FRM-MWST	Über den Namen können Sie im Programm das Steuerelement ansprechen.
Master Field	MST-MwSt	Die eingetippten Zeichen oder der durch Anklicken ausgewählte Wert werden automatisch in dieses Feld übertragen.

Eigenschaft (Property)	Beispielwert bzw. Inhalt	Erläuterung
Typ	Drop Down	Es erscheint ein einfaches Eingabefeld mit einem Pfeil am rechten Feldrand. Erst wenn der Bediener auf den Pfeil klickt, öffnet sich das Listenfeld und der Bediener kann den Wert aus der Liste auswählen. Kennt der Bediener die Werte, ist das direkte Eintippen in der Regel schneller als die Auswahl aus der Liste.
Picture String	X(5)	Bestimmt die zulässigen Eingabezeichen. Er wird aus der Definition des Master Fields abgeleitet. Das Feld kann zwei Vor-, zwei Nachkommastellen und das Dezimalkomma aufnehmen.
List Text	5,00 7,50 8,00 16,00	Die Werte des Drop-down-Listenfeldes werden untereinander eingegeben.
Connections		Die Ereignisprozeduren für die Auswahl aus dem Listenfeld werden automatisch erzeugt. Sie brauchen nichts zu programmieren.

Ausgabefelder:

Eigenschaft (Property)	Beispielwert bzw. Inhalt	Erläuterung
Name	FRM-Netto	Name des Steuerelements.
Master Field	MST-Netto	Der berechnete Nettowert wird im Programm in dieses Feld übertragen. Bei der Ausgabe wird der Inhalt dieses Feldes angezeigt. Das Master Field muß im DATA BLOCK definiert sein.
Options	Display Field	Nur-Anzeige-Feld. Das Feld kann dadurch nicht für Eingaben aktiviert werden. Alternativ können Sie *Initial State* auf *Disabled* setzen.
Picture String	X(15)	Die Definition wird aus dem Master Field abgeleitet. Die Ausgabeformatierung muß im Cobol-Programm geschehen, da das Dialog System keine vernünftigen Ausgabeformate zur Verfügung stellt.

Die Festlegung für Mehrwertsteuer und Bruttobetrag kann analog erfolgen.

Push Button bzw. Befehlsschaltfläche

Eigenschaft (Property)	Beispielwert bzw. Inhalt	Erläuterung
Name	PB1	Name des Steuerelements
Text	~Berechnen	Mit der Tilde wird der Tastaturschlüssel gekennzeichnet. Das Zeichen wird zur Ausführungszeit unterstrichen dargestellt. Wenn der Bediener diese Taste drückt, wird auch das Klick-Ereignis ausgelöst.

Für die Befehlsschaltfläche <Ende> gilt gleiches.

Die Reihenfolge der Aktivierung der Steuerelemente bei der Ausführung können Sie ändern, indem Sie in der Entwurfsansicht <Edit> / <Controls..> anklicken und in dem Dialogfeld die Namen der Steuerelemente in der Controls-Liste an die gewünschte Position verschieben.

Hinweis: *Über das Symbol*  *(Run Screenset Button) in der Werkzeugleiste können Sie in die Formularansicht des Entwurfs schalten, so daß Sie kontrollieren können, wie sich das Formular für den Endbenutzer darstellt. Wenn Sie das Formular wieder schließen und in der Sicherheitsabfrage die Schaltfläche <Abort> anklicken, kehren Sie wieder in die Entwurfsansicht des Formulars zurück.*

Wenn Sie mehrere Formulare und Fenster in Ihrer Anwendung einsetzen, wird diese Bildfolge zu einem sog. Screenset zusammengefaßt. Über das Menü <Screenset> / <First Window...> legen Sie das Eröffnungsbild und die Hierarchie der Formulare fest. Ferner können Sie im Menü <Edit> / <Properties...> Einzelheiten des Fensters und seines Verhaltens bei Bedieneraktionen aus Vorschlagslisten auswählen.

Über <Edit> / <Menu Bar...> rufen Sie den MF-Menü-Editor auf, mit dem Sie die Menüleiste des Formulars, die Pop-up-Menüs und die Menüsteuerung entwickeln können.

30.5 Erstellen der Ereignisprozeduren

Markieren Sie in der Entwurfsansicht das Steuerelement, für das Sie eine Ereignisprozedur erstellen wollen, und wählen Sie im Kontextmenü <Dialog...>. Es erscheint das Fenster *Dialog Definition* mit einem Prozedurrahmen für das Default-Ereignis des Objekts. Wollen Sie für ein anders Ereignis eine Prozedur schreiben, dann klicken Sie in der Werkzeugleiste des Fensters *Dialog Definition* auf die Schaltfläche für <Select Event> und wählen Sie aus der Vorschlagsliste das gewünschte Ereignis aus. Der Editor fügt den entsprechenden Prozedurrahmen in den Text ein. Die Ereignisprozedur wird automatisch beendet, wenn ein neuer Prozedurnamen im Text kommt. Einen speziellen End- oder Return-Befehl gibt es nicht. Beim Schreiben der Befehle können Sie sich vom Funktionsassistenten unterstützen lassen. Klicken Sie dazu im Fenster *Dialog Definition* auf das Ikon <Function> und folgenden Fragen des Assistenten. Über die Schaltfläche <Help> können Sie Details zu den Funktionen und Parametern ermitteln.

```
Ereignisprozeduren für den Push Button <Berechnen>:

BUTTON-SELECTED
* <Berechnen> Schaltfläche
* Prüfung des MwSt-Satzes nach VALiDATION Regel
  VALIDATE FRM-MWST
* DSGRUN springt mit RETC zum rufenden Cobol-
* Anwendungsprogramm zurück;
* dort werden die Eingaben verarbeitet
* RETC = Return To Calling Program

  RETC
*--> Wiedereinstiegspunkt; wenn das Anwendungsprogramm
* die Daten verarbeitet hat, d.h. ein neuer CALL des
* Dialog Systems im Anwendungsprogramm erfolgt, wird die
* Ereignisprozedur hier fortgesetzt.
* REFRESH-Object aktualisiert die Steuerelement-Inhalte
     REFRESH-OBJECT FRM-NETTO
     REFRESH-OBJECT FRM-MWST-BETR
     REFRESH-OBJECT FRM-BRUTTO
* Ende der Ereignisprozedur
*---------------------------------


 VAL-ERROR
*Prozedur wird automatisch bei VALIDATION-Error angesprungen
  INVOKE-MESSAGE-BOX MBOX1 "Falsche MwSt" $REGISTER
* Focus auf MwSt KombiFeld setzen
     SET-FOCUS FRM-MWST
*---- Ende VAL-Error Prozedur --------
```

> **Erläuterung:** *Ereignisprozeduren müssen Sie in der speziellen, von Micro Focus entwickelten, von Cobol abweichenden Programmiersprache schreiben. Die Sprache hat über 100 Befehle bzw. Funktionen, deren Syntax Sie erlernen müssen. Mit diesen Befehlen können Sie die Steuerelemente des Formulars bearbeiten und den Dialog steuern. Da die Syntax nicht genormt ist und häufigen Änderungen unterliegt, soll in diesem Cobol-Buch auf eine detaillierte Beschreibung verzichtet werden.*

Mit der VALIDATE-Funktion können Eingabewerte geprüft werden. Die Prüfregeln werden bei dem zu prüfenden Feld über die Eigenschaft »VALIDATION« eingestellt, und zwar merkwürdigerweise beim Master Field des Steuerelements. Wenn Sie die Prüfung beim Entwurf der Dialogbox einbauen, müssen Sie im Fenster *Dialog System* <Screenset> / <Data Block> wählen, das Master Field markieren und <Validation> in der Menüzeile anklicken.

Im Fenster *Validation* haben Sie zahlreiche Alternativen zur Definition der Prüfregeln. Die effektiven Möglichkeiten der Prüfung sind allerdings sehr begrenzt.

RETC (Return To Calling Program) bewirkt einen Rücksprung aus dem Dialog System zu dem Cobol-Anwendungsprogramm, aus dem das Dialog System mit `CALL Dialog-System USING DS-Control-Block, Data-Block` aufgerufen wurde. Dieses Startprogramm BRUTTO.CBL wird automatisch vom Dialog-System-Assistenten erzeugt. Es ist unten abgedruckt und erläutert. Mit diesem Programm müssen Sie die Anwendung starten.

Die Prozedur VAL-ERROR wird automatisch vom Dialog System aufgerufen, wenn das sog. Fehlerereignis bei der Prüfung eintritt. Die Prozedur müssen Sie selbst programmieren. Hier wird eine einfache Fehlermeldung in einer Message Box mit der INVOKE-MESSAGE-BOX-Funktion ausgegeben.

Syntax der Invoke-Message-Box-Funktion:

```
INVOKE-MESSAGE-BOX MsgBoxName  Message-Text Rückgabevariable
```

Die Übergabewerte dürfen *nicht* durch Kommas getrennt werden. Mit dem $-Zeichen werden MF-Systemvariable gekennzeichnet, $Null ist Platzhalter für keinen Wert. In diesem Fall gilt der Vorgabewert. $REGISTER ist ein allgemeines Speicherfeld im Dialog System.

Die Message Box erstellen Sie am einfachsten mit dem Dialog System. Klicken Sie im Fenster *Dialog System* auf <Objekt> / <Message Box ...>. Ein Assistent wird gestartet, der alle Angaben von Ihnen erfragt.

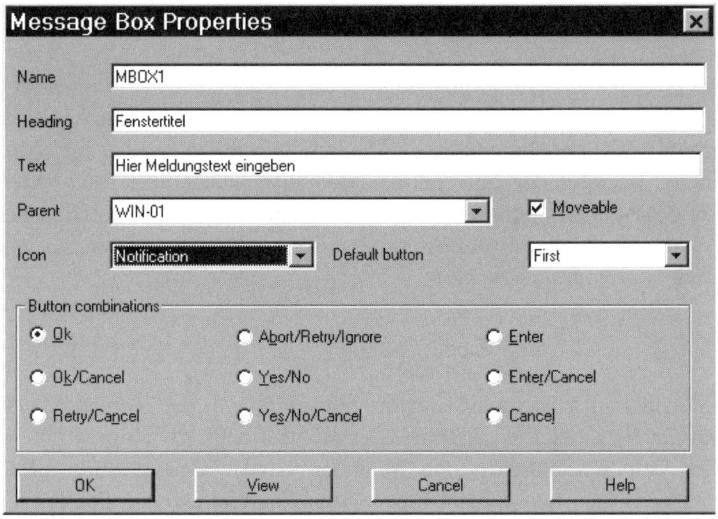

Bild 30.1: Message-Box-Entwurfsbildschirm

Den Vorgabetext, den Sie im Entwurfsbildschirm eingeben, können Sie beim INVOKE-Aufruf der Message Box in der Ereignisprozedur noch überschreiben. Wenn Sie dem Bediener mehrere Schaltflächen in der Message Box zur Auswahl anbieten (*Button combinations*), z.B. <OK> und <Cancel>, steht bei der Programmausführung in der Rückgabevariablen $REGISTER (s.o.), welche Schaltfläche der Bediener angeklickt hat. Diesen Wert können Sie in Ihrer Prozedur auswerten. Im Listenfeld *Ikon* bestimmen Sie, welches Bildchen links oben in der Ecke der Message Box steht.

Beachten Sie, daß die VAL-ERROR-Ereignisprozedur an das gleiche Objekt gebunden sein muß, bei dem die VALIDATE-Funktion aufgerufen wird, hier also an die Befehlsschaltfläche <Berechnen>, und nicht an das Eingabefeld FRM-MWST, obwohl dieses geprüft wird. Beachtet man diese Vorschriften des Dialog Systems nicht, dann läuft das Programm falsch.

Die Ereignisprozedur für den Push Button <Ende> ist einfach.

```
BUTTON-SELECTED
* <Ende> Button
     MOVE "1" ENDEMERKER
     RETC
* Ende der Ereignisprozedur
```

ENDEMERKER ist im Data-Block definiert und wird an das rufende Cobol-Programm übergeben. Die Anwendung kann dann ordnungsgemäß mit STOP RUN beendet werden. Beachten Sie, daß die MOVE-Anweisung im Dialog System merkwürdigerweise ohne TO geschrieben werden muß.

Die Ereignisprozeduren werden in der Screenset-Datei gespeichert und können nur mit dem Dialog-Editor bearbeitet werden. Sie werden automatisch vom Runtime-System aufgerufen und ausgeführt, wenn das Ereignis eintritt. Micro Focus unterscheidet:

Globale Dialoge

Rufen Sie dazu <Screenset> / <Global Dialog...> auf. Die hier definierten Ereignisprozeduren werden beim Starten und Beenden der Anwendung automatisch ausgeführt. Sie werden überwiegend vom Dialog-Assistenten beim Anlegen des Projektes erzeugt. Sie stellen die Verbindung zum Betriebssystem und dem Runtime-System her. Änderungen sollten nur von erfahrenen Programmierern vorgenommen werden.

Windows-Dialoge

Klicken Sie dazu am einfachsten im Formular-Entwurfsbildschirm mit der rechten Maustaste auf den Hintergrund des Fensters und wählen Sie im Kontextmenü <Dialog...>. Diese Prozeduren werden beim Öffnen, Schließen und Verändern eines Fensters aufgerufen. Einige Prozeduren werden vom Assistenten beim Entwurf des Fensters erzeugt. Die Prozeduren für die Reaktion auf Menübefehle und das Anklicken der Symbole in der Werkzeugleiste des Formulars müssen in den Windows-Dialog eingebettet werden.

Steuerelement-Dialoge

Markieren Sie dazu am einfachsten das Steuerelement, drücken Sie die rechte Maustaste und wählen Sie im Kontextmenü <Dialog...>. Die Ereignisprozeduren werden mit dem Steuerelement verbunden und vom Runtime-System gestartet, wenn das Ereignis bei dem Steuerelement eintritt. Erläutern Sie die Ereignisprozeduren mit Kommentaren, damit Sie erkennen, mit welchem Steuerelement die Prozeduren verbunden sind.

Ergänzung *Folgende Befehle des Dialog Systems haben sich beim Test als sehr nützlich erwiesen:*

SHOW-WINDOW *WindowName*	Gibt aus einer Ereignisprozedur ein neues Fenster oder Formular aus.
UNSHOW-WINDOW *WindowName*	Macht ein Fenster unsichtbar.
DELETE-WINDOW *WindowName*	Löscht ein Fenster oder Formular aus dem Speicher.
CALLOUT "CobolProgName" Argumente ...	Ruft ein Cobol-Programm analog CALL aus einer Ereignisprozedur auf. Sie können sich dabei vom *Connection-Manager* unterstützen lassen, der gestartet wird, wenn Sie im Kontextmenü eines Steuerelements <Connections...> / <Modify...> wählen.

30.6 Erstellen des Cobol-Programms

Das *Verarbeitungsprogramm*, in dem die Berechnung des Bruttobetrags erfolgt, wird automatisch vom Dialog System mit dem Namen des Formulars und der Namensergänzung .CBL erzeugt. Es enthält bereits die Befehle für die Ein- und Ausgabe der Daten des Formulars, die Datendefinitionen für die Übergabe der Werte und die Steuerung des Dialogs. Darum brauchen Sie sich nicht mehr zu kümmern. Sie können sich voll auf die Verarbeitung der Daten konzentrieren. Sie brauchen nur noch die sog. Verarbeitungslogik zu programmieren. In der Regel wird man in das Dialogprogramm CALL-Befehle einfügen, um die Verarbeitung der Daten von der Dialogsteuerung zu trennen. Bei dem einfachen Beispiel sind die Verarbeitungsbefehle in den Programmrahmen eingefügt, um den Unterschied zur konventionellen Programmierung besser darzustellen.

Das Dialograhmenprogramm besteht typischerweise aus einer Verarbeitungsschleife, in der folgendes passiert:

CALL von DSGRUN, dem Micro-Focus-Dialog-Runtime-System.

Prüfen und Auswerten von Statuswerten, die von DSGRUN zurückgegeben werden.

Durchlaufen der Verarbeitungsbefehle für die Verarbeitung der Eingabedaten. Diese Befehle müssen Sie programmieren.

Wiederholter Aufruf von DSGRUN, um die Ergebnisse der Verarbeitung anzuzeigen und um weitere Eingaben zu verarbeiten.

Diese Schleife wird solange durchlaufen, bis der Bediener die Ende-Schaltfläche anklickt oder das Fenster einfach schließt.

```
*****************************************************************
 * Copyright Micro Focus Limited 1993-97. All Rights Reserved.  *
 * This demonstration program is provided for use by users of   *
 * Micro Focus products and may be used, modified and           *
 * distributed as part of your application provided that you    *
 * properly acknowledge the copyright of Micro Focus in this    *
 * material.                                                    *
 ****************************************************************
 *>Dieses Programm wurde vom Assistenten erzeugt und dann
 *>erweitert
  Program-Id. Brutto.
 *Anwendung mit grafischer Bedieneroberfläche
 *Die Formulardefinition ist in BRUTTO.GS gespeichert
  Special-Names.
      decimal-point is comma.
DATA DIVISION.
WORKING-STORAGE SECTION.
  78  dialog-system               VALUE "DSGRUN".
  01 Display-Error-No             PIC 9(4).
  01 Display-Details-1            PIC 9(4).
  01 Display-Details-2            PIC 9(4).
 *>Diese Copy Befehle dürfen nicht entfernt werden
 *>Die Copy Dateien enthalten die Definitionen der Dialog-System-
 *>Variablen und der Übergabefelder (Master Fields) s.o.
  COPY "DS-CNTRL.MF".
  COPY "Brutto.CPB".

 *>----<eigene Datenfelder>----------------
  01  Hilfsfelder.
   05 w-Menge          pic s9(9)v99 value zero.
   05 w-Preis          pic s9(9)v99 value zero.
   05 w-MwSt           pic s99v99 value zero.
   05 w-Netto          pic s9(9)v99 value zero.
   05 w-Mwst-Betr      pic s9(9)v99 value zero.
   05 w-Brutto         pic s9(9)v99 value zero.
   05 A-Format         pic zzz.zzz.zz9,99- value zero.
 *>-----<Ende eigene Definitionen>----------

  PROCEDURE DIVISION.
```

```
 *----------------------------------------------------------------*
  Main-Process SECTION.
     PERFORM Program-Initialize
     PERFORM Program-Body UNTIL EXIT-FLAG-TRUE
     PERFORM Program-Terminate.
*----------------------------------------------------------------*
  Program-Initialize SECTION.
     INITIALIZE Ds-Control-Block
     INITIALIZE Data-block
     MOVE Data-block-version-no
                               TO Ds-Data-Block-Version-No
     MOVE Version-no TO Ds-Version-No
     MOVE Ds-New-Set TO Ds-Control
     MOVE "Brutto" TO Ds-Set-Name.
*----------------------------------------------------------------
*
  Program-Body SECTION.
     PERFORM Call-Dialog-System
     .
 *>--Hier werden eigene Verarbeitungsbefehle der Daten eingefügt
 *> RETC sprint praktisch hierher zurück
  B100.
 *> <Ende> angeklickt
      if EndeMerker = "1" then
        move 1    to exit-flag
        exit section
      end-if
 *> Umsetzen Eingabestring in numerische Felder
      move function NumVal(Mst-Menge)   to w-Menge
      move function NumVal(Mst-Preis)   to w-Preis
      move function NumVal(Mst-MwSt)    to w-MwSt.
  B200.
 *> Berechnung
      compute w-Netto rounded = w-Menge * w-Preis
      compute w-MwSt-Betr rounded = w-Netto * w-MwSt / 100
      compute w-Brutto = w-Netto + w-MwSt-Betr.
  B300.
 *> Formatierung für Ausgabe und
 *> Übertragen in gebundene Master Fields
      move w-Netto        to    A-Format
      move A-Format       to    Mst-Netto
      move w-MwSt-Betr    to    A-Format
      Move A-Format       to    Mst-MwSt-Betr
```

```
        move w-Brutto         to    A-Format
        move A-format         to    Mst-Brutto.
    B900.
        Exit.
   *-------<Ende der eigenen Befehle>-----------------
   *> Das Runtime-System springt praktisch zur Anweisung hinter
   *> RETC in der Ereignisprozedur zurück
   *-----------------------------------------------------------------*

    Program-Terminate SECTION.
            STOP RUN.
  *-----------------------------------------------------------------*
    Call-Dialog-System SECTION.
       CALL dialog-system USING Ds-Control-Block,
                                Data-Block
       IF NOT Ds-No-Error
           MOVE Ds-Error-Code TO Display-error-no
           DISPLAY "DS ERROR NO:  "  Display-error-no
           DISPLAY "Error Details(1) :   "  Display-Details-1
           DISPLAY "Error Details(2) :   "  Display-Details-2
           PERFORM Program-Terminate
       END-IF.
```

30.7 Übersetzen und Ausführen der Anwendung

Wenn Sie die Verarbeitungsbefehle eingefügt haben, müssen Sie das Programm übersetzen und ausführen. Klicken Sie dazu im Editor-Fenster auf <Project> / <Compile *Programmname*> oder <Rebuild>. Ist das Programm fehlerfrei übersetzt, können Sie es über <Animate> / <Run> ausführen oder über <Animate> / <Start Animating ...> und dann <Step> schrittweise ausführen. Dabei können Sie den Inhalt der Variablen kontrollieren und verändern. Bei der Ausführung werden Sie feststellen, daß das Cobol-Runtime-System viele Hilfsprogramme für die Gestaltung der grafischen Bedieneroberfläche automatisch aufruft. Um den Ablauf zu beschleunigen, können Sie über <Animate> / <Breakpoint> / <Toggle Set/Unset> Haltepunkte setzen. Wenn Sie <Run> anklicken, läuft das Programm mit voller Geschwindigkeit bis zum Haltepunkt. Ab dieser Stelle können Sie dann das Programm schrittweise ausführen, indem Sie auf das Ikon <Step> in der Werkzeugleiste klicken.

Sie können an diesem einfachen Beispiel erkennen, daß für die Entwicklung von ansprechenden, grafisch orientierten Bedieneroberflächen erheblicher Schreibaufwand erforderlich wird. Die Assistenten (Wizard-Programme) nehmen Ihnen aber hierbei bereits viel Arbeit ab. Den richtigen und geschickten Umgang mit diesen Hilfsprogrammen müssen Sie erlernen. Neben den allgemeinen Kenntnissen der Cobol-Sprache müssen Sie die Syntax und die Leistungen der MF-Dialog-Funktionen beachten. Wenn Sie das Beispielprogramm mit dem Animator ausführen, werden Sie feststellen, daß das Dialog System wieder viele andere

MF-Programme, sog. Klassenprogramme, aufruft, die die Objekte in dem Formular erzeugen und die Ereignisprozeduren aufrufen. In den älteren Cobol-Versionen mußte der Programmierer diese Verarbeitungsschritte alle selbst programmieren.

30.8 Ändern des Formulars

Starten Sie NetExpress, wählen Sie im Hauptfenster <File> / <Open..>, wechseln Sie im Dialogfeld *Open* in das Projekt-Verzeichnis und markieren Sie dann die Projektdatei *Projektname.APP* und wählen Sie <Öffnen>. Es erscheint das Projektfenster mit allen Dateien des Projekts. Markieren Sie die Datei *FormularName.GS* und wählen Sie im Kontextmenü <Edit>. Der Dialog-Editor wird gestartet und es erscheint das Formular in der Entwurfsansicht. Mit den gleichen Techniken wie beim Entwurf können Sie nun das Formular und den dazu gehörenden DATA-BLOCK ändern (<Screenset> / <Data Block ...> in der Menüleiste wählen). Sichern Sie nach jeder Änderung den DATA-BLOCK über <File> / <Generate Copy File>. Existiert bereits eine Copy-Datei gleichen Namens im Projekt, erfolgt eine Warnung, die Sie in der Regel ignorieren können. Wenn Sie den Namen der Copy-Datei ändern, müssen Sie den Namen der Datei im Anwendungsprogramm manuell anpassen. Sichern Sie die komplette Änderung über <File> / <Save> in der Menüleiste des Dialog Systems.

Erscheint eine zum Projekt gehörende Datei nicht im Fenster »Projekt *ProjektName.APP*«, müssen Sie sie nachträglich hinzufügen, in dem Sie auf den Hintergrund des Fenster klicken und die rechte Maustaste betätigen. Im Kontextmenü wählen Sie <Add Files to Project ...>. Markieren Sie im folgenden *Öffnen-Fenster* die neue Datei und wählen Sie <Öffnen> (in NetExpress 3.0 <Hinzufügen>). Die neue Datei wird in das Projekt eingebunden und kann nun weiter bearbeitet werden.

Kapitel 31

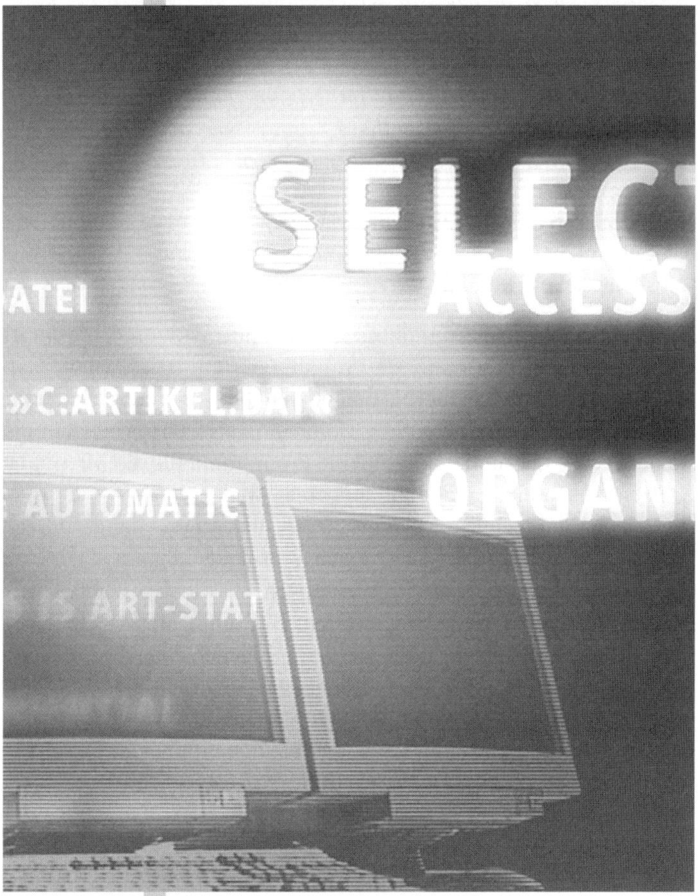

Spracherweiterungen für die objektorientierte und ereignisgesteuerte Programmierung

31.1 Überblick

> **Anmerkung:** *Wenn Sie Ihre Anwendungen mit NetExpress entwickeln, brauchen Sie sich um diese Spracherweiterungen kaum zu kümmern, da die Assistenten die notwendigen Befehle und Programmbausteine erzeugen. Falls Sie Ihre Anwendung mit dem Animator ausführen, sehen Sie die im Hintergrund laufenden objektorientierten Cobol-Programme. Bei anspruchsvollen Lösungen müssen Sie manchmal in diese Programme eingreifen, um besondere Effekte zu erzielen.*

Micro Focus hat im Vorgriff auf die Cobol-Norm neue Sprachelemente aufgenommen, damit die Entwickler dem Trend folgen und objektorientierte und ereignisgesteuerte Programme selbst entwickeln können.

Die objektorientierte Programmierung hat ihre Wurzeln in der grafischen Datenverarbeitung. Das Ziel der objektorientierten Programmierung ist es, »mehrfach verwendbaren« Code zu schreiben. Es ist beispielsweise nicht sinnvoll, für jedes Rechteck und jeden Kreis einer grafischen Darstellung eine eigene Befehlsfolge in das Anwendungsprogramm aufzunehmen, sondern es ist rationeller, allgemeine Programme für die Manipulation von Rechtecken bzw. Kreisen zu schreiben, die man aus einer konkreten Anwendung aufruft. Beim Aufruf kann man dann Parameter oder Argumente übergeben, damit die allgemein gehaltenen Programme die geforderten Leistungen erbringen können. Diese Technik wird bereits beim CALL-Befehl verwendet. Problematisch ist die Speicherverwaltung, wenn Sie mehrere Rechtecke in der Anwendung auf dem Bildschirm haben. Jedes Rechteck hat seine eigenen Maße bzw. Eigenschaften, die in einem eigenen Speicherbereich in einem *Objektbeschreibungssatz* abgelegt werden müssen. Die Verarbeitungsprozeduren wie »Zeichnen« oder »Zoomen« können allgemein gehalten werden, wenn ihnen bei der Ausführung mitgeteilt wird, welches konkrete Rechteck bearbeitet werden soll. Die Speicheradresse des Objektbeschreibungssatzes wird als Objekt-Referenz (object reference) bezeichnet. In Cobol ist hierfür ein neuer Datentyp aufgenommen worden.

```
01 objRechteck01     object reference.
```

Die interne Speicherform dieses Datentyps ist hardwareabhängig und braucht den Programmierer nicht zu interessieren. Der Datentyp *Object Reference* kann nur mit der SET-Anweisung übertragen werden, nicht mit MOVE, z.B.

```
01 objRechteckXX     object reference.
...
SET objRechteckXX TO objRechteck01
```

Allgemein ausgedrückt lautet die Syntax der SET-Anweisung

```
SET ZielFeld TO QuellenFeld
```

Problematisch ist die dynamische Speicherverwaltung, da Cobol nicht über Befehle verfügt, um während der Programmausführung Speicher für die Objektbeschreibungssätze anzufordern und wieder freizugeben. Sie müssen dazu externe Unterprogramme aufrufen, die in der

Programmiersprache C oder Assembler geschrieben sind. Micro Focus stellt entsprechende Unterprogramme als Erweiterung zur Verfügung. Allerdings müssen Sie diese Unterprogramme selten nutzen, da Micro Focus für kaufmännische Problemstellungen Standardobjekte und Verarbeitungsmethoden bereitstellt. Einige dieser Standardobjekte, auch Objektklassen genannt, wie Dialogboxen, Entry Fields, Push Buttons, haben Sie im vorherigen Kapitel kennengelernt. Nur wenn Sie eigene Klassen entwickeln, müssen Sie die elementaren Methoden einsetzen.

31.2 Klassenprogramme

Die Programme, die in allgemeiner Form die Objektbeschreibung und die Verarbeitungsbefehle für die Objekte enthalten, werden Klassenprogramme oder kurz *Klassen* genannt. Sie müssen nach einem bestimmten Formalismus aufgebaut werden, damit sie mehrfach verwendbar sind. Micro Focus hat einen neuen Programmtyp geschaffen, der zur Unterscheidung von herkömmlichen Programmen mit

```
Class-ID. KlassenName.
```

anstelle von Program-ID eingeleitet werden muß. Dieser Programmtyp ist *nicht selbständig* ausführbar, sondern die in ihm enthaltenen Programmbausteine, sog. Methoden, müssen aus anderen Programmen mit INVOKE aufgerufen werden. INVOKE entspricht im Prinzip der CALL-Anweisung. Ein Klassenprogramm ist ein Container für die Bearbeitungsprozeduren einer Objektklasse oder eines Objekttyps. In dem Klassenprogramm wird überwiegend mit Dummy- oder Leervariablen gearbeitet, denen beim Aufruf aus dem Anwendungsprogramm via INVOKE konkrete Werte zugewiesen werden. Die Objektbeschreibung wird in der `Object-Storage Section` definiert, einer neuen Section im Klassenprogramm. Ein Klassenprogramm hat vereinfacht folgende Struktur (siehe folgende Seite):

Die herkömmlichen Schlüsselwörter IDENTIFACATION DIVISION, ENVIRONMENT DIVISION können verwendet werden, werden aber in der Regel weggelassen. Damit die Struktur des Klassenprogramms deutlicher wird, sind Bereichsbegrenzer wie END CLASS, END METHOD usw. geschaffen worden, die auch die Reichweite bzw. den Gültigkeitsbereich der Variablen kenntlich machen. Klassenprogramme sind extrem verschachtelte Konstruktionen. Die folgende Übersicht enthält die neuen Cobol-Sprachelemente mit kurzen Erläuterungen und einfachen Beispielen.

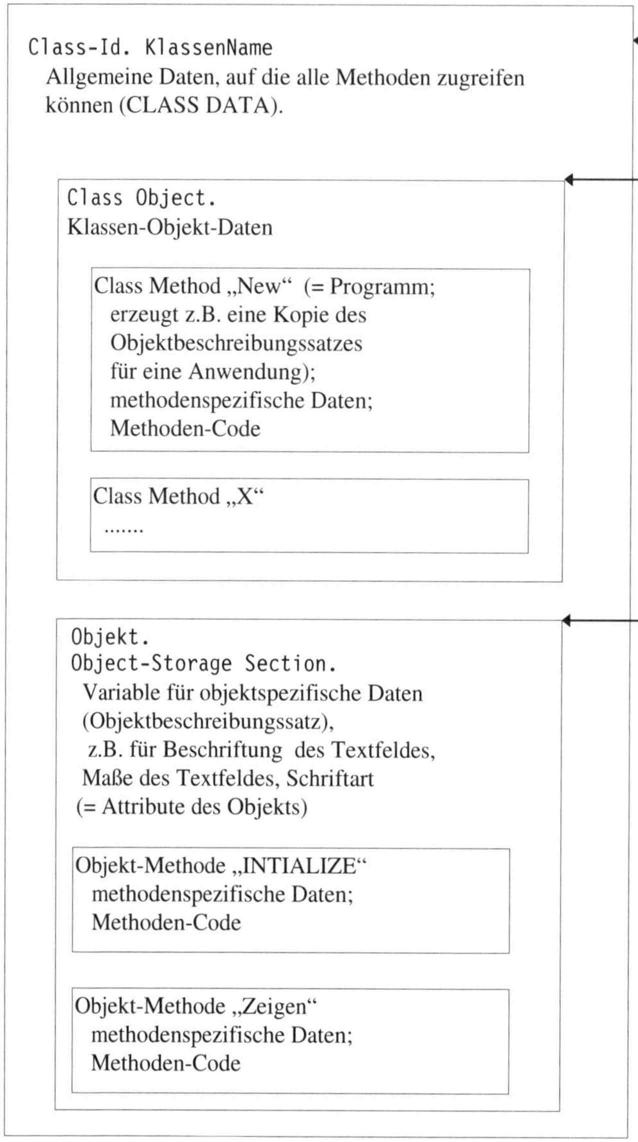

Klasse (Class)

Klassen-Objekt (Class Object)

Klassen-Objekte bzw. -Methoden sind im wesentlichen Hilfsprogramme zum Erzeugen von Instanzen (Kopien) der Klasse für eine konkrete Anwendung, z.B. Erzeugen des Textfeldes im Entwurfsbildschirm und Verarbeiten der Bedienereingaben im Entwurfsbildschirm.

Instanz-Objekt (Instance Object) oder kurz Objekt

Instanzen können mehrfach in einer *Anwendung* existieren (mehrere Textfelder mit *unterschiedlichen* Inhalten bzw. Attributwerten). Im *Klassenprogramm* ist das Objekt nur einmal allgemein definiert.

Eine Methode kann auf alle Daten zugreifen, die in einem weiter außen liegenden Rechteck definiert sind.

Bild 31.1: Struktur eines Klassenprogramms

```
Class-Id. KlassenName   Muß angegeben werden analog Program-Id.
      z.B. Rechteck
       INHERITS FROM ElternKlasse With Data.
Daten und Prozeduren der Elternklasse können geerbt werden,
d.h. auf sie kann zugegriffen werden.
```

```
[Environment Division.]
[Object Section.] Angaben analog Input-Output Section
Class-Control. analog File-Control
  KlassenName  is class „c:\Directory1\Dateiname1"
  ElternKlasse is class „c:\...\Dateiname2"
KlassenName und ElternKlasse sind die internen Namen der Klassenprogramme.
Dateiname1 und -2 sind die Namen der Dateien mit den ausführbaren
Klassenprogrammen.

[Data Division.]
* Alle Sections der Data Division können bei Bedarf erstellt werden.
Working-Storage Section.
Definition von globalen Variablen der Klasse. Alle Unterprogramme (Methoden)
können darauf zugreifen, z.B.
01 DatenFeld1     Pic X(10).

...
```

Hinweis: *Werden die Methoden bei der Ausführung mehrfach aus der Anwendung aufgerufen, haben die hier definierten Variablen den Wert, der beim vorhergehenden Aufruf zurückgelassen wurde.*

```
Linkage Section.  *> nicht zulässig
Procedure Division.
Die Procedure Division ist optional. Hier kann Programmcode für die
Initialisierung der Klasse geschrieben werden, z.B. Setzen von Anfangswerten
der Variablen der DATA DIVISION. Es gelten sonst die üblichen Vorschriften.
Die Befehle werden beim ersten Aufruf der Klasse ausgeführt.

[Exit.]

Class-Object.      *> Schlüsselwort zur Einleitung der Klassenmethoden
Ein Klassen-Objekt ist ein Objekt, das Objekte erzeugt" (Micro-Focus-
Definition), d.h. ein Hilfsprogramm analog COPY, das alle erforderlichen
Definitionen und den Programmcode für den Zugriff in das Anwendungsprogramm
einstellt. Klassen-Objekte sind Programme zur Erzeugung und Verwaltung der
Objekte.

[Data Divsion.]   *> spezielle,lokale Datendefinitionen des Klassen-Objekts
Object-Storage Section.
Optionale Section für spezielle Datendefinitionen des Klassen-Objekts und der
Instanzen. Nur die „Klassenmethoden" können auf diese Daten zugreifen, d.h.
die Methoden, die bis zum Begrenzer End Class-Objekt stehen. Die Daten können
an Unterklassen vererbt werden. Geerbte Daten (siehe INHERITS-Zusatz) werden
```

automatisch beim Kompilieren hier eingefügt. Es gelten die gleichen formalen Regeln wie für die LINKAGE SECTION.

01 Datenfeld01 Pic x(30).
...

Method-Id. „MethodenName1".*>Definition einer Klassenmethode
z.B. NEW-Methode erzeugt eine Kopie des Objekts für ein Anwendungsprogramm, d.h. eine Kopie der Object-Storage Section des Object-Teils des Programms (s.u.) und richtet die Adressierung ein.

[Data Division.]
Optional für methodenspezifische Daten; nur die Methode kann auf die Daten zugreifen.
Working-Storage Section.
01 DatenFeld10 Pic x(20).
...
Linkage Section.
**> Definition der Übergabevariablen aus der Anwendung.*
01 DatenFeld20 Pic x(10).
DatenFeld20 kann z.B. Angaben zum Betriebssystem enthalten, die für die Objektverwaltung wichtig sind.

Procedure Division USING DatenFeld20 ...
Verarbeitungsbefehle; in den Befehlen können die Daten der Methode, die Datender Object-Storage Section und der Data Division der Klasse bearbeitet werden.

Exit Method. ***>** Rücksprung zum rufenden Programm

End Method „MethodenName1" *> Optische Kennzeichnung des Methoden-Endes
Die Reichweite der speziellen Variablen der Methode endet hier.

Method-Id. „MethodenName2".*> Definition einer weiteren Klassenmethode
...

End Method „MethodenName2"

weitere Klassenmethoden für die allgemeine Verwaltung der Klasse (Objekt-Typ) können folgen.

End Class-Object. **> Ende der allgemeinen Klassendefinition und*
**> Klassenmethoden*

Object. *> *Schlüsselwort, mit dem der Objekt-Programmteil eingeleitet wird. Die Objekt-Prozeduren bzw. Methoden definieren das Verhalten des Objektes (Instance Object, manchmal auch Instanz der Klasse genannt), z.B. Anzeigen des mit der Klassenmethode erzeugten Rechtecks auf dem Bildschirm (jedes Rechteck kann andere Maße und eine andere Position auf dem Bildschirm haben). In einer Anwendung können mehrere gleichartige Objekte existieren. Jedes Objekt kann durch Aufruf (INVOKE ...) einer hier definierten Methode bearbeitet werden. In älteren OO-Cobol-Versionen wurden auch die Ereignisprozeduren in diesem Teil codiert.*
Der Objekt-Teil enthält die Datendefinitionen und Methoden für alle Instanzen der Klasse in allgemeiner Form.

[*Data Division.*] *> *optional*

> **Anmerkung:** *Nur die Object-Storage Section ist von Bedeutung. Alle anderen Sections der DATA DIVISION sind praktisch Kommentare. Wenn Sie zur Ausführungszeit auf solche Daten zugreifen, sind die Daten undefiniert (Error).*

Object-Storage Section.
Definiert die objektspezifischen Daten, z.B. Position und Maße des Rechtecks auf dem Bildschirm, den sog. Objekt-Beschreibungssatz. Das Runtime-System erzeugt für jedes Objekt zur Ausführungszeit einen eigenen Speicher-bereich für diesen Daten. In der Regel wird der Speicherbereich mit der Klassenmethode NEW erzeugt. Auf diese Daten darf nur mit den Objekt- bzw. Instanzmethoden zugegriffen werden.

Method-ID. „MethodenNameX". *> *Objekt- oder Instanzmethode;*
Methode für die Bearbeitung der Instanz, z.B. Zeigen des Rechtecks auf dem Bildschirm. In der Methode kann auf alle übergeordneten Daten zugegriffen werden, insbesondere die Daten der Object-Storage Section.

[DATA DIVISION.]
Für besondere Datenfelder der Methode.

LOCAL-STORAGE Section.
Hier können Datenfelder definiert werden, für die bei jedem Aufruf der Methode mit INVOKE separater Speicherplatz neu zugeordnet wird. Der Speicherplatz wird wieder freigegeben, wenn die Methode über END METHOD zurückspringt. Der Inhalt der Datenfelder ist nach dem Aufruf undefiniert. Im Mehrbenutzerbetrieb sollten die methodenspezifischen Daten hier definiert werden.

LINKAGE SECTION.
Für Übergabefelder aus dem Anwendungsprogramm im INVOKE-Befehl.
01 Datenfeld-1 pic x(10).
01 Datenfeld-2 pic x(20).

Die Definitionen der Übergabefelder muß mit dem rufenden Programm abgestimmt sein (wie beim CALL).

PROCEDURE DIVISION USING Datenfeld-1, ...RETURNING Datenfeld-2.
Cobol-Anweisungen
Mit der **EXIT METHOD**-*Anweisung kann die Methode vorzeitig verlassen werden.*

End Method „MethodenNameX".

Method-ID. „MethodenNameX2". **> spezielle Methode für die Instanz, z.B. Füllen des Rechtecks mit Farbe; Aufbau wie o.a. Methode.*
...
End Method „MethodenNameX2".

END OBJECT.
Begrenzer für das Objekt. Bis hierher gelten die in der Data Division des Objektes definierten Variablen.

END CLASS KlassenName.
Begrenzer; bis hierher gelten zusätzlich alle in der Data Division der Klassedefinierten und die aus der ElternKlasse geerbten Variablen.

Bei der Übersetzung in Maschinensprache muß dem Compiler dieser komplette Programmtext zur Verfügung stehen. Beachten Sie, daß gleichnamige SECTIONs mehrfach im Klassenprogramm auftreten können. Wenn Sie den Gültigkeitsbereich der Variablen überprüfen wollen, müssen Sie immer die Bereichsbegrenzer END METHOD, END OBJECT, END CLASS-OBJECT und END CLASS beachten. Dieser kleine Programmrahmen ohne eigentliche Verarbeitungsbefehle zeigt bereits, daß ein sehr unübersichtlicher Programmtext entsteht. Ohne den *Class-Browser* von Micro Focus verliert man sehr schnell den Überblick über Klassen, Objekte und Methoden.

NetExpress erzeugt diesen Programmrahmen, wenn Sie im Fenster *Project* <File> / <New> / <Class> wählen. In älteren MF-Cobol-Versionen mußte man den Text selbst erstellen.

31.3 Methoden

Die Methoden werden im Klassenprogramm geschrieben. In den Methoden greifen Sie auf die Variablen des Klassenprogramms zu, wobei Sie die Reichweite der Variablen berücksichtigen müssen. Jede Methode stellt ein Unterprogramm dar, das in eine Klasse eingebettet ist. Formal besteht kein Unterschied zwischen der Deklaration von Klassenmethoden und Instanzmethoden. Die Instanzmethoden bearbeiten in der Regel die Variablen der Object-Storage Section. Die Werte der Variablen in der Object-Storage Section müssen ebenfalls mit Methoden, auch Eigenschaftsprozeduren genannt, festgelegt werden.

Die Syntax für das Erstellen von Methoden besteht aus wenigen Zeilen:

```
METHOD-ID.  „MethodenName".
[DATA DIVISION.]
     Deklaration von methodenspezifischen Daten
[Linkage Section.]
 Deklaration der Übergabevariablen
PROCEDURE DIVISON [USING Datenname-1, Datenname-2 ...]
             [RETURNING Datenname-3, Datenname-4 ...].
```

Cobol-Anweisungen

```
END METHOD „MethodenName".
```

Die Methodennamen müssen innerhalb eines Klassenprogramms eindeutig sein.

Für den USING- und RETURNING-Zusatz gelten die gleichen Regeln wie beim CALL-Befehl. In diesen Variablen werden die Daten zwischen dem rufenden und gerufenen Programm ausgetauscht. Die Datenfelder müssen in der LINKAGE SECTION der Methode definiert sein. Die Definition der Felder muß im rufenden und gerufenen Programm übereinstimmen.

Klassenmethoden werden im CLASS-OBJECT-Teil des Klassenprogramms definiert, Instanz- oder Objektmethoden im OBJECT-Teil des Klassenprogramms.

Aus einem *Anwendungsprogramm* oder einem anderen *Klassenprogramm* werden die Methoden des Klassenprogramms folgendermaßen aufgerufen:

```
Program-Id. Anwendung.
...
Class-Control.*>Angaben analog File-Control Paragraph
  KlassenName  is class „c:\Directory1\Dateiname1"
  KlassenNameN is class „c:\Directory1\DateinameN"
Interner Klassenname wird dem externen Dateinamen zugeordnet, damit beim
INVOKE das ausführbare Klassenprogramm gefunden werden kann.
Data Division.
01 DatenfeldX Pic x(10).
01 DatenfeldY Pic x(20).
01 objInstanzobject reference.
...
Procedure Division.

*> Aufruf einer Klassenmethode, z.B. NEW, zur Erzeugung einer Kopie
INVOKE KlassenName „MethodenName" USING DatenfeldX
   RETURNING objInstanz
```

Anmerkung: *Wird die Methode „MethodenName" nicht in der Klasse gefunden, durchsucht das RTS automatisch die übergeordneten Elternklassen (INHERITS FROM ... Zusatz in der Klassendefinition), bis die richtige Methode gefunden wurde. Gibt es die Methode nicht in dieser Vererbungskette, tritt ein Runtime-Fehler auf.*

Dieser INVOKE-Aufruf wird in OO-Sprachen als »Senden von Botschaften an Objekte« bezeichnet, die »auf die Botschaft reagieren müssen«.

Der Aufruf einer *Instanz-* bzw. *Objektmethode* zur Bearbeitung des mit der Klassenmethode erzeugten Objekts unterscheidet sich vom Aufruf der Klassenmethode.

```
INVOKE objInstanz „MethodenName" USING ...
```

Die Instanzmethoden können erst eingesetzt werden, nachdem im Programm eine Instanz der Klasse, also ein Objekt, erzeugt wurde. Im Aufruf muß die Objektreferenz, also die Adresse eines konkreten Objekts, angegeben werden.

Mit der Anweisung EXIT METHOD erfolgt der Rücksprung aus der Methode zum rufenden Programm hinter den INVOKE-Aufruf.

Die Werte der Eigenschaften von Objekten müssen in Cobol über Methoden festgelegt werden, wenn Sie nicht den Dialog-Editor benutzen. In JavaScript oder Visual Basic können Sie der Eigenschaft eines Objektes zur Programmausführungszeit mit folgender Syntax einen Werte zuweisen:

```
ObjektName.Eigenschaft = Wert
```

In Micro Focus Objekt Cobol lautet die entsprechende Anweisung:

```
INVOKE ObjektReferenz „SetEigenschaft" USING Wert
```

Dabei muß in der Regel der Name der Eigenschaft genau spezifiziert werden. Micro Focus verwendet aber auch viele andere Methodennamen, um die Eigenschaften der Objekte zur Ausführungszeit des Programms einzustellen. Die Vorgehensweise ist hier sehr unsystematisch.

Im Lieferumfang von MF-Cobol sind zahlreiche Klassenprogramme mit entsprechenden Methoden enthalten, die Sie aus Ihren Cobol-Anwendungen aufrufen und nutzen können, z.B.

- Klassenprogramm für das Anlegen und Verwalten von neuen Fenstern
- Klassenprogramm für das Erzeugen und Bearbeiten von Dialogboxen bzw. Formularen
- Klassenprogramme für das Erzeugen und Bearbeiten von Steuerelementen in Formularen
- Klassenprogramm für das Anlegen und Bearbeiten von Menüleisten und Menübefehlen
- Klassenprogramm für das Erzeugen und Bearbeiten von Message-Boxen
- Klassenprogramme zur Verwaltung von Schriften und Darstellungen

Insgesamt stellt Micro Focus über 200 Klassenprogramme mit vorgefertigten Leistungen zur Verfügung. Leider ist nicht immer ersichtlich, welche Leistungen diese Klassenprogramme erbringen und wozu sie eingesetzt werden sollen. Jedes Klassenprogramm hat wieder viele eigene Methoden für die Bearbeitung der Objekte. Auch hier herrscht eine unüberschaubare Vielfalt. Allein für die Bearbeitung der Dialogboxen gibt es nahezu 250 Methoden. Bei jedem Methodenaufruf müssen Sie auch noch Art und Anzahl der *Übergabeargumente* beachten. Es ist nicht ersichtlich, welche Methoden aus historischen Gründen und wegen der Kompatibilität mit alten Systemen mitgeschleppt werden. Es würde deswegen zu weit führen, auch nur einen Teil dieser Methoden zu erläutern. Wenn Sie NetExpress mit seinen Assistenten einsetzen, werden die erforderlichen Methodenaufrufe automatisch eingesetzt.

Erschwerend kommt hinzu, daß Micro Focus jedem Programmierer erlaubt, die Syntax des Methodenaufrufs zu modifizieren. Sie können sog. *Interface-Klassen* (Namensergänzung: .IF) schreiben, in denen Sie die Cobol-Syntax des INVOKE-Aufrufs umdefinieren. In den mitgelieferten Micro-Focus-Musteranwendungen wird dies in den Copy-Files *sdiframe.if* und *guibase.if* genutzt.

31.4 Deklaration von Klassenprogrammen

Die allgemeine Syntax der Klassendeklaration lautet:

```
[IDENTIFICATION DIVISION .]
CLASS-ID. KlassenName [IS ABSTRACT/ EXTERNAL]
    [DATA IS PRIVATE / PROTECTED / RESTRICTED]
    [INHERITS FROM ElternKlasse [WITH DATA ]] .

class-control.
[ class-body ]
[ object-program ]
END CLASS KlassenName.
```

Der Klassenname muß nach den Regeln der Cobol-Sprache gebildet werden. Der Name der ausführbaren Programmdatei auf dem Plattenspeicher wird zusammen mit dem Zugriffspfad im Class-Control-Paragraph angegeben mit:

```
KlassenName IS CLASS „C:\Pfad\Dateiname"
```

Die Zusätze im Class-ID-Paragraphen bedeuten:

`IS ABSTRACT`	Abstrakte Klassen enthalten allgemeine Hilfsprozeduren. Man kann keine Instanz von solchen Klassen erzeugen. Man kann nur die Methoden aufrufen und nutzen.
`IS EXTERNAL`	Diese besonderen Klassen enthalten nur Umdefinitionen der Methodenaufrufe. Statt mit INVOKE ... kann man nach einer solchen Umdefinition über INVOKED AS ... die Methode z.B. mit »HALLO ZEICHNEN« aufrufen. Diese Klassen werden in ».IF« (Interface-Dateien) gespeichert. Schauen Sie sich die Dateien GUIBASE.IF und SDIFRAME.IF in den MF-Demonstrationsprogrammen an.
`DATA IS PRIVATE`	Kindklassen können nicht direkt auf Daten des Elternprogramms zugreifen, wenn das Elternprogramm diesen Zusatz enthält.
`DATA IS PROTECTED / RESTRICTED`	Die Kindklassen können direkt auf die geerbten Daten des Elternprogramms zugreifen, wenn im Elternprogramm dieser Zusatz steht. RESTRICTED und PROTECTED sind gleichwertig.
`INHERITS FROM Elternklasse`	Das Programm erbt von der Elternklasse. Wenn WITH DATA angegeben ist und die Elternklasse den Zugriff erlaubt, kann direkt auf die Daten des Elternprogramms zugegriffen werden, andernfalls können nur die Methoden genutzt werden. Der Programmdateiname und der Zugriffspfad zur Elternklasse müssen im CLASS-CONTROL-Paragraphen spezifiziert werden.

Das Klassenprogramm muß mit END CLASS *KlassenName* beendet werden.

Das Klassenprogramm ist ein Container für die Unterprogramme, mit denen die Klasse bearbeitet wird. In dem Programm finden Sie mehrere DATA und PROCEDURE DIVISIONs mit ihren SECTIONs, wobei die Überschrift DATA DIVISION in der Regel weggelassen wird, da sie mittlerweile optional ist.

Der »Class-Body«-Teil wird mit folgenden Schlüsselwörtern eingeleitet bzw. beendet:

```
CLASS-OBJECT.
...
END-CLASS OBJECT.
```

In diesem Programmteil stehen die Methoden zum Erzeugen der Objekte zur Laufzeit und zur Verwaltung der Objekte. Im allgemeinen wird mit der Methode »NEW« ein Objekt erzeugt, mit »FINALIZE« aus dem Speicher entfernt. Micro Focus verwendet aber oft andere Namen für diese Leistungen. Diese Methoden gehören zum Basis-Lieferumfang.

Der »Object-Program«-Teil wird mit folgenden Schlüsselwörtern eingeleitet bzw. beendet:

```
OBJECT.
...
END OBJECT.
```

In diesem Programmteil stehen die Daten zur Beschreibung des Objektes und die Methoden zur Bearbeitung eines vorher erzeugten Objekts.

Beachten Sie, daß die OBJECT-STORAGE SECTION sowohl im »Class-Body«-Teil als auch im »Object-Program«-Teil erscheinen kann. In der OBJECT-STORAGE SECTION des Class-Body-Teils werden solche Daten definiert, deren Inhalt während der gesamten Programmlaufzeit erhalten bleiben soll. Sie wird nur einmal beim ersten Aufruf der Klasse angelegt. Hier können Sie z.B. einen Zähler anlegen, in dem Sie festhalten, wieviel Kopien des Objektes in der Anwendung angelegt wurden. Vor dem Löschen der Objektdaten und Methoden aus dem Speicher sollten Sie mit Hilfe des Zählers prüfen, ob noch eine Kopie im Speicher ist. Löschen Sie die Daten und Methoden zu früh, z.B. mit der *DeepFinalize*-Methode (= alle Objektinstanzen löschen), kommt es zu ungewollten Programmabstürzen.

Die OBJECT-STORAGE SECTION im »Object-Program«-Teil enthält die Daten zur Beschreibung des Objekts, also seine Eigenschaften bzw. Properties in allgemeiner Form. Wenn Sie ein Objekt mit NEW erzeugen, wird eine Kopie dieses Speicherbereichs angelegt. Jedes Objekt hat also seine eigene OBJECT-STORAGE SECTION, die aus der Definition im Klassenprogramm abgeleitet wird. Die Einstellungen, die Sie mit Hilfe des MF-Dialog-Editors im Entwurfsbildschirm vornehmen, werden in diesem Speicherbereich festgehalten. Sie können diese Einstellungen auch dynamisch während der Laufzeit des Programms mit entsprechenden Methoden verändern, z.B.

```
INVOKE objFormular1 „SetBackgroundColor" USING FarbWert
INVOKE objFormular1 „SHOW"  *> Anzeigen des Formulars
```

ObjFormular1 enthält die Adresse des Objektbeschreibungssatzes des Formulars. In der Micro Focus Klassenbibliothek finden Sie mehrere hundert Methoden zur Manipulation der Objekte. Ihre Handhabung, die erforderlichen Übergabeargumente und die zulässigen Werte müssen Sie der Online-Hilfe entnehmen.

31.5 INVOKE-Anweisung

Die Methoden eines Klassenprogramms können aus anderen Klassenprogrammen oder normalen Anwendungsprogrammen mit INVOKE aufgerufen werden. Mit INVOKE können Sie auch Unterprogramme in anderen Programmiersprachen aufrufen, allerdings sind dann zusätzliche Nebenbedingungen zu beachten. Cobol hat zwei Varianten der INVOKE-Anweisung.

Format-1:

```
INVOKE Klassenname „Methodenname"
  [USING [BY REFERENCE] / [BY CONTENT] / [BY VALUE] Datenname-2 ...]
  [[RETURNING / GIVING] Datenname-3, ...]
```

Mit diesem Format werden sog. *Klassenmethoden* aufgerufen, die im Class-Object-Teil des Klassenprogramms codiert sind, und die Methoden der sog. *abstrakten Klassen*. Diese Klassen enthalten allgemeine Hilfsprogramme, z.B. für Stringmanipulationen und Datenkonvertierungen. Solche Hilfsprogramme müssen in Object Cobol oft eingesetzt werden, da einige Methoden in anderen Programmiersprachen, z.B. Assembler oder C++, erstellt wurden.

Klassenname muß im Class-Control-Paragraph einer ausführbaren Datei zugeordnet sein.

Methodenname können Sie direkt als Literal in Anführungsstrichen oder als Datenname ohne Anführungsstriche angegeben. Das Datenfeld muß alphanumerisch definiert sein und einen gültigen Methodennamen enthalten.

Für den USING-Zusatz gelten die gleichen Regeln wie beim CALL-Befehl. Die Übergabefelder müssen in der LINKAGE SECTION der Methode definiert sein und in der PROCEDURE DIVISION-Überschrift der Methode in der gleichen Reihenfolge wie im INVOKE-Befehl aufgeführt werden. BY CONTENT und BY VALUE sind im wesentlichen wirkungsgleich. Änderungen an den Übergabevariablen im Unterprogramm haben keine Auswirkungen auf den Inhalt der Variablen im rufenden Programm. BY CONTENT wird verwendet, wenn die Methoden in Cobol codiert sind, BY VALUE, wenn die Methoden in anderen Programmiersprachen erstellt wurden. Hier sind zusätzliche Nebenbedingungen bei der internen Adressierung und Speicherbelegung zu beachten. BY REFERENCE ist die Standardeinstellung der Übergabe. Es werden die Adressen der Variablen an die Methode übergeben. Änderungen am Inhalt der Variablen wirken sich auch im rufenden Programm aus.

Nach RETURNING / GIVING werden die Rückgabevariablen spezifiziert. RETURNING und GIVING sind gleichwertig, sie wirken wie Kommentare.

Format-2:

```
INVOKE ObjektReferenz „Methodenname"
  [USING [BY REFERENCE] / [BY CONTENT] / [BY VALUE] Datenname-2 ...]
  [[RETURNING / GIVING] Datenname-3, ...]
```

Dieses Format wird zum Aufruf von Instanz- oder Objektmethoden eingesetzt. *ObjektReferenz* muß die Speicheradresse eines Objektes enthalten. Das Datenfeld muß in der DATA DIVISION definiert sein, in der Regel mit

```
01  ObjektReferenz    object reference.
```

Die Adresse eines neu erzeugten Objekts wird in der Regel bei der Klassenmethode NEW zurückgegeben. Der *Methodenname* kann als Literal in Anführungsstrichen oder als Datenname ohne Anführungsstriche angegeben werden. Für die Zusätze USING und RETURNING gelten die gleichen Vorschriften wie beim Format-1 INVOKE.

Anstelle des *Klassennamens* bzw. der *ObjektReferenz* können im Methodenaufruf die Schlüsselwörter SELF oder SUPER geschrieben werden. SELF bezeichnet das eigene Klassenprogramm, d.h. die Methode wird im Klassenprogramm gesucht, in dem der Aufruf steht. SUPER bezeichnet die Elternklasse des Klassenprogramms. Dort beginnt die Suche. Wird die Methode nicht in den spezifizierten Klassenprogrammen gefunden, werden alle

Klassenprogramme, die über den INHERITS-Zusatz in die Vererbungskette eingebunden sind, nacheinander abgesucht. Dies kann bei langen Vererbungsketten die Programmlaufzeit erheblich verzögern.

Sie können mit den Micro-Focus-Werkzeugen eigene Klassenprogramme entwickeln und in eine Anwendung einbinden. Da die Klassenprogramme jedoch eine sehr unübersichtliche Struktur haben, sollte man es sich gut überlegen, welche Verarbeitungsschritte man in konventionellen Programmen und welche in objektorientierten Klassenprogrammen erledigt. Große Vorteile hat die Objektorientierung bei der Gestaltung von grafischen Bedieneroberflächen. Hier bietet Micro Focus NetExpress mittlerweile so viel Unterstützung, daß man ohne detaillierte Kenntnisse der objektorientierten Spracherweiterungen bedienerfreundliche Lösungen entwickeln kann.

Ein Klassenprogramm können Sie *nicht* selbständig ausführen und testen. Sie müssen immer ein konventionelles Start- oder Triggerprogramm (Trigger = Auslöser) haben, aus dem Sie die Methoden des Klassenprogramms aufrufen können.

Kapitel 32

Entwicklung von Web-Anwendungen mit NetExpress

32.1 Überblick

Mit Hilfe der Integrierten Entwicklungsumgebung (IDE) von NetExpress können Sie schnell und einfach Formulare entwickeln, die Sie in HTML-Dokumente (HTML = Hypertext Markup Language) einbinden können, z.B. ein Bestellformular, um Bestellvorgänge über das Internet abzuwickeln. Sie können das erforderliche CGI-Verarbeitungsprogramm in Cobol erzeugen (CGI = Common Gateway Interface), das die über das Netz eingehenden Bedienereingaben verarbeitet. NetExpress enthält das Hilfsprogramm Solo als Web-Server-Software, damit Sie die Anwendung lokal testen können, bevor Sie sie auf einem Internet-Server installieren. Diese Leistungen gehen über den Cobol-Standard hinaus, sie sollen aber kurz gezeigt werden, weil viele Unternehmen heute solche Anwendungen entwickeln. Grundlagenwissen über das Internet und HTML-Dokumente wird vorausgesetzt.

32.2 Einführungsbeispiel

Der Bediener soll an seinem Client-Rechner in einer Internetsitzung seinen Namen in ein Formular eingeben, aus einem Listenfeld eine Artikelnummer auswählen und eine Bestellmenge eintippen. Wenn der Bediener die Schaltfläche <Senden> anklickt, werden die Daten an den Server übertragen und das CGI-Programm gestartet. Dieses Programm liest die Artikelbezeichnung und den Preis aus der Artikeldatei, berechnet den Warenwert und sendet das Ergebnis wieder an den Client zurück, der das Ergebnis in dem Formular anzeigt. Das Beispiel ist einfach gehalten, damit die wesentlichen Leistungen verdeutlicht werden.

Zum Erstellen der Anwendung wählen Sie im NetExpress-Verwaltungsbildschirm <File> / <New> / <Project> / <Form Project>. Geben Sie im Dialogfenster den Namen des Projekts ein, z.B. »BESTELL«, und den Ordner für die Speicherung der Projektdateien, z.B. C:\HTMLAPP. In den folgenden Dialogfenstern des Assistenten können Sie Einzelheiten des Projekts spezifizieren, z.B.

- Art des Formulars, z.B. HTML Form
- Den Namen der HTML-Form-Datei, z.B. HTMLForm1

Der Assistent erzeugt nach Eingabe der Daten die Projektdatei und eröffnet den Form-Designer, mit dem Sie interaktiv das Formular und das Cobol-Verbindungs- und Verarbeitungsprogramm entwickeln können.

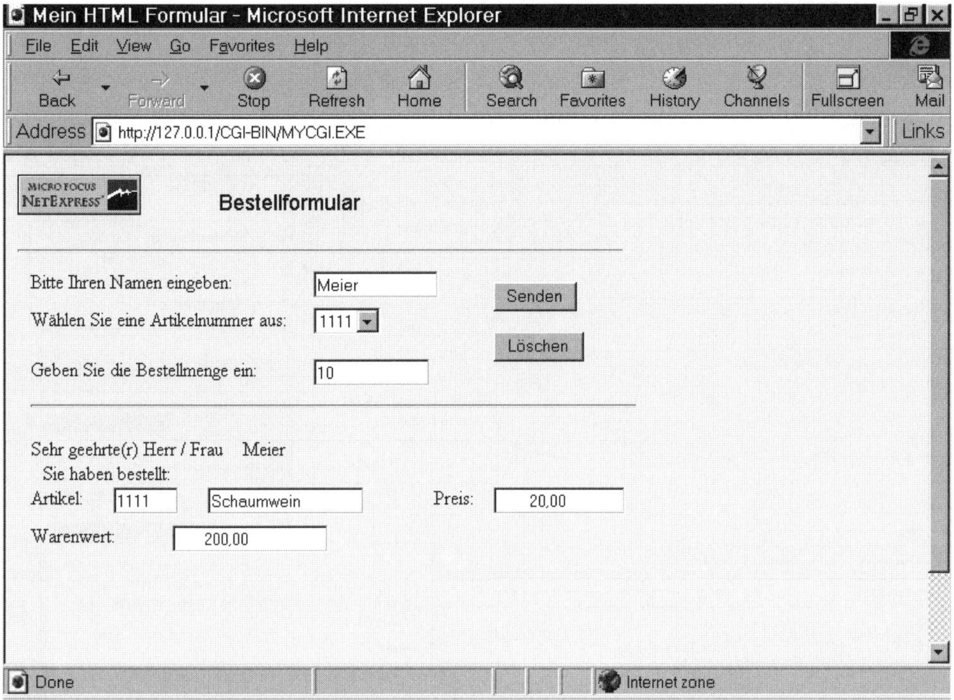

Bild 32.1: Bestellformular

32.3 Entwicklungsumgebung

Im Projektfenster *Project ProjektName.APP (s. u.)* sehen Sie zur Kontrolle alle Dateien, die von NetExpress für das Projekt angelegt werden. Für ein Formular werden immer zwei Dateien angelegt:

- *Formularname.mff.* Diese Datei enthält die Micro-Focus-Definition des Formulars für den Formular-Designer.
- *Formularname.htm.* Diese Datei speichert die HTML-Definition des Dokuments, in das das Formular eingebettet wird, und die HTML-Definition des Formulars. Der Web-Browser verarbeitet die .HTM-Datei. Der Designer erzeugt diese Dateien automatisch.

Der Entwicklungsbildschirm des *Formular-Designers* ist in mehrere Fenster unterteilt. Unter der Titelleiste des Fensters steht die *Menüleiste*, aus der Sie alle Leistungen zum Erstellen, Verwalten und Testen der Formulare aufrufen können. Viele Leistungen können Sie auch durch Anklicken von Symbolen in der *Ikon-* oder *Werkzeugleiste* erhalten. Der manchmal umständliche Weg über die Menüleiste und Untermenüs wird dadurch verkürzt.

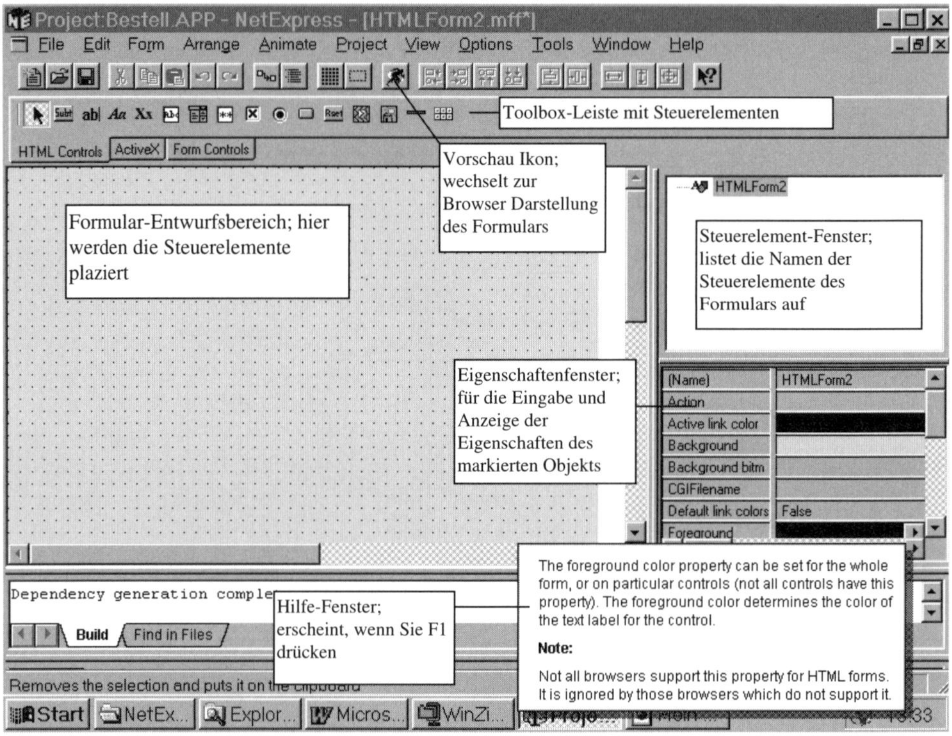

Bild 32.2: Formular-Designer-Entwicklungsbildschirm

In der Toolbox-Leiste sehen Sie die Steuerelemente oder *Controls*, die Sie in das Formular einfügen können. *HTML Controls* werden praktisch von allen Browsern unterstützt; *AktiveX Controls* sind eine Erweiterung des Standards, sie sind zur Zeit nur auf 32-Bit-Windows-Plattformen einsetzbar. Mit *Form Controls* können Sie das Formular weiter unterteilen. Jede neue Version des *Form Designers* bietet neue und verbesserte Steuerelemente.

Im **Formular-Entwurfsbereich** des Form-Design-Windows *HTML.Form1.mff* gestalten Sie das Formular. Klicken Sie dazu in der Toolbox-Leiste auf das gewünschte Symbol, plazieren Sie dann das Cursor-Fadenkreuz im Entwurfsbildschirm und drücken Sie die linke Maustaste. Das gewünschte Objekt wird erzeugt. Zur Kontrolle erscheint ein Rechteck bzw. ein Muster des Steuerelements im Entwurfsbildschirm.

Im rechts stehenden **Eigenschaftenfenster** können Sie die Eigenschaften des markierten Objekts einstellen oder aus Vorschlagslisten auswählen.

Im darüber stehenden **Steuerelement-Fenster** werden alle Steuerelemente des Formulars namentlich aufgelistet, damit man den Überblick behält. Hier können Sie auch die Steuerelemente umbenennen, indem Sie den Namen mit der rechten Maustaste anklicken und im Kontextmenü <Rename> wählen. In NetExpress 3 müssen Sie merkwürdigerweise einige Eigenschaften über dieses Kontextmenü einstellen.

Über die Schaltfläche <Preview> in der Werkzeugleiste können Sie jederzeit kontrollieren, wie das Formular vom Browser dargestellt wird.

Das Cobol-Verarbeitungsprogramm .CBL mit den Ein- und Ausgabebefehlen für das Formular im Internet können Sie automatisch erzeugen lassen. Wenn der Formularentwurf Ihren Ansprüchen genügt, dann starten Sie über <File> / <New> / <Form/CGI> den Generierungsprozeß. Der Assistent erfragt einige Zusatzangaben von Ihnen und erzeugt ein CGI-Rahmenprogramm, in das Sie die Verarbeitungslogik manuell einfügen können. Üblicherweise werden Sie über CALL die Bearbeitungsprozeduren aufrufen, damit die Dialogsteuerung sauber von der Verarbeitungslogik getrennt bleibt.

32.4 Erstellen des Formulars

Für Überschriften und Erläuterungstexte sind *Textfelder* geeignet. Klicken Sie in der Toolbox-Leiste auf das Symbol für *Text* und klicken Sie anschließend in den Formular-Entwurfsbereich. An dieser Stelle wird das Textfeld plaziert. Wenn Sie das Feld markieren, können Sie mit gedrückter linker Maustaste das Feld im Entwurfsbereich verschieben und mit den üblichen Windows-Techniken seine Größe verändern. Im Eigenschaftenfenster können Sie die Details des Objekts festlegen. Folgende Eigenschaften sind bei Textfeldern einzustellen:

Eigenschaft	Wert	Erläuterung
Name	text1	Mit diesem Namen können Sie das Steuerelement im Cobol-Programm ansprechen, das Sie später erzeugen. Sie können den Vorschlagswert *text1* mit einem aussagekräftigen Namen überschreiben.
Caption	Bestellformular	Hier legen Sie den Inhalt des Textfeldes fest.
Font		Hierüber stellen Sie Schriftart und Größe ein.

Wenn Sie den Hintergrund des Formulars anklicken, können Sie im Eigenschaftenfenster auch Farbe und Größe und andere Attribute des gesamten Formulars einstellen. Die Bedeutung einer Eigenschaft können Sie erfragen, indem Sie erst auf das Fragezeichen in der Werkzeugleiste klicken und danach die Eigenschaft anklicken.

Die anderen Erläuterungstexte »Bitte Ihren Namen eingeben« usw. können Sie alle mit dem Steuerelement *Text* in das Formular einfügen. Sie müssen nur bei der Eigenschaft *Caption* den entsprechenden Text eingeben.

Das Logo im Bildkopf wird mit dem Steuerelement *Image* eingefügt. Folgende Eigenschaften sind wichtig:

Eigenschaft	Wert	Erläuterung
Name	HTMLImage1	Mit diesem Namen können Sie das Steuerelement im Programm ansprechen.
Alternate Text	No Logo	Der Text erscheint, wenn die Bilddatei nicht gefunden wird.
Hypertext Reference		URL-Adresse, zu der der Web-Browser verzweigt, wenn das Bild angeklickt wird. Hierüber können Sie gegebenenfalls Links aufbauen.
Image Source	c:\...\PowAni.GIF	Name und Zugriffspfad der Bilddatei.

Die Eingabefelder für den Namen und die Bestellmenge sind *Input Text*-Felder oder *Entry Fields*. Klicken Sie auf das entsprechende Symbol in der Toolbox-Leiste und dann an die richtige Stelle im Entwurfsbildschirm. Der Form-Designer plaziert dort ein Rechteck, das Sie markieren und dann in der Größe und Lage anpassen können.

Folgende Eigenschaften können Sie u. a. im Eigenschaftenfenster des Objekts festlegen:

Eigenschaft	Wert	Erläuterung
Name	FrmName	Mit diesem Namen können Sie das Steuerelement im Programm ansprechen. Sie können den Vorschlagswert *Input1* mit einem aussagekräftigen Namen überschreiben. Bei der Namensvergabe sollten Sie bestimmte Regeln einhalten, damit Sie bei den vielen Übergabefeldern nicht den Überblick verlieren. Mit FRM werden hier Formularfelder gekennzeichnet.
Caption		Hier können Sie einen Anfangswert des Feldes vorgeben.
COBOL Picture	X(20)	Legt die Länge und zulässigen Eingabezeichen für das Eingabefeld fest. Der Programmgenerator erzeugt eine entsprechende Cobol-Definition für die Übergabe an das CGI-Anwendungsprogramm.

Die Größe und Lage des Feldes können Sie mittels Drag&Drop-Technik festlegen oder indem Sie die entsprechenden Zahlenwerte in die Eigenschaften *Size, X-Coordinate* usw. eintippen. Probieren Sie diese Techniken am einfachsten im Entwurfsbildschirm aus und kontrollieren Sie die Werte im Eigenschaftenfenster.

Für die Bestellmenge können Sie analog verfahren. Beachten Sie aber, daß Sie in HTML-Formularen zur Zeit nur alphanumerische (PIC X) Felder definieren können. Sie müssen in Ihrem Cobol-Anwendungsprogramm den Zahlenwert der Bestellmenge über die *NumVal()*-Funktion ermitteln.

Die Artikelnummer gibt der Bediener über ein Kombinationsfeld ein. Er kann den Wert direkt in das Eingabefeld eintippen oder aus dem Listenfeld auswählen, das aufklappt, wenn er auf den Pfeil am rechten Feldrand klickt. Für die Erzeugung des Feldes klicken Sie in der Toolbox-Leiste auf das Symbol für *Select*-Feld und klicken dann im Entwurfsbereich an die entsprechende Stelle. Im Eigenschaftenfenster des Objektes müssen Sie die Details bestimmen.

Eigenschaft	Wert	Erläuterung
Name	FrmArtSel	Mit diesem Namen können Sie das Steuerelement im Programm ansprechen. Sie können den Vorschlagswert *Select1* mit einem aussagekräftigen Namen überschreiben.
COBOL Occurs	10	Bestimmt die Anzahl der auswählbaren Werte in dem Listenfeld. Der Programmgenerator erzeugt eine Cobol-Tabelle aus dieser Angabe mit einem entsprechenden Occurs-Zusatz. Der vom Bediener eingegebene oder ausgewählte Wert steht zur Ausführungszeit im ersten Element, also `FrmArtSel(1)`. Bei Mehrfachauswahl steht der zweite ausgewählte Wert im zweiten Element usw.
COBOL Picture	X(4)	Bestimmt die Länge des Feldes in Bytes.
Multiple Selection	False	Der Bediener kann nur einen (1) Wert auswählen. Für die Mehrfachauswahl müssen in der Verarbeitungslogik besondere Maßnahmen programmiert werden.
Options	List Items	Wenn Sie den Pfeil am rechten Feldrand anklicken, können Sie die Werte des Listenfeldes in einem Dialogfeld eingeben, ändern und löschen. Geben Sie die Artikelnummern aus der Artikeldatei ein, die in Kapitel 18 erstellt wurde. In NetExpress 3 müssen Sie den Steuerelementnamen im Steuerelementfenster markieren und im Kontextmenü <SelectOptions> wählen. Hier haben Sie noch mehr Möglichkeiten, die Übergabewerte zu beeinflussen. Anmerkung: Die Werte können auch im Anwendungsprogramm aus der Datei gelesen und in das Listenfeld eingestellt werden. Dies soll aus Platzgründen vernachlässigt werden.
Selected	0	Der Wert bestimmt, welches Listenelement als Vorgabewert erscheint; 0 bedeutet das erste Element usw.
Visible Options	1	Gibt an, wieviel Elemente der Liste untereinander angezeigt werden. Passen die Elemente der Liste nicht in das Listenfeld, werden automatisch Rollbalken eingefügt.

Die anderen Eigenschaften bedeuten das gleiche wie bei den Textfeldern.

Die Linien können Sie mit dem Steuerelement *Horizontal Rule* einfügen. Die Dicke der Linien können Sie über die Eigenschaft *Hight* einstellen.

Die Befehlsschaltfläche bzw. den Push Button <Senden> fügen Sie ein, indem Sie in der Toolbox-Leiste das Symbol für *Submit Button* anklicken und dann an der entsprechenden Stelle in die Entwurfsansicht klicken. Ein Submit Button löst die Übertragung der Eingabedaten aus dem Formular an den Web-Server aus und startet das CGI-Verarbeitungsprogramm auf dem Server. Sie können bei Bedarf mehrere Submit Buttons in das Formular einfügen. Welches CGI-Programm gestartet wird, legen Sie über die Eigenschaft *Action* des Formulars fest, d.h. Sie können mit einem Formular jeweils nur ein Cobol-Programm starten. Folgende Eigenschaften des Push Buttons sind wichtig:

Eigenschaft	Wert	Erläuterung
Name	Submit1	Mit diesem Namen können Sie das Steuerelement identifizieren.
Caption	Senden	Beschriftung der Befehlsschaltfläche. Dieser Text wird auch in der Gruppenvariablen *Submit* an das Cobol-Programm übergeben, wenn die Eigenschaft *CobolValue* leer gelassen wird. So können Sie prüfen, welcher Button gedrückt wurde, wenn Sie eine Pushbutton-Gruppe bilden.
COBOLPicture	X(20)	Cobol-Definition der Variablen *SSubmit* im CGI-Programm. Verwenden Sie nur alphanumerische Felder, andere Datentypen können zu Problemen führen.
CobolValue		Dieser Wert wird an das CGI-Programm in der Variablen *SSubmit* übergeben und kann dort ausgewertet werden. Fehlt hier ein Eintrag, wird der Wert aus der Caption-Eigenschaft übermittelt.
GroupName	SSubmit	Mit diesem Namen können Sie das Steuerelement im Programm ansprechen, um z.B. zu prüfen, welchen Button der Bediener gedrückt hat. Die Variable enthält den Wert der Eigenschaft *Caption* oder *CobolValue*.

Wenn Sie mehrere Submit Buttons im Formular einsetzen, um unterschiedliche Verarbeitungsschritte im CGI-Programm zu starten, müssen Sie alle Submit Buttons dem gleichen GroupName zuordnen.

Welches CGI-Programm gestartet wird, bestimmen Sie über die Eigenschaft *Action* des Formulars. Klicken Sie dazu in der Entwurfsansicht auf den Hintergrund des Formulars. Stellen Sie die Eigenschaften des Formulars in dem Fenster ein.

Eigenschaft	Wert	Erläuterung
Name	HTMLFormB	Mit diesem Namen können Sie das Formular identifizieren. Die Namen der automatisch erzeugten Hilfsdateien werden aus diesem Namen abgeleitet.
Action	/CGI-BIN/ MYCGI.EXE	Zugriffspfad und Name des CGI-Verarbeitungsprogramms auf dem Server, das automatisch gestartet wird, wenn der Submit Button angeklickt wird.
CGIFileName	MyCGI.CBL	Name der Programmtextdatei des CGI-Programms (zur Dokumentation)
Method	Post	Das Übertragungsprotokoll zum Server. Die Einstellung sollte nicht geändert werden.
Title	Mein Formular	Der Fenstertitel für das Formular.

Mit den anderen Eigenschaften können Sie die Voreinstellungen des Browsers bei der Darstellung des Formulars überschreiben.

Mit dem Push Button <Löschen> kann der Bediener seine letzten Eingaben zurücknehmen, die alten Werte erscheinen wieder. Klicken Sie dazu in der Toolbox-Leiste auf das Symbol *Reset* und fügen die Befehlsschaltfläche ein. Die Reset-Prozedur ist eine Standardleistung des Formulars. Sie brauchen nichts zu programmieren.

Für die Kontrollanzeige der Daten wie Name des Bedieners, Artikelbezeichnung, Preis und Warenwert können Sie *Input Text-* oder *Display Text-*Steuerelemente verwenden. Bei *Display Text-*Elementen (nur Anzeige) haben Sie weniger Gestaltungsmöglichkeiten als bei *Input Text-*Elementen. Bei den *Input Text-*Elementen kann der Bediener zwar den Inhalt ändern, da diese Felder aber im Programm nicht ausgewertet werden, spielt die Feldart keine Rolle.

Die Felder können Sie wie oben beschrieben im Formular plazieren und ihnen dann im Eigenschaftenfenster aussagekräftige Namen geben, über die Sie die Steuerelemente im CGI-Verarbeitungsprogramm ansprechen können. Die Bedeutung der übrigen Eigenschaften ist oben beschrieben und kann auch ausprobiert werden.

In der Entwicklungsphase des Formulars können Sie immer wieder bedenkenlos auf die Schaltfläche <Preview> klicken, um zu sehen, wie das Formular vom Browser dargestellt werden wird. Der Browser schreibt bei gebundenen Steuerelementen zur Kontrolle die Namen der Variablen in die Steuerelemente, die sog. *Master Fields*, in die die eingetippten Daten automatisch übertragen bzw. aus denen die angezeigten Werte geholt werden.

32.5 Erzeugen des CGI-Programms

Gefällt Ihnen das Formular, können Sie das CGI-Serverprogramm erzeugen lassen. Common Gateway Interface (CGI) ist ein Standard, um Programme auf dem Web-Server unter der Steuerung der Web-Server-Software laufen zu lassen. Der Generator erzeugt die erforderlichen Datendefinitionen in Copy-Dateien, die Konvertierungen in das Cobol-Format und die Verbindungsbefehle zum Browser. Die Datei MYCGI.cpy enthält die Formularfelder, aus denen Sie im Programm die Daten entnehmen können. Für die Erzeugung des Programms wählen Sie im Fenster *Project ProjektName.APP-NetExpress-[FormularName.MFF]* <File> / <New> / <Form/CGI>. In dem folgenden Dialogfeld markieren Sie dann <CGI Program> und legen im nächsten Fenster den Namen des CGI-Programms und die Namen der Ein- und Ausgabeformulare fest. Wenn Sie diese Namen über die Eigenschaften der Formularobjekte bereits festgelegt haben, sollten Sie die daraus abgeleiteten Vorschlagswerte akzeptieren, weil sonst nichts zusammenpaßt und damit nichts läuft. Vor der Generierung zeigt NetExpress zur Kontrolle noch einmal alle Einstellungen an. Wenn Sie nun die Befehlsschaltfläche <Finish> anklicken, wird das CGI-Programm mit allen erforderlichen Definitionen und Befehlen erzeugt.

Dieses Programm können Sie anschließend manuell ergänzen und die Verarbeitungslogik einfügen oder besser über einen CALL aufrufen. Die Verarbeitungsbefehle können Sie in die Process-Business-Logic Section des Programms nach folgendem Muster einbauen:

```
CALL „PogrammName" USING FormFields.
```

ProgrammName ist das Verarbeitungsprogramm, das Sie selbst schreiben müssen, *FormFields* ist der Name des Gruppenfeldes, das alle Ein- und Ausgabefelder des Formulars einschließt. Name und Datentyp dieser Felder haben Sie bei der Formulardefinition festgelegt.

Das CGI-Programm hat vereinfacht folgende Struktur:

Einen ACCEPT-Befehl, um die Daten des Formulars einzulesen.

Übertragen der Daten aus den gebundenen Datenfeldern des Formulars in den Arbeitsbereich des Programms, verbunden mit einer Umsetzung der internen Datenformate in das Cobol-Format.

Verarbeitung der Daten bzw. Aufruf des Verarbeitungsprogramms mit CALL.

Übertragen der Ergebnisse aus dem Arbeitsbereich der Anwendung in die gebundenen Datenfelder des Ausgabeformulars.

EXEC HTML-Befehle, um das Ausgabeformular im HTML-Format zu erzeugen und an den Client zu senden. EXEC HTML ruft das HTML-Subsystem auf, das die erforderlichen Leistungen erbringt.

Bei einem CGI-Programm ist folgendes zu beachten:

- Ein CGI-Programm enthält keine Verarbeitungsschleife wie herkömmliche Programme, um die Daten einzulesen, sondern das Programm wird jedesmal gestartet, wenn der Bediener den Submit Button im Formular anklickt.
- Der ACCEPT-Befehl holt praktisch nur die Daten aus dem bereits ausgefüllten Formular.
- Das Programm gibt mit EXEC HTML das Ausgabeformular nicht aus, sondern erzeugt es nur. Der Web-Server sendet bei Beendigung des CGI-Programms das Formular an den Browser des Endbenutzers, der die Darstellung auf dem Bildschirm vornimmt und auf die Bedieneraktionen reagiert.

Eine Anwendung kann das gleiche Formular für die Ein- und Ausgabe verwenden (symetrisches CGI-Programm), es können auch verschiedene Formulare eingesetzt werden (asymetrisches CGI-Progamm).

Anwendungen, die nur ein Formular für Ein- und Ausgabe verwenden, werden normalerweise vom Endbenutzer gestartet, indem er das ausführbare CGI-Programm aufruft. Dazu sollte man in seine Web-Seite einen Link auf das ausführbare Programm aufnehmen. Wenn der Benutzer diesen Link anklickt, wird das Programm gestartet, das das Formular initialisiert und über den Browser anzeigt. Der Endbenutzer kann seine Daten eintippen. Wenn er den Submit Button betätigt, wird das CGI-Programm wieder gestartet, um die Benutzerdaten aus dem Formular zu ziehen, sie zu verarbeiten und die Ergebnisse wieder in die Formularfelder einzustellen. Das Formular wird dem Browser zur Anzeige übergeben. Der Endbenutzer kann dann das Formular mit neuen Daten füllen oder die Anwendung beenden.

Anwendungen mit unterschiedlichen Formularen für die Ein- und Ausgabe werden gestartet, indem der Benutzer das Eingabeformular lädt. Dazu sollte man in die Web-Seite einen Link auf das Eingabeformular (.HTM-Datei) aufnehmen. Wenn der Benutzer diesen Link anklickt, wird das Eingabeformular geladen. Der Endbenutzer füllt dieses Formular aus und betätigt den Submit Button. Der Web-Sever lädt nun das mit dem Formular verbundene CGI-Programm, das die Daten verarbeitet, das Ausgabeformular erzeugt und dem Client-Browser für die Anzeige übergibt. Will der Bediener neue Daten erfassen, muß er wieder das Eingabeformular laden. Sie können allerdings auch in das Ausgabeformular Felder für die erneute Eingabe aufnehmen, so daß der Benutzer nicht noch einmal explizit das Eingabeformular laden muß. Das CGI-Programm erhält die Daten vom Browser. Dabei spielt es keine Rolle, aus welchem Formular die Daten kommen.

Wenn Sie beabsichtigen, mehrere unterschiedliche Eingabeformulare zu verwenden, müssen Sie für jedes Formular ein eigenes CGI-Programm erstellen.

Das erzeugt CGI-Programm MYCGI.cbl ist sehr umfangreich. Es enthält viele Datendefinitionen und Befehle, um das Zusammenspiel mit dem Browser zu organisieren. Interessierte können sich die Musterprogramme oder selbst generierte Programme mit dem Editor anschauen. An die durch Erläuterungstexte markierte Stelle muß der Aufruf des Verarbeitungsprogramms eingefügt werden:

```
program-id. "MYCGI".
 ...
 DATA DIVISION.
*> Die Copy-Datei enthält Datenfelder, die auf die Steuerelemete
*> des Formulars verweisen; sie wird automatisch erzeugt
copy "MYCGI.cpf".
*> Diese Datei enthält die Cobol-Datenfelder mit den Ein-/
*> Ausgabedaten; sie wird automatisch erzeugt und eingefügt
     copy "MYCGI.cpy".
     01 FormFields.
       03 FRMName                 PIC X(20).
       03 ssubmit                 PIC X(60).
       03 FrmArtNrSel             PIC X(4) occurs 10.
       03 FRMMenge                PIC X(19).
       03 FRMNameA                PIC X(20).
       03 FrmArtikelBezA          PIC X(20).
       03 FrmArtNrA               PIC X(4).
       03 FrmPreisA               PIC X(19).
       03 FrmWertA                PIC X(19).
*>---------------------------------------------------------
 Procedure Division.
 ....
*>----------------------------------------------
 process-business-logic section.
 ...
*>----< Hier eigene Verarbeitungsbefehle einfügen >-------
*>Call nicht ausführen, wenn der Bediener nichts eingibt
     If FrmArtNrSel(1) = Space
       exit section
     end-if
     Call "ArtLes" Using FormFields
       on Exception
         Move  "Call Fehler" to FrmArtikelBezA
     end-call

     exit.
 ...
```

Das eigentliche Verarbeitungsprogramm *ArtLes* kann sehr einfach gehalten werden. Für das Beispiel muß die Artikeldatei geöffnet werden, die eingegebene Artikelnummer in das Key-Feld übertragen und der Artikelsatz gelesen werden. Die Ergebnisse werden in die gebundenen Formularfelder übertragen, dann erfolgt der Rücksprung zum CGI-Programm, das die Ausgabe der Daten übernimmt. Das folgende Programmfragment zeigt die wesentliche Programmlogik.

```
PROGRAM-ID.   ArtLes.
...
Linkage Section.
*> Vom Generator erzeugte Copy-
Datei mit den Formularfeldern:
    copy MYCGI.cpy.
      siehe oben.
  ********************************************************
    PROCEDURE DIVISION Using FormFields.
  ********************************************************
  ***   Vorprogramm
  ********************************************************
    B10 SECTION.
            OPEN INPUT  F2-ARTIKEL-DATEI
            PERFORM STAT-PRUEF.
    B15.
  *> erstes Element des Listenfelds enthält ausgewählte Artikel-Nr.
         move FrmArtNrSel(1) to w-Art-Nr.
         Perform ArtRead
         move FrmName       to FrmNameA
         move F2-Art-Nr     to FrmArtNrA
  *> Eingabetext in Zahl umwandeln
         move Function NumVal(FrmMenge) to W-Menge
         Compute W-Wert = W-Menge * F2-Preis
         Move W-Wert        to A-Wert
         move A-Wert        to FrmWertA
         move F2-Preis      to A-Wert
         move A-Wert        to FrmPreisA
         move F2-Bezeichnung   to FrmArtikelBezA

         EXIT.
 ********************************************************
 ****  ENDROUTINE
 ********************************************************
   B90 SECTION.
  CLOSE F2-ARTIKEL-DATEI
         Exit Program.
  ArtRead SECTION.
    MOVE w-Art-Nr       TO F2-ART-NR.
    MOVE '01'           TO F2-SA.
    MOVE ZERO        TO SC-F2-READ.
    READ F2-ARTIKEL-DATEI
    END-READ
    Perform Stat-Pruef.

ArtRead90.
    EXIT.
```

Das Programm enthält keine Verarbeitungsschleife, sondern wird nur einmal abgearbeitet. Jedesmal, wenn der Bediener den Submit Button im Formular anklickt, wird dieses Unterprogramm aus dem CGI-Programm aufgerufen. Deswegen wird auch jedesmal die Artikeldatei geöffnet und am Ende wieder geschlossen, was einerseits die Ausführungszeit der Anwendung beträchtlich erhöht, andererseits aber die Sicherheit verbessert. Da zur Zeit in Formularen nur Textfelder verarbeitet werden können, müssen Sie die Eingabemenge *Frm-Menge* mit der *NumVal()*-Funktion in eine Zahl umwandeln. Auch die Ausgabeformate der Ausgabefelder müssen Sie im Anwendungsprogramm erzeugen.

32.6 Testen der Anwendung

Sie können die Anwendung mit Ihrem eigenen Web-Browser oder mit Solo, dem mitgelieferten Microsoft-Browser-Programm, auf Ihrem lokalen PC testen. Am einfachsten ist der Test mit Solo, da NetExpress alle erforderlichen Einstellungen automatisch vornimmt.

Übersetzen Sie die Programme MYCGI.CBL und das Anwendungsprogramm fehlerfrei über <Project> / <Compile *Programmname*> oder <Rebuild All>. NetExpress legt die .EXE-Dateien an und Verweise und Berechtigungen, sog. Web-Shares, damit die Programme und Formulare über das Netz gestartet werden können. Die Web-Shares sind

- /Cobol/
  Das Projektverzeichnis, in dem die HTML-Seiten der Anwendung stehen, z.B. C:\XY\HTMLTest. Den Verzeichnisnamen haben Sie beim Erzeugen des CGI-Projekts mit dem Assistenten festgelegt.

- /cgi-bin/
  Dies ist das Verzeichnis, in dem die ausführbaren CGI-Programme der Anwendung stehen. Auch dieses Verzeichnis mit den .EXE-Dateien wird automatisch von NetExpress angelegt, es ist üblicherweise das Unterverzeichnis ...\Debug im Projektordner.

Sind die Programme fehlerfrei, klicken Sie einfach in NetExpress auf <Animate> / <Run>. NetExpress startet den Web-Browser und das Anwendungsprogramm, die das Formular erzeugen und ausgeben und die Eingaben des Bedieners verarbeiten. Funktioniert Ihr Programm nicht richtig, was in der Regel der Fall ist, können Sie mit den üblichen Techniken Breakpoints in den Programmen setzen, Variable abfragen und ändern und das Programm schrittweise ausführen lassen, bis alle Fehler beseitigt sind.

Gefällt Ihnen das Formular nicht, müssen Sie im NetExpress-Projektfenster die Formulardatei .MFF markieren und im Kontextmenü <Edit> wählen. Der Formular-Designer wird gestartet und Sie können wie beim Entwurf des Formulars alle Eigenschaften der Objekte verändern.

Anhang A

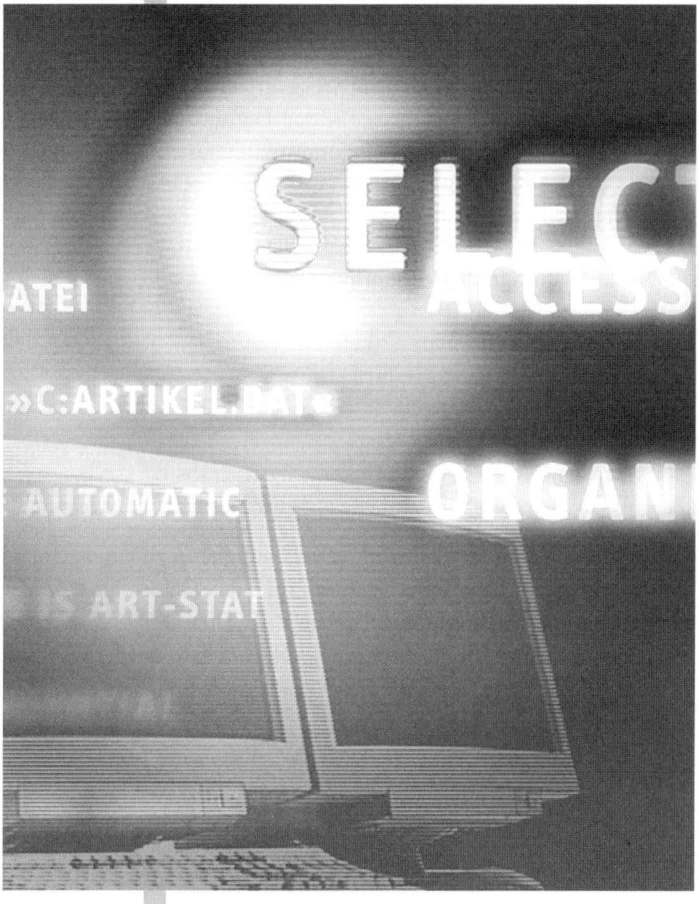

Jahr-2000-Problem

Viele alte Cobol-Anwendungen sind von dem Jahrhundert- bzw. Jahrtausendwechsel berührt. Die meisten Cobol-Anwendungen speichern das Datum als sechs Byte langes Datenfeld im Format TTMMJJ. Das Jahrhundert des Datums wird aus Platzgründen vernachlässigt. Darüber hinaus entspricht diese Speicherung der im täglichen Leben üblichen kurzen Schreibweise des Datums. Cobol lieferte in den älteren Versionen das Systemdatum DATE als sechs Byte langes Datenfeld im amerikanischen Format YYMMDD (vgl. Kapitel 17). Einen speziellen Datentyp für das Datum wie in SQL-Datenbanken gibt es in Cobol nicht. Erst die 1989 in Cobol eingeführten Datumsfunktionen (vgl. Kapitel 28) CURRENT-DATE, WHEN-COMPILED, INTERGER-OF-DATE, DATE-OF-INTEGER, INTEGER-OF-DAY und DAY-OF-INTEGER berücksichtigen das Jahrhundert im Datum und Datumsberechnungen. MF-Cobol ermöglicht erst seit einiger Zeit über Zusätze im ACCEPT-Befehl, das Systemdatum inklusive Jahrhundert einzulesen:

Beispiel:

```
01 W-Datum        Pic 9(8).
 ...
Procedure Division.
 ...
  ACCEPT W-Datum FROM DATE YYYYMMDD.
```

Der Zusatz *YYYYMMDD* bewirkt die Übergabe des Datums im amerikanischen Format mit dem Jahrhundert. Das Betriebssystem muß das Datum allerdings auch in dieser Form intern speichern und das Empfangsfeld (hier: W-Datum) muß entsprechend definiert sein. Fehlt der Zusatz, wird das Datum im alten Format als sechs Byte langes Datenfeld ohne Jahrhundert geliefert.

Cobol bietet jetzt die entsprechenden Befehle und Funktionen, um den Jahrhundertwechsel programmtechnisch zu verarbeiten. Allerdings ist es sehr mühsam und zeitaufwendig, in alte Anwendungen die entsprechenden Änderungen einzubauen. Ein sicherer Automatismus kann für die Umsetzung nicht geboten werden, da unterschiedliche Speicherungsformen für das Datum in den Anwendungsprogrammen anzufinden sind. Eine Untersuchung von verschiedenen Anwendungen hat gezeigt, daß das Datum mit oder ohne Punkte bzw. andere Trennzeichen, alphanumerisch oder numerisch, im amerikanischen oder im deutschen Format abgelegt wird.

Problematisch werden die Änderungen, wenn das Datum in den Datensätzen von Dateien als sechs Byte langes Datenfeld ohne Jahrhundert gespeichert ist und Berechnungen und Auswertungen mit diesen Feldern vorgenommen werden (vgl. F1-DATUM in der Abrechnungsdatei und F2-DATUM-LETZTER-UMSATZ in der Artikeldatei in den Beispielprogrammen NORM02 und NORM03). Ab dem Jahrtausendwechsel werden die Auswertungen falsch bzw. einige Anwendungsprogramme werden mit Fehlermeldungen vorzeitig beendet, weil eine aufsteigende Sortierfolge nach dem Datum für bestimmte Auswertung verlangt wird und 00.01.01 kleiner ist als 99.12.31. In diesen Fällen müssen die Datumsdefinitionen in den Dateien und Programmen erweitert werden. Da Cobol bei der Verarbeitung von Dateien eine bestimmte Feld- und Satzlänge erwartet, müssen die alten Datenbestände mit dem sechsstelligen Datum mit Hilfsprogrammen in das neue achtstellige Datumsformat umgesetzt werden. Dies ist mit einem erheblichen Arbeitsaufwand verbunden. Erfahrungsgemäß unterlaufen bei solchen Aktionen immer unangenehme Fehler, weil irgendwelche Programme übersehen wurden.

Sind noch genügend Reserven in den Datensätzen (FILLER), um das neue Datumsformat oder zumindest das zweistellige Jahrhundert in diesen Reserveplätzen unterzubringen, sollte diese Möglichkeit genutzt werden, um die Hilfsprogramme für die Umsetzung der alten Datenbestände zu vermeiden. Die Position und Länge der übrigen Datenfelder im Datensatz darf wegen der Cobol-Vorschriften nicht verändert werden. Die Verarbeitungsroutinen und die Zwischenspeicherfelder für das Datum in den Programmen müssen manuell angepaßt werden. Beim Einsatz von COPY-Dateien, in denen die Änderungen zentral verwaltet werden, läßt sich der Änderungsaufwand in Grenzen halten.

Kann die Struktur der Datensätze nicht mit einem vertretbaren Aufwand erweitert werden, kann das interne Speicherformat des Datums so geändert werden, daß in dem sechs Byte langen Datenfeld das Datum mit dem Jahrhundert abgelegt werden kann. Cobol unterstützt diverse platzsparende Formate bei der Zahlenspeicherung (vgl. Kapitel 7). Im Format COMP oder BINARY können in einem zwei Byte langen Datenfeld Ganzzahlen von +2 hoch 15 (= 32.768) bis –2 hoch 15 gespeichert werden. Diese Werte sind für die Speicherung des Jahres ausreichend. Das Datum kann in diesem Fall folgendermaßen definiert werden:

```
01 Datensatz.
 ...
 05 X-Datum.
  10  X-TT         Pic 99.
  10  X-MM         Pic 99.
  10  X-JJ         Pic 99.
  10  X-JJJJ  Redefines X-JJ Pic 9999 Comp.
```

Für ein Datenfeld mit *Pic 9999 Comp* reserviert MF-Cobol zwei Byte im Arbeitsspeicher. Allerdings kann dieser Wert über Direktiven im Übersetzungskommando modifiziert werden, was dann zu Fehlern führen kann. Micro Focus warnt in seinen Dokumentationen vor der Redefinition von COMP-Feldern. Als Alternative empfiehlt Micro Focus das COMP-X-Speicherformat, da hierbei die Anzahl der Bytes explizit festgelegt werden kann. Dieses Format ist allerdings eine MF-Cobol Spracherweiterung. In diesem Fall kann die Definition folgendermaßen aussehen:

```
05 Alt-Datum       Pic 9(6).
05 X-Datum Redefines Alt-Datum.
  10  X-TT         Pic 99.
  10  X-MM         Pic 99.
  10  X-JJ         Pic 99.
  10  X-JJJJ  Redefines X-JJ Pic XX Comp-X.
```

Die Anzahl der X in der PIC-Eintragung gibt die Länge des Datenfeldes in Bytes an. In COMP-X Zahlen können allerdings nur positive Werte gespeichert werden. Die zwei Byte können in diesem Fall Jahreswerte zwischen Null (0) und 2 hoch 16 (= 65.536) aufnehmen. Dies ist für kaufmännische Anwendungen ausreichend. Beachten Sie, daß COMP-X-Felder nicht mit der COMPUTE-Anweisung bearbeitet werden können. Wenn Datumsberechnungen erforderlich werden, muß dies mit den ADD-, SUBTRACT-, MULTIPLY- und DIVIDE-Anweisungen erfolgen. Die Ausgabeformatierung mit Punkten oder anderen Trennzeichen zwischen Tag, Monat und Jahr muß nun über Zwischenfelder geschehen, da Cobol bei der Übertragung von Gruppenfeldern nicht die interne Struktur des Gruppenfeldes berücksichtigt. Die direkte Ausgabe von Comp-X-Datenfeldern ergibt unsinnige Werte auf dem Bildschirm bzw. Drucker. Das Umsetzen der alten Datumsangaben ohne Jahrhundert in das Comp-X-Format mit Jahrhundert kann in einem externen Unterprogramm erfolgen, das mit CALL aus den Anwendungsprogrammen aufgerufen wird. Diese Technik hat den Vorteil, daß die Datensatzstruktur und die Satzlänge nicht geändert werden müssen, somit die alten Datenbestände weiter verarbeitet werden können. Durch geschickte Vergabe der Feldnamen und mit Hilfe von COPY-Dateien kann der Änderungsaufwand in Grenzen gehalten werden. Die Erweiterung des Datums um das zweistellige Jahrhundert wird kritisch, wenn in den Ausgabelisten keine Stellen mehr für das verlängerte Datum möglich sind. Sinnvoll erscheint es hier, das Jahrhundert bei der Ausgabe wieder auszublenden, da die Sachbearbeiter in der Regel das sechsstellige Datum auch ohne Jahrhundert richtig interpretieren. Eine eingehende Überprüfung der Ergebnisse und manuelle Nachbearbeitung und Ergänzung der Datumsprozeduren und Plausibilitätsprüfungen der Datumsangaben erscheint aber unerlässlich.

Alternativ können der Tag und der Monat in dem sechsstelligen Datumsfeld ohne Informationsverlust auch im COMP-X-Format gespeichert werden:

```
05 Alt-Datum          Pic 9(6).
05 COMP-X-Datum Redefines Alt-Datum.
   10  CompX-TT       Pic X Comp-X.
   10  CompX-MM       Pic X Comp-X.
   10  CompX-JJJJ     Pic XX Comp-X.
   10  Filler         Pic X.
   10  SpeichForm     Pic X.
    88 MF-Comp-X      Value High-Value.
```

Da diese Technik nur vier Byte für die Speicherung des Datums inklusive Jahrhundert benötigt, kann in den restlichen zwei Byte noch Zusatzinformation abgelegt werden. Allerdings muß in diesem Fall das Datum nach der Eingabe mit separaten MOVE-Anweisungen in das COMP-X-Format umgesetzt werden, z.B.

```
MOVE   E-TT          TO CompX-TT
MOVE   E-MM          TO CompX-MM
MOVE   E-JJJJ        TO CompX-JJJJ
MOVE  High-Value     TO SpeichForm    *>Merker für Speicherformat
```

Vor der Ausgabe muß das COMP-X-Datum in Ausgabemasken übertragen werden, da das COMP-X-Format nicht direkt ausgegeben werden kann. Die Ausgabemaske kann folgendermaßen definiert werden:

```
05 A-Date-Maske.
 10   A-TT          PIC 99.
 10                 PIC X Value '.'.
 10   A-MM          PIC 99.
 10                 PIC X Value '.'.
 10   A-JJJJ        PIC 9999.
```

Die MOVE-Anweisungen können lauten:

```
IF MF-CompX THEN
  MOVE   CompX-TT    TO A-TT
  MOVE   CompX-MM    TO A-MM
  MOVE   CompX-JJJJ  TO A-JJJJ
End-If
Display 'Datum: ', A-Date-Maske AT ....
```

Tag, Monat und Jahr müssen einzeln in das Ausgabefeld A-Date-Maske übertragen werden, da Cobol bei einer Übertragung eines Gruppenfeldes die interne Struktur dieses Feldes nicht berücksichtigt. Der Merker SpeichForm teilt dem Anwendungsprogramm mit, ob das Datum im COMP-X-Format abgelegt ist, so daß die richtigen Verabeitungsbefehle aufgerufen werden können. Bei einem anderen Wert als High-Value im Merker SpeichForm liegt noch das alte sechsstellige Speicherformat vor, so daß die alten Verarbeitungsbefehle durchlaufen werden müssen.

Eine allgemeingültiges Verfahren für die Lösung des Jahr-2000-Problems kann für Cobol-Programme nicht gegeben werden, da in der Praxis sehr unterschiedliche Speicherungsformate für Datumsangaben anzutreffen sind.

Anhang B

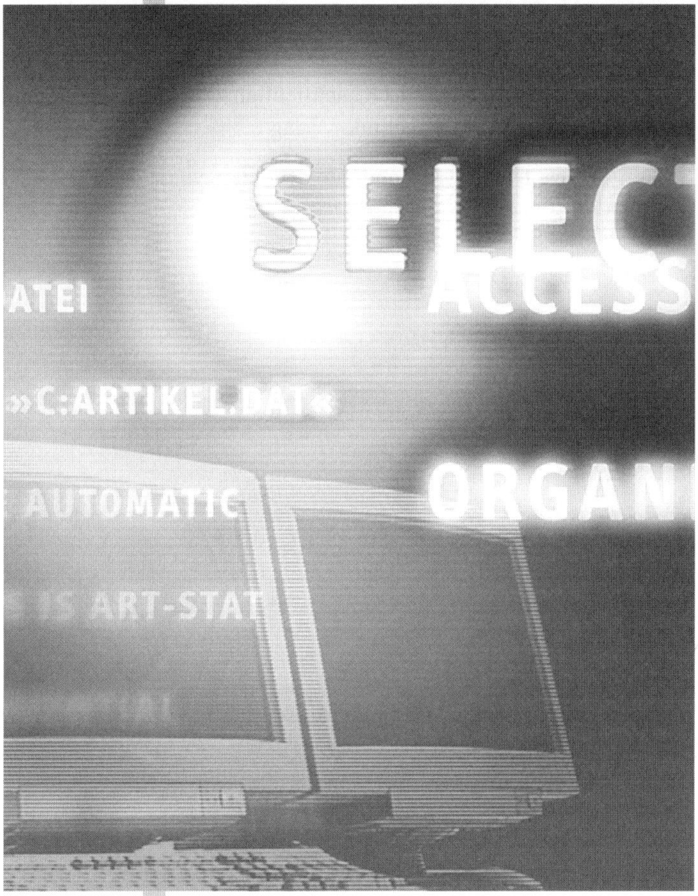

Die CD-ROM zum Buch

Im Unterverzeichnis SOURCEN finden Sie alle Programmbeispiele zur Dateiverwaltung und Musterprogramme der normierten Programmierung im Sourcecode.

Das Verzeichnis DIENSTE stellt Ihnen die aktuellen Browser Internet Explorer 5 und Netscape Navigator 4.5 zur Verfügung.

Die Datenbank unter KATALOG schließlich zeigt Ihnen das aktuelle Angebot an Computerliteratur aus dem Markt&Technik-Verlag.

Sollten Sie weitere Fragen und/oder Probleme mit der Buch-CD haben, wenden Sie sich bitte an die E-mail-Adresse support@pearson.de.

Stichwortverzeichnis

CISCO PRESS

CISCO SYSTEMS
CISCO PRESS

T. Quinn-Andry / K. Haller

Netzwerk-Design

Dieses Buch untersucht Netzwerkdesign-Kriterien für individuelle und integrierte Local-Area-Netzwerke (LANs). Dabei werden aktuelle Herausforderungen an Netzwerkdesigner und Administratoren berücksichtigt wie z.B. Datenverkehrsmuster, Priorisierung von Datenverbindungen, Sicherheit, Redundanz und Skalierbarkeit. Darüber hinaus stellen die Autorinnen Netzwerkentwürfe vor, die diese Faktoren in unterschiedlichem Grade berücksichtigen. Auf Grundlage der skalierbaren Entwürfe können Sie als Netzwerkdesigner und/oder Administrator diese einzigartige Sammlung von Designkriterien in Ihre speziellen Netzwerke integrieren.

ca. 450 Seiten
ISBN 3-827**2-2032**-7
DM 89,95

A. Leinwand / B. Pinsky / M. Culpepper

Cisco Router Konfiguration

Ganz nah an den Problemen des Netzwerkadministrators orientiert sich dieses praktische, reich bebilderte Handbuch aus der Reihe des Herstellers, der für rund 90 Prozent der heute im Internet eingesetzten Technologie verantwortlich zeichnet. Sie erfahren alles Wichtige zu Entwurf und Einrichtung von Netzwerken, von der Auswahl der richtigen Protokolle bis hin zur Wahrung der Netzwerksicherheit. CiscoRouter und das zugehörige Betriebssystem Cisco IOS werden ausführlich und praxisnah erklärt.

ca. 420 Seiten
ISBN 3-827**2-2042**-4
DM 89,95

Markt&Technik

Markt&Technik-Produkte erhalten Sie im Buchhandel, Fachhandel und Warenhaus.

Markt&Technik Buch- und Software-Verlag GmbH · Martin-Kollar-Straße 10–12 · 81829 München · Telefon (0 89) 4 60 03-222 · Fax (0 89) 4 60 03-100 · www.mut.de